# Entscheidungen
# des Reichsgerichts
# in Zivilsachen

## Sammlung der noch wichtigen Entscheidungen nach Fachgebieten geordnet

Herausgegeben

von

Professor Dr. L. **Auerbach**, Berlin;
Präsident des Reichspatentamtes a. D. **Johannes Eylau**, München;
Rechtsanwältin **Charlotte Graf**, Berlin; Ministerialdirektor z. Wv. Senatspräsident Dr. **Ernst Knoll**, Berlin; Rechtsanwalt **Erich Kummerow**, Berlin; Rechtsanwalt **Hermann Reuss**, Berlin; Rechtsanwalt Dr. **Walter Schmidt**, Düsseldorf; Landgerichtsdirektor **Alexander Swarzenski**, Berlin; Rechtsanwalt Dr. **Werner Vahldiek**, Berlin.

Gruppe IV Gewerblicher Rechtsschutz

## Urheber- und Verlagsrecht
## Geschmacksmusterrecht

Berlin 1953

**Walter de Gruyter & Co.**

vormals G. J. Göschen'sche Verlagshandlung / J. Guttentag, Verlagsbuchhandlung / Georg Reimer / Karl J. Trübner / Veit & Comp.

# Urheber- und Verlagsrecht
# Geschmacksmusterrecht

Bearbeitet

von

**Johannes Eylau**

Präsident des Reichspatentamtes a. D.
Senatspräsident am Oberlandesgericht in München a. D.

Berlin 1953

Walter de Gruyter & Co.

vormals G. J. Göschen'sche Verlagshandlung / J. Guttentag, Verlagsbuchhandlung / Georg Reimer / Karl J. Trübner / Veit & Comp.

Archiv-Nr. 2817 53
Satz und Druck: A. W. Hayn's Erben, Berlin SO 36

# Vorwort

Der vorliegende Band enthält die Auswahlsammlung der Reichsgerichtsentscheidungen auf dem Gebiete des literarischen und künstlerischen Urheberrechts, des Geschmacksmusterrechts und des Verlagsrechts.

Die Auswahl umfaßt die Entscheidungen, die noch von Bedeutung sind. Entscheidungen, die infolge von Gesetzesänderungen nur noch historische Bedeutung haben, wurden ausgeschieden. Ebenso Entscheidungen, die durch die Entwicklung der Rechtsprechung überholt sind; soweit die Ausscheidung im Einzelfalle untunlich war, ist bei dem überholten Teil auf die spätere, nunmehr maßgebende Entscheidung verwiesen. Von mehreren Entscheidungen, die zu der gleichen Rechtsfrage ergangen sind, wurde in der Regel nur die jüngste aufgenommen. Manche Entscheidungen erfuhren eine Kürzung der Entscheidungsgründe um solche Ausführungen, welche die aktuelle Rechtsfrage nicht berühren. Die Kürzungen sind jeweils kenntlich gemacht.

Möge die vorliegende Bearbeitung dazu beitragen, die Rechtsprechung des Reichsgerichts, die auf den hier behandelten Gebieten besonders fruchtbar gewesen ist, den interessierten Kreisen nahezubringen. Das ausführliche Sachregister ist dazu bestimmt, den Gebrauch des Bandes zu fördern.

Eylau

# Inhaltsverzeichnis

# Verzeichnis

## der aufgenommenen Entscheidungen aus der alten Sammlung

# Gewerblicher Rechtsschutz

## Urheber- und Verlagsrecht

**RGZ. 61, 44**

**Ist für die Schutzfähigkeit von Geschmacksflächenmustern erforderlich, daß sie Gebilde von bestimmter Umgrenzung und Linienführung darstellen, oder können dazu auch Farben- und Glanzwirkungen genügen? Erfordernis bestimmter Formgebung mit Bezug auf die Möglichkeit der Nachbildung des Musters. Verhältnis zwischen Musterschutz und Verfahrensschutz.**

I. Zivilsenat. Urt. v. 27. Mai 1905.

I. Landgericht I Berlin. II. Kammergericht daselbst.

In dem die Revision der Klägerin zurückweisenden Urteil ist hierüber ausgeführt:

... Das Kammergericht bezeichnet es als Erfordernis für die Muster im Sinne des Gesetzes vom 11. Januar 1876, außer der Beziehung auf das ästhetische Gefühl, daß es Erzeugnisse von feststehender Individualform sein müßten, und daß namentlich als Flächenmuster nur solche Gebilde in Betracht kommen könnten, die eine bestimmte Umgrenzung und eine bestimmte Linienführung aufwiesen. Diese Begriffsbestimmung erklärt die Revision für zu eng. Schon in der Berufungsinstanz hatte die Klägerin auf neue Farben- und Glanzwirkungen hingewiesen. Die Revision nimmt dies auf; sie meint, das Gesetz biete keinen Grund für den Ausschluß solcher Wirkungen, die mitunter viel reizvoller und auch gewerblich wertvoller sein könnten als ausgesprochene Figurenmuster. Eine bestimmte Form und bestimmte Linien dürfe man nicht verlangen; es müsse genügen, wenn man das Muster von einem anderen ohne besondere Aufmerksamkeit unterscheiden könne. Soweit diese Unterscheidungsmöglichkeit reiche, reiche auch der Musterbegriff. Die Revision nennt als Beispiele den Moiréglanz bei seiner ersten Herstellung; eigenartig irisierende Stoffe, Stoffe, die in den tiefer liegenden Partien anders gefärbt sind als in den höheren, und infolgedessen bei der Bewegung ein anderes Aussehen gewinnen. Der Revision ist darin Recht zu geben, daß es bei Geschmacksflächenmustern zu weit gegangen ist, wenn man sie auf Darstellungen von bestimmter Form und bestimmten Linien beschränkt, insofern diese Worte in ihrem wirklichen, nicht bloß in einem ganz allgemeinen Sinne verstanden werden sollen. Für die Begrenzung auf bestimmte Formen und Linien könnte man das Urteil des erkennenden Senats, Rep. I 305/99, vom 9. Dezember 1899 (Entsch. in Zivils. Bd. 45 S. 59 flg.) anführen. Dort wird einem sogenannten Granitmuster für Linoleum die Eigenschaft als Geschmacksmuster abgesprochen, und zur Begründung ausgeführt, es gehöre zum Wesen eines Musters, daß „eine Form geschaffen" sei, „eine bestimmte in äußere Erscheinung tretende zeichnerische Gestaltung, die sich als Erzeugnis einer bewußten schöpferischen Tätigkeit im Bereiche des Kunstgewerbes" darstelle. Deshalb entsprächen die vorgelegten Muster, „bei denen durch Farbenabtönungen und Sprenkelungen Nachbildungen von Gesteinen oder anderen Stoffen hervorgebracht werden" sollten, in keiner Weise den Anforderungen des Gesetzes. Allein die jetzt zur Prüfung stehende Frage war damals nicht Gegenstand der Entscheidung. Es handelte sich mehr um den Begriff der Eigentümlichkeit als der Formgebung. Jedenfalls würde der Senat eine grundsätzliche Beschränkung der Flächenmuster auf zeichnerische Gestaltungen und den absoluten Ausschluß von Farbenabtönungen und Sprenkelungen jetzt nicht mehr für richtig anerkennen können.

Das Gesetz vom 11. Januar 1876 gibt keine Begriffsbestimmung dessen, was es unter dem gewerblichen Muster oder Modell versteht, wofür es den Schutz gegen Nachbildung gewährt. Es enthält sich auch der näheren Angabe über die Anforderungen, welche an die formale Beschaffenheit zu stellen sind. Daß es sich dabei nur um Formgebilde handeln kann, um Darstellungen, die für den Gesichtssinn in äußere, wahrnehmbare Erscheinung treten, folgt aus der Bezeichnung und daraus, daß das Gesetz, wie jetzt nicht mehr bezweifelt wird, sich nur auf die sogenannten Geschmacksmuster bezieht, welche die durch den Gesichtssinn vermittelte ästhetische Empfindung anregen sollen. Ein ganz formloses Muster oder Modell wäre undenkbar. In Frage kommt nur, in welchem Sinn und Umfang man eine bestimmte Formgestaltung verlangen darf.

Für das Flächenmuster, um das es sich hier allein handelt, bietet das Gesetz keinen Anhalt, den Schutz auf Darstellungen zu beschränken, die in völlig geschlossenen und genau umgrenzten Figuren bestehen. Die Geschlossenheit der Darstellung, als eines in sich fertigen Bildwerkes, hat für das Muster, das sich auch mit dem rein Ornamentalen begnügen kann, nicht die Bedeutung, wie für die zeichnende und malende Kunst.

Vgl. Kohler, Kunstwerk und Geschmacksmuster, im Archiv f. d. zivilist. Praxis Bd. 87 S. 29 flg.; Derselbe, Koloritmuster und Naturnachahmung, das. Bd. 88 S. 271.

Und dafür, daß nur Darstellungen von scharf begrenzter Form, welche sich durch festbestimmte, zumal zeichnerisch bestimmte Linien von der Umgebung abheben, als Muster gelten können, ist weder aus dem Wesen des Musters ein rechtfertigender Grund zu entnehmen, noch wäre diese Einschränkung mit der Absicht des Gesetzes vereinbar, im Interesse der Hebung des Kunstgewerbes im weitesten Sinne der formschöpfenden geistigen Tätigkeit auf dem Gebiete der Industrie Schutz angedeihen zu lassen. Die Formschöpfung kann von verschiedener Art sein, nach den angewendeten Mitteln und nach dem ästhetischen Gehalte. Nicht nur aus zeichnerischen Formelementen lassen sich in der Zusammenfügung neue eigentümliche Gestaltungen hervorbringen, die als geschmackvolle Vorbilder für Industrieerzeugnisse dienen können. Grundsätzlich muß anerkannt werden, daß dies auch durch das Mittel der Farbe möglich ist. Daß Farbenzusammenstellungen, Farbenwirkungen nicht ausgeschlossen sind, hat bereits der IV. Strafsenat des Reichsgerichts in dem Urteile vom 12. Juni 1903, abgedruckt im Blatt für Patent-, Muster- und Zeichenwesen 1904 S. 224, ausgesprochen. Auch in der Literatur ist diese Ansicht vertreten. (Folgen Zitate.) Daß in § 5 Ziff. 2 die Nachbildung des Musters „in anderen Farben" als verboten besonders hervorgehoben wird, steht nicht entgegen. Daraus folgt nicht, daß es auf die Verschiedenheit der Farbe auch dann nicht ankommen solle, wenn gerade die Farbenwirkung das Wesentliche des Musters ist, und darum nicht, daß die Farbenwirkung nicht die Grundlage eines Musters sein könne. Werden Farbenwirkungen nicht bloß in untergeordneter Bedeutung zur Illumination von zeichnerisch umrissenen Figurenbildern, sondern selber als grundlegende Elemente der Formgestaltung zugelassen, so ergibt sich daraus, daß man für die damit erzielten Erscheinungsformen nicht an den scharfen linearen Umrissen festhalten darf, sondern ihre Bedeutung für den Formensinn nach koloristischen Rücksichten beurteilen muß. ... Zwischen einer bestimmten Figur, die das Muster darstellt, und den für das Auge noch erkennbaren Farben- und Glanzeffekten mit völlig verwischten Grenzen sind viele Uebergänge denkbar. Wie weit man auf dieser Stufenleiter herabzusteigen habe, und ob man schließlich dahin gelangen müßte, auch von der Farbenzusammenstellung, dem Farbenkontrast abzusehen und die Verwendung einer einheitlichen Farbe genügen zu lassen, wenn darin eine charakteristische Besonderheit zu finden wäre — wie der IV. Strafsenat a. a. O. angenommen hat —, braucht hier nicht entschieden zu werden. Hier reicht das Ergebnis aus, daß es nicht gerechtfertigt ist, als begriffliche Voraussetzung für den Schutz von sogenannten Geschmacksmustern eine bestimmte Umgrenzung und bestimmte Linienführung der Flächendarstellung zu verlangen. Auf diesen Grund kann daher die Ablehnung der klägerischen Muster nicht gestützt werden. Dies führt aber nicht zur Aufhebung des angefochtenen Urteils, da die Entscheidung des Kammergerichts aus einem anderen Grunde zu Recht ergangen ist.

Ueber Wesen und Bedeutung der klägerischen Muster stellt das Kammergericht als unstreitig fest, daß sie nicht durch Nachbildung nach einer bestimmten Vorlage geschaffen werden, sondern dadurch entstehen, daß der Arbeiter auf den in der Fabrikation befindlichen Filzstoff in annähernd gleichen Mengen und Entfernungen Pflanzenfasern wirft, die darauf gepreßt werden und sich nun zu glänzenden Büscheln ausgestalten. Es stellt weiter fest, daß bei diesem Verfahren wohl ein gewisser einheitlicher Charakter und eine gleichartige Wirkung der verarbeiteten Masse erzielt werde, daß sich aber die genaueren Einzelheiten ihrer Formen und Linien nicht vorausbestimmen ließen, sondern mehr oder weniger vom Zufall abhingen. Mit diesen Feststellungen, gegen welche Bedenken nicht obwalten, ist es unvereinbar, den Mustern der Klägerin die Eigenschaft von Geschmacksmustern im Sinne des Gesetzes vom 11. Januar 1876 beizulegen. Nach § 1 dieses Gesetzes steht das Recht, ein gewerbliches Muster (oder Modell) ganz oder teilweise nachzubilden, dem Urheber desselben ausschließlich zu. Die formschöpferische Tätigkeit, die geschützt wird, beruht demnach im Muster, nicht in dem nachgebildeten Erzeugnis; sie liegt in der Aufstellung des Vorbildes, nicht in dessen Reproduktion. Von einem Muster kann also, mag man im übrigen an die Formgestaltung größere oder geringere Anforderungen stellen, nur die Rede sein, insofern die Nachbildung des Musters überhaupt möglich ist, dieses als Vorbild dienen soll und kann. In diesem Sinne könnten die von der Klägerin hinterlegten Filzstoffproben Muster sein, wenn es darauf ankäme, die aufgepreßten Pflanzenfasern in Lage und Verzweigung genau nachzuahmen. Aber daran ist nicht zu denken. Die Klägerin selbst will ihre Muster nicht so verstanden wissen. Die Reproduktion, auf die es abgesehen ist, überläßt es dem Zufalle, wie weit eine Uebereinstimmung in den Einzelheiten erreicht wird; sie führt nur im allgemeinen zu einem gewissen einheitlichen Charakter und einer gleichartigen Wirkung der verarbeiteten Masse. Auch die Tätigkeit des Arbeiters bei der Herstellung des Filzstoffes ist nicht an eine feste Regel gebunden, indem er in jedem einzelnen Falle die Menge der aufzuwerfenden Pflanzenfasern und die Entfernungen, in denen dies zu geschehen hat, von neuem abschätzen muß. Unter diesen Umständen können als Gegenstand der Nachbildung jedenfalls nicht die einzelnen Muster in Betracht kommen, sondern als solchen könnte man nur bezeichnen den allgemeinen Gedanken, Ramie- oder ähnliche Pflanzenfasern zum Zwecke eines Geschmackseffektes dem Filzstoff aufzupressen. In dieser Allgemeinheit aber, welche die verschiedensten Variationen zuläßt, ist, obgleich im weiteren Sinne und gegenüber ganz anders hergestellten Stoffen noch von Einheitlichkeit des Charakters und gleichartiger Wirkung gesprochen werden darf, noch nicht diejenige formschöpferische Geistestätigkeit abgeschlossen, deren Erzeugnis das Gesetz als Geschmacksmuster gegen unbefugte Nachbildungen schützt. Damit wird auch das nicht erreicht, was der Farben- und Glanzeffekt bei Moiré, irisierenden Stoffen und dergleichen ist, welcher zwar nach Lage und Licht variiert, aber auf der gleichen Struktur des Gewebes beruht, während bei der Klägerin jedes einzelne Erzeugnis selbst schon verschieden ist. Was die Klägerin unter den Schutz des Gesetzes stellen will, ist vielmehr in Wirklichkeit ein mehr oder minder bestimmtes Verfahren, das auch in seinen Produkten nicht zur Nachbildung eines Musters, als einer maßgebenden Vorlage für die danach herzustellenden gewerblichen Erzeugnisse, führt. Diese Auffassung liegt offenbar auch der Entscheidung des Berufungsgerichts zugrunde. Denn nachdem hervorgehoben ist, daß es den streitigen Mustern an einer bestimmten Umgrenzung und einer bestimmten Linienführung fehle, wird weiter geltend gemacht, daß sie überhaupt keine feststehende Form hätten, sondern nur nach einem bestimmten Verfahren hergestellt würden, das die Hervorbringung annähernd ähnlicher Gebilde mit gleichartiger allgemeiner Wirkung auf das Auge des Beschauers sichere. ...

RGZ. 61, 178

**1. Sind die Muster des Schriftgießers für Matrizen und Typen als für plastische Erzeugnisse, oder als für Flächenerzeugnisse bestimmt anzusehen?**

**2. Bedeutung der Bestimmung des § 13 des Reichsgesetzes vom 11. Januar 1876 für die Beweislast.**

I. Zivilsenat. Urt. v. 18. Juni 1904.

I. Landgericht Leipzig, Kammer für Handelssachen.

II. Oberlandesgericht Dresden.

Der Klägerin waren laut Eintragung im Musterregister des Amtsgerichts Leipzig unter Nr. 3464 eine halbfette Antiquaschrift, von ihr „halbfett Romanisch" genannt, und unter 3525 zwei Brotschriften, von ihr „Antiqua Nr. 20 und Nr. 22" genannt, auf ihre Anmeldungen vom 24. April und 25. September 1895 geschützt. In demselben Musterregister war für die beklagte Firma seit dem 7. August 1899 eine Schrift unter Nr. 1949 „Moderne Mediäval Antiqua" eingetragen. Klägerin behauptete, daß diese letztere Schrift lediglich eine Nachahmung der ihr geschützten sei. Gegenüber den auf die §§ 5, 7, 14 des Reichsgesetzes, betr. den Schutz von Mustern und Modellen, vom 11. Januar 1876 gestützten Anträgen der Klägerin beantragten die Beklagten Abweisung der Klage, indem sie geltend machten, daß die für die Klägerin eingetragenen Schriften weder neu noch eigentümlich seien, auch die Nachahmung bestritten. In der ersten Instanz wurde die Klage abgewiesen; in der zweiten wurde nach den Anträgen der Klägerin erkannt. Die Revision ist zurückgewiesen worden.

Aus den Gründen:

... „Wenn die Beklagten zunächst geltend machen, daß der Klägerin Flächenmuster geschützt seien, während die Beklagten, welche von Beruf Stempelschneider seien, plastische Erzeugnisse herstellen und deshalb für diese Erzeugnisse die Schutzvorschrift des § 6 Ziff. 2 des Gesetzes gegenüber dem klägerischen Anspruche anrufen könnten, so ist darauf hinzuweisen, daß die Beklagten nach den Feststellungen der Vorinstanzen nicht nur die Stempel zu ihrer Schrift geschnitten, Matrizen dazu hergestellt und Typen gegossen, sondern daß sie auch die Musterdrucke zum Zwecke des Verkaufs der Matrizen hergestellt haben. Es kommt übrigens auf die Herstellung des Druckes durch die Beklagten selbst nach Ansicht des Senats im vorliegenden Falle nicht entscheidend an. Schon durch die Herstellung der Patrizen, Matrizen und Typen, mittels welcher ihre Schrift hergestellt wird, haben die Beklagten die der Klägerin geschützten Muster nachgebildet. Daß die Schrift der Beklagten „Moderne Mediäval Antiqua" lediglich eine Nachbildung der klägerischen Schriften „Antiqua Nr. 20" und „Halbfett Romanisch" ist, haben die Beklagten in der Revisionsinstanz nicht mehr bestritten.

Die Frage, ob die Erzeugnisse der Schriftgießerei als plastische Erzeugnisse (Modelle) den Schutz des Gesetzes vom 11. Januar 1876 genießen, oder ob sie nur als Vorrichtungen für den durch sie herzustellenden Druck in Betracht kommen und daher nur mit dem letzteren als Flächenerzeugnisse den Musterschutz erlangen können, ist schon alsbald nach dem Inkrafttreten des Gesetzes streitig geworden. Während die erstere Ansicht von Dambach (Journal für Buchdruckerkunst 1879) verfochten wird, steht die Mehrzahl der Schriftsteller, welche sich mit der Frage beschäftigen, auf dem letzteren Standpunkte. (Folgen Zitate.) Auch die Entscheidung des II. Zivilsenats des Reichsgerichts vom 19. März 1881, Rep. II 297/80 (vgl. Entsch. Bd. 4 S. 108), steht grundsätzlich auf dem Boden der letzteren Auffassung. Demgegenüber hat der I. Zivilsenat des Reichsgerichts in seinem Urteile vom 8. Juni 1885, Rep. I 115/85 (vgl. Entsch. Bd. 14 S. 46 flg.) die Meinung vertreten, daß den Erzeugnissen der Schriftgießerei sowohl der Schutz für Flächenmuster, als der Schutz für plastische Erzeugnisse elektiv zukomme, und daß es in der Wahl des Anmelders gelegen sei, welche von beiden Schutzarten er für seine Erzeugnisse erlangen wolle. ...

Der Senat kann bei Prüfung der in Betracht kommenden Gesichtspunkte den in dem Urteile vom 8. Juni 1885 eingenommenen Standpunkt nicht beibehalten. Der Rechtsschutz, welchen das Gesetz vom 11. Januar 1876 gewährt, besteht für neue und eigentümliche, als Ergebnis individueller Schöpferkraft sich darstellende Erzeugnisse, welche den Geschmack, und zwar speziell den durch das Auge vermittelten ästhetischen Formensinn, zu befriedigen oder anzuregen bestimmt und geeignet sind. Bei einer Schrift wird jedoch das ästhetische Gefühl nicht durch die Anschauung der Stempel, Matrizen, Typen befriedigt; die Herstellung der letzteren bezweckt nicht, durch diese selbst einem ästhetischen Empfinden zu genügen. Dieses Ziel kann vielmehr nur durch Verwirklichung des Zwecks, welchem dieselben zu dienen bestimmt sind, durch Herstellung des Druckes erreicht werden. Dabei ist es im Sinne des Gesetzes unerheblich, daß zu der Herstellung des gewerblichen Erzeugnisses ein Zusammenwirken verschiedener, selbständig entwickelter Gewerbe notwendig ist. Eine solche Arbeitsteilung findet sich vielfach auf industriellem Gebiete. Entscheidend ist, ob das bezweckte und erzielte Resultat dem Formensinn durch die Wirkung der Fläche, oder als plastisches Erzeugnis entspricht. Bei der Auffindung einer neuen und eigentümlichen Schriftform kann nur das erstere in Frage kommen. Das ist auch die Auffassung der Beklagten selbst gewesen, denn sie haben ihre „Moderne Mediäval Antiqua" gleichfalls als Muster für Flächenerzeugnisse schützen lassen. Die Berufung der Beklagten auf § 6 Ziff. 2 des Gesetzes vom 11. Januar 1876 geht daher vollkommen fehl. In der Herstellung der Patrizen, Matrizen, Typen liegt schon der Anfang der bildlichen, als Flächenerzeugnis wirkenden Herstellung der Druckschrift und die Verletzung des Schutzrechtes der Klägerin.

Vgl. auch Entsch. des RG.'s in Strafs. Bd. 30 S. 56 flg.

Ebenso unbegründet erscheinen die Angriffe der Revision gegen die Annahme des Berufungsgerichts, daß die Neuheit und Eigentümlichkeit der der Klägerin geschützten Schriften erwiesen sei. Die Erwägungen des Berufungsgerichts bewegen sich hier im wesentlichen auf tatsächlichem Gebiete, indem sie das Ergebnis der Beweisaufnahmen verwerten. Aber auch insoweit rechtliche Gesichtspunkte bei der getroffenen Entscheidung in Betracht zu ziehen waren, lassen die Feststellungen des Berufungsgerichts einen Rechtsirrtum nicht erkennen. Das Oberlandesgericht geht zutreffend davon aus, daß der Klägerin nach § 13 des Gesetzes die Rechtsvermutung der Urheberschaft bezüglich der von ihr angemeldeten Schriften zusteht*). Die Beklagten, welche behaupten, daß die Schriften der Klägerin mit anderen identisch sind, die schon früher bekannt und im Verkehr waren, trifft für diese Behauptung die Beweislast." ...

**RGZ. 63, 394**

**Folgt aus § 11 Abs. 1 des Urheberrechtsgesetzes vom 19. Juni 1901 die ausschließliche Befugnis des Urhebers, das Werk gewerbsmäßig zu verbreiten, auch für solche Exemplare des Werkes, welche er selbst hergestellt und in den Verkehr gebracht hat, und kann er die gewerbsmäßige Verbreitung solcher Exemplare durch Bestimmung eines Ladenpreises mit Wirkung gegen Dritte beschränken?**

Gesetz, betr. das Urheberrecht an Werken der Literatur usw., vom 19. Juni 1901 § 11 Abs. 1. Gesetz über das Verlagsrecht vom 19. Juni 1901 §§ 8, 21. BGB. §§ 823, 826, 137, 903.

I. Zivilsenat. Urt. v. 16. Juni 1906.

I. Landgericht I Berlin. II. Kammergericht daselbst.

---

*) Vgl. aber RGZ. Bd. 142 S. 341 (343).

...

Aus den Gründen:

1. ...

2. ... „Die Klage fordert die Feststellung, daß die Beklagte nicht berechtigt sei, ohne Erlaubnis des Klägers das Kursbuch unter 50 Pf. zu verkaufen, und daß der Beklagten bei Strafe jede weitere Veräußerung unter 50 Pf. untersagt werde. Gestützt ist die Klage an erster Stelle auf den § 11 des Urheberrechtsgesetzes, aus welchem der Kläger das Recht herleitet, der Beklagten den Verkauf des Kursbuchs unter 50 Pf. in ihrem Gewerbebetrieb zu untersagen.

... Den Instanzrichtern ist aber darin beizutreten, daß sich ein Recht, wie es der Kläger in Anspruch nimmt, aus dem § 11 a. a. O. nicht herleiten läßt.

Der Kläger ist Urheber und Verleger des Kursbuchs. Als solcher hat er das ausschließliche Recht, dasselbe zu vervielfältigen und gewerbsmäßig zu verbreiten (§ 11 a. a. O., §§ 36, 38 das., § 8 des Gesetzes über das Verlagsrecht vom 19. Juni 1901). Das ausschließliche Vervielfältigungsrecht des Klägers verletzt die Beklagte nicht. Unstreitig vertreibt sie in ihrem Geschäft nur die vom Kläger selbst hergestellten Exemplare des Kursbuchs, die sie nach der eigenen Behauptung des Klägers durch ihre Angestellten bei den Sortimentern des Klägers und anderen Zwischenhändlern aufkauft. In Frage kommt nur, ob die Beklagte das ausschließliche Recht des Klägers, das Kursbuch gewerbsmäßig zu verbreiten, dadurch verletzt, daß sie es gegen sein Verbot in ihrem Geschäft gewerbsmäßig unter 50 Pf. verkauft.

... Das Recht der gewerbsmäßigen Verbreitung wird ausgeübt dadurch, daß das Werk im Gewerbebetrieb an das Publikum abgesetzt, in den Verkehr gebracht wird*). Dazu soll nach dem Gesetz vor dem Urheber (oder Verleger) niemand ohne seine Erlaubnis berechtigt sein. Haben aber Urheber oder Verleger das Werk in Ausübung ihres Rechts einmal an das Publikum abgesetzt und so in den Verkehr gebracht, so ist ihr Recht erschöpft. Gewiß hätte das Gesetz das Recht der gewerbsmäßigen Verbreitung für den Urheber (und den Verleger) so gestalten können, daß es ihm während der ganzen Dauer des Urheberrechts als ausschließliches Recht gegenüber jedem Dritten auch für die von ihm selbst in den Verkehr gebrachten Exemplare verblieb. Das stände einer ausschließlichen Gewerbeberechtigung gleich und würde dem § 7 Nr. 1 der Gewerbeordnung gegenüber eines völlig klaren und unzweideutigen Ausdrucks im Gesetze bedurft haben, an dem es fehlt. Dem Verlagsbuchhandel wäre damit ein Privilegium gegeben, wie es sonst für keinen Gewerbetreibenden besteht. Besonders wäre damit, worauf Mitteis in

*) Vgl. aber RGZ. Bd. 113 S. 413 (abgedruckt weiter unten in diesem Abschnitt).

seinem Aufsatz im „Recht" 1906 S. 573 hinweist, der ganze Antiquariatsbuchhandel so gut wie beseitigt.

Für den § 4 des Patentgesetzes*) hat das Reichsgericht in seinem Urteil vom 26. März 1902 (Entsch. in Zivils. Bd. 51 S. 139) ausgesprochen, daß die Wirkung des Patents, daß außer dem Patentinhaber im Inlande niemand den Gegenstand der Erfindung gewerbsmäßig in Verkehr bringen darf, sich damit erschöpft, daß der Patentinhaber sein Produkt in den Verkehr bringt, daß er damit die Vorteile, die ihm das Patent gewährt, genossen und sein Recht konsumiert hat, das Gesetz ihm nicht aber die Befugnis einräume, die Art des Verkehrs mit seinem in den Verkehr gebrachten Produkt anders als durch Vertrag mit seinen Abnehmern und dementsprechend auch nur mit Wirkung gegen diese zu regeln und zu beschränken.

Die ausschließliche Befugnis des Urhebers (Verlegers) in § 11 des Urheberrechtsgesetzes, das Werk gewerbsmäßig zu verbreiten, ist nichts anderes, als die ausschließliche Befugnis des Patentinhabers, den Gegenstand der Erfindung gewerbsmäßig in Verkehr zu bringen. Für beide Fälle muß grundsätzlich das gleiche gelten. Auch der Urheber (Verleger) hat kein ausschließliches Recht, solche Exemplare des Werkes gewerbsmäßig zu verbreiten, die von ihm oder einem anderen Berechtigten in den Verkehr gebracht und so Eigentum Dritter geworden sind. Er kann diesem Dritten weder die Veräußerung überhaupt, noch die gewerbsmäßige Veräußerung (Verbreitung) untersagen, noch dieses aus dem Eigentum folgende Recht des Dritten (§ 903 BGB.) durch Bestimmung eines Preises, unter dem er nicht soll veräußern dürfen, beschränken (§ 137 Satz 1 BGB.). Nach § 137 Satz 2 BGB. wirkt selbst ein diese Verfügungsbefugnis des Eigentümers ausschließendes oder beschränkendes Rechtsgeschäft nicht dinglich, sondern nur obligatorisch unter den Kontrahenten.

Es ist selbstverständlich, daß der Autor, der, wie hier, zugleich der Verleger ist, ebenso wie der Verleger nach § 25 des Gesetzes über das Verlagsrecht den Ladenpreis zu bestimmen hat, zu welchem er das Werk in den Verkehr bringen will. Sein Sortimenter, mag er fest oder à condition bezogen haben, um das Werk gewerbsmäßig zu verbreiten, wird sich von selbst an den Ladenpreis gebunden halten, mit dem er erst das vergütet erhält, was er dem Autor und Verleger zu zahlen hat und was er für seine Bemühungen für den Vertrieb verdienen muß. Es unterliegt auch rechtlichen Bedenken nicht, daß der Autor und Verleger seinen Sortimentern, sonstigen Abverkäufern zum Wiederverkaufe, Aufkäufern und Kommissionären gemäß § 137 Satz 2 BGB. vertragsmäßig die Verpflichtung auferlegen kann, unter einem bestimmten Preise (Ladenpreise) nicht zu verkaufen und diese Verpflichtung auch ihren Käufern aufzuerlegen, und daß er sich gegen Verletzung dieser Verpflichtung

*) PatG. 1936 § 6.

durch Vertragsstrafe sichern, auch Schadensersatz aus dem Vertrage fordern kann, wenn ihm durch den Verkauf unter dem bestimmten Preise Schade entsteht.

Aber weiter reicht das Recht des Autors oder Verlegers auch nicht. Ein allgemeines Verbot mit dinglicher Wirkung gegen jeden Dritten, der Eigentümer rechtmäßig in den Verkehr gebrachter Exemplare des Werkes ist oder solche zu Eigentum erwerben will, kann der Autor und Verleger nach dem § 137 BGB. nicht erlassen. Nach den Grundsätzen des Bürgerlichen Gesetzbuchs hat auch die Kenntnis eines Dritten von dem persönlichen Recht eines andern zu einer Sache oder einem obligatorischen Veräußerungsverbot oder einer obligatorischen Veräußerungsbeschränkung gegen den Dritten keine Wirkung.

Der Kläger steht mit der Beklagten in keinem Vertragsverhältnis. Das allgemeine Verbot, das der Kläger an sie erlassen, ist rechtlich ebenso bedeutungslos wie der solches allgemeine Verbot enthaltende Aufdruck auf den in den Verkehr gebrachten Exemplaren des Kursbuchs.

3. Steht dem Kläger das von ihm in Anspruch genommene ausschließliche Recht aus § 11 des Urheberrechts nicht zu, so fällt auch der Grund, den die Klage aus § 823 BGB. entnommen hat, und es kommt nur noch die Begründung aus § 826 BGB. in Frage, nach welchem niemand, auch der Eigentümer nicht, sein Recht in einer gegen die guten Sitten verstoßenden Weise vorsätzlich zum Schaden eines andern mißbrauchen darf. Auf ein solches Verhalten der Beklagten würde der Anspruch auf Unterlassen, der negatorische Antrag der Klage, ebenso gestützt werden können, wie der erhobene Anspruch auf Schadensersatz, selbst wenn der Kläger durch das Verhalten der Beklagten mit Schaden auch nur bedroht würde. . . .

In dieser Richtung wird die Abweisung der Klage aber durch die in dieser Instanz nicht zu beseitigenden und durch die Ausführungen der Revision nicht erschütterten, wesentlich tatsächlichen Feststellungen des Berufungsrichters begründet. . . .

## RGZ. 67, 84

**Verhältnis des Urheberrechtes des Textdichters einer Oper zu dem des Komponisten.**

Gesetz, betr. das Urheberrecht an Werken der Literatur und der Tonkunst, vom 19. Juni 1901 §§ 5, 28, 30.

I. Zivilsenat. Urt. v. 13. November 1907.

I. Landgericht I Berlin. II. Kammergericht daselbst.

Der Text zu Meyerbeer's Oper „Die Afrikanerin" ist von dem Schriftsteller Gumpert ins Deutsche übersetzt. Meyerbeer ist 1864, Gumpert 1896 verstorben.

Im Jahre 1906 beabsichtigte der Beklagte, als Leiter eines Berliner Theaters, die Oper mit dem Gumpert'schen Texte aufzuführen. Er kam darüber mit der Klägerin, der Gumpert seine Urheberrechte übertragen hatte, in Streit. Der Beklagte vertrat den Standpunkt, daß er, nachdem Meyerbeer's Urheberrechte durch Zeitablauf erloschen seien, einer Einwilligung für die Aufführung nicht bedürfe, während die Klägerin kraft der auf sie übergegangenen Rechte des Textübersetzers ihre Einwilligung für erforderlich erklärte.

Der Streit führte zu einer Feststellungsklage, die in beiden Instanzen zugunsten der Klägerin entschieden wurde. Auch die Revision des Beklagten wurde zurückgewiesen.

Gründe:

. . . „Die Grundlage des klägerischen Anspruchs ist der § 5 des Urheberrechtsgesetzes vom 19. Juni 1901. In der Oper wird ein Schriftwerk mit einem Werke der Tonkunst verbunden. Für jedes dieser Werke gilt dessen Verfasser auch nach der Verbindung als Urheber. Der Textdichter, im vorliegenden Falle der Uebersetzer des französischen Textes (vgl. § 2 Satz 2 des Gesetzes), ist in Ansehung des Urheberrechts an der Oper dem Komponisten grundsätzlich gleichgestellt. Schon das Gesetz vom 11. Juni 1870 enthielt diese Gleichstellung. Es enthielt auch in seinem § 51 die dem jetzigen § 28 entsprechenden Bestimmungen. Beide stimmen sachlich überein; wäre ein Unterschied vorhanden, so wäre nach § 62 Satz 1 des neuen Urheberrechtsgesetzes das neue Gesetz anzuwenden.

Das Verhältnis des § 28 Abs. 2 zu der grundlegenden Bestimmung des § 5 haben die Vorinstanzen durchaus zutreffend aufgefaßt. Der § 28 Abs. 2 hebt das Urheberrecht des Textdichters nicht auf; er beschränkt es auch nicht virtuell; er regelt lediglich das Verhältnis der beiden gleichberechtigt nebeneinander stehenden Urheber gegenüber Dritten. Und zwar geschieht dies lediglich im Interesse der Erleichterung des Verkehrs Dritter mit den Urhebern. Der Veranstalter der Aufführung bedarf nur der Einwilligung des Komponisten. Wie sich Textdichter und Komponist, die sich zur Herstellung eines gemeinsamen Werkes „verbunden", vergesellschaftet haben, im inneren Verhältnisse miteinander verständigen oder auseinandersetzen, ist ihre Sache. Eine materielle Einschränkung des Urheberrechtes des einen oder anderen findet durch die Vorschrift des § 28 Abs. 2 nicht statt. Man kann das Verhältnis als das einer gesetzlichen Vertretung des Textdichters durch den Komponisten auffassen. Diese Vertretung ist aber nicht im Interesse des Vertretenen, sondern im Interesse der dritten Kontrahenten, der Veranstalter der Aufführung, eingeführt. Unterstellt man eine vom Gesetze fingierte Bevollmächtigung des Komponisten, so ist zwar diese, weil nur im Interesse der Veranstalter der Aufführung bestimmt, den Dispositionen und dem Widerruf des Textdichters entzogen. Aber in allen übrigen Beziehungen bleibt das Urheberrecht des Textdichters völlig unberührt. Insbesondere bestimmt sich seine Dauer lediglich nach den in seiner Person liegenden Verhältnissen (§ 29 des Gesetzes). Der Fall des § 30 des Gesetzes, daß dasselbe Urheberrecht mehreren gemeinschaftlich zusteht, liegt nicht vor. Vielmehr haben sowohl Textdichter als Komponist jeder sein eigenes Urheberrecht. Die Anwendung der Vorschrift des § 28 setzt aber gerade das Nebeneinanderbestehen der beiden selbständigen Urheberrechte, des Textdichters und des Komponisten, voraus. Nur für diesen Fall trifft die oben angegebene ratio legis zu. Erlischt das Urheberrecht des einen oder des anderen, so ist für die fernere Anwendung des § 28 Abs. 2 kein Raum.

Im vorliegenden Falle ist, wie unbestritten, das Urheberrecht des Komponisten erloschen. Das Urheberrecht des Uebersetzers, das hinsichtlich seiner Dauer lediglich nach §§ 5, 29 des Gesetzes zu beurteilen ist, besteht noch. Nach § 11 Abs. 2 des Gesetzes bedarf daher der Beklagte der Einwilligung des Uebersetzers. Der Uebersetzer hat seine Rechte an die Klägerin abgetreten. Der Klaganspruch ist daher begründet."

**RGZ. 68, 49**

**Kann der Verlag oder das Eigentum an einer Zeitschrift wirksam verpfändet werden? Ist Gegenstand der Verpfändung eines Zeitschriftenverlags ein Urheberrecht?**

BGB. §§ 1204, 1273.

Urheberrechtsgesetz vom 19. Juni 1901 § 4.

VII. Zivilsenat. Urt. v. 17. Januar 1908.

I. Landgericht I München. II. Oberlandesgericht daselbst.

Der im Mai 1906 in Konkurs geratene Verlagsbuchhändler H. war Verleger einer Zeitschrift „Süddeutsche Bauhütte". Der Konkursverwalter hatte den Verlag dieser Zeitschrift verkauft und den Erlös hinterlegt. Die Klägerin, die vertragsgemäß den Druck der Zeitschrift besorgt hatte, erhob Anspruch auf den hinterlegten Erlös auf Grund eines Vertrages vom 20. Juni 1905, durch den ihr der Gemeinschuldner zur Sicherung ihrer Forderung für den Druck der Zeitschrift „das Eigentums- und Verlagsrecht seiner Zeitschrift „Süddeutsche Bauhütte mit Beilagen" verpfändet hatte. Sie klagte gegen den Konkursverwalter auf Einwilligung in die Herausgabe des hinterlegten Betrages. Vom Landgerichte wurde die Klage abgewiesen, vom Oberlandesgerichte dagegen der Klage entsprechend erkannt. Auf die Revision des Beklagten wurde das Berufungsurteil aufgehoben aus folgenden

Gründen:

„Der erhobene Klaganspruch setzt voraus, daß der Klägerin an dem vom Konkursverwalter veräußerten Gegenstande, an dessen Stelle der hinterlegte Erlös getreten ist, ein Pfandrecht zustand. Gegenstand der Veräußerung war nach dem Vertrage des Konkursverwalters mit dem Käufer L. vom 25. Juni 1906 „der Verlag der Zeitschrift Süddeutsche Bauhütte mit allen dem Verleger als solchem zustehenden Rechten, insbesondere dem Rechte auf die Benutzung des Zeitschrifttitels". Weiter ist bestimmt, daß dem Käufer „mit dem Verlage" ein Verzeichnis der Abonnenten, sowie die im Geschäftslokale vorhandenen Exemplare der Zeitschrift, die Klischees und die auf das Zeitungsunternehmen Bezug habenden Bilder und Zeichnungen, soweit sie zur Masse gehören, übergeben werden sollen. Ausgenommen vom Verkaufe sind die Außenstände an Abonnementsgeldern und Anzeigekosten. Danach kann es keinem Zweifel unterliegen, daß „der Verlag" der Zeitschrift als einheitlich begriffenes Unternehmen, der in der Herausgabe, d. h. in der Herstellung, Vervielfältigung und Verbreitung, der Zeitschrift bestehende gewerbliche Betrieb, Gegenstand des Kaufvertrages war. Im Verpfändungsvertrage vom 20. Juni 1905 ist als Gegenstand der Verpfändung „das Eigentums- und Verlagsrecht" des Verpfänders an der Zeitschrift angegeben. Das Berufungsgericht muß aber wohl diesen Vertragsgegenstand als identisch mit dem des Veräußerungsvertrages vom 25. Juni 1906 angesehen haben, da es andernfalls an jeder Erklärung dafür fehlen würde, inwiefern der ganze Kaufpreis der Klägerin pfandrechtlich verhaftet sein sollte.

Die Frage, auf die es ankommt, ist demnach die, ob es rechtlich möglich ist, durch einfache Verpfändungserklärung ein Pfandrecht an dem „Verlag einer Zeitschrift" zu begründen. Zur Bejahung dieser Frage gelangt das Berufungsgericht in Uebereinstimmung mit dem Landgerichte durch die Erwägung: nach den §§ 2 und 4 des Gesetzes über das Urheberrecht vom 19. Juni 1901 sei der Herausgeber einer Zeitschrift, möge er selbst ihr Verfasser sein oder die Beiträge anderer zu einem Ganzen sammeln und verwerten, als Urheber der Zeitschrift anzusehen, sein Recht am Unternehmen also ein — übertragbares und sohin auch verpfändbares — Urheberrecht. Wie es sich die Befriedigung des Gläubigers aus dem Pfandgegenstande denkt, darüber spricht sich das Berufungsgericht nicht aus; das Landgericht hatte angenommen, daß der Pfandgläubiger berechtigt sein sollte, sich entweder durch Selbstherausgabe der Zeitschrift oder durch Veräußerung des „Herausgaberechtes" Befriedigung zu verschaffen. Demgegenüber wäre zunächst darauf hinzuweisen, daß in den beiden Verträgen nicht vom Herausgeber und seinen Rechten, sondern von dem Verlage der Zeitschrift, den dem Verleger als solchem zustehenden Rechten, dem Eigentums- und Verlagsrechte, die Rede ist. Dieser Hinweis wird nicht dadurch überflüssig, daß im vorliegenden Falle der Verleger selbst zugleich der Herausgeber ist. Denn wenn auch unbedenklich anzunehmen ist, daß in beiden Verträgen nicht nur die Verlegerrechte, sondern auch die Herausgeberrechte Vertragsgegenstand sein sollten, so wird die Unterscheidung doch von Bedeutung, wenn sich die Beurteilung der Herausgeberrechte durch das Berufungsgericht als rechtsirrig herausstellt; es bleibt dann zu prüfen, ob nicht durch Verpfändung der Verlegerrechte, für sich oder zusammen mit denen des Herausgebers, ein wirksames Pfandrecht begründet werden konnte.

Die Prüfung der Sache ergibt, daß das Berufungsurteil unter keinem Gesichtspunkte aufrechterhalten werden kann. Von der dem Urheber eines Schriftwerkes zustehenden ausschließlichen Befugnis, das Werk zu vervielfältigen und gewerbsmäßig zu verbreiten und derart das geistige Erzeugnis wirtschaftlich zu verwerten, ist die Ausübung dieser Befugnis, die Tätigkeit der Vervielfältigung und Verbreitung, der Verlag des Werkes, wohl zu unterscheiden. Der Verfasser übt diese Tätigkeit selten selbst aus: er pflegt sie einem Verleger zu übertragen, sei es durch Abtretung des vollen Urheberrechtes, sei es durch Einräumung eines mehr oder minder beschränkten Verlagsrechtes. Das Unternehmen, ein urheberrechtlich geschütztes Werk zu verlegen, setzt also den Erwerb des (abgeleiteten) Urheber- oder Verlagsrechtes auf seiten des Verlegers voraus. Ein Fehlschluß aber wäre es, wollte man das Recht des Verlegers an seinem Unternehmen als Urheber- oder Verlagsrecht bezeichnen. Ganz klar zeigt sich dies bei der Betrachtung des auf den fortlaufenden Verlag möglichst vieler Werke gerichteten Betriebes einer Verlagshandlung. Ein solcher Betrieb ist ein Handelsgeschäft, wie jeder andere kaufmännische Gewerbebetrieb; er unterscheidet sich rechtlich in keiner Weise beispielsweise von dem Fabrik- und Handelsgeschäfte eines Kaufmannes, der sich vorzugsweise mit der Massenherstellung und dem Verkaufe von patentierten oder unter Musterschutz stehenden Gegenständen befaßt. Wie hier die vom Inhaber des Geschäftes erworbenen Patent- oder Musterrechte oder Lizenzen, so gehören dort die vom Verleger erworbenen Urheber- und Verlagsrechte zu den Aktiven des Geschäftes. Das Recht des Verlegers an seinem Geschäfte dagegen kann weder ein Urheber- noch ein Verlagsrecht sein, weil eine Verlagshandlung kein Schriftwerk ist; es ist überhaupt kein einheitliches, fest umgrenztes Recht. Im Verkehre spricht man vom Eigentume, nennt man den Inhaber den Eigentümer des Geschäftes; im juristisch-technischen Sinne trifft dies aber nicht zu. Ein Handelsgeschäft ist nicht eine Sache oder ein Recht, sondern ein Inbegriff von Vermögensgegenständen der verschiedensten Art: es umfaßt körperliche Sachen, Forderungen, sonstige festumgrenzte, in sich geschlossene subjektive Rechte, aber auch rein tatsächliche Beziehungen, wie Bezugsquellen, Geschäftsgeheimnisse, Kundschaft u. dgl., die sich an den Namen (die Firma) des Inhabers oder an die besondere Benennung des Unternehmens knüpfen, und die unter Umständen, weil gerade sie die Hoffnung auf die Möglichkeit gewinnbringenden Fortbetriebes des Geschäftes rechtfertigen, den Hauptwert des Geschäftes darstellen. Dementsprechend ist auch das „Eigentum" des Geschäftsinhabers nicht ein einheitliches Recht; der Kürze halber und unter Vorbehalt richtigen Verständnisses mag indessen der Ausdruck „Eigentum" auch hier beibehalten werden.

Fragt man nach dem Rechte des Urhebers an dem Verlagsunternehmen, so läßt sich hierauf eine allgemein gültige Antwort nicht geben; sein Recht hängt ab von dem Inhalte des Verlagsvertrages. Es kommt vor, daß der Verfasser dem Verleger noch eine Aufzahlung leistet; häufiger wird der Verfasser eine feste oder nach einem Anteile am Gewinne berechnete Vergütung erhalten. Aber auch wenn etwa Verfasser und Verleger das Werk auf gemeinsame Rechnung herausgeben, so erlangt hierdurch der Verfasser nicht ein Anteilsrecht am Verlagsgeschäft als Ganzem, der Verlagshandlung, sondern nur an dem Verlage seines Werkes; es liegt dann ein einzelnes sog. Konsortialgeschäft vor. Ein Urheberrecht ist auch in diesem Falle das Recht des Verfassers an dem Verlagsunternehmen nicht, sondern ein Gesellschaftsrecht. Weiter hierauf einzugehen, ist nicht veranlaßt.

Wird eine Verlagshandlung veräußert, so werden in der Regel auch die dem Verkäufer zustehenden Urheber- und Verlagsrechte mitverkauft werden, soweit dies zulässig ist, weil sie eben einen Bestandteil des Geschäftes bilden. Wesentlich ist aber die Uebertragung derartiger Rechte nicht. Denn einmal gibt es Verlagsunternehmungen, deren Gegenstand nicht geschützte Schriftwerke sind, und sodann kann es im Einzelfalle dem Käufer hauptsächlich um den Verlag neuer Erscheinungen zu tun sein, so daß er geringen Wert auf den Erwerb der im Geschäfte bereits vorhandenen Verlagsrechte legt. Auf keinen Fall aber läßt sich sagen, der Verkauf einer Verlagshandlung sei Verkauf eines Urheber- oder Verlagsrechtes.

Betrachtet man von diesen Gesichtspunkten aus ein Zeitungs- oder Zeitschriftunternehmen und den rechtlichen Vorgang bei Veräußerung eines solchen, so zeigen sich einige Besonderheiten. Der Verlag der Zeitschrift wird häufig den Geschäftsbetrieb des Verlegers nicht erschöpfen; insoweit hat er Aehnlichkeit mit dem Verlage eines einzelnen Werkes. Anderseits ist das Zeitschriftunternehmen von vornherein auf die fortlaufende, periodische Herausgabe immer neuer Schriftwerke gerichtet; denn jede Nummer ist für sich ein besonderes, inhaltlich von jeder anderen Nummer verschiedenes Schriftwerk. Ferner knüpfen sich bei Zeitungen und Zeitschriften die sog. Chancen des Geschäfts (der Umfang der Verbreitung, die Zahl der Abnehmer, die Beliebtheit des Blattes für Anzeigen u. dgl.) nicht sowohl an die Firma des Verlegers oder den Namen des Herausgebers, als vielmehr an das durch den Zeitschrifttitel gekennzeichnete und zusammengefaßte Unternehmen, und insofern läßt sich der Betrieb eines solchen Unternehmens dem Betriebe einer gewöhnlichen Verlagshandlung gleichstellen. Es kommt aber hinzu, daß jede einzelne, aus den Beiträgen mehrerer bestehende Nummer für sich ein Sammelwerk darstellt, als dessen Urheber der Herausgeber gilt, so daß sich dieser noch zwischen die Urheber der Einzelbeiträge und den Verleger einschiebt. Das kann aber nicht dazu führen, das Recht des Herausgebers am Unternehmen als ein Urheberrecht zu kennzeichnen. Die Rechtsstellung des Herausgebers kann, wie die des Urhebers eines Einzelbetrags, sehr verschiedener Art sein. Bei manchen Zeitschriften ist der Verleger derart Herr des gesamten Unternehmens, daß es ihm freisteht, dem Herausgeber zu kündigen und einen anderen an seine Stelle zu setzen. Bei anderen Zeitschriften ist es gerade umgekehrt. Der Herausgeber ist der eigentliche Herr des Unternehmens, so daß es bei ihm steht, das Unternehmen mit einem anderen Verleger oder im Selbstverlage fortzuführen. Aber auch in diesem Falle ist bei der Veräußerung des Unternehmens Vertragsgegenstand nicht ein Urheber- oder Verlagsrecht, sondern das Unternehmen selbst, ein organisierter und in Gang befindlicher Betrieb, wie bei der Veräußerung eines Handelsgeschäftes. Bestandteil des Geschäftes können auch hier Urheber- und Verlagsrechte sein, sie sind aber hier noch unwesentlicher als beim Verkaufe einer Verlagshandlung. Denn die Rechte des Verlegers an den Einzelbeiträgen sind hier durch die §§ 41 flg. des Gesetzes über das Verlagsrecht vom 19. Juni 1901 noch besonders eingeschränkt, und der Geschäftskäufer wird auch kaum auf die bereits veröffentlichten Beiträge besonderen Wert legen, sondern höchstens auf die bereits eingesandten, aber nicht verwendeten Beiträge, die den Stoff für die nächsten, von ihm selbst erst herauszugebenden Nummern bilden und deshalb einen erheblichen Vermögenswert für ihn haben können. Denkbar ist ein Interesse des Käufers auch an der Uebertragung der Urheberrechte des Herausgebers, wenn er etwa die Absicht hat, ältere Nummern der Zeitschrift wieder abzudrucken. Denn nur an den bereits erschienenen und an den zum Erscheinen fertiggestellten Nummern als Sammelwerken steht dem Herausgeber ein Urheberrecht im Sinne des § 4 des Urheberrechtsgesetzes zu. Dagegen kann von Uebertragung eines Urheberrechtes in bezug auf die künftigen Stücke der Zeitschrift keine Rede sein. Wenn der bisherige Herausgeber auf Grund der Veräußerung des Unternehmens seine Stellung aufgibt und sie dem Erwerber einräumt, so wird dieser unmittelbarer, ursprünglicher Urheber der von ihm herausgegebenen Nummern.

Nach alledem bleibt es dabei, daß den Gegenstand des Kaufvertrages vom 25. Juni 1906 ein Verlagsunternehmen gebildet hat, nicht ein Urheber- oder sonstiges bestimmtes Recht. Als mitverkauft sind im Vertrage erwähnt die im Geschäftslokale vorhandenen Bilder und Zeichnungen. Damit mögen vielleicht Urheber- oder Verlagsrechte an diesen Gegenständen als künstlerischen Erzeugnissen gemeint sein. Sonstige Rechte sind nicht besonders erwähnt; das schließt aber nicht aus, daß sie dennoch vorhanden waren. Insbesondere kann dies zutreffen in bezug auf bereits vorliegende Einzelbeiträge. Ob es der Fall ist, und ob demnach in dem Kaufpreise auch eine Vergütung für solche Rechte inbegriffen ist, wäre noch tatsächlich festzustellen.

Wie schon erwähnt, ging bei dem Verpfändungsvertrage vom 20. Juni 1905 die Absicht der Beteiligten zweifellos dahin, das Geschäft als Ganzes, den Zeitschriftverlag, zu verpfänden. Diesen Erfolg konnte der Vertrag keinesfalls haben; denn ein Verlagsunternehmen ist weder eine Sache im Sinne des § 1204, noch ein Recht im Sinne des § 1273 BGB. Ein Handelsgeschäft als solches kann nicht Gegenstand eines Pfandrechtes sein; verpfändbar sind nur die einzelnen zum Geschäfte gehörigen Sachen und Rechte. Es mag anzunehmen sein, daß nach dem Willen der Beteiligten das Pfandrecht schon durch den Verpfändungsvertrag auch an diesen Sachen und Rechten soweit als möglich zur Entstehung gelangen sollte, und es bedarf hiernach der Untersuchung, inwieweit solche durch Vertrag verpfändbare Gegenstande zur Zeit der Konkurseröffnung vorhanden waren. Die nach der Konkurseröffnung erst erworbenen Rechte müssen ausscheiden, da bei der Verpfändung künftiger Rechte das Pfandrecht selbst nicht früher wirksam werden kann, als mit der Entstehung des Rechtes, und da nach der Konkurseröffnung ein wirksames Pfandrecht an einem zur Masse gehörigen Rechte nicht mehr begründet werden kann.

Aus allen diesen Gründen war das Berufungsurteil aufzuheben und mit Rücksicht auf die Möglichkeit, daß ein, wenn noch so kleiner, Teil des hinterlegten Erlöses aus der Veräußerung von Rechten herrührt, die der Klägerin gültig verpfändet waren, die Sache an das Berufungsgericht zurückzuverweisen. Hierbei mag noch eine Bemerkung hinsichtlich des mitveräußerten Rechtes auf die Fortführung des Zeitschrifttitels am Platze sein. Der Zeitschrifttitel ist vielleicht der wertvollste Gegenstand des Unternehmens; das Recht auf seine Benutzung ist unbedenklich als ein übertragbares Recht anzusehen. Gleichwohl kann dieses Recht nicht Gegenstand eines Pfandrechtes sein; denn es ist nicht ein für sich, selbständig und unabhängig vom Zeitschriftunternehmen übertragbares Recht. Der Titel hat Aehnlichkeit mit der Firma eines Kaufmannes, er ist der Name eines bestimmten Unternehmens. Eben deshalb kann er aber auch von dem Unternehmen nicht losgelöst, sondern nur zusammen mit ihm übertragen werden, gerade wie die Firma nur mit dem Handelsgeschäfte. Da aber das Unternehmen nicht Gegenstand des Pfandrechtes sein kann, so ist auch die Verpfändung des Titels des Unternehmens ausgeschlossen."

RGZ. 69, 401

**Gibt es, abgesehen vom Urheberrechte, ein subjektives Persönlichkeitsrecht an eigenen Briefen? Welches sind die Voraussetzungen des urheberrechtlichen Schutzes von Briefen? Kommt es darauf an, ob dem Verfasser bei der Abfassung der Briefe der Gedanke ihrer Vervielfältigung und Veröffentlichung vorgeschwebt hat? Kann gemäß § 809 BGB. die Vorlegung von Briefabschnitten verlangt werden behufs Feststellung, ob dem Besitzer die Benutzung zur Veröffentlichung auf Grund eines Urheberrechts untersagt werden kann? Beschränkungen eines solchen Anspruches nach den Grundsätzen von Treu und Glauben.**

I. Zivilsenat. Urt. v. 7. November 1908.

I. Landgericht Weimar. II. Oberlandesgericht Jena.

Die Klägerin war die alleinige Erbin ihres am 25. August 1900 verstorbenen Bruders, des Schriftstellers Friedrich Nietzsche; auf sie sind alle ihm zustehenden Urheberrechte übergegangen. Friedrich Nietzsche unterhielt in der Zeit von 1870 oder 1871 bis Anfang 1889 einen regelmäßigen freundschaftlichen Briefwechsel mit dem am 26. Juni 1905 verstorbenen Professor O. In einem Kodizille zu seinem Testamente hatte dieser den Mitbeklagten B. beauftragt, die in seinem Nachlasse befindlichen Briefe Friedrich Nietzsche's — mehrere Hundert an Zahl — im Druck öffentlich herauszugeben; zugleich setzte er die Bibliothek der Universität Basel zur Erbin der Originalbriefe ein und ordnete an, daß sie von ihr dem B. zum Zwecke der Herausgabe nach Maßgabe ihrer Bestimmungen über Verleihung von Manuskripten auszuliefern seien. Die Originalbriefe befanden sich im Besitze der genannten Universitätsbibliothek; eine von O. selbst angefertigte Abschrift sollte sich nach Behauptung der Klägerin im Besitze der Beklagten, nach deren Behauptung im Besitze der Witwe O.'s befinden. B. beauftragte den Mitbeklagten D. mit dem Verlage der Briefe. Trotz Widerspruches der Klägerin waren die beiden Beklagten gewillt, die Briefe zu veröffentlichen, wurden hieran jedoch zurzeit durch eine auf Antrag der Klägerin erlassene einstweilige Verfügung gehindert.

Die Klägerin verlangte mit der vorliegenden Klage insbesondere, jede Vervielfältigung, Bearbeitung, öffentliche Mitteilung, gewerbliche Verbreitung oder Uebersetzung dieser Briefe zu unterlassen.

... Das Landgericht wies die Klage ab. Die Berufung der Klägerin blieb ohne Erfolg. Auf ihre Revision hat das Reichsgericht das Berufungsurteil aufgehoben und die Sache an das Oberlandesgericht zurückverwiesen.

Gründe:

„Soweit die Klage auf angebliches Eigentum der Klägerin an den Briefen Friedrich Nietzsche's gestützt ist, hat die Revision keinen Angriff gegen das Urteil erhoben. Das Eigentum der Klägerin ist in Uebereinstimmung mit der in der Theorie herrschenden Meinung (vgl. Reichardt, Das Recht an Briefen S. 12 flg. und Zitate) mit Recht verneint worden. Das Eigentum an dem abgesandten Briefe geht regelmäßig auf den Empfänger über, während das etwa bestehende Urheberrecht dem Verfasser verbleibt.

Ebenso ist die Klage mit Recht abgewiesen, insoweit sie auf ein sog. Individual- oder Persönlichkeitsrecht der Klägerin gestützt war. Ein allgemeines subjektives Persönlichkeitsrecht ist dem geltenden bürgerlichen Rechte fremd. Es gibt nur besondere, gesetzlich geregelte Persönlichkeitsrechte, wie das Namensrecht, das Recht am eigenen Bilde, die persönlichkeitsrechtlichen Bestandteile des Urheberrechts. Ein Persönlichkeitsrecht an den eigenen Briefen — abgesehen von deren urheberrechtlichem Schutze —, dessen gesetzliche Anerkennung vielfach, unter anderem auch in dem ersten Entwurfe zum gegenwärtigen Urheberrechtsgesetze vorgeschlagen war, ist bisher nicht durchgedrungen. Ein Rechtsschutz der Persönlichkeit ist daher auf diesem Gebiete nur gegen unerlaubte Handlungen gegeben, und zwar gegen begangene im Wege der Schadensersatz- und Wiederherstellungsklage, gegen in Aussicht stehende im Wege der Unterlassungsklage. In dieser Hinsicht stellt aber der Vorderrichter in rein tatsächlicher Erwägung ohne Rechtsirrtum fest, daß nach dem tatsächlichen Vorbringen der Klägerin in Verbindung mit den von den Beklagten erteilten Zusicherungen die Besorgnis, daß die Klägerin durch die Veröffentlichung in irgendeiner Weise in einem rechtlich geschützten Interesse, insbesondere an ihrer Ehre oder an ihrem Vermögen, geschädigt werden könnte, unbegründet sei.

Begründet ist dagegen die Revision bezüglich des Klagegrundes des Urheberrechts.

... Der urheberrechtliche Schutz von Briefen, auch von Vertrauensbriefen, hat keine anderen Voraussetzungen als der von anderen Schriftwerken. Der Grund zum urheberrechtlichen Schutze kann nur in einer objektiven, inneren Eigenschaft des Schriftwerkes gefunden werden; wie er nicht abhängt von der Verwertungsmöglichkeit im Wege des Verlages (Entsch. des RG.'s in Zivils. Bd. 41 S. 48), so auch nicht von den Absichten, die den Verfasser bei der Niederschrift geleitet haben.

Erforderlich ist auch bei Briefen, daß sie sich als eine individuelle Geistesschöpfung, als Ausfluß einer individuellen geistigen Tätigkeit darstellen. Daher genügt es nicht, daß sie wegen des darin enthaltenen Tatsachenmaterials als historische Urkunden, insbesondere als Belege für den Charakter und die Lebensschicksale des Verfassers, allgemein interessant und literarisch verwertbar sind. Unter Ausscheidung des etwaigen historischen oder biographischen Interesses ist vielmehr zu fragen, ob sie auch abgesehen von den bekundeten Tatsachen und als

Erzeugnisse eines beliebigen Verfassers literarisch bedeutsam sein würden. Diese literarische Bedeutung, die den Urheberschutz begründet, kann beruhen auf einem originalen Gedankeninhalte; sie kann aber auch beruhen auf einer künstlerischen Formgebung, die auch bloßen Vertrauensbriefen ohne originalen Gedankeninhalt vermöge der besonderen Anmut und Kraft des Stiles einen ästhetischen Reiz und literarischen Wert verleiht.

In dieser Hinsicht sind zur Begründung der urheberrechtlichen Klage genügende Behauptungen aufgestellt worden; insbesondere ist angegeben, daß die Briefe Friedrich Nietzsche's an O. in ihrer rein literarischen Bedeutung mindestens auf gleicher Höhe stehen wie seine bereits in vier Bänden erschienenen übrigen Briefe, in denen er sich anerkanntermaßen als ein „Briefkünstler" betätigt habe. Es wird daher lediglich eine Frage des Beweises sein, ob und inwieweit den streitigen Briefen dieser Charakter zuzusprechen ist.

Was den Antrag auf Vorlegung der von O. angefertigten Briefabschriften anlangt, so kann er auf § 423 ZPO. nicht gestützt werden, weil die Beklagten zur Beweisführung auf diese Urkunden nicht Bezug genommen, vielmehr deren Benutzung im Prozesse stets abgelehnt haben (Entsch. des RG.'s in Zivils. Bd. 35 S. 109).

Es kommt daher gemäß § 422 ZPO. darauf an, ob die Klägerin nach den Vorschriften des bürgerlichen Rechtes die Vorlegung der Abschriften verlangen kann. In dieser Beziehung steht ihr der § 810 BGB. nicht zur Seite; insbesondere kann sie nicht behaupten, daß die Abschriften im Interesse ihres Erblassers Friedrich Nietzsche gefertigt sind, d. h. um ihm als Beweismittel zu dienen. Dies läßt sich nicht einmal von den Originalbriefen behaupten (vgl. Planck, BGB. § 810 Bem. 3 b/*a*).

Dagegen kann sich die Klägerin auf § 809 BGB. berufen. Die Abschriften können den Beklagten dazu dienen, die Briefe im Drucke herauszugeben. Besteht aber an den Briefen ein Urheberrecht der Klägerin, so kann sie ihnen die Benutzung der Abschriften untersagen. Dasselbe Recht würde ihr auch gegenüber der Witwe O.'s zustehen. Befinden sich daher die Abschriften in deren Gewahrsam, so erscheint unter der Voraussetzung, daß deutsches Recht anzuwenden ist, der eventuell gestellte Antrag berechtigt, der Klägerin gemäß § 428 ZPO. eine Frist zur Herbeischaffung der Urkunden zu setzen. Denn die Besichtigung der Abschriften ist aus dem Grunde für die Klägerin von Interesse, weil sie sich Gewißheit verschaffen will, ob ihr in Ansehung der Abschriften der Anspruch zusteht, die Benutzung zum Zwecke der Veröffentlichung zu untersagen. Ein etwaiges Eigentum der Besitzer würde dem Anspruche aus § 809 BGB. an sich nicht entgegenstehen.

Wohl aber können sie nach § 242 BGB. geltend machen, daß sie die ihnen obliegende Leistung nur so zu bewirken haben, wie es Treu und Glauben mit Rücksicht auf die Verkehrssitte erfordern. Vor allem kommt hierbei in Betracht, daß, wenn ihr auch ein Urheberrecht an den Briefen zustehen sollte, die Klägerin doch von dem berechtigten Besitzer nicht verlangen könnte, daß er ihr zu dessen Verwirklichung im Wege einer von ihr zu veranstaltenden Veröffentlichung verhelfe; vielmehr würde sich ihr Anspruch gegen den Besitzer in der Untersagung einer von ihm vorzunehmenden Herausgabe erschöpfen. Es würde daher gegen Treu und Glauben verstoßen, das Recht auf Vorlegung zu benutzen, um selbst die Briefe zu veröffentlichen und die Rechtsposition der Besitzer, vermöge deren sie die Veröffentlichung durch die Klägerin verhindern können, zu beeinträchtigen. Es läßt sich auch nicht verkennen, daß die Vorlegung diese Rechtsposition der Besitzer gefährden würde. Daraus folgt, daß der Anspruch auf Vorlegung in diesem Falle nur unter gehörigen Kautelen — z. B. Sicherheitsleistung —, deren Bestimmung dem richterlichen Ermessen unterliegt, verfolgt werden kann (vgl. auch § 811 Abs. 2 BGB.). Selbst die Möglichkeit, die hier übrigens nach dem bisherigen Tatbestande nicht in Betracht kommt, ist nicht auszuschließen, daß ein nachgewiesenes berechtigtes Interesse des Besitzers, gewisse Teile der Korrespondenz auch der bloßen Kenntnis der Klägerin vorzuenthalten, die Verfolgung des Anspruches insoweit überhaupt als unzulässig erscheinen läßt. In dieser Hinsicht ist alles Nähere der demnächstigen Entscheidung des Berufungsgerichts vorzubehalten."

**RGZ. 71, 104**

**Hat ein Ausländer, der im Inlande keine Hauptniederlassung, wohl aber eine Zweigniederlassung besitzt, das Geschmacksmuster bei dem Amtsgerichte zu Leipzig oder bei dem für die Zweigniederlassung zuständigen Amtsgerichte anzumelden und niederzulegen?**

Gesetz, betr. die Urheberrechte an Mustern und Modellen, vom 11. Januar 1876 §§ 7, 9.

I. Zivilsenat. Urt. v. 1. Mai 1909.

I. Landgericht I Berlin. II. Kammergericht daselbst.

Die Klägerin, eine österreichische Firma, die in Berlin eine seit 1890 eingetragene Zweigniederlassung, aber keine Hauptniederlassung in Deutschland besitzt, klagte wegen Verletzung ihres deutschen Geschmacksmusterschutzes an zwei Mustern, die sie im Jahre 1901 bei dem Amtsgerichte zu Leipzig angemeldet und niedergelegt hatte.

Beide Vorinstanzen wiesen die Klage ab, weil Anmeldung und Niederlegung, um den gesetzlichen Schutz zu begründen, bei dem ausschließlich zuständigen Amtsgerichte Berlin hätten erfolgen müssen.

Die Revision ist zurückgewiesen worden, aus folgenden

Gründen:

„Die Revision kann keinen Erfolg haben, weil die Annahme der Vorinstanzen, daß die Klägerin wegen Anmeldung und Niederlegung bei dem unzuständigen Gerichte keinen Schutz für ihre Geschmacksmuster erlangt habe, dem Gesetze vom 11. Januar 1876 entspricht und die Entscheidung trägt.

Mit der Zuständigkeitsbestimmung des § 9 Abs. 3 dieses Gesetzes hat sich der Senat bereits in dem Urteile vom 16. April 1898 (Entsch. in Zivils. Bd. 41 S. 77) beschäftigt. Damals lag vor, daß ein Ausländer (Schweizer), der im Gebiete des Reichs keine Haupt-, wohl aber eine Zweigniederlassung hatte, ein Geschmacksmuster bei dem für die Zweigniederlassung zuständigen Amtsgerichte angemeldet und niedergelegt hatte. Dies wurde für „ganz korrekt" erklärt. Der Senat hat also damals dem § 9 Abs. 3 die auch jetzt vom Kammergerichte übereinstimmend mit dem Landgerichte befolgte Auslegung gegeben, daß unter der hier erwähnten „Niederlassung" sowohl die Hauptniederlassung, als die Zweigniederlassung zu verstehen sei. An dieser Auslegung ist, trotz der Einwendungen der Revision, festzuhalten. Sie entspricht zunächst durchaus dem Wortlaute des Gesetzes. Unbedenklich ist, daß mit Niederlassung auch eine Zweigniederlassung gemeint sein kann. Alsdann aber würde, gerade wenn man, wie die Revision verlangt, die Abss. 2 und 3 des § 9 hintereinander liest, die Verschiedenheit des Ausdrucks nicht zu erklären sein und dem Vorwurfe übermäßiger Sorglosigkeit in der Fassung nicht entgehen, wenn man die Hauptniederlassung des Abs. 2 und die Niederlassung des Abs. 3 als gleichbedeutend zu verstehen hätte. Der Wechsel in der Bezeichnung an den beiden nahe verbundenen Stellen läßt ohne Willkür nur die Auslegung zu, daß damit an beiden Stellen etwas Verschiedenes gemeint sei, daß also die Niederlassung in Abs. 3 in bewußtem Gegensatze zu der Hauptniederlassung in Abs. 2 den weiteren, auch die Zweigniederlassung mitumfassenden Sinn haben soll.

Das Ergebnis dieser Auslegung führt zu einer befriedigenden Regelung der Zuständigkeit. Der Abs. 2 gibt die Zuständigkeitsnorm für alle Fälle, wo im Inlande entweder eine — eingetragene — Hauptniederlassung oder ein Wohnsitz vorhanden ist. Für die hiernach nicht geregelten Fälle, die tatsächlich meist bei Ausländern vorkommen werden, nicht aber, wie die Revision meint, für die Ausländer als solche, trifft der Abs. 3 Bestimmung. Er tut dies, wie der Abs. 2, in alternativer Weise, indem er die Zuständigkeit verschieden festsetzt, je nachdem im Inlande wenigstens eine — wie man ergänzen muß: eingetragene — Zweigniederlassung besteht oder es auch daran fehlt. Nur für den letzteren Fall spricht es die Zuständigkeit des Leipziger Handelsgerichts — jetzt des Amtsgerichts Leipzig, § 125 Abs. 1 FrGG. — aus. Für den anderen Fall ist die Gerichtsbehörde der Zweigniederlassung zuständig, was der Abs. 3 allerdings nur dadurch zum Ausdrucke bringt, daß er die Zuständigkeit des Leipziger Handelsgerichts in der angegebenen Weise beschränkt. Sachliche Bedenken stehen dieser Auslegung der gesetzlichen Zuständigkeitsbestimmungen nicht entgegen. Man darf insbesondere nicht einwenden, daß es im Inlande mehrere Zweigniederlassungen geben könne. Das gleiche ist auch bei der Hauptniederlassung möglich. Für diese besonderen Fälle hat das Gesetz überhaupt keine ausdrückliche Vorschrift, man muß die Lösung aus den übrigen Zuständigkeitsbestimmungen entnehmen. Davon abgesehen, führt der Abs. 3 zu einer sicheren Zuständigkeitsnorm für alle nicht in Abs. 2 geregelten Fälle.

Daß für diese Fälle die einheitliche Zuständigkeit des Leipziger Handelsgerichts dem Standpunkte des Gesetzgebers näher gelegen hätte, kann auch nicht aus der Entstehungsgeschichte des Gesetzes nachgewiesen werden. Im Gegenteile, mit den Bemerkungen, welche die Motive zu dem damaligen § 8 gegen die Errichtung einer Zentralanmeldungsstelle vorbringen (Sten. Ber. des Reichstages, 2. Legislaturper. III. Session, 1875 Nr. 24 S. 26/27), stimmt es offenbar besser, daß Leipzig nicht mit allen nach Abs. 2 übrig bleibenden Anmeldungen belastet, sondern nur herangezogen wird, wo sich kein anderes sicheres Zuständigkeitskriterium aufstellen läßt.

Der Vorinstanz ist aber auch darin beizutreten, daß die Zuständigkeitsnormen des § 9 ausschließlich sind und daß die Anmeldung an unzuständiger Stelle nicht rechtswirksam ist. Wenn § 7 die Erlangung des Musterschutzes davon abhängig macht, daß Anmeldung und Niederlegung „bei der mit Führung des Musterregisters beauftragten Behörde" erfolgen, so ist es selbstverständlich, daß für das einzelne Muster oder Modell die Bestimmung der mit Führung des Musterregisters beauftragten Behörde nicht nur aus § 9 Abs. 1 — sachliche Zuständigkeit —, sondern ebenso aus § 9 Abss. 2, 3 — örtliche Zuständigkeit — entnommen werden muß. . . .

## RGZ. 71, 355

**1. Setzt der Begriff eines „Werkes der bildenden Künste" im Sinne des Reichsgesetzes vom 9. Januar 1907 Originalität voraus?**

**2. Zum Begriffe der Nachbildung eines Kunstwerkes.**

I. Zivilsenat. Urt. v. 23. Juni 1909.

I. Landgericht I Berlin. II. Kammergericht daselbst.

Die Klägerin, die in Paris eine Kunstgießerei betrieb, beanspruchte das Urheberrecht an einer von dem französischen Bildhauer Fulconis 1878 geschaffenen Bronzestatue „Fortune", einer weiblichen Figur mit

Füllhorn. Diese Figur habe die Beklagte ohne Erlaubnis nachgebildet. Die Klage begehrte Untersagung fernerer Verletzungen, Einziehung der Nachahmungsexemplare und Vorrichtungen, sowie Verurteilung zur Rechnungslegung über den gezogenen Gewinn. Die erste Instanz verurteilte nach dem Klagantrage; die zweite wies die Klage ab. Das Reichsgericht hat das Berufungsurteil aufgehoben und die Sache zurückverwiesen.

Gründe:

„Das Kammergericht ... ist der Ansicht, daß die Fortuna Fulconis' als bloße Nachbildung des bekannten fliegenden Merkurs Johanns von Bologna nicht die Bezeichnung eines Kunstwerkes im Sinne des Gesetzes vom 9. Januar 1876 verdiene. Zweitens verneint es die Nachbildung dieser Fortuna durch die Figur der Beklagten. Beide Entscheidungsgründe sind durch Rechtsirrtum beeinflußt; in ersterer Beziehung muß sogar das Gegenteil für zutreffend erachtet werden.

Damit ein Werk eines Künstlers, das sich an ein früheres Kunstwerk anlehnt, den Gesetzesbegriff „Werk der bildenden Künste" erfülle, verlangt das Kammergericht Originalität; etwas Neues und Eigentümliches müsse hervorgebracht sein. Versteht man dies dahin, daß das Neue zum Ueberraschenden gesteigert sein müsse, so hat der Satz im Rechte keinen Boden. Jede Gestaltung, in der ein eigenes künstlerisches Schaffen zutage tritt, jede individuelle Formgebung genügt. In dem hier zu entscheidenden Falle unterliegt die Verwirklichung dieses Erfordernisses keinem Zweifel. Die von den Parteien in der zweiten Instanz überreichten Abgüsse haben auch dem Revisionsgerichte vorgelegen. Danach stellt die Statue Fulconis' eine nackte weibliche Figur mit Schleier und Füllhorn dar, die mit dem rechten Fuße auf einem Rade schwebt, während der linke Unterschenkel waagerecht gebogen und der linke Unterarm senkrecht in die Höhe gehoben ist. In den Einzelheiten zeigt sie künstlerisch feine Modellierung und Durchbildung. Es kann daher keine Rede davon sein, daß ihr die Eigenschaft eines Kunstwerkes im Hinblick auf die klassische Statue Johanns von Bologna streitig gemacht werden könnte. Aber noch etwas weiteres geht aus diesem Sachverhalte unmittelbar hervor. Die Fortuna Fulconis' ist nicht nur ein Kunstwerk: sie muß auch als unabhängiges Kunstwerk anerkannt werden. Die künstlerische Aufgabe, einen weiblichen Körper in bestimmter Bewegung darzustellen, ist von der Aufgabe der Darstellung eines männlichen Körpers in gleicher Bewegung grundverschieden. Sind beide Aufgaben gelöst, so sind zwei Kunstwerke geschaffen, von denen im Rechtssinne keines sich zum anderen wie das Original zur Nachbildung verhält. ... Wie § 4 des Ges. vom 9. Januar 1876 es formuliert, hat Fulconis ein neues Werk — eine eigentümliche Schöpfung, vgl. das Gesetz vom 9. Januar 1907 § 16 — unter freier Benutzung des älteren Werkes hervorgebracht.

Bei der Frage, ob die Beklagte die Figur Fulconis' nachgebildet habe, folgt das Kammergericht völlig dem von ihm eingeholten Gutachten. Es glaubt eine Aehnlichkeit zwischen den beiden Figuren nur insofern konstatieren zu können, als beide in Anlehnung an denselben Merkur entstanden seien. Jedenfalls lehne sich die Figur der Beklagten enger an diese Vorlage an als an die französische Figur. Nun muß zugegeben werden, daß die Beklagte von den charakteristischen Merkmalen des Merkurs mehr übernommen hat, als Fulconis es tat. So hat sie den Kindskopf mit dem Windstoße, der den Merkur trägt, beibehalten; selbst in anatomischer Hinsicht sind — sehr zum Schaden des Werkes — gewisse Eigenheiten des männlichen Körpers bei ihrer Fortuna bemerkbar. Aber es wäre rechtsirrtümlich, wollte man meinen, daß hierdurch eine Nachbildung der Fortuna Fulconis' ausgeschlossen sei oder ihre Bedeutung verloren habe. Auch die verschlechterte Wiedergabe eines Kunstwerks muß immer als Nachbildung beurteilt werden, und die Annahme, daß ein solcher Tatbestand vorliege, wird nicht dadurch gehindert, daß zugleich oder vorzugsweise ein drittes Kunstwerk benutzt worden ist. Nur darauf kommt es an, ob der spätere Urheber, ohne zugleich ein neues Kunstwerk zu schaffen, wesentliche Züge des früheren Werkes sich angeeignet hat. Die Frage wird oft nicht ohne eingehende Sachuntersuchungen zu entscheiden sein. Im vorliegenden Falle genügt der unmittelbare Eindruck, den die Abgüsse hervorrufen, um sie der Beantwortung näher zu führen. In der Auswahl des weiblichen Typus, in den Maßen des Körpers, im Spiele der Muskeln usw. stimmen beide Fortunastatuen aufs auffallendste überein. Was anderseits die Abweichungen der jüngeren Statue von der älteren betrifft, so entbehren sie, und zwar auch nach dem Gutachten des Sachverständigen, der künstlerischen Rechtfertigung; sie sind auch nicht so bedeutsam, wie es verlangt werden muß, soll von einer Neuschöpfung gesprochen werden.

Trotz alledem würde eine Nachbildung nicht gegeben sein, wenn die Beklagte — worüber das Kammergericht nichts festgestellt hat — das Kunstwerk Fulconis' überhaupt nicht kannte. Hat sie es aber gekannt, so muß umgekehrt die Nachbildung auch für erwiesen angesehen werden. Es bedarf dann nicht erst noch der Nachforschung, ob bei Schaffung der deutschen Figur der gegenwärtige Anblick der französischen oder bewußte Erinnerungen daran leitend gewesen sind. . . .

**RGZ. 72, 162**

**Ist eine bildliche Darstellung aus dem Grunde des Schutzes als Geschmacksmuster oder des Schutzes als Erzeugnis des Kunstgewerbes unfähig, weil sie die Nachbildung eines Naturgegenstandes enthält?**

Gesetz, betr. das Urheberrecht an Mustern und Modellen,
vom 11. Januar 1876 § 1.

Gesetz, betr. das Urheberrecht an Werken der bildenden Künste und der Photographie, vom 9. Januar 1907 § 2.

I. Zivilsenat. Urt. v. 10. November 1909.

I. Landgericht Nürnberg, Kammer für Handelssachen.
II. Oberlandesgericht daselbst.

Die Klägerin hatte zum Zwecke der Herstellung von Abziehbildern, die auf Porzellan und anderen keramischen Gebrauchsgegenständen eingebrannt wurden, 5 Muster, Kirschen in verschiedener Anordnung darstellend, nach den durch die Malerin K. in Berlin für sie hergestellten Originalen anfertigen lassen, diese Muster am 21. Oktober 1904 bei dem zuständigen Amtsgerichte unter gleichzeitiger Hinterlegung der Abbildungen zur Eintragung in das Musterregister als Flächenmuster gemäß § 7 des Gesetzes vom 11. Januar 1876 angemeldet und die Eintragung unter Nr. 2894 erwirkt. Die Musterschutzfrist lief am 21. Oktober 1907 ab. Von der Beklagten waren nach der Eintragung dieser Muster ebenfalls 5 Kirschenmuster, die dem gleichen Zwecke dienten, hergestellt und in Verkehr gebracht worden. Die Klägerin sah in den Darstellungen der Beklagten widerrechtliche Nachbildungen ihrer Muster, für die sie den Schutz des Geschmacksmustergesetzes und vom 1. Juli 1907 ab auch den Schutz des Gesetzes vom 9. Januar 1907 in Anspruch nahm. Sie verlangte deshalb mit der Klage die Verurteilung der Beklagten zu der Anerkennung, daß ihr das Recht der Nachahmung nicht zustehe, zur Unterlassung der Nachahmung und zum Ersatze des Schadens.

Das Landgericht wies die Klage ab mit der Begründung, daß die Muster der Klägerin als bloße Nachahmungen eines Naturproduktes nicht schutzfähig seien. Das Oberlandesgericht gab der Klage statt. Die Ansicht der II. Instanz, daß die Muster der Klägerin sowohl nach dem Geschmacksmustergesetz als nach dem Kunstschutzgesetze schutzfähig seien, wurde vom Reichsgerichte gebilligt, aus folgenden

Gründen:

... In bezug auf den Geschmacksmusterschutz wird die Entscheidung durch die tatsächliche Feststellung getragen, daß die Tätigkeit der Malerin K. bei Herstellung der Originalbilder, wenn diese auch „getreue Nachbildungen der Natur" seien — was offenbar im Sinne einer realistischen Darstellung gemeint ist —, doch nicht zu „bloßer" Nachbildung der Natur geführt habe, sondern Ausfluß „einer schöpferischen Phantasie in der Wahl der Gegenstände, in der inneren Anschauung und in der Art der Wiedergabe" gewesen sei, was dann im einzelnen dargelegt wird. Das Berufungsgericht sieht also in den Mustern der Klägerin ein Etwas, das über die bloße Kopie der Natur hinausreicht, einen auf die künstlerische Phantasie der Malerin K. zurückzuführenden individuellen schöpferischen Ueberschuß. Und diese Beurteilung findet darin ihre Bestätigung, daß bei der Vergleichung mit den Kirschenbildern der Beklagten das Berufungsgericht zu der Ueberzeugung gelangt ist, diese hätten nur nach den klägerischen Mustern, unmittelbar oder mittelbar, hergestellt werden können, unmöglich aber ohne deren Benutzung als Vorbilder durch bloßen Zufall. Ein Muster aber, das in dieser Weise seine Ausbildung einer individuellen Schöpfung verdankt, und dessen selbständige Herstellung durch einen anderen ausgeschlossen ist, besitzt unzweifelhaft Neuheit und Eigentümlichkeit im Sinne des § 1 Abs. 2 des Musterschutzgesetzes. Unbedenklich durfte daher die Vorinstanz die 5 Kirschenmuster der Klägerin für gewerbliche Muster mit der Eigenschaft neuer, eigentümlicher Erzeugnisse und der Bestimmung und Befähigung zur Anregung des Geschmacks erklären.

Aber auch die Bejahung der Frage, ob diese Kirschenbilder nach § 2 des Gesetzes vom 9. Januar 1907 als schutzfähige Erzeugnisse des Kunstgewerbes anzusehen seien — was von Bedeutung ist, weil der Musterschutz am 21. Oktober 1907 ablief —, läßt einen Rechtsirrtum nicht erkennen und beruht im übrigen auf eingehend begründeter tatsächlicher Feststellung. Das Berufungsgericht geht davon aus, daß das Erfordernis einer individuellen schöpferischen Tätigkeit bei den Erzeugnissen des Kunstgewerbes als Werken der bildenden Künste noch strenger zu beurteilen sei, als bei den Geschmacksmustern, gelangt dann aber, auch von diesem Gesichtspunkte aus, zu der Beurteilung, daß „die K.'schen Entwürfe und die ihnen entsprechenden Kirschenbilder der Klägerin das durch selbständige Formgestaltung im Raume sich äußernde Ergebnis einer besonders eigenartigen, schöpferischen Tätigkeit" seien, „dazu bestimmt, schon durch seinen bloßen Gesichtswert auf den Beschauer einzuwirken". Damit ist die Annahme der Kunstschutzwürdigkeit gerechtfertigt.

Allen diesen Erwägungen und Feststellungen des Berufungsgerichts, sei es zur Frage des Geschmacksmusterschutzes, sei es zur Frage des Kunstschutzes, steht der Umstand nicht entgegen, daß es sich bei den Kirschenbildern um die Darstellung von Naturgegenständen handelt. Ein Rechtssatz, daß Nachbildungen nach der Natur des Kunst- oder Musterschutzes unfähig seien, besteht selbstverständlich nicht. Aber auch ein Rechtssatz dahin, daß Nachbildungen einfacher Naturgegenstände von diesem Schutze ausgeschlossen seien, ist nicht vorhanden. Es ist nur eine Frage tatsächlicher Würdigung, ob sich im einzelnen Falle die Nachbildung noch als eine Betätigung individueller Schöpferkraft erweise. Mehr ist auch aus den von Allfeld, Gewerbliches Urheberrecht, S. 312 Note 4 b unter bb für seine gegenteilige Ansicht angerufenen Entscheidungen des Reichsgerichts (Bolze, Bd. 16 S. 115 und Blatt für P.-M.- u. Z.-Wesen VI 186, Entsch. in Zivils. Bd. 45 S. 59) nicht zu entnehmen. . . .

RGZ. 74, 359

**Verlagsvertrag. Vertragswidrige Beschaffenheit des Werkes infolge Plagiats. Kann der Verleger auch dann vom Vertrage zurücktreten, wenn der Verletzte nachträglich die Einwilligung zur Veröffentlichung erteilt? Findet auf die Ansprüche des Verlegers die kurze Verjährungsfrist des § 638 BGB. Anwendung?**

Gesetz über das Verlagsrecht vom 19. Juni 1901 §§ 30, 31.

I. Zivilsenat. Urt. v. 21. November 1910.

I. Landgericht Halle a. S. II. Oberlandesgericht Naumburg a. S.

Die Klägerin hatte übernommen, ein vom Beklagten zu verfassendes Werk: „Formel- und Beispielsammlung über Maschinenbau und verwandte Zweige (für technische Mittelschulen)" zu verlegen. Sie forderte mit der Klage das nach Lieferung des Manuskriptes gezahlte Honorar zurück und beanspruchte Schadensersatz, weil der Beklagte in seiner Arbeit fremde Werke, sowie auch ein eigenes, in fremdem Verlage erschienenes Werk in unerlaubter Weise benutzt und ausgeschrieben habe. Nachdem in der Beweisaufnahme nur hinsichtlich der Autoren K. und B. festgestellt war, daß ein Eingriff in fremde Urheberrechte vorliege, hatten die Genannten und ihre Verleger ihre Einwilligung zu der Veröffentlichung erteilt.

Das Landgericht wies die Klage ab, das Oberlandesgericht erkannte nach dem Klagantrage. Die Revision des Beklagten wurde zurückgewiesen.

Aus den Gründen:

... Es ist freilich richtig, daß, nachdem das Werk des Beklagten beanstandet worden ist, dieser mit Wissen und Willen der Klägerin den Versuch gemacht hat, nachträglich die Einwilligung der in Betracht kommenden Autoren und Verleger beizubringen, und daß ihm dies bei denen auch gelungen ist, hinsichtlich deren die Sachverständigen-Kommission zu dem Ergebnis gekommen ist, daß eine Verletzung des Urheberrechts vorliegen würde, wenn es zu einer Veröffentlichung des Buches komme. Aber die Auffassung der Revision, daß damit das vom Beklagten abgelieferte Werk zu einer vertragsmäßigen Leistung geworden sei, ist fehlsam. Es wird dabei nicht genügend unterschieden zwischen dem, was nach dem Gesetze über das Urheberrecht verboten und aus diesem Grunde rechtswidrig ist, und dem, was die Vertragspartei nach Inhalt des abgeschlossenen Verlagsvertrages zu liefern verpflichtet ist. Wenn durch die Genehmigungen, die der Beklagte nachträglich beigebracht hat, auch erreicht ist, daß mit der Veröffentlichung des Buches eine Rechtswidrigkeit nicht begangen würde, so sind doch damit nicht alle mit Recht gerügten Mängel beseitigt. Es liegt kein Rechtsirrtum darin, daß der Vorderrichter auch solche Entnahmen als Momente der

Vertragswidrigkeit einbezieht, in denen die Sachverständigen-Kommission sich nicht hat entschließen können, einen Verstoß gegen das Urheberrecht zu erblicken. Für jeden Leser, so führt der Vorderrichter aus, der die Bücher von K. und B. kenne, bleibe der Eindruck bestehen, daß das Buch gegen das Autorrecht jener in strafbarer Weise verstoße. Sowohl deswegen, als auch wegen der gleichfalls weit über die Grenzen des literarischen Anstandes hinausgehenden Benutzung sonstiger Werke hafte dem Buche stets der Makel des Plagiates an, der dadurch noch verschlimmert werde, daß die übernommenen Stellen etwas abgeändert gebracht würden, um die Entnahme zu verdecken. Auch der Charakter des ganzen Werkes entschuldige ein solches Verfahren nicht. Es handle sich nicht nur um eine Formel- und Beispielsammlung. Das Buch enthalte auch Beispiele, die sich als vom Verfasser erdacht und ausgewählt darstellten, sowie Herleitungen und Begründungen, die sich als eigene Gedankenarbeit des Verfassers ausgäben.

Alles das ist rechtlich um so weniger zu beanstanden, als der Sachverständige den Standpunkt der Klägerin als berechtigt anerkannt hat, daß sie mit Veröffentlichung des Buches ihren Ruf auf das Spiel setzen würde, und ihr deshalb die Veröffentlichung nicht zugemutet werden könne. Es ergibt sich aus dieser Begründung zugleich, daß der Vorderrichter die Eigenart des vorliegenden Buches sehr wohl beachtet und gewürdigt hat, und es ergibt sich ferner daraus, weshalb darauf nichts ankommen kann, ob die Klägerin einmal eine Kompilation herausgegeben hat. . . .

Die Klägerin hat den Anspruch auf Schadensersatz erhoben, ohne dem Gegner die in §§ 31, 30 des Gesetzes über das Verlagsrecht vorgesehene Nachfrist bestimmt zu haben. Die Entscheidung des Vorderrichters, daß es dessen nach § 30 Abs. 2 nicht bedurft habe, wird durch die Erwägung getragen, daß nach allem, was geschehen war, die Klägerin kein Vertrauen zu einer Neubearbeitung des Buches durch den Beklagten haben konnte. Es ist hierbei die Eigenart des Buches zu beachten, bei der es — wie aus dem Gutachten der Sachverständigen deutlich hervortritt — ganz besondere Schwierigkeit macht, Entnahmen aus fremden Werken festzustellen und die Grenze des dafür Zulässigen zu bestimmen.

Mit Recht hat endlich der Vorderrichter abgelehnt, die Bestimmung des § 638 BGB. über die kurzen Verjährungsfristen beim Werkvertrage auf den Verlagsvertrag anzuwenden. Der Verlagsvertrag ist nicht Werkvertrag, mag er immerhin viel Aehnlichkeit mit ihm haben. Selbst in dem Falle, daß der Vertrag über ein erst noch herzustellendes Schriftwerk geschlossen wird, ließe sich gar nicht sagen, welche Partei der Besteller und welche der Unternehmer im Sinne der Bestimmungen des Bürgerlichen Gesetzbuches sein würde. Vielmehr handelt es sich bei diesem Vertrage um einen selbständig geregelten Vertrag eigener Art.

Das ist offenbar auch die Auffassung des Gesetzgebers gewesen, der auch da Vorschriften in selbständiger Formulierung bringt, wo diese inhaltlich mit dem übereinstimmen, was das Bürgerliche Gesetzbuch für den Werkvertrag bestimmt hat. Es kann daher keine Rede davon sein, daß auf den Verlagsvertrag, was die Verjährung angeht, die singuläre Vorschrift des § 638 und nicht vielmehr die allgemeinen Bestimmungen im fünften Abschnitte des ersten Buches anwendbar wären."

**RGZ. 76, 339**

**Drucktypen als Geschmacksmuster. Verhältnis des Geschmacksmusterschutzes zum Kunstschutze. Unter welchen Voraussetzungen können Industrieerzeugnisse den Kunstschutz genießen?**

Gesetz, betr. das Urheberrecht an Mustern und Modellen, vom 11. Januar 1876, § 1 Abs. 2.

Gesetz, betr. das Urheberrecht an Werken der bildenden Künste und der Photographie, vom 9. Januar 1907, § 2 Abs. 1.

I. Zivilsenat. Urt. v. 10. Juni 1911.

I. Landgericht Leipzig, Kammer für Handelssachen.

II. Oberlandesgericht Dresden.

Für die Klägerin wurden am 14. November 1893 und 10. August 1894 zwei Ausführungen einer Frakturschrift, der sog. Schulfraktur, in das Musterregister des Amtsgerichts Leipzig eingetragen. Für dieselbe Schrift vertrieb der Beklagte, ohne von der Klägerin Erlaubnis zu haben, gewerbsmäßig Matrizen. Gegenüber der Klage auf Unterlassung und Zahlung von Schadensersatz wandte er ein, die Schulfraktur sei kein neues und eigentümliches Erzeugnis.

Das Landgericht wies die Klage ab. Nachdem während der Berufungsinstanz die bis zu 15 Jahren verlängerten Schutzfristen abgelaufen waren, versuchte die Klägerin, ihre Ansprüche auch auf das inzwischen in Kraft getretene Kunstschutzgesetz vom 9. Januar 1907 zu gründen. Ihre Berufung wurde jedoch zurückgewiesen. Die Revision führte zu teilweiser Aufhebung aus folgenden

Gründen:

„1. Das Gesetz vom 11. Januar 1876, betr. das Urheberrecht an Mustern und Modellen, kommt für den Prozeß insofern noch in Betracht, als es sich um Schadensersatz für die Rechtsverletzungen handelt, die der Beklagte nach Behauptung der Klägerin während der Dauer der Schutzfristen begangen hat. § 1 Abs. 2 des Gesetzes knüpft den Musterschutz an die Voraussetzung eines neuen und eigentümlichen Erzeugnisses. Ein bisher im Verkehre noch nicht vorhanden gewesenes Muster muß sich, wie die Umschreibung des Begriffs in der reichsgerichtlichen Rechtsprechung lautet, als Ergebnis individueller schöpferischer Kraft darstellen (vgl. Entsch. in Zivils. Bd. 49 S. 179, mit Zitaten, Bd. 61 S. 178, Bd. 72 S. 162).

Die Klägerin will bei der Entwerfung ihrer Schulfraktur von dem Gedanken geleitet gewesen sein, durch Vereinfachung der verschnörkelten Formen deutscher Druckschriften eine Schrift zu schaffen, die, den allgemeinen Eindruck der Fraktur festhaltend, wegen ihrer Ruhe, Klarheit und Deutlichkeit namentlich für Schulbücher und Zeitungen gebraucht werden könne. Das Berufungsgericht bestreitet, daß sie dieses Ziel erreicht habe. Wie der erste Richter schließt es sich dem Gutachten des Akademielehrers D. an. (Der Inhalt des Gutachtens wird wiedergegeben. Dann fährt das Urteil fort:)

Die Auffassungen des Berufungsgerichts beruhen auf Rechtsirrtum. Sein Gewährsmann hat schon darin gefehlt, daß er das Augenmerk einseitig auf die Linienführung der Buchstaben gerichtet hat. Außer diesem einen Merkmal wird das Gesamtbild einer Schrift noch durch andere Umstände bestimmt; in Betracht kommen vor allem das Verhältnis der Haar- zu den Grundstrichen, die mehr magere oder fette Formgebung, die Bunzenweite, der Größenunterschied der Versalien von den Gemeinen. Irrig ist ferner die Forderung einer Neugestaltung jedes einzelnen Buchstabens. Wie der Senat schon in dem Urteile vom 1. April 1905, Rep. I. 588/04, hervorgehoben hat, ist bei einer als Geschmacksmuster eingetragenen Brotschrift die Schrift als Ganzes, nicht mit Notwendigkeit jeder Buchstabe, geschützt. Ob dieser oder jener Buchstabe schon in einer älteren Schrift vorkommt, tut so lange nichts zur Sache, als der Gesamteindruck der neuen Schrift, in die der Buchstabe eingefügt wird, ein einheitlicher und eigentümlicher bleibt. Eine schutzfähige Schrift könnte denkbarerweise sogar dadurch entstehen, daß sämtliche einzelne Zeichen anderen Schrifttypen entnommen und in charakteristischer Form kombiniert würden. Trägt mithin eine Schrift den Stempel eines einheitlichen Formgedankens an sich, so kann nur e i n e bestimmte andere Schrift, nicht aber die Summe aller der Schriften, in denen sich identische Formelemente finden, als neuheitsschädlich entgegengehalten werden. Endlich hat der Berufungsrichter nicht ausreichend gewürdigt, daß es der Klägerin um eine Neugestaltung nur innerhalb des altbekannten Typus der Frakturschriften zu tun war. Ein völliges Aufgeben des Frakturtypus war durchaus nicht bezweckt, da dies die Verbreitung der Schrift in Schulkreisen, denen sie in erster Linie dienen sollte, ausgeschlossen haben würde. Die Meinung aber, daß innerhalb des Gesamttypus der Fraktur für musterschutzwürdige Betätigungen kein Raum mehr sei, würde gleichmäßig dem Willen des Gesetzes wie den im Gewerbe herrschenden Anschauungen widersprechen.

Tritt man von diesen Grundsätzen an die Aufgabe heran, so kann ihre Lösung nicht schwer fallen. Die von den Parteien überreichten

Druckproben sind vom Revisionsgerichte geprüft worden. Ihre Betrachtung läßt auch den Laien erkennen, daß die Schrift der Klägerin gegenüber den gewöhnlichen Frakturen durch ein bewußt durchgeführtes Motiv gekennzeichnet wird; im Interesse der Vereinfachung sind viele überflüssige Bestandteile weggelassen und die stark geschwungenen Formen der Versalien tunlichst gestrafft. Irgend eine Fraktur, bei der die Vereinfachungstendenz in gleicher oder auch nur ähnlicher Form verwirklicht wäre, hat der Beklagte nicht angeben können. . . .

2. Am 1. Juli 1907, als die Musterschutzfristen noch liefen, ist das neue Kunstschutzgesetz in Kraft getreten, und mit ihm der § 2 Abs. 1, wonach die Erzeugnisse des Kunstgewerbes zu den Werken der bildenden Künste gehören. Nach § 53 dieses Gesetzes würde die Schulfraktur, wenn sie sich ihrer Natur nach unter § 2 Abs. 1 bringen ließe, des neuen Kunstschutzes teilhaftig sein, ungeachtet des Umstandes, daß ihr bisheriger Schutz nur Musterschutz war (vgl. Entsch. des RG.'s in Zivils. Bd. 72 S. 149). Die bezeichnete Voraussetzung aber wird von der Revision als gegeben angesehen. Jedes Industrieerzeugnis, das als Geschmacksmuster geschützt werden kann, soll ihr zufolge schon damit auch den Ansprüchen des Kunstschutzes genügen.

Die Rechtsmeinung, die die Revision verteidigt, ist nicht ohne Vorgang in der Literatur.

> Vgl. z. B. Osterrieth in dem gedruckten Gutachten, betr. Anmeldung von Schriftgießerei-Erzeugnissen zum Musterregister (1908); Allfeld, Komm. z. Kunstschutzgesetz S. 39; Riezler, Urheberrecht Bd. 1 S. 459.

Man beruft sich darauf, daß auch das Geschmacksmuster eine individuelle schöpferische Leistung fordert und im Unterschiede vom Gebrauchsmuster ästhetische Empfindungen auslösen soll, während es andrerseits auch beim Kunstschutze auf den künstlerischen Wert des Gebotenen nicht ankomme. Geltend gemacht wird ferner, daß die einschränkende Fassung der Regierungsvorlage: „Bauwerke und gewerbliche Erzeugnisse gehören, soweit sie künstlerische Zwecke verfolgen, zu den Werken der bildenden Künste", für die gewerblichen Erzeugnisse beseitigt sei. Indes kann nicht zugegeben werden, daß eine so völlige Aenderung des bisherigen Rechtszustandes in der Absicht des Gesetzes gelegen hätte. Die Meinung ging vielmehr nur auf den Schutz der angewandten Kunst. Einem Werke der bildenden Künste sollte der Schutz nicht aus dem Grunde versagt werden, weil es zugleich Gebrauchszwecken zu dienen bestimmt ist. Daß dieser Gedanke des Entwurfs in den späteren Stadien der Beratung festgehalten wurde, beweist die Tatsache, daß das Gesetz vom 11. Januar 1876 nach wie vor in Kraft steht. Hätte jeder Gegenstand, den man bisher gegen Entgelt unter Erfüllung von Formvorschriften auf die Dauer von höchstens 15 Jahren als Geschmacksmuster schützen lassen konnte, den unentgeltlichen, von selbst eintretenden und länger dauernden Kunstschutz genießen sollen, so hätte die Aufrechthaltung des Musterschutzgesetzes keinen Sinn gehabt. Die auf Antrag der Reichstagskommission vorgenommene Fassungsänderung entsprang denn auch lediglich dem Streben nach Verdeutlichung. Es sollte, insbesondere bei der ausländischen Rechtsprechung, das Mißverständnis vermieden werden, als müsse das zu schützende Werk ausschließlich künstlerische Zwecke verfolgen. Eine sachliche Aenderung war nicht beabsichtigt (vgl. den Kommissionsbericht S. 3).

Hiernach bleibt es dabei, daß die des Geschmacksmusterschutzes fähigen Industrieerzeugnisse in solche mit und ohne Kunstschutz eingeteilt werden müssen. Die Schwierigkeit liegt freilich in der praktischen Anwendung. Eine namentlich von Schanze aufgestellte Ansicht geht davon aus, daß nach § 2 Abs. 1 nur diejenigen Erzeugnisse des Kunstgewerbes geschützt würden, welche Werke der bildenden Künste sind, daß aber unter diesem letzteren Begriffe nichts weiter verstanden werden dürfe als Bildwerke, d. h. Kopien der Außenwelt.

Vgl. Schanze, in der Leipz. Zeitschrift 1908 S. 651, 754, 822, im Recht 1910 S. 11; vgl. auch Kohler, Kunstwerkrecht S. 27, Musterrecht S. 53.

Dieser Ansicht vermag der Senat nicht beizupflichten. Sie muß schon an Satz 2 des § 2 Abs. 1 scheitern, wonach auch Bauwerke, soweit sie künstlerische Zwecke verfolgen, zu den Werken der bildenden Künste zu rechnen sind. Auch eine große Menge anderer Gegenstände, deren Schutz offenbar gewollt ist, z. B. künstlerisch entworfene Möbel, Uhren, Lampen, würden danach aus dem Rahmen des Gesetzes herausfallen. Vielmehr muß gesagt werden, daß eine feste, durch begriffliche Merkmale ein für allemal gesicherte Grenze zwischen Kunst- und Musterschutz überhaupt nicht gezogen werden kann. Der Unterschied ist ein gradueller; es entscheidet der größere oder geringere ästhetische Gehalt. Nicht jeder kleine Zierrat, nicht jede geschmackvolle Anordnung erhebt ein Produkt der Industrie in die Sphäre der Kunst. Formschöpfungen an einem Gebrauchsgegenstande, bei denen die Zweckmäßigkeit erkennbar in den Vordergrund tritt und nur nebenher ein stimmungsvolles Motiv mitspielt, mögen in das Musterregister eingetragen werden. Ein Werk der angewandten Kunst — im Sinne des Gesetzes ein „Erzeugnis des Kunstgewerbes" und damit zugleich ein „Werk der bildenden Künste" — liegt nur dann vor, wenn der zu der Zweckmäßigkeit der Form hinzukommende ästhetische Ueberschuß, gleichgültig welches sein künstlerischer Wert ist, einen Grad erreicht, daß nach den im Leben herrschenden Anschauungen von Kunst gesprochen werden kann. Die gemeingewöhnliche Bedeutung des Wortes „Kunstgewerbe" ist somit nicht maßgebend. Von Fall zu Fall muß beurteilt werden, ob ein geschmackvoll ausgestattetes Industriewerk der einen oder der andern Gruppe angehört.

Bei dieser Auffassung befindet sich der Senat im Einklange mit dem III. Strafsenat des Reichsgerichts (Entsch. in Strafs. Bd. 43 S. 329), der ebenfalls trotz Ablehnung der Bildwerktheorie ein Erzeugnis des Kunstgewerbes nur da annimmt, wo eine künstlerische Leistung vollzogen ist, alle anderen geschmackvollen Gestaltungen aber ausschließlich dem Musterschutze zuweist. Auch die Literatur steht überwiegend auf demselben Standpunkte. Die Schriftsteller, die die Grenze durch den Begriff „Erzeugnis des Kunstgewerbes" hindurchlaufen lassen, so daß im Einzelfalle gefragt werden müßte, ob ein kunstgewerbliches Produkt sich als „Werk der bildenden Künste" darstellt oder nicht, weichen nur in der Formulierung ab. In der Sache selbst stimmen sie mit der hier vertretenen Unterscheidung überein.

Im vorliegenden Falle handelt es sich um Drucktypen einer Schrift, und zwar einer Schrift, die für den gewöhnlichen Gebrauch berechnet ist. Wenn es auch möglich sein sollte, gewisse Erzeugnisse der Schriftgießerei, z. B. Buchschmuck, Ex-libris, vielleicht auch eine Zierschrift, als Objekte des Kunstschutzes zu denken, so trifft dies doch bei einer Brotschrift nicht zu. Bei allen Aenderungen der Form, die hier vorgenommen werden können, muß der Grundsatz der Zweckmäßigkeit naturgemäß den Ausschlag geben. Die ästhetische Wirkung ist sogar noch mehr Nebensache als es der Fall ist bei den von den Motiven S. 14 als Beispiele angeführten Linienmustern der Textilgewerbe und der Tapetenindustrie, den Vorlagen der Konfektion und der Bekleidungsindustrie. Daher hat das Berufungsgericht das Gesetz richtig gehandhabt, indem es, dem Gutachten der Sachverständigenkammer folgend, der Schulfraktur den Kunstschutz abgesprochen hat. Mit dem Ablaufe der Fristen des Gesetzes vom 11. Januar 1876 ist die Schrift daher gemeinfrei geworden.

Hiernach ist das angefochtene Urteil insoweit aufzuheben, als es sich auf die Zeit des Musterschutzes bezieht." . . .

## RGZ. 78, 84

1. . . .*)

**2. Ist ein Wirt, der in seinem Vergnügungsetablissement durch eine von ihm angenommene Kapelle im Interesse seines Wirtschaftsbetriebs Konzerte veranstaltet, als Aufführender zu beurteilen?**

Gesetz, betr. das Urheberrecht an Werken der Literatur und der Tonkunst, vom 19. Juni 1901 §§ 11, 15, 19, 37.

I. Zivilsenat. Urt. v. 9. Dezember 1911.

I. Landgericht Hamburg. II. Oberlandesgericht daselbst.

. . .

*) Geringere Bedeutung.

Aus den Gründen:

I. ...

II. ... Die Revision bestreitet, daß der Inhaber eines Vergnügungsetablissements oder eines Restaurants, welcher darin Konzerte veranstaltet, als Aufführender im Sinne des § 37 LitUrhG. beurteilt werden kann, wenn er sich, wie im vorliegenden Falle, darauf beschränkt, die Kapelle zu engagieren und dem Kapellmeister die Auswahl der Musikstücke völlig überläßt. Die Revision legt dabei besonderes Gewicht auf die von dem Zeugen L. bekundete „Verkehrssitte", nach der die Kapellmeister spielen könnten, was sie wollten, ohne daß sich die Wirte darum bekümmerten, und insbesondere „bessere Kapellmeister wie K." sich überhaupt nichts in ihre Aufführungen hineinreden ließen.

... Das alte Urheberrechtsgesetz vom 11. Juni 1870 unterschied zwischen dem „Veranstalter" und dem „Veranlasser" einer öffentlichen Aufführung (vgl. §§ 20, 54). Das Gesetz vom 19. Juni 1901 läßt diese Unterscheidung fallen mit Rücksicht auf die durch das Strafgesetzbuch erfolgte Regelung der Grundsätze über Täterschaft und Teilnahme. Diese führen aber dazu, den Wirt, der in seinem Etablissement zum Zwecke der Förderung des Besuchs, also in gewerblichem Interesse, die öffentliche Aufführung von Musikwerken durch eine Kapelle veranstaltet, ebenso wie den Kapellmeister selbst als den Aufführenden, den Mittäter hinsichtlich der unbefugten Aufführung im Sinne des § 37 LitUrhG., aufzufassen. Der Senat tritt in dieser Beziehung den Ausführungen bei, welche der IV. Strafsenat in den Entsch. des RG.'s in Strafs. Bd. 41 S. 287, der II. Strafsenat in dem Urteile vom 29. Mai 1908, Rep. II. 161/08, und der I. Strafsenat in den Urteilen vom 18. Mai 1908, Rep. I. 316/08 und in den Entsch. des RG.'s in Strafs. Bd. 43 S. 189 rechtsgrundsätzlich niedergelegt haben; vgl. auch Riezler, Deutsches Urheber- und Erfinderrecht § 59 VI S. 286. Deshalb war es auch durchaus richtig, daß die Beklagte das Verbot der öffentlichen Aufführung der in der Klage bezeichneten unter dem Schutze des Urheberrechtsgesetzes stehenden Musikstücke an den Kläger H. gerichtet hat, und sein Antrag auf Feststellung, daß die Beklagte zu diesem Verbote nicht berechtigt sei, ist unbegründet.

Der Kläger H. kann sich insbesondere nicht auf die angebliche Verkehrsübung berufen, wonach sich die Wirte um die Musikstücke nicht bekümmerten, welche die von ihnen angenommenen Kapellen in ihren Etablissements zum öffentlichen Vortrage brächten. Bestände wirklich eine solche Uebung, so wäre sie als ein Mißbrauch zu kennzeichnen. Der Wirt hat Sorge zu tragen und ist verantwortlich dafür, daß durch die in seinem gewerblichen Interesse veranstalteten öffentlichen Aufführungen in seinem Etablissement nicht die Rechte Dritter verletzt werden. Daß in dem Vertrage über das Engagement der Kapelle ein Recht des Wirtes auf die Auswahl der aufzuführenden Stücke einzuwirken, nicht besonders vorgesehen ist, erscheint unerheblich. Es muß als notwendiger und selbstverständlicher Inhalt eines gültigen Vertrags angesehen werden, daß nur solche Stücke zur Aufführung gebracht werden, durch welche die Aufführenden nicht Rechte Dritter verletzen und sich straffällig machen. Jede gegenteilige Uebereinkunft würde gegen die guten Sitten verstoßen und nichtig sein." . . .

**RGZ. 78, 298**

**1. Rechtliche Natur des sog. Aufführungsagentur-Vertrages.**

***2. Ist die in einem derartigen Vertrage enthaltene Bestimmung gültig, wonach Vertragsverletzungen des einen Teils den anderen nur zu einer Vertragsstrafe berechtigten, während der Vertrag für die ganze Dauer des urheberrechtlichen Schutzes fortzubestehen hat?***

BGB. § 138.

I. Zivilsenat. Urt. v. 14. Februar 1912.

I. Landgericht I Berlin. II. Kammergericht daselbst.

Der verklagte Schriftsteller B. hatte mit der klagenden Kommanditgesellschaft am 9. Juli 1905 und am 9. Juni 1906 drei Verträge abgeschlossen über die von ihm verfaßten dramatischen Werke „Hille Bobe", „Lohndiener" und „Die Teufelskirche". Für diese Verträge war ein mit der Ueberschrift „Vertrag mit Autoren" versehenes Druckformular benutzt worden. Nach § 1 übertrug der Beklagte der Klägerin das ausschließliche Bühnenaufführungsrecht. Insbesondere war die Anstalt ausschließlich befugt, die Bühnen zur Aufführung des Werkes auszuwählen und die Vereinbarungen hinsichtlich der Tantiemen zu treffen. Sie war auch ausschließlich befugt (§ 2), Gebühren, Tantiemen und sonstige Einnahmen einzuziehen. Der Verfasser war von allen derartigen Eingängen binnen einer Woche zu verständigen. Von diesen sämtlichen Erträgen erhielt die Klägerin nach § 3 außer den Gebühren für Uebersetzung eine „Vertriebsgebühr" von 8 v.H. und von Vertragsstrafen ein Viertel der bedungenen Summe als entgangenen Gewinn. Die Verträge wurden für die Dauer der gesetzlichen Schutzfrist abgeschlossen (§ 9). Nach § 7 hatte die Anstalt den Verfasser vor Gericht zu vertreten. Nach § 10 stand im Falle der Vertragsverletzung eines der Vertragsschließenden dem andern ein Anspruch auf eine Vertragsstrafe bis zu 1000 M. (nach dem Vertrage über die „Teufelskirche" „von 1000 M.") zu, ohne daß dadurch der Vertrag selbst aufgehoben werden sollte. In den Verträgen über „Lohndiener" und „Hille Bobe" war in § 14 bemerkt, daß bei Abschluß des Vertrages 250 M. bezahlt seien, die sich bei Annahme des Werkes um den gleichen Betrag erhöhen sollten.

Die Klägerin behauptete, daß der Beklagte die Verträge verletzt und unbefugterweise seinen Rücktritt erklärt habe, und erhob Klage auf

Feststellung, daß die genannten Verträge noch zu Recht beständen. Der Beklagte bat um Abweisung der Klage und beantragte widerklagend, festzustellen, daß die Verträge aufgelöst seien.

Beide Vorinstanzen erkannten nach dem Klageantrage und wiesen die Widerklage ab. Das Reichsgericht hat das Urteil des Berufungsgerichts aufgehoben und die Sache zurückverwiesen.

Gründe:

... Was zunächst die rechtliche Beurteilung der drei Verträge betrifft, so war sie jedenfalls in der Richtung geboten, daß festzustellen war, ob *sie eine Uebertragung urheberrechtlicher Befugnisse zur* Ausübung für Rechnung des Erwerbes im Sinne des § 1 VerlGes., speziell des Rechts zur öffentlichen Aufführung der in Frage stehenden dramatischen Werke, enthalten, ob sie also analog den Verlagsverträgen im gesetzlichen Sinne des Wortes zu beurteilen sind oder nicht. Der erste Richter hat die Frage bejaht; das Kammergericht glaubte, sie dahingestellt lassen zu können. Mit Unrecht. Liegt Aufführungsverlag vor, so kommen die Bestimmungen des Gesetzes über das Verlagsrecht, soweit nicht eine zulässigerweise getroffene Parteivereinbarung entgegensteht, analog zur Anwendung. Insbesondere hätte in diesem Falle die Frage einer entsprechenden Anwendung des Grundsatzes des § 32 VerlGes. geprüft werden müssen (vgl. Kohler, Urheberrecht an Schriftwerken S. 282 flg.).

In Wirklichkeit sind die in Frage stehenden Verträge aber keine Verlagsverträge. Trotz des Wortlauts des § 1 läßt sich aus dem Inhalt und Zusammenhang der weiteren Vertragsbestimmungen entnehmen, daß eine Uebertragung urheberrechtlicher Befugnisse in dem erwähnten Sinne nicht stattgefunden hat. Es ergibt sich dies schon daraus, daß ein Entgelt hierbei nicht vorgesehen ist, eine Schenkung aber sicher nicht beabsichtigt war. (Die in § 14 der Verträge erwähnten 250 M. und 500 M. sind augenscheinlich nur Vorschüsse.) Vielmehr liegt ein sogenannter Kommissionsverlag vor. Das unterscheidende Merkmal zwischen dem Verlagsvertrage und dem Kommissionsverlage liegt darin, daß bei jenem die Vervielfältigung, Vertreibung und Verwertung des Werkes für Rechnung des Verlegers erfolgt, beim Kommissionsverlage dagegen für Rechnung des Autors. Letzteres ist hier der Fall. Die Verbreitung der drei Bühnenwerke zum Zwecke der öffentlichen Aufführung und die Aufführungen erfolgen im Verhältnis der Parteien zueinander für Rechnung des Autors, des Beklagten. Ihm wird der ganze Ertrag zugeführt. Die Einnahmen sind monatlich an ihn abzuliefern. Nur die Auslagen und ihre „Vertriebsgebühr" (8 v. H.) zieht die Klägerin ab. Dritten gegenüber kontrahiert die Klägerin, wie jeder Kommissionär, in eigenem Namen. Zu diesem Zwecke wird ihr in § 1 das Bühnenaufführungsrecht übertragen. Sie trifft die Vereinbarungen über die Honorare und Tantiemen in eigenem Namen, aber für fremde Rechnung, nämlich für Rechnung des Beklagten.

An ihm hat sie die Einnahmen, sobald sie einkommen, abzuliefern. Ihn hat sie von allen Eingängen binnen einer Woche zu verständigen (vgl. § 2 des Vertrags, § 384 HGB.).

Schon unter der Herrschaft des älteren Rechts wurden solche „Aufführungsagentur-Verträge" als Kommissionsverträge aufgefaßt (vgl. Opet, Deutsches Theaterrecht 1897 S. 454). Durch das neue Handelsgesetzbuch ist die gesetzliche Vorschrift gegeben, die ihre Beurteilung dem Rechte des handelsrechtlichen Kommissionsgeschäftes unterwirft (vgl. § 406 Abs. 1 HGB.).

Für diesen Kommissionsverlag sind hiernach die Vorschriften des Handelsgesetzbuches und subsidiär die des Bürgerlichen Gesetzbuches maßgebend (vgl. Motive zum Verlagsgesetz S. 60 und die Kommentare zum VerlGes. von Allfeld § 417, Voigtländer S. 167, Kuhlenbeck S. 210). In den Motiven zum Verlagsgesetz wird hinsichtlich des Kommissionsverlags auf die subsidiär eingreifenden Bestimmungen des Bürgerlichen Gesetzbuchs über den Dienstvertrag hingewiesen. Es kann hier dahingestellt bleiben, ob das Kommissionsgeschäft im allgemeinen den Regeln des Dienstvertrags oder des Werkvertrags zu unterstellen ist oder ob es Elemente aus beiden Vertragsarten enthält. Für die Beurteilung der hier in Frage stehenden „Verträge mit Autoren" ist entscheidendes Gewicht darauf zu legen, daß sie Dienstleistungen zum Gegenstande haben, die nur auf Grund eines persönlichen Vertrauensverhältnisses in Anspruch genommen und geleistet werden. Es ist weiter zu betonen, daß der bezweckte materielle Erfolg wesentlich von diesen Dienstleistungen abhängt, und zwar für beide Teile, da die Vergütung der Klägerin nach Prozenten des dem Beklagten gebührenden Reinertrages bestimmt ist. Die Verträge sind also sogenannte partiarische Verträge. Dadurch nähern sie sich dem Gesellschaftsvertrage. Werden solche Verträge, die einerseits nur auf der Grundlage eines gewissen persönlichen Vertrauens gedeihen können, bei denen anderseits eine Beteiligung beider Vertragsteile an dem beiderseits erstrebten materiellen Erfolge vorgesehen ist, auf längere Dauer geschlossen, so widerstreitet es dem Wesen und Zweck der Verträge, daß von vornherein gegenüber jeder Vertragsverletzung die Kündigung grundsätzlich ausgeschlossen und der vertragstreue Teil in allen Fällen nur auf eine im voraus bestimmte geringe Entschädigung (von 1000 M., bis zu 1000 M.) angewiesen wird. Diese Vertragsbestimmung würde im vorliegenden Falle den Beklagten von der Willkür der Klägerin vollkommen abhängig machen. Er würde auch bei völliger Untätigkeit der Klägerin, ja selbst gegenüber einem seine Interessen absichtlich schädigendem Verhalten der Klägerin, auf die Vertragsstrafe beschränkt sein, und zwar für die ganze Dauer der Vereinbarung, also für Lebenszeit, sein Rechtsnachfolger außerdem noch 30 Jahre lang nach seinem Tode (vgl. § 29 Lit. UrhG.). Eine solche Vertragsbestimmung verstößt gegen die guten Sitten. Sie steht mit dem Wesen der in Frage stehenden Vereinbarung im Widerspruche, und zwar ohne Rücksicht darauf, ob im Einzelfalle geringere oder schwerere Vertragsverletzungen von dem vertragstreuen Teile geltend gemacht werden können. Die Bestimmung des § 10 der Verträge ist hiernach objektiv nichtig, und es kann nur in Frage kommen, ob ihre Nichtigkeit für die Verträge eine so große Bedeutung hat, daß sie deren Nichtigkeit im ganzen nach sich zieht (§ 139 BGB.).

Die Frage, ob die Vertragsverletzungen der Klägerin den Beklagten zur sofortigen Kündigung der Verträge berechtigen, hat das Kammergericht nur beiläufig berührt. In die notwendige sachliche Prüfung ist es nicht eingetreten, weil es von der Annahme ausging, es sei durch § 10 der Verträge das Kündigungsrecht des Beklagten in zulässiger Weise grundsätzlich ausgeschlossen, auch für den Fall von Vertragsverletzungen der Klägerin. Auf diesem Rechtsirrtum beruht die Entscheidung. Denn er hat das Kammergericht gehindert, auf die vom Beklagten gegen die Klägerin erhobenen Vorwürfe sachlich im einzelnen einzugehen. Die allgemeine Bemerkung der Begründung, diese Vorwürfe seien nicht derartig, daß danach der Ausschluß der Kündigung als gegen § 138 BGB. verstoßend angesehen werden könne, ersetzt nicht die Entscheidung darüber, ob sie, die Ungültigkeit eines solchen ganz allgemeinen Ausschlusses der Kündigung vorausgesetzt, als wichtige Ursache zu einer Kündigung erscheinen.

## RGZ. 79, 156

**Beurteilung der rechtlichen Gültigkeit einer Vertragsbestimmung, wodurch der Komponist bei Abschluß des Verlagsvertrags über eine Oper dem Verleger ein Vorrecht auf seine künftigen Kompositionen einräumt.**

I. Zivilsenat. Urt. v. 27. März 1912.

I. Landgericht Stuttgart. II. Oberlandesgericht daselbst.

In einem Verlagsvertrage über die damals noch unvollendete Oper „Der zerbrochene Krug" vom 8. Januar 1901 verpflichtete sich der Komponist J. (Kläger), seinem Verleger F. jeweils das Vorrecht auf seine Kompositionen einzuräumen. In einem Nachtrage vom 5. Juni 1902 wurde ... die gedachte Verpflichtung auf ewige Zeiten bestätigt und für den Fall ihrer Umgehung eine Vertragsstrafe von 5000 M. festgesetzt. In der Folge hielt der Kläger durch diese Vertragsbestimmungen seine persönliche und gewerbliche Freiheit für übermäßig beschränkt und erhob unter Hinweis auf §§ 138, 310, 624 BGB. Klage mit dem Antrage, festzustellen, daß der § 9 des Vertrags vom 8. Januar 1901 und Abs. 1 und 3 des Nachtragsvertrags nichtig, eventuell aufgelöst seien und daß er im Falle ihrer Umgehung nicht verpflichtet sei, die Vertragsstrafe zu zahlen. Der Beklagte bekämpfte die Auffassung des Klägers über die angeblich unsittliche Natur der Vertragsbestimmungen. Die

Parteien waren darüber einig, daß ihre praktische Handhabung bisher zu Beanstandungen nicht geführt hatte. Seine Operette „Die Försterchristel" hatte der Kläger im November 1907 dem Beklagten angeboten, und, nachdem der Erwerb wenige Tage später vom Beklagten abgelehnt war, frei hierüber verfügt. Ein weiteres Werk „Das Musikantenmädel" hatte der Beklagte gegen ein festes Honorar von 15 000 M. und die üblichen Tantiemen vom Kläger erworben, nachdem eine Leipziger Firma ein Angebot von 18 000 Kronen darauf gemacht hatte und dies dem Beklagten mitgeteilt worden war.

Das Landgericht erkannte auf Abweisung der Klage, das Oberlandesgericht abändernd, daß die vom Kläger übernommenen Verpflichtungen nichtig seien. Die Revision des Beklagten führte zur Wiederherstellung des Urteils der ersten Instanz.

Aus den Gründen:

„In der ersten Instanz hat der Kläger das dem Beklagten durch § 9 des Vertrags eingeräumte Vorrecht als ein Vorkaufsrecht im Sinne des § 504 BGB. darzustellen versucht. Mit zutreffenden Gründen hat der erste Richter die Unrichtigkeit dieser Beurteilung dargelegt. Abgesehen davon, daß es sich hier um einen Verlagsvertrag, nicht um einen Kauf handelt, setzt auch die Ausübung des dem Beklagten eingeräumten Vorrechts nicht den vorherigen Abschluß eines Vertrags mit einem anderen Verleger voraus. Vielmehr bedeutet das Vorrecht nicht mehr, als daß dem Beklagten ein neues Werk des Klägers zuerst zum Erwerb angeboten werden muß. Der Kläger ist aber nur dann verpflichtet, mit dem Beklagten abzuschließen, wenn dieser ihm gleich gute Bedingungen gewährt, wie ihm von anderer Seite gestellt sind. In dieser Weise wird das Vorrecht von beiden Parteien verstanden; in dieser Weise wurde es auch bisher ausgeübt. Deshalb diente es auch, wie das Oberlandesgericht . . . nicht verkennen konnte, dem Kläger als ein wirksames Mittel, seine Honoraransprüche zu steigern. ... Das Oberlandesgericht hat gleichwohl geglaubt, von der bisherigen tatsächlichen Sachlage absehen zu müssen. Es hat angenommen, daß das dem Beklagten eingeräumte Vorrecht für die Zukunft eine übermäßige Beschränkung der Entschließungsfreiheit des Klägers enthalte, daß es dem Kläger eine Fessel anlege, die in noch unübersehbarer Weise Nachteile für ihn zur Folge haben könne. Als solche Nachteile bezeichnet es die Möglichkeit, daß beim Bekanntwerden des Vorrechts für dritte Verleger der Anreiz zu Bewerbungen schwinden und dadurch ein Monopol für den Beklagten entstehen könne, oder daß ein finanzieller Niedergang oder eine Minderung des geschäftlichen Ansehens des Beklagten eintreten könne, daß sich Unstimmigkeiten zwischen den Parteien ereignen könnten, oder endlich, daß eine der Verbreitung der Werke des Klägers ungünstige Ringbildung gegen den Verlag des Beklagten entstehen könne.

... An und für sich kann nichts Unsittliches darin gefunden werden, wenn ein Komponist, der sein Werk einem Verleger gegen Entgelt in Verlag gibt, dabei die Verpflichtung übernimmt, seine etwaigen künftigen Kompositionen jeweils zuerst diesem Verleger anzubieten, vorausgesetzt, daß dadurch weder die freie Schaffenskraft des Urhebers beeinträchtigt, noch die Konkurrenz anderer Bewerber ausgeschlossen wird. Bei der hier in Frage stehenden Vorrechtseinräumung ist weder das eine noch das andere der Fall. Daß die freie und individuelle Entwickelung seines künstlerischen Schaffens durch die Bestimmung des § 9 und des Nachtrags irgendwie behindert werde, vermag der Kläger selbst nicht zu behaupten. Der vorgelegte Briefwechsel ergibt aber auch, daß der Wettbewerb anderer Verleger beim Erwerbe der Werke des Klägers durch sein Abkommen mit dem Beklagten nicht hintangehalten wurde. Es steht dem Kläger auch frei, sich um solchen Wettbewerb zu bemühen, und er ist nur für den Fall verpflichtet, dem Beklagten den Vorzug zu geben, daß ihm dieser die gleichen Vorteile bietet wie ein etwaiger Mitbewerber. Berücksichtigt man, daß das Verhältnis zwischen Urheber und Verleger der Natur der Sache nach in vielen Fällen kein rein geschäftliches, sondern zugleich ein persönliches ist, daß es sich häufig zu einem Vertrauensverhältnis entwickelt, das auf der Gemeinsamkeit der Interessen beruht, so kann nichts diesem Verhältnis Widersprechendes, nichts Unsittliches und auch nichts (wie das Oberlandesgericht meint) gegen die öffentliche Ordnung Verstoßendes darin gefunden werden, wenn die Beteiligten bestrebt sind, durch vertragliche Bindungen ihr Verhältnis zu einem dauernden zu gestalten.

Was an dem vorliegenden Vertrage auffällt, und was auch anscheinend das Oberlandesgericht verleitet hat, wegen der angeblichen Unübersehbarkeit der in näherer oder entfernterer Zukunft möglicherweise eintretenden Gefahren ihn als gegen das „soziale Empfinden“ und gegen die „öffentliche Ordnung“ verstoßend anzusehen, das ist der Umstand, daß er nach seinem Wortlaute „für ewige Zeiten“ geschlossen ist. Nun ist aber von vornherein klar, daß dieser Ausdruck nicht wörtlich ausgelegt werden kann. ... Die Bestimmung kann also nur den Sinn haben, daß der Vertrag geschlossen ist für die Lebensdauer des Autors und die darüber hinausgehende gesetzliche Schutzfrist seiner Werke. Aber auch in dieser zeitlichen Begrenzung ist es selbstverständlich, daß ein solcher Vertrag keineswegs unter allen Umständen für die ganze ursprünglich ins Auge gefaßte Zeitdauer eingehalten werden muß. Vielmehr liegt es in der Natur derartiger Verhältnisse, daß sie aus wichtiger Ursache gelöst werden können, wenn ihre Fortsetzung nach den besonderen Umständen des Falls den Beteiligten nicht mehr zugemutet werden kann. ...

Unter diesem Gesichtspunkt erscheinen die vom Oberlandesgericht ausgesprochenen Befürchtungen, die Bestimmung des § 9 des vorliegenden Vertrags nebst Nachtrag könne zur Zeit noch unübersehbare Nachteile für den Kläger zur Folge haben, nicht begründet. Auch würde die Erwägung allein, daß ein Vertrag möglicherweise später Nachteile für den einen Kontrahenten nach sich ziehen kann, nicht ausreichen, ihn für unsittlich oder als gegen die öffentliche Ordnung verstoßend zu kennzeichnen. Eine derartige Beschränkung der Vertragsfreiheit kennt das Gesetz nicht. Sie müßte als eine unzulässige und unerträgliche Bevormundung empfunden werden.

. . . Der vorliegende Vertrag enthält überhaupt keine endgültige Verpflichtung zur Uebertragung der künftigen Werke des Klägers, sondern nur die Verpflichtung, solche Werke dem Beklagten anzubieten und bei Gewährung gleich günstiger Bedingungen, wie sie dem Kläger von dritter Seite gemacht werden, dem Beklagten den Vorzug zu gewähren. Die von dem Oberlandesgerichte gehegten Befürchtungen für eine künftige Benachteiligung des Klägers können zum Teil schon auf Grund dieser Vertragsbestimmung selbst, wie sie von den Parteien übereinstimmend ausgelegt wird und auch in Anwendung der §§ 157, 242 BGB. ausgelegt werden muß, widerlegt werden. Denn wenn der Verleger finanziell unsicher wird, wenn er an seinem geschäftlichen Ansehen Einbuße erleidet, wenn der Verbreitung seiner Verlagswerke eine Ringbildung entgegensteht, dann wird er dem Autor eben nicht die gleichen Vorteile und Garantien mehr bieten können, die diesem von dritter Seite gewährt werden." . . .

## RGZ. 79, 397

**Ist der Besteller und Eigentümer eines Freskogemäldes, das sich im Treppenflur eines bewohnten Gebäudes einer Großstadt befindet, befugt, ohne Einwilligung des Urhebers des Gemäldes Aenderungen daran vorzunehmen?**

I. Zivilsenat. Urt. v. 8. Juni 1912.

I. Landgericht I Berlin. II. Kammergericht daselbst.

. . .

Aus den Gründen:

. . . Die ausdrücklichen Bestimmungen der §§ 12, 13, 15 ff., 18 Abs. 3, 19 Abs. 2, 21 des Kunstschutzgesetzes vom 9. Januar 1907 erschöpfen die urheberrechtlichen Befugnisse nicht. Sie lassen aber erkennen, daß der Künstler, dem modernen Rechtsempfinden entsprechend, ein gesetzlich geschütztes Recht darauf hat, daß das von ihm geschaffene Werk, als ein Ausfluß seiner individuellen künstlerischen Schöpferkraft, der Mit- und Nachwelt nur in seiner unveränderten individuellen Gestaltung zugänglich gemacht bzw. hinterlassen werde. Dieser gesetzgeberische Gedanke hat im Gesetz nur für den Fall eine ausdrückliche Regelung erfahren, daß der Künstler sein Urheberrecht selbst ganz oder teilweise auf einen anderen übertragen hat. Auch der Erwerber dieses Urheberrechts hat nicht das Recht, an dem Kunstwerke selbst, an dessen Bezeichnung oder an der Bezeichnung des Urhebers bei der Ausübung seiner Befugnisse Aenderungen vorzunehmen. Zulässig sind nur solche Aenderungen, für die der Berechtigte seine Einwilligung nach Treu und Glauben nicht versagen durfte (vgl. auch § 13 des Verlagsgesetzes). Damit ist das Persönlichkeitsrecht des Künstlers namentlich im Verhältnisse zu dem Verleger oder zu denen gewahrt, denen er sein Urheberrecht zum Zwecke der Vervielfältigung, gewerbsmäßigen Verbreitung oder gewerbsmäßigen Vorführung des Werkes übertragen hat. Eine Regelung des Verhältnisses zwischen dem Künstler und dem Eigentümer des Werkes hat im Gesetze keinen unmittelbaren Ausdruck gefunden. Man nahm an, daß „die Vorschriften des allgemeinen Rechtes dem Künstler ausreichenden Schutz gewähren, namentlich dann, wenn mit der Bekanntgabe des veränderten Werkes eine Verletzung der künstlerischen Ehre des Urhebers oder die Gefahr einer Täuschung des Publikums verbunden ist“ (vgl. Begr. zum Entwurfe des Kunstschutzgesetzes § 12 S. 19). Der Gesetzgeber setzt hiernach das Bestehen eines solchen Rechtsschutzes voraus; er glaubt ihn ohne weiteres in den Vorschriften des allgemeinen Rechtes gegeben. Seiner Begründung gegenüber bestehen aber bei der Auffassung, daß unser bürgerliches Recht ein allgemeines Persönlichkeitsrecht, wie oben erwähnt, nicht anerkennt, und bei der Auslegung, die § 823 BGB. durch die Rechtsprechung der Gerichte gefunden hat, berechtigte Zweifel. Daraus folgt jedoch keineswegs die Notwendigkeit, dem Künstler den vom Gesetzgeber vorausgesetzten Rechtsschutz zu versagen. Er kann und muß vielmehr den der Ergänzung bedürftigen Bestimmungen des Kunstschutzgesetzes selbst entnommen werden.

Bei einem Falle, wie dem vorliegenden, wo ein Künstler auf vorausgegangene Bestellung ein Kunstwerk geliefert hat, entstehen an dem vollendeten Werke von vornherein zwei privatrechtlich geschützte Rechte: das Urheberrecht des Künstlers und das Eigentumsrecht des Bestellers. In der Regel pflegt der Künstler dem Erwerber oder Besteller des Kunstwerks nicht auch sein Urheberrecht zu übertragen. Es ist auch im vorliegenden Falle nicht geschehen. Die Vorschrift des § 12 a. a. O. kann schon aus diesem Grunde keine unmittelbare Anwendung finden. In der überwiegenden Mehrzahl der Fälle des täglichen Lebens wird ein Zwiespalt zwischen dem Urheberrechte des Künstlers und dem Eigentumsrechte des Besitzers des Kunstwerkes nicht praktisch werden. Wo er aber im Einzelfalle eintritt, da kann grundsätzlich das Urheberrecht nur unbeschadet des Eigentumsrechts, das Eigentumsrecht nur unbeschadet des Urheberrechts ausgeübt werden. Deshalb wird der Urheber sein Recht zur Vervielfältigung des Kunstwerks (vgl. § 15 Abs. 1 und 2) nur unter der Voraussetzung ausüben können, daß ihm der Eigentümer das Kunstwerk zum Zwecke der Vervielfältigung zugänglich macht. Anderseits darf der Eigentümer das Kunstwerk weder selbst noch durch einen anderen vervielfältigen, wenn der Künstler, der sein Urheberrecht nicht auf ihn übertragen hat, nicht seine Einwilligung dazu erteilt. Der Eigentümer eines Kunstwerks hat es in der Regel (wenn man von dem gewerbsmäßigen Händler absieht), zu dem Zwecke erworben, um sich an seinem Besitze zu erfreuen, um den ästhetischen Eindruck, den das Kunstwerk hervorzurufen geeignet ist, auf sich und auf andere, die bei ihm verkehren, wirken zu lassen. Aendert sich der Geschmack des Eigentümers, ist er des Kunstwerks aus irgendwelchen Gründen überdrüssig geworden, so wird er es veräußern, verkaufen, vertauschen, verschenken, oder er wird es seinem und anderer Anblick durch Beseitigung aus den bewohnten Räumen entziehen. Ja man wird ihm für den Regelfall auch das Recht nicht versagen können, es völlig zu vernichten. Durch alle diese Handlungen greift er in die künstlerische Eigenart des fortbestehenden Werkes und damit in das Persönlichkeitsrecht des Künstlers nicht ein. Der Künstler, der das Werk zu Eigentum veräußert und dafür in der Regel ein Entgelt empfangen hat, muß von vornherein mit diesem möglichen Schicksale seines Werkes in der Hand des Besitzers rechnen. Die Beklagte hat aber gerade das getan, was sie auch als Eigentümerin nicht tun durfte, ohne mit dem Urheberrecht des Künstlers in Widerstreit zu geraten. Sie hat das Bild, das im Treppenhaus eines bewohnten Gebäudes angebracht ist, an seiner Stelle belassen, hat es weder vernichtet, noch seinen Anblick den in dem Hause verkehrenden Personen entzogen, sondern hat in die künstlerische Eigenart des Bildes eingegriffen, indem sie die auf dem Bilde angebrachten nackten Frauengestalten durch Anbringung von Gewändern übermalen ließ. Damit hat sie das Werk des Künstlers verändert und sein trotz Uebertragung des Eigentums fortbestehendes Urheberrecht verletzt, das nach dem dem § 12 a. a. O. zugrunde liegenden gesetzgeberischen Gedanken das Werk des Künstlers gegen jede ohne seine Einwilligung erfolgende Veränderung schützt.

In der mündlichen Verhandlung ist von den Parteien zutreffend hervorgehoben worden, daß es auf die Beweggründe, die die Beklagte zu dieser Maßnahme veranlaßten, nicht ankommt. Doch sei hervorgehoben, daß, wie gleichfalls unter den Parteien unstreitig ist, das Freskobild in keiner Hinsicht obszön wirkt, so daß die Frage, ob das Urheberrecht des Künstlers etwa höheren öffentlichrechtlichen Interessen der Sittlichkeit zu weichen hätte, hier überhaupt nicht auftaucht. Die Beklagte beruft sich für die Berechtigung ihrer Maßnahme ausschließlich auf die Vorschrift des § 903 BGB., auf ihre Machtbefugnis als Eigentümerin. Diese besteht aber, wie das Gesetz ausdrücklich hervorhebt, nur, soweit nicht Rechte Dritter entgegenstehen. Der von der Beklagten veranlaßten Veränderung des Bildes steht das Urheberrecht des Klägers entgegen.

Mit Unrecht hat die Beklagte sich gegenüber dieser Auffassung darauf berufen, daß ihr Haus dem Besuche des Publikums entzogen, daß es in der Regel verschlossen und außer ihr nur noch von einer Mietpartei bewohnt sei. . . . Durch die Anbringung des Bildes als Fresko eines Treppenhauses in einem bewohnten Gebäude der Großstadt war für das Bild von vornherein eine gewisse, wenn auch beschränkte Oeffentlichkeit gegeben. Der Anspruch des Klägers kann deshalb auch nicht unter dem Gesichtspunkt abgelehnt werden, daß für die Wahrung seines Urheberrechts kein persönliches Interesse bestehe. Dieses persönliche Interesse, das mit der Ehre und dem Ansehen des Klägers als Künstler untrennbar verknüpft ist, ist aber, wie ausgeführt, ein rechtlich geschütztes. Seine Verletzung berechtigt den Künstler, auf Wiederherstellung zu klagen. Diese ist nach dem insoweit übereinstimmenden Vortrage der Parteien durch Beseitigung der Uebermalung möglich." . . .

**RGZ. 80, 78**

**Ausnahmen vom Nachdruckverbot. Dürfen, wenn die sonstigen Voraussetzungen des § 19 Nr. 4 LitUrhGes. vom 19. Juni 1901 vorliegen, auch ganze Novellen in eine Sammlung aufgenommen werden?**

I. Zivilsenat. Urt. v. 18. September 1912.

I. Landgericht II Berlin. II. Kammergericht daselbst

Die Beklagte ist Verlegerin einer Reihe von Bändchen, die den Titel trägt: „Englische und französische Schriftsteller der neueren Zeit. Für Schule und Haus herausgegeben von J. Kl." Die Nr. 30 dieser Reihe, 1904 veröffentlicht, enthält u. a. eine Novelle von Jacques Normand, „Courage de femme"; Nr. 48 von 1908 enthält eine solche von René Bazin, „La boîte aux lettres". Beide Novellen sind ursprünglich in Paris im Verlage der Klägerin erschienen, die erste in dem Bande „Contes à madame" von Normand, die zweite in „Contes de bonne Perrette" von Bazin.

Die Klägerin, die der Beklagten einen unbefugten Nachdruck vorwirft, erhob Klage auf Unterlassung des Nachdrucks sowie auf Zahlung von Schadensersatz. Die Klage wurde in allen Instanzen abgewiesen, vom Reichsgericht aus folgenden

Gründen:

. . . In dem vorliegenden Falle ist jede der beiden Novellen, um die sich der Streit dreht, mit elf anderen gleichartigen Erzeugnissen zu einer „Sammlung" — dem einzelnen Bändchen — zusammengefaßt. Da der jetzige deutsch-französische Vertrag vom 8. April 1907 hierüber nichts bestimmt, ist gemäß Art. 4, Art. 18 Abs. 1 der Revidierten Berner Uebereinkunft vom 13. November 1908 der § 19 Nr. 4 LitUrhGes. vom 19. Juni 1901 anzuwenden. Sind daher die abgedruckten Novellen als „Aufsätze von geringem Umfang" anzusehen und entsprechen die Bändchen, in die sie aufgenommen sind, den gesetzlichen Erfordernissen, so kann der Umstand, daß die Novellen im ganzen abgedruckt sind, der Beklagten nicht zum Nachteil gereichen. Nicht entgegen steht, daß auch die Berner Konvention in Art. 10, wo sie wegen der Benutzung fremder Werke im Interesse des Unterrichts oder zur Herstellung von Chrestomathien auf die Gesetzgebungen der Verbandsländer und die Sonderabkommen verweist, nur von einer Befugnis zur Aufnahme von „Auszügen oder Stücken aus Werken" spricht. Da die Konvention nach dem Grundsatz ihres Art. 4 die fremden Urheber nur nach Maßgabe der inländischen Gesetze schützt, in Art. 10 aber einen materiellen Rechtssatz gar nicht aufstellen will, bleibt es dabei, daß sich auch ein fremder Urheber oder sein Rechtsnachfolger die Entlehnung ganzer Aufsätze von geringem Umfange zugunsten von Sammlungen zum Schul- oder Unterrichtsgebrauch gefallen lassen muß.

Die Beschaffenheit der „Sammlungen", die in Frage stehen, bereitet keine Schwierigkeiten. Die ganze Einrichtung der Bändchen mit den vorausgeschickten Angaben über den Lebensgang der Schriftsteller und mit den umfangreichen Anmerkungen am Schlusse, die alles was sprachlich und sachlich mit dem Texte zusammenhängt, erläutern sollen, drückt ihnen unverkennbar den Stempel der Bestimmung für die Schule auf. Demgegenüber kann aus den Worten des Titels „für Schule und Haus" sowie des Untertitels „für den Privat- und Schulgebrauch" für den Standpunkt der Klägerin nichts hergeleitet werden. Wie das Kammergericht zutreffend bemerkt hat, schadet es nichts, wenn eine Sammlung außer dem vom Gesetze begünstigten Hauptzwecke nebenbei noch andere Zwecke verfolgt. Die in der Rechtslehre streitige Frage, ob der Selbstunterricht, den die Beklagte bei dem „Haus- oder Privatgebrauch" im Auge hat, unter dem gesetzlichen Ausdruck „Unterrichtsgebrauch" mitverstanden werden muß, braucht hiernach nicht entschieden zu werden.

Die Revision rügt sodann Verkennung des Begriffes „Aufsätze". Auch wenn man dieses Wort als gleichbedeutend mit „Ausarbeitung" (§ 18 Abs. 2 des Ges.) auffasse, falle doch ein selbständiges, in sich abgeschlossenes Kunstwerk wie eine Novelle nicht darunter. Das Gesetz habe nicht beabsichtigen können, solche Kunstwerke dem Nachdrucke preiszugeben. Indessen ist den Ausführungen des Berufungsurteils auch in diesem Punkte beizutreten. Aus der Entstehungsgeschichte des Gesetzes folgt, daß es auf den Inhalt der Ausarbeitung — ob sie beschreibenden, belehrenden oder unterhaltenden Inhalts ist — entscheidend nicht ankommt. Wenn der jetzige § 19 Nr. 4 den in § 7 Nr. a des Ges. vom 11. Juni 1870 gebrauchten Ausdruck „Schriften von geringerem

Umfang" durch die Worte „Aufsätze von geringem Umfang, einzelne Gedichte oder kleinere Teile eines Schriftwerks" ersetzt hat, so kann man zweifeln, ob diese durch das Streben nach größerer Anschaulichkeit hervorgerufene Fassungsänderung — so der II. Strafsenat des RG.'s in Goltdammer's Arch. Bd. 55 S. 318 flg. — besonders glücklich war. Daß aber die Absicht im wesentlichen nur auf eine Aenderung der Fassung ging, steht durch das Zeugnis der Motive (S. 29) fest. Hierzu kommt, daß das Wort „Aufsätze" schon in § 10 des älteren Gesetzes in einem Sinne gebraucht war, wonach es belletristisches Veröffentlichen anerkanntermaßen mitumschloß. . . . „Aufsätze" und „Schriften" bezeichnen danach denselben Begriff. Es würde auch schwer zu verstehen sein, warum einerseits Gedichte, anderseits kleine wissenschaftliche Arbeiten von dem Nachdrucksverbot ausgenommen sein sollten, während von Novellen ohne Unterschied ihres Umfangs nur Bruchstücke veröffentlicht werden dürften. Gerade für Schulbücher, die in die Literatur einführen wollen, liegt es nahe, die Prosadichtung mit der gebundenen Rede zusammenzustellen und von beiden in sich abgerundete Proben zu geben.

Endlich müssen die Aufsätze „von geringem Umfang" sein. Die Frage, ob diese Voraussetzung bei den hier abgedruckten Novellen zutrifft, ist wesentlich tatsächlicher Natur. Inwiefern das Kammergericht, indem es sie bejahte, rechtlich geirrt haben sollte, ist nicht erkennbar. Daß der Umfang, absolut betrachtet, nicht nur im Verhältnis zu dem aufnehmenden Werke, gering sein muß, hat es ausdrücklich hervorgehoben." . . .

**RGZ. 81, 120**

**1. Genießen Kochrezepte als Schriftwerke Urheberschutz?**

**2. Aenderungen an den wiedergegebenen Teilen eines fremden Werkes.**

**3. Läßt sich auf die Unterlassung der Quellenangabe ein Entschädigungsanspruch gründen?**

Gesetz, betr. das Urheberrecht an Werken der Literatur und der Tonkunst, §§ 1, 24, 25.
BGB. §§ 823, 253.

I. Zivilsenat. Urt. v. 18. Dezember 1912.

I. Landgericht I Berlin. II. Kammergericht daselbst.

. . .

Aus den Gründen:

. . . Das Berufungsgericht stellt die allgemeine Regel auf, daß einzelne Kochrezepte als solche — im Gegensatz zu einem Kochbuche — den Schutz des Urheberrechtsgesetzes nicht genießen. . . . Diese Ausführungen können nicht gebilligt werden. Sie würden zu der Folgerung führen, daß neu herausgegebene Sammlungen von Kochrezepten dem Nachdrucke preisgegeben wären.

Auszugehen ist von dem allgemein anerkannten Satze, daß ein Schriftwerk im Sinne des Gesetzes nur durch eine individuelle geistige Tätigkeit hervorgebracht wird. Wo es sich um rein tatsächliche Mitteilungen, um eine mechanische Wiedergabe bekannter Gegenstände handelt, ohne daß irgendwie eine selbständig schaffende, würdigende Geistesarbeit hinzukommt, kann von einem Schriftwerke nicht gesprochen werden. Ebensowenig kann aber anderseits bezweifelt werden, daß die zu verlangende selbständige Geistesarbeit nur einen äußerst geringen Grad zu erreichen braucht, sich auch auf untergeordneten Gebieten des Schrifttums zeigen kann, und zwar schon allein in der prüfenden und würdigenden Behandlung und der solcher Würdigung entsprechenden Gestaltung bekannter Stoffe. Dabei ist es an sich einerlei, ob sich das erforderliche Maß von Eigenart in dem Inhalt, oder in der Form der Gedanken ausdrückt, sofern nur das rein Schablonenmäßige, wie es z. B. in Preisverzeichnissen, Katalogen und Theaterzetteln hervorzutreten pflegt, von dem Begriffe des Schriftwerkes ausgeschieden wird. (Folgen Zitate, namentlich Entsch. des RG.'s in Zivils. Bd. 66 S. 230, Bd. 70 S. 267; Entsch. in Strafs. Bd. 17 S. 195, Bd. 33 S. 129, Bd. 39 S. 100, 282.) Hiernach können auch die einzelnen Kochrezepte, die wegen ihres belehrenden Inhalts der Vorschrift des § 1 Nr. 1 LitUrhG. genügen, dem gesetzlichen Schutze nicht entzogen werden. Mögen die Rezepte auch, wie das Berufungsgericht im vorliegenden Falle annimmt, insoweit eine Eigenart vermissen lassen, als sie einer besonders guten Sprachform ermangeln, und mögen sie sehr weit davon entfernt sein, in künstlerischer Hinsicht einen „literarischen Genuß" hervorrufen zu können, so erfordert doch regelmäßig schon die zweckentsprechende faßliche Darstellung der Kochvorschrift, insbesondere die sachgemäße Einteilung und Anordnung, einen gewissen Aufwand individueller geistiger Tätigkeit, und zwar selbst dann, wenn im Einzelfalle die Grundzüge der Kochregel bekannt und gemeinfrei sind. Diese Geistesarbeit wird sich als das Ergebnis persönlicher — wenn auch nur im kleinen betätigter — Schaffenskraft in der ganzen Gestaltung des Rezepts ausprägen. Die Grenzen einer rein tatsächlichen Mitteilung sind damit bereits überschritten. Das Rezept kann aber auch seinem Inhalte nach völlig neu sein, indem eine noch nicht bekannte Vereinigung und Zubereitung von Nahrungs- oder Genußstoffen beschrieben wird. Dies wird verhältnismäßig selten vorkommen und, wenn es vorkommt, werden sich durchweg Form und Inhalt des Gedankens zu einer Einheit verschmelzen. Die Revision weist indessen auf die Behauptung der Klägerin hin, daß ein Teil der Rezepte von der in ihrem elterlichen Hause bediensteten Wirtschafterin erfunden und der Klägerin überliefert worden sei.

Es mag zuzugeben sein, daß gerade die Verfasser von Kochbüchern oft aus älteren Kochbüchern Rezepte in größerer oder geringerer Zahl entnehmen und den von ihnen neu herauszugebenden Kochbüchern einfügen (vgl. auch Dernburg-Kohler, Urheber-, Patent- usw. Recht S. 99). Daß dies geschehen ist, darf aber für die einzelnen im „Illustrierten Viktoria-Kochbuche" der Klägerin stehenden Rezepte nicht ohne nähere Prüfung vermutet werden. Einem neuen Kochbuch und den darin enthaltenen Rezepten darf nicht von vornherein der Urheberschutz versagt werden. Vielmehr ist davon auszugehen, daß dieser Schutz begründet ist. Die Annahme des Berufungsgerichts, daß die Klägerin mindestens 43 Rezepte dem älteren Scheiblerschen Kochbuch entlehnt habe, läßt die übrigen Rezepte unberührt. Nur insoweit ist der unerlaubte Nachdruck zu verneinen, als die unter Vornahme von Veränderungen in das „Große Illustrierte Kochbuch" übernommenen Rezepte bereits nachweislich in einem vor dem „Illustrierten Viktoria-Kochbuche" der Klägerin erschienenen Werke enthalten waren, und zwar in einer Fassung, der gegenüber die entsprechenden Rezepte der Klägerin nach eigenartiger, individueller Ausprägung in Anordnung und Darstellung oder nach dem Inhalte nichts Wesentliches voraushaben. Läßt sich dies nachweisen, so kann sich die Klägerin nicht über einen Eingriff in Urheberrechte, die ihr zuständen, beschweren. Die Beweislast trifft die Beklagten. Sie werden gegebenenfalls um so eher in der Lage sein, diesen Beweis zu führen, als die Verfasserin des „Großen Illustrierten Kochbuchs" wissen muß, woher die Rezepte stammen, soweit sie dem „Illustrierten Viktoria-Kochbuche" nicht entlehnt worden sind.

Auf den Eventualantrag der Klägerin zu 5 hat die erste Instanz die Beklagten verurteilt, bei einer großen Anzahl von Rezepten des „Großen Illustrierten Kochbuchs" das „Viktoria-Kochbuch" der Klägerin als Quelle anzugeben. Die zweite Instanz hat auch insoweit auf Abweisung der Klage erkannt, in der Erwägung, daß die Rezepte nicht die Natur eines Schriftwerkes hätten. Aus der vorstehenden Erörterung ergibt sich, daß diese Begründung auf einer rechtsirrtümlichen Auffassung beruht.

Den von der Klägerin aus der Unterlassung der Quellenangabe abgeleiteten Schadensersatzanspruch in Höhe von 5000 M. (Antrag 6) hat auch die erste Instanz zurückgewiesen. Das Landgericht hat angenommen, daß diese Unterlassung zwar nach § 44 LitUrhG. strafbar mache, aber keine Entschädigungspflicht begründe. Denn § 36 des Gesetzes finde keine Anwendung. Es ist richtig, daß die Anwendung dieser Vorschrift im Falle der Unterlassung der Quellenangabe (§ 25) ausgeschlossen ist. Dabei bleibt aber die Frage offen, ob die Schadensersatzforderung nicht auf allgemeine Bestimmungen des bürgerlichen Rechtes gestützt werden kann. Und diese Frage ist zu bejahen. In § 24 Abs. 3 des alten Urheberrechtsgesetzes vom 11. Juni 1870 war ausdrücklich ausgesprochen, daß eine Entschädigungspflicht wegen Unterlassung der Quellenangabe nicht eintrete. Im neuen Gesetze (§ 44) ist diese Bestimmung fortgefallen. Sie fehlt schon im Entwurfe des Gesetzes, ohne daß die Weglassung besonders begründet wird. Hieraus ist in der Rechtslehre die Folgerung gezogen worden, daß nunmehr nach allgemeinen Grundsätzen zu beurteilen sei, ob ein Entschädigungsanspruch bestehe. Er läßt sich, abgesehen von der Vorschrift des § 826 BGB., auf § 823 gründen. § 25 LitUrhG. ist ein Schutzgesetz im Sinne des § 823 Abs. 2 BGB. Dafür, daß § 25 nur das ideelle, nicht auch das Vermögensinteresse des Urhebers schützen wolle, lassen sich keine ausreichenden Gründe anführen. Wäre freilich für die Klägerin aus der Unterlassung der Quellenangabe kein Vermögensschaden entstanden, so erwiese sich der geltend gemachte Anspruch von vornherein als ungerechtfertigt (§ 253 BGB.). Ob etwa neben dem Abs. 2 des § 823 auch der Abs. 1 als Grundlage einer Schadensersatzforderung in Betracht kommt, kann dahingestellt bleiben."

## RGZ. 81, 233

**Nach welchen Grundsätzen ist ein Vertrag zu beurteilen, wodurch der Verleger dem Verfasser an Stelle einer festen Vergütung einen Anteil am Reingewinn aus dem verlegten Werke zusichert?**

I. Zivilsenat. Urt. v. 22. Januar 1913.

I. Landgericht Stuttgart. II. Oberlandesgericht daselbst.

. . .

Aus den Gründen:

„. . . Ein Verhältnis, bei dem das Honorar des Verfassers durch Beteiligung am Reingewinn des Verlegers bestimmt wird, hat einen gesellschaftsähnlichen Charakter. Es setzt im Vergleich zu anderen Vertragsverhältnissen in erhöhtem Maße persönliches Vertrauen und die Betätigung von Treu und Glauben (§ 242 BGB.) voraus. Der Kläger hat . . . einen Rechtsanspruch darauf, bei der Ermittelung des Reingewinns dem gesellschaftsähnlichen Charakter des Vertrags entsprechend behandelt zu werden. Die Beklagte ist daher verpflichtet, bei Feststellung des Reingewinns die Herstellungs- und Vertriebskosten sowie die üblichen Quoten für Geschäftsspesen „nach ihren Büchern und Registern", d. h. so zu berechnen, wie sie diese Kosten für sich selbst in Ansatz bringt.

Dies hat der Sachverständige verkannt, und das Oberlandesgericht hat sich, indem es dem Gutachten folgt, seine rechtsirrtümliche Auffassung angeeignet. Der Sachverständige ist bei seiner Begutachtung zu dem Ergebnis gelangt, daß bei den in Ausgabe gesetzten Posten tatsächlich eine Uebersetzung von 1356,15 M. stattgefunden hat; dem steht ein zu niedriger Ansatz von 154,09 M. gegenüber. Dies ergibt eine Uebersetzung der Ausgaben um 1202,06 M. Der Sachverständige hat nun, wie es in dem Urteil heißt, „um zu dem nach seinem Ermessen sachgemäßen Gesamtbetrage von Ausgaben zu gelangen", die von der Beklagten selbst nur mit 15 % berechneten Generalunkosten auf 20 % erhöht, was eine Mehrausgabe von 1117,10 M. ausmacht. Dies verstößt gegen den Vertrag. Die Geschäftsspesen sind nicht für alle Geschäfte gleicher Gattung dieselben. Unterstellbar sind sie bei einem so großen Unternehmen, wie es das der Beklagten ist, niedriger als bei einem kleinen oder mittleren Verlage. Wenn die Beklagte selbst, die doch ihre Verhältnisse am besten kennt, ihre Generalunkosten in ihren dem Kläger mitgeteilten Abrechnungen nur mit 15 % angenommen hat, so ist sie an diesen Ansatz gebunden und nicht berechtigt, nachdem der Sachverständige die Uebersetzung anderer Ausgabekosten nachgewiesen hat, die Generalunkosten nachträglich willkürlich zu erhöhen. Der Sachverständige hat ferner in einem Nachtragsgutachten die Kosten der Einbände um je 11 Pf. pro Band, zusammen 424,02 M. erhöht. Auch bei diesem Ansatze, den das Oberlandesgericht für gerechtfertigt erklärt, kommt eine rechtsirrige Auffassung zum Ausdruck, wenn das Oberlandesgericht zur Begründung des Postens ausführt, die Beklagte sei berechtigt, die in ihrem eigenen Betriebe hergestellten Buchbinderarbeiten dem Kläger so zu berechnen, wie wenn sie einem dritten Besteller geliefert wären. Vielmehr ist dem gesellschaftsähnlichen Verhältnisse entsprechend diejenige Berechnung zugrunde zu legen, welche nach den Büchern der Beklagten für diese selbst bei Ermittelung ihres Reingewinns maßgebend ist. Denn an diesem Reingewinn hat sie den Kläger beteiligt, nicht an einem nachträglich willkürlich konstruierten Gewinn.

. . . Der Kläger hat behauptet und unter Beweis gestellt, daß ihm bei den Verhandlungen im Vorprozeß über die Vertragsstrafe von dem Direktor der Beklagten zugesichert wurde, die Herstellungskosten würden den Betrag von 10 000 M. nicht überschreiten. Tatsächlich hat die Beklagte dem Kläger 26 900,49 M. in Ausgabe gestellt. Die Gründe, aus denen das Oberlandesgericht die Erheblichkeit dieser Behauptung verneint, sind unstichhaltig. Es erwägt, der Kläger behaupte selbst nicht, daß auch für die später beschlossene Auflage von 5000 Exemplaren ausdrücklich eine Zusicherung des erwähnten Inhalts gegeben worden sei. Allein dies zu behaupten war überhaupt nicht Sache des Klägers. Hatte die Beklagte dem Kläger zugesichert, die Herstellungskosten würden nicht mehr als 10 000 M. betragen, so ist diese Zusicherung an und für sich verbindlich, und es ist Sache einer Einwendung der Beklagten darzulegen, daß und warum sie gleichwohl nicht maßgebend sein soll. Das Oberlandesgericht hat nicht näher festgestellt, auf Grund welcher Abmachungen die Beklagte überhaupt dazu kam, an Stelle der ursprünglich vereinbarten Auflage von 1000 Exemplaren eine solche von 5000 zu veranstalten, obwohl die Höhe der Auflage in der Regel auch für die Bemessung des Honorars von ausschlaggebender Bedeutung ist. Sind dem Kläger verpflichtende Zusicherungen über die Höhe der Herstellungskosten gemacht worden, so durften ihm die Mehrkosten der stärkeren Auflage nur unter der Voraussetzung in Rechnung gestellt werden, daß er bei Einholung seiner Einwilligung zu der stärkeren Auflage auf die dadurch notwendig werdende Erhöhung der Herstellungskosten aufmerksam gemacht wurde und ihr zugestimmt hat. In dieser Hinsicht bedarf das Streitverhältnis noch weiterer tatsächlicher Aufklärung."

**RGZ. 82, 16**

**Zu den Begriffen der Bearbeitung und der freien Benutzung eines Werkes im Sinne der §§ 12 und 13 LitUrhG. vom 19. Juni 1901.**

I. Zivilsenat. Urt. v. 8. März 1913.

I. Landgericht I Berlin. II. Kammergericht daselbst.

Der Kläger ist Alleinerbe des im Jahre 1897 verstorbenen französischen Dichters M., der das Lustspiel „L'Attaché d'Ambassade" im Druck veröffentlicht hat. Das Lustspiel ist von F. ins Deutsche übersetzt worden. Die Beklagten haben von den Textdichtern und dem Komponisten der Operette „Die lustige Witwe" das ausschließliche Recht erworben, dieses Stück im Deutschen Reiche aufzuführen. Die Klage ist darauf gestützt, daß der Text der Operette eine unselbständige Bearbeitung des vorerwähnten Lustspiels sei, das im Deutschen Reiche Urheberrechtsschutz genieße. Die Klage hatte in beiden Vorinstanzen keinen Erfolg; auch die Revision ist zurückgewiesen worden.

Gründe:

... Nach §§ 11 Abs. 2, 12 Abs. 1 LitUrhG. erstreckt sich die dem Urheber des Bühnenwerkes zustehende ausschließliche Befugnis zur öffentlichen Aufführung auch auf Bearbeitungen des Werkes. Diese Bestimmung erfährt eine Ergänzung durch § 13 Abs. 1 a. a. O., wonach die freie Benutzung des Werkes zulässig ist, wenn dadurch eine eigentümliche Schöpfung hervorgebracht wird. Daß im vorliegenden Falle die Verfasser der Operette das Lustspiel benutzt haben, wird von den Beklagten nicht in Abrede gestellt. Bestritten wird von ihnen aber, daß die Benutzung über das vom Gesetze für zulässig erklärte Maß hinausgegangen sei. Nach den obenerwähnten Gesetzesvorschriften kann die Operette, auch wenn für das Lustspiel urheberrechtlicher Schutz im Deutschen Reiche besteht, unabhängig von der Zustimmung des Klägers aufgeführt werden, sofern einerseits die Verfasser des Operettentextes sich in den Grenzen der freien Benutzung des Lustspiels gehalten haben, anderseits die Operette den an eine eigentümliche Schöpfung zu stellenden Anforderungen genügt. Ob diese Voraussetzungen zutreffen, hat das Revisionsgericht selbständig zu prüfen, da die Begriffe „freie Benutzung" und „eigentümliche Schöpfung" rechtlicher Art sind und deshalb eine Gesetzesverletzung vorliegen würde, wenn das Berufungsgericht einen Irrtum begangen hätte, als es bei Vergleichung der Texte des Lustspiels und der Operette die Benutzung des Lustspiels für eine „freie" und den Operettentext für eine „eigentümliche Schöpfung" erklärte.

Ueber den Unterschied zwischen der „Bearbeitung" und der „freien Benutzung" eines Bühnenwerkes hat sich der jetzt erkennende Senat bereits in dem Urteile Entsch. des RG.'s in Zivils. Bd. 63 S. 158, das einen ähnlich liegenden Fall betraf, ausgesprochen. Dort hat es als Gegensatz zu einer zulässigen freien Benutzung eine solche Nachbildung des Werkes bezeichnet, die sich von ihrem Vorbilde nur durch unwesentliche Veränderungen oder Zusätze unterscheidet, die, in der Hauptsache die Identität des Werkes unberührt lassend, nur als eine Reproduktion des Originals bezeichnet werden kann. Ob diese Bestimmung des Begriffs der Bearbeitung nicht vielleicht zu eng gefaßt ist, kann hier dahingestellt bleiben. Eine in allen Fällen passende Begriffsbestimmung für eine scharfe Scheidung zwischen der Bearbeitung und der freien Benutzung des Werkes wird kaum zu finden sein, vielmehr wird in jedem einzelnen Falle zu erwägen sein, ob der Verfasser des neuen Werkes von der Darstellung und den Gedanken des älteren Urhebers sich so weit losgelöst hat, daß es billig erscheint, seine Tätigkeit als eine selbständige literarische Leistung aufzufassen.

In dieser Hinsicht lassen sich auch nicht, wie die Revision im Anschluß an ein von Professor K. dem Kläger geliefertes Privatgutachten vermeint, die patentrechtlichen Grundsätze über Abhängigkeitserfindungen auf das wesentlich anders gestaltete Gebiet des Urheberrechtsschutzes für literarische Erzeugnisse übertragen. Jedem Patente liegt gemeinhin ein bestimmter erfinderischer Gedanke, der eine gewerbliche Verwertung gestattet, zugrunde. Für diesen Gedanken, wenn er in einem besonderen technischen Verfahren oder in einem technischen körperlichen Erzeugnis seinen Niederschlag gefunden hat, erhält der Patentinhaber durch das Patent einen Schutz, der sich über das ausdrücklich geschützte Verfahren oder Erzeugnis hinaus auf alle sonstigen Verfahren oder Erzeugnisse erstreckt, in denen der erfinderische Gedanke des Patentinhabers in irgendeiner Weise wiederkehrt und sich eine Abhängigkeit von dem Gedanken des Erfinders zeigt. Wesentlich anders ist aber die Rechtslage bei dem Urheberrechtsschutze von Schriftwerken. Hier handelt es sich gewöhnlich nicht um den Schutz für einen einzelnen schöpferischen Gedanken, sondern für eine vielseitige geistige Arbeit, die in einer mehr oder minder umfassenden schriftlichen Ausarbeitung ihren äußeren Ausdruck erhalten hat. Geschützt wird hier dem Urheber das Schriftwerk in seiner Gesamtheit, und zwar abweichend vom Patentrechte dergestalt, daß nicht jede Ausnutzung der Gedanken des Urhebers eine Rechtsverletzung darstellt, vielmehr jedermann eine freie Benutzung gestattet ist, die eine eigentümliche Schöpfung zur Folge hat. Mithin herrscht auf dem Schutzgebiete des literarischen Urheberrechts größere Bewegungsfreiheit, als auf dem patentrechtlichen.

Im vorliegenden Falle stellt ein Vergleich zwischen der F.schen Uebersetzung des Lustspiels und dem vollständigen Textbuche der Operette außer Zweifel, daß die Verfasser der Operette den allgemeinen Grundgedanken des Stückes, eine große Anzahl der auftretenden Personen, in den beiden ersten Akten im wesentlichen auch den Gang der Handlung und im Dialoge zahlreiche Redewendungen, insbesondere witzige und zugkräftige, aus dem Lustspiele hergenommen haben. In anderer Hinsicht aber sind sie vollständig selbständige Wege gegangen, die es geboten erscheinen lassen, den Text der Operette in seiner Gesamtheit als ein mit dem Lustspiel nur durch freie Benutzung zusammenhangendes Werk aufzufassen. Ausscheiden muß hierbei freilich die Umgestaltung der äußeren Form, der Uebergang vom Lustspiel zur Operette. Denn durch die anderweite Formgebung und die dadurch bedingte Aenderung des Textes wird die Annahme einer bloßen Bearbeitung keineswegs ausgeschlossen. Aber auch darüber hinaus würde die Operette den Charakter einer Bearbeitung des Lustspiels allein deswegen noch nicht verlieren, weil sie Neuerungen enthält, die das durch die Umsetzung in eine Operette bedingte Maß erheblich überschreiten. Entscheidend kann vielmehr nur der Gesichtspunkt sein, ob die Neugestaltung der Operette in so hohem Maße Ausfluß der selbständigen Denktätigkeit ihrer Verfasser ist, daß demgegenüber die Entlehnungen aus dem Lustspiel als unwesentlich in den Hintergrund treten.

Dies nimmt das Revisionsgericht in Uebereinstimmung mit dem Vorderrichter und der von diesem zur Begutachtung der Streitfrage herangezogenen literarischen Sachverständigenkammer an. . . . (Wird ausgeführt.)

Alle diese Umstände drücken dem Texte der Operette im Vergleiche zu dem Inhalte des Lustspiels den Stempel einer selbständigen Leistung der Verfasser auf und lassen es gerechtfertigt erscheinen, in deren Tätigkeit nicht eine Bearbeitung, sondern nur eine freie Benutzung des Lustspiels zu sehen. Weiter aber begründen sie auch die Annahme, daß der Operettentext eine eigentümliche Schöpfung im Sinne des § 13 Abs. 1 LitUrhG. darstellt. Denn abgesehen von der Aenderung der äußeren Form hat das Textbuch der Operette einerseits durch die erhebliche Umarbeitung der aus dem Lustspiele herübergenommenen Bestandteile, anderseits durch die im Vordergrunde stehenden selbständigen Zutaten der Verfasser eine so eigenartige Gestaltung erhalten, daß ihm der Charakter eines neuen und eigentümlichen Bühnenwerkes nicht versagt werden kann."

RGZ. 82, 333

**Kann ein Architekt, der als Gehilfe eines anderen Architekten künstlerische Entwürfe zu den von diesem übernommenen Bauwerken liefert und dessen Weisungen unterworfen ist, an den Bauwerken ein Urheberrecht beanspruchen?**

Reichsgesetz, betr. das Urheberrecht an Werken der bildenden Künste und der Photographie, vom 9. Januar 1907 § 2.

I. Zivilsenat. Urt. v. 28. Mai 1913.

I. Landgericht I Berlin. II. Kammergericht daselbst.

. . .

Aus den Gründen:

... Es handelt sich um einen Anspruch, der sich ausschließlich auf das Kunstschutzgesetz vom 9. Januar 1907 gründet. Der Kläger nimmt hinsichtlich der Fassaden der vier ... im Jahre 1909 hergestellten Häuser Urheberrechte in Anspruch. Der Schutz, den das genannte Gesetz den Bauwerken gewährt, sofern sie künstlerische Zwecke verfolgen (vgl. § 2 Abs. 1 mit § 1), ist jedenfalls insofern ein ausschließlicher, als nicht noch, wie der Kläger in erster Instanz geltend gemacht hatte, ein besonderes (neben dem Urheberrechte selbständiges) Urheberschaftsrecht besteht. Das Reichsgesetz vom 9. Januar 1876 hatte nach der ausdrücklichen Bestimmung in seinem § 3 den Werken der Baukunst seinen Schutz versagt. Das neue Kunstschutzgesetz gewährt ihn unter der Voraussetzung und mit der Beschränkung „soweit sie künstlerische Zwecke verfolgen" (vgl. Motive zum Kunstschutzgesetzentwurf S. 12 flg., Entsch. des RG.'s in Strafs. Bd. 43 S. 197). Daß dieses Erfordernis bezüglich der in Frage stehenden Bauwerke vorliegt, hat das Kammergericht festgestellt. Die Parteien sind hierüber auch einig.

. . . Es liegt nicht der regelmäßige Fall vor, daß ein Bauherr einen Architekten mit der Anfertigung eines Bauplans nach des Bauherrn Wünschen oder Ideen beauftragt, und daß nachträglich auf Verlangen des Bauherrn Aenderungen an den von dem Architekten gefertigten Plänen durch diesen selbst vorgenommen werden. Vielmehr hat im vorliegenden Falle ein Architekt einen andern mit der Fertigung von Planskizzen zu den von ihm übernommenen Neubauten, und zwar speziell der Fassaden gegen Gewährung eines Honorars von 4000 M. betraut. Die Idee zu den in Frage stehenden Fassaden hat nach den Feststellungen des Kammergerichts der Beklagte angegeben; er hätte sie ebensogut selbst ausführen können, versicherte sich aber der Hilfe eines Kollegen, den er entsprechend honorierte. Ausführender Künstler war daher der Beklagte selbst, an dessen „Weisungen sich der Kläger strikte zu halten hatte". Darüber kann der Kläger auch gar nicht in Zweifel gewesen sein. Denn als es einmal über die Entwürfe des Klägers zu erregten Auseinandersetzungen zwischen ihm und dem Beklagten kam, hat dieser dem Kläger vorgehalten, daß es keinen Zweck hätte, die Sache nach seinem Kopfe zu machen, vielmehr habe sich Kläger strikte an des Beklagten Anweisungen zu halten; er müsse sonst doch wieder ändern. Dieser sehr nachdrücklichen Zurechtweisung gegenüber hat der Kläger seinen eigenen Standpunkt nur noch insofern aufrechterhalten, als er dabei blieb, daß seine Entwürfe besser seien; tatsächlich hat er sich aber den Weisungen des Beklagten gefügt. Das Verhältnis zwischen Kläger und Beklagtem läßt erkennen, daß der Beklagte sich des Klägers lediglich als seines Gehilfen bediente. Der Kläger hatte den Auftrag, dem Beklagten, der sich von vornherein als den Urheber der herzustellenden Fassaden hinstellte, hierzu künstlerische Entwürfe zu liefern. Aber der Beklagte behielt sich vor, sie zu billigen oder zurückzuweisen, sie auf Grund seines eigenen künstlerischen Könnens abzuändern oder durch den Kläger abändern zu lassen.

Es mag sein, daß dem Kläger an seinen ursprünglichen Entwürfen nach § 2 Abs. 2 KunstschG. ein Urheberrecht zusteht. Ein Urheberrecht an den Entwürfen macht aber Kläger überhaupt nicht geltend. Er beansprucht ein Urheberrecht an den fertigen Fassaden. Dieser Anspruch ist unbegründet, weil nach dem Ergebnisse der Beweisaufnahme der Beklagte als der Urheber der Fassaden anzuerkennen ist. Dabei ist es an sich gleichgültig, wieviel der Beklagte von den ihm durch die Entwürfe des Klägers gebotenen Anregungen verwertet hat. Der Kläger hat, indem er sein künstlerisches Können in den Dienst des Beklagten stellte und sich dabei dem künstlerischen Können des letzteren unterordnete, auf die Hervorbringung einer eigenen und individuellen künstlerischen Gestaltung verzichtet.

Aus dem Gesagten ergibt sich, daß auch von einem Miturheberrechte des Klägers an den in Frage stehenden Fassaden keine Rede sein kann. Eine Miturheberschaft der Parteien wäre in doppelter Weise möglich gewesen. Entweder so, daß beide Parteien in wechselseitigem Einverständnis an der Gestaltung der Fassaden als einer gemeinsamen Aufgabe gleichberechtigt zusammenarbeiteten, oder so, daß jeder in Unterordnung unter die Gesamtidee für einzelne Teile selbständig künstlerisch tätig wurde. Weder das eine noch das andere Verhältnis lag hier vor, wo der Kläger von vornherein seine individuelle Schöpferkraft derjenigen des Beklagten unterzuordnen hatte und für die Gestaltung der Fassaden der Wille und künstlerische Geschmack des Beklagten allein ausschlaggebend war.

Auch von der behaupteten Verletzung des § 9 Abs. 1 des Kunstschutzgesetzes kann keine Rede sein. Die hier aufgestellte Vermutung, die dem Künstler den Prima-Facie-Beweis seiner Urheberschaft erleichtern soll, kann natürlich in jedem Einzelfall auf Grund der tatsächlich bestehenden Verhältnisse widerlegt werden. Im vorliegenden Falle ist sie durch das wiedergegebene Ergebnis der Beweisaufnahme, an die das Revisionsgericht gebunden ist, widerlegt.

Der klägerische Vertreter hat schließlich noch geltend gemacht, daß der Kläger die aus dem Urheberrechte nach dem Gesetze fließenden materiellen Rechte gar nicht für sich in Anspruch nehmen wolle, insbesondere nicht den Schutz gegen Nachahmung, daß es ihm vielmehr lediglich darauf ankomme, entsprechend seiner Leistung als der Urheber der in Frage stehenden Fassaden anerkannt zu werden und sich als solcher bezeichnen zu können. Allein welchen Gebrauch der Kläger von einem seinen Anträgen entsprechenden Erkenntnis zu machen beabsichtigt, ist für die rechtliche Beurteilung dieser Anträge an sich gleichgültig. Nach den wiedergegebenen Feststellungen des Kammergerichts könnte überdies vom Kläger auch kein urheberrechtliches Persönlichkeitsrecht, selbst wenn es neben den Bestimmungen des Spezialgesetzes anzuerkennen wäre, für die in Rede stehenden Fassaden beansprucht werden.

Eine Nachprüfung des Urteils des Kammergerichts läßt auch in allen übrigen Beziehungen, insbesondere hinsichtlich der Zurückweisung der weiter geltend gemachten Klagegründe, einen Rechtsirrtum nicht erkennen."

**RGZ. 84, 146**

**1. Bedarf bei der Unterlassungsklage aus § 15 des Kunstschutzgesetzes die Besorgnis einer Wiederholung der Rechtsverletzung besonderer Begründung?**

**2. Besteht eine allgemeine Erkundigungspflicht nach Schutzrechten für das Vervielfältigungsgewerbe?**

**3. Gewährt das Kunstschutzgesetz einen Anspruch auf Rechnungslegung auch bei fahrlässiger Verletzung des Urheberrechts?**

Gesetz, betr. das Urheberrecht an Werken der bildenden Künste und der Photographie, vom 9. Januar 1907 §§ 15, 31.

I. Zivilsenat. Urt. v. 11. Februar 1914.

I. Landgericht I Berlin. II. Kammergericht daselbst.

Die Klägerin ist die Urheberin eines gewerblichen Musters für Handstickereien, das einen Erikakranz mit Wellenlinien darstellt. Die Beklagte veröffentlichte Ende 1910 eine Abbildung des Musters in ihrer Zeitschrift „Die praktische Berlinerin", ließ es unter der Bezeichnung Plättmuster durch ein chemisches Verfahren auf Papier übertragen und brachte diese Muster in den Handel. Mit der Behauptung, daß hierdurch ihr Urheberrecht verletzt sei, erhob die Klägerin gegen die Beklagte die Unterlassungsklage und Klage auf Rechnungslegung und Schadensersatz.

Das Landgericht gab der Klage statt. Die Berufung der Beklagten wurde zurückgewiesen. Auf die Revision der Beklagten ist das Berufungsurteil aufgehoben und die Sache in die Berufungsinstanz zurückverwiesen worden aus folgenden

Gründen:

„Das Kammergericht geht davon aus, daß das Kunstschutzgesetz vom 9. Januar 1907 auf den vorliegenden Fall Anwendung finde. Diese von der Revision nicht angegriffene, rechtlich nicht zu beanstandende Annahme beruht auf dem Gutachten der künstlerischen Sachverständigenkammer, die das Erikamuster der Klägerin für eine individuelle künstlerische Leistung erklärt, die es aus der Reihe der gewöhnlichen gewerblichen Geschmacksmuster in die Sphäre der kunstgewerblichen Erzeugnisse erhebe. Das der Klägerin gemäß § 15 KunstSchG. zustehende ausschließliche Recht, das Erikamuster zu vervielfältigen und gewerbsmäßig zu verbreiten, hat die Beklagte durch Abdruck des Musters in der Zeitschrift „Die praktische Berlinerin" und durch Herstellung und Vertrieb von Plättmustern verletzt. Zum Schutze dieses ausschließlichen Rechtes gegen künftige Beeinträchtigungen dient die Unterlassungsklage, die die vom Kläger zu beweisende Besorgnis einer Wiederholung der Rechtsverletzung voraussetzt. Zum Nachweise dieser Besorgnis mag zwar im allgemeinen die Tatsache ausreichen, daß ein widerrechtliches Verhalten vor Erhebung der Klage bereits verwirklicht worden ist; aber die hieraus sich ergebende Wahrscheinlichkeit der Wiederholung der Rechtsverletzung kann durch die Umstände des einzelnen Falles ausgeschlossen oder in Frage gestellt werden. Hier beruft sich die Beklagte auf ihr Schreiben vom 12. Oktober 1912, worin sie erklärt habe, den weiteren Vertrieb des Erikamusters unterlassen zu wollen. Nach Ansicht des Kammergerichts liegt darin weder ein Anerkenntnis des Anspruchs der Klägerin, noch ein prozessuales Anerkenntnis, das sie klaglos gestellt habe, da das Unterlassenwollen des Vertriebes durch den Nachweis des Urheberrechts eingeschränkt gewesen sei. Allerdings hatte die Beklagte im Anschluß an jene Erklärung um Nachweis des Urheberrechts gebeten. Hierzu war sie aber mit Rücksicht auf den im vorausgegangenen Schreiben der Klägerin vom 7. Oktober 1912 erhobenen Anspruch auf Rechnungslegung über den Vertrieb der Plättmuster und auf Schadensersatz berechtigt, und die Klägerin konnte dies berechtigte Verlangen durch Mitteilung des Gutachtens der Sachverständigenkammer vom 30. Juni 1911 leicht befriedigen. Statt dessen schritt sie ohne weiteres zur Erhebung der Klage.

Es kommt die begründete Rüge der Revision hinzu, das Kammergericht habe die in der Berufungsschrift unter Beweis gestellte Behauptung der Beklagten nicht beachtet, daß auf ihre Anordnung sämtliche Bügelmuster von den einzelnen Filialen in das Hauptgeschäft zurückgesandt und durch Einwerfen in den Papierschacht vernichtet worden seien. Wird diese Tatsache als erwiesen unterstellt, so kann daraus geschlossen werden, daß es der Beklagten, sei es schon vor Erhebung der Klage, sei es im Laufe des Rechtsstreits, — je nach dem Zeitpunkt, in dem jene Anordnung getroffen wurde — ernstlich darum zu tun gewesen ist, der Wiederholung der Rechtsverletzung vorzubeugen. Auch im Laufe des Rechtsstreits blieb die Anordnung erheblich; denn auf die Unterlassungsklage darf die Verurteilung nur ausgesprochen werden, wenn die Wiederholungsgefahr zur Zeit des Urteilserlasses noch vorhanden ist.

Mit Recht greift die Revision weiter die Erwägungen an, aus denen das Kammergericht die Beklagte für verpflichtet erachtet, den der Klägerin entstandenen Schaden zu ersetzen. Das Muster der Klägerin, führt das Kammergericht aus, sei unbestritten ein neues schutzberechtigtes Erzeugnis. Die Beklagte habe dies auch mindestens durch ihre an der Zeitschrift „Die praktische Berlinerin" angestellten, fachmännisch ausgebildeten Schriftleiter und Schriftleiterinnen erkannt und erkennen müssen. Daß sie die Neuheit und den Wert des Musters wirklich erkannt habe, ergebe sich besonders daraus, daß sie es nicht bloß in der Zeitschrift abgebildet, sondern davon in großen Mengen Plättmuster hergestellt und vertrieben habe, was sie nicht getan haben würde, wenn sie es für wertlos und nicht für neu gehalten hätte. Da sie einem solchen Muster gegenüber die Pflicht gehabt hätte, nachzuforschen, ob es, wie in der Neuzeit ohne weiteres anzunehmen, für jemand geschützt sei, so habe sie fahrlässig gehandelt, wenn sie ohne solche Nachforschungen das Muster nachbildete und für sich verwertete, und sei nach § 31 KunstSchG. schadensersatzpflichtig. Die Revision bestreitet, daß der Vorwurf der Fahrlässigkeit wegen dieser Unterlassung die Beklagte treffe.

Das Kunstschutzgesetz stellt keinen besonderen Begriff der Fahrlässigkeit auf. Es gilt daher auch für seinen Bereich der allgemeine Rechtsgrundsatz des § 276 BGB., wonach fahrlässig handelt, wer die im Verkehr erforderliche Sorgfalt außer acht läßt. Maßgebend ist die gesunde Verkehrssitte, die verständige Auffassung, die im Verkehr innerhalb der in Betracht kommenden Kreise herrscht. Was die Erkundigungspflicht nach bestehenden Schutzrechten angeht, so wurde bei den Verhandlungen der Reichstagskommission über den Entwurf zum Kunstschutzgesetze von verschiedenen Mitgliedern der Kommission die Richtigkeit des im chemigraphischen Gewerbe durch die Verkehrssitte herausgebildeten Grundsatzes hervorgehoben, daß im allgemeinen unverdächtigen Bestellern gegenüber in eine Prüfung der Vervielfältigungsberechtigung nicht einzutreten sei. Auf Anregung des Berichterstatters der Kommission gab bei der zweiten Beratung des Gesetzentwurfs im Reichstag ein Vertreter der Regierung die Erklärung ab: Darüber, ob und inwieweit eine Erkundigungspflicht bestehe für den, der den Auftrag zu einer Vervielfältigung erhalte, spreche sich der Entwurf nicht ausdrücklich aus; es bleibe also beim bestehenden Rechte, nach dem es keine allgemeine Erkundigungspflicht gebe. Nur wenn die besonderen Umstände des einzelnen Falles einen offenbaren Verdacht erregen müßten, sei es Sache dessen, der den Auftrag zur Vervielfältigung bekomme, sich darüber zu vergewissern, ob sein Auftraggeber ein Recht dazu habe (vgl. KommBer. S. 26; Stenogr. Ber. über die Reichstagsverhandl. vom 23. November 1906 S. 3856).

Danach ist bei der Anwendung des § 31 KunstSchG. davon auszugehen, daß eine allgemeine Erkundigungspflicht für das Vervielfältigungsgewerbe nicht besteht, daß aber die besonderen Umstände des einzelnen Falles eine Erkundigungspflicht bedingen können. Solche Umstände können auch durch die Art des Gewerbebetriebes gegeben sein. Beispielsweise wird an die im Verkehr zu beobachtende Sorgfalt bei einem Verleger, der eine Zeitschrift mit Abbildungen von kunstgewerblichen Erzeugnissen für eigene Rechnung herausgibt, regelmäßig ein strengerer Maßstab angelegt werden müssen, als an die Sorgfalt des Druckereibesitzers, der nur den Druck der Zeitschrift im Auftrage des Verlegers besorgt. Die Beschaffenheit eines Erzeugnisses des Kunstgewerbes dagegen ist zwar für die Frage, ob überhaupt das Kunstschutzgesetz darauf Anwendung findet, von Bedeutung, bestimmt aber der Regel nach nicht auch die Anwort auf die Frage, ob eine Erkundigungspflicht im einzelnen Falle besteht. Es ist daher rechtlich zu beanstanden, wenn das Kammergericht das entscheidende Gewicht darauf legt, daß die Beklagte die Neuheit und den Wert des Erikamusters erkannt habe. Zutreffend rügt die Revision ferner, es sei die Behauptung der Beklagten nicht berücksichtigt, daß ihr das Erikamuster nicht von einem Unbekannten, sondern von der mit ihr in ständiger Geschäftsverbindung stehenden Firma Ruppin, die sich als durchaus zuverlässig erwiesen habe, angeboten worden sei. Auf diese nach der vorstehenden Erörterung an sich erhebliche Behauptung hatte sich schon die Beweisaufnahme der ersten Instanz erstreckt, auf deren Ergebnis das Kammergericht insoweit nicht eingegangen ist.

Endlich wird die ausgesprochene Verurteilung zur Rechnungslegung durch die Berufung auf die §§ 666, 687 BGB. nicht gerechtfertigt. Der allein in Betracht kommende § 687 Abs. 2 führt nur zur Beschränkung des Rechnungslegungsanspruchs auf die vorsätzliche Verletzung des Urheberrechts im Sinne des § 31 KunstSchG. Diese hat das Kammergericht nicht festgestellt. Seine Erwägung, daß die Beklagte vielleicht mit dolus eventualis gehandelt habe, wenn sie das Erikamuster ohne Nachforschungen, ob es geschützt sei, gewerblich verwertete, genügt hierzu nicht. Indessen würde, wenn im übrigen die Voraussetzungen zur Anwendung des § 31 gegeben wären, der Anspruch auf Rechnungslegung auch bei fahrlässiger Verletzung aus entsprechenden Erwägungen, wie im Falle grobfahrlässiger Patentverletzung (vgl. Entsch. des RG.'s in Zivils. Bd. 70 S. 249), zuzulassen sein." . . .

RGZ. 86, 107

**1. Zusammenhängende Verträge (Werkvertrag und Verlagsverträge) zwischen drei Parteien. — Ist die Kündigungsbefugnis des Bestellers (§ 649 BGB.) nachgiebiges Recht?**

**2. Unter welchen Voraussetzungen darf sich der Bearbeiter einer neuen Auflage des wissenschaftlichen Werkes eines verstorbenen Verfassers auch ohne ausdrückliche Vertragsbestimmung wissenschaftlicher Hilfsarbeiter bedienen?**

I. Zivilsenat. Urt. v. 9. Januar 1915.

*I. Landgericht II Berlin. II. Kammergericht daselbst.*

Durch Vertrag vom 14./16. Februar 1883 hatte Professor Dr. P. in Berlin das ausschließliche Verlags- und Eigentumsrecht an dem von ihm verfaßten Werke: „Geschichte des klassischen Unterrichts an den deutschen Schulen und Universitäten seit dem 16. Jahrhundert bis zur Gegenwart" der Firma V. & Co. in L. übertragen. In § 6 dieses Vertrags übernahm der Verfasser die zweite Korrektur, sowie die eventuell notwendige Revision der Druckbogen seines Werkes bei der ersten wie bei den folgenden Auflagen ohne besondere Entschädigung. Nach dem Tode von P. (1908) wurde im Frühjahr 1912 „mit Zustimmung der Verlagsbuchhandlung" zwischen der Witwe P. (der Beklagten) und dem Kläger eine, „Verlagsvertrag" überschriebene, schriftliche Vereinbarung über die Besorgung einer dritten Auflage dieses Werkes getroffen. Die Beklagte übertrug diese Herausgabe dem Kläger, der dazu ein eigenes Vorwort zu schreiben und die Darstellung in einem besonderen Schlußkapitel bis zur Gegenwart fortzuführen hatte. Hierzu wurde dem Kläger aus dem Nachlasse P.'s sein Handexemplar von der Beklagten leihweise ausgehändigt, das er nach erfolgter Benutzung in unversehrtem Zustande zurückzugeben sich verpflichtete. Als Honorar erhielt der Kläger einen Anteil an dem der Beklagten zukommenden Honorar. Dieser Vertrag wurde sowohl von der Verlagsfirma V. & Co. als von den Parteien unterzeichnet.

Der Kläger versicherte sich in der Folge zur Revision und Korrektur des Werkes der Hilfeleistung der Oberlehrer Dr. C. und Dr. Ss. sowie des Dr. Sch.; der Verlag sagte ihnen für diese Mitarbeit ein besonderes Honorar zu, zum größeren Teil zu Lasten des Klägers. Sobald die Beklagte hiervon erfuhr, teilte sie dem Kläger mit, daß sie es für notwendig halte, den Vertrag aufzulösen; denn dieser sei in der Annahme geschlossen worden, daß der Kläger selbst die Herausgabe besorge, was freilich die Heranziehung fachkundiger Männer zur gelegentlichen Auskunft und Hilfe nicht ausschließe. Zugleich forderte die Beklagte das überlassene Handexemplar P.'s zurück.

Der Kläger hat hierauf Klage erhoben mit dem Hauptantrage, festzustellen, daß er nach dem Vertrage von 1912 berechtigt sei, die vor bezeichneten drei Herren als Hilfsarbeiter hinzuzuziehen und sich, falls deren Mitarbeit in Wegfall kommen sollte, hierzu der Hilfe anderer sachverständiger Personen zu bedienen. . . . Die Beklagte hat Abweisung der Klage beantragt und widerklagend gebeten, den Kläger zur Herausgabe des ihm überlassenen Handexemplars nebst allen Einlagen zu verurteilen.

Der erste Richter wies die Klage ab und verurteilte auf die Widerklage den Kläger nach dem Antrage der Beklagten. Auf die Berufung des Klägers erkannte das Kammergericht nach dem Hauptantrage des Klägers und wies die Widerklage ab. Die Revision ist zurückgewiesen worden.

Aus den Gründen:

„In dem Vertrage vom Jahre 1883 hat P. das Verlags- und Eigentumsrecht an seinem Werke der Firma V. & Co. übertragen. Das bedeutete, daß er ihr sein Urheberrecht übertrug und zwar dauernd und unbeschränkt, insbesondere auch für die folgenden Auflagen, zu deren Herausgabe er sich gleichzeitig verpflichtete. . . . P. hat die zweite Auflage seines Werkes noch selbst besorgt. Als die Herausgabe einer dritten in Frage kam, war er gestorben. Die Beteiligten haben nun über die Herausgabe der dritten Auflage auf der Grundlage des früheren Vertrags eine neue Vereinbarung getroffen.

Der Vertrag vom 28. März/1. April 1912 setzt die zwischen der Beklagten als alleiniger Rechtsnachfolgerin ihres Mannes und dem Verlage geschlossene Vereinbarung voraus. Aeußerlich stellt er sich dar als ein „Verlagsvertrag“ zwischen Frau P. und Professor L., geschlossen „unter Zustimmung“ der Verlagsfirma V. & Co. Das ist natürlich ungenau und, juristisch aufgefaßt, unrichtig. Zwischen Frau P. und dem Professor L. besteht kein „Verlagsvertrag“ im technischen Sinne. Gleichwohl ist der Sinn der Vertragsurkunde von 1912 klar und eindeutig. Sie hat das zwischen drei Parteien bestehende Vertragsverhältnis zum Gegenstande. Es liegt erstens ein Verlagsvertrag vor zwischen der Beklagten und der Firma V. & Co. Da die Witwe P. die Herausgabe der dritten Auflage nicht selbst besorgen kann, überträgt sie diese mit Zustimmung des Verlags an den Kläger, Professor L., stellt aber das Handexemplar ihres verstorbenen Gemahls zur Verfügung, damit die in diesem vermerkten Aenderungen vorgenommen werden; sie erhält als Gegenleistung das schon 1883 vereinbarte Honorar. Es liegt zweitens ein Verlagsvertrag zwischen Professor L. und V. & Co. vor. Denn zweifelsohne ist der Kläger auch dem Verlage gegenüber zu der von ihm übernommenen Herausgebertätigkeit verpflichtet. Als Gegenleistung erhält er sein Honorar vom Verlag und zwar — außer dem festen Anteil an dem der Frau P. zustehenden Honorar — für seine im zusammenhängenden Texte gelieferten Beiträge eine besondere Vergütung. Es liegt endlich drittens im Verhältnis zwischen Frau P. und Professor L. ein Werkvertrag vor. Der Kläger verpflichtete sich ihr gegenüber gleichfalls zur Herausgabe der dritten Auflage des Werkes nach den sofort zu besprechenden Grundsätzen und unter Benutzung des ihm von der Beklagten leihweise überlassenen Handexemplars. Als Gegenleistung erklärt sich die Beklagte damit einverstanden, daß der Kläger einen Anteil an dem ihr zustehenden Honorar erhält. Diese drei Verträge stehen miteinander in einem notwendigen inneren Zusammenhang; es kann nicht einer für sich allein ohne die übrigen gelöst werden.

Aus dem Gesagten ergibt sich, daß die von der Revision gerügte Auffassung des Kammergerichts, es habe zwischen dem Kläger und der Beklagten hinsichtlich der Herausgabe der dritten Auflage „überhaupt kein vertragliches Band bestanden", sondern nur ein solches zwischen dem Kläger und dem Verlage, nicht gebilligt werden kann. Das Kammergericht folgert aus dieser seiner rechtlichen Auffassung, daß, weil kein Vertrag zwischen dem Kläger und der Beklagten über die Herausgabe der dritten Auflage bestand, die Beklagte auch nicht gemäß § 649 BGB. kündigen oder vom Vertrage zurücktreten konnte. Nur hinsichtlich der Ueberlassung des Handexemplars nimmt das Kammergericht das Bestehen eines Vertrags (Leihvertrags) zwischen den Parteien an; doch könne die Beklagte dieses Handexemplar vor Beendigung des Gebrauchszwecks nach dem Zusammenhange dieser vertraglichen Abmachung mit den übrigen Vereinbarungen nicht zurückfordern.

Der Werkvertrag kann allerdings bis zur Vollendung des Werkes nach § 649 BGB. jederzeit von dem Besteller gekündigt werden. Gründe für seine Kündigung braucht der Besteller nicht anzugeben. Die Kündigung ist an sich in sein Belieben gestellt. Allein die Vorschrift des § 649 ist nachgiebigen Rechtes (vgl. Staudinger, Kommentar zum BGB., 7./8. Aufl., Anm. II. 3 zu § 649). Der Besteller kann auf sein jederzeitiges Kündigungsrecht im voraus verzichten. Ein solcher Verzicht kann natürlich auch stillschweigend erfolgen; er kann aus den Umständen des Falles zu entnehmen sein. Aus dem Zusammenhange, in welchem der zwischen den Parteien geschlossene Werkvertrag mit den zwischen den Parteien und der Verlagsfirma bestehenden Verlagsverträgen steht, ergibt sich, daß die Beklagte nicht zur willkürlichen Aufkündigung berechtigt war. Indem sie die Herausgabe der dritten Auflage dem Kläger im Rahmen der gleichzeitig geschlossenen Verlagsverträge übertrug, verzichtete sie auf eine im Widerspruche mit diesen stehende willkürliche Lösung des geschlossenen Werk- und Leihvertrags. Nur unter gleichzeitiger Lösung des Verlagsvertrags wäre sie zur Kündigung des Werkvertrags berechtigt gewesen; hierfür ist aber § 35 des Verlagsgesetzes maßgebend, dessen Voraussetzungen nicht vorliegen. . . .

Die Veranstaltung und Herausgabe einer neuen Auflage kann in sehr verschiedener Weise erfolgen. Sie kann die vorherige Auflage unverändert lassen; sie kann einer völligen Neubearbeitung gleichkommen.

Daneben bestehen die mannigfachsten Zwischenstufen. In welcher Weise die hier in Frage stehende dritte Auflage des P.'schen Werkes beabsichtigt war, ergibt der Vertrag von 1912 in unzweideutiger Weise. Grundsätzlich sollten in dem Texte der dritten Auflage nur diejenigen Aenderungen vorgenommen werden, die P. selbst in dem von ihm hinterlassenen Handexemplar der zweiten Auflage vorgesehen hatte. Ueberall sollte im Texte die Auffassung P.'s erhalten bleiben, und wo etwa der Herausgeber der dritten Auflage sachliche Zusätze für notwendig hielte, sollte er sie nur als Anmerkungen unter dem Texte anfügen dürfen und als solche durch ein L kenntlich machen. Die Bearbeitung der dritten Auflage war also von vornherein als eine sachlich sehr beschränkte gedacht; sie durfte die individuelle schöpferische Gestaltung des P.'schen Werkes nicht berühren. Sie hatte sich grundsätzlich auf die Einarbeitung der im Handexemplar vorgesehenen Aenderungen, sowie auf die Verbesserung und Ergänzung von Daten, Zitaten und Stellennachweisen zu beschränken. Nur für diese letztere Aufgabe hat sich der Kläger der Mitwirkung wissenschaftlicher Hilfsarbeiter versichert, nicht auch für die ihm weiter obliegende Aufgabe, das Werk in einem besonderen Schlußkapitel bis auf die Gegenwart fortzuführen und ein Vorwort für die dritte Auflage zu schreiben. Mit Recht hat das Kammergericht angenommen, daß der Kläger durch die Zuziehung wissenschaftlicher Hilfskräfte in diesem engen Rahmen in keiner Weise gegen Sinn und Zweck seines Vertrags mit der Beklagten verstieß.

Vergeblich beruft sich die Revision gegenüber dieser Auffassung auf die Vorschrift des § 613 BGB., wonach der Dienstverpflichtete die übernommenen Dienste im Zweifel in Person zu leisten hat. Abgesehen davon, daß der Vertrag zwischen den Parteien als ein Werk-, nicht als ein Dienstvertrag aufzufassen ist, weil nicht Dienste als solche, sondern ihr Erfolg Vertragsgegenstand sind, würde auch die Anwendung des § 613 BGB. nicht zu einer anderen Beurteilung führen können. Die Zuziehung von Hilfsarbeitern zu wissenschaftlichen Werken, namentlich zur Bearbeitung von Neuauflagen, entspricht einem Bedürfnis und einer weiterverbreiteten Uebung. Die Vermutung des § 613 trifft daher nicht zu. . . . Weder seinen Vertragspflichten der Beklagten oder dem Verlage gegenüber, noch der Pietät gegenüber dem Werke P.'s hat der Kläger zuwidergehandelt. Im Gegenteil, durch die Zuziehung besonders geeigneter Spezialisten als Hilfskräfte für die rein objektive Revision und etwaige Richtigstellung des Textes bot der Kläger noch über seine Vertragspflicht hinaus eine besondere Gewähr für eine möglichst sorgfältige und vollständige Erfüllung dieses Teiles seiner Aufgaben. Nur dann würde die Beklagte unter gleichzeitigem Rücktritt von ihrem Verlagsvertrage mit V. & Co. (vgl. § 35 VerlG.) zur Kündigung ihres Vertrags mit dem Kläger unter Umständen berechtigt erscheinen, wenn er durch die Zuziehung von Hilfsarbeitern seine Herausgeberpflichten versäumt oder vernachlässigt, wenn er insbesondere völlig ungeeignete Personen als Hilfsarbeiter zugezogen hätte. Von alledem kann nach den vom Kammergerichte festgestellten Ergebnissen der Beweisaufnahme keine Rede sein. Auch die Verzögerung der Herausgabe kann die Beklagte, wie das Kammergericht mit Recht hervorhebt, nicht geltend machen, da sie nicht durch den Kläger verschuldet, sondern lediglich die Folge ihres unbegründeten Widerspruchs ist." . . .

**RGZ. 87, 369**

**Ueber die Voraussetzungen des Geschmacksmusterschutzes. Offenkundige Vorbenutzung im Auslande.**

Gesetz, betr. das Urheberrecht an Mustern und Modellen, vom 11. Januar 1876 (RGBl. S. 11) § 1.

I. Zivilsenat. Urt. v. 8. Dezember 1915.

I. Landgericht Elberfeld, Kammer für Handelssachen.

II. Oberlandesgericht Düsseldorf.

. . .

Aus den Gründen:

Für die Feststellung der Schutzfähigkeit des Musters der Klägerin ist besonderes Gewicht zu legen auf eine Vergleichung dieses Musters mit dem Vorbekannten. ... Was das vom Berufungsgericht erwähnte Muster der Firma Z. & D. in Padua (Bouton Rivet) anlangt, so mag es keinem Zweifel unterliegen, daß gegenüber diesem die Agraffe der Klägerin noch als neu anzusehen ist. Eingehender Prüfung hat das Oberlandesgericht die weitere Frage zu unterwerfen, ob die Agraffe der Klägerin gegenüber dem Bouton Rivet und allem sonst Vorbekannten den Charakter einer „eigentümlichen" Schöpfung, einer Eigenerfindung beanspruchen kann. Gegebenenfalls kann es angezeigt sein, ein Gutachten der Sachverständigenkammer einzuholen. Hervorzuheben ist, daß eine bloße Verwandtschaft mit älteren bekannten Erzeugnissen nicht ausreicht, um die Eigenart des neuen Musters zu verneinen. Dieses kann vielmehr eine Weiterentwickelung schon im Keime vorhandener Gedanken enthalten, die bedeutsam genug ist, seinen Schutz zu rechtfertigen (vgl. auch Kohler im Arch. f. zivil. Prax. Bd. 88 S. 282).

Die Heranziehung der Erzeugnisse der genannten Firma Z. & D. ist nicht von dem Beweis abhängig, daß sie sich offenkundig im inländischen Verkehr gezeigt haben. Es kommt vielmehr darauf an, ob die Agraffen in unserem Kulturkreise bekannt waren (vgl. Schanze im Sächs. Arch. f. Rechtspfl. 6. Jahrg. S. 291/292). Dieses Erfordernis wird nicht schon dann erfüllt sein, wenn ein Gegenstand des Geschmacksmusterschutzes in irgendeinem entlegenen Gebiete der Erde bekannt war. Ueber einen derartigen Fall ist hier nicht zu entscheiden. Daß

Italien innerhalb unseres Kulturkreises liegt, ist offensichtlich. Die für Patente und Gebrauchsmuster geltenden Grundsätze können keine Anwendung finden. Das Geschmacksmustergesetz steht als älteres Gesetz auf selbständiger Grundlage und nähert sich sachlich mehr dem Urheberrecht, insbesondere dem Gesetze, betr. das Urheberrecht an Werken der bildenden Künste, als dem Patentgesetz oder dem Gebrauchsmusterrechte." . . .

**RGZ. 90, 137**

**1. Sind die Bestimmungen des Bürgerlichen Gesetzbuchs über die ungerechtfertigte Bereicherung auch im Bereiche des Kunstschutzgesetzes vom 9. Januar 1907 anzuwenden?**

**2. Besteht im Falle der Bereicherung ein Anspruch auf Auskunfterteilung nach § 260 BGB.?**

BGB. §§ 812, 260.

I. Zivilsenat. Urt. v. 4. April 1917.

I. Landgericht I Berlin. II. Kammergericht daselbst.

In der in RGZ. Bd. 84 S. 146 bezeichneten, in die Berufungsinstanz zurückverwiesenen Sache wies das Berufungsgericht die Unterlassungsklage ab, verurteilte die Beklagte zur Vorlegung eines Verzeichnisses über die von ihr hergestellten und vertriebenen Stücke des Erikamusters und wies die Sache zur Entscheidung über die sich aus der Vorlegung des Verzeichnisses ergebende Bereicherung an das Landgericht zurück.

Die Revision der Klägerin wie die Anschlußrevision der Beklagten, welche die gänzliche Abweisung der Klage forderte, wurden zurückgewiesen.

Aus den Gründen:

. . .

. . . Das Gesetz, betreffend das Urheberrecht an Schriftwerken, vom 11. Juni 1870 (§ 18), ließ den Veranstalter des Nachdrucks, wenn ihn kein Verschulden traf, dem Urheber für den entstandenen Schaden bis zur Höhe seiner Bereicherung haften. Diese Bestimmung übernahmen das Gesetz, betr. das Urheberrecht an Werken der bildenden Künste, vom 9. Januar 1876 (§ 16) und das Gesetz, betr. den Schutz der Photographien, vom 10. Januar 1876 (§ 9) für ihre Rechtsgebiete. Eine entsprechende Vorschrift enthält zwar weder das Gesetz, betr. das Urheberrecht an Werken der Literatur, vom 19. Juni 1901 noch das Kunsturhebergesetz vom 9. Januar 1907; die Begründungen ihrer Entwürfe (S. 38 u. 33) bemerken aber übereinstimmend: „Der Entwurf hat nicht die Aufgabe, die zivilrechtlichen Folgen von Eingriffen in das Recht des Urhebers erschöpfend zu regeln. Soweit sich aus den allgemeinen Vorschriften des bürgerlichen Rechtes sonstige Ansprüche begründen lassen, bleiben diese unberührt.“ Auch die Reichstagskommission zur Beratung des Entwurfs des Kunsturhebergesetzes lehnte den Antrag, in das Gesetz die Bestimmung einzuschalten: „Erfolgt die Rechtsverletzung weder vorsätzlich noch fahrlässig, so ist der Täter dem Berechtigten zur Herausgabe der Bereicherung nach den Vorschriften des Bürgerlichen Gesetzbuchs über die ungerechtfertigte Bereicherung verpflichtet“ — im Hinblick auf die Fassung des Bürgerlichen Gesetzbuchs als überflüssig ab (Bericht S. 28 Nr. 448 der RTVerhandl. II. Session 1905/06).

Nach dieser Entstehungsgeschichte des Kunsturhebergesetzes kann der Mangel einer ausdrücklichen Vorschrift über den Bereicherungsanspruch jedenfalls nicht als seine Verneinung ausgelegt werden. Um sie annehmbar zu machen, müßten zwingende Gründe hinzukommen. Da diese fehlen, so ist mit der herrschenden Lehre davon auszugehen, daß der Anwendung der Bestimmungen des Bürgerlichen Gesetzbuchs über die ungerechtfertigte Bereicherung im Bereiche des Kunsturhebergesetzes grundsätzlich nichts im Wege steht.

Das Kammergericht leitet aus der Zulassung des Bereicherungsanspruchs die Zulässigkeit des Anspruchs auf Vorlegung eines Bestandsverzeichnisses nach § 260 BGB. ab, weil die Beklagte die gezogenen Nutzungen, einen Inbegriff von Gegenständen, herauszugeben habe. Die Beklagte rügt die Verletzung dieser Vorschrift mit der Ausführung, das Kammergericht habe verkannt, daß sie nicht eine allgemeine Auskunftspflicht, sondern eine Auskunftspflicht für bestimmte Rechtsverhältnisse feststelle. Die Rüge ist nicht stichhaltig.

Nach § 260 Abs. 1 BGB. hat derjenige, welcher verpflichtet ist, einen Inbegriff von Gegenständen herauszugeben oder über den Bestand eines solchen Inbegriffs Auskunft zu erteilen, dem Berechtigten ein Verzeichnis des Bestandes vorzulegen. Das Bestehen der Verpflichtung zur Herausgabe eines Inbegriffs von Gegenständen oder zur Auskunfterteilung über dessen Bestand bildet die Voraussetzung für die Verzeichnispflicht. Der § 260 führt daher nicht eine allgemeine Rechtspflicht des Schuldners zur Auskunfterteilung ein, sondern enthält eine Sondervorschrift für Fälle, wo bereits eine Herausgabe- oder Auskunftpflicht besteht, in der Beschränkung auf den Bestand eines Inbegriffs und kann, sofern diese Voraussetzungen vorliegen, auch in Fällen der ungerechtfertigten Bereicherung in Betracht kommen. Nun verpflichtet der § 812 BGB. den, der durch die Leistung eines andern oder in sonstiger Weise auf dessen Kosten etwas ohne rechtlichen Grund erlangt, zur Herausgabe. Handelt es sich um die Herausgabe eines Inbegriffs von Gegenständen, so würde bei Anwendung des § 260 BGB. durch Vorlegung des Bestandsverzeichnisses mittelbar zugleich Auskunft über den Bestand erteilt werden. Unter einem Inbegriff von Gegenständen im Sinne dieses Paragraphen ist jede Mehrheit von Vermögensgegenständen, Sachen wie Rechten oder Forderungen zu verstehen, bei der der Berechtigte nach dem obwaltenden Verpflichtungsgrunde nicht in der Lage ist, die einzelnen Vermögensgegenstände zu bezeichnen, und bei der die Einheitlichkeit dieses Rechtsgrundes, der zur Herausgabe oder Auskunfterteilung verpflichtet, das Band bildet, welches jene Mehrheit zum Inbegriff vereinigt.

Alles trifft auf den vorliegenden Fall zu. Die Beklagte hat Vorteile durch den Vertrieb des Erikamusters der Klägerin erlangt, und zwar ohne rechtlichen Grund auf Kosten der Klägerin, weil sie zur Verwertung des Musters nicht berechtigt war und durch diese Verwertung die Möglichkeit, das Muster abzusetzen, zum Nachteile der Klägerin beeinflußte. Das genügt zur Anwendung des § 812 BGB. Die Beklagte ist daher gemäß dieser Vorschrift zur Herausgabe verpflichtet. Die Klägerin fordert die Herausgabe der Vorteile, nämlich des Gewinns, den die Beklagte erzielt hat, in Höhe der Bereicherung. Der Gewinn besteht in einer Mehrheit von Vermögenswerten, deren auf der Zahl der vertriebenen Stücke des Musters und dessen Größe beruhende Zusammensetzung die Klägerin nach Lage der Sache im einzelnen nicht bezeichnen kann, die aber durch denselben Rechtsgrund, aus dem die Herausgabepflicht entspringt, einheitlich miteinander verbunden sind. Da hiermit ein Inbegriff von Gegenständen im Sinne des § 260 BGB. gegeben ist, so ist die mit der Klage verfolgte und von dem Kammergerichte zugesprochene Forderung auf Vorlegung eines Verzeichnisses über die Anzahl der von der Beklagten hergestellten und vertriebenen Stücke des Musters berechtigt; denn das Verzeichnis gibt zugleich Aufschluß über den Bestand des Gewinns der Beklagten und vermittelt dessen Herausgabe." . . .

**RGZ. 102, 134**

**1. Welche Folgen hat der mit dem 1. Januar 1920 wirksame Beitritt Schwedens zur Revidierten Berner Uebereinkunft für den Uebersetzungsschutz schwedischer Urheber gehabt?**

**2. Zum Schutze des Urhebers gegen Herausgabe seines Werkes in veränderter oder verstümmelter Form.**

I. Zivilsenat. Urt. v. 23. April 1921

I. Landgericht II Berlin, Kammer für Handelssachen.

II. Kammergericht daselbst.

Die Kläger, die Erben des im Jahre 1912 verstorbenen schwedischen Dichters August Strindberg, haben mit der Behauptung, daß die Beklagte Strindbergs Werke „Heiraten", „Gotische Zimmer", „Schwarze Fahnen", „Leute auf Hemsö" und „Am offenen Meer" in deutschen Uebersetzungen, die von ihr beschafft worden seien, widerrechtlich vertreibe, beantragt, ihr die gewerbsmäßige Vervielfältigung und Vertreibung deutscher Uebersetzungen der genannten Werke zu untersagen, sie zum Schadensersatze zu verurteilen und auf Vernichtung der widerrechtlich hergestellten Ausgaben zu erkennen. Die Beklagte hat um Klagabweisung gebeten, weil die Werke Strindbergs im Deutschen Reiche zur Zeit des Erscheinens der von ihr herausgegebenen Uebersetzungen Uebersetzungsschutz nicht mehr besessen hätten.

Das Landgericht wies die Klage ab. Das Berufungsgericht gab durch Teilurteil hinsichtlich des Werkes „Schwarze Fahnen" der Klage teilweise statt, während es hinsichtlich des Werkes „Leute auf Hemsö" die Berufung zurückwies. Beide Teile legten Revision ein, die Kläger mit, die Beklagte ohne Erfolg.

Gründe:

... In betreff der Novellen „Die Leute auf Hemsö" und „Schwarze Fahnen" hat das Berufungsgericht festgestellt, daß sie lange vor dem Jahre 1910 zuerst in Schweden als Ganzes erschienen sind. Es nimmt deshalb an, daß sie in Ansehung des Uebersetzungsschutzes vor dem 1. Januar 1920 gemeinfrei gewesen seien, und zwar sowohl in Schweden gemäß dem früheren schwedischen Urheberrechtsgesetze vom 10. August 1877 (Röthlisberger, Urheberrechtsgesetze, 3. Aufl. S. 262) als auch im Deutschen Reiche gemäß der Berner Uebereinkunft zum Schutze von Werken der Literatur und Kunst vom 9. September 1886 (BernUeb.).

Dieser Auffassung wird von der Revision der Kläger widersprochen, jedoch zu Unrecht. Bis zum 1. Januar 1920 wurden die urheberrechtlichen Verhältnisse an literarischen Werken zwischen Schweden und dem Deutschen Reiche allein durch die BernUeb. von 1886 und die Pariser Deklaration vom 4. Mai 1896 geregelt. Diesen beiden Uebereinkommen, die vom Deutschen Reiche schon längst ratifiziert waren (RGBl. 1887 S. 493 flg., 1897 S. 759 flg.), ist Schweden erst durch Erklärung vom 8. Juli 1904 mit Wirkung vom 1. August 1904 beigetreten (Röthlisberger, Berner Uebereinkunft S. 55), während es sich der Pariser Zusatzakte vom 4. Mai 1896 überhaupt nicht angeschlossen hat. Maßgebend für die Beurteilung des Urheberrechts- und Uebersetzungsschutzes an den Strindbergschen Werken sind daher vor allem die Art. 2 und 5 BernUeb. Nach Art. 2 genießen die einem der Verbandsländer angehörenden Urheber oder ihre Rechtsnachfolger in den übrigen Ländern für ihre Werke, und zwar sowohl für die in einem der Verbandsländer veröffentlichten als für die überhaupt nicht veröffentlichten, diejenigen Rechte, welche die betreffenden Gesetze den inländischen Urhebern gegenwärtig einräumen oder in Zukunft einräumen werden. Hier ist also der ausländische Urheber hinsichtlich des Schutzes des Originalwerks (abgesehen von gewissen Einschränkungen, die sich aus Abs. 2 des Art. 2 ergeben) dem inländischen Urheber gleichgestellt. Dagegen trifft der Art. 5 für den Schutz der Urheber gegen Uebersetzungen des Werkes in fremde Sprachen abweichende, selbständige Bestimmungen. Er spricht zwar auch den einem Verbandsland angehörenden Urhebern oder ihren Rechtsnachfolgern das ausschließliche Recht in den übrigen Ländern zu, ihre Werke zu übersetzen oder deren Uebersetzung zu gestatten; zeitlich beschränkt er das Recht aber auf die Dauer bis zum Ablauf von 10 Jahren, von der Veröffentlichung des Originalwerks in einem der Verbandsländer an gerechnet. Diese Vorschrift enthält, wie sich aus ihrer selbständigen Fassung ergibt und auch bei den Beratungen über die BernUeb. von den Verhandlungsteilnehmern zum Ausdruck gebracht wurde (Röthlisberger S. 185), zwingendes Recht. Zugleich bedeutet sie einen Ansatz zu einer einheitlichen zwischenstaatlichen Regelung des Uebersetzungsschutzes, wobei es freilich den einzelnen beteiligten Staaten überlassen blieb, durch besondere Verträge die Rechtslage des Urhebers noch günstiger zu gestalten. Unter das durch Art. 5 bestimmte Mindestmaß hinunterzugehen, war aber jedem Staate, der sich der Uebereinkunft anschloß, verwehrt. Ein besonderer Staatsvertrag ist über das Uebersetzungsrecht zwischen dem Deutschen Reiche und Schweden nicht abgeschlossen worden. Mithin ist für die rechtliche Stellung eines schwedischen Urhebers hinsichtlich des ihm im Deutschen Reiche zustehenden Uebersetzungsschutzes bis zum 1. Januar 1920 allein der Art. 5 BernUeb. maßgebend gewesen. Da dieser die Schutzdauer auf 10 Jahre seit der ersten Veröffentlichung des Originalwerks in einem Verbandslande beschränkte und die Novellen „Die Leute auf Hemsö“ und „Schwarze Fahnen“ lange vor 1910 in Schweden veröffentlicht waren, so war der Schutz, der Strindberg im Deutschen Reiche gegen deutsche Uebersetzungen der genannten beiden Werke zustand, jedenfalls längere Zeit vor dem 1. Januar 1920 erloschen. . . .

Mit dem 1. Januar 1920 ist der Uebersetzungsschutz der schwedischen Urheber durch den Beitritt Schwedens zur Revidierten Berner Uebereinkunft zum Schutze von Werken der Literatur und Kunst vom 13. November 1908 (RGBl. 1910 S. 965 flg., RevBernUeb.) auf eine neue Grundlage gestellt worden. Diese Uebereinkunft, vom Deutschen Reiche bereits am 9. Juni 1910 ratifiziert, regelt im Art. 8 den Uebersetzungsschutz dahin, daß die einem der Verbandsländer angehörigen Urheber nicht veröffentlichter Werke und die Urheber von Werken, welche zum ersten Male in einem dieser Länder veröffentlicht worden sind, in den übrigen Verbandsländern während der ganzen Dauer ihres Rechts am Originale das ausschließliche Recht besitzen, ihre Werke zu übersetzen oder die Uebersetzung zu gestatten. Hier ist also die Gleichstellung des Uebersetzungsschutzes des Urhebers mit dessen Schutzrecht am Original ausgesprochen. Ueber das letztere Schutzrecht verhält sich der Art. 4. Nach ihm genießen die einem der Verbandsländer angehörigen Urheber sowohl für die nicht veröffentlichten als für die in einem Verbandslande zum ersten Male veröffentlichten Werke in allen Verbandsländern mit Ausnahme des Ursprungslandes des Werkes diejenigen Rechte, welche die einschlägigen Gesetze den inländischen Urhebern gegenwärtig einräumen oder in Zukunft einräumen werden, sowie die in dieser Uebereinkunft besonders festgesetzten Rechte. Für die Uebergangszeit werden die Rechtsverhältnisse durch Art. 18 geordnet. Danach findet die Uebereinkunft auf alle Werke Anwendung, die beim Inkrafttreten der Uebereinkunft noch nicht in ihrem Ursprungslande zufolge Ablaufs der Schutzfrist Gemeingut geworden sind (Abs. 1). Ist jedoch ein Werk infolge des Ablaufs der ihm vorher zustehenden Schutzfrist in dem Verbandsland, in welchem der Schutz beansprucht wird, bereits Gemeingut geworden, so erlangt es dort auf Grund der Uebereinkunft nicht von neuem Schutz (Abs. 2). Die Anwendung dieses Grundsatzes erfolgt nach Sonderabkommen der einzelnen Verbandsländer; in deren Ermangelung regelt jedes Land für sich die Art und Weise der Anwendung (Abs. 3). Zu diesem Zwecke ist im Deutschen Reiche die Verordnung vom 12. Juli 1910 (RGBl. S. 989) erlassen, nach deren Nr. 3 die Befugnis eines Uebersetzers zur Vervielfältigung, Verbreitung und Aufführung unberührt bleibt, wenn die Uebersetzung erlaubterweise ganz oder zum Teil vor dem Inkrafttreten der Uebereinkunft erschienen war. Faßt man diese Bestimmungen, soweit sie für den Streitfall von Bedeutung sind, kurz zusammen, so ergibt sich folgende Rechtslage: Vom 1. Januar 1920 ab genießt der schwedische Urheber für seine erstmalig in Schweden veröffentlichten Werke auch im Deutschen Reiche Uebersetzungsschutz für die ganze Dauer seines Urheberrechts am ursprünglichen Werke. Hinsichtlich des urheberrechtlichen Schutzes ist er den deutschen Urhebern gleichgestellt; nur kann er neuen urheberrechtlichen Schutz auf Grund der Uebereinkunft nicht für ein Werk beanspruchen, das im Deutschen Reiche infolge Ablaufs der früher dafür maßgeblichen Schutzfrist bereits Gemeingut war. Auch während der Fortdauer des Urheberrechts bleibt vom Uebersetzungsschutze des Urhebers ein Recht des Uebersetzers zur Vervielfältigung und Verbreitung insoweit unberührt, als die Uebersetzungen erlaubterweise bereits vor dem 1. Januar 1920 im Deutschen Reiche erschienen sind. Neue Uebersetzungen dürfen dagegen ohne Erlaubnis des Urhebers im Deutschen Reiche nicht vervielfältigt und verbreitet werden, auch wenn der Uebersetzungsschutz des Urhebers nach den früher in Kraft gewesenen Vorschriften bereits vor dem 1. Januar 1920 sein Ende erreicht hatte. Insoweit tritt ein Wiederaufleben des Uebersetzungsschutzes zugunsten des Urhebers ein.

Demzufolge haben Strindbergs Rechtsnachfolger auf Grund ihres Urheberrechts an den ursprünglichen Werken für die Dauer dieses Rechts im Deutschen Reiche vom 1. Januar 1920 ab vollen Uebersetzungsschutz erlangt; nur die weitere Vervielfältigung und Verbreitung der bereits vorher erlaubterweise erschienenen Uebersetzungen müssen sie sich gefallen lassen. Inwieweit diese Voraussetzung auf die von der Beklagten herausgegebenen Uebersetzungen der in Rede stehenden beiden Novellen zutrifft, ist vom Vorderrichter nicht festgestellt worden. . . .

Hinsichtlich des Werkes „Schwarze Fahnen" ist das Berufungsgericht dennoch zu einer teilweisen Verurteilung der Beklagten gelangt, indem es angenommen hat, daß diese das Werk in verstümmelter Form herausgebracht habe und ihr die Verbreitung des gekürzten Werkes zu untersagen sei. In tatsächlicher Beziehung hat es festgestellt, daß das Werk selbst zuerst in Schweden im Jahre 1907 erschienen ist, daß jedoch die Uebersetzung eines Bruchstücks, der sogenannten Fuge, unter der Ueberschrift „Lügengeschichten" bereits am 3. April 1905 in einem Beiblatt des Berliner Tageblattes veröffentlicht worden ist. Diese Fuge ist in die von der Beklagten herausgegebene Uebersetzung des Werkes nicht aufgenommen worden. Hierin hat das Berufungsgericht eine Verstümmelung des Werkes erblickt, wegen deren es den klagenden Erben Strindbergs die Befugnis zuerkennt, der Beklagten die Vervielfältigung und gewerbsmäßige Verbreitung der Uebersetzung zu verbieten und von ihr die Vernichtung der hergestellten und vertriebenen Einzelstücke zu fordern. Hiergegen wendet sich die Revision der Beklagten. Sie führt aus, daß im geltenden deutschen Rechte ein allgemeines Persönlichkeitsrecht keine Anerkennung gefunden habe, vielmehr ein gesetzlicher Schutz nur für einzelne besondere Persönlichkeitsrechte begründet worden sei: so für das Namensrecht, das Warenzeichenrecht, das Recht am eigenen Bilde und die persönlichkeitsrechtlichen Bestandteile des Urheberrechts (RGZ. Bd. 69 S. 403). Ein urheberrechtlicher Persönlichkeitsschutz könne aber hier nicht in Betracht kommen, da das deutsche Urhebergesetz auf den vorliegenden Fall, in dem ein gemeinfrei gewordenes Uebersetzungsrecht zur Erörterung stehe, überhaupt nicht anwendbar sei.

Die Rüge erscheint nicht begründet. Wie bereits oben näher dargelegt, genießen die zuerst in Schweden veröffentlichten Werke Strindbergs, also auch die hier in Rede stehende Novelle „Schwarze Fahnen", im Deutschen Reiche denselben urheberrechtlichen Schutz wie die Werke deutscher Urheber (Art. 4 RevBernUeb.). Dieser Schutz ist vornehmlich durch das Gesetz vom 19. Juli 1901 geregelt, nach dessen § 29 er noch dreißig Jahre über den Tod des Urhebers hinausdauert. Da Strindberg im Jahre 1912 gestorben ist, so besteht der Schutz unzweifelhaft noch zu Recht. Im § 9 LitUG. ist bestimmt, daß der Erwerber des Urheberrechts mangels anderweiter Vereinbarung nicht das Recht hat, an dem Werke Zusätze, Kürzungen oder sonstige Aenderungen vorzunehmen. Ebenso wird im § 38 Abs. 2 mit Strafe bedroht, wer ein Werk, dessen Wiedergabe an sich erlaubt ist, ohne Einwilligung des Berechtigten vorsätzlich vervielfältigt oder gewerbsmäßig verbreitet, obgleich daran Aenderungen vorgekommen sind. In diesen Bestimmungen ist mit voller Deutlichkeit der Grundsatz zum Ausdruck gelangt, daß der Urheber einen Rechtsanspruch auf unveränderte Wiedergabe seines Werkes hat, daß dieser Anspruch mangels anderweiter Vereinbarung selbst dann besteht, wenn ein anderer das Recht zur Verwertung des Urheberrechts erlangt hat, und daß die urheberrechtlichen Machtbefugnisse verletzt werden, wenn das Werk in anderen als den gesetzlich zugelassenen Fällen (§ 24) mit Aenderungen abgedruckt wird, in die der Urheber nicht eingewilligt hat (Begründung des Gesetzentwurfs S. 18, 40 RT. 1900/02 Anl. Bd. 1 [Bd. 189] Nr. 97). Demgemäß ist auch bereits in der Rechtsprechung des Reichsgerichts (RGZ. Bd. 69 S. 243, Bd. 79 S. 399) anerkannt worden, daß der § 9 LitUG. die ausschließliche Befugnis des Urhebers, über den Bestand und die Form des Werkes zu verfügen, als selbstverständlich voraussetzt, und daß der § 11, der als ausschließliche Befugnisse des Urhebers nur dessen Recht zur Vervielfältigung und gewerbsmäßigen Verbreitung des Werkes, zur Mitteilung des Werkes, besonders in öffentlichen Vorträgen, sowie zur öffentlichen Aufführung eines Werkes der Bühnen- oder Tonkunst nennt, den Begriff des Urheberrechts nicht abschließend umgrenzt, vielmehr daneben den Anspruch des Urhebers auf Wahrung der ursprünglichen Gestalt des Werkes rechtlich geschützt fortbestehen läßt. Dieser Schutz erstreckt sich auch auf die Uebersetzungen des Werkes in fremde Sprachen dergestalt, daß auch die Uebersetzungen den Inhalt des Werkes nicht in gekürzter oder sonst umgestalteter Form bringen dürfen. Dies ergibt sich ohne weiteres aus § 12, wonach die Befugnisse, die dem Urheber in Ansehung des Werkes zustehen, sich auch auf dessen Uebersetzung in eine fremde Sprache erstrecken. Ebenso ist der Uebergang des Schutzes auf die Erben des Verfassers unbedenklich, da der Anspruch auf unveränderte Wiedergabe nur einen Teil des Urheberrechts bildet und der § 8 LitUG. das Recht des Urhebers ohne jede Einschränkung auf die Erben übergehen läßt (Allfeld Urheberrechtsgesetz S. 101).

Hiernach erscheint es wohlbegründet, wenn das Berufungsgericht den klagenden Erben Strindbergs das Recht zubilligt, der Vervielfältigung und gewerbsmäßigen Verbreitung einer deutschen Uebersetzung des Werkes „Schwarze Fahnen", in der die sog. Fuge fortgelassen wird, selbst dann zu widersprechen, wenn ihnen andere Widerspruchsgründe nicht zur Seite stehen. In tatsächlicher Beziehung erwägt der Vorderrichter hierbei noch, daß es sich bei der Fuge keineswegs um eine nur ganz geringfügige, für den Charakter des Werkes bedeutungslose Abschweifung von der eigentlichen Darstellung handle, sondern daß sie, wenn sie auch für den Gang des Romans unwesentlich sein möge, immerhin zur Kennzeichnung der Persönlichkeit und der Lebensanschauungen einer Hauptperson und dadurch mittelbar zur Charakterisierung Strindbergs selbst diene. Damit hat der Vorderrichter einwandfrei dargelegt, daß die von der Beklagten herausgebrachte unvollständige Uebersetzung des Werkes das Recht der klagenden Erben auf ungekürzte Wiedergabe des Werkes verletzt. Unerheblich ist es dabei, daß das Werk ...

vor dem 1. Januar 1920 in Ansehung des Uebersetzungsschutzes zeitweilig gemeinfrei gewesen ist. Denn der Anspruch des Urhebers auf unveränderte Wiedergabe seines Werkes stützt sich auf das Urheberrecht als solches. Mindestens solange dies zu Recht besteht, kann der Urheber auch gegenüber einer zur Uebersetzung an sich berechtigten Person verlangen, daß sie sein Werk in unverstümmelter Form bringe. Die zeitweilige Uebersetzungsfreiheit hat daher das Recht der klagenden Erben auf Unterlassung jeder Kürzung der Uebersetzung nicht berührt. Die Verletzung dieses Rechts zieht dieselben zivilrechtlichen Folgen nach sich, wie jede andere unbefugte Vervielfältigung (Voigtländer-Fuchs Urheberrechtsgesetz S. 81). Die klagenden Erben können daher auf Grund des entsprechend anzuwendenden § 1004 BGB. jeder ferneren Beeinträchtigung ihres Rechts entgegentreten; auch können sie auf Grund des § 42 LitUG. die Vernichtung der widerrechtlich hergestellten oder verbreiteten Stücke fordern. Dagegen ist ihr Schadensersatzanspruch mit Recht abgewiesen worden. Nach § 36 LitUG. wie nach § 823 BGB. hat der Schadensersatzanspruch zur Voraussetzung, daß die Beklagte die schädigende Handlung vorsätzlich oder fahrlässig begangen hat. Ohne Rechtsirrtum hat aber das Berufungsgericht ein schuldhaftes Handeln der Beklagten verneint.

In bezug auf das Werk „Die Leute von Hemsö" hat das Berufungsgericht das Vorliegen einer unzulässigen Verstümmelung der Uebersetzung verneint. Zwar hat es festgestellt, daß in der Uebersetzung abweichend vom Originalwerk sich an 22 Stellen Auslassungen befinden. Diese hat es aber für bedeutungslos erachtet, da sie ganz geringfügiger Art seien, lediglich einzelne derbe Ausdrücke oder Bemerkungen beträfen und auch bereits in den zwölf bei Strindbergs Lebzeiten erschienenen schwedischen Auflagen vorkämen. Da Strindberg sich auf einen ziemlich schwachen Widerspruch beim Druck der ersten Auflage beschränkt habe, so habe er selbst zu erkennen gegeben, daß die Fortlassungen, wenn sie ihm auch nicht erwünscht seien, doch nicht gegen seine schriftstellerische Ehre verstießen und die Eigenart seines Werkes nicht wesentlich beeinträchtigten. Auch nach dem Tode Strindbergs seien in der neuen schwedischen Auflage die 22 Stellen mit Zustimmung der Kläger, oder doch jedenfalls ohne ihren Widerspruch, nicht in den Text, sondern nur in die am Ende des Buches gebrachten Anmerkungen aufgenommen worden. Wenn das Berufungsgericht unter diesen Umständen eine Verletzung des persönlichen Urheberrechts verneint, so kann darin entgegen der Auffassung der Kläger ein Rechtsirrtum nicht gefunden werden. Im § 9 Abs. 2 LitUG. sind für den Fall der Uebertragung des Urheberrechts solche Aenderungen für zulässig erklärt, für die der Berechtigte seine Einwilligung nach Treu und Glauben nicht versagen kann. Es gelangt damit der Grundsatz zum Ausdruck, daß für die Frage der Änderung die Verkehrsanschauung maßgebend sein und eine geringfügige

Abweichung vom Originale, die vom Verkehr als unwesentlich angesehen wird, nicht unter den Begriff einer unzulässigen Änderung fallen soll. Diesem Grundsatz entspricht es, wenn das Berufungsgericht, besonders im Hinblick auf das eigene Verhalten Strindbergs und der klagenden Erben, die 22 Auslassungen für rechtlich bedeutungslos erklärt.

Das führt beim Werke „Die Leute auf Hemsö" zum Ergebnis, daß die Kläger auf die Auslassungen ihren Klaganspruch nicht stützen können und der Erfolg der Klage davon abhängt, ob die Beklagte ihre Übersetzung erst nach dem 31. Dezember 1919 hat erscheinen lassen oder ob sie, wie oben dargelegt ist, auf Grund des früheren Erscheinens der Übersetzung die Befugnis zur Vervielfältigung und Verbreitung der zeitweilig bereits gemeinfrei gewesenen Übersetzung behalten hat. Da im Berufungsurteil eine Feststellung über die Zeit des Erscheinens der Übersetzung nicht getroffen worden ist und hierüber unter den Parteien Streit herrscht, so ist zur Nachholung der Feststellung und zur anderweitigen Verhandlung und Entscheidung die Sache in die Vorinstanz zurückzuverweisen.

**RGZ. 103, 319**

**1. Zum Begriff „Bildnis" im Sinne des § 22 KunstUG. vom 9. Januar 1907.**

**2. Muß ein Schauspieler, der bei der Aufnahme eines kinematographischen Films gegen Entlohnung als Darsteller mitgewirkt hat, es sich gefallen lassen, daß Abbildungen von Filmbildern, auf denen die von ihm dargestellte Person erscheint, zu Reklamezwecken auf Postkarten verbreitet werden?**

I. Zivilsenat. Urt. v. 21. Dezember 1921.

I. Landgericht I Berlin. II. Kammergericht deselbst.

Der Kläger war zusammen mit der Filmschauspielerin Asta Nielsen Darsteller im Film „Rausch", der nach dem gleichnamigen Schauspiel Strindbergs aufgenommen wurde. Nach Beendigung der Aufnahme für den Film wurden mit einem photographischen Standapparat noch einige Einzelaufnahmen gemacht, die gewissen Bildern des Films entsprachen und bei denen der Kläger gleichfalls mit der Asta Nielsen zusammenwirkte. Für seine Tätigkeit erhielt er eine Vergütung von 8000 M. Von den photographischen Standaufnahmen stellte die Beklagte im Einverständnis mit der zur Verfügung über den Film berechtigten Gesellschaft Vervielfältigungen für Ansichtspostkarten her, die mit der gedruckten Unterschrift „Asta Nielsen in Strindbergs Rausch" in den Verkehr gebracht wurden.

Der Kläger fühlt sich dadurch geschädigt, daß diese Postkarten ohne seine Zustimmung vertrieben worden sind. Eine Schädigung seiner bürgerlichen Stellung und zugleich eine Mißachtung seines künstlerischen Ansehens findet er besonders darin, daß er, wiewohl einer der Hauptdarsteller, in der Unterschrift nicht mit Namen genannt ist. Er hat deshalb von der Beklagten mit dem Klagantrag verlangt, daß sie die Herstellung der Postkarten unterlasse, die bereits hergestellten Postkarten vernichte und ihm Schadensersatz leiste.

Das Landgericht gab der Klage statt. Das Berufungsgericht wies die Klage ab. Die Revision des Klägers hatte keinen Erfolg.

Gründe:

Zu Unrecht wird von der Revision Verletzung des § 22 KunstUG. gerügt. Nach dieser Vorschrift dürfen Bildnisse nur mit Einwilligung des Abgebildeten verbreitet oder öffentlich zur Schau gestellt werden; die Einwilligung gilt im Zweifel als erteilt, wenn der Abgebildete dafür, daß er sich abbilden ließ, eine Entlohnung erhielt. Geschützt sind hier nur Bildnisse von Personen. Ueber den Begriff „Bildnis" spricht sich die amtliche Begründung (S. 31) dahin aus, daß er im eigentlichen Sinne des Wortes zu verstehen sei, d. h. die Darstellung der Person in ihrer wirklichen, dem Leben entsprechenden Erscheinung bedeute. Von einem Bildnis im Sinne des Gesetzes kann daher nur dann die Rede sein, wenn die Darstellung den Zweck verfolgt, eine Person in ihrer dem Leben nachgebildeten äußeren Erscheinung dem Beschauer vor Augen zu führen und das Aussehen, wie es gerade dieser bestimmten Person eigen ist, insbesondere ihre Gesichtszüge, im Bilde wiederzugeben. Diese Voraussetzung fehlt zweifellos bei der photographischen Aufnahme des Klägers und seiner Partnerin für den Film. Der Zweck der Filmaufnahme war darauf gerichtet, die Handlung, die in Strindbergs „Rausch" dichterisch bearbeitet worden ist, in einer Reihe von Lichtbildern darzustellen. Der Kläger wurde hierbei als Schauspieler beteiligt, um durch seine künstlerische Begabung einer handelnden Person Gestalt, Gebärde und Miene zu verleihen, wie sie dem Inhalte des Stücks und dem Gang der Handlung entsprachen. Der gleiche Zweck hätte in annähernd derselben Weise auch erreicht werden können, wenn statt des Klägers ein anderer angesehener Bühnenkünstler zur schauspielerischen Mitwirkung zugezogen worden wäre. Es kam demnach bei der Filmaufnahme nicht darauf an, den Kläger in seiner dem Leben entsprechenden äußeren Erscheinung abzubilden, vielmehr gab er, wie es auch ein anderer Künstler statt seiner hätte tun können, seine Person zur Abbildung her, um einer im Werke des Dichters handelnd gedachten Person körperliche Gestalt zu verleihen. Verfolgte also die Aufnahme nicht den Zweck, gerade die Person des Klägers als solche mit den Besonderheiten seiner natürlichen Beschaffenheit im Bilde wiederzugeben, so fehlt es an einer wesentlichen Vorbedingung für das Vorhandensein eines Bildnisses im Sinne des § 22 KunstUG.

Die gleichen Erwägungen treffen auch auf die Aufnahmen zu, die nach Vollendung des Filmwerks mit einem photographischen Standapparat gemacht wurden. Es handelt sich dabei um die Wiederholung einzelner Filmbilder, die als besonders geeignet angesehen wurden, die Aufmerksamkeit der Allgemeinheit auf das im Film dargestellte Stück zu lenken und als Reklame zu dienen. Wenn der Kläger sich für diese Aufnahmen zur Verfügung stellte, so setzte er damit lediglich dieselbe Tätigkeit fort, die er bei der Aufnahme des Films entfaltet hatte. Auch jetzt sollten durch die Lichtbilder nur die im Filmwerk auftretenden Personen im Rahmen der dortigen Handlung dargestellt werden, nicht aber sollten die äußeren Erscheinungen des Klägers und seiner Partnerin so wiedergegeben werden, wie *sie wirklich dem Leben entsprachen*. Anlaß für die Standaufnahmen war also ein gegenständlicher Zweck, nicht aber, wie es für den Begriff des Bildnisses erforderlich ist, der Zweck der bildlichen Darstellung der Persönlichkeiten als solcher. Unter diesen Umständen steht dem Kläger der Schutz des § 22 KunstUG. nicht zur Seite, und er kann der Verbreitung von Postkarten, die einzelne Filmbilder nach jenen Standaufnahmen wiedergeben, nicht widersprechen.

Wollte man aber zugunsten des Klägers annehmen, daß die Standaufnahmen nicht allein die Wiedergabe von Filmbildern, sondern zugleich die Herstellung eines Bildnisses von der Person des Klägers als solcher bezweckten, so könnte dennoch die Klage keinen Erfolg haben, da in diesem Falle die Erwägungen des Berufungsgerichts durchgreifen würden. Das Berufungsurteil führt aus, daß aus der Entlohnung, die der Kläger für sein Auftreten im Film erhalten habe, auch sein Einverständnis mit den üblichen Reklamemaßnahmen gefolgert werden müsse, zumal in dem vom Kläger über die Herstellung des Films abgeschlossenen Vertrage eine großzügige Reklame vorgesehen sei, zu der auch der Postkartenvertrieb gerechnet werden müsse. Weder könne sich der Kläger dadurch verletzt fühlen, daß die gleichen — selbst intimen — Bilder, die mittels des Films dem zuschauenden Publikum vorgeführt würden, auch auf Postkarten verbreitet würden, noch liege eine Schädigung des Klägers, besonders eine Kränkung seiner Künstlerehre, darin, daß auf den Postkarten, wie üblich, nur der Name der weiblichen Hauptdarstellerin genannt, dagegen sein Name nicht erwähnt worden sei.

... Zum Wesen der kinematographischen Aufnahme schauspielerischer Darbietungen gehört es unbedingt, daß die mitwirkenden Schauspieler nicht nur als Darsteller auftreten, sondern sich zur photographischen Aufnahme ihrer Darbietungen bereitstellen. Deshalb umfaßt die Entlohnung, die ein Filmschauspieler erhält, zweifellos nicht nur das Entgelt für sein künstlerisches Auftreten, sondern zugleich auch die Vergütung für die Einwilligung in das Abphotographieren seiner Person während des Auftretens. Es kann auch, wie oben ausgeführt worden ist, kein Unterschied zwischen den eigentlichen Filmaufnahmen und solchen späteren Aufnahmen mittels eines Standapparates gemacht werden, die mit Einwilligung der Schauspieler die Wiederholung einzelner Filmbilder für Reklamezwecke zum Gegenstande haben. Derartige Ergänzungsaufnahmen müssen, sofern von den Beteiligten nichts anderes vereinbart wird oder die Umstände nicht Gegenteiliges ergeben, rechtlich ebenso beurteilt werden wie die Filmaufnahme selbst. Eine Vergütung, die den Schauspielern für die Mitwirkung bei der Hauptaufnahme gezahlt wird, umfaßt daher auch das Entgelt für ihre Tätigkeit bei der Nebenaufnahme. Unter diesen Umständen erscheint es rechtlich bedenkenfrei, wenn das Berufungsgericht die dem Kläger geleistete Vergütung auf die Duldung der gesamten photographischen Aufnahmen mit erstreckt und sie zugleich im Sinne des § 22 Satz 2 KunstUG. als Entlohnung dafür auffaßt, daß er sich abbilden ließ. Der Kläger bestreitet auch den Veranstaltern der Filmaufnahmen nicht das Recht, die Lichtbilder einzelner Filmszenen vor den Kinotheatern zwecks Reklame zur Schau zu stellen. Nur gegen die Form der Reklame im Wege des Postkartenvertriebs wendet er sich, und auch hier legt er das entscheidende Gewicht nur darauf, daß allein der Name seiner Partnerin, nicht auch der seinige, genannt worden ist. Hatte aber der Filminhaber überhaupt das Recht, zur Reklame die Abzüge der photographischen Aufnahmen zu verwenden, so war er auch befugt, den Umfang und die Art der Reklame zu bestimmen, sofern er sich dabei innerhalb der Grenzen des Verkehrsüblichen hielt und nicht gegen ausdrücklich oder stillschweigend übernommene Vertragspflichten verstieß. Ohne Rechtsirrtum hat nun das Berufungsgericht ausgeführt, daß die Herstellung und Verwendung von Postkarten der in Rede stehenden Art bei kinematographischen Betrieben üblich sei, und daß es auch zu den allgemeinen Gepflogenheiten gehöre, in der Unterschrift der Postkarten nur die erste Darstellerin des Films zu nennen, auch wenn sie zusammen mit anderen bekannten und bedeutenden Schauspielern abgebildet sei. Dafür aber, daß die Beklagte etwa vertragsmäßig verpflichtet gewesen sei, auch den Namen des Klägers in der Postkartenunterschrift zu erwähnen, fehlt es an jedem Anhalt. . . .

**RGZ. 105, 160**

**Können Photographien, sowie Bilder, die auf Grund von Photographien hergestellt sind, den Urheberschutz von Abbildungen technischer Art im Sinne des § 1 Nr. 3 des Gesetzes vom 19. Juni 1901, betr. das Urheberrecht an Werken der Literatur und der Tonkunst, genießen?**

I. Zivilsenat. Urt. v. 16. September 1922.

I. Landgericht Prenzlau. II. Kammergericht Berlin.

Die Klägerin hat einen Katalog „Der Industriehafen“ herausgegeben, welcher Krane, Verlade- und Transportanlagen darstellt. Die Abbildungen gehen auf photographische Aufnahmen zurück, die für den Buchdruck in Klischees umgesetzt sind. Die Beklagte verbreitet unter dem Titel „Normale Laufkranen" ebenfalls einen Katalog, der später als jener der Klägerin erschienen ist. Die Abbildungen darin sind mit Klischees hergestellt, denen teils Zeichnungen, teils photographische Aufnahmen zugrunde liegen. Die Klägerin behauptet, daß die Beklagte dem Kataloge der Klägerin fünf Abbildungen entnommen, vier davon in ihrem Kataloge wiedergegeben und die fünfte zur Herstellung eines Bahnhofplakats benutzt habe. Sie nimmt deshalb die Beklagte auf Unterlassung und auf Vernichtung der zur Herstellung und Vervielfältigung bestimmten Vorrichtungen in Anspruch. Das Landgericht wies die Klage hinsichtlich eines Falls mangels hinreichender Beweise für die Nachbildung ab, im übrigen erkannte es nach dem Klagantrage. Das Kammergericht wies die Berufung der Beklagten zurück und sprach der Klägerin auf ihre Anschlußberufung die Veröffentlichungsbefugnis zu.

Die Revision der Beklagten hatte teilweise Erfolg.

Gründe:

. . . Nach der Annahme des Kammergerichts hat die Beklagte nur den Katalog der Klägerin, nicht aber die ursprünglichen Photographien zur Nachbildung benutzt. An sich sind Klischeeabdrücke, die nach Photographien hergestellt sind, rechtlich gleich zu behandeln wie die Photographien selbst; denn sie stellen sich regelmäßig als eine mechanische Vervielfältigung des durch die photographische Aufnahme gewonnenen Bildes dar. Wie das Reichsgericht — in RGSt. Bd. 44 S. 106 flg. — ausführlich dargelegt hat, kann Photographien der Urheberschutz, der in § 1 Nr. 3 LitUG. den Abbildungen technischer Art gewährt ist, nicht zuteil werden. Denn eine selbstverständliche und unerläßliche Voraussetzung des Schutzes nach § 1 Nr. 3 ist der Umstand, daß die Herstellungsart eine willkürliche Formgebung zuläßt, die einer selbständigen schöpferischen Geistestätigkeit entspringt. Dies trifft bei der photographischen Aufnahme nicht zu; für Abbildungen dieser Art besteht daher der Sonderschutz des Gesetzes vom 9. Januar 1907, auch wenn sie dem Zwecke der Belehrung dienen und Objekte der Technik zum Gegenstand haben. Es ist deshalb nicht zutreffend, wenn das angefochtene Urteil es für rechtlich bedeutungslos erklärt, ob die technische Herstellung der Abbildungen auf photographischem oder anderem Wege erfolgt ist. Dieser Satz kann nur in dem eingeschränkten Sinne als zutreffend erachtet werden, daß es sich um photographisch hergestellte Vervielfältigungen von wirklichen Abbildungen technischer Art nach Maßgabe des § 1 Nr. 3 handelt. Hinsichtlich der Begriffsbestimmung der letzteren ist nun allerdings nicht von der Hand zu weisen, daß die Umarbeitung von photographischen Aufnahmen zu technischen Abbildungen im Sinne des § 1 Nr. 3 möglich ist, dann nämlich, wenn vermittels selbständiger schöpferischer Tätigkeit unter Zuhilfenahme einer photographischen Aufnahme ein darstellerischer Gedanke eine Verkörperung erhält, welcher der Charakter einer willkürlich gestalteten Formgebung zuerkannt werden kann. Wann dies der Fall ist, muß im einzelnen jeweils besonders geprüft werden. Daß es bei den Abbildungen des Katalogs der Klägerin zutrifft, ist nicht hinreichend festgestellt . . . (Wird ausgeführt.) Bevor über diesen Punkt nicht ausreichend Klarheit geschaffen und über den Streit der Parteien Einzelfeststellungen getroffen waren, fehlte der rechtlichen Würdigung, daß es sich um technische Abbildungen handle, die erforderliche tatsächliche Grundlage, dies um so mehr, als bei der Betrachtung der Abbildungen sich zunächst nur der Eindruck ergibt, daß Photographien vorliegen.

Trifft letzteres zu, dann greift mit dem Gesetz vom 9. Januar 1907 auch dessen § 26 durch, wonach der Schutz des Urheberrechts mit dem Ablaufe von 10 Jahren seit dem Erscheinen des Werks endigt. Für die eine Abbildung (Verladebrücke) steht dann nach dem angefochtenen Urteil bereits fest, daß bei Klagerhebung diese Schutzfrist abgelaufen war. . . .

## RGZ. 107, 62

**Gewährt der Verfilmungsvertrag dem Verfasser des Filmmanuskripts einen Anspruch gegen den Filmhersteller auf Herstellung und Vertrieb des Films?**

I. Zivilsenat. Urt. v. 16. Juni 1923.

I. Landgericht I Berlin. II. Kammergericht deselbst.

Der Kläger ist Verfasser des Filmmanuskripts „Nur eine Tänzerin"; die Beklagte hat es von ihm zur Verfilmung erworben, bislang aber nicht herausgebracht. Mit der Klage wird die Verurteilung der Beklagten zur Verfilmung, Vervielfältigung des ordnungsgemäß hergestellten Films und Vertreibung zur Vorführung unter Namensnennung des Verfassers verlangt. Beide Vorinstanzen gaben der Klage statt. Die Revision der Beklagten hatte Erfolg.

Gründe:

. . . Der Vorderrichter hat zutreffend angenommen, daß der Verfilmungsvertrag kein Verlagsvertrag sei und die darüber in der Literatur zum Teil vertretene Ansicht (vgl. Goldbaum, Urheberrecht S. 93) fehl gehe. Es kann aber auch die analoge Anwendung des § 1 VerlG. nicht gebilligt werden. Gewisse Aehnlichkeiten zwischen einem Verlagsvertrag und einem Verfilmungsvertrag und zwischen diesem und dem vom Kammergericht noch weiter in Vergleich genommenen Bühnenaufführungsvertrag sind nicht so wesentlich, anderseits die Verschiedenheiten gegenüber diesen beiden Gebilden so erheblich, daß es nicht angeht, Grundsätze des Verlagsrechts auf das Filmrecht zu übertragen.

Für das Verlagswesen hat das bereits in Uebung gewesene Recht, wie es sich durch Rechtsprechung und Wissenschaft auf Grund der Gepflogenheiten des angesehenen deutschen Verlagsgewerbes ausgebildet hatte, gemäß den Bedürfnissen des Buch- und Musikalienhandels zur Regelung im Gesetz geführt. Daß die Bedürfnisse der Filmindustrie und des Filmmarktes ganz andere sind als diejenigen des Buchgewerbes, leuchtet ein; sie wirken sich demgemäß auch bei dem Rechtsverhältnis zwischen Filmverfasser und Filmfabrikant notgedrungen anders aus; veränderte wirtschaftliche Verhältnisse geben daher ohne weiteres zu besonders vorsichtiger Prüfung über die Rechtserfordernisse und die sinngemäße Anwendung von Rechtsgrundsätzen aus scheinbar mehr oder minder verwandten Gebieten Anlaß.

Hinsichtlich der Unterschiede auf tatsächlichem Gebiet ist im einzelnen von folgendem auszugehen:

1. Der Verlagsvertrag hat zum Gegenstand Schriftwerke und, da ein Kunstverlagsgesetz nicht vorhanden ist, in sinngemäßer Anwendung — im Wege des Gewohnheitsrechts — teilweise auch Erzeugnisse der bildenden Künste und der Photographie. Die Vervielfältigung der Urschrift erfolgt aber einerseits grundsätzlich ohne individuelle geistige Mitarbeit des Verlegers, mehr in mechanischer Form. Anderseits ist die Vervielfältigung auf dasselbe Kunstgebiet beschränkt. Hieran ändert es auch nichts, wenn man (vgl. Goldbaum Urheberrecht S. 93) darauf verweist, daß Uebersetzungen von Büchern in eine andere Sprache nicht in den Rahmen einer mechanischen, sondern einer geistigen Leistung fallen, oder daß der Kupferstecher nicht mit dem Drucker auf einer Stufe stehe. Denn das Ausschlaggebende ist zunächst, daß es sich um ein Verbleiben auf dem gleichen Kunstgebiet (literarisches Werk oder Bildwerk) in beiden Fällen handelt, und trotz aller Aufwendungen einer bestimmten Art geistiger Tätigkeit doch dabei ein genaues Festhalten an der Urschrift bis in das einzelne hinein in Frage kommt. Die Dramatisierung eines Buches aber z. B. wird vom Verlagsrecht schon nicht mehr mitumfaßt. Charakteristisch ist weiter, daß der Verleger das vervielfältigte treue Abbild der Urschrift selbst als Ware in größerer oder kleinerer Menge nach der Absicht des Verlagsvertrags an die Oeffentlichkeit bringen soll, um den Verfasser und sein Werk mit ihr bekannt zu machen.

2. Anders liegen die Verhältnisse beim sog. Bühnenaufführungsvertrag für dramatische Schriftwerke. Hier findet keine Vervielfältigung statt. Auch die Verbreitung ist eine andere. Sie ist, wenn das Werk bei einer Bühne eingerichtet ist, gemäß dem hierüber geschlossenen Aufführungsvertrag nur für diese eine Bühne gedacht und bestimmt. Die Verbreitung des Werks als Ware im Sinne des Verlagsvertrags entfällt. Die Zahl der Aufführungen ist meist vertragsgemäß begrenzt und bestimmt. Eine Umsetzung des Werks in ein anderes Kunstgebiet kommt

beim Bühnendrama nicht in Betracht; denn dieses ist fix und fertig zum Gebrauch vom Verfasser hergestellt. Der Regisseur ist hier nur Gehilfe des Dichters. Letzterer kann und wird mehrfach selbst regieführend eingreifen.

Ein gewisse Veränderung des Gesichtspunktes ergibt sich bei den Bühnenaufführungsverträgen über Ballette, Pantomimen usw., die nur auf einem Szenarium beruhen. Denn hier muß erst Dramatisierung, d. h. Umsetzung der Wortsprache in die Gebärdensprache, erfolgen; hier muß Regisseur, Bühnenleiter oder Ballettmeister noch ein wesentliches dazu tun, um das Kunstgebilde lebendig erstehen zu lassen. Aber auch hier ist noch keine Verbreitung über den Rahmen des Theaters hinaus gegeben, das den Aufführungsvertrag geschlossen hat. Es findet kein Warenvertrieb statt. Ob hinsichtlich solcher Szenerien überhaupt bei Ankauf ohne weiteres eine Aufführungspflicht übernommen wird, kann hier unerörtert bleiben. Denn dem Bühnenaufführungsvertrag ist nach den jeweiligen Vertragsbestimmungen eigentümlich, daß die Aufführungspflicht eine besondere Umgrenzung (nach Zahl und Tagen usw.) erfährt und daher mit ausdrücklichen Worten Erwähnung findet.

3. Der Verfilmungsvertrag ist wiederum anders geartet. Er enthält einzelne Elemente aus dem Verlags- und Aufführungsvertrag und fügt weitere neue hinzu. Er ist ein Vertrag eigener Art, der auch seine besondere rechtliche Würdigung erheischt. Wie der Verlagsvertrag hat er eine Urschrift zum Gegenstand. Nicht diese wird aber Gegenstand der Vervielfältigung und Verbreitung, sondern etwas, was aus ihr erst noch entstehen soll. Zunächst findet, wie beim Szenarium des Ballets oder der Pantomime, Dramatisierung statt, d. h. die in der Urschrift bloß beschriebenen Vorgänge müssen in Handlung und Aufführung umgesetzt werden. An Stelle des Worts als Ausdrucksmittels muß die Gebärdensprache treten. Gleichzeitig findet aber die Umsetzung in eine andere Kunstgattung statt; das erst geschaffene dramatische Pantomimenwerk muß gleichzeitig in ein Bildwerk umgesetzt werden. Wenn das auch mittels Photographie, also auf mehr mechanischem Wege geschieht, so ist doch die Sache keineswegs so, als ob man einfach ein Ballett oder eine Pantomime, die auf der Dramenbühne zur Aufführung kommt, mechanisch photographiert. Der Film hat seine eigenen Gesetze, die nicht bloß optischer Art sind, sondern Wesen und Inhalt des Dargestellten ergreifen und bestimmen. Das Wesen ist das Auflösen des dramatischen Vorgangs in Einzelbilder, wie es sich aus dem Wegfall des Wortes und dem Zusammendrängen auf kurze einzelne Bildszenen ergibt. Deren Reihenfolge und Verbindung, Ausgestaltung und Glaubhaftmachung sind in der Filmurschrift nur im Keim enthalten. Sie folgen besonderen Grundsätzen, die verschieden von denen des Wortdramas sind und sich auch von der reinen Bühnenpantomime abheben. All das Erforderliche gewissermaßen in die Wirklichkeit umzusetzen, nicht bloß formell in

Szene zu setzen, ist Sache des Filmregisseurs. Er ist nicht Gehilfe des Filmverfassers, sondern mindestens dessen Mitarbeiter; dies gilt auch für das sog. drehreife Buch; denn erst bei der Aufnahme des Films ergibt sich für denjenigen, der förmlich aus dem Objektiv des Kurblers heraus zu sehen genötigt ist, was sich als Erfordernis für einen guten Film darstellt. Daher auch die vielerlei Umänderungen sachlicher Art und die häufigen Meinungsverschiedenheiten zwischen Verfasser und Regisseur, bei denen aber nicht unbedingt der letztere wird weichen können und müssen. Denn er ist für die Gestaltung des Filmes als eines Bildwerks eigener Art in vollem Umfange mit-, wenn nicht hauptverantwortlich. Erst der Bildstreifen wird dann vervielfältigt und als Ware im Mengenvertrieb verbreitet; aber auch regelmäßig nicht unmittelbar vom Filmfabrikanten, sondern unter Zwischenschaltung der Filmverleihgeschäfte. Was der Streifen enthält, ist aber nicht, wie beim Buch, allein das Geisteserzeugnis des Verfassers der Urschrift, sondern seine und des Regisseurs Gemeinschaftsarbeit. Letzterer spielt der Oeffentlichkeit gegenüber auch eine Rolle, was sich vielfach in der Bedeutung und Bewertung der Firma auszudrücken pflegt, die den Regisseur fest angestellt und seiner geistigen Fähigkeiten sich versichert hat. Hiernach kann man nicht sagen, wie das angefochtene Urteil es tut, daß kein Grund einzusehen sei, den Filmschriftsteller anders oder schlechter zu stellen, als den Bühnendramenschriftsteller. Das drehreife Filmbuch ist nicht gleich oder ähnlich dem Bühnendrama. Der Filmunternehmer ist aber auch kein Theaterunternehmer. Letzterer führt an seiner Bühne ein oder mehrere Male zusagegemäß ein Stück auf. Ersterer ist Fabrikant einer Mengenware, die in alle Welt hinausgehen soll. Hierdurch und durch das so geschaffene geschäftliche Risiko fällt auf ihn ein größeres wirtschaftliches Schwergewicht; es sind dafür auch die finanziellen Aufwendungen anders zu bewerten. Ist ein einmal hergestellter Film nicht oder nicht gut brauchbar, dann ist die Abnahme der Ware durch den Filmverleiher und die Mengenverbreitung gehindert. Der Bühnenleiter dagegen stellt lediglich die nächste Aufführung an seiner Bühne ab, ohne daß damit ein allzu erheblicher Ausfall in seinem Geschäftsbetrieb einzutreten braucht. Es ist aber auch die ganze auf Herstellung einer Vertriebsware abzielende Geschäftsgebarung des Filmfabrikanten noch nach anderen Gesichtspunkten eine verschiedene. Er muß auf Vorrat arbeiten und hängt von der Zeit, dem Geschmack des Publikums, dem Aktuellen des Stoffs, dem Wettbewerb auf dem Weltmarkte viel mehr ab, als der Bühnenleiter in seiner Stadt. Denn schließlich ist es nicht damit getan, daß mit erheblichen Kosten Negative und Kopien des Films hergestellt sind; sie müssen auch als Ware abgehen. Hierauf hat der Filmfabrikant bei der Zwischenschaltung der Filmverleihgeschäfte keinen ausschließlichen, selbstbestimmenden Einfluß mehr. Bei der Verbreitung und besonders der Vorführung in den Filmtheatern entstehen auch noch neue Aufwendungen (wie Strom, Apparateabnutzung usw.), die der Abnehmer auf dem großen Filmmarkt nur aufwendet, wenn der Film anspricht. Es ist hiernach auch die Verbreitung wieder anders als bei dem einmal hergestellten und vom Verleger selbst vertriebenen Buch. Zum Schluß läßt sich auch nicht ohne weiteres die Güte einer brauchbaren Filmniederschrift so voraussehen, wie die eines Buchdramas; denn erstere ist immer noch — wie ausgeführt — im gewissen Sinn unfertig.

Ein verständiger Interessenausgleich — von dem das gesunde Wirtschaftsleben ausgeht — zwischen dem Filmverfasser und dem Filmfabrikanten kann demnach nicht in derselben Weise, wie zwischen Verfasser und Verleger oder Dichter und Theaterdirektor vorgenommen werden. Wenn auf der einen Seite der berechtigte Wunsch des Filmverfassers steht, nicht bloß die Vergütung zu erhalten, gegen welche er das ausschließliche Aufführungsrecht überträgt, sondern auch mit seinem geistigen Erzeugnis an die Oeffentlichkeit und die Filmtheaterbesucher zu kommen, so steht dem auf der anderen Seite das Interesse des Fabrikanten gegenüber, der durch seinen Regisseur das Werk erst mitschafft und das große wirtschaftliche Risiko der Herstellung und ihrer Ausnutzung trägt. Schon im Verlagsrecht finden sich Anklänge daran, daß im Falle einer Mitarbeiterschaft ein Vervielfältigungszwang nicht besteht (§ 47 des VerlG.), ebenso wie § 6 LitUG. Bestimmungen besonderer Art für Gemeinschaftsarbeit vorsieht.

Hiernach ist zu sagen, daß eine sinngemäße Anwendung des § 1 VerlG. nicht gerechtfertigt ist. Die ganze rechtliche Natur des Verfilmungsvertrags als eines Vertrags eigener Art hat aber bislang gemäß der wirtschaftlichen Entwicklung nicht eine solche Verdichtung erfahren (wie beim Verlagsrecht vor seiner gesetzlichen Regelung), daß man es als angemessen und mit Treu und Glauben vereinbarlich halten könnte, stets dem Verfasser das klagbare Recht zu geben, auf Verfilmung zu bestehen, wenn solches vertraglich nicht besonders bedungen ist.

Ob den Interessen der Filmschriftsteller in der künftigen Entwicklung ihres Rechtsverhältnisses zu den Filmfabrikanten nicht auf andere Weise als durch den abzulehnenden Verfilmungszwang gedient werden kann, beispielsweise durch einen Anspruch auf Rückgabe der Urschrift, wenn das Werk binnen gemessener Zeit nicht verfilmt wird — sei es ohne, sei es mit Entschädigungsanspruch je nach Lage des Falls —, ist hier nicht zu untersuchen und zu entscheiden.

Hiernach ist die Klage als unbegründet abzuweisen.

**RGZ. 107, 277**

**1. Zum Begriff „Vervielfältigung" eines Werkes (§§ 11, 15 LitUrhG.) im Gegensatz zu Vorbereitungshandlungen für die geplante Vervielfältigung.**

**2. Verstößt es gegen das LitUrhG. oder gegen die guten Sitten oder gegen das UnlWG., wenn das für die Zeit nach Ablauf der Schutzdauer geplante Erscheinen eines Werkes von einem Verleger, dem urheberrechtliche Befugnisse nicht zustehen, bereits vier Monate vor Ende der Schutzfrist den Sortimentsbuchhändlern durch Rundschreiben bekanntgegeben wird?**

I. Zivilsenat. Urt. v. 7. November 1923.

I. Landgericht München I. II. Oberlandesgericht daselbst.

Der C.-Verlag war im Deutschen Reiche alleiniger Inhaber des Verlagsrechts an den Werken des im Jahre 1890 verstorbenen Schweizer Dichters Gottfried Keller. Vor Ablauf der urheberrechtlichen Schutzfrist — 31. Dezember 1920 — übertrug er der Klägerin das Recht zu Herstellung bestimmter Ausgaben Kellerscher Werke. Anfang September 1920 teilte die Beklagte durch ein Rundschreiben den Sortimentsbuchhändlern mit, daß sie im Februar 1921 ein Buch „Gottfried Kellers sämtliche Erzählungen, Novellen und Legenden" zum Preise von 40 M. herausbringen werde. Sie ersuchte um Einsendung von Bestellungen. Die Klägerin behauptet, daß die Beklagte den Drucksatz des Werkes vor Ablauf der Schutzfrist vollständig hergestellt, mehrere Korrekturabzüge von ihrer Druckerei zur Durchsicht erhalten, auch nach dem Satze Papiermatern habe anfertigen lassen, um von vornherein den Druck weiterer Auflagen zu erleichtern. In diesem Verhalten erblickt sie eine unerlaubte Vervielfältigung der Kellerschen Werke, einen Verstoß gegen die guten Sitten, insbesondere gegen die in Verlegerkreisen herrschenden Anschauungen über den Vertrieb noch geschützter Werke, und unlauteren Wettbewerb. Sie hat deshalb, zugleich aus abgetretenen Rechten des C.-Verlags, auf Unterlassung der Verbreitung der nach dem Drucksatze hergestellten Abzüge und auf Schadensersatz Klage erhoben.

Die Klage wurde von beiden Vorinstanzen abgewiesen. Die Revision der Klägerin blieb erfolglos.

Gründe:

Die Klage ist auf drei Klagegründe gestützt: erstens auf Verletzung der §§ 11, 15 LitUG., zweitens auf Verstoß gegen die guten Sitten (§§ 138, 826 BGB.), drittens auf Zuwiderhandlung gegen § 1 UnlWG.

... Im § 11 LitUG. ist dem Urheber die ausschließliche Befugnis zugesprochen, das Werk zu vervielfältigen und gewerbsmäßig zu verbreiten. Hinsichtlich der Vervielfältigung wird im § 15 noch besonders hervorgehoben, daß sie ohne Einwilligung des Berechtigten unzulässig ist, gleichviel durch welches Verfahren sie bewirkt wird, und daß es auch keinen Unterschied begründet, ob das Werk in einem oder in mehreren Exemplaren vervielfältigt wird. Der Ausdruck „Vervielfältigung" ist, wie das Berufungsgericht unter Hinweis auf die Entstehungsgeschichte des § 15 zutreffend ausführt, vom Gesetzgeber zur Vermeidung der früher üblichen Bezeichnung „Nachdruck" gewählt worden, um jede Art der Wiedergabe des Werks, sie möge auf mechanischem Wege oder durch Handbetrieb bewirkt werden, unter das Verbot zu bringen; er umfaßt also auch solche Arten der Wiedergabe, die — wie Schrift, Stich, Lithographie usw. — streng wörtlich genommen nach dem Sprachempfinden nicht unter den Begriff „Nachdruck" fallen würden. Eine sachliche Aenderung gegenüber dem älteren Rechtszustande sollte damit aber nicht herbeigeführt werden, und es erfordert daher der Begriff „Vervielfältigung", ebenso wie der Ausdruck „Nachdruck", die Herstellung eines körperlichen Gegenstandes, der das Werk in sinnlich wahrnehmbarer Weise wiedergibt (Allfeld, Urheberrechtsgesetz § 15 Anm. 2a; Riezler, Deutsches Urheber- und Erfinderrecht § 55 S. 251, § 87 S. 432). Von einer derartigen Wiedergabe kann aber nur dann gesprochen werden, wenn die Beschaffenheit des hergestellten Gegenstandes es zuläßt und bezweckt, daß unbeteiligte Personen aus ihm den Inhalt des Werks zu erkennen vermögen. Hierzu erscheint es, wenn ein Schriftwerk im Druckverfahren wiedergegeben werden soll, erforderlich, daß mindestens ein Druckabzug in der für den Leserkreis bestimmten Ausführungsform hergestellt wird. Solange ein solcher Abzug nicht wenigstens teilweise vorliegt, werden dritte Personen durch den Drucksatz allein nicht in die Lage versetzt, den Inhalt des Werks kennenzulernen. Ebensowenig aber, wie die bloße Herstellung des Drucksatzes, reicht dazu die Anfertigung der Papiermatern aus, die für späteren Plattenguß bestimmt sind. Auch diese Maßnahme liefert noch keine Darstellung des Werks, da sie nur zur Vorbereitung einer späteren Drucklegung dient und nicht den Zweck hat, Unbeteiligte in den Stand zu setzen, aus den Matern etwas über den Inhalt des Werks zu entnehmen, Die bezeichneten Handlungen sind also noch nicht als Vervielfältigung des Werks im Sinne der §§ 11, 15 LitUG., sondern lediglich als vorbereitende Maßnahmen für die geplante Vervielfältigung anzusehen. Auch das Gesetz selbst unterscheidet scharf zwischen der eigentlichen Vervielfältigung und den Maßnahmen, die erst der Vorbereitung der Vervielfältigung dienen. So werden beispielsweise in den §§ 42 und 63 der Vervielfältigung selbst gegenübergestellt die für sie bestimmten Vorrichtungen, wie Formen, Platten, Steine und Stereotypen. Die gleiche rechtliche Beurteilung, wie der Herstellung des Drucksatzes und der Papiermatern, muß billigerweise auch den Korrekturabzügen zuteil werden. Sie ermöglichen zwar an sich jedem Leser eine Kenntnisnahme des Werks. Da sie aber nur für den inneren Geschäftsbetrieb des Druckers und des Verlegers bestimmt sind und gemeinhin nicht in die Außenwelt gelangen, so erscheint es der Billigkeit entsprechend, ihre Anfertigung und Entnahme noch zu den erst die Vervielfältigung vorbereitenden Maßnahmen zu rechnen und die Korrekturbogen nicht als „Exemplare" des vervielfältigten Werks im Sinne des § 15 LitUG. anzusehen (Allfeld § 36 Anm. 1a,

Voigtländer-Fuchs, Urheberrechtsgesetz § 15 Anm. 2 a 2. Aufl. S. 107).

Auch allgemeine rechtliche Erwägungen lassen es keineswegs als unerlaubt erscheinen, daß bereits vor Ablauf der Schutzfrist die Vervielfältigung, insbesondere der Druck, eines Schriftwerks soweit vorbereitet wird, daß gleich nach Freiwerden des Werks die Vervielfältigung selbst in Angriff genommen werden kann. Das LitUG. schreibt im § 29 für den Regelfall vor, daß der Schutz des Urheberrechts endigt, wenn seit dem Tode des Urhebers dreißig Jahre und außerdem seit der ersten Veröffentlichung des Werks zehn Jahre abgelaufen sind. Es würde eine im Gesetz nicht begründete Ausdehnung der Schutzdauer bedeuten, falls vor Ablauf der Schutzfrist auch bloße vorbereitende Maßnahmen, die den Tatbestand der §§ 11, 15 nicht erfüllen, für unstatthaft erachtet würden. Denn da die Vorbereitungen für die Vervielfältigung regelmäßig eine gewisse Zeit erfordern, so würde die Untersagung vorbereitender Maßnahmen vor der Vervielfältigung zur Folge haben, daß die Rechtsnachfolger des Urhebers tatsächlich die Vorteile des urheberrechtlichen Schutzes noch über die gesetzliche Schutzdauer hinaus genössen und die Allgemeinheit noch eine Zeitlang gehindert würde, das Werk als gemeinfreies zu benutzen. So ist denn auch für das dem Urheberrecht an Schriftwerken nahe verwandte Gebiet des Patentrechts in der Rechtsprechung des Reichsgerichts anerkannt worden, daß schon während der Schutzdauer des Patents vorbereitende Handlungen, insbesondere bauliche Veranstaltungen und Maschinenanschaffungen, vorgenommen werden dürfen, um die patentierte Einrichtung sogleich nach Ablauf der Schutzfrist in Benutzung nehmen zu können (RGZ. Bd. 93 S. 174). Diese Auffassung hat für das Gebiet des Patent- und Gebrauchsmusterrechts auch gesetzgeberische Anerkennung gefunden, da im § 7 des Gesetzes, betr. eine verlängerte Schutzdauer bei Patenten und Gebrauchsmustern vom 27. April 1920 (RGBl. S. 675), demjenigen, der vor dem 1. April 1920 und vor Erlöschen des Schutzrechts im Inlande die zur Benutzung erforderlichen Veranstaltungen getroffen hat, das Recht zugesprochen worden ist, auch nach Verlängerung des Patents die Erfindung für die Zwecke seines Betriebs gegen eine angemessene Vergütung weiter zu benutzen. Wie hiernach gegenüber Patenten und Gebrauchsmustern bereits während der Schutzdauer Veranstaltungen getroffen werden dürfen, um die geschützte Einrichtung unmittelbar nach Ablauf der Schutzfrist in Benutzung zu nehmen, so muß es auch auf dem Gebiete des Urheberrechts an Schriftwerken als erlaubt und dem Sinne des Gesetzes entsprechend angesehen werden, daß schon vor Beendigung der Schutzfrist die Drucklegung des Werks bis zu einem Grade vorbereitet wird, der es ermöglicht, unmittelbar nach dem Ende der Schutzdauer mit der Vervielfältigung zu beginnen. Mit Recht hat daher das Berufungsgericht in dem Verhalten der Beklagten einen Verstoß gegen das alleinige Vervielfältigungsrecht des Urheberrechtsinhabers nicht erblickt.

Auch ein unerlaubter Eingriff in das Recht, das Werk gewerbsmäßig zu verbreiten (§ 11 LitUG.), kommt nicht in Betracht. Unter Verbreitung ist jede Handlung zu verstehen, durch die ein Exemplar des Werks anderen Personen, als den bei der Herstellung und Vervielfältigung des Werks beteiligten, zugänglich gemacht wird (Allfeld § 11 Anm. 5 a; Riezler § 56 I S. 256). Die Verbreitung setzt also ein bereits vorhandenes, im Wege der Vervielfältigung hergestelltes Exemplar des Werks voraus*). Im vorliegenden Falle handelt es sich aber nach dem eigenen Vorbringen der Klägerin nur um die Ankündigung und das Angebot von Exemplaren, die erst später durch Vervielfältigung des Werks hergestellt werden sollten. Dadurch konnte der Tatbestand der Verbreitung des Werks nicht erfüllt werden.

Ebensowenig kann der Beklagten ein Verstoß gegen die guten Sitten oder unlauterer Wettbewerb im Sinne des § 1 UnlWG. zum Vorwurf gemacht werden, wenngleich hinsichtlich der während der Schutzdauer erfolgten Ankündigung des späteren Erscheinens des Werks gewisse Zweifel obwalten können. Der Umfang des urheberrechtlichen Schutzes von Schriftwerken ist durch das LitUG. abschließend geregelt. Nur soweit dieses Gesetz dem Urheber oder seinen Rechtsnachfolgern bestimmte Ausschließungsrechte zuerkennt, ist die Allgemeinheit gehindert, das Werk in Benutzung zu nehmen. Soweit dagegen das Gesetz einen Schutz nicht als zu Recht bestehend anerkennt oder ein entstandenes Schutzrecht für erloschen erklärt, ist jeder Dritte befugt, sich des Werks zu bedienen, insbesondere auch es zu vervielfältigen und zu verbreiten. Diese gesetzliche Regelung des Schutzrechts ist erfolgt, einerseits um den berechtigten Belangen des Urhebers und seiner Rechtsnachfolger Rechnung zu tragen, anderseits um auf die Bedürfnisse der Allgemeinheit Rücksicht zu nehmen. Hiermit wäre es unvereinbar, wenn durch Gepflogenheiten und Anschauungen in den beteiligten Kreisen, besonders im Kreise der Verlagsbuchhändler, die gesetzliche Regelung durchbrochen und eine weitere Ausdehnung des Schutzumfangs in sachlicher oder zeitlicher Hinsicht begründet werden könnte. Deshalb steht derjenige, der sich des Werks nur in den vom LitUG. gesteckten Grenzen bedient, auf gesetzlichem Boden, und sein Handeln kann nicht als unerlaubt und gegen die guten Sitten verstoßend aufgefaßt werden, mögen seine Berufsgenossen auch von ihrem persönlichen Standpunkt aus sein Vorgehen mißbilligen. Da nun, wie oben ausgeführt worden ist, die Beklagte die Vervielfältgiung des Werks erst für die Zeit nach Beendigung der Schutzdauer geplant hat, und weder die vor Ablauf der Schutzfrist von der Beklagten getroffenen Veranstaltungen noch die Ankündigung des bevorstehenden Erscheinens in den urheberrechtlichen Schutzbereich eingegriffen haben, so kann auf seiten der Beklagten weder

*) Vgl. aber RGZ. Bd. 113 S. 413.

von Sittenwidrigkeit im Sinne des § 138 BGB. noch von unlauterem Wettbewerb nach § 1 UnlWG., der gleichfalls einen Verstoß gegen die guten Sitten voraussetzt, die Rede sein.

RGZ. 108, 44

**Wem stehen das Eigentum und sonstige Rechte an photographischen Platten zu, auf denen ein Photograph im Auftrage eines Künstlers dessen Bildhauerarbeiten im Lichtbild festgehalten hat?**

I. Zivilsenat. Urt. v. 23. Januar 1924.

I. Landgericht III Berlin. II. Kammergericht daselbst.

Der Kläger ließ während einer Reihe von Jahren die Entwürfe seiner Bildhauerarbeiten von dem Beklagten im Lichtbild festhalten. Die dazu gebrauchten photographischen Platten behielt der Beklagte in seinem Besitz und fertigte davon auf Bestellung des Klägers Abzüge gegen Entgelt an. Im Jahre 1919 entstand unter den Parteien ein Streit darüber, wem von ihnen das Eigentum an den Platten zustände. Der Kläger behauptet, der Beklagte habe eine Anzahl Platten schuldhafterweise vernichtet oder beschädigt und erklärt, daß er das Recht besitze, auch die übrigen Platten zu vernichten. Der Kläger hat deshalb unter Bezugnahme auf sein vermeintliches Eigentumsrecht an den Platten und auf das zwischen den Parteien bestehende Vertragsverhältnis im Klagewege die Herausgabe der noch vorhandenen Platten sowie Schadensersatz bezüglich der vernichteten Platten gefordert.

In den Vorinstanzen wurde die Klage abgewiesen. Die Revision hatte Erfolg.

Gründe:

... Nach § 15 KunstUG. besteht regelmäßig neben dem Urheberrecht des bildenden Künstlers an seinem Bildwerk ein durch dieses Urheberrecht beschränktes, im übrigen aber selbständiges Urheberrecht des Photographen an der durch Nachbildung jenes Bildwerks hervorgebrachten Photographie nebst Negativ. Zutreffend führt das Berufungsgericht aus, daß ein solches Urheberrecht des Photographen nicht entsteht, vielmehr das Urheberrecht an der Photographie und dem Negativ auf den Urheber des photographierten Kunstwerks übergeht, wenn dies ausdrücklich oder stillschweigend vereinbart ist, und daß eine solche stillschweigende Vereinbarung aus den besonderen Umständen des Falls im Beihalt von Handelsgebrauch und Verkehrssitte entnommen werden kann. Zutreffend weist das Berufungsgericht aber auch darauf hin, daß durch die Feststellung, wer Inhaber des Urheberrechts an der Photographie ist, noch nichts entschieden ist für die Frage, wer das Eigentum an der photographischen Platte, dem Negativ, hat. Denn, wie aus § 10 Abs. 4 KunstUG. erhellt und auch in den Motiven dazu (RT. Drucksachen 1905/06 Nr. 30 S. 18) zum Ausdruck gebracht ist, sind das Urheberrecht an der Photographie und das Eigentumsrecht an der zu ihrer Herstellung verwandten Platte zwei getrennte und in sich verschiedene Rechte. Im allgemeinen wird der Berufsphotograph, der in der Anfertigung und dem Verkauf von Photographien seinen Verdienst sucht, selbst wenn er das Urheberrecht an den Photographien auf ihren Käufer überträgt, doch das Eigentum an der photographischen Platte behalten, um sich die Möglichkeit neuen Verdienstes durch spätere Abzüge zu sichern. Es müssen daher mangels ausdrücklicher Uebertragung des Eigentums an den Platten schon besondere Umstände vorliegen, aus denen zu entnehmen ist, daß der Besteller und Käufer von Photographien, sei es mit dem Urheberrecht an diesen Photographien nebst Negativ, sei es ohne dieses Urheberrecht, das Eigentum an den Platten erworben hat. Das Berufungsgericht hat das Vorliegen solcher besonderen Umstände mit längerer Begründung verneint. Diese Ausführungen beruhen im wesentlichen auf tatsächlichen Erwägungen. Daß dabei die in § 15 KunstUG. niedergelegten Rechtsgrundsätze verletzt seien, ist nicht ersichtlich. Namentlich ist die Bedeutung des stärkeren Urheberrechts des Klägers, dessen Kunstwerke photographiert sind, gegenüber dem schwächeren Urheberrecht des Beklagten, der nur die Photographien hergestellt hat, nicht verkannt. Das Verhältnis dieser selbständigen beiden Urheberrechte zueinander läßt nach obigem an sich die Frage des Eigentums an den photographischen Platten grundsätzlich unberührt. Hieran wird auch nichts geändert durch den Umstand, daß diese Photographien anscheinend mit Wissen des Beklagten zu besonderen Zwecken des Klägers hergestellt waren, der die Photographien an Stelle der photographierten Modelle im Rahmen seiner künstlerischen Berufstätigkeit verwenden wollte. Denn diese Verwendungsmöglichkeit der Photographien war und ist ganz unabhängig von dem Besitz und Eigentum an den Platten. Wollte aber der Kläger neue Abzüge von den Platten haben, so hatte diese nach dem eigenen Vorbringen des Klägers der Beklagte zu machen, und zwar, wie weiter den Angaben des Klägers zu entnehmen ist, gegen Entgelt. Dies alles gibt keinerlei Anhaltspunkt dafür, daß die Platten, die auch nach der Darstellung des Klägers in der Verwahrung des Beklagten verbleiben und von ihm zur Herstellung neuer Abzüge benutzt werden sollten, Eigentum des Klägers geworden sind. Vielmehr weist alles darauf hin, daß in dieser Beziehung die Sache hier nicht anders liegt als im Regelfalle, wo der Berufsphotograph die Platten der bei ihm bestellten Bilder als sein Eigentum behält und aufbewahrt, um davon bei etwaiger künftiger Bestellung neue Abzüge gegen Entgelt zu liefern.

... Allerdings hat auch hier der Kläger kraft seines Urheberrechts das Recht zur Verwertung der in den Modellen verkörperten künstlerischen Gedanken. Infolgedessen darf der Beklagte gegen seinen Willen keine Abzüge von den streitigen Platten machen. Anderseits steht das Recht zur Verwertung der Platten selbst dem Beklagten insofern zu, als der Kläger, wenn er Abzüge davon haben will, diese durch den Beklagten gegen Entgelt anfertigen lassen muß. Es kommt hinzu, daß die Platten im Geschäftsbetriebe des Beklagten durch seine Arbeitsleistung, aus seinen Stoffen und auf seine Kosten hergestellt sind. Danach ist hier eine für das streitige Eigentumsrecht wesentliche Abweichung von dem normalen Verhältnis des Berufsphotographen zu den von ihm gewerbsmäßig angefertigten Platten nicht ersichtlich.

Nach dem Tatbestande des Berufungsurteils hat der Kläger seine Klagansprüche unter anderm auch damit begründet, daß er das Verhältnis der Parteien in folgender Weise geschildert hat. Der Beklagte habe auf Bestellung des Klägers in den Jahren 1898 bis 1916 von sämtlichen bildhauerischen Arbeiten des Klägers photographische Aufnahmen gemacht, wodurch etwa 400 photographische Platten entstanden seien. Diese Platten habe der Beklagte aufbewahrt und davon für den Kläger wiederholt gegen Entgelt Abzüge gemacht. Es entspreche der dem Beklagten von vornherein bekanntgewesenen Sachlage, daß die Modelle, nach denen die photographischen Platten hergestellt seien, vernichtet würden, während die Abzüge zu künstlerischen und geschäftlichen Zwecken ge- und verbraucht, außerdem aber auch im Laufe der Zeit durch Verbleichen entwertet würden. Die Modelle seien nur teilweise als Plastiken ausgeführt worden und die ausgeführten Werke seien so angebracht oder aufgestellt und an so verschiedenen Orten zerstreut, daß sie entweder überhaupt nicht oder nur mit großen Opfern an Zeit, Mühe und Kosten im Lichtbild aufs neue aufgenommen werden könnten. Die photographischen Platten seien daher das allein in Betracht kommende Mittel, um die künstlerischen Arbeiten des Klägers wiederzugeben. Andrerseits seien derartige photographische Abzüge immer wieder erforderlich, um dem Kläger bei seiner Berufstätigkeit die nötigen Unterlagen zu geben. Der Beklagte habe aber nicht nur einen Teil der in seinem Besitze befindlichen Platten schuldhaft beschädigt oder vernichtet, sondern sich auch des Rechts berühmt, die ganzen Platten beliebig zu vernichten.

Das Berufungsgericht hat zu dem auf dieser Sachdarstellung beruhenden Teil der Klagbegründung keine Stellung genommen. . . . Ist aber das Verhältnis der Parteien zueinander derart gewesen, wie es nach obigem der Kläger dargestellt hat, so erfordern die Grundsätze von Treu und Glauben im Verkehr, daß der Beklagte — und zwar trotz seines etwaigen Eigentums an den Platten — den ihm von vornherein bekannten und erkennbaren berechtigten Interessen des Klägers an einer sorgfältigen Aufbewahrung der Platten und der beliebigen Möglichkeit der Herstellung künftiger Abzüge gebührend Rechnung trug. Dieser Vertragspflicht hat der Beklagte nicht genügt, wenn er einen Teil der Platten schuldhaft beschädigt oder vernichtet haben sollte. Insoweit wären gegebenenfalls die Ansprüche des Klägers auf Schadensersatz begründet. Es kann aber auch die Sache so liegen, daß aus dem Gesamtverhalten des Beklagten, zumal wenn er ein Recht zum willkürlichen Vernichten der Platten in Anspruch genommen und mit seiner Durchführung gedroht haben sollte, eine solche Verkennung der ihm dem Kläger gegenüber obliegenden Vertragspflichten zu entnehmen ist, daß diesem das von seinem Klaganspruch auf Herausgabe mitumfaßte Recht zuzubilligen ist, für die Dauer des Vertragsverhältnisses der Parteien dem Beklagten den Besitz der Platten zu entziehen zu anderweitiger sachgemäßer und den geschilderten Vertragszwecken dienlicher Aufbewahrung, sei es bei einem Dritten, sei es unter Umständen auch beim Kläger selbst. Die Entscheidung über die maßgeblichen tatsächlichen Unterlagen muß dem Tatrichter vorbehalten bleiben.

**RGZ. 108, 62**

**1. Eigenartige selbständige Schöpfung als Voraussetzung für die Entstehung des Urheberrechts an einem Schriftwerke, im Gegensatz zur bloßen Gehilfentätigkeit.**

**2. Zum Begriff „Schriftwerk".**

**3. Ist das Vervielfältigungsrecht eine wesentliche Voraussetzung für die Entstehung eines Verlagsrechts?**

I. Zivilsenat. Urt. v. 30. Januar 1924.

I. Landgericht Halle. II. Oberlandesgericht Naumburg.

Die Klägerin hat mit dem Ph.-Verlag in B. den aus ihrem Bestellschreiben vom 5. Dezember 1911 ersichtlichen Vertrag über den Alleinvertrieb der vom Ph.-Verlag herzustellenden „Wanderkarte der Umgebung von Halle a. S." geschlossen. Ferner hat sie durch Vertrag vom 3. April 1907 das Recht zum Alleinvertrieb des vom Ph.-Verlag herausgegebenen „Pharusplans Halle a. S." erworben. Diesem Plan sind 16 Seiten „wissenswerte Angaben für Einheimische und Fremde" vorgeheftet worden, welche Angaben über das Verkehrswesen, die Post- und Telegraphenämter, Polizeibüros, Hotels, Restaurants, Cafés und Konditoreien, Theater, Konzerte und Vergnügungen, Museen und Sammlungen, Sehenswürdigkeiten, öffentliche Gebäude, Anstalten, Behörden und Denkmäler, Kirchen und Kapellen, Schulen und Unterrichtsanstalten sowie ein Verzeichnis der Straßen, Plätze und Brücken enthalten. Sowohl an der Wanderkarte als auch an den „wissenswerten Angaben" zum Stadtplan nimmt die Klägerin ein gegen Dritte wirkendes Verlagsrecht wie ein Urheberrecht für sich in Anspruch. Das Verlagsrecht stützt sie auf die Verträge vom 5. Dezember 1911 und 3. April 1907. Zur Begründung ihres Urheberrechts führt sie aus, daß ihr Mitgesellschafter W., der ihr seine urheberrechtlichen Ansprüche abgetreten habe, in die vom Ph.-Verlag zunächst angefertigten Schwarzabzüge der Wanderkarte die Wanderwege mit roter Farbe eingetragen und für den Stadtplan die „wissenswerten Angaben" selbständig bearbeitet und fertiggestellt habe. Ihre vermeintlichen Urheber- und Verlagsrechte glaubt sie durch die Beklagte verletzt, die auf Grund eines Vertrags mit dem Ph.-Verlag die zweiten Auflagen sowohl der Wanderkarte, die wiederum die rot eingezeichneten Wanderwege enthält, wie des Stadtplans, dem die „wissenswerten Angaben" mit geringfügigen Abänderungen beigefügt sind, selbständig vertreibt. Sie hat deshalb beantragt, der Beklagten unter Strafandrohung die weitere Vervielfältigung und Verbreitung der Wanderkarte und der dem Stadtplan vorgehefteten 16 Druckseiten „wissenswerte Angaben" zu verbieten. Die Beklagte hat die Abweisung der Klage beantragt und bestritten, daß die Klägerin oder ihr Mitgesellschafter W. irgendein Urheber- oder Verlagsrecht an der Wanderkarte oder den „wissenswerten Angaben" erworben habe.

Das Landgericht wies die Klage ab. Die Berufung der Klägerin wurde vom Oberlandesgericht zurückgewiesen. Auch die Revision hatte keinen Erfolg.

Gründe:

Das Berufungsgericht hat das Urheberrecht an der Wanderkarte allein dem Ph.-Verlag zugesprochen und in der Mitwirkung W.'s eine selbständige schöpferische Tätigkeit nicht erblickt. Die Einzeichnung der Wanderwege in die im übrigen vom Ph.-Verlag fertiggestellte Karte sei — so führte der Vorderrichter weiter aus — auf eine Anregung des Ph.-Verlags zurückzuführen und keinesfalls von einer solchen selbständigen geistigen Bedeutung, daß daraus ein Urheberrecht oder Miturheberrecht des W. an der Karte hätte erwachsen können. Auch wenn W. nicht, wie die Beklagte behaupte, die für die Kennzeichnung der Wanderwege erforderlichen Unterlagen von einem Dritten erhalten habe, so sei er, da er nur dem Gedanken des Ph.-Verlags durch Angabe ihm bekannter Dinge zur Ausführung verholfen habe, lediglich als Gehilfe tätig geworden.

Diese Ausführungen sind rechtlich nicht zu beanstanden. Als Gehilfe des Urhebers ist derjenige anzusehen, der sich auf die Ausführung fremder Gedanken beschränkt, die Geistesarbeit eines anderen unterstützt und eine eigene schöpferische Tätigkeit nicht entwickelt (Allfeld Ges. betr. das Urheberrecht an Schriftwerken § 6 Anm. 2 S. 77). Ein solcher Gehilfe erwirbt weder ein eigenes Urheberrecht noch ein Miturheberrecht, da seiner Leistung das für schutzfähige Schriftwerke erforderliche Merkmal einer eigenartigen, selbständigen Schöpfung fehlt. Wie das Berufungsgericht festgestellt hat, hat sich W.'s Mitwirkung an der Karte darauf beschränkt, daß er in dem vom Ph.-Verlag nach dessen selbständigen Gedanken hergestellten Kartenblatt die Wanderwege durch Anlegung in roter Farbe ersichtlich gemacht hat. Es handelt sich hierbei um eine Tätigkeit von so untergeordneter Bedeutung, daß es nicht als rechtsirrtümlich bezeichnet werden kann, wenn sie vom Berufungsgericht nicht als selbständige schöpferische Leistung, sondern nur als unselbständige Gehilfentätigkeit bewertet wird. Deshalb ist für W., von dessen Rechtserwerb die Klägerin allein ihre Ansprüche herleitet, weder ein besonderes Urheberrecht nach § 1 Nr. 3 LitUG., noch ein Miturheberrecht im Sinne des § 6 LitUG. noch, wie die Revision ferner zur Erwägung gestellt hat, eine Rechtsgemeinschaft mit den übrigen Beteiligten im Sinne der §§ 741 flg. BGB. entstanden ....

An den „wissenswerten Angaben" für den Stadtplan von Halle hat der Berufungsrichter der Klägerin und ihrem Mitgesellschafter W. ein Urheberrecht abgesprochen, weil jene Angaben, die nur in Verbindung mit dem im geistigen Eigentum des Ph.-Verlags stehenden Stadtplan erschienen seien, nicht den Erfordernissen einer selbständigen geistigen Schöpfung genügten und daher den Begriff eines Schriftwerks im Sinne von § 1 Nr. 1 LitUG. nicht erfüllten. Das Schema der Anordnung sei, wie ein Blick in die Pläne von Dresden und Magdeburg zeige, geistiges Eigentum des Ph.-Verlags gewesen. W. habe dazu nur eine Zusammenstellung bekannter Tatsachen geliefert, ohne dabei eine geistige Tätigkeit von einiger Bedeutung zu entwickeln. Demgegenüber macht die Revision geltend, daß der Vorderrichter den Begriff „Schriftwerk" verkannt habe. Im Schrifttum und in der Rechtsprechung sei ein Urheberrecht an Tabellen, Katalogen, Inhaltsverzeichnissen, Reisebüchern usw. anerkannt worden, und es könne auf sich beruhen, welches Maß von geistiger Tätigkeit W. entwickelt und welche Quellen er für seine Arbeit benutzt habe; jedenfalls habe er seine besondere Sachkunde für einen bestimmten Zweck unter selbständiger, dem Zweck angepaßter Formgebung aufgewendet.

Der Angriff der Revision kann jedoch nicht für begründet erachtet werden. Wie das Reichsgericht in zahlreichen Entscheidungen ausgesprochen hat, ist als „Schriftwerk" im Sinne des § 1 Nr. 1 LitUG. ein Erzeugnis geistiger Tätigkeit des Urhebers zu verstehen, wobei an das Maß der geistigen Tätigkeit keine besonders hohen Anforderungen zu stellen sind. Die schaffende Tätigkeit kann sich auch in einer bloßen Formgebung, in der Sammlung, Einteilung, Anordnung des vorhandenen Stoffs äußern. Auszuscheiden ist aber alles rein Schablonenmäßige, jede rein mechanisch angefertigte Niederschrift, die eine individuelle geistige Tätigkeit des Verfassers nicht erkennen läßt. Dazu sind beispielsweise für gewöhnlich Preisverzeichnisse, Theaterzettel und Kataloge zu rechnen (RGZ. Bd. 81 S. 122; RGSt. Bd. 39 S. 100, 282, Bd. 41 S. 402). Mit diesen Grundsätzen steht es im Einklang, wenn das Berufungsgericht im vorliegenden Falle die „wissenwerten Angaben" nicht zu den Schriftwerken rechnet. Da dem Verfasser, wie das Berufungsgericht feststellt, für die äußere Form der Anordnung und die stoffliche Zusammenstellung bereits die zu den Pharusplänen von Dresden und Magdeburg angefertigten gleichartigen Uebersichten als Muster vorlagen, so beschränkte sich W.'s geistige Tätigkeit im wesentlichen darauf, daß er die vorgesehenen Einzelabschnitte durch Eintragung der auf die Stadt Halle zutreffenden Angaben ausfüllte. Hierbei handelt es sich um tatsächliche Angaben, wie sie aus amtlichen Kundgebungen, Adreßbüchern und anderem allgemein zugänglichen Quellenmaterial unschwer übernommen werden konnten. Eine individuelle geistige Tätigkeit, durch die seine Arbeit ein äußerlich hervortretendes besonderes Gepräge gegenüber anderen derartigen Aufstellungen erhielt, trat dabei nicht zutage. Das gilt auch, wie beide Vorderrichter zutreffend ausführen, für die geringfügigen zusätzlichen Bemerkungen im Abschnitt „Sehenswürdigkeiten". Was aber in wesentlich gleicher Art von jedem anderen Bearbeiter des gleichen Stoffs zusammengestellt worden wäre und sich gewissermaßen aus dem Stoff selbst ergibt, kann nicht als individuelle Geistesarbeit eines einzelnen geschützt werden. Dem Wesen des Urheberrechts, das nur eigenartigen selbständigen Schriftwerken Schutz gewähren will (RGZ. Bd. 85 S. 251), widerspricht es, schriftliche Aufzeichnungen, die eine eigentümliche Schaffensarbeit des Verfassers nicht erkennen lassen, zum Gegenstande schutzfähigen geistigen Eigentums zu machen. Deshalb erscheint es nicht rechtsirrtümlich, wenn das Berufungsgericht den „wissenswerten Angaben" wegen Mangels selbständiger geistiger Tätigkeit des Verfassers die Schutzfähigkeit versagt.

Rechtlich einwandfrei ist auch die Ansicht des Vorderrichters, daß die Klägerin weder an der Wanderkarte noch an den „wissenswerten Angaben" ein Verlagsrecht erworben habe. Nach den Feststellungen des Berufungsgerichts fehlt es an jedem Anhalt dafür, daß der Ph.-Verlag der Klägerin das Recht zur Vervielfältigung der Wanderkarte übertragen hat. Das Vervielfältigungsrecht gehört aber zu den wesentlichen Erfordernissen eines Verlagsvertrags (VerlG. § 1). Das gleiche gilt von den „wissenswerten Angaben" zum Stadtplan, wenn man annehmen wollte, daß der Ph.-Verlag, der das Schema für die Angaben aufgestellt hat, ein Urheberrecht daran erworben hat. Durch W. aber konnte der Klägerin ein Verlagsrecht an den „wissenswerten Angaben" nicht eingeräumt werden, da ihm an diesen, wie oben ausgeführt worden ist, ein Urheberrecht nicht zusteht. . . .

## RGZ. 110, 275

**Ist der Verfasser (schlechthin oder unter gewissen Voraussetzungen) zum Rücktritte vom Verlagsvertrage berechtigt, wenn der Verleger einseitig den Ladenpreis erhöht?**

VerlG. §§ 21, 23, 30, 32. BGB. § 326.

I. Zivilsenat. Urt. v. 16. März 1925.

I. Landgericht Weimar. II. Oberlandesgericht Jena.

Unter dem 26. bis 27. Juli 1901 schlossen die Parteien über ein vom Kläger zu verfassendes Repetitorium der Haut- und Geschlechtskrankheiten einen Verlagsvertrag, wonach der Beklagte das Verlagsrecht für alle Auflagen erhielt und die Vergütung des Klägers nach der Zahl der Druckbogen berechnet werden sollte. Das Buch erlebte weitere Auflagen; im Mai 1922 erschien die zwölfte (6000 Stück). Für diese vereinbarten die Parteien, daß der Kläger 15 % des Ladenpreises für das geheftete Buch erhalten sollte. Der Beklagte setzte am 6. Mai 1922 den Ladenpreis auf 20 M fest und überwies gleichzeitig dem Kläger 18 000 M als Vergütung für die ganze Auflage. Ende September 1922 ging der Beklagte, wie die meisten Verleger, zur Preisbestimmung nach Grund- und Schlüsselzahl über. Er setzte die Grundzahlen für das Werk — wie hoch im Anfang, ist streitig — fest, ohne den Kläger zu fragen. Etwa Ende Januar 1923 betrug die Grundzahl für das geheftete Stück 1,80 M, für das gebundene 3,— M. In einem Schriftwechsel, der im November 1922 begann und teils von den Parteien selbst, teils von ihren Rechtsanwälten geführt wurde, machte der Kläger geltend, daß in der vom Beklagten vorgenommenen Regelung eine Erhöhung des Ladenpreises liege, und beanspruchte die Zahlung einer weiteren Vergütung. Als keine Einigung zustande kam, erklärte der Kläger unterm 12. Juli 1923, daß er vom Verlagsvertrag zurücktrete. Mit der im September 1923 erhobenen Klage verlangte er 1. die Feststellung, daß er an den Vertrag nicht mehr gebunden sei, und 2. Verurteilung des Beklagten zur Unterlassung weiteren Vertriebs des Werkes. Der Beklagte beantragte Klagabweisung.

Das Landgericht erkannte nach dem Klagantrage. Auf Berufung des Beklagten wies das Oberlandesgericht die Klage ab. Die Revision des Klägers blieb ohne Erfolg.

Gründe:

Der Klagantrag auf Feststellung und Unterlassung gründet sich darauf, daß der Verlagsvertrag durch gesetzlich gerechtfertigten Rücktritt des Klägers aufgelöst worden sei. Als Grund zu seiner unterm 12. Juli 1923 abgegebenen, im Rechtsstreit dann mit Berufung auf die §§ 32, 30 des VerlG. vom 19. Juni 1901 wiederholten Rücktrittserklärung bezeichnet der Kläger, daß der Beklagte bei der Verbreitung des ihm in Verlag gegebenen Werkes nicht vertragsmäßig verfahren sei. Vertragswidrig habe er gehandelt, indem er 1. den Ladenpreis (dem § 21 Satz 3 des Verlagsgesetzes zuwider) ohne Zustimmung des Verfassers erhöht habe, 2. vom Juni 1922 ab das Buch nur gebunden in den Handel gebracht, den Preis dafür unverhältnismäßig viel höher als für das geheftete Stück berechnet, auf diese Weise sich selber einen versteckten Gewinn verschafft, den Kläger aber, dessen Vergütung nach dem gehefteten Buche berechnet worden sei, an seinem Anspruch verkürzt habe, 3. die Ausgleichsverhandlungen wegen Zahlung einer weiteren Vergütung nicht im Einklang mit Treu und Glauben geführt, namentlich dabei nicht mitgeteilt habe, daß er das Buch nur gebunden verkaufe.

1. Es wird ausgeführt, daß auf den Vertrag nach dem Willen der Beteiligten das VerlG. anzuwenden ist, obwohl er vor dessen Inkrafttreten geschlossen wurde.

2. Das Berufungsgericht kommt nach rechtlich bedenkenfreier Darlegung der geschäftlichen Umstände, welche mit der Geldentwertung für den Absatz des Buches wie für den Buchhandel überhaupt eintraten, zu dem Ergebnis: Der Beklagte habe durch Bestimmung des Preises nach Grund- und Schlüsselzahl allerdings, in jedem Fall seit dem März 1923, eine wesentliche und dauernde Erhöhung des Ladenpreises vorgenommen, die nach gesetzlicher Vorschrift (§ 21 Satz 3 VerlG.) stets der Zustimmung des Verfassers bedürfe. Zur neuen Festsetzung der Grundzahlen hätte er also dessen Einverständnis nachsuchen müssen. Dadurch, daß er sie festgesetzt habe, ohne den Kläger zu fragen, habe er gegen den § 21 VerlG. verstoßen. Unter den näher geschilderten und rechtlich fehlerfrei gewürdigten Umständen des vorliegenden Falles gewinnt das angefochtene Urteil jedoch die Ueberzeugung, daß der Verstoß des Beklagten nur unerheblich, mithin der deswegen erklärte Rücktritt des Klägers ungerechtfertigt sei (§ 32 verb. mit § 30 Abs. 3 VerlG.).

a) Der Kläger habe, so führt das Urteil aus, die einseitige Erhöhung des Ladenpreises durch den Verleger als eine Verletzung seiner Rechte nur im Hinblick auf seinen Vergütungsanspruch empfunden, aber nicht nachgewiesen, daß er in seinen Ansprüchen geschädigt worden sei.

Durch die Auszahlung der 18 000 M am 6. Mai 1922 habe er den Wert von rund 62 Dollar erhalten, während er, monatlich nach dem jeweiligen Absatz bezahlt, bis zum November 1923 einschließlich (wo er auf das Urteil des Landgerichts hin den Vertrieb einstellte) etwa 48½ Dollar bekommen hätte. Das Oberlandesgericht verkennt nicht, daß bei Vergleichung mehrerer Zahlungen, die zu verschiedener Zeit unter wirtschaftlich verschiedenen, zumal durch schwankende oder verfallende Währung gekennzeichneten Umständen, geleistet wurden, gewisse Ungenauigkeiten unterlaufen; daß weder der Dollarstand, noch die etwa verwendbaren Richtzahlen in Grundlage und Ergebnis zuverlässig und völlig frei von Willkür und Fehlern sind. Aber es gelangt, alles dies erwägend, aus eingehend erörterten Gründen, die großenteils in Tatsachenwürdigung und freier Schätzung bestehen (§§ 286, 287 ZPO.) zu der Ueberzeugung: der Kläger habe schon am 6. Mai 1922 mehr erhalten, als ihm nach der von ihm selbst vorgeschlagenen Zahlungsweise (je nach dem Absatz bis zur Zeit des oberlandesgerichtlichen Urteils) zugeflossen wäre. . . .

Die Rechtsansicht des Berufungsgerichts, daß der Kläger in seinen Ansprüchen nicht geschädigt worden sei, findet schon im Gesetz, von dem die vorgetragenen Vereinbarungen nicht abweichen, ausreichende Begründung. Nach ihm ist die Vergütung bei der Ablieferung des Werkes zu entrichten (VerlG. § 23 Satz 1). Als die 12. Auflage des

Buches fertig vorlag, übermittelte der Beklagte dem Kläger als Entgelt, der Abmachung entsprechend, 15 % des damals auf je 20 M bestimmten Ladenpreises der 6000 Stück, also 18 000 M. Damit war der Kläger vorerst vertragsmäßig abgefunden. Um etwaige Nachforderungen, die aus nachträglicher Erhöhung des Ladenpreises entstanden wären, handelt es sich hier nicht, weil der Kläger keinen Anspruch auf Mehrvergütung geltend macht, sondern Folgen aus seinem Rücktritt vom Vertrag gezogen wissen will. Deshalb geht es auch fehl, wenn der Kläger ausführt, der Beklagte hätte sich bei den im Rechtsstreit von ihm gegebenen Uebersichten der monatlichen Verkaufspreise (nach Grundzahl und Schlüsselzahl) und der daraus zu berechnenden Vergütung nicht auf bloße Durchschnittsangaben beschränken dürfen, sondern eine genaue Abrechnung nach den wirklich erzielten Preisen bieten müssen.

Die Einwendungen der Revision wider die Gründe des Berufungsgerichts weisen nirgends einen rechtlichen Fehler nach. (Wird ausgeführt.) Gelangt das Berufungsgericht — indem es nach einem rechtlich fehlerfreien Maßstabe die dem Kläger gewährte Leistung mit dem Betrage vergleicht, den er bei Zahlung von 15 % Anteil am monatlichen Absatz empfinge, — zu dem Ergebnis, daß der Kläger keinen Schaden erlitten habe, so ist das nach allem dem nicht zu beanstanden. Die Einzelheiten der Schätzung gehören dem Bereiche der freien Tatsachenwürdigung an (§§ 286, 287 ZPO.), aus dem zur Zeit keine Revisionsrüge hergeleitet werden kann (VO. v. 15. Januar 1924, RGBl. I S. 29). Dies gilt auch von dem Streit der Parteien über die Grundzahl in der Zeit von September 1922 bis zum Januar 1923 und den daraus folgenden Unterschied für das rechnungsmäßige Ergebnis. Das angefochtene Urteil hat übrigens diesen Streitpunkt keineswegs, wie der Kläger meint, außer acht gelassen. (Wird ausgeführt.)

b) Die Revision führt jedoch weiterhin aus, daß der Kläger gesetzlichen Grund gehabt habe, vom Vertrag zurückzutreten, selbst wenn er an seinen Vergütungsansprüchen nicht nachweislich verkürzt sein sollte. In der Erhöhung des Ladenpreises ohne Zustimmung des Verfassers dürfe nie eine bloß unerhebliche Verfehlung des Verlegers gesehen werden. Dergleichen Auffassung widerspreche der Vorschrift des § 21 Satz 3 VerlG., wonach schlechthin Zustimmung des Verfassers geboten sei, gleichviel, ob ihn die Erhöhung des Ladenpreises schädige oder nicht. Eigenmächtige Erhöhung sei stets geeignet, eine — nicht notwendig in Schmälerung des Absatzes bestehende — Schädigung herbeizuführen. Immer liege deshalb in ihr eine erhebliche Verletzung des Verlagsvertrags, auf die sich der § 30 Abs. 3 VerlG. nicht entsprechend anwenden lasse. Hier, wo der Kläger 15 % vom Ladenpreis des gehefteten Buches habe beziehen sollen, sei durch eigenmächtige Erhöhung des Preises Unklarheit des Vergütungsanspruchs herbeigeführt worden; sie widerstreite dem Zweck des Gesetzes wie den Belangen des Verfassers und bedeute für diesen stets einen erheblichen Nachteil.

Umgekehrt wird für den Beklagten die Ansicht verfochten, daß einseitige Erhöhung des Ladenpreises durch den Verleger dem Verfasser keinen Rücktrittsgrund gebe, weil die Preisbestimmung nicht zur Vervielfältigung oder Verbreitung des Werkes gehöre, mithin die erforderliche Voraussetzung fehle, nach § 32 den § 30 VerlGes. entsprechend anzuwenden.

Diese Auslegung des § 32 VerlG. kann nicht gebilligt werden. Sie wird auch im Schrifttum nicht vertreten. Alle Erläuterungen des Gesetzes, die der Frage überhaupt gedenken, beantworten sie dahin, daß eigenmächtige Erhöhung des Ladenpreises durch den Verleger den Tatbestand des § 32 enthalten, also einen Rücktrittsgrund bieten könne. Denn unter Vervielfältigung und Verbreitung des Werkes wird mit Recht das gesamte Verhalten begriffen, welches diesem Zweck dient; dazu gehört die Preisbestimmung.

Nicht beizupflichten ist aber auch der Meinung des Klägers, daß einseitige Erhöhung des Ladenpreises durch den Verleger dem Verfasser schlechthin ein Rücktrittsrecht gebe, daß sie also stets unter die erheblichen Vertragsverletzungen zu zählen sei, wenn es bei ihr auf Erheblichkeit überhaupt ankomme.

Allerdings eignet dem Verlagsvertrag ein persönliches Vertrauensverhältnis. „Der Urheber vertraut dem Verleger sein Persönlichkeitsgut an, der Verleger traut dem inneren Wert und der äußeren Verwertbarkeit der fremden geistigen Schöpfung. Für den Urheber hängt von der Persönlichkeit des Verlegers, von dessen Tätigkeit, Ruf und Gewissenhaftigkeit, für den Verleger von der Persönlichkeit des Urhebers, von dessen Befähigung, Namen und Kraftanspannung in erheblichem Umfang die Erreichung des beabsichtigten Erfolges ab. Es handelt sich zuletzt auf beiden Seiten um eine Fülle nicht erzwingbarer Verpflichtungen, die in einer gegenseitigen Treupflicht zusammenlaufen" (v. Gierke, Deutsches Privatrecht III S. 751; Kohler, UrheberR. [1907] S. 310; de Boor, Urheberrecht und Verlagsrecht [1917] S. 273 flg.). Wird das Vertrauen erschüttert, so kann dadurch eine erhebliche Gefährdung des Vertragszwecks und eine grobe Verletzung vertraglicher Pflichten gegeben sein (RG. I 339/20 v. 20. April 1921). Erschütterung oder Verlust des Vertrauens darf aber nicht von Irrtum oder gar Willkür abhängen; es muß eine vernünftige, den Grundsätzen von Treu und Glauben im Verkehr und dem Wesen und Zweck des besonderen Vertrags entsprechende Ursache vorliegen. In eigenmächtiger Erhöhung des Ladenpreises kann nicht, wie die Revision will, schlechthin und allgemein, ohne Rücksicht auf Anlaß, Umstände und Maß der Erhöhung, ein Grund zur Erschütterung des Vertrauens und eine solche Verletzung des Vertrags gefunden werden, die den Verfasser erheblich benachteiligt.

Die vom Kläger vertretene Auslegung hat die Stimmen des Schrifttums gegen sich. (So z. B. Kohler S. 298 § 50 a. E.; Allfeld Anm. 3 b zu § 32 verb. m. Anm. 3 e zu § 30; Daude zu § 32 S. 173 Abs. 4; Mittelstaedt und Hillig VerlagsR. S. 115 Bem. 3 verb. m. S. 114 Bem. 1.) Aus dem im § 32 enthaltenen Gebot entsprechender Anwendung ergibt sich, daß grundsätzlich in jedem Fall geprüft werden muß, ob der Verstoß des Verlegers gegen den Vertrag dem Verfasser einen erheblichen Nachteil bringt. Nur wenn das zu bejahen ist, kann der Verfasser vom Vertrag zurückzutreten.

Nicht zu billigen ist allerdings die Auffassung des Oberlandesgerichts, daß dem Verfasser ein Rücktrittsrecht nur einzuräumen sei, wenn ein besonders wichtiger Grund für die Aufhebung des Vertrags, namentlich eine schwere Verletzung der dem Verleger obliegenden Pflichten gegeben sei. Mit solcher Auslegung würde im Ergebnis eine wesentlich verschiedene Behandlung des Verfassers und des Verlegers herbeigeführt: Für den Verleger wäre der Rücktritt wegen nicht rechtzeitiger Ablieferung bloß dann ausgeschlossen, wenn das Unterbleiben rechtzeitiger Ablieferung für ihn einen unerheblichen Nachteil mit sich brächte (§ 30 Abs. 3 VerlG.). Der Verfasser dagegen dürfte bei vertragswidrigem Verhalten des Verlegers in Vervielfältigung oder Verbreitung des Werkes schon dann nicht zurücktreten, wenn die Verfehlung des Gegners keine schwere, der ihm zur Seite stehende Grund kein besonders wichtiger wäre. Das entspräche weder dem Wortsinn noch dem Zweck des Gesetzes und würde dem Wesen des Verlagsvertrags nicht gerecht.

Obwohl diese Rechtsansicht des Berufungsgerichts abgelehnt werden muß, legen seine Ausführungen doch schlüssig dar, daß der Beklagte durch die in eigenmächtiger Preisbestimmung enthaltene Vertragsverletzung dem Kläger weder in geldlicher noch in sittlicher Hinsicht einen erheblichen Nachteil zugefügt hat. Wie bereits erwähnt, hat nach den Feststellungen des Berufungsgerichts der Kläger durch die vom Beklagten einseitig vorgenommene Ladenpreiserhöhung keine Verkürzung an Vergütungsansprüchen, also überhaupt keinen Vermögensnachteil erlitten; denn daß ein Schaden am Absatz des Buches oder sonst in geldlicher Beziehung eingetreten sei, ist nicht behauptet und wird vom Berufungsgericht obendrein ausdrücklich als nicht zutreffend bezeichnet. . . .

c) Ebensowenig wie hiernach das Berufungsgericht bei der Beurteilung der einseitigen Ladenpreiserhöhung gegen die §§ 21, 32, 30 des Verlagsgesetzes verstoßen hat, liegt eine Verletzung des § 326 BGB. vor. Zutreffend führt das angefochtene Urteil aus, daß die im § 326 BGB. verordneten Bechtsfolgen nur bei Verletzung einer Hauptverpflichtung, nicht beim Verstoß gegen bloße Nebenpflichten, einzutreten haben. Ohne Rechtsirtum würdigt es das Verhalten des Beklagten dahin, daß er eine solche Pflichtverletzung, eine schuldhafte „positive Vertragsverletzung" nicht begangen habe. — Die Ausführung der Revision, daß überhaupt nur der § 326 BGB. Anwendung finde, weil der Verleger in Verzug gekommen sei und für den § 30 Abs. 3 VerlG. kein Raum bleibe, geht fehl. Das Berufungsgericht entnimmt, ohne Verstoß gegen Rechtsgrundsätze, dem Gesamtinhalt des Klagvortrags in Verbindung mit dem Schriftwechsel, daß der Kläger die Ladenpreiserhöhung durch den Beklagten als Verletzung seiner Rechte nur im Hinblick auf seinen Vergütungsanspruch empfunden habe. An ihm aber ist er nach der bereits vorhin erwähnten rechtsirrtumsfreien Feststellung des Berufungsgerichts nicht verkürzt; ein Anspruch auf Vergütung, mit dessen Erfüllung der Beklagte in Verzug gekommen wäre, besteht nicht. Und abzulehnen ist die schon in anderem Zusammenhang als unhaltbar dargelegte Ansicht, daß dem Kläger lediglich wegen der einseitigen Erhöhung des Ladenpreises nichts mehr an der weiteren Erfüllung des Verlagsvertrags durch den Beklagten gelegen sei.

3. Zu der Frage nach dem Preisunterschied des gehefteten und des gebundenen Buches nebst den daraus zu ziehenden Folgerungen bemerkt das Berufungsgericht mit Recht: es sei gleichgültig, ob überhaupt geheftete Stücke abgesetzt seien, wenn der Preisunterschied zwischen gebundenen und gehefteten nur Auslagen für Stoff, Buchbinderarbeit und Kapitalzins umfasse; denn die Berechnung der Vergütung nach dem gehefteten Buch sei dann, sofern keine besondere abweichende Vereinbarung dargetan werde, die richtige und schädige den Verfasser nicht. Es erörtert sodann eingehend die Angaben der Parteien und erachtet in freier richterlicher Beweiswürdigung die Ausführungen des Beklagten, wonach an dem gebundenen Buche kein besonderer Verlegerverdienst gegenüber dem gehefteten vorhanden sei, für glaubhaft. . . . Daß der Vorderrichter mit dieser Würdigung den in der Revisionsbegründung besonders hervorgehobenen § 138 Abs. 2 ZPO. verletzt habe, ist nicht ersichtlich. War es danach gleichgültig für die Vergütung, ob und in welchem Umfang geheftete oder gebundene Bücher abgesetzt wurden, so kann der Kläger auch keinen rechtserheblichen Vorwurf daraus herleiten, daß der Beklagte ihm in den Auseinandersetzungsverhandlungen wegen der Vergütung nicht mitgeteilt hat, er verkaufe das Buch nur gebunden.

Inwiefern der Beklagte bei den Ausgleichsverhandlungen sonst noch gegen Treu und Glauben verstoßen haben sollte, ist nicht dargelegt und jedenfalls nicht Gegenstand besonderer Revisionsrüge.

RGZ. 110, 393

**1. Hat der Angestellte an den von ihm im Dienste seines Arbeitgebers hergestellten Kunstwerken ein Urheberrecht?**

**2. Zum Recht des Angestellten, an diesen Kunstwerken seinen Namen anzubringen.**

Gesetz, betreffend das Urheberrecht an Werken der bildenden Künste und der Photographie, vom 9. Januar 1907 §§ 1, 13.

Gesetz gegen den unlauteren Wettbewerb vom 7. Juni 1909 § 1.

I. Zivilsenat. Urt. v. 8. April 1925.

I. Landgericht I Berlin. II. Kammergericht daselbst.

Der Beklagte G. war vom 15. Februar 1919 bis zum 31. März 1921 leitender Architekt bei der Klägerin, die für Wohnungen und Gaststätten künstlerische Innenausstattungen herstellt. Darüber, wem das Urheberrecht an dem von G. herzustellenden Innenausstattungen zustehen solle, enthielt der durch Briefwechsel zustande gekommene Anstellungsvertrag nichts. Als Angestellter der Klägerin hat er für diese die Inneneinrichtung des Weinrestaurants „Riviera" und der Lokale „Alt-Holland" sowie „Kurfürstendamm-Kasino" hergestellt. Nach Aufgabe seiner Stellung bei der Klägerin ließ er in der „Riviera" in großer Schrift die Bemerkung anbringen „Gesamtentwurf Otto G., K... straße 27", und der Zweitbeklagte machte in seinem Auftrage von den Innenräumen dieses Restaurants für ihn photograpische Aufnahmen.

Die Klägerin nimmt für sich das Urheberrecht an den von G. als ihrem damaligen Angestellten hergestellten Raumkunstwerken in Anspruch und verlangt daher von beiden Beklagten Unterlassung der Vervielfältigung der Einrichtung des Lokals „Riviera" und anderer von ihr unter Mitwirkung des Beklagten G. eingerichteter Raumausstattungen, insbesondere im Wege der Photographie oder Nachbildung der Einrichtungen, ferner Vernichtung der hergestellten Photographien, Platten und Abzüge. Sie fordert außerdem vom Beklagten G. Beseitigung der bezeichneten Inschrift und Unterlassung gleichartiger Inschriften für die Zukunft in den von ihr eingerichteten Räumen. Die Beklagten behaupten, daß das Urheberrecht an den Raumausstattungen dem Erstbeklagten zustehe.

Das Landgericht wies die Klage ab, das Kammergericht gab ihr statt. Die Revision der Beklagten führte zur Aufhebung und Zurückverweisung.

Gründe:

Das Berufungsgericht geht mit dem ersten Richter davon aus, daß die hier in Betracht kommenden Einrichtungen als kunstgewerbliche Erzeugnisse urheberrechtlich nach Maßgabe des Kunstschutzgesetzes vom 9. Januar 1907 geschützt sind und daß dieser Schutz auch dem Angestellten, der ihr Urheber ist, gebührt. Der Vorderrichter gelangt aber zur Verurteilung, weil er aus dem Anstellungsvertrag eine stillschweigende Uebertragung des Urheberrechts auf die damalige Arbeitgeberin des Erstbeklagten, die Klägerin, entnehmen zu können glaubt. Er führt dazu aus: Ein solcher Uebergang des Urheberrechts vom Angestellten auf den Dienstherrn sei regelmäßig da anzunehmen, wo der Arbeitnehmer gerade zu dem Zwecke angestellt worden sei, um dem Dienstherrn künstlerische, insbesondere kunstgewerbliche Arbeiten zu liefern. Nach dem Anstellungsvertrage habe G. künstlerisch selbständig für die Klägerin zu arbeiten gehabt, und daraus sei zu folgern, daß in der Tat die Klägerin das Urheberrecht an den von G. ausgeführten Einrichtungen erworben habe.

1. Diesen Ausführungen ist in ihrem Ausgangspunkt beizustimmen. Wie auch im Schrifttum überwiegend angenommen wird (folgen Zitate), erwirbt im Bereiche des Kunstschutzgesetzes, das hier die Regelung des Geschmacksmustergesetzes vom 11. Januar 1876 (§ 2 das.) nicht übernommen hat, allgemein der Urheber des Kunstwerks das Urheberrecht, auch wenn er das Werk als Angestellter hergestellt hat. Diese Regel erleidet aber eine tiefgreifende Einschränkung dann, wenn und soweit der Anstellungsvertrag auf die Herstellung von solchen Kunstwerken und namentlich kunstgewerblichen Erzeugnissen zielt, deren geschäftliche Verwertung ohne den Besitz des Urheberrechts nicht möglich ist, auf deren Vervielfältigung also der Geschäftsbetrieb des Dienstherrn beruht. Es leuchtet ohne weiteres ein, daß z. B. ein Holzschneider oder ein Kupferstecher kein Urheberrecht an denjenigen Holzstöcken oder Platten erwerben kann, die er für seinen Dienstherrn bearbeitet hat, wenn dessen Unternehmen auf die Herstellung von Holzschnitten oder Kupferstichen gerichtet ist. In solchen Fällen ergibt der Vertragszweck ohne weiteres, daß das künftige Urheberrecht auf den Arbeitgeber übergehen soll.

Ganz verschieden davon ist indessen die Rechtslage, wenn es sich um einmalige Schöpfungen handelt, für die ihrer Art nach eine Vervielfältigung nicht in Betracht kommt. Hält man überhaupt daran fest, daß das künstlerische Urheberrecht zunächst immer in der Person des Urhebers entsteht, auch wenn er das Kunstwerk im Angestelltenverhältnis hergestellt hat, so würde es an jedem erkennbaren Grunde fehlen, auch in solchen Fällen die gleiche Absicht der Vertragschließenden aus dem Anstellungsvertrag entnehmen zu wollen.

Diese grundsätzliche Unterscheidung ist mit Recht von den Beklagten immer betont, aber vom Vorderrichter nicht gemacht worden. Schon deshalb kann das zweite Urteil nicht aufrechterhalten bleiben. Es war von den Beklagten behauptet worden und wird jetzt auch von der Revision geltend gemacht, daß es sich bei den hier in Rede stehenden Einrichtungen um kunstgewerbliche Werke der Raumkunst handle, die immer gerade nur den auszustattenden Räumlichkeiten und ihrer Zweckbestimmung nach den besonderen Absichten des Künstlers angepaßt gewesen seien, also um einmalige Ausstattungen, die in ihrer Art nicht wiederholt würden. Dies war nach dem Gesagten rechtlich erheblich. Eine Entscheidung in der Sache selbst ist für das Revisionsgericht nicht möglich, weil für die beiden jetzt vornehmlich betroffenen Raumausstattungen, „Alt-Holland" und „Kurfürstendamm-Kasino", der Vorderrichter das tatsächliche Vorbringen der Parteien noch nicht geprüft und zu dem neuen Vorbringen der Klägerin über die Gasträume der „Riviera" noch keine Stellung genommen hat. Es wird hierbei vor allem darauf ankommen, ob G., wie die Klägerin für die Räume in „Alt Holland" und im „Kurfürstendamm-Kasino" behauptet, „nach bekannten Mustern" gearbeitet hat oder ob, wie er es darstellt, die Raumeinrichtung und -Ausstattung seine „höchst-persönliche, künstlerisch individuelle" Schöpfung ist, für die eine Wiederholung als ausgeschlossen gelten muß. Das gleiche gilt für die Räume der ehemaligen „Riviera", falls hierüber noch Streit bestehen sollte. Würde freilich G. überhaupt nur für den Entwurf und die Einrichtung solcher Einzelausstattungen von der Klägerin angestellt worden sein, so würde schon dies genügen, um die Annahme eines stillschweigend vereinbarten Uebergangs des Urheberrechts an den von ihm für die Klägerin herzustellenden Werken auszuschließen, und allein entscheidend sein, ob es sich vorliegend um eigene Kunstschöpfungen G.s handelt, einerlei, ob sie eine Vervielfältigung gestatten oder nicht.

Im übrigen ist nach dem Vorbringen der Klägerin der Fall einer Miturheberschaft (§ 8 KunstUG.) nicht ausgeschlossen (zu vergleichen die spätere Erörterung zu 3).

2. Die Stellung des Zweitbeklagten ist vom Vorderrichter nicht erschöpfend geprüft worden. (Wird ausgeführt.)

3. Sollte die erneute Verhandlung zu dem Ergebnis führen, daß die Klägerin das Urheberrecht des Beklagten G. nicht erworben hat, so wäre damit noch nicht entschieden, ob ihm das Recht zustand, in den betreffenden Räumlichkeiten die Inschrift anzubringen „Gesamtentwurf Otto G., K . . . straße 27". Denn die Klägerin hatte behauptet, daß ihr Mitinhaber H. in näher beschriebener Weise künstlerischer Mitarbeiter G.s gewesen sei. Es käme dann ein Miturheberrecht der Klägerin in Frage und dieses Recht könnte verletzt sein, wenn der Beklagte G., wie dies in der früheren Gaststätte „Riviera' geschehen war, eine Tafel mit der Inschrift „Gesamtentwurf Otto G. usw." anbringen ließe.

Für das von der Klägerin in Anspruch genommene Untersagungsrecht ist aber noch eine weitere Rechtsgrundlage möglich, die im Wettbewerbsrecht wurzelt. In diesem Zusammenhang ist zunächst auf das Recht des Künstlers auf Anbringung seines Namens am Kunstwerk einzugehen. Ist er nicht durch einen Arbeitsvertrag gebunden, so bedarf dieses Recht nach der positiven Seite, im Gegensatz zum Untersagungsrecht des § 13 KunstUG., überhaupt keiner Erörterung, und er mag sich im Falle nachträglicher Anbringung seines Namens mit dem Erwerber des Kunstwerks auseinandersetzen. Anders, wenn der Künstler, wie hier, im Angestelltenverhältnis tätig war. Aber auch dann wird man ihm das Recht auf Anbringung seines Namens grundsätzlich zugestehen müssen. Diese Befugnis ist ein Ausfluß des Persönlichkeitsrechts, das zwar insoweit im Kunstschutzgesetz nicht besonders geregelt, aber in dieser Ausstrahlung durch die schon erwähnte Vorschrift des § 13 als an sich bestehend stillschweigend anerkannt worden ist, wenn es dort heißt, der Name oder Namenszug des Urhebers dürfe auf dem Werk von einem anderen als dem Urheber selbst nur mit dessen Einwilligung angebracht werden. Ob freilich dies Recht des Urhebers auch im vorliegenden Falle ausgeübt werden kann, erscheint nicht unzweifelhaft. Es handelt sich hier um die Ausstattung ganzer Räume. Das Kunstwerk besteht somit nicht in der Herstellung und Anbringung einzelner Gegenstände oder ihrer Summe, sondern in der Gesamtausstattung, die als solche, also in ihrer Gesamtwirkung, den ästhetischen Eindruck hervorbringen soll. Es ist vorerst nicht ersichtlich, wie dann auf dem Kunstwerk selbst der Name oder Namenszug des Urhebers angebracht werden könnte. Das wäre zunächst noch in tatsächlicher Beziehung zu erörtern, wobei gleichzeitig nicht außer Betracht bleiben darf, ob die Anbringung von Namen bei diesem Zweig des Kunstgewerbes überhaupt üblich ist. Keinesfalls fällt die Angabe der Wohnung des Urhebers unter das Namensrecht.

Allein dieses Namensrecht des Urhebers muß da seine Grenze finden, wo seine Geltendmachung einen unlauteren Wettbewerb darstellt (Rosenthal, Ges. gegen den unl. Wettbewerb, 5. Aufl., S. 259 Anm. 24 zu § 16). Es bedarf somit vornehmlich der Prüfung, ob Form und Inhalt der Inschrift, namentlich die Angabe der Wohnung, den Anschein erwecken, als sei die Ausführung der Werke dem Beklagten G. selbst, der ein Wettbewerbsunternehmen betreibt, in Auftrag gegeben worden, und ob etwa insofern ein Verstoß gegen die guten Sitten angenommen werden muß (§ 1 UWG.). . . .

4. Schließlich würde gegebenenfalls auch noch dazu Stellung zu nehmen sein, ob nach den Umständen des Falles die Uebertragung der Urheberrechte auf die Klägerin das etwa vorhandene Recht G.s, seinen Namen auf den Werken anzubringen, ohne weiteres beseitigte oder unberührt ließ.

**RGZ. 112, 2**

**Wird das Gesetz, betr. das Urheberrecht an Werken der Literatur und das Gesetz gegen den unlauteren Wettbewerb verletzt, wenn eine Bearbeitung älterer, durch Ablauf der Schutzfrist gemeinfrei gewordener Auflagen eines forterscheinenden Schriftwerks mit dessen Titel bezeichnet wird?**

Gesetz, betr. das Urheberrecht an Werken der Literatur und der Tonkunst §§ 4, 29, 34. UWG. §§ 1, 16. BGB. § 1004.

I. Zivilsenat. Urt. v. 21. Oktober 1925.

I. Landgericht Leipzig. II. Oberlandesgericht Dresden.

Im Verlag der Klägerin erscheint seit dem Jahre 1869 ein zoologisches, mit Abbildungen versehenes Werk. In der ersten, sechs Bände umfassenden Auflage war es zunächst betitelt „E. A. Brehm, Illustriertes Tierleben". Von der zweiten im Jahre 1876 erschienenen Auflage an führt es den Titel „Brehms Tierleben". Die zweite Auflage umfaßte acht Bände, nämlich 3 Bände „Säugetiere", 3 Bände „Vögel", einen Band „Kriechtiere und Lurche", einen Band „Fische". Herausgeber und Verfasser war von Anbeginn an Alfred Brehm, der am 11. November 1884 verstarb. Nach der zweiten Auflage hatte der Verlag noch 2 Bände hinzugefügt: einen Band „Niedere Tiere", verfaßt von Schmidt (1884), und einen Band „Insekten", verfaßt von Taschenberg (1898). Seit dem Tode Brehms ist das Werk von Professor S. weiter bearbeitet worden.

Die Beklagte hat im Jahre 1924 ein sechsbändiges Werk herausgegeben, das den Titel führt: „Brehms Tierleben. In Auswahl herausgegeben und bearbeitet von Carl W. Neumann." Auf dem äußeren Einband und dem Buchrücken ist es lediglich bezeichnet mit: „Brehms Tierleben." Das Werk stellt eine Bearbeitung nur der von Brehm selbst verfaßten Bände und Auflagen dar. Die Klägerin fühlt sich hierdurch in ihren Rechten beeinträchtigt und hat Klage erhoben mit dem Antrag, der Beklagten unter Androhung von Geldstrafen zu untersagen, sich im geschäftlichen Verkehr der Bezeichnung „Brehms Tierleben" für ein in ihrem Verlag erscheinendes Werk zu bedienen, das Teile des im Verlag der Klägerin erschienenen gleichbenannten Sammelwerks wiedergibt. Beide Vorinstanzen haben der Klage stattgegeben. Die Revision der Beklagten hatte Erfolg.

Gründe:

Die Klägerin stützt ihr Klagbegehren auf das Literaturrheberrechtsgesetz, ferner auf § 16 und § 1 des Gesetzes gegen den unlauteren Wettbewerb und auf § 1004 BGB. Keine dieser Gesetzesbestimmungen vermag das mit der Klage beantragte Verbot zu rechtfertigen.

1. . . . Da Brehm, der Herausgeber der zu seinen Lebzeiten erschienenen Auflagen, am 11. November 1884 gestorben ist, lief für diese die Schutzfrist nach §§ 29, 34 LitUG. mit dem 31. Dezember 1914 ab. Sie konnten von jedermann nachgedruckt werden, selbstverständlich auch mit ihrem Titel „Brehms Tierleben". Auch eine Bearbeitung dieser Auflagen stand jedermann frei. Auf die vom ersten Richter aufgeworfene Frage nach dem Bestehen eines selbständigen Schutzes für einen Titel — wenn er sich als etwas Schöpferisches darstelle — kann und braucht hier nicht eingegangen zu werden. Wenn der Titel, wie hier, in Verbindung mit dem Werk gebraucht wird, für das er von Anfang an bestimmt war, kann er hinsichtlich seines Schutzes jedenfalls keine anderen

Schicksale erleiden, als das Werk selbst. Bei einem durch Hinzufügen von einzelnen Bänden vergrößerten Werk, das nach und nach in verschiedenen Auflagen erscheint, wird durch die Tatsache solcher neuen Auflagen und der dabei eintretenden Hinzufügungen Lauf und Ablauf der Schutzfristen des LitUG. für frühere Auflagen nicht gehemmt oder verändert. Die Frage, ob es sich im vorliegenden Falle überhaupt um ein Sammelwerk, oder — wie das Oberlandesgericht meint — mindestens um ein dem Sammelwerk ähnliches Gebilde handelt, braucht nicht näher erörtert zu werden; denn auch bei Annahme eines Sammelwerks würden die Verhältnisse nicht anders liegen.

2. . . . Der § 16 UWG. regelt bestimmte besondere Formen des Wettbewerbs; auch gegen ein an sich einwandfreies Handeln kann sich eine Unterlassungsklage richten. Sie ist aufgebaut auf dem Gedanken, daß die hinter einem Unterscheidungszeichen stehende Erwerbstätigkeit Rechtsschutz genießen soll (RGZ. Bd. 75 S. 373), dann nämlich, wenn eine Verwechslungmöglichkeit mit dem Schutzgegenstand besteht. Für diese Fälle ist der sogenannte Prioritätsgrundsatz aufgestellt. Erste Voraussetzung ist aber, daß es sich um eine besondere Bezeichnung handelt. Darunter ist gemeinhin zu verstehen eine Bezeichnung, die dazu bestimmt und geeignet ist, das Bezeichnete von anderen Dingen zu unterscheiden (Rosenthal, UWG. Anm. 106 zu § 16). Begrifflich entfällt das, wenn es sich, wie hier, nicht um verschiedene Dinge handelt, sondern um eine und dieselbe Druckschrift, die nur in verschiedenen Auflagen erschienen ist. Im Verhältnis zu der schon mit der Bezeichnung „Brehms Tierleben" versehenen zweiten Auflage ist die vierte Auflage — auch wenn sie erweitert und inhaltlich verbessert sein sollte — nicht etwas anderes und besonderes; sie kann daher den Titel „Brehms Tierleben" für sich nicht als besondere Bezeichnung im Sinne des § 16 UWG. in Anspruch nehmen. Das Unterscheidende beider ist lediglich die Verschiedenheit der Auflagen; beiden kommt aber die Bezeichnung „Brehms Tierleben" gleichmäßig zu. Nebenbei ist zu sagen, daß für eine solche Sachlage der Grundsatz der Priorität, wie ihn der § 16 UWG. vorsieht, nicht passen würde. Denn der gemeinfreien zweiten Auflage gegenüber, die von jedem mit ihrem Titel nachgedruckt werden kann, ist die vierte Auflage nicht etwas, das Prioritätsansprüche erheben kann. Wenn die Klägerin dem von ihr fortgeführten Werk zur Abhebung von älteren Auflagen den aus einer besonderen Bezeichnung erfließenden Schutz geben wollte, so mußte sie ihrerseits eine Titelbezeichnung schaffen, die hierfür die tatsächlichen Grundlagen abgab.

Fehlt es aber an einer besonderen Bezeichnung, dann braucht auf die Verwechslungsmöglichkeit nicht näher eingegangen zu werden; diese kommt nur in Betracht, wenn es sich um eine Druckschrift mit besonderer Bezeichnung handelt. . . .

Die Anziehung des § 1 UWG. muß ebenfalls versagen.

. . . Es darf nicht außer acht gelassen werden, daß die von Brehm selbst bearbeiteten Auflagen und Bände dreißig Jahre nach seinem Tode gemeinfrei geworden waren und von der Beklagten befugterweise nachgedruckt und bearbeitet werden konnten. Da, wo die Urheberschutzgesetzgebung ausdrücklich und absichtlich einen Schutz für einen gewissen Tatbestand ausschließt, kann ein solcher auch nicht aus allgemeinen Gesichtspunkten hergeleitet werden (RG. in GewRechtssch. 1910 S. 265). Die Beklagte hat dem freigewordenen Werk keinen anderen Titel gegeben, sondern nur den ihm von Brehm gegebenen belassen. Das verstößt nicht gegen das Anstandsgefühl aller billig und recht Denkenden, daher auch nicht gegen die guten Sitten. Sehr häufig werden dann, wenn ein Werk gemeinfrei und in der Folge befugterweise nachgedruckt wird, bisher vom früheren Verleger geleistete wissenschaftliche und wirtschaftliche Aufwendungen dem Nachdruckenden teilweise zugute kommen; das liegt aber in der Natur der Sache, wenn ein urheberrechtlicher Schutz zeitlich begrenzt ist. Vom Standpunkt der guten Sitten aus zu verlangen, daß der befugt Nachdruckende ausdrücklich angibt, welche Auflage er nachgedruckt oder bearbeitet hat, geht in dieser Allgemeinheit nicht an. Dazu müßten besondere Irreführungshandlungen vorliegen. Ueber solche haben die Vorinstanzen nichts festgestellt.

Daß für den § 1004 BGB. nach dem festgestellten Sachverhalt kein Raum ist, bedarf keiner besonderen Ausführung. Der Anspruch auf Unterlassung einer Eigentums- oder Besitzstörung ist da ausgeschlossen, wo der Eigentümer zur Duldung verpflichtet ist.

## RGZ. 112, 173

**1. Verstößt ein Verlagsvertrag, durch den dem Verleger das Verlagsrecht an sämtlichen Auflagen eines Werks eingeräumt wird, dann gegen die guten Sitten, wenn der Verfasser sich zur Durchsicht oder Neubearbeitung jeder Neuauflage verpflichtet und dem Verleger bei Behinderung des Verfassers das Recht gewährt wird, die notwendigen Aenderungen des Werks durch einen sachkundigen Dritten vornehmen zu lassen?**

**2. Zur Frage des Rücktritts- und Kündigungsrechts bei Verlagsverträgen.**

VerlG. §§ 32, 30. BGB. § 138.

I. Zivilsenat. Urt. v. 5. Dezember 1925.

I. Landgericht Leipzig. II. Oberlandesgericht Dresden.

Die Parteien schlossen am 18. März 1909 einen Vertrag, durch den der Beklagte ein von ihm verfaßtes Werk volkswirtschaftlichen Inhalts der Klägerin zur Herausgabe in ihrer Sammlung von Handbüchern für Handel und Verkehr überließ. Im Vertrag ist bestimmt:

§ 7. Sobald eine neue Auflage notwendig wird, wird die Verlegerin dem Herrn Verfasser rechtzeitig Mitteilung machen. Der Herr Verfasser wird vor Veranstaltung einer neuen Auflage das Werk einer Durchsicht und erforderlichen Falles einer Neubearbeitung unterziehen. Sollte der Herr Verfasser die Durchsicht oder Neubearbeitung nicht übernehmen wollen, oder durch Krankheit oder sonst verhindert sein, sie in einer angemessenen Frist zu beenden, so ist die Verlagsbuchhandlung berechtigt, die Herausgabe einem anderen Sachkundigen zu übertragen. Das gleiche tritt ein, sobald der Verfasser verstorben ist.

§ 8. Falls die Durchsicht und Neubearbeitung einer neuen Auflage aus einem der oben erwähnten Gründe vom Verfasser nicht selbst besorgt ist, so gebührt ihm oder dessen Rechtsnachfolgern die Hälfte des andernfalls für die Auflage vereinbarten Honorars, und zwar für die Dauer von 10 Jahren vom 1. Juli bzw. 1. Januar an gerechnet, nachdem einer der Hinderungsgründe eingetreten ist. Die Verlagsbuchhandlung wird einen etwa von ihr gewählten fremden Bearbeiter von sich aus honorieren.

Das Werk erschien in zwei Bänden. Im Laufe der Zeit wurden zwei neue, vom Beklagten bearbeitete Auflagen herausgegeben. Als die dritte Auflage des ersten Bandes vergriffen war, traten die Parteien wegen einer ferneren Auflage miteinander in Verhandlungen. Im Januar 1924 wurden sie dahin einig, daß einerseits der Beklagte für die neue Bearbeitung 10 % des Ladenpreises erhalten, anderseits die Klägerin mit dem Satz auch bei abschnittsweiser Zusendung des Manuskripts bald beginnen sollte. Dabei sprach der Beklagte die Erwartung aus, daß er den ersten Teil des Manuskripts bis Ende Januar werde einsenden können. Die Zusendung erfolgte jedoch erst mit Schreiben des Beklagten vom 6. Februar. Ohne in der Zwischenzeit weitere Manuskriptteile eingesendet zu haben, schrieb der Beklagte am 20. März 1924 der Klägerin, daß er auf Grund der §§ 30 Abs. 2, 32 VerlG. vom Vertrage zurücktrete, da der Satz des Buches vertragswidrigerweise trotz der Bedingung baldiger Drucklegung nicht erfolgt sei. Die Klägerin widersprach dem Rücktritt und erhob Klage auf Feststellung, daß der von den Parteien geschlossene Verlagsvertrag fortbestehe. Der Beklagte bat um Klagabweisung. Er wandte ein, daß der Vertrag wegen Verstoßes gegen die guten Sitten nichtig, zum mindesten aber durch den Rücktritt aufgelöst worden sei.

Das Landgericht gab der Klage statt. Die Berufung des Beklagten wurde zurückgewiesen. Auch seine Revision hatte keinen Erfolg.

### Gründe:

I. Gegen die Feststellung der beiden Vorderrichter, daß der von den Parteien am 18. März 1909 geschlossene Vertrag fortbestehe, macht der Beklagte in erster Reihe geltend, daß der Vertrag von vornherein gemäß § 138 BGB. wegen Verstoßes gegen die guten Sitten nichtig gewesen sei. Unsittlich sei der Vertrag, weil

1. die Unerfahrenheit des Beklagten auf dem Gebiete des Verlagsrechts von der Klägerin ausgebeutet worden sei, um von ihm die Uebertragung des Verlagsrechts an sämtlichen Auflagen des Werks für die ganze Dauer der urheberrechtlichen Schutzzeit zu erlangen,
2. der Beklagte in unzulässiger Weise geknebelt worden sei, indem er gezwungen werde, während des ganzen Restes seines Lebens einen großen Teil seiner Arbeitskraft den Diensten für die Klägerin zu widmen,
3. der Beklagte der Gefahr einer Beraubung seines geistigen Eigentums durch die Bestimmung ausgesetzt werde, daß die Klägerin in allen möglichen Fällen berechtigt sei, sein Werk durch einen von ihr einseitig ausgewählten Dritten neu bearbeiten zu lassen,
4. der Beklagte in diesem Falle auch vermögensrechtlich insofern schwer geschädigt werde, als er für die Ausbeutung seiner Geistesarbeit durch fremde Personen in den ersten zehn Jahren nur eine ganz geringfügige, später aber überhaupt keine Entschädigung erhalte.

Für keinen dieser Gesichtspunkte haben die unstreitigen Tatsachen und die Feststellungen des Berufungsgerichts so viel Anhalt ergeben, daß dadurch die Rechtsbeständigkeit des Vertrags in Frage gestellt sein könnte.

1. Nach dem für die Beurteilung des Streitverhältnisses maßgebenden Gesetz über das Verlagsrecht vom 19. Juni 1901 ist es zweifellos zulässig, daß dem Verleger vom Verfasser von vornherein das Recht eingeräumt wird, nicht nur eine, sondern sämtliche Auflagen des Werks zu veranstalten. Der § 5 spricht zwar den Grundsatz aus, daß der Verleger nur zu einer Auflage berechtigt ist. Anschließend daran regelt er aber den Fall, daß dem Verleger das Recht zu mehreren Auflagen eingeräumt worden ist, und schreibt für diesen Fall vor, daß im Zweifel für jede neue Auflage die gleichen Abreden wie für die vorhergehende gelten. Nach § 17 ist der Verleger, der das Recht zur Veranstaltung einer neuen Auflage erworben hat, nicht verpflichtet, von diesem Rechte Gebrauch zu machen. Im § 29 wird die Frage behandelt, wann der Verlagsvertrag endigt, der auf eine bestimmte Zahl von Auflagen beschränkt ist. Aus diesen Bestimmungen ergibt sich, daß die Zahl der vom Verleger zulässigerweise zu veranstaltenden Auflagen freier Vereinbarung zwischen Verfasser und Verleger unterliegt und daß das Gesetz selbst mit der Möglichkeit rechnet, daß das Verlagsrecht an mehreren oder sämtlichen Auflagen dem Verleger von vornherein durch einen einheitlichen Vertrag eingeräumt wird. An der Zulässigkeit solcher Abreden haben, soweit ersichtlich, in der Rechtsprechung niemals Zweifel bestanden (RGZ. Bd. 60 S. 175, Bd. 86 S. 107, Bd. 110 S. 275). Auch im Schrifttum ist nirgends eine Stimme zu ermitteln, die sich bei der Erörterung des § 5 VerlG. dahin ausgesprochen hätte, daß nach dem heute geltenden Recht es unzulässig sei, einem Verleger von vornherein das Recht zur Herausgabe sämtlicher Auflagen des Werkes zu über-

tragen. Nirgends wird auch in dieser Hinsicht ein Unterschied gemacht zwischen gewöhnlichen Schriftwerken und solchen hochwissenschaftlichen Inhalts. (Folgen Zitate.)

Um einen Verstoß gegen die guten Sitten annehmen zu können, müßten vielmehr noch im Einzelfalle bestimmte Tatsachen hinzukommen, die das Anstößige und Verwerfliche des Geschäfts zum Ausdruck brächten. Solche Umstände findet die Revision zunächst darin, daß die auf dem Gebiete der Verlagsgeschäfte wohlerfahrene Klägerin den in solchen Dingen damals nicht bewanderten Beklagten durch undurchsichtige Bestimmungen irregeführt und so seine Unerfahrenheit zu ihrem Vorteil ausgebeutet habe. Dieser Vorwurf ist vom Berufungsgericht mit Recht für unbegründet erachtet worden. Bei der vertraglichen Festsetzung, daß die Klägerin das Recht zur Veranstaltung aller Auflagen erlangen sollte, handelt es sich keineswegs um undurchsichtige und unklare Bestimmungen. Im § 3 Abs. 2 des schriftlichen Vertrags wird bestimmt, daß die Höhe der ersten Auflage 2000 Exemplare betragen soll und die Verlagsbuchhandlung die Höhe späterer Auflagen nach bestem Ermessen festsetzen wird. Im § 5 wird zunächst das Honorar für die erste Auflage geregelt und alsdann hinzugefügt, daß das Honorar für spätere Auflagen das gleiche sei, sich jedoch entsprechend der Auflagenhöhe ändere. Der § 7 behandelt des näheren, wie die Verlagsbuchhandlung bei Notwendigkeit einer neuen Auflage vorzugehen, welche Pflichten hinsichtlich der Durchsicht und Neubearbeitung der neuen Auflage der Verfasser zu übernehmen hat, und unter welchen Voraussetzungen die Verlegerin die Bearbeitung der neuen Auflage einem Dritten übertragen darf. Endlich ordnet § 8 für den zuletzt erwähnten Sonderfall die Vergütungsfrage. Daß der Beklagte, der beim Vertragsschluß bereits Professor an einer deutschen Technischen Hochschule war, sich über den Inhalt und die Tragweite der Vertragsbestimmungen in einem Irrtum befunden haben könnte, erscheint nach den Feststellungen des Berufungsgerichts gänzlich ausgeschlossen. Ebenso hat dieses ohne Rechtsirrtum verneint, daß die Klägerin die geschäftliche Unerfahrenheit des Beklagten in unlauterer Weise zu ihrem Vorteil ausgebeutet habe. Irgendwelchen unangemessenen Druck oder Zwang hat die Klägerin auf die Willensentschließung des Beklagten beim Vertragsschluß nicht ausgeübt. Denn das Berufungsgericht hat festgestellt, daß der Beklagte auf das Anerbieten der Klägerin, sein Werk in Verlag zu nehmen, freiwillig eingegangen ist. Der Beklagte mag heute den damals geschlossenen Vertrag als für ihn weniger vorteilhaft ansehen denn zur Zeit des Vertragsschlusses. Daraus ergibt sich aber kein Anhalt für ein unlauteres Verhalten der Klägerin bei ihren Bemühungen um das Zustandebringen des Vertrags.

2. Irrig ist ferner die Ansicht der Revision, daß der Vertrag eine sittenwidrige Knebelung der Arbeitskraft des Beklagten für dessen ganze

Lebensdauer enthalte. Hier fällt lediglich die Vertragsbestimmung des § 7 ins Gewicht, daß der Verfasser vor Veranstaltung einer neuen Auflage das Werk einer Durchsicht und erforderlichenfalls einer Neubearbeitung unterziehen werde. Hierzu macht die Revision . . . geltend, daß der Zeitpunkt der Neubearbeitung regelmäßig durch den rein äußerlichen Umstand des Vergriffenseins der alten Auflage bestimmt und der Verfasser, der seit Herausgabe der vorigen Auflage sich vielleicht mit ganz anderen wissenschaftlichen Fragen beschäftigt habe, plötzlich ohne Rücksicht auf seine sonstigen amtlichen und beruflichen Aufgaben genötigt werde, gemäß dem Buchstaben des alten Vertrags jetzt alle Zeit und Kraft an die neue Auflage zu wenden. Es kann dahingestellt bleiben, ob hier die Anforderungen, die an die Arbeitskraft des Beklagten bei der späteren Durchsicht und Neubearbeitung seines Werkes gestellt werden, nicht zu hoch eingeschätzt worden sind. Jedenfalls kann von einer Knebelung solcher Art, daß der Beklagte von der Klägerin zu ihrem überwiegenden Vorteil seiner wirtschaftlichen oder wissenschaftlichen Schaffensfreiheit und Unabhängigkeit beraubt wäre (Warn. 1918 Nr. 1, 1913 Nr. 187), nicht die Rede sein. Die Verpflichtungen, die der Beklagte auf sich genommen hat, entsprechen dem, was in Verlagsverträgen, auch solchen über Werke von höchster wissenschaftlicher Bedeutung, gang und gäbe ist und dem Vorteil des Verfassers nicht minder dient als dem des Verlegers. Das Werk auf wissenschaftlicher Höhe zu halten und ihm demgemäß vor jeder Neuauflage die durch die Fortschritte der Wissenschaft, der Forschungen, der Gesetzgebung usw. erforderlich werdenden Berichtigungen und Ergänzungen zuteil werden zu lassen, erscheint als eine natürliche Notwendigkeit ebensowohl vom wirtschaftlichen Standpunkt der besseren Absatzmöglichkeit als vom Gesichtspunkt vollwertiger wissenschaftlicher Leistung. In der Regel wird der Verfasser dem Stoff, den er in einem wissenschaftlichen Werke verarbeitet hat, auch weiter seine Aufmerksamkeit zuwenden und die Ergebnisse späterer Fortschritte auf demselben Gebiete sammeln, so daß es ihm keine übermäßige Schwierigkeit machen wird, die Bearbeitung einer notwendig werdenden neuen Auflage in angemessener Frist, wie sie ihm der Verleger selbstverständlich bewilligen muß (§ 242 BGB.) und wie sie auch im § 7 Abs. 2 des Vertrags vorgesehen ist, druckfertig herzustellen. Ausnahmefälle, die durch besondere persönliche Verhältnisse des Verfassers im Einzelfalle eintreten können, vermögen bei Beurteilung der Frage, ob die Verpflichtung zur Uebernahme einer Neubearbeitung eine für die Rechtsordnung unerträgliche Knebelung des Verfassers darstellt, keine Rolle zu spielen. Allgemeine Gesichtspunkte aber, die eine solche Verpflichtung als anstößig und sittenwidrig erscheinen lassen könnten, sind weder aus den Anschauungen der maßgeblichen Kreise über die Freiheit der geistigen Arbeit noch aus der Notwendigkeit des Schutzes des wirtschaftlich Schwächeren gegen Ausbeutung durch den wirtschaftlich Stärkeren zu entnehmen. . . . Ueberdies gestattet dem Verfasser auch § 12 Abs. 2 VerlG., bei einer neuen Auflage die notwendigen Aenderungen durch einen Dritten zu veranlassen, eine Vorschrift, die durch den Inhalt des zwischen den Parteien geschlossenen Vertrags nicht außer Kraft gesetzt ist und es dem Beklagten ermöglicht, einerseits sich selbst zu entlasten, anderseits trotz eigener Behinderung sich den von ihm für erforderlich gehaltenen Einfluß auf die Aenderung des Werkes zu sichern. So hat denn auch das Reichsgericht in RGZ. Bd. 60 S. 174 kein Bedenken getragen, einen Verlagsvertrag über ein medizinisches Werk für rechtswirksam zu erachten, der die Uebertragung des Verlagsrechts an der ersten und allen folgenden Auflagen zum Gegenstand hatte und den Verfasser verpflichtete, das Werk, wenn der Verleger die Veranstaltung einer neuen Auflage für nötig erachten sollte, dem Stande der Wissenschaft gemäß umzugestalten. Ebenso wird im Schrifttum anerkannt, daß der Verleger den Verfasser im voraus vertragsmäßig verpflichten kann, bei künftigen Auflagen die Neubearbeitung des Werkes vorzunehmen (Allfeld, VerlG. § 12 Anm. 4 a. E.; Voigtländer-Fuchs, § 12 Anm. 2 Abs. 3; Hoffmann, § 12 Anm. 4 Abs. 2).

3. Den hauptsächlichsten Grund für die Nichtigkeit des Vertrags glaubt der Beklagte daraus herleiten zu können, daß der Klägerin durch § 7 Abs. 2 das Recht eingeräumt worden ist, bei notwendig werdenden Neuauflagen die Durchsicht und Neubearbeitung des Werkes unter gewissen Voraussetzungen durch einen Dritten bewirken zu lassen. Die Androhung dieser Maßnahme enthalte . . . einen für den Schöpfer eines Schriftwerks von höherer wissenschaftlicher Bedeutung unerträglichen und deshalb mit der Rechtsordnung nicht vereinbaren Zwang. Der Verfasser werde der Gefahr ausgesetzt, des unverzichtbaren Gutes der geistigen Freiheit beraubt zu werden. Auch widerspreche die Bearbeitung eines wissenschaftlichen Werkes durch einen dem Verfasser nicht genehmen Dritten dem vom Gesetzgeber anerkannten, das Verlagsrecht beherrschenden allgemeinen Gedanken, daß der Verfasser einen von der Rechtsordnung zu schützenden Anspruch darauf habe, sein Werk genau in der von ihm für richtig gehaltenen Fassung veröffentlicht zu sehen. Gerade bei einem Schriftwerk des nationalökonomischen Faches bestehe die Gefahr, daß die Ansichten des Verfassers durch einen nicht genügend sachkundigen Bearbeiter in das Gegenteil verfälscht würden und darunter die allgemeinen wirtschaftlichen Angelegenheiten schwer leiden könnten. Diese Gesichtspunkte sind bereits von den Vorderrichtern mit Recht für nicht durchgreifend erachtet worden. Aus eigener Erfahrung stellt das Berufungsgericht die Tatsache fest, daß in gleicher Weise, wie es die Klägerin getan hat, auch andere Verlagsgeschäfte in ihre Verträge mit den Verfassern Klauseln aufnehmen, nach denen sie zur Sicherung des ununterbrochenen Weitererscheinens des Werkes bei späteren Auf-

lagen sich der Mitwirkung fremder Bearbeiter bedienen dürfen. Hierin findet der Berufungsrichter nichts Anstößiges. In dieser Auffassung muß ihm beigepflichtet werden. Dem Beklagten mag zugegeben werden, daß es Fälle geben kann, in denen es dem sittlichen Empfinden widersprechen würde, wenn der Verleger sich das Recht einräumen ließe, nach freiem Belieben das wissenschaftliche Werk eines anderen durch dritte Personen umarbeiten zu lassen und so den Verfasser von jeder Einwirkung auf die Gestaltung späterer Auflagen seines Werkes auszuschließen. Davon ist jedoch im vorliegenden Fall keine Rede. Durchaus im Einklang mit § 12 Abs. 1 Satz 2 VerlG. sieht der Abs. 1 des Vertragsparagraphen 7 vor, daß der Verfasser vor Veranstaltung einer *neuen Auflage das Werk* einer *Durchsicht* und *erforderlichenfalls* einer Neubearbeitung unterziehen soll. Eigene Betätigung des Verfassers wird hier als Regelfall angenommen. Nur ausnahmsweise soll der Verlag das Recht haben, zur Leistung der Arbeit, die zur Herausgabe der neuen Auflage auf schriftstellerischem Gebiet notwendig ist, einen anderen Sachkundigen heranzuziehen, nämlich dann, wenn der Verfasser die Durchsicht oder Neubearbeitung nicht selbst übernehmen will oder wenn er diese Tätigkeit innerhalb angemessener Frist nicht leisten kann, sei es wegen Krankheit, sei es aus einem anderen Hinderungsgrunde. In dieser Vereinbarung kann eine dem Geiste der Rechtsordnung widersprechende, zur Knebelung der freien wissenschaftlichen Betätigung des Beklagten geeignete und deshalb unlautere Abrede nicht erblickt werden. Bei jedem Verlagsvertrag sind bei Prüfung der Frage, ob er sich in den Grenzen der Billigkeit und der Verkehrsanschauungen der beteiligten Kreise hält, die Belange von Verleger und Verfasser sorgfältig abzuwägen. Dem Bestreben des Verlegers, aus den von ihm für die Herausgabe und Verbreitung des Werkes gebrachten finanziellen Opfern einen angemessenen Gewinn zu erzielen, ihn durch Herausgabe fortlaufender neuer Auflagen zu steigern und so ihn möglichst zu einer dauernden Einnahmequelle zu machen, steht auf seiten des Verfassers in wissenschaftlicher Hinsicht der Wunsch gegenüber, daß er in die Lage versetzt werde, das Werk den fortschreitenden Errungenschaften des besonderen Fachgebiets anzupassen und es fortgesetzt auf solcher Höhe zu halten, daß es der Geltung und dem Ansehen des Verfassers in der Fachwelt entspricht. Der regelmäßige Ausgleich der beiderseitigen Belange findet in der Weise statt, daß der Verleger, sobald es der Absatz der früheren Auflage oder der Eintritt wesentlicher Veränderungen auf dem Fachgebiet erfordert, zur Veranstaltung einer neuen Auflage schreitet, der Verfasser aber Gelegenheit erhält, das Werk der notwendigen Ergänzung oder Umarbeitung zu unterziehen. Kann ein derartiger Ausgleich im einzelnen Fall nicht stattfinden, so erscheint es angemessen, daß eine andere Regelung in einer Weise erreicht wird, die den berechtigten Bestrebungen beider Teile am wenigsten Abbruch tut. Wenn der Verleger, der vertragsmäßig zur Veranstaltung einer neuen Auflage berechtigt ist, von diesem Recht keinen Gebrauch macht, so gibt § 17 VerlG. dem Verfasser die Befugnis, ihm zur Ausübung des Rechts eine angemessene Frist zu bestimmen und nach fruchtlosem Ablauf der Frist vom Vertrag zurückzutreten. Das gleiche Rücktrittsrecht steht dem Verfasser ohne Fristsetzung zu, wenn der Verleger die Veranstaltung der neuen Auflage verweigert. Nach der Erklärung des Rücktritts ist der Verfasser in seinen Schritten wegen Herbeiführung einer neuen Auflage frei, soweit er dadurch nicht wohlerworbene Rechte des Verlegers an der bisherigen, etwa noch nicht völlig vergriffenen älteren Auflage verletzt; insbesondere kann er sich wegen Veranstaltung einer neuen Auflage an einen anderen Verleger wenden. Wie hierdurch der Verfasser gegen Benachteiligungen durch einen Verleger, der eine neue Auflage nicht herausbringen kann oder will, einigermaßen geschützt ist, so erscheint es umgekehrt als ein Gebot der Billigkeit, daß der zur Veranstaltung mehrerer oder aller Auflagen berechtigte Verleger sich vertragsmäßig dagegen schützt, daß er durch einen Verfasser, der die für eine neue Auflage erforderlichen Ergänzungen des Werkes nicht vornehmen kann oder will, in seinen berechtigten Belangen benachteiligt werde. Als geeigneter Weg hierfür bietet sich die Vereinbarung der Bearbeitung des Werkes durch einen sachkundigen Dritten. In einer derartigen Abrede kann, sofern nur die Gewähr für eine sachgemäße Neubearbeitung und die Heranziehung eines geeigneten Bearbeiters geschaffen wird, etwas Anstößiges nicht gefunden werden. Der Revision kann nicht zugestimmt werden, wenn sie die Ansicht vertritt, daß die Bearbeitung des in einem wissenschaftlichen Schriftwerk verkörperten Geisteswerkes einer lebenden und noch schaffensfähigen Persönlichkeit durch einen Dritten schlechthin als gegen die guten Sitten verstoßend angesehen werden müsse. Daß dies keineswegs der Auffassung der beteiligten Kreise entspricht, ergibt sich aus der Feststellung des Berufungsgerichts, daß Klauseln, die die Bearbeitung von Schriftwerken durch Dritte für zulässig erklären, in Verlagsverträgen nichts Ungewöhnliches sind. Es folgt aber besonders auch, wie beide Vorderrichter bereits betont haben, aus den vom Beklagten selbst herangezogenen Vertragsnormen, die zwischen dem Verband der deutschen Hochschullehrer und dem Akademischen Schutzverein einerseits, dem Börsenverein der deutschen Buchhändler und dem deutschen Verlegerverein anderseits vereinbart worden sind. Wenn hier vorgesehen wird, daß der Verfasser, der die Bearbeitung ablehnt, dem Verleger den Druck unveränderter Auflagen oder die Bearbeitung des Werkes durch einen Dritten nur aus wichtigen Gründen verweigern darf, so liegt darin die Anerkennung der Tatsache, daß unter besonderen Umständen es mit der Schriftstellerehre und dem wissenschaftlichen Ansehen des Verfassers eines Geisteswerkes sehr wohl vereinbar ist, daß ein wissenschaftliches Schriftwerk für eine neue Auflage durch einen Dritten bearbeitet werde. Ebenso steht das Schrifttum auf dem

Standpunkt, daß der Verfasser durch besondere Vereinbarung das Recht zur Aenderung des Werkes auf den Verleger übertragen kann, und zwar sowohl von Fall zu Fall, wie auch durch eine Abrede, die gleich bei der ersten Uebertragung des Verlagsrechts im voraus ganz allgemein für alle späteren Auflagen getroffen wird (Allfeld, LitUG. Anm. 5 zu § 9; Mittelstaedt-Hillig,, VerlG. § 12 Bem. 7 a. E.).... Hiernach könnte die im § 7 enthaltene Vertragsbestimmung nur dann beanstandet werden, wenn sie so gehalten wäre, daß darin eine durch die Lage der Verhältnisse in keiner Weise gerechtfertigte Uebervorteilung des Verfassers zugunsten des Verlegers läge. Das muß aber verneint werden, da das Recht des Verlegers, die Durchsicht oder Neubearbeitung des Werkes durch einen Dritten vornehmen zu lassen, nur dann Platz greifen soll, wenn der Verfasser entweder seine Tätigkeit freiwillig versagt oder während einer gewissen Dauer durch Krankheit oder andere Gründe, etwa solche amtlicher oder beruflicher Art, an der Bearbeitung der Neuauflage verhindert ist. Einer zu kurzen Bemessung der Frist für die Beendigung der Neubearbeitung wird der Verfasser, namentlich bei Krankheit oder sonstiger zeitweiliger Behinderung, durch Berufung auf Treu und Glauben gemäß §§ 157, 242 BGB. entgegentreten können. Auch gewähren diese Vorschriften ihm hinlänglichen Schutz dagegen, daß gegebenenfalls vom Verleger ein ungeeigneter Bearbeiter mit den Ergänzungsarbeiten betraut wird. Zu berücksichtigen bleibt ferner, daß der Beklagte, wie bereits oben erwähnt, gemäß § 12 Abs. 2 VerlG. die Aenderungen durch einen Dritten vornehmen lassen darf, andernfalls aber, wenn die Bedingung des § 7 des Vertrags erfüllt ist, sich die Zuziehung eines anderen Bearbeiters nur für eine Auflage gefallen zu lassen braucht, während bei jeder folgenden Auflage die Klägerin sich wegen Durchsicht und Neubearbeitung wieder an den Beklagten wenden muß. Dieser behält daher auch weiterhin seinen Einfluß auf die Gestaltung des Werkes. Alles dies genügt, um die Bedenken, die von der Revision gegen die Rechtsbeständigkeit der Vertragsbestimmung erhoben worden sind, auszuräumen. Eine Besonderheit des vorliegenden Falles läßt sich auch nicht aus dem Umstand entnehmen, daß das hier in Betracht kommende Werk das Gebiet der Volkswirtschaft betrifft. Der Verfasser eines solchen Werkes kann für sich keinen höheren Schutz beanspruchen als der Urheber eines anderen wissenschaftlichen Werkes. Dahingestellt bleiben kann es, ob nicht unter Umständen Gesichtspunkte des allgemeinen Staatswohls es sogar als erwünscht erscheinen lassen möchten, daß der Verleger bei Behinderung des Verfassers in den Stand gesetzt werde, ein angesehenes Werk von volkswirtschaftlicher Bedeutung unter Mitwirkung eines sachkundigen Dritten in einer der veränderten Gesetzgebung und Wirtschaftslage angepaßten Umarbeitung neu herauszugeben.

4. Einen weiteren Grund für die Sittenwidrigkeit des Vertrags sucht die Revision aus dem § 8 des Vertrags herzuleiten, worin bestimmt ist,

daß der Verfasser, falls er die neuen Auflagen nicht selbst besorgt, die Hälfte der Vergütung, die ihm sonst gebührt hätte, auf die Dauer von 10 Jahren seit Eintritt des Hinderungsgrunds beanspruchen kann. Die Revision hält diese Regelung der Vergütungsfrage für eine schwere Schädigung des Verfassers oder seiner Erben und weist darauf hin, daß der Beklagte möglicherweise für den Rest seines Lebens und gegebenenfalls seine Erben während der ganzen Schutzdauer es mitansehen müßten, wie die Klägerin mit dem Werk und dem Namen des Beklagten Geschäfte mache, ohne irgendwelche Gegenleistung dafür zu bieten. Diese Begründung ist schon deshalb unbeachtlich, weil sie sich im wesentlichen auf Tatsachen stützt, die in den Vorinstanzen nicht zur Erörterung gestellt worden sind und daher in der Revisionsinstanz nicht berücksichtigt werden können. Lediglich vom rechtlichen Standpunkt aus betrachtet, kann die Bestimmung des § 8 als offenbar unbillig und deshalb anstößig nicht bezeichnet werden. Es entspricht der Erfahrung, daß ein Werk über ein wissenschaftliches Gebiet, für dessen Entwicklung Veränderungen der Gesetzgebung oder der wirtschaftlichen Verhältnisse von großer Bedeutung sind, mit jeder neuen Auflage wesentliche Umgestaltungen erfährt, und daß, wenn die neuen Auflagen durch andere Personen bearbeitet werden, die Geistesarbeit des ursprünglichen Verfassers hinter der der späteren Bearbeiter immer mehr zurücktritt. Deshalb erscheint es nicht ohne weiteres als eine verwerfliche Uebervorteilung des Verfassers, wenn seine vermögensrechtliche Beteiligung an späteren, von ihm selbst nicht mehr bearbeiteten Auflagen auf 10 Jahre zeitlich begrenzt wird. Auf eine etwaige Besonderheit des vorliegenden Falles kann aber in der Revisionsinstanz nicht eingegangen werden, da in dieser Hinsicht während der Vorinstanzen von dem Beklagten keine tatsächlichen Behauptungen aufgestellt worden sind.

Demgemäß erweisen sich alle Angriffe, die von der Revision gegen die Rechtswirksamkeit des Vertrags erhoben worden sind, als hinfällig. Auch in ihrer Gesamtheit und in ihrem Zusammenwirken betrachtet, vermögen die von der Revision vorgebrachten Umstände die Nichtigkeit des Vertrags nicht zu begründen.

II. In zweiter Reihe stützt der Beklagte seine Einwendungen gegen die Klage auf Rücktritt vom Vertrag. Hierfür macht er zwei Gesichtspunkte in der Revisionsinstanz geltend: Einerseits stehe ihm die Vergünstigung der §§ 32, 30 VerlG. zur Seite, wonach der Verfasser bei nicht rechtzeitiger Vervielfältigung des Werkes vom Vertrag ohne vorgängige Fristsetzung zurücktreten könne, wenn der sofortige Rücktritt vom Vertrag durch ein besonderes Interesse des Verfassers gerechtfertigt werde. Anderseits habe der Beklagte sich vom Vertrag auf Grund des allgemeinen Rechtssatzes lossagen können, daß bei dauernden Schuldverhältnissen, zumal solchen, die ein gegenseitiges Vertrauen der Beteiligten zur Voraussetzung hätten, ein fristloses Kündigungsrecht bestehe, wenn ein wichtiger Grund vorliege und das Verhältnis der Parteien zueinander unhaltbar geworden sei. Nach keiner dieser Richtungen bieten die Feststellungen des Berufungsgerichts eine genügende Grundlage für die Annahme eines Rücktritts- oder Kündigungsrechts des Beklagten.

1. Das Berufungsgericht hat angenommen, daß die Klägerin ihren Vertragspflichten in bezug auf die Vervielfältigung des Werkes genügt habe, daß aber auch der Beklagte, selbst wenn die Vervielfältigung zu spät erfolgt wäre, ein Recht zum Rücktritt ohne vorherige Fristsetzung nicht gehabt hätte. . . . Die Klägerin hat die Korrekturbogen des ihr übersandten Manuskriptteils unstreitig am 22. März dem Beklagten zugeschickt, also etwa sechs Wochen von dem Empfang des Manuskripts bis zur Zusendung der Korrekturbogen verstreichen lassen. Das Berufungsgericht hat hierin eine Verzögerung der Drucklegung nicht erblickt, namentlich im Hinblick darauf, daß das Manuskript in Teilen zu liefern war und der Beklagte von den für das Werk in Aussicht genommenen etwa 20 Bogen erst etwa sechs eingesandt hatte, wiewohl die Klägerin ihn im Schreiben vom 11. Februar ersucht hatte, fortlaufend weiteres Manuskript zuzusenden, damit der Satz nicht unterbrochen zu werden brauche. Allerdings hatte der Beklagte im Schreiben vom 15. Januar der Klägerin mitgeteilt, daß ihm der baldige Beginn des Satzes erwünscht sein würde; er möchte den Band einem Gelehrten, der im März seinen 60. Geburtstag feiere, zu diesem Tage widmen und deshalb, falls der Druck bis dahin noch nicht vollendet sein würde, um rechtzeitige Ueberlassung einiger sauberer Abzüge des Titel- und des Widmungsblattes bitten. Daß der ganze Band im März noch nicht druckfertig vorliegen konnte, ergab sich ohne weiteres aus der Tatsache, daß der Beklagte der Klägerin außer der ersten Teilsendung kein weiteres Manuskript zur Verfügung gestellt hatte. Wenn das Berufungsgericht unter diesen Umständen eine Verzögerung der Drucklegung nicht für vorliegend erachtet hat, so kann dieser Auffassung aus Rechtsgründen nicht entgegengetreten werden, da bei Auslegung der Parteiabreden Rechtsvorschriften nicht verletzt worden sind und der Vorderrichter bei Würdigung des Sachverhalts lediglich von seinem Recht, das Verhandlungsergebnis nach freier Ueberzeugung zu würdigen, Gebrauch gemacht hat. Auch der Umstand, daß die Klägerin dem Beklagten das erwähnte Titel- und Widmungsblatt vor dem 60. Geburtstage des betr. Gelehrten nicht geliefert hat, kann nicht als Unterlassung der vertragsmäßigen Vervielfältigung angesehen werden. Denn es ist unstreitig, daß der Beklagte nicht einmal den Entwurf des Titel- und Widmungsblatts der Klägerin zum Druck gesandt hat. Da hiernach schon die erste Voraussetzung für die Anwendung des § 32 VerlG., die nicht vertragsmäßige Vervielfältigung des Werkes, vom Berufungsgericht in bedenkenfreier Weise verneint worden ist, bedarf es keines Eingehens auf die vom Vorderrichter aus tatsächlichen Erwägungen gleichfalls verneinte Frage, ob der Beklagte, wenn das Werk nicht rechtzeitig vervielfältigt worden

wäre, ein besonderes Interesse daran gehabt hätte, sofort ohne vorherige Fristsetzung vom Vertrag zurückzutreten.

2. Endlich macht die Revision geltend, daß der Beklagte ein Recht gehabt habe, sich ohne Einhaltung einer Kündigungsfrist wegen wichtiger Gründe vom Vertrag loszusagen. In rechtlicher Hinsicht verweist sie auf RGZ. Bd. 79 S. 160, wo für langfristige Verlagsverträge ausgeführt worden ist, daß sie, wie es die Natur derartiger Verhältnisse mit sich bringe, aus wichtiger Ursache gelöst werden könnten, wenn ihre Fortsetzung nach den besonderen Umständen des Falls den Beteiligten nicht mehr zugemutet werden könne. An diesem Rechtsgrundsatz ist auch jetzt festzuhalten. In tatsächlicher Hinsicht steht dem Beklagten aber kein Grund zur Seite, der ihn zur einseitigen Auflösung des vertraglichen Bandes berechtigen könnte. Durch den Briefwechsel vom 15./17. Januar 1924 sind die Parteien über die Veranstaltung der neuen Auflage vollständig einig geworden. Die Einigkeit bestand auch noch, als der Beklagte mit Schreiben vom 6. Februar 1924 den ersten Manuskriptteil der Klägerin zusandte und diese mit Schreiben vom 11. Februar 1924 den Empfang bestätigte. Einen Grund zur Auflösung des Vertrags könnte der Beklagte daher nur aus Umständen herleiten, die sich nach dem Empfang des letzterwähnten Schreibens herausgestellt haben. Gründe aus älterer Zeit, namentlich solche, die sich auf Unstimmigkeiten zwischen den Parteien gelegentlich der Herausgabe früherer Auflagen beziehen, könnten nur zur Unterstützung derjenigen Ursachen herangezogen werden, die sich auf Ereignisse aus der Zeit nach dem 11. Februar stützten. An solchen neuen Vorkommnissen, auf die der Beklagte sich berufen könnte, fehlt es aber gänzlich. Wie das Berufungsgericht festgestellt hat, ist der Grund einer nicht vertragsmäßigen Vervielfältigung des Manuskripts zu verwerfen. Ebenso hat das Berufungsgericht aus rein tatsächlichen Erwägungen den Umstand für unerheblich erachtet, daß das Werk nicht bis zum 60. Geburtstage des Gelehrten, dem es vom Beklagten gewidmet werden sollte, fertig war. Zutreffend weist das Berufungsgericht darauf hin, daß diese Fertigstellung nicht Vertragsbestimmung war und von der Klägerin infolge des Verhaltens des Beklagten, der nur einen Teil des Manuskripts eingesandt hatte, überhaupt nicht verwirklicht werden konnte. Sonst könnte aus der Zeit nach dem 11. Februar nur noch der Umstand in Betracht kommen, daß das Verhältnis der Parteien im Laufe des Rechtsstreits stark erschüttert worden ist und denjenigen Grad von gegenseitigem Vertrauen vermissen läßt, der für einen Verlagsvertrag von langer Dauer zwischen Verleger und Verfasser dringend erwünscht ist. Die Schuld an der Zuspitzung der persönlichen Beziehungen während des Rechtsstreits trifft aber den Beklagten, der in Schriftsätzen, besonders in der Berufungsbegründung, schwere Beleidigungen gegen die Klägerin gerichtet hat. Aus seinem eigenen schuldhaften Verhalten kann der Beklagte kein Recht herleiten, sich gegen den Willen der Klägerin vom Vertrag loszusagen.

**RGZ. 113, 70**

**1. Wesen des zwischen dem Verleger und dem Herausgeber eines Werkes geschlossenen Vertrags.**

**2. Ist der Herausgeber kraft Nachwirkung des erfüllten Vertrags grundsätzlich verpflichtet, Wettbewerb gegen den Verleger zu unterlassen? Welche Gründe befreien ihn davon?**

Gesetz über den Verlagsvertrag §§ 1 flg. BGB. §§ 242, 611 flg.

I. Zivilsenat. Urt. v. 3. Februar 1926.

I. Landgericht Bielefeld. II. Oberlandesgericht Hamm.

Am 23. August 1907 schloß der Kläger als Vertreter der Erben des im Jahre 1880 verstorbenen französischen Dichters Flaubert mit der Beklagten einen Vertrag, durch den er ihr das ausschließliche Recht übertrug, von bestimmten einzeln aufgeführten Werken Flauberts deutsche Uebersetzungen für die Länder deutscher Zunge zu veranstalten und als autorisierte zu bezeichnen. Die Uebertragung erfolgte „für alle Auflagen, für Einzel- und Gesamtausgaben, und zwar zunächst für die Dauer von 15 Jahren vom 1. Januar 1908 an gerechnet". Der Beklagten wurde ferner ein Vorkaufsrecht auf alle noch weiterhin erscheinenden Bücher über und von Flaubert, soweit sie im Verfügungsrechte seiner Erben lägen, eingeräumt. Der Vereinbarung entsprechend veranstaltete die Beklagte alsbald nach dem Abschluß jenes Vertrags eine zehnbändige Gesamtausgabe von Flauberts Werken. Dabei zog sie den Kläger als Uebersetzer einzelner Werke und Verfasser von Vorworten zu. Er besorgte außerdem die dem Herausgeber der Gesamtausgabe obliegenden Arbeiten und zeichnete als solcher. Im Laufe der Zeit entspannen sich, namentlich wegen der von der Beklagten an Neuerscheinungen in Anspruch genommenen Vorkaufsrechte, Streitigkeiten zwischen den Beteiligten, die zu gerichtlichem Austrage kamen. Im gegenwärtigen Rechtsstreit beantragt der Kläger festzustellen, daß er berechtigt sei, vom 1. Januar 1923 ab Gesamtausgaben von Flauberts Werken, die in anderem Verlag als dem der Beklagten erscheinen, als verantwortlicher Herausgeber zu zeichnen. Er nimmt diese Befugnis in Anspruch, weil er nur bis zum Ablauf des am 23. August 1907 geschlossenen Vertrags an die Beklagte gebunden gewesen sei. Ferner weil die Beklagte die in ihrem Verlage von ihm herausgegebene Gesamtausgabe verstümmelt habe. Sodann weil sie durch Veranstaltung einer neueren, ohne seine Beteiligung hergerichteten, Säkularausgabe auf seinen Herausgebertitel verzichtet habe. Schließlich weil ihm aus verschiedenen Gründen nicht zuzumuten sei, mit der Beklagten noch zusammenzuarbeiten, weil aber Untersagung der Herausgabe in anderem Verlag eine den guten Sitten zuwiderlaufende Beeinträchtigung für ihn bedeute, namentlich da der Stand der Forschung, an der er wesentlichen Anteil habe, dringend eine neue Gesamtausgabe fordere.

Das Landgericht gab der Klage statt. Die von der Beklagten eingelegte Berufung wurde vom Oberlandesgericht zurückgewiesen. Ihre Revision hatte keinen Erfolg.

Aus den Gründen:

1. . . . Die Beklagte hat, so stellt das Berufungsgericht fest, als sie an die Verwertung des ihr übertragenen Verlagsrechtes (VerlG. §§ 1 flg.) ging, aus freien Stücken, ohne durch den Vertrag dazu verpflichtet zu sein, den Kläger als Uebersetzer einzelner Werke, als Verfasser von Vorworten und als Herausgeber zugezogen.

2. Ohne Rechtsirrtum nimmt das Berufungsgericht an: Dadurch, daß der Kläger bei der Veranstaltung der Gesamtausgabe von Flauberts Werken im Verlage der Beklagten die dem Herausgeber obliegende Tätigkeit besorgt und als Herausgeber des Ganzen auch gezeichnet habe, sei ein besonderer Herausgebervertrag unter den Parteien zustande gekommen. Zwar sei es ohne Belang, ob der Kläger für seine Tätigkeit als Herausgeber eine Vergütung empfangen habe; tatsächlich aber könne kein Zweifel daran bestehen, daß die von der Beklagten im Frühjahr 1908 dem Kläger gezahlten 200 M. das Honorar für seine Herausgebertätigkeit sein sollten. Die Beurteilung der Schriftstücke und der sie begleitenden Umstände, woraus diese Ueberzeugung gewonnen worden ist, liegt durchweg im Bereiche der Tatsachenwürdigung (§ 286 ZPO.); ein Verstoß gegen Auslegungsgrundsätze oder sonstige Rechtsregeln ist in ihr nicht zu finden. . . .

a) Dieser Herausgebervertrag, der dem Verlagsvertrag vom 23. August 1907 folgte, übertrug der Beklagten nach dem festgestellten Sachverhalt keine urheberrechtlichen Befugnisse. . . . Die Tätigkeit des Klägers als Herausgeber des Gesamtwerks kann, mangels abweichender Feststellung im angefochtenen Urteil, nur in der Einteilung und Anordnung des Stoffes, allenfalls im Meinungsaustausch mit den Uebersetzern und den Verfassern von Einleitungen einzelner Werke über die zur Vorbereitung des Erscheinens nötigen Maßnahmen, in der Ueberwachung des Drucks als Gewähr äußerer Einheitlichkeit bestanden haben. Eine besondere formgebende Tätigkeit des Klägers, aus der ihm urheberrechtliche Befugnisse erwachsen sein könnten, die alsdann vertraglich auf die Beklagte übergegangen wären, ist nicht ersichtlich. . . . Vielmehr kennzeichnet sich die aus den Feststellungen ersichtliche Herausgeberarbeit des Klägers an der Gesamtausgabe inhaltlich als Geschäftsbesorgung (§ 675 BGB.), der sie bezweckende Vertrag der Parteien als Dienstvertrag (§§ 611 flg. BGB.; Kohler, Urheberrecht an Schriftwerken S. 256 flg., 340; de Boor, Urheberrecht und Verlagsrecht S. 107 flg.; Hoffmann, Reichsges. über das Verlagsrecht S. 16 Anm. 5b zu § 1; Dernburg, Bürgerl. Recht VI S. 120 flg.).

b) Dieser Vertrag ist beiderseits erfüllt worden: vom Kläger durch die geleistete Herausgebertätigkeit, von der Beklagten durch Vervielfältigung der Gesamtausgabe, auf die jene Arbeit verwendet worden war, und durch Zahlung der 200 M. Herausgeberhonorar.

3. Allein auch nach der Erfüllung können aus dem Dienstverhältnis nach der von Treu und Glauben beherrschten Verkehrssitte (§ 242 BGB.) und der dem Wesen des Dienstvertrags eignenden Treupflicht weiterhin Verbindlichkeiten bestehen bleiben (v. Gierke, Deutsches Privatrecht III S. 610; Dernburg, Bürgerl. Recht II 2 § 306 Nr. II). Zu ihnen gehört, wie das Berufungsgericht im Anschluß an das Gutachten des Schriftleiters D. hervorhebt, beim Herausgebervertrag regelmäßig die Verpflichtung des Herausgebers, daß er dem Verleger keinen Wettbewerb mache. Wenngleich der Begründung durch urheberrechtliche Erwägungen, wie sie das angefochtene Urteil anstellt, im vorliegenden Falle nicht beizustimmen ist, so muß doch das Ergebnis gebilligt werden: daß der Kläger grundsätzlich, solange sich die unter seinem Namen im Verlage der Beklagten erschienene Gesamtausgabe der Flaubertschen Werke im Buchhandel befindet, keine neue Gesamtausgabe dieser Werke in einem andern Verlage veranstalten darf.

Mit Recht verneint jedoch das Berufungsgericht unter den besonderen Umständen des vorliegenden Falles eine solche Verpflichtung des Klägers für die Zeit nach dem Schluß des Jahres 1922. . . . Die Gründe, aus denen es der Beklagten das von ihr beanspruchte Untersagungsrecht aberkennt und die Feststellung nach dem Antrage des Klägers trifft, sind zu billigen. Die dawider unternommenen Revisionsangriffe können keinen Erfolg haben.

a) . . . Der Verlagsvertrag bestimmte in § 4: keiner der beiden Teile solle ohne die förmliche Zustimmung des anderen irgendeine Konkurrenzausgabe Flaubertscher Schriften autorisieren dürfen, mit Ausnahme der im § 3 erwähnten Luxusausgaben. Diese Beschränkung war seit dem Schluß des Jahres 1922 weggefallen. Berührt diese Tatsache den Herausgebervertrag auch nicht unmittelbar, so darf sie doch bei der Beantwortung der Frage, ob der Beklagten aus diesem Vertrag über jenen Zeitpunkt hinaus das von ihr beanspruchte Untersagungsrecht verblieben sei, nicht außer Betracht gelassen werden.

b) Zu beachten ist ferner, daß der Kläger von der Beklagten durch Zahlung von 200 M. für seine Herausgebertätigkeit ein verhältnismäßig bescheidenes Entgelt empfangen hat. Wohl begegnet solche Tätigkeit auch als unentgeltliche. Mit Recht bemerkt deshalb im Anschluß an Darlegungen des Sachverständigen hierüber das Berufungsgericht, es sei ohne Belang für die Frage des Herausgebervertrags, ob der Kläger für die Arbeit als Herausgeber überhaupt ein Honorar erhalten habe. Für die andere Frage jedoch, ob eine Bindung des Klägers, solange die alte Gesamtausgabe der Beklagten sich noch im Buchhandel befindet, — und demgemäß das von der Beklagten beanspruchte Untersagungsrecht für unbestimmt lange Zeit — der Billigkeit entspreche, ist die Höhe des

Entgelts wichtig. Denn eine Unterlassungspflicht für unbegrenzt lange, vielleicht für Lebenszeit, wäre mit dem Grundsatze von Treu und Glauben im Verkehr und mit der grundsätzlich zu erstrebenden freien Betätigung der Persönlichkeit im Geistes- und Erwerbsleben in der Regel unvereinbar, sofern nicht ein entsprechender Gegenwert für die Beschränkung gerechten Ausgleich bietet und sie dadurch erträglich macht. . . .

c) Noch andere Erwägungen rechtfertigen die vom Berufungsgericht vertretene Auffassung und, zum mindesten in Verbindung miteinander, die Annahme, daß das Wettbewerbsverbot der Beklagten wider den Kläger nicht Platz greifen könne, weil unter den gegebenen Umständen seine Anwendung gegen Treu und Glauben im Verkehr verstieße (§§ 157, 242 BGB.). Mit Recht betont es — übereinstimmend mit dem D.schen Gutachten — die seit dem Erscheinen der alten Flaubert-Gesamtausgabe der Beklagten verflossene geraume Zeit. Seit dem Jahre 1907 sei für Flauberts Beurteilung und Würdigung aus neuen Forschungen und neu eröffneten Gesichtspunkten viel Umwertendes hervorgetreten. Ein in diesem Gedanken- und Betrachtungskreise lebender und arbeitender Forscher wie der Kläger müsse den inneren Zwang fühlen, der verwandelten literarischen Lage durch eine Neuauflage Rechnung zu tragen; und zwar durch eine Ausgabe, die sowohl dem Namen und Andenken Flauberts gerecht werde, wie auch gegenüber der alten, zurückgebliebenen, nie durchgesehenen oder verbesserten Ausgabe der Beklagten seinen eigenen wissenschaftlichen Ruf besser zu Ehren bringe, als es die vor mehr denn anderthalb Jahrzehnten erschienene erste Gesamtausgabe vermocht habe.

Die Einwendungen der Revision gegen diesen Erwägungsgrund des Oberlandesgericht greifen nicht durch.

Die Beklagte bemängelt, daß die Ansicht des Berufungsgerichts auf ein vermeintliches „öffentliches Interesse" an einer Neuausgabe Flauberts hinauskomme. Sie meint, eine solche Betrachtungsweise könne nicht anerkannt werden; jedenfalls brauche das „berechtigte eigene Vermögensinteresse der Beklagten" sich jener Rücksicht auf angebliche Wünsche und Bestrebungen der Allgemeinheit nicht kurzweg unterzuordnen. Wider diesen Einwand ist mit dem Oberlandesgericht daran festzuhalten, daß die Zuwendung eines großen Leserkreises zu Flaubert, die verbreitete und vielfältige Beschäftigung mit ihm und seinen Schriften, die auf sein Leben und Wirken gerichtete wissenschaftliche Forschung, die geschichtliche und vergleichende Würdigung dieses Begründers einer naturalistischen Dichtung und eigenartigen künstlerischen Wirklichkeitsschilderung als gegebene Tatsachen berücksichtigt werden müssen. Es ist eine von der Rechtspflege zu beachtende Forderung des geistigen Lebens, daß sich diese seine mannigfaltigen Bestrebungen und bisherigen Errungenschaften, auch in ihrer buchhändlerischen Verwertung, weiter entfalten können. Sie zu hemmen, liefe den Bedürfnissen zuwider, die sich im weiten Gebiete der Unterhaltung wie im engeren der Forschung deutlich kundgetan haben. Ihr Anspruch, befriedigt zu werden, darf um so sicherer auf Beachtung rechnen, als die Schutzfrist für Flauberts Werke seit Jahren abgelaufen ist. Die Beklagte selbst erkennt denn auch, wie das Berufungsurteil hervorhebt, die Notwendigkeit einer neuen Gesamtausgabe von Flauberts Werken an und gesteht, es sei ihr bewußt, daß eine Durchsicht und Bearbeitung der nun beinahe zwanzig Jahre zurückliegenden Flaubert-Ausgabe ihres Verlags auf Grund der neuen Forschungsergebnisse sehr zu begrüßen wäre.

Verhält es sich aber so, dann fordern Billigkeit und redliche Verkehrsgewohnheit, daß ein als Flaubertforscher Bekannter, wie es der Kläger unbestritten ist, vor der Oeffentlichkeit mit seinem Arbeitsergebnis so zur Geltung komme, wie es dessen Inhalt und Umfang entspricht. Unbillig wäre es, ihn, wie die Beklagte will, darauf zu verweisen, daß ihm freistehe, eine neue Flaubertausgabe in einem anderen Verlage zu „autorisieren, selbst zu übersetzen, nach seinem Plane anzuordnen, mit Einleitungen, Nachworten und Anmerkungen zu versehen", ihm aber zu versagen, daß er eine solche Ausgabe als verantwortlicher Herausgeber zeichne. Zutreffend hält das Berufungsgericht dem entgegen: Der Kläger müsse, wenn er die gesamte dem Herausgeber zufallende Tätigkeit leiste, auch das Recht haben, als solcher zu zeichnen. Es wäre mit Treu und Glauben im Verkehr nicht vereinbar, wenn er, der ein gut Teil seiner Lebensarbeit der Erforschung und literarischen Verarbeitung von Flaubert Werken gewidmet habe, zwar die gesamte für eine Neuausgabe dieser Werke nötige Tätigkeit in einem beliebigen Verlage leisten dürfe, den Herausgebernamen aber einem andern überlassen müßte, der an dieser Arbeit keinen Anteil habe. Ist ein Flaubertforscher tatsächlich der Herausgeber, weil er alle wesentliche diesem obliegende Arbeit verrichtet hat, dann will die Oeffentlichkeit auch wissen, wer es ist; man empfindet es in den beteiligten Kreisen als einen Billigkeitsanspruch, daß man seinen Namen an der dafür üblichen Stelle finde, und daß er ihn dort nenne. Diesem auf gerechter Würdigung geistiger Arbeit und des durch sie erworbenen Rufes beruhenden allgemeinen Empfinden gegenüber kann die Beklagte nicht geltend machen: „dem öffentlichen Interesse wie dem Namen und Andenken Flauberts würde auch durch eine Neuausgabe ohne den Namen gerade des Klägers als Herausgebers durchaus gedient sein". Denn es handelt sich nicht bloß, wie die Beklagte es hinstellt, um Namen und Andenken Flauberts und um eine gewisse Verbindung weiter Kreise mit ihm durch das Band geistiger Anteilnahme, sondern zugleich um das billige Verlangen, Arbeit, Leistung und Namen an der Oeffentlichkeit nach Gebühr gewürdigt zu sehen.

d) Mit schlüssiger Begründung nimmt das Berufungsgericht an, daß dem Kläger billigerweise nicht zuzumuten sei, eine Neuausgabe der Werke Flauberts im Verlage der Beklagten zu veranstalten, weil sich die Beziehungen der Parteien im Laufe der Zeit nicht ohne Schuld der Beklagten derart verschlechtert hätten, daß ein gedeihliches Zusammenarbeiten ausgeschlossen erscheine. Dies ist im angefochtenen Urteil aus eingehend dargelegten tatsächlichen Umständen ohne Verstoß gegen Rechtsgrundsätze begründet, namentlich aus dem Briefwechsel der Parteien aufgezeigt.

Dabei hat das Berufungsgericht keineswegs, wie die Revision ihm vorwirft, unterlassen, zu prüfen, in welchem Maße jeder Teil an dem Zerwürfnis Schuld trage. (Wird näher ausgeführt.)

Bei der Frage, was dem Kläger billigerweise zuzumuten sei, läßt das angefochtene Urteil auch nicht, wie die Revision weiterhin rügt, die gegenseitige Abwägung der Belange beider Teile vermissen. (Wird ausgeführt.)

Ohne Rechtsirrtum hat hiernach das Berufungsgericht das Ergebnis gewonnen, die Anwendung des von der Beklagten beanspruchten Wettbewerbsverbots würde gegen Treu und Glauben verstoßen, und hat die Feststellungsklage für begründet erachtet.

**RGZ. 113, 413**

**1. Fällt entgeltliche Sendung eines Schriftwerks durch Rundfunk unter die gewerbsmäßige Verbreitung?**

**2. Ist sie ein öffentlicher Vortrag und darum auch ohne Erlaubnis des Urhebers statthaft?**

**3. Begründet die Verletzung eines Urheberrechts auch einen Bereicherungsanspruch?**

LitUrhG. § 11.

I. Zivilsenat. Urt. v. 12. Mai 1926.

I. Landgericht I Berlin. II. Kammergericht daselbst.

Die Beklagte hat, als Herstellerin des Programms für den im Eigentum der Reichspost stehenden Rundfunksender Berlin, im Januar 1925 des Klägers dramatischen Einakter „Der Tor und der Tod" durch Rundfunk zu Gehör gebracht, ohne vorher die Erlaubnis des Klägers einzuholen. Auf seine Vorstellung hat sie brieflich erwidert, daß nach der Ansicht von Erläuterern des Urheberrechtsgesetzes die Uebertragung erschienener Werke im Rundfunk ohne Einwilligung des Urhebers vorgenommen werden könne. Der Kläger sieht in der ungenehmigten Rundfunkwiedergabe seines Werkes eine Verletzung seiner Rechte und verlangt 2000 RM. Schadensersatz. Die Beklagte hat Klagabweisung beantragt und Widerklage erhoben auf Feststellung, daß sie berechtigt sei, die erschienenen Werke des Klägers auf drahtlos-telephonischem Wege ohne seine Erlaubnis übertragen zu lassen.

Das Landgericht hat den Klaganspruch dem Grunde nach für gerechtfertigt erklärt und die Beklagte mit der Widerklage abgewiesen. Das Kammergericht hat die Berufung der Beklagten zurückgewiesen. Die Revision der Beklagten hatte keinen Erfolg.

Gründe:

I. Auf allgemeine Befugnisse nach der Art eines umfassenden Persönlichkeits- oder Urheberrechts, wie sie der Kläger befürwortet und begehrt, kann der Klaganspruch nicht gegründet werden.

In Uebereinstimmung mit der ständigen Rechtsprechung geht das Berufungsgericht davon aus, daß ein allgemeines Persönlichkeitsrecht für die geltende Rechtsordnung nicht anzuerkennen ist. Diese gibt nur besondere gesetzlich geregelte Persönlichkeitsrechte wie das Recht auf ungekränkte Ehre, das Namensrecht, das Warenzeichenrecht, das Recht am eigenen Bilde, die persönlichkeitsrechtlichen Bestandteile des Urheberrechts. Zutreffend führt das angefochtene Urteil aus: Ein allgemeines Persönlichkeitsrecht, vermöge dessen der Urheber über seine Werke ausschließlich verfügen könne, sei nur als Oberbegriff über den einzelnen von der Rechtsordnung anerkannten Befugnissen denkbar, gewähre neben diesen besonderen rechtlichen Behelfen keine Möglichkeit, Ansprüche zu rechtfertigen, und vermöge daher, soweit nicht eine Verletzung solcher einzelnen vom Gesetz gegebenen Befugnisse vorliege, keinen Abwehr- oder Schadensersatzanspruch zu begründen (RGZ. Bd. 69 S. 401, Bd. 79 S. 397, Bd. 107 S. 281).

Auch den Versuch, die Klage auf ein allgemeines, umfassendes Urheberrecht zu stützen, lehnt das Berufungsgericht mit Recht ab, weil nach geltendem Recht kein derartiger allgemeiner Schutz „geistigen Eigentums" bestehe. Der § 1 LitUrhG. verheiße den Urhebern von Schriftwerken Schutz ausdrücklich nur „nach Maßgabe dieses Gesetzes" also nur, soweit das Gesetz die Befugnisse des Urhebers einzeln aufführe. Und schon die Begründung zum Entwurf des Gesetzes spreche sich (S. 12) gegen einen allgemeinen Schutz des Urhebers aus mit dem Hinweis darauf, daß kein praktisches Bedürfnis nach einer allgemeinen die ausschließliche Befugnis des Urhebers zur Wiedergabe des Werkes gewährenden Bestimmung vorliege.

II. Demnach kommt allein in Frage, ob die Beklagte gegen die nach § 11 LitUrhG. dem Urheber ausschließlich zustehenden Rechte zur Vervielfältigung und gewerbsmäßigen Verbreitung verstoßen hat.

1. Abgelehnt wird vom Berufungsgericht, daß eine Vervielfältigung des Werkes (§ 11 Abs. 1 LitUrhG.) oder daß eine Bearbeitung im Sinne des § 2 Abs. 2 Satz 1 verb. mit § 12 das. anzunehmen sei.

„Wird ein Werk der Literatur . . . durch einen persönlichen Vortrag auf Vorrichtungen für Instrumente übertragen, die der mechanischen

Wiedergabe für das Gehör dienen, so steht die auf diese Weise hergestellte Vorrichtung einer Bearbeitung des Werkes gleich" (§ 2 Abs. 2 Satz 1 LitUrhG.). Hinweisend auf die Entwicklung der Technik, welche die Einfügung dieser gesetzlichen Vorschrift veranlaßt hat, bemerkt das angefochtene Urteil, daß jenen Vorrichtungen eigentümlich sei, die Wiederholung der Leistung beliebig oft und zu beliebiger Zeit zu gestatten, während — nach dem unstreitigen Vortrag der Parteien — bei der hier in Rede stehenden Rundfunksendung nur schlichte Uebermittlung stattfand, aber keinerlei Vorrichtungen angebracht waren, die eine Festlegung, namentlich zu späterer Wiederholung, bezweckten und erreichten. Die im Schrifttum vertretene abweichende Meinung findet wenigstens im gegenwärtigen Tatbestand keinen zureichenden Anhalt. Ob ein anderes Sachverhältnis oder künftige Möglichkeiten der technischen Entwicklung ihr diesen gewähren können, braucht jetzt nicht erörtert zu werden.

Das Berufungsgericht führt ferner aus, daß die Uebertragung von Schriftwerken durch Rundfunk nicht als Vervielfältigung angesehen werden könne. Dem — wie es meint, mit der Verkehrsanschauung übereinstimmenden — Sprachgebrauch der bisherigen Gesetzesauslegung folgend hält es daran fest, daß unter Vervielfältigung die Handlung zu verstehen sei, durch die eine Mehrzahl einander gleichender, gegenständlicher Erscheinungsformen einer Sache oder eines Geisteswerkes der Urform nachgebildet werden; also die Herstellung körperlicher Gegenstände, welche das Werk zum Zweck sinnlicher Wahrnehmung wiedergeben. Es kann dahingestellt bleiben, ob wirklich der allgemeine Sprachgebrauch des Volkes und des Schrifttums, der häufig und schon seit Jahrhunderten „vervielfältigen" auch in verschiedenster bildlicher, geistige Vorgänge mitumfassender Bedeutung, also keineswegs nur in körperlich-gegenständlichem Sinne verwendet, zu jener Einschränkung nötigt. Auch braucht nicht auf die Ausführungen des Klägers in seiner Revisionsbeantwortung eingegangen zu werden, daß die durch Sprache hervorgerufenen elektrischen Schwingungen, welche dem Hörer die Wahrnehmung vermitteln, schon um ihrer Wirkung willen (auf große Entfernung und an eine unbegrenzte Menschenzahl) den körperlichen Gegenständen gleichzustellen seien. Denn die Annahme, daß eine gewerbsmäßige „Verbreitung" vorliege, trägt allein schon die angefochtene Entscheidung.

2. In dieser Anwendung des Begriffs gewerbsmäßige Verbreitung (§ 11 Abs. 1 LitUrhG.) liegt nicht, wie die Revision meint, ein Verstoß gegen Rechtsregeln.

Die Ausdrucksweise eines Gesetzes wird unvermeidlich beeinflußt durch die Gedankenwelt der Verfasser. Auch wenn sie danach trachten, die Vorschriften als möglichst allgemeingültige Regeln zu formen, machen sich mehr oder minder die hauptsächlichen Fälle und Beispiele, die sie bei der Abfassung vor Augen und im Sinne hatten, in der Wortwahl bemerklich. Daraus erklärt sich z. B. die schwankende Bedeutung und ungleichmäßige, bisweilen zweifelhafte Verwendung des Ausdrucks „Werk“ in Urheberrechtsgesetz und Verlagsgesetz. Ausnahmsweise nur bezeichnet er das durch Sprachzeichen erkennbar gemachte Gedankengebilde, welches das Erzeugnis eigener geistiger Tätigkeit darstellt. Häufiger bedeutet „Werk“ die einzelne Verwirklichungsform jenes Gebildes, das „Werkexemplar“, das gattungsmäßige Vervielfältigungsstück des Buches oder sonstigen Schriftwerks. Hatte man also bei der Abfassung der Gesetzesworte gewöhnlich, wenn über das „Werk“ etwas bestimmt wurde, das Werkexemplar als dessen regelmäßige verkehrsgeläufige Erscheinungsform im Sinne, so erklärt es sich, daß die gleiche Vorstellung nicht nur dem Ausdruck „vervielfältigen“ seine Farbe gab, sondern auch die Worte „verbreiten“, „Verbreitung“ meistens in einen Zusammenhang fügte, der sein Gepräge von dem Gedanken an das Inverkehrbringen der einzelnen Vervielfältigungsstücke, in der Regel also der Druckexemplare des Schriftwerks, empfing (LitUrhG. § 22 Abs. 1 Satz 2, §§ 26, 36, 38 Abs. 1 Nr. 1, § 42 Abs. 1, 2, 3, §§ 46, 52, 62 a. E., §§ 63, 63 a).

Wie der oder die Verfasser des Gesetzestextes, so sind Auslegung und Anwendung des Urheberrechtsgesetzes, der Nachrichtsmittel-Technik ihrer Zeit entsprechend, von dem Gedanken beeinflußt worden, daß die Verbreitung eines Schriftwerks durch das Inverkehrbringen von Werkexemplaren zu geschehen pflege. Als Verbreitung sah man darum in Lehre und Rechtsprechung jede Handlung an, durch die ein Werkexemplar anderen als den bei der Herstellung Beteiligten zugänglich gemacht werde (RGSt. Bd. 14 S. 46, Bd. 39 S. 108; RGZ. Bd. 63 S. 394, Bd. 69 S. 242, Bd. 107 S. 277; Allfeld, UrhG. Anm. 5 a zu § 11; Riezler, Dtsch Urh.- und ErfinderR. Bd. I S. 256; Dernburg, BürgR. Bd. VI S. 61, § 22 II 1; Crome, System d. BürgR. Bd. IV S. 63; Daude, Urheberrecht S. 33 Anm. zu § 11; Goldbaum, Urheberrecht S. 149 Bem. 7 zu § 11). Für diese Begriffsbestimmung konnte man sich auf einen Satz in der Begründung des Gesetzentwurfs berufen: „Als Verbreitung ist in Uebereinstimmung mit dem Sprachgebrauch des bisherigen Gesetzes jede Ueberlassung eines Exemplars zu verstehen, nicht aber die bloße Mitteilung seines Inhalts (das Vorlesen des Schriftwerks, der Vortrag des Musikstücks).“

Aber je rascher und stärker sich das Verkehrsleben wandelt, desto weniger taugt eine Begründung, die vor der Zeit solcher Wandlungen liegt, zum Behelfe der Gesetzesauslegung. Nur über den Zweck, dem das Gesetz oder einzelne seiner Vorschriften nach den Umständen der Entstehungszeit dienen sollten, mag sie, soweit das später noch von Wert sein kann, Aufschluß erteilen. Der von der Begründung bestätigte, auch ohne sie klar ersichtliche Zweck und Grundgedanke des Gesetzes ist: dem Schöpfer eines Schriftwerkes dessen volle wirtschaftliche Ausbeute mit nur wenigen bestimmt geregelten Einschränkungen unverkürzt zukommen zu lassen. Als das Urheberrechtsgesetz entstand, gab es noch keinen Rundfunk. Die erwähnten Belege für eine enge Begrenzung des Verbreitungsbegriffs gehören einer Zeit an, in der die Uebermittlung durch drahtlosen Fernspruch noch unbekannt oder wenigstens noch nicht bis zum gegenwärtigen Entwicklungsstand gediehen war. Hätte man sich dergleichen technische Neuerung samt ihren tiefgreifenden Wirkungen vorzustellen vermocht, wäre man unbedenklich zu einer weiteren Fassung des Begriffs „verbreiten" gekommen. Denn weder der Gesetzesausdruck noch der allgemeine Sprachgebrauch nötigte, wie das Berufungsurteil mit Recht hervorhebt, zu der engen Begrenzung, die man nach dem Stande der Technik auf dem Gebiet des Nachrichtenverkehrs als ausreichend glaubte ansehen zu müssen. „Verbreiten" beschränkt sich nach allgemeinem Sprachgebrauch nicht auf solche Fälle, in denen die körperliche Erscheinungsform eines Gedankens oder Geisteswerks zugänglich gemacht wird, sondern hat einen sehr viel weiteren Sinn, den der Uebermittlung einer Kenntnis an andere. Schon ältere und jüngere Gesetze verwenden das Wort in gleichem oder ähnlichem, der engen Begrenzung entbehrenden Sinne. (So z. B. StrGB. §§ 131, 186, 187, 189, 192 „Behaupten oder Verbreiten" im Sinne jeder Mitteilung an andere; ähnlich BGB. § 824: „Wer der Wahrheit zuwider eine Tatsache behauptet oder verbreitet, . . ."; ähnlich UnlWG. § 14). Damit völlig vereinbar ist es, daß dieselben Gesetze für andere Tatbestände den Sinn des Ausdrucks wiederum anders und enger umgrenzen. (So z. B. StrGB. §§ 110, 111, 130 a Abs. 2, § 184 Abs. 1 Nr. 1 für die Verbreitung von Schriften u. dgl.; PreßGes. § 21 für die Verbreitung von Druckschriften.) Sogar für das Stoffgebiet des Urheberrechts selbst befürworteten einzelne Stimmen einen weiteren Begriff des Verbreitens, indem neben dem Inverkehrbringen von Werkexemplaren der „Gebrauch bei der gewerblichen Wiedergabe des Werkes" erwähnt, „das Festlegungsexemplar als Mitteilungswirker", z. B. zu Vortrag oder Aufführung, gekennzeichnet wurde. (So K o h l e r, Urheberrecht S. 179/181.) Zutreffend führt das Berufungsgericht aus: „Nach dem bisherigen Stande der Technik, bei dem das Buch als die alleinige Darstellungsform des Schriftwerks vorherrschte, mag die Verbreitung sich, rein tatsächlich betrachtet, auf die Uebertragung von Schriftwerken beschränkt und Verkehr und Rechtsprechung sich daher gewöhnt haben, nur die Zugänglichmachung von Werkexemplaren als Verbreitung anzusehen. Wenn aber der Fortschritt der Technik es ermöglicht, ein Werk durch eine Rundfunksendung gleichzeitig vielen hunderttausend Menschen zugänglich zu machen und insoweit fast die Lesung von Büchern, Zeitschriften usw. durch das Gehör zu ersetzen, so darf die Rechtsprechung nicht zögern, die bisherige enge Auslegung des Verbreitungsbegriffs fallen zu lassen und wieder auf den ursprünglichen Sprachgebrauch zurückzugehen." Diesem volkstümlichen Sprachgebrauch standen bereits unter der Herr schaft des Urheberrechtsgesetzes vom 11. Juni 1870 (BGBl. S. 339), dessen §§ 18 und 35 sich gegen die Verbreitung von Nachdruck und Nachdruckexemplaren richteten, manche namhafte Schriftsteller nahe, indem sie zur Verbreitung jede Handlung rechneten, „durch die das Geisteswerk einer Mehrzahl von Personen zugänglich gemacht werde", sei es durch Mitteilung von Exemplaren, durch Vorlesung oder Aufführung, Ausstellung oder Auslegung. (Gierke, Deutsches Privatrecht Bd. I S. 803 § 87 IV.) Mit Recht hebt das Urteil des Berufungsgerichts hervor, daß die Auslegung des Gesetzes nicht starr und unbeweglich sein dürfe, sondern dem jeweiligen Stande der Erkenntnis und der Bedürfnisse des Lebens entsprechen und genügen müsse. Beizutreten ist ihm darin, daß es sich hier nicht um eine Gesetzeslücke handelt, sondern um eine Lücke der Auslegung, die sich herausgestellt hat durch neue, die Unzulänglichkeit des bisherigen Maßstabs beweisende Erfahrungen. Diese Lücke muß durch berichtigte Auslegung geschlossen werden.

Dem Berufungsgericht ist also darin beizustimmen, daß die Sendung von Schriftwerken im Rundfunk eine Verbreitung im Sinne des § 11 LitUrhG. ist. Und zwar eine gewerbsmäßige, da sie unstreitig gegen Entgelt erfolgt. Die Funkhoheit des Reichs schließt nicht aus, daß die Beklagte als Zusammenstellerin des Sendestoffs („Rundfunkprogramms"), die das Sprechen im Senderraume veranlaßt und regelt, als Verbreiterin anzusehen ist. Diese Auslegung arbeitet nicht, wie man eingewendet hat, mit Vertauschung des klaren gesetzlichen Begriffs „Verbreiten" gegen einen statt seiner eingeschobenen. (So namentlich Osterrieth im Gewerbl. Rechtsschutz Bd. 30 (1925) S. 263—268). Der Einwand setzt voraus, daß das Gesetz im § 11 unter „Werk" nur das Werkexemplar verstehe und nicht die als Gedankengebilde sich kennzeichnende menschliche Schöpfung, die in der Sprachform ihren Ausdruck und im einzelnen Werkexemplar nur eine in den Verkehr tretende Erscheinungsform findet. Das Gesetz aber nötigt nicht zu dieser Beschränkung, sondern läßt der weiteren Auslegung Raum, vermöge deren das Werk auch durch den Rundfunk, wenngleich unter Heranziehung des Werkexemplars als Mittel für den Sprecher, „verbreitet" wird.

Zwar haben sich außer dem jetzt erkennenden Senat auch Strafsenate zu der engeren Auslegung des Begriffs „Verbreitung" bekannt. (RGSt. Bd. 14 S. 46, Bd. 39 S. 108.) Ihnen aber lag nicht die aus neuer Entfaltung der Verkehrstechnik erwachsene Frage vor, ob die Uebermittlung eines Schriftwerks durch Rundfunk eine Verbreitung im Sinne des § 11 LitUrhG. sei; über sie muß jetzt erst entschieden werden. Einer Maßnahme nach § 137 Abs. 2 GVG. bedarf es daher nicht.

3. Auch darin ist dem Berufungsgericht beizutreten, daß die ausschließliche Befugnis des Urhebers zur Verbreitung (LitUrhG. § 11 Abs. 1) im vorliegenden Fall nicht durch das freie Recht zum öffentlichen Vortrag erschienener Werke (§ 11 Abs. 3) begrenzt wird. Wie zutref-

fend ausgeführt ist, stellt sich die Rundfunksendung als etwas vom Vortrag völlig Verschiedenes dar. Allerdings ist bei Vortrag und Rundfunkübermittlung die Wirkung insofern gleich, als hier wie dort gesprochene Worte durchs Gehör aufgenommen werden. Davon abgesehen aber zeigen sich so beträchtliche Unterschiede, daß die Rundfunksendung nicht als Vortrag im Sinne des bezeichneten Gesetzes angesehen werden kann.

Ein erheblicher Unterschied, der für sich allein genügen würde, zwischen Vortrag und Rundfunk eine Trennungslinie zu ziehen, besteht, wie das angefochtene Urteil darlegt, im Umfang ihrer Wirkungsbereiche. Durch öffentlichen Vortrag wird das Werk einem zwar begrifflich nicht begrenzten, durch die tatsächlichen Verhältnisse jedoch ganz beschränkten Personenkreis zu Gehör gebracht: im geschlossenen Raum bemißt sich die mögliche Hörerzahl danach, wieviele er aufnehmen kann; im Freien sind Grenzen gesetzt durch die Vernehmbarkeit der menschlichen Stimme, selbst wenn sie durch technische Mittel, wie Megaphon oder Schallrohr, stärker ans Ohr dringen sollte. Beim Rundfunk dagegen sind die räumlichen Schranken der Wirkung nahezu völlig aufgehoben. Er gewährt die Möglichkeit, das Werk durch eine einzige Veranstaltung an eine wirklich unbegrenzte Vielheit von Menschen zu übermitteln, so daß der hunderte von Kilometern entfernt wohnende Rundfunkteilnehmer die Stimme des Sprechers in gleichem Umfang vernimmt, wie der etwa im Senderraum befindliche Hörer. Diese Wirkung des Rundfunks in weiteste Ferne und an Mengen von Menschen, denen, wenn sie versammelt wären, keine Stimme sich durchaus vernehmlich machen könnte, weicht so von aller früheren Erfahrung und Vorstellbarkeit ab, daß rechtliche Gleichbehandlung mit einem öffentlichen Vortrag abzulehnen ist.

Die augenfällige Verschiedenheit der räumlichen Umstände und Bedingnisse bringt weiter einen Unterschied mit sich in der Wechselbeziehung zwischen Sprecher und Hörern. Dem Vortrag im herkömmlichen Sinne ist, so führt das Berufungsgericht mit zutreffender Beobachtung aus, dergleichen Beziehung persönlichen Zusammenhangs notwendig eigen. Sie pflegt sich im Eindruck des Vortragenden auf die Hörerschaft und hinwiederum in der Einwirkung der Hörerschaft auf den Vortragenden geltend zu machen. „Zwar steht bei dem Vortrag die klangliche Wiedergabe des Werkes im Vordergrunde. Doch wird erfahrungsgemäß der Eindruck nicht allein durch das gesprochene Wort, sondern durch das gesamte Verhalten des Künstlers, durch Mienen- und begleitendes Gebärdenspiel bestimmt, wenn auch nicht in gleichem Maß wie bei bühnenmäßiger Aufführung." Dagegen muß sich bei der Rundfunkübertragung der Sprecher auf die klangliche Wirkung seiner Darstellung beschränken; der Einfluß der Persönlichkeit, den er beim Vortrag einsetzen und ausüben könnte, um der Gestaltung des Werkes Nachdruck und besonderes Gepräge zu geben, fällt großenteils weg, weil sich die Darbietung fast ausschließlich an das Ohr, nicht an das Auge wendet. Anderseits hängen, so führt das angefochtene Urteil in diesem Zusammenhang ferner aus, Art und Maß künstlerischer Leistung des Redners vielfach vom Verhalten der Hörerschaft ab. Die Aufnahme der Darstellung durch die Hörer spornt den Vortragenden zu vollkommenerer Leistung an und befähigt ihn, neben dem Werk selbst seine eigene Persönlichkeit in der Weise der Gestaltung wirken zu lassen; er kann seine Worte je nach dem Eindruck abstimmen, den er bei der Hörerschaft hervorbringt. Beim Rundfunk, wo der Redner sozusagen vor leeren Wänden in den Sender hineinspricht, kommt alles das nicht in Betracht. *Hier* kann der Sprecher gar *nicht* ermessen, wieviel *Hörer* seiner Darbietung folgen und ob dies mit der Empfindung des Beifalls geschieht oder nicht.

Mit diesen Unterschieden berührt sich ein weiterer, den das angefochtene Urteil noch erwähnt: Dem Vortrag eigne in hohem Maß selbständige künstlerische Leistung mit persönlicher Farbe und Belebung, sofern er entsprechenden Zielen zustrebe und Anforderungen genügen wolle. Beim Rundfunk trete dies eigenpersönlich Künstlerische zugunsten einer mehr mechanischen, allein für das Gehör bestimmten Wiedergabe zurück. Ob dieser Unterschied so, wie das Berufungsgericht andeutet, als Regel angesehen werden kann, mag dahinstehen. Auch ohne ihn wäre, schon wegen der an erster Stelle genannten Wirkungsverschiedenheit, die Rundfunksendung nicht als Vortrag zu betrachten.

Endlich betont aber das Berufungsgericht mit Recht den Zweck des Gesetzes und meint, daß er eine einschränkende Auslegung des Begriffs Vortrag erheische. Dafür zieht es die Begründung des Gesetzentwurfs heran. Aus ihr erhellt, daß man bei der Vorbereitung des Gesetzes erwogen hat: Den Vortrag bereits erschienener Werke von einer Genehmigung des Urhebers abhängig zu machen, stehe mit der Verkehrsanschauung in Widerspruch; durch Rücksichten auf die Belange des Urhebers sei es nicht geboten. Zutreffend bemerkt das angefochtene Urteil, daß hieraus zu ersehen sei, man habe bei Freigabe des Vortrags mit keiner nennenswerten Vermögenseinbuße für den Urheber gerechnet, eine beträchtliche ihm nicht zumuten wollen. Mit starker wirtschaftlicher Beeinträchtigung aber werde der Urheber bedroht, wenn der Rundfunk, als öffentlicher Vortrag behandelt, freistehe. Sowohl die Möglichkeit, räumlich unbegrenzt Werke zu übermitteln, als rundfunktechnische Uebermittlung zu wiederholen, könne dazu führen, daß der Anreiz, Werkexemplare anzuschaffen, schwinde im Vergleich zu dem Gedanken, eine Anhörung im Rundfunk beinahe kostenlos haben zu können. Dem ist beizustimmen. Es mag darüber gestritten werden, ob im großen und ganzen betrachtet, die Rundfunksendung einem Werk Käufer zuführt oder abwendet. Die Zukunft erst kann erbringen, was von beiden eintrifft, ob der Rundfunk sich als Anreger zur Bildung und Vertiefung bewährt oder als ein Verführer zur Oberflächlichkeit und Verseichtung. Besteht aber auch nur die Möglichkeit schweren Schadens für die Urheber, so hat die Gesetzesauslegung das ihrige zu tun, daß er verhütet werde. Die Feststellung der Schadenswahrscheinlichkeit durch das Berufungsgericht gehört dem Gebiet der Tatsachenwürdigung an (§ 286 ZPO.); das Revisionsgericht hat auf sie nicht einzugehen. Darum braucht auch nicht eingegangen zu werden auf die Revisionsausführung der Beklagten, daß minderbekannten Schriftstellern die Rundfunksendung, obschon ungenehmigt, als Einführungsmittel immer willkommen sein werde, die Entstehung eines Schadens deshalb auch bei Dichtern von Weltruf, wie es der Kläger sei, bezweifelt werden müsse.

Die Vorinstanzen haben demnach mit Recht angenommen, daß die Beklagte durch Rundfunksendung des Werkes „Der Tor und der Tod" gegen das ausschließliche Recht des Klägers, dieses sein Werk gewerbsmäßig zu verbreiten, verstoßen hat. Die Rüge der Revision, daß der Begriff Verbreitung (§ 11 Abs. 1) rechtsirrig angewendet, der Begriff öffentlicher persönlicher Vortrag (§ 11 Abs. 3 verb. mit § 2 Abs. 2 Satz 1) rechtsirrig verneint sei, erweist sich daher als unbegründet.

4. Die Ausführung des angefochtenen Urteils über das Verschulden der Beklagten läßt gleichfalls keinen Rechtsirrtum erkennen. Das Berufungsgericht erwägt: Selbst wenn sich die Beklagte nach der streitigen Rechtsfrage bei Sachverständigen erkundigt habe, die eine ihr günstige Auffassung vertraten, so hätte sie sich doch über die ihr sicherlich bekannten abweichenden Meinungen nicht hinwegsetzen dürfen. Habe sie, ohne sich darum zu kümmern, ein Werk des Klägers ohne seine Genehmigung durch Rundfunk gesendet, so liege darin ein mindestens fahrlässiges Verhalten. Der vom Kammergericht hiermit angewandte Maßstab der im Verkehr erforderlichen Sorgfalt (§ 276 BGB.) ist nicht zu beanstanden. Die Verpflichtung der Beklagten, dem Kläger den durch verringerten Absatz seines Werkes infolge der Rundfunksendung entstandenen Schaden zu ersetzen, ist also mit rechtlich zutreffender Begründung ausgesprochen (§ 36 UrhG.).

5. (Es folgen Ausführungen zur Frage, ob die Verletzung eines Urheberrechts auch einen Bereicherungsanspruch begründet. Vgl. dazu jetzt RGZ. Bd. 121 S. 258.) (Abgedr. weiter unten in diesem Abschnitt.)

**RGZ. 115, 358**

**1. Der Herausgebervertrag als Mischung aus verschiedenen Vertragsarten, unter Umständen auch mit wesentlichen Merkmalen des Gesellschaftsvertrags; Besonderheiten gemeinsamer Herausgeberschaft.**

**2. Gibt ernstliche, nachhaltige Störung des Einvernehmens unter den Herausgebern dem Verleger einen rechtlichen Grund, das auf Lebenszeit der Herausgeber eingegangene Rechtsverhältnis zu kündigen?**

Gesetz über den Verlagsvertrag §§ 30, 31. BGB. §§ 723, 242.

I. Zivilsenat. Urt. v. 5. Januar 1927.

I. Landgericht I München. II. Oberlandesgericht daselbst.

Im Verlag des Beklagten erscheint „Schmollers Jahrbuch für Gesetzgebung, Verwaltung und Volkswirtschaft im Deutschen Reich". Nach Schmollers Tode schrieb der Beklagte an den Kläger, der damals in Berlin amtlich tätig war, und bat ihn, die Herausgeberschaft des Jahrbuchs gemeinsam mit Professor Sp. in Berlin zu übernehmen. Sp. war lange Jahre bei Schmoller als Assistent und zugleich Schriftleitungssekretär des Jahrbuchs in besonderer Vertrauensstellung gewesen. Mit dem Kläger und Sp. schloß der Beklagte unterm 30. Oktober/17. November 1917 einen Vertrag, der (§ 1) den beiden Professoren vom 1. Januar 1918 an die gemeinsame Schriftleitung des Jahrbuchs übertrug.

Der § 7 dieses Vertrags bestimmte, daß die beiden Herausgeber die Redaktionsgeschäfte unter sich verteilen und regelmäßig unter der Geschäftsleitung der Redaktion mit dem Verlag verkehren sollten. Er regelte sodann die gemeinsame Behandlung des Druckes von Jahrbuchbeiträgen. Im § 8 heißt es: „Die Herausgeberschaft endet mit dem Tode der Herausgeber. Beim Tode eines der beiden Redakteure wird vom Ueberlebenden und dem Verlag gemeinsam bestimmt, ob ein neuer Mitherausgeber und wer als solcher eintritt."

Im Jahre 1919 siedelte Professor Sp. von Berlin nach Bonn über. Schon während seines Berliner Aufenthalts beschwerte er sich in Briefen an den Kläger (bei dem der Redaktionssekretär arbeitete) mehrmals darüber, daß er in der Herausgebertätigkeit übergangen werde; er bestand darauf, seine vertragliche Gleichstellung auch in der Art der geschäftlichen Erledigung anerkannt zu sehen, machte Vorschläge dafür, wie das geregelt werden könne, und bat um eine grundsätzlich ordnende Aussprache. Der Kläger erwiderte, daß die Notwendigkeit einheitlicher Geschäftsleitung ihm eine tatsächliche Vorzugsstelle sichere, lehnte das Zugeständnis förmlicher Gleichberechtigung Sp.'s ab und wies dessen Vorschläge als undurchführbar oder mit den Anforderungen des Unternehmens nicht verträglich zurück. Wiederholte schriftliche Erörterung führte zu keiner Einigung. Im Verlauf langen, eingehenden Briefwechsels traten grundsätzliche Meinungsverschiedenheiten, bei aller Wahrung äußerer Form unter den von früher her befreundeten Männern, nur um so deutlicher zutage. Durch Brief vom 29. und Telegramm vom 31. März 1921 an Sp. erklärte der Kläger, daß er von seinem Kündigungsrecht Gebrauch mache, spätestens zum 31. Dezember 1921 also die Mitherausgeberschaft erloschen sei. Diese Kündigung wurde zwar nachher als nicht geschehen behandelt. In weiterem Schriftwechsel aber zeigte sich der frühere Zwiespalt. Unterm 17. Mai 1921 schrieb der Kläger dem Beklagten, daß ihm die Auflösung des bestehenden Rechtsverhältnisses zwischen Sp. und ihm als der beste Weg erscheine, alle bisherigen Rechtsbeziehungen auch zum Verlag zu beseitigen und damit den Boden für einen neuen Wiederaufbau freizumachen. Sein Brief vom 9. Juni 1921 führte das näher aus. Danach war sein Plan, das Verhältnis zu Sp. gütlich oder nötigenfalls auf dem Rechtsweg aufzulösen und das Jahrbuch dann auf Grund neuen Abkommens bei dem Verlag allein herauszugeben.

Der Briefwechsel darüber zog sich in die Länge, ohne ein Ergebnis zu zeitigen. In einem Schreiben vom 20. Juni 1922 an den Kläger beschwerte sich der Beklagte ebenfalls, daß ihm der Ton „außerordentlich unsympathisch" sei, der sich zu seinem Bedauern im schriftlichen Verkehr zwischen Herausgeber und Verlag herausgebildet habe, bezeichnete die fortgesetzten Klagen in den Briefen des Klägers als ungerechtfertigt, und lehnte es ab, den Schriftwechsel mit ihm selbst in die Hand zu nehmen und an der Geschäftsführung in seinem Verlag etwas zu ändern.

Unterm 13. August 1922 erklärte Professor Sp. dem Kläger zum Ende des laufenden Jahres und Jahrgangs den Austritt aus dem Gesellschaftsverhältnis zu ihm und bemerkte, daß er — den bereits Ende März 1921 vom Kläger ausgesprochenen Gedanken aufnehmend — damit die Auflösung des Verlagsvertrags herbeiführe. Dies wiederholte er dem Inhalt nach in seinem Schreiben vom 15. Dezember 1922 mit dem Bemerken, daß der Verlag sich ihm verpflichtet habe, keine Neuregelung vorzunehmen, der er nicht zustimme. Der Beklagte schrieb dem Kläger am 28. Dezember 1922, er sehe den Vertrag vom 17. November 1917 als nicht mehr bestehend an, weil er infolge Ausscheidens des einen Herausgebers nicht mehr den beim Abschluß bestehenden Absichten entspreche. Am 6. Januar 1923 wiederholte er, der Wegfall des einen Herausgebers habe den Vertrag gelöst, und erklärte ferner, daß ihm nichts anderes übrigbleibe, als die Herausgabe des Jahrbuchs in andere Hände zu legen. Der Kläger widersprach, bot nochmals die Handschrift für das nächste Heft an und bestand auf Erfüllung des Vertrags vom 17. November 1917.

Während des Jahres 1923 erschien das Jahrbuch nicht. Der in der Reihe fällige Jahrgang 47 kam, herausgegeben von Professor Sp., im Jahre 1924 im Verlag des Beklagten heraus. Die weiterhin erschienenen Hefte bezeichnen gleichfalls Professor Sp. als alleinigen Herausgeber.

Der Kläger verlangt, daß der Beklagte verurteilt werde, Schmollers Jahrbuch fürder nicht ohne seine Zustimmung erscheinen zu lassen. Das Landgericht hat die Klage abgewiesen, das Oberlandesgericht die Berufung des Klägers zurückgewiesen. Die Revision des Klägers hatte keinen Erfolg.

Aus den Gründen:

1. Der Kläger gründet seinen Unterlassungsanspruch auf den Vertrag, den er und Sp. unterm 30. Oktober/17. November 1917 mit dem Beklagten über die Herausgabe des Jahrbuchs geschlossen haben. Herausgeberverträge können je nach Zweck, Umständen und besonderem Inhalt von sehr verschiedenem rechtlichen Wesen sein (RGZ. Bd. 113 S. 71). Dem Berufungsgericht ist darin beizustimmen, daß der vorliegende Vertrag zwischen dem Verleger auf der einen und den beiden Gelehrten auf der anderen Seite ein aus Verlags-, Werk- und Dienstvertrag gemischtes Rechtsverhältnis begründet hat. Besteht ein Schriftwerk, wie die einzelnen Hefte des Jahrbuchs, aus getrennten Beiträgen mehrerer, so wird für dieses Sammelwerk als Ganzes der Herausgeber als Urheber angesehen (§ 4 LitUrhG.). Der Herausgeber wiederum überläßt das Werk dem Verleger zur Vervielfältigung und Verbreitung (§ 1 VerlagsG.). Ein gleiches geschieht mit den vom Herausgeber selbst verfaßten Arbeiten, die als Beiträge in die Zeitschrift aufgenommen werden. Der Herausgeber oder, wie es gleichbedeutend im Vertrag heißt, Schriftleiter hat als solcher Beziehungen zu gewissen Fachkreisen anzuknüpfen und zu pflegen, für den abschnittweise wiederkehrenden Bedarf der Zeitschrift vorzusorgen. Er hat Stoff zu beschaffen, zu prüfen, zu sammeln, etwa nötige Aenderungen zu veranlassen. Das als geeignet Angenommene muß er zusammenstellen, auch Anfertigung von Arbeiten anregen, Besprechungen vergeben. Ueberwachung, Durchsicht, Stoffordnung, Schriftwechsel fordern von ihm die mannigfaltigste Tätigkeit. Neben der des Urhebers liegen darin höhere Dienste verschiedener Art, zum Teil auch Herbeiführung von Arbeitsergebnissen wie bei einem Werke, so daß sich mit den hier vorherrschenden Eigenschaften eines Verlagsvertrags Züge des Dienst- und des Werkvertrags, auch der Geschäftsbesorgung verbinden (§§ 611 flg., 631 flg., 675 BGB.). Die zwischen Herausgebern und Verleger begründete Gemeinsamkeit des vertraglich von ihnen allen zu fördernden Zweckes legt den Gedanken nahe, ob in gewissem Maße nicht außerdem Grundsätze der Gesellschaft (§§ 705 flg. BGB.) anzuwenden sind.

Zutreffend hebt das Berufungsgericht hervor, daß bei der Beurteilung des vertraglich begründeten Rechtsverhältnisses vornehmlich der in der Vertragsurkunde ausgesprochene oder sonstwie ersichtliche Wille der Beteiligten zur Zeit des Abschlusses zu beachten ist. Danach entscheidet sich auch, welche gesetzlichen Regeln, sei es des Verlagsrechts sei es des allgemeinen bürgerlichen Rechts, angewandt werden müssen....

Das Berufungsurteil erachtet im Einklang mit dem Landgericht das gemeinsame Wirken der beiden Herausgeber nach übereinstimmendem Parteiwillen für so wesentlich, daß es folgert: Durch Sp.'s Ausscheiden sei der gewollte Vertragszweck unerreichbar geworden; die vom Kläger als alleinigem Herausgeber gewährbare Leistung sei etwas wesentlich anderes als jene, die vertraglich von beiden Herausgebern kraft gemeinsamer Arbeit habe geboten werden sollen. Darum habe der Beklagte vom Vertrag zurücktreten können, weil die Leistung nicht von der vertragsmäßig bedungenen Beschaffenheit gewesen sei (§ 31 Abs. 1 mit § 30 Abs. 1 VerlagsG.). Die in der Regel erforderliche Fristsetzung (§ 30 Abs. 1) sei hier entbehrlich gewesen, weil Sp. aus wichtigen, sein Verhalten rechtfertigenden Gründen die weitere Mitwirkung versagt habe, eine gemeinsame Tätigkeit — allenfalls mit Rechtszwang wider ihn — also nicht hätte herbeigeführt werden können (§ 30 Abs. 2 mit § 31 Abs. 1 VerlagsG.). (Wird näher dargelegt.)

2. Die Auffassung des Berufungsgerichts vom übereinstimmenden Willen der Beteiligten beim Vertragsschluß wird durch ihr späteres Verhalten, namentlich gegenüber den andauernden Meinungsverschiedenheiten, bestätigt.

a) Hierbei ist die rechtliche Beurteilung des Verhältnisses der Herausgeber zueinander wesentlich. In den vom Kläger beigebrachten Gutachten hervorragender Rechtslehrer (Z i t e l m a n n, Ernst H e y m a n n, Julius v o n G i e r k e) wird mehr oder minder eingehend die Ansicht vertreten, daß es sich schlichtweg um ein Gesamtschuldverhältnis handle (§§ 421 flg., 431 BGB.). Gutachten anderer namhafter Gelehrter (A l l f e l d, Wilhelm K i s c h, Hans D ö l l e) nehmen an, daß unter den beiden Herausgebern ein Gesellschaftsverhältnis begründet worden sei (§§ 705 flg. BGB.).

Das angefochtene Urteil würdigt den Streitstoff, zumal den umfänglichen Schriftwechsel, ohne Verletzung von Auslegungsregeln im Sinne der zweiten Ansicht. (Wird dargelegt.) War also die Tätigkeit, welche der Kläger allein weiter ausüben will und kann, etwas anderes als die, welche der Verlag nach dem Vertrag von ihm und Sp. gemeinsam zu beanspruchen hat, dann ist dem Beklagten genügender Grund gegeben, um auch dem Kläger gegenüber vom Vertrag zurückzutreten; denn die Grundlagen dieses Vertrags haben sich verändert und seine Ausführung ist unmöglich geworden (vgl. § 723 Abs. 1 Satz 2 und 3, Abs. 2 BGB.).

b) Die vom Kläger aus dem weiteren Vertragsinhalt hergeleiteten Bedenken gegen diese Auslegung und ihre Folgerungen greifen nicht durch. (Wird dargelegt.)

3. Das Berufungsgericht bejaht die Frage, ob Sp. berechtigt gewesen sei, aus der Mitherausgeberschaft auszuscheiden, weil man ihm fernere Mitwirkung nicht habe zumuten können. Und folgerichtig nimmt es an, der Beklagte sei unter den vorliegenden Umständen nicht befugt gewesen, ihn zu weiterer Tätigkeit anzuhalten.

a) Zunächst untersucht es, ob und wie das Gesellschaftsverhältnis der beiden Herausgeber zueinander aufzulösen sei. Die allgemeine Vorschrift, wonach eine nicht für bestimmte Zeit eingegangene Gesellschaft von jedem Gesellschafter jederzeit (nur nicht zur Unzeit) gekündigt werden kann (§ 723 BGB.), erscheint ihm nicht schlechtweg anwendbar. (Wird ausgeführt.) Diese Darlegungen sind nicht zu beanstanden; sie werden der besonderen Lage des gegenwärtigen Streitfalls gerecht. Auf hier nicht anwendbare Folgen aus allgemeinen Gesetzesregeln (z. B. § 6 mit § 4 LitUrhG., Gemeinschaft nach Bruchteilen) braucht darum ebensowenig eingegangen zu werden wie auf grundsätzliche Zweifelsfragen, die sich sonst an die gemeinsame Herausgeberschaft mehrerer knüpfen.

b) Zutreffend nimmt aber das Berufungsgericht an: Bei wissenschaftlichen Arbeiten wie der vorliegenden müsse es als wichtiger und somit hinreichender Grund zur Auflösung der Herausgebergesellschaft angesehen werden, wenn dem einen Gesellschafter durch ungünstige Entwicklung der Beziehungen zu dem anderen die Weiterarbeit dergestalt verleidet werde, daß man sie ihm vernünftigerweise nicht fürder zumuten könne. Wie näher dargelegt wird, ist das hier der Fall. Professor Sp. war danach zu seiner außerordentlichen Kündigung der Gesellschaft durch Brief vom 13. August 1922 befugt (§ 723 Abs. 1 Satz 2, Abs. 3 BGB.). Ob ordentliche Kündigung, wie das Oberlandesgericht erwägt, in entsprechender Anwendung der für Dienstverträge geltenden Regeln (§ 624 BGB.) zuzulassen wäre, braucht nicht erörtert zu werden, weil die Voraussetzungen der außerordentlichen jedenfalls gegeben sind.

Die persönlichen und für ersprießliche Mitherausgeberschaft nötigen Beziehungen zwischen dem Kläger und Sp. haben sich, wie das Berufungsurteil namentlich im Anschluß an den Schriftwechsel feststellt, im Laufe der Jahre ungünstig entwickelt. (Wird im einzelnen dargelegt.) Dem Schriftwechsel entnimmt das Berufungsgericht die eingestandene Erkenntnis beider Herausgeber, daß es bei ihren gespannten Beziehungen unmöglich sei, die gemeinschaftliche Schriftleitung des Jahrbuchs fortzuführen. (Es folgen weitere Einzelheiten.) Die lähmende, zermürbende Wirkung solchen Zwistes liegt zutage. Völlig einleuchtend hält darum das Berufungsgericht seine bereits in anderem Zusammenhang getroffene Feststellung üblen Einflusses auf das Unternehmen aufrecht. Zwar habe gelegentlich der Kläger persönlich erklärt, durch die persönlichen Unstimmigkeiten der Herausgeber habe das Jahrbuch keinen Schaden genommen. Das möge richtig sein. Gleichwohl sei in immer steigendem Maße die Gefahr erwachsen, daß durch mangelnde Anpassung der Herausgeber aneinander die Zeitschrift wirklich geschädigt werde; mindestens daß die Möglichkeiten, sie zu befruchten und weiter zu entwickeln, nicht genügend ausgenützt würden, Möglichkeiten, die durch Bestellung zweier Herausgeber bei richtigem Zusammenwirken bestünden. Solche Gefahr schon rechtfertigt Abhilfe, besonders in schwankenden Zeiten wirtschaftlicher Bedrängnis, womöglich vorbeugende Abhilfe, solange es nicht zu spät ist. Mit Recht folgert darum das Berufungsgericht: Die Besorgnis um die Entwicklung des Jahrbuchs gab jedem der beiden Herausgeber das Recht, von der gemeinsamen Zusammenarbeit zurückzutreten, also das Gesellschaftsverhältnis zu kündigen. Grundlos wird das von der Revision bemängelt, weil noch kein wirklicher Schaden (erwiesene Verschlechterung der Zeitschrift) entstanden sei.

Ob der eine oder der andere Herausgeber oder keiner von beiden an dem eingetretenen Mißstand allein oder überwiegend Schuld trage, läßt das Berufungsgericht als belanglos dahingestellt. . . . Es nimmt mit Recht an, daß der tatsächliche Zustand vereitelter Wirkungsmöglichkeit den wichtigen Grund abgibt, aus dem die Befugnis außerordentlicher Kündigung erwächst (WarnRspr. 1916 Nr. 49). Die Kündigung des Gesellschaftsverhältnisses durch Sp.'s Brief vom 13. August 1922 war also berechtigt; sie beendigte die Gesellschaft der beiden Herausgeber zum Schlusse des Jahres 1922 (§ 723 BGB.).

4. Auch das durch Vertrag vom 30. Oktober/17. November 1917 begründete Rechtsverhältnis zwischen Herausgebern und Verlag ist aufgelöst worden.

a) Weil, wie dargelegt, die vom Kläger und Sp. gemeinschaftlich übernommene Herausgeberschaft von Schmollers Jahrbuch dem Vertrag wesentlich war, so wurde die bedungene Leistung der Herausgeber durch Sp.'s Ausscheiden und die damit vollzogene Auflösung der Herausgebergesellschaft unmöglich. (Das Vorbringen des Klägers und der Revision hierzu wird näher erörtert.)

b) Ueberdies nimmt das Berufungsgericht mit Recht an: Die aus tiefgehender Verstimmung und Meinungsverschiedenheit unter den Herausgebern entstandene ernstliche Gefahr für die weitere Entwicklung des Jahrbuchs berechtigte sowohl Herausgeber als den Verleger zum Rücktritt vom Herausgebervertrag. Sp.'s Brief vom 13. August 1922 enthält inhaltlich nicht bloß die Kündigung des Gesellschaftsverhältnisses zum Kläger, sondern vermöge des ausdrücklichen Hinweises, daß der Herausgebervertrag („Verlagsvertrag") damit aufgelöst werde, zugleich den Rücktritt von diesem. Die Rechtsgrundlage dafür bietet nicht nur eine entsprechende Anwendung der §§ 31, 30 VerlG., sondern ohne sie der aus § 242 BGB. zu entnehmende Leitsatz für Auslegung, Erfüllung und Lösung der Verträge.

Der Herausgebervertrag war damit völlig aufgelöst auch zwischen dem Kläger und dem Beklagten. Denn war der Beklagte wegen tiefgehenden, unausgleichbaren Zerwürfnisses unter den Herausgebern berechtigt, von diesem Vertrag, beiden gegenüber, zurückzutreten, so bedurfte es seines besonderen Rücktritts nicht, wenn er bereits auf Sp.'s Rücktritt hin der vollständigen Aufhebung gewiß war. (Wird ausgeführt.) Den Willen, am Herausgebervertrag von 1917 nicht weiter festzuhalten, also ihn (wenn es noch nicht geschehen) aufzuheben und den

Rücktritt zu erklären, hat der Beklagte dem Kläger hinlänglich kundgetan. Das aber entscheidet. (Es folgen Einzelheiten dazu.) Rücktrittsgrund war, daß infolge des durch dauernde, schwere Mißhelligkeiten begründeten Ausscheidens von Sp. die Herausgebertätigkeit keine gemeinsame mehr sei, künftig es auch nicht sein könne, mithin der vertraglichen Beschaffenheit ermangle, auch Sp.'s Wiederbeteiligung nicht erzwingbar sei (§ 31 Abs. 1 mit § 30 Abs. 1 und 2 VerlagsG.). . . .

c) Die Erklärungen des Beklagten in den Briefen vom 28. Dezember 1922 und 6. Januar 1923 lassen sich nach tatsächlichen Unterlagen, Beweggrund und Zweck ebensowohl als außerordentliche Kündigung eines Gesellschaftsverhältnisses aus wichtigem Grunde kennzeichnen (§ 723 BGB.). Wie schon angedeutet, können einem Herausgebervertrag auch gesellschaftsartige Züge anhaften. Besteht das Wesen des Gesellschaftsvertrags darin, daß die Gesellschafter sich gegenseitig verpflichten, die Erreichung eines gemeinsamen Zwecks in der durch den Vertrag bestimmten Weise zu fördern, insbesondere die vereinbarten Beiträge zu leisten (§ 705 BGB.), so sind an dem Herausgebervertrag vom 17. November 1917 mindestens in gewissen für seine rechtliche Beurteilung wichtigen Stücken die Merkmale eines Gesellschaftsvertrags nachzuweisen, wenn er auch keineswegs in einem solchen Vertrag aufgeht. Unverkennbar ergibt sich gerade im vorliegenden Falle der durch Forterhaltung von Schmollers Jahrbuch bestimmte gemeinsame Zweck, dessen Erreichung die beiden Herausgeber und der Verleger in der vertraglich vorgesehenen Weise zu fördern sich verpflichteten, aus folgendem: Der Beklagte als Inhaber eines Verlagshauses, bei dem die weiterhin zu versorgende Zeitschrift damals schon 46 Jahre lang, und zwar 36 Jahre unter Gustav Schmollers Leitung, erschienen war; beide Herausgeber als angesehene Volkswirtschaftslehrer, deren einer sich als vertrauter Gehilfe und Freund Schmollers zum Treuhänder des Jahrbuchs besonders berufen fühlte, während der andere als ein in Wissenschaft und Beruf zeitig zu hohem Ansehen gelangter, durch ehrende Aufträge mannigfach ausgezeichneter Mann dem Unternehmen besondere Bürgschaft ferneren Gedeihens zu geben schien. Alle drei Beteiligten sagten vereinbarte Beiträge zu: Die Herausgeber in Gestalt der bereits nach Art und mannigfaltiger Verschiedenheit bezeichneten Leistungen (Dienste, Werke, Geschäftsbesorgungen, Urheberrechtsübertragungen); der Verleger durch Gewährungen, unter denen sich die Deckung der Herstellungskosten für die Zeitschrift und die Vergütungen für beide Herausgeber befanden. Wie fast alle gesetzlichen Bestimmungen über den Gesellschaftsvertrag nachgiebiges Recht sind, so kann z. B. der Eintritt personenrechtlicher Gemeinschaft ganz wegbedungen werden, so daß weder gesamte Hand noch Gesellschaftsvermögen entsteht (RGU. I 140/05 vom 11. Oktober 1905 in Seuff.Arch. Bd. 61 Nr. 107; RGZ. Bd. 73 S. 287, Bd. 80 S. 269; JW. 1909 S. 656 Nr. 6). Also schließt es die

Anwendung der Gesetzesregeln über den Gesellschaftsvertrag nicht aus, wenn der vorliegende Herausgebervertrag nichts von Entstehung eines Gesellschaftsvermögens erwähnt, auch keine ausdrücklichen Bestimmungen trifft, wonach die drei Beteiligten in gewissem Umfang nur zu gesamter Hand verfügen könnten. Die gesellschaftlichen Züge tragen zum Gepräge des gegenwärtigen Herausgebervertrags so wesentlich bei, daß es sich rechtfertigt, auf ihn, soweit es dem Zweck entspricht, gesellschaftsrechtliche Vorschriften anzuwenden. Wurde das Einvernehmen der beiden Herausgeber so nachhaltig gestört, daß eine Wiederherstellung ausgeschlossen und damit die notwendige Grundlage vertraglichen Zusammenwirkens in gemeinsamer Herausgeberschaft weggefallen ist, so gebietet die vernünftige, den Verkehrszwecken genügende Vertragsauslegung, daß dem Verleger ermöglicht werde, das unhaltbar gewordene Vertragsverhältnis zu lösen. Dies namentlich dann, wenn die Fortsetzung mit dem einen Herausgeber den Verleger der Gefahr aussetzt, daß der andere dem Versuch, als einer Zuwiderhandlung gegen den auf Lebenszeit der Herausgeber eingegangenen Vertrag, widerspreche; wenn ferner die Fortsetzung des Unternehmens, dem der bisherige Vertrag dienen sollte, nicht auf dessen Grundlage, sondern nur auf einer neuen möglich erscheint. Da gerade die im gemeinsam verfolgten Zwecke hervortretenden rechtlichen Züge denen eines Gesellschaftsverhältnisses entsprechen, so ergibt sich für eine Lage wie die gegenwärtige die Anwendung der Vorschriften über die Kündigung einer Gesellschaft aus wichtigem Grunde (§ 723 BGB.). Daß in den andauernden, ernstlichen, nicht mehr zu behebenden Meinungsverschiedenheiten der beiden Herausgeber ein solcher Grund für den Beklagten gegeben war, bedarf nach dem an anderer Stelle über die hemmende, lähmende Wirkung des Zerwürfnisses und über die aus ihm erwachsende Gefahr Bemerkten keiner Ausführung mehr. Die Kündigung konnte fristlos erfolgen, schon weil, wie gleichfalls dargelegt, eine vertragliche Herausgeberleistung unter den geschilderten Umständen nicht mehr möglich war (§ 723 Abs. 1 Satz 3 BGB.).

5. Dem Berufungsgericht ist endlich darin beizustimmen, daß es den vom Kläger gegen den Beklagten erhobenen Vorwurf der Arglist für unbegründet erklärt und dazu ausführt: Bei dem das Jahrbuch gefährdenden Zwiespalte der Herausgeber hätte der Beklagte sich durch Rücktritt vom Herausgebervertrag auch dem Kläger gegenüber seiner vertraglichen Verpflichtungen entledigen können. Er habe also nicht arglistig gehandelt, wenn er das Ausscheiden Sp.'s zu dem gleichen rechtlichen Erfolg und zugleich zur künftigen Sicherung der gefährdeten Zeitschrift durch neuen Herausgebervertrag benutzte. Es könne ihm nicht verwehrt werden, schon vor der Erklärung, welche die Beendigung des im Herbst 1917 begründeten Vertragsverhältnisses entschied, für die Weiterführung des Jahrbuchs über jenen Zeitpunkt der Beendigung hinaus Vorsorge zu treffen; dies auch dann nicht, wenn es durch Einigung mit Sp. über dessen künftige Alleinherausgeberschaft geschehen sein sollte.

Er habe ja das Recht zu Kündigung oder Rücktritt gegenüber dem Kläger sich nicht erst durch eine gegen Treu und Glauben verstoßende Handlungsweise verschaffen müssen. Nur gegen nachteilige Wirkungen, die mit plötzlichem Aufhören des Vertragsverhältnisses eintreten könnten, habe er sich vorbeugend geschützt, um nicht unverwahrt überrascht zu werden. Damit sei nichts anderes geschehen, als was der Kläger ein Jahr früher mit seinen Briefen vom 23. und 27. Juli 1921 angeregt hatte. Diese Beurteilung verstößt nicht gegen Rechtsgrundsätze. Sie darf um so weniger beanstandet werden, als Sp. dem Kläger wiederholt in aller Offenheit brieflich angedeutet hatte: dem Andenken Schmollers fühle er sich verpflichtet, die Fortführung des Jahrbuchs in dessen Sinne zu sichern; *seinen gegenwärtigen Einfluß auf die Zeitschrift habe er nur* gegen die Zusage des Verlags aufgegeben, die Neuregelung nicht ohne seine Zustimmung vorzunehmen. . . .

RGZ. 116, 292

**1. Wird ein Adreßbuch, wenn es sich als Erzeugnis einer, obschon geringen, eigenen geistigen Tätigkeit des Urhebers darstellt, als Schriftwerk geschützt? Genügt es, daß die geistige Tätigkeit in der Sammlung, Einteilung und Anordnung eines großenteils bekannten Stoffes liegt?**

**2. Wird ein Schriftwerk schon vermöge gewisser Merkmale seiner Gattung oder nur als einzelnes durch seinen Gedankeninhalt gekennzeichnetes Gebilde geschützt?**

**3. Wonach ist zu beurteilen, ob ein Schriftwerk teilweise als unzulässiger Nachdruck eines anderen anzusehen sei?**

**4. Kann bei der Herstellung eines Adreßbuchs aus selbständig gesammeltem Stoff ein anderes Adreßbuch unfrei benutzt werden?**

**5. Ist der Iahrgang eines Adreßbuches als weitere Auflage der vorigen oder als völlig neues Werk zu betrachten?**

**6. Zur Frage des unlauteren Wettbewerbs in solchen Fällen.**

LitUrhG. § 1 Abs. 1 Nr. 1, §§ 11, 12, 13, 36, 41, 42; UnlWG. § 1; BGB. § 826; WZG. § 15.

I. Zivilsenat. Urt. v. 16. März 1927.

I. Landgericht Wiesbaden, Kammer für Handelssachen.
II. Oberlandesgericht Frankfurt a. M.

Die Klägerin hat seit Jahren für eine Anzahl deutscher Städte Einwohnerbücher herausgegeben. Eines davon ist das „Adreßbuch der Stadt Wiesbaden und Umgegend 1924—1925, 36. Jahrgang, unter Benutzung amtlicher Quellen“; dazu ist für 1925/26 „zur Unterrichtung der Oeffentlichkeit über die inzwischen eingetretenen Adressenveränderungen, Neugründungen usw.“ ein Nachtrag erschienen. Früher war ein Adreßbuch für Wiesbaden von der dort ansässigen Firma Schn. & Co.

herausgegeben worden. Durch Vertrag vom 12. Juli 1915 hatte jedoch dieses Haus sein Urheber- und Verlagsrecht daran auf die Klägerin übertragen.

Für 1925/26 ließ die Beklagte ein „Adreßbuch der Stadt Wiesbaden und Umgebung 1925/26, Erster Jahrgang, bearbeitet und herausgegeben nach amtlichen und eigenen Unterlagen, sowie unter dankenswerter Mitarbeit der Behörden, Gemeinden usw." erscheinen. Die Klägerin wirft der Beklagten vor, daß sie sich durch Herstellung und Vertrieb dieses Adreßbuchs der Urheberrechtsverletzung und des unlauteren Wettbewerbs schuldig gemacht habe; sie bezieht sich auch auf die Vorschriften über Austattungsschutz und auf § 826 BGB. Zur Begründung hat sie angeführt, daß sie auf Grund langjähriger Erfahrungen etwa seit 1922 eine bestimmte Form — einen Typ, wie sie es nennt — von Adreßbüchern ausgebildet habe. Diese besondere Gestaltung weise gewisse kennzeichnende Merkmale auf: einheitliche Größe, gleiche Anordnung und Einteilung des Stoffes, bestimmte Druckarten, Anwendung von Farbenunterschieden zur Gewinnung besserer Uebersicht, Einfügung von Blättern aus Steifpapier, die durch Farbe, Aufdruck oder Titelzeichnung wirkten. Die Form sei anpassungsfähig und brauche nicht in jedem Falle sämtliche Merkmale aufzuweisen; namentlich pflegten für Großstädte und mittlere Städte gewisse Unterschiede gemacht zu werden. Die Herrichtung der so gekennzeichneten Adreßbuchform sei das Ergebnis selbständiger, schöpferischer Geistestätigkeit. Den „Typ" der Klägerin habe die Beklagte in ihrem Adreßbuch nachgeahmt. Sie habe sämtliche Einzelzüge, die ihm eigen seien, übernommen: so die Fünfteilung des Inhalts, das Format, die Spaltenteilung der Seiten, den Satzspiegel, die Schriftarten, auch die Sternchen als Kennzeichnung handelsgerichtlich eingetragener Firmen; ferner farbiges Papier für den Straßen- und Häuserteil, farbige Einschaltkartons mit sehr ähnlicher Zeichnung und Druckanordnung. Abgesehen vom Einband stimmten alle für den äußeren Eindruck wesentlichen Merkmale überein. Die Beklagte habe auch Verzeichnisse aus dem Buch der Klägerin geradezu entlehnt und nachgedruckt; sogar Fehler seien übernommen worden. Auffallend sei auch die Uebereinstimmung eingefügter Geschäftsanzeigen nach Auswahl der Stelle, Druck, Zeichnungen, Ausstattung. Das Ganze lasse deutlich erkennen, daß die Beklagte, die vorher noch kein Adreßbuch herausgegeben, habe vortäuschen wollen, sie setze das bis dahin von der Klägerin herausgebrachte Wiesbadener Adreßbuch fort.

Das Landgericht wies die Klage ab; das Oberlandesgericht verurteilte klagegemäß zur Einstellung von Druck und Vertrieb des Adreßbuchs für 1925/26, zu künftiger Unterlassung des Druckes und Vertriebs in dieser Form und zur Vernichtung der im Besitz der Beklagten befindlichen Stücke sowie der zur Vervielfältigung bestimmten Platten usw., letzteres beschränkt auf gewisse Teile des Adreßbuchs; endlich stellte das Berufungsgericht die Schadensersatzpflicht der Beklagten fest.

Die Revision der Beklagten führte zur Aufhebung und Zurückverweisung.

Gründe:

I. Das Berufungsgericht kommt, abweichend vom Landgericht, zu dem Ergebnis, daß die Beklagte das Urheberrecht der Klägerin verletzt habe. Mit Recht geht das angefochtene Urteil von der Frage aus, ob das Einwohnerbuch der Klägerin urheberrechtlich geschützt sei. Der ständigen Gesetzesauslegung folgend, versteht es unter einem Schriftwerk, das den Schutz des Urheberrechts-Gesetzes vom 19. Juni 1901 genießt, einen durch Zeichen äußerlich erkennbar gemachten sprachlichen Gedankenausdruck, der sich als Erzeugnis geistiger Tätigkeit des Urhebers kundgibt (RGZ. Bd. 108 S. 62 und die dort angef. Urteile). Bei rein tatsächlichen Mitteilungen und bloß mechanischer Wiedergabe bekannter Gegenstände liegt kein Schriftwerk vor, wenn keine selbständig schaffende Geistesarbeit hinzukommt. Diese Geistesarbeit braucht indes — das wird im Anschluß an die anerkannte Auslegung vom Berufungsrichter ebenfalls hervorgehoben — nur einen geringen Grad zu erreichen. Sie kann sich auch auf untergeordneten Gebieten des Schrifttums erweisen; schon in prüfender, würdigender Behandlung und der ihr entsprechenden Gestaltung bekannter Stoffe kann sie zu finden sein. Ohne wesentliche Bedeutung ist also das Maß der geistigen Tätigkeit, die zur Herstellung des Schriftwerks nötig war. Nicht erforderlich ist, daß neuer geistiger Stoff geliefert werde. Das schaffende Wirken kann sich in bloßer Formgebung, in der Sammlung, Einteilung und Anordnung vorhandenen Stoffes äußern. Nur rein Schablonenmäßiges, z. B. rein mechanische Niederschrift, die kein eigenpersönliches geistiges Gestalten des Verfassers erkennen läßt, ist auszuscheiden (RGZ. 108 S. 65).

Diesen Grundsätzen gemäß hat die Rechtsprechung allerdings anerkannt, daß auch ein Adreßbuch (Wohnungsanzeiger, Einwohnerbuch), insoweit es sich als Erzeugnis einer, wenngleich geringen, eigenen geistigen Arbeit seines Urhebers darstellt, zu den unter dem Schutze des Urheberrechts stehenden Schriftwerken gehören kann. Denn obschon die in ihm behandelten allgemein bekannten tatsächlichen Verhältnisse kein geistiges Erzeugnis des Verfassers sind, kann doch der sonstige Inhalt, ferner die Sammlung, Einteilung und Anordnung des Stoffes, auf eigener geistiger Tätigkeit des Urhebers beruhen (RGSt. Bd. 17 S. 197, RGZ. Bd. 12 S. 114, JW. 1903 S. 227 Nr. 31). . . . Darum geht es nicht an, mit dem angefochtenen Urteil, ohne Darlegung dessen, was am Adreßbuch der Klägerin die Eigenart geistiger Tätigkeit ausmachen soll, kurzweg anzunehmen: „hiernach" sei dieses Adreßbuch urheberrechtlich geschützt. Die Lücke näherer Begründung wird auch nicht dadurch geschlossen, daß an späterer Stelle gesagt ist, die Beklagte habe „die geistige Arbeit der Klägerin ausgenutzt". In dieser Bemerkung liegt zwar das Urteil, daß das Einwohnerbuch der Klägerin eigentümliche geistige Tätigkeit enthalte. Doch fehlt hier ebenfalls eine genauere Angabe darüber, worin die geistige Arbeit zu finden sei; und damit mangelt es an der Rechtfertigung jenes Urteils. Der Begründung bedarf es, damit ersichtlich werde, in welcher Hinsicht, wenn überhaupt, selbständige Geistestätigkeit entfaltet worden ist. Das ist nicht nur für die Frage der Schutzfähigkeit, sondern, sofern diese zu bejahen, auch für die weitere Frage der Urheberrechts-Verletzung wesentlich; mittelbar überdies für die des unlauteren Wettbewerbs.

Das Sachverhältnis in dieser Hinsicht eingehend festzustellen und zu prüfen, ist schon deshalb unerläßlich, weil gewisse grundsätzliche Auffassungen der Klägerin, die bei der Anspruchsbegründung mitverwendet sind, rechtlichen Bedenken unterliegen. Die Klägerin behauptet, einen bestimmten „Typ" von Einwohnerbüchern geschaffen zu haben, den sie nunmehr bei mindestens 15 solchen Büchern verwende. Aus den beschreibenden Einzelheiten erhellt, daß sie mit „Typ" eine gewisse Art meint, die sich namentlich für das Auge durch sinnfällige Merkmale des äußeren Zuschnitts und der Stoffordnung kennzeichne, ihre Adreßbücher von anderen unterscheide. Als ein solches Merkmal nennt sie vor allem die Fünfteilung (I. Einwohner, II. Straßen und Häuser, III. Geschäftszweige, IV. Behörden, V. Umgebung). In ihr wünscht sie eine eigenartige geistige Sonderleistung anerkannt zu sehen. Dem ist jedoch entgegenzuhalten, daß schon vor siebzig Jahren ein Gutachten des Preußischen literarischen Sachverständigenvereins bei Wohnungsanzeigern die Teilung in „Wohnungsnachweis der Einwohner, Geschäfts- und Gewerbetreibende, Behörden usw." als ein für solche Bücher geläufiges Schema beurteilte (H e y d e m a n n und D a m b a c h, Die Preußische Nachdrucksgesetzgebung [1863] S. 418). . . . Ja diese Anordnung der Hauptabteilungen wurde in einem Streitfalle, der ein Adreßbuch von 1879 betraf, als etwas in der Natur der Sache Liegendes festgestellt, worin man keine Eigentümlichkeit mehr sehen könne (RGZ. Bd. 12 S. 116). . . . Ebenso gebricht es an jedem Anhalt dafür, daß die Verwendung besonderer Schriftarten in gewisser Verteilung, Anordnung oder Gliederung auf eigentümliche Geistestätigkeit schließen lasse. Von der Bezeichnung der im Handelsregister eingetragenen Firmen (im Einwohnerteil) durch Beifügung von Sternchen am Zeilenanfang gilt gleiches. Daß die Klägerin zum Teil II (Straßen und Häuser) hellblaues Druckpapier verwendet hat, um ihn von den anderen Teilen augenfällig zu unterscheiden, ist eine außerhalb des Urheberschutzes liegende Maßnahme der Ausstattung ihres Buches; eigentümliche geistige Tätigkeit läßt sich daraus nicht entnehmen. Entsprechendes ist der Fall bei der Trennung der Teile durch farbige Steifpapierblätter (Einschaltkartons) mit auffallender Zeichnung und Druckanordnung. Hier kommt hinzu, daß dieser Behelf, ebenso wie die Einfügung solcher Blätter an anderen Stellen für Geschäftsanzeigen, schon lange angewandt wird; namentlich zeigen die vorgelegten Einwohnerbücher, daß er seit Jahren in solchen Büchern gebräuchlich ist.

Es ist hier nicht zu erörtern, ob etwa die Klägerin für gewisse Anordnungen, deren Merkmale sie als Anzeichen eigentümlicher, selbständiger Geistestätigkeit gewürdigt sehen will, einzeln oder in ihrer Vereinigung hätte Gebrauchsmusterschutz erlangen können. Jedenfalls dürfen in den Schutz des Urheberrechts keine ihm fremde Gedanken des Musterschutzes hineingetragen werden. Unvereinbar mit den leitenden Gedanken des Urheberrechts ist auch das Bestreben der Klägerin, für eine bestimmte, durch Art der Anordnung und Gliederung gekennzeichnete Gattung von Einwohnerbüchern (das ist der Sinn ihres „Typs") Schriftwerksschutz zu erlangen. Schutzfähig ist immer nur das bestimmte einzelne Werk, nicht die Literaturgattung (Allfeld, Kommentar zum LitUrhG. S. 40 Anm. 6 zu § 1; Kohler, Urheber- und Verlagsrecht S. 146/147; Riezler, Deutsches Urheber- und Erfinderrecht I S. 214). Nur wenn der Klägerin das Wiesbadener Adreßbuch 1924/25 als Schriftwerk geschützt ist, kann sich solcher Schutz auf die darin enthaltenen Verzeichnisse erstrecken, die — wie sie weiter behauptet — von der Beklagten nachgedruckt worden sind.

Demnach bedarf es noch der Feststellung, ob und inwiefern die Klägerin mit ihrem Wiesbadener Adreßbuch von 1924/25 das Ergebnis eigentümlicher geistiger Tätigkeit geboten hat, sei es durch die Sammlung des Stoffes, sei es durch seine besondere Anordnung, Herrichtung und Gliederung. Ist dergleichen geistige Tätigkeit zu bejahen, so gebührt der Klägerin für das Werk der Schriftwerkschutz des Urheberrechts (LitUrhG. § 1 Nr. 1). Das Revisionsgericht ist außerstande, die fehlenden Ermittlungen vorzunehmen; sie müssen einer neuen Verhandlung des Berufungsgerichts vorbehalten werden. Anerkannter Gesetzesauslegung entsprechend ist hierbei zu beachten, daß das für einen Jahrgang herausgegebene Einwohnerbuch nicht als neue Auflage des früheren, sondern als völlig neue Arbeit betrachtet werden muß, welche die in diesem Jahre vorhandenen tatsächlichen Verhältnisse behandelt, wenngleich in der Regel nach dem Plan und unter Benutzung des Inhalts des vorhergehenden Jahrgangs (RGZ. Bd. 12 S. 114, RGSt. Bd. 17 S. 198). Kennzeichnet sich der so verwertete frühere Jahrgang als Erzeugnis eigentümlicher geistiger Tätigkeit und damit als Schriftwerk, so kann der Verfasser auch für das neue Werk, soweit er in ihm das frühere wiederholt hat, Schriftwerkschutz beanspruchen, es sei denn, daß unterdessen jenes Erzeugnis seiner geistigen Arbeit auf rechtmäßige Weise Gemeingut geworden ist (RGSt. Bd. 16 S. 353).

Ergibt die neue Verhandlung, daß der Klägerin für ihr Wiesbadener Adreßbuch von 1924/25 Schriftwerkschutz zusteht (LitUrhG. § 1), so ist weiter zu prüfen, ob sich die Beklagte bei der Herstellung ihres Adreßbuchs 1925/26 nicht auf zulässige freie Benutzung des Buches der

Klägerin beschränkt (§ 13 LitUrhG.), sondern es — durch Bearbeitung oder auf andere Weise — unzulässig benutzt hat (§§ 12, 11 LitUrhG.). Bisher ist, abgesehen davon, daß die Schutzfähigkeit des Werkes der Klägerin noch geklärt werden muß, solche unzulässige Benutzung nicht schlüssig dargelegt.

Auf die dem Titelblatt des Adreßbuchs der Beklagten vorangehenden beiden Aufsätze von U., „Zur Geschichte von Wiesbaden" und „Wiesbaden als Kurstadt", geht das angefochtene Urteil nicht besonders ein. Zwar ist ersichtlich, daß im Buch der Klägerin an späterer Stelle (im IV. Teil) etwas Entsprechendes geboten wurde: 1. Geschichte, 2. Gesundheitliche Vorzüge, 3. Sehenswürdigkeiten und Vergnügungen. Die Selbständigkeit der Arbeiten von U. ist aber nicht bemängelt worden. Sie wären als Teil des Gesamtwerkes mit in Betracht zu ziehen, wenn etwa die Frage gelöst werden müßte, ob ein Teil-Nachdruck des Buches der Klägerin vorliege (s. unten).

Beim I. Teil (Einwohner und Firmen der Stadt Wiesbaden in alphabetischer Reihenfolge, 320 Seiten) und beim II. Teil (Straßen und Häuser in alphabetischer Reihenfolge, 164 Seiten) des Buches der Beklagten stellt das Berufungsgericht fest: „Aus den von der Beklagten vorgelegten Hauslisten ergibt sich, daß sie sich den Stoff für die beiden ersten Teile ihres Buches selbständig beschafft und bei dessen Zusammenstellung eine eigene geistige Tätigkeit entfaltet hat. Nachdruck des Adreßbuchs der Klägerin liegt daher bei diesen beiden Teilen . . . nicht vor. Auch eine unzulässige Bearbeitung (im Sinne des § 12 LitUrhG.) kommt nicht in Frage."

Beim III. Teil (Handels- und Gewerbeverzeichnis . . . nach Geschäftszweigen alphabetisch geordnet, 76 Seiten) unterscheidet das Berufungsgericht wie folgt: Der Stoff selbst (das Adressenmaterial, S. 5—76) beruhe auch hier auf den Hauslisten der Beklagten. Insoweit sie diesen von ihr gesammelten Stoff bei der Zusammenstellung des III. Teils verweret habe, könne daher von Nachdruck nicht gesprochen werden; selbst dann nicht, wenn der III. Teil des Buches der Beklagten mit dem der Klägerin tatsächlich übereinstimmen sollte. Wohl aber liege Nachdruck vor bei der alphabetischen Inhaltsübersicht zum III. Teil. Denn die Beklagte habe diese Uebersicht (4 dreispaltige Seiten in Kleindruck) wörtlich dem Adreßbuch der Klägerin entnommen. Allerdings möge zutreffen, daß solche alphabetische Verzeichnisse im allgemeinen übereinstimmen. Doch ergebe die Vergleichung im vorliegenden Falle, daß die Beklagte das Verzeichnis der Klägerin — wenngleich mit etlichen Ergänzungen und Umstellungen — einfach abgeschrieben habe. Das Berufungsgericht gibt hierfür eine Reihe von Belegen und zieht daraus den Schluß: beim alphabetischen Verzeichnis zum III. Teil könne von eigener geistiger Tätigkeit keine Rede sein; hier liege Nachdruck vor. Ein gleiches nimmt es für die dem Verzeichnisinhalt entsprechenden einzelnen Ueberschriften zu den Arten der Handels- und Gewerbebetriebe an; also: Abbruchunternehmer, Abfüllapparate aller

Art, Abwasser-Reinigungsanlagen, Adreßbücher, Agenturen, Altertümer, Althändler, Altmetalle, Anstreicherarbeiten usw. Es stellt fest, daß diese Ueberschriften genau mit denen der Klägerin übereinstimmen, bringt einige Beispiele und spricht die Ueberzeugung aus, die Beklagte habe die Ueberschriften (zum Teil sklavisch) abgeschrieben. Die Feststellungen werden auf ihre Richtigkeit zu prüfen sein. Sollten sie aufrechterhalten werden, so wäre die Frage zu beantworten, deren Unterlassung von der Revision mit Grund gerügt wird: welche Bedeutung es im Zusammenhang mit dem sonst etwa Festgestellten habe, wenn ein Register von nur 4 Seiten und vielleicht in Verbindung damit ein gewisser Anhalt für die Anordnung des III. Teils aus dem Buch der Klägerin entnommen worden ist. Bei dieser Untersuchung wären die Grundsätze anzuwenden, die sich in Rechtsprechung und Rechtslehre für Fälle des Teil-Nachdrucks gebildet haben. Das angefochtene Urteil hat sie nicht berücksichtigt.

Zum IV. Teil (Behörden, Kirchen, Schulen, öffentliche Einrichtungen, Berufsvertretungen, Aerzteverzeichnis usw., 56 Seiten) bemerkt das Berufungsgericht, die Beklagte behaupte, ihn auf Grund der von den beteiligten Aemtern und sonstigen Stellen ihr zur Verfügung gestellten Unterlagen bearbeitet zu haben. Und es geht davon aus, die Beklagte möge wirklich von den Behörden Unterlagen für diesen Teil bekommen haben. Gleichwohl findet es: ein Blick auf die beiden Adreßbücher der Parteien ergebe, daß hier Nachdruck vorliege; die Beklagte habe die geistige Arbeit der Klägerin ausgenutzt.

Um diesen Schluß zu begründen, geht das Berufungsgericht den IV. Teil durch. Es vermerkt die Reihenfolge und findet eine Anzahl übereinstimmender Punkte, die ihm nur durch Entlehnung erklärlich erscheinen. Als auffällig erwähnt es z. B., daß in diesem Teil bei der Beklagten wie bei der Klägerin die Zeitungen und Zeitschriften am Schluß angefügt seien, obgleich an sich keine Beziehung zu den Behörden vorliege. Diese Fststellungen werden ebenfalls nachzuprüfen sein. Es wird nicht übersehen werden dürfen, daß sich, z. B. bei den Innungen und im Gesundheitswesen, beträchtliche Unterschiede finden. Und es wird zu erwägen sein, ob nicht in manchen Stoffgruppen, wie bei den Vereinen, schon die Verschiedenheit des Umfangs Bedenken gegen die Annahme bloßer Entlehnung hervorrufen muß. Bei den Behörden läßt sich schwerlich von der Hand weisen, daß die Anordnung wenigstens teilweise (z. B. in der Reihenfolge: Reich, Staat, Stadt) durch die Natur der Dinge gegeben sein kann. Soweit das zutrifft, fehlt es an eigenartig schaffender geistiger Gestaltung der Klägerin und damit auch an einer Urheberrechtsverletzung der Beklagten (RGZ. Bd. 85 S. 250). Bliebe nach vergleichendem Befund der Anschein einer Entlehnung noch in wesentlichem Maße übrig, so wäre weiter zu prüfen, ob nicht die Beweise erheblich sind, welche die Beklagte für Weg und Quelle ihrer Stoffbeschaffung angetreten hat: z. B. Mitteilungen durch zuständige Dienststellen (u. a. mit Hilfe eines Magistrats-

Büroinspektors), Abschriften aus dem Handelsregister usw. Auch hier müßte schließlich, soweit Entlehnung, und zwar unzulässige Benutzung, festzustellen wäre, gewürdigt werden, welche Bedeutung dem im Verhältnis zum Gesamtwerke beizulegen ist.

Beim V. Teil (Umgebung von Wiesbaden, 186 Seiten) unterscheidet der Berufungsrichter folgendermaßen:

Soweit das Einwohner und Firmenverzeichnis, das Verzeichnis der Straßen und Häuser und für Biebrich das Handels- und Gewerbeverzeichnis in Betracht komme, sei kein Nachdruck anzunehmen. Bei allen Städten der Wiesbadener Umgebung dagegen, welche die Klägerin aufführe (folgt deren Angabe), habe die Beklagte das Verzeichnis der Behörden nachgedruckt. Aus einer Vergleichung gehe das ohne weiteres hervor: dieselbe Anordnung und Einteilung, dieselben Unterabteilungen. Das Urteil erwähnt Einzelheiten und sucht damit den Eindruck vom Zustandekommen der Behördenverzeichnisse, den es gewonnen hat, zu begründen. Hier wie sonst werden die Feststellungen nachzuprüfen sein. (Es folgen Einzelheiten.) Die nochmalige Untersuchung wird in tatsächlicher und rechtlicher Hinsicht entsprechend, wie vorher angegeben, vorzunehmen sein.

Das angefochtene Urteil kommt — freilich, wie dargelegt, auf einer zuungunsten der Beklagten fehlerhaften Grundlage — zu dem Ergebnis: Die Beklagte habe zwar den Stoff der Teile I (Einwohner und Firmen) und II (Straßen und Häuser) ganz, den des Teils III (Handels- und Gewerbeverzeichnis) mit Ausnahme von Inhaltsverzeichnis und von entsprechenden Stichwörtern, den des Teils V (Umgebung) mit Ausnahme der Behördenverzeichnisse für neun Ortschaften der Umgegend, selbständig beschafft und bei der Zusammenstellung eine eigene geistige Tätigkeit entfaltet. Aus dem Buche der Klägerin habe sie dagegen entnommen („abgeschrieben"): das alphabetische Inhaltsverzeichnis zum III. Teil nebst Ueberschriften der Handels- und Gewerbegruppen in diesem Teil, den Teil IV (Behörden, Kirchen, Schulen, öffentliche Einrichtungen, Berufsvertretungen, Aerzteverzeichnis usw.), im Teil V die Behördenverzeichnisse von . . . (die Orte werden genannt). Diese Entnahme wird als Verstoß gegen die §§ 1, 11 LitUrhG. beurteilt. Hiergegen liegen, außer dem bereits erwähnten, folgende rechtliche Bedenken vor:

Obwohl in beträchtlichem Umfang festgestellt ist, die Beklagte habe den Stoff selbständig beschafft und bei der Zusammenstellung eine eigene geistige Tätigkeit entfaltet, wirft das Berufungsgericht (in Verbindung mit den Ausführungen zur Frage des unlauteren Wettbewerbs), und zwar für das ganze Einwohnerbuch der Beklagten, die Frage auf, ob dabei das Buch der Klägerin frei benutzt sei (§ 13 LitUrhG.). Das verneint es mit der Ausführung: Auf diesen § 13 könne sich die Beklagte nicht berufen; denn eine „eigentümliche Schöpfung" habe sie nicht hervorgebracht, ein in seiner charakteristischen Gesamtindividualität neues Werk liege in ihrem Adreßbuch nicht vor. Es sei niemand verwehrt, das Werk eines anderen frei zu benutzen, derart, daß er dieses nur zur Anknüpfung nehme, im übrigen aber seine Arbeit so gestalte, daß sie in allem Wesentlichen als eine neue Schöpfung gelten könne und in die Rechte der Vorarbeit nicht mehr eingreife. Hierin liegt insofern ein Widerspruch, als die Untersuchung, ob freie oder unfreie Benutzung gegeben sei, bei Zusammenstellungen wie den im Streit befindlichen Einwohnerbüchern gegenstandslos ist, soweit festgestelltermaßen selbständig gesammelt und mit der Arbeit eine eigene geistige Tätigkeit entfaltet worden ist. Nur für entlehnte Teile könnte die Frage in Betracht kommen, ob der entnommene Stoff unfrei oder frei benutzt sei (RGSt. Bd. 42 S. 83). So aber hat der Berufungsrichter die Frage nicht gestellt.

Die bisherigen Feststellungen kommen, abgesehen von diesem Widerspruch, darauf hinaus, daß die Beklagte zwar in großen, weit überwiegenden Teilen ihres Adreßbuchs selbständig zu Werke gegangen sei, teilweise aber durch Entnahme gewisser Stücke das Urheberrecht der Klägerin verletzt habe (§§ 41, 42 Abs. 1 LitUrhG.). Bei Teil-Nachdruck aber käme es, wenn er auf Grund neuer Feststellung wiederum als vorliegend anzusehen wäre, nach feststehender Gesetzesauslegung darauf an, ob ein erheblicher Teil des fremden Schriftwerks unbefugt vervielfältigt wurde. Die Erheblichkeit ist zu bemessen nach Umfang und inhaltlicher Bedeutung des Entnommenen im Vergleich zum ganzen Schriftwerk (RGSt. Bd. 8 S. 430, Bd. 16 S. 353, Bd. 39 S. 153; RGZ. Bd. 12 S. 117; D a u d e, Gutachten der Kgl. Preuß. Sachv.-Kammern für Werke der Literatur . . . [1907] S. 43, 105, 133, 267). Ueber diese Frage, in welcher tatsächliche und rechtliche Gesichtspunkte die Antwort bestimmen, hat sich das Berufungsurteil nicht ausgesprochen. Es hat die nach seiner Meinung entlehnten Teile nur für sich allein betrachtet, ohne sie zum Ganzen in Vergleich zu setzen und auf ihre Bedeutung im Zusammenhang und für den Gebrauchszweck des Gesamtwerks zu prüfen. Dies wäre nachzuholen, wenn die neue Verhandlung dazu führte, nicht bloß urheberrechtlichen Schutz des Adreßbuchs der Klägerin, sondern auch Entlehnungen der Beklagten zu bejahen. . . .

II. Außer der — bisher nicht irrtumsfrei dargelegten — Urheberrechts-Verletzung findet das angefochtene Urteil im Verhalten der Beklagten den Tatbestand unlauteren Wettbewerbs und unerlaubter Handlung (§ 1 UnlWG., § 826 BGB.). Wären diese Tatbestände rechtlich bedenkenfrei festgestellt und gewürdigt, so rechtfertigten sie die Anträge der Klägerin auf Untersagung und Schadensersatz. Aber die Ausführungen des Berufungsgerichts zu den Fragen der Urheberrechts-Verletzung hängen mit den übrigen so eng zusammen, daß die dort hervorgehobenen Bedenken auch hier durchgreifen.

. . . Die Würdigung berührt sich mit der Frage, ob die — bisher als erwiesen angenommene — Uebernahme sinnfälliger Merkmale des Adreßbuchs der Klägerin in das der Beklagten eine zu Wettbewerbszwecken vollzogene sittenwidrige Handlung sei. Das Berufungsurteil bejaht das und meint: Das Gericht sei davon überzeugt, daß die Beklagte bewußt darauf ausgegangen sei, mit ihrem Adreßbuch denselben Eindruck hervorzurufen, den das Adreßbuch der Klägerin machte, daß sie eine Irreführung des Publikums, die Herbeiführung von Verwechslungen beabsichtigt habe. Ersichtlich im Anschluß an Leitsätze der Rechtsprechung betont sodann das Urteil: Redlichkeit und Anstand im Geschäftsverkehr verböten es unter allen Umständen, daß jemand ohne irgend welche eigenen Aufwendungen oder Leistungen die Früchte fremden Schaffens zu ernten suche (JW. 1926 S. 2536 Nr. 11). Aber die Voraussetzungen für die Anwendung dieses Grundsatzes liegen nach eigener Feststellung des Berufungsgerichts nicht durchweg vor; und es wird zu prüfen sein, ob die neu zu treffende Feststellung ihnen genügt. Wie dem angefochtenen Urteil zu entnehmen ist, hat die Beklagte doch immerhin beträchtliche eigene Arbeit geleistet, Stoff gesammelt und gordnet, Aufwendungen dafür gemacht. Mag sie, was noch endgültig festzustellen sein wird, sich an das Beispiel der Klägerin angelehnt und ihr manches entnommen haben, so sind doch Verbesserungen, Ergänzungen, Berichtigungen ersichtlich. Kosten- und mühelose Ausnutzung fremder Arbeit liegt also nach bisheriger Feststellung nicht in der Art und dem Maße vor, wie das Berufungsurteil es annimmt. Gewisse rechtlich nicht haltbare Auffassungen bei der Würdigung der urheberrechtlichen Fragen haben mittelbar auch die Rechtsansicht beeinflußt, die hinsichtlich des unlauteren Wettbewerbs und der unerlaubten Handlung hervortritt. Namentlich fragt es sich, ob der auf Grund neuer Verhandlung sich ergebende Tatbestand die Feststellung rechtfertigen wird, daß die Beklagte durch ihr Verhalten gegen die guten Sitten verstoßen habe (UnlWG. § 1, BGB. § 826). Bei Beantwortung dieser Frage wird auch der Einwand der Beklagten zu würdigen sein, daß der allergrößte Teil der Auflage ihres Adreßbuchs vorausbestellt gewesen, die Einwirkung des fertigen Buchs auf etwaige neue Käufer mithin so gut wie bedeutungslos geblieben sei. . . .

**RGZ. 118, 282**

**1. Welchen Einfluß hat ersichtlicher Parteiwille im Vergleich zu sonstigen aus einem Vertrag erkennbaren Umständen auf die Frage nach dem anzuwendenden Recht?**

**2. Ist die Befugnis zur Verfilmung einer Operette aus dem Rechte des Tonsetzers oder aus dem Rechte des Textdichters abzuleiten?**

**3. Wem gebührt das Verfilmungsrecht, wenn, bevor dieses durch Gesetz ausdrücklich geregelt wurde, die urheberrechtlichen Befugnisse veräußert worden sind?**

LitUrhG. § 14 Nr. 5, § 12 Abs. 2 Nr. 6.

I. Zivilsenat. Urt. v. 29. Oktober 1927.

I. Landgericht I Berlin. II. Kammergericht daselbst.

Zu der Operette „Das Musikantenmädel" hat der Tonsetzer Georg J. (Rechtsvorgänger der Beklagten zu 1) die Musik geschaffen; Bernhard B. (Rechtsvorgänger der Beklagten zu 3) hat dazu das Textbuch, der Schauspieler und Theaterdirektor Josef J. (der Beklagte zu 2) ein Regiebuch geschrieben. Am 1. Februar 1910 schloß der Verleger F. in Stuttgart mit jenen drei Personen Verträge, durch die er sich ihre Befugnisse an der Operette übertragen ließ: einen Vertrag mit Georg J. über die Musik, einen andern mit Bernhard B. und Josef J. über Textbuch und Regiebuch.

Die Klägerin behauptet: im April 1926 habe F. seine Rechte an O. und S., welche die uneingetragene Firma F-VG. führten, weiterübertragen, und von ihnen habe sie diese Rechte am selben Tag erworben. Sie vertritt die Auffassung, daß in den auf sie übergegangenen Rechten das der Verfilmung mitenthalten sei, und verlangt mit der gegenwärtigen Klage Feststellung dieses Rechts. Die Beklagten bestreiten das und nehmen das Verfilmungsrecht gemeinsam für sich in Anspruch.

Das Landgericht hat die Klage abgewiesen, das Kammergericht die Berufung der — auf Streitverkündung der Klägerin dieser beigetretenen — Nebenintervenienten F., O. und S. zurückgewiesen. Die Revision blieb ohne Erfolg.

Aus den Gründen:

. . . Das Kammergericht kommt, wie das Landgericht, zu dem Ergebnis: F. habe durch die Verträge vom 1. Februar 1910 nicht das Recht erworben, die Operette zur Aufnahme in einem Bildstreifen zu benutzen und im Lichtspiel vorzuführen; ob er seine Befugnisse später auf die Klägerin weiterübertragen habe, könne deshalb dahingestellt bleiben. Während aber das Landgericht deutsches Reichsrecht anwandte, meint das Berufungsgericht, das am 1. Februar 1910 begründete Vertragsverhältnis sei nach österreichischem Rechte zu beurteilen.

Diese Auffassung ist nicht zu billigen. Allerdings hatten, wie das angefochtene Urteil hervorhebt, sämtliche drei beteiligten Urheber zur Zeit des Vertragsschlusses ihren Wohnsitz in Wien; dort war zugleich für ihre vertraglichen Verpflichtungen nach deren Zweck und Inhalt der Erfüllungsort. Auch war in beiden Verträgen vereinbart, alle aus ihnen entstehenden prozessualen Fragen sollten durch das Wiener Gericht entschieden werden. Aber beide Vertragsurkunden weisen als Ausstellungsort nur Stuttgart, den Wohnsitz des Verlegers F. auf, der dort auch seine Verbindlichkeiten aus den Verträgen zu erfüllen hatte. Das den Urhebern gebührende Entgelt ist durchweg in Mark, also in deutscher Reichswährung, ausgedrückt. Von besonderem Gewicht ist, daß im gegenwärtigen Rechtsstreit beide Teile sich von Anfang an, ohne den mindesten Zweifel zu äußern, auf deutsches Reichsrecht berufen und alsbald die nach ihrer Meinung zutreffenden Bestimmungen des Gesetzes betr. das Urheberrecht an Werken der Literatur und Tonkunst vom 19. Juni 1901 (RGBl. S. 227) erörtert haben. Die Abwägung dieser Zweifelsgründe gegeneinander spricht dafür, daß die Anwendung deutschen Rechtes dem vermutlichen Willen der am Vertragsabschluß Beteiligten entspräche; sie wäre auch, wenn die Gründe für und wider einander völlig die Waage hielten, das Gegebene (RGZ. Bd. 44 S. 301, Bd. 68 S. 205, Bd. 73 S. 383, Bd. 81 S. 274, Bd. 107 S. 123, Bd. 108 S. 243; JW. 1911 S. 148 Nr. 2; WarnRspr. 1921 Nr. 148).

Obwohl die Frage nach dem maßgebenden Recht anders als nach der Ansicht des Berufungsgerichts entschieden wird, führt dies nicht zur Aufhebung des angegriffenen Urteils. Denn das Kammergericht hat die Möglichkeit berücksichtigt, daß nicht österreichisches, sondern deutsches Recht anzuwenden sei. Bei dieser Prüfung gelangt es für beide Rechte wegen sachlicher Uebereinstimmung zum gleichen Ergebnis. Das Revisionsgericht hat nicht darauf einzugehen, ob wirklich das österreichische Recht mit dem deutschen übereinstimme (§ 549 ZPO.). Bei der Auslegung des deutschen Rechtes aber ist kein Verstoß des Berufungsgerichts gegen dessen Regeln zu erkennen.

In der Operette ist das Schriftwerk des Worttextes nebst Bühnenanweisungen, also des Text- und Regiebuchs, mit der Musik, einem Werke der Tonkunst, verbunden. Auch nach der Verbindung gilt für jedes der verbundenen Werke dessen Verfasser als Urheber (LitUrhG. § 5). Mit Recht geht das Berufungsgericht davon aus: F. könne das Recht der Verfilmung (der Benutzung zu einer bildlichen Darstellung, welche das Originalwerk seinem Inhalt nach im Lichtspiel wiedergibt, § 12 Abs. 2 Nr. 6 LitUrhG.) nur am Text- und Regiebuch erworben haben, also nur durch den Vertrag, den F. mit B. und Josef J. abgeschlossen hat. Ableitung aus dem Rechte des Tonsetzers Georg J. komme für das Verfilmungsrecht nicht in Betracht. Schon in den beiden Verträgen vom 1. Februar 1910 hätten die Beteiligten die urheberrechtlichen Befugnisse am Text- und am Regiebuch von denen am Musikwerk streng geschieden. Damit sei klar ausgedrückt, daß der Tonsetzer am Textbuch kein Urheberrecht beanspruche. Zwar wüchsen bei Tonwerken Text und Musik zu einer gewissen Einheit zusammen, und tatsächlich könne das Gesamtwerk nicht ohne gegenseitige Anpassung von Worten und Tönen entstehen. Aber eine Bearbeitung oder sonstige Verwertung des Textbuchs lasse sich wohl denken, auch ohne daß gleichzeitig die Komposition benutzt werde. Grundlage der Filmhandschrift könnten danach nur Text- und Regiebuch sein.

Am 1. Februar 1910, als der Vertrag zwischen F. und den Verfassern des Text- und Regiebuchs geschlossen wurde, war das Verfilmungsrecht im Deutschen Reiche noch nicht gesetzlich ausdrücklich geregelt. Die Revidierte Berner Uebereinkunft vom 13. November 1908 (RGBl. 1910 S. 965) bestimmte zwar im Art. 14, der Urheber von Werken aus dem Bereiche der Literatur oder der Kunst sei ausschließlich berechtigt, die Wiedergabe und die öffentliche Aufführung seiner Werke durch die Kinematographie zu gestatten. Aber diese zwischenstaatliche Uebereinkunft wurde erst am 9. Juni 1910 (RGBl. 1910 S. 987) in Deutschland ratifiziert, also nach dem Abschluß des Vertrags, aus dem die Klägerin ihre Befugnisse herleitet. Ebenfalls nach Vertragsabschluß trat das Gesetz vom 22. Mai 1910 (RGBl. S. 793) in Kraft, das dem § 14 LitUrhG. in Nr. 5 hinzufügte: „Im Falle der Uebertragung des Urheberrechts verbleiben, soweit nicht ein anderes vereinbart ist, dem Urheber seine ausschließlichen Befugnisse: . . . 5. für die Benutzung eines Schriftwerkes zum Zwecke der kinematographischen Wiedergabe (§ 12 Abs. 2 Nr. 6)". Diese neue Vorschrift wirkte nicht auf ältere Verträge zurück (vgl. § 62 LitUrhG.). Der Vertrag vom 1. Februar 1910 muß also, wie das angefochtene Urteil zutreffend hervorhebt, nach den zur Zeit seines Abschlusses geltenden Rechtsregeln ausgelegt werden.

Ohne Einfluß bleibt dabei der Lehrstreit um das durch Urheberrechts-Gesetz vom 11. Juni 1870 (BGBl. S. 339) für das Reichsgebiet geschaffene ausschließliche Aufführungsrecht. Hatte der Urheber vor dem Geltungsbeginn dieses Gesetzes einen an keine Zeitgrenze gebundenen Aufführungsvertrag über sein Werk geschlossen, so erkannte die Rechtsprechung die Vorteile des reichsgesetzlichen Aufführungsrechts nicht dem Urheber, sondern seinem Vertragsgegner, dem Unternehmer, zu (ROHG. Bd. 10 S. 121, Bd. 12 S. 341, Bd. 15 S. 198, Bd. 23 S. 363, 397; RGZ. Bd. 3 S. 156; RG. bei Bolze Bd. 22 Nr. 114). Für das Verfilmungsrecht ist bei Verträgen aus der Zeit vor seiner ausdrücklichen gesetzlichen Regelung keine entsprechende Auslegung angebracht, schon weil die neuen Gesetzesvorschriften (LitUrhG. § 14 Nr. 4 und 5, § 12 Abs. 2 Nr. 5 und 6) von dem Gedanken beherrscht werden, daß in Zweifelsfällen anzunehmen ist, eine Befugnis sei beim Urheber verblieben.

Zweifel könnte allerdings die Fassung des Vertrags hervorrufen, den der Verleger F. mit den Text- und Regiebuch-Urhebern B. und Josef J. am 1. Februar 1910 geschlossen hat. Nach seinem § 2 verkauften „. . . die Librettisten . . . an den Musikverleger . . . das Text- und Regiebuch zu der Operette ‚Das Musikantenmädel' . . . für alle Zeiten und mit allen gegenwärtig und künftig fließenden Rechten, auch den sämtlichen Uebersetzungs- und Aufführungsrechten, sowie dem Rechte des Bühnenvertriebs und der Aufführung für alle Länder." Dies könnte nach dem sehr weit gefaßten Wortlaut so verstanden werden, daß der Wille dahin gegangen sei, alle damaligen und künftigen Urheberrechte, gleichviel welcher Art, sollten auf F. übertragen werden, B. und Josef J. sollten nichts davon behalten. Das angefochtene Urteil lehnt aber nach

Zweck, Inhalt und Umständen des Vertrags eine solche Deutung ab. Und der Revision ist nicht zuzugeben, daß die Ausführungen darüber unklar oder lückenhaft seien oder sonstwie gegen Auslegungsregeln verstießen. Ist die Darlegung des Berufungsgerichts im ganzen schlüssig und von Rechtsirrtum frei, so brauchte es sich mit Einzelheiten des Wortlauts nicht noch genauer zu beschäftigen. Fraglich ist vor allem, ob hier gerade das von der Revision betonte Wort „verkaufen" besondere Folgerungen auf den Umfang des veräußerten Rechts nahelegt. Für die Ermittlung des Parteiwillens verdient der sachliche Vertragsinhalt, den das Berufungsurteil eingehend behandelt, den Vorrang (§ 133 BGB.) . . .

Das Kammergericht erwägt: Die Befugnis, Werke durch kinematographische Darstellung wiederzugeben und öffentlich aufzuführen, sei zur Zeit des Vertragsabschlusses immerhin schon bekannt gewesen und hätte den Gegenstand vertraglicher Abmachungen bilden können. Durch die nachträglich in das Gesetz betr. das Urheberrecht an Werken der Literatur und Tonkunst eingefügten Vorschriften (§ 12 Abs. 2 Nr. 6, § 14 Nr. 5 — vgl. auch VerlagsG. § 2 Abs. 2 Nr. 5 —) sei sie nicht als etwas völlig neues, als ein dem Verkehr bis dahin unbekanntes oder wenigstens ungeläufiges Gebilde in die Erscheinung getreten. Aber nach Zweck und Umständen des Vertrags über Text- und Regiebuch habe es dem Parteiwillen nicht entsprochen, die Verfilmungsbefugnis in die übertragenen Urheberrechte einzubeziehen. Denn F. habe als Musikverleger — so nennt ihn der Vertrag im Eingang und dann ausdrücklich nochmals im § 2 — des Verlagsrecht an der Operette erwerben wollen. Zu diesem Zweck nur habe er das Urheberrecht am Text- und Regiebuch erstrebt. Selbständige Verwertung dieses Schriftwerks sei nach dem Vertragszweck gar nicht in Frage gekommen. Dem entspreche auch, daß im Vertrag das Uebersetzungs- und Aufführungs- sowie das Bühnenvertriebsrecht ausdrücklich erwähnt seien. Uebertragung des Verfilmungsrechts habe sich nicht von selbst verstanden; die Beteiligten hätten daran nicht gedacht. Gerade der Zweck des Vertrags spreche im Gegenteil wider die Annahme, daß man Mitübertragung des Rechts zur Verfilmung gewollt habe. Denn Verfilmung des Musikwerks (zum Unterschied vom Worttexte gemeint) komme nicht in Betracht; Verwertung von Opern- und Operettentexten als Unterlage für Filmhandschriften sei zu jener Zeit noch nicht üblich gewesen. Darum — so folgert das Berufungsgericht aus Zweck und Inhalt des Vertrags als seine Ueberzeugung — seien die im Vertrag mit den Textdichtern nicht ausdrücklich übertragenen Bearbeitungsrechte, namentlich das Verfilmungsrecht, den ursprünglichen Berechtigten (Urhebern) verblieben.

Diese Darlegung, in der sich erfahrungsmäßige Würdigung tatsächlicher Umstände mit der Rechtsanwendung verbindet, enthält keinen Verstoß gegen Auslegungsregeln. Die Revision bemängelt vor allem den Satz: „An eine Uebertragung des Verfilmungsrechts haben offenbar beide

Parteien nicht gedacht . . ." Hierin, bemerkt sie, könne der Sinn liegen, daß die Parteien in Ansehung des Verfilmungsrechts gar keinen Willen gehegt hätten, weil es nicht in den Kreis ihres Bewußtseins getreten sei. Wenn das gemeint sei, müsse der Vertrag entsprechend ausgelegt werden. Das führe aber dazu, die Verfilmung in den Vertragsgegenstand einzurechnen. Allein der beanstandete Satz leidet nicht an der Unklarheit, welche die Revision rügt. Sein Zusammenhang mit den übrigen Urteilsgründen zeigt, daß er bedeutet: „Die Parteien erstrebten keine Uebertragung des Verfilmungsrechts, obwohl sie sich der Möglichkeit solcher Uebertragung bewußt waren." Darin liegt aber eine aus der Würdigung von Tatsachen geschöpfte Ueberzeugung des Berufungsgerichts (§ 286 ZPO.), die zur Zeit mit der Revision nicht angegriffen werden kann. Uebrigens würde sich das Ergebnis ebenso gestalten, wenn man die beanstandeten Urteilsworte dahin verstünde: „Die Kenntnis, daß Verfilmung möglich sei, lag zwar im allgemeinen Bewußtsein der Beteiligten; weil sie ihnen aber (als etwas der praktischen Verwendung noch Ermangelndes) fern zu liegen schien, dachten sie an diese Möglichkeit überhaupt nicht, als sie den Vertrag abschlossen." Wäre das der Sinn, dann müßte sich die Frage anschließen: Was hätten die Vertragsbeteiligten vereinbart, wenn ihnen beim Abschluß der Gedanke an Verfilmung des Text- und Regiebuchs gegenwärtig gewesen wäre? Darauf gibt jedoch bereits der Tatrichter kraft seiner Würdigung der wesentlichen Umstände die Antwort, daß der Wille nicht auf Mitübertragung des Verfilmungsrechts gerichtet gewesen sei. Gegen Auslegungsgrundsätze verstößt das Urteil auch in diesem Falle nicht. Es läßt sich nicht einwenden, die Ausdrucksweise des Vertrags von „allen gegenwärtig und künftig fließenden Rechten" ermangle bei solcher Auslegung des dem Parteiwillen genügenden Inhalts. Denn eine Erweiterung der übertragenen Befugnisse würde z. B. eintreten, wenn sich etwa die gesetzliche Schutzfrist (§ 29 LitUrhG.) von dreißig Jahren auf fünfzig verlängerte.

Ist also das Verfilmungsrecht den Urhebern verblieben und nicht auf F. übertragen worden, so konnte dieser es nicht an O. und S. weiterveräußern; O. und S. wiederum nicht an die Klägerin. Der Klaganspruch auf Feststellung des Verfilmungsrechts der Klägerin ist mithin unbegründet, weil diese das (von F. abgeleitete) Recht nicht hat. Auch gegenüber der Erbin des Tonsetzers Georg J. kann sie mit ihrem Anspruch darum nicht durchdringen.

## RGZ. 119, 401

**1. Sind Schriftleiter und Verleger einer Zeitschrift bei Aufsätzen, die ihnen „zum Abdruck" überlassen werden, zu erheblichen Kürzungen und sonstigen Aenderungen der Form, auch zur Zusammenstellung eines Aufsatzes mit abfälligen Besprechungen befugt?**

**2. Schaden durch vertragswidrige Behandlung eines abzudruckenden Aufsatzes. Wieweit ist solchenfalls dem Verfasser zuzumuten, daß er durch berichtigende Erklärungen auf Verhütung eines drohenden Schadens hinwirke?**

VerlG. § 13; LitUrhG. § 9; BGB. § 254.

I. Zivilsenat. Urt. v. 14. Januar 1928.

I. Landgericht III Berlin, Kammer für Handelssachen.
II. Kammergericht daselbst.

Der Kläger stellt elektrische Heizkissen her. Er pflegt „Technische Mitteilungen" aus seiner Fabrik herauszugeben, um über die Eigenschaften seiner Erzeugnisse aufzuklären und dafür zu werben. Die Beklagte S. ist Verlegerin, der Beklagte A. Schriftleiter der Zeitschrift für Installation, Elektro-Wärme, Brand- und Unfallschutz, die als Nachrichtenblatt des Elektrotechnischen Vereins in H. Aufsätze von Fachleuten aus den in ihrem Titel genannten Gebieten bringt.

Der Beklagte A. bat im April 1926 den Kläger schriftlich, ihm die bislang erschienenen Technischen Mitteilungen zu übersenden, damit er Auszüge oder ganze Aufsätze daraus verwenden könne. Er fuhr fort: „Gleichzeitig bitten wir um die Erlaubnis, den Aufsatz über Heizkissensicherungen Ihrer Mitteilungen 6/7 abdrucken zu dürfen". Der Kläger antwortete: „Wir ... geben Ihnen gern die Erlaubnis, unsere Mitteilungen Nr. 6/7 abzudrucken . . ." In der im Juni 1926 herausgegebenen Nr. 12/13 der Zeitschrift erschien eine Reihe von drei Aufsätzen unter der Sammelüberschrift „Ueber Heizkissensicherungen". Der erste war aus der vorhin erwähnten Abhandlung des Klägers hergestellt. Die beiden andern enthielten Besprechungen des ersten Aufsatzes, verfaßt von dem Diplomingenieur R. in Berlin und dem Direktor M. in Ulm.

Der Kläger bezeichnet die Veröffentlichung als eine unbefugte Bearbeitung seines Aufsatzes, die ihn der Abrede zuwider nicht „abdrucke", sondern mannigfach verändere, mit abfälligen Urteilen zusammenfüge, Wettbewerber dadurch zu Angriffen und schädlichen Machenschaften angeregt habe. Er wirft den Beklagten vertragswidriges Gebaren, Verletzung seines Urheberrechts, unlauteren Wettbewerb und Schädigung durch vorsätzliches, gegen die guten Sitten verstoßendes Handeln vor. Mit der Klage verlangt er Schadensersatz im Betrag von 5000 RM. nebst Zinsen. Die Beklagten erwidern, daß der Schriftleiter nur von seinen gesetzlichen Befugnissen Gebrauch gemacht habe. Auch bestreiten sie, daß dem Kläger durch etwa vorgekommene Verstöße Schaden erwachsen sei. Für alle Fälle wenden sie ein, der Kläger habe die ihm gebotene Gelegenheit, auf abfällige Urteile zu erwidern, unbenutzt gelassen und dadurch selbst schuldhaft gehandelt.

Das Landgericht hat den Klaganspruch dem Grunde nach für gerechtfertigt erklärt, das Kammergericht die Berufung der Beklagten zurückgewiesen. Die Revision hatte keinen Erfolg.

Gründe:

I. Mit Recht geht das Berufungsgericht davon aus, daß unter den Parteien durch Schriftwechsel vom April 1926 ein Vertrag zustande gekommen ist. Inhalt der Vereinbarung war, daß der Kläger seinen Aufsatz über Heizkissensicherungen (aus Nr. 6/7 seiner Technischen Mitteilungen) den Beklagten für ihre Zeitschrift zum Abdruck überließ. Das angefochtene Urteil bezeichnet dergleichen zutreffend als eine Art Verlagsvertrag, für den die Vorschriften des Verlagsgesetzes vom 19. Juni 1901 (§§ 41 flg., 1 flg.) maßgebend sind.

1. Da nicht bedungen war, daß beim Abdruck in der Zeitschrift der Name des Verfassers wegbleibe, so kann sich der Verleger und mit ihm der Schriftleiter nicht auf § 44 VerlG. berufen, wonach ihm bei namenloser Veröffentlichung die Befugnis zukäme, an der Fassung solche Aenderungen vorzunehmen, die bei Zeitschriften derselben Art in dergleichen Fällen üblich sind. Auch vermag der sonstige Inhalt der Anfrage vom April 1926 keine erweiterte Aenderungsbefugnis für Schriftleiter und Verleger zu begründen. (Wird ausgeführt.) Wenn also die Antwort dahin lautete, daß die Erlaubnis gegeben werde, die Mitteilungen 6/7 „abzudrucken", so waren die Beklagten auf Grund des so Vereinbarten nicht berechtigt, beliebig zu ändern oder sich auf bloße Auszüge zu beschränken. Vielmehr galt der gesetzliche Grundsatz, daß der Verleger an dem Werke ... Zusätze, Kürzungen oder sonstige Aenderungen nicht vornehmen darf; eine Ausnahme machen nur solche Aenderungen, für die der Verfasser seine Einwilligung nach Treu und Glauben nicht versagen kann (§ 13 VerlagsG., inhaltlich übereinstimmend mit § 9 LitUrhG. vom 19. Juni 1901).

Zutreffend sagt das angegriffene Urteil: Dem Schriftwechsel sei allerdings nicht zu entnehmen, daß der Aufsatz des Klägers bis auf den Buchstaben wörtlich wiedergegeben werden müsse. Unbedeutende Aenderungen von geringem Umfang erschienen auch hier zulässig, soweit sie durch die tatsächlichen Bedürfnisse der Zeitschrift gerechtfertigt würden. Keinesfalls aber sei aus der Zustimmung des Klägers zu dem Wunsche der Beklagten zu schließen gewesen, daß er mit umfänglichen Streichungen einverstanden sei. Nach Treu und Glauben müsse man den Schriftwechsel dahin verstehen, daß die Beklagten keine erheblichen Kürzungen beabsichtigten, der Kläger auch nicht gewillt sei, ihnen die Befugnis dazu einzuräumen. Diese Auslegung enthält keinen Rechtsirrtum. Sie steht im Einklang mit der — auf sicherer Grundlage der Gesetzesvorschriften — in Wissenschaft und Rechtsprechung herrschenden Ueberzeugung: daß ein Erzeugnis geistiger Arbeit ohne des Verfassers (oder sonst Berechtigten) Zustimmung in keiner andern Gestalt als der vom Schöpfer ihm verliehenen an die Oeffentlichkeit gebracht werden soll (RGZ. Bd. 4 S. 133, Bd. 18 S. 18, Bd. 79 S. 399, Bd. 102 S. 141/42; JW. 1904 S. 391 Nr. 20; Kohler UrhR. S. 272/74 § 43, S. 210, 212 § 28; Allfeld S. 100 flg. zu § 9 LitUrhG.; Riezler Dtsch. Urh. u. ErfR. I S. 328, 278/79; Voigtländer-Fuchs S. 77 zu § 9 UrhG. u. S. 291 flg. zu § 13 VerlagsG.; Goldbaum UrheberR. und UrhebervertragsR. 1927 S. 119/120, Bem. IX zu § 9 LitUrhG.). Die Rüge der Revision, daß das Berufungsurteil gegen §§ 133, 157, 242 BGB. verstoße, ist unbegründet.

2. In zweifacher Hinsicht haben die Beklagten bei dem Aufsatze des Klägers, dessen Abdruck ihnen gestattet worden war, Maßnahmen eintreten lassen, die von dem „Abdrucke" teils abweichen, teils die Veröffentlichung auf besondere in der Vereinbarung nicht vorgesehene Weise begleiten.

a) Der Aufsatz wurde verschiedentlich stark gekürzt und auch sonst verändert. Ganze Sätze und Abschnitte oder Stücke von teilweise beträchtlichem Umfang (z. B. eins von 46 und eins von 66 Zeilen), auch etliche der zur Veranschaulichung bestimmten Bilder wurden völlig weggelassen. Mehrmals wurden Ausdrücke verändert, verschiedentlich die übernommenen Sätze durch Streichung von Teilen oder einzelnen Worten gekürzt. Mit Recht bezeichnet das Berufungsgericht solche eingreifende Verwandlung, die tatsächlich kein „Abdruck" mehr war, als „Bearbeitung". Denn obwohl sich der ursprüngliche Aufsatz des Klägers aus den „Technischen Mitteilungen" im Aufsatze der Zeitschrift der Beklagten inhaltlich und großenteils auch in der Ausdrucksform noch erkennen ließ, war die Gestalt, im ganzen betrachtet, sehr umgewandelt, der Sinn bisweilen geändert. Der Begriff der Bearbeitung ist keineswegs verkannt, wie die Revision meint. ... „Bearbeitung" des abzudruckenden Aufsatzes war ihnen nicht zugestanden worden. Zu ihr blieb also nur der Kläger befugt (§ 12 LitUrhG.). Durch die von ihnen angewandte Behandlungsweise verstießen die Beklagten gegen den Vertrag und verletzten das Urheberrecht des Klägers.

b) Vertragswidrig verfuhren die Beklagten auch, indem sie den — erheblich veränderten — Aufsatz des Klägers in bestimmter Art mit andern Aeußerungen zusammenfügten. ... Etlichen einführenden Zeilen der Schriftleitung folgten zunächst annähernd sechs Spalten, die aus dem Aufsatz des Klägers auf die vorhin angegebene Weise zusammengestrichen waren. Danach etwa vier Spalten von Dipl.-Ing. R. Endlich ein kurzer Beitrag (reichlich ein Viertel einer Spalte) vom Direktor M. In den Ausführungen der beiden letzten Verfasser wurden die des Klägers verschiedentlich bekämpft.

Diese Art, die Abhandlung des Klägers — abgesehen von starken Veränderungen — unter gemeinsamer Ueberschrift unmittelbar mit der an ihr geübten Kritik zu verflechten, war nach der zutreffenden Würdigung des angefochtenen Urteils unvereinbar mit Treu und Glauben. Was der Kläger nach dem Briefwechsel als Zweck verfolgte und als Ergebnis des

Vertrags erwarten mußte, war eine durch wirklichen „Abdruck“ vermittelte vorteilhafte Veröffentlichung seiner technischen Ansichten. Die Beklagten, denen dieser klar ersichtliche Zweck und Vertragswille des Klägers bekannt war, brachten statt dessen, was er erstrebte, unter Hintansetzung, ja Durchkreuzung seiner Belange, eine ihn schädigende Gesamtdarstellung der Heizkissensicherungen.

Nicht stichhaltig ist der Einwurf der Beklagten, daß sie doch, dem ganzen Zweck ihrer Zeitschrift gemäß, auch andere Stimmen hätten zum Worte verstatten müssen. Gewiß blieb das unverwehrt. Auch das Berufungsgericht verkennt es keineswegs, betont sogar ausdrücklich, daß die Beklagten über den nämlichen Gegenstand weitere Veröffentlichungen bringen durften, selbst wenn diese an dem Aufsatz des Klägers und seinem technischen Inhalt schärfste Kritik übten. Aber Zusammenfassung des Aufsatzes mit den Darlegungen, die sich in Widerspruch und Tadel ergingen, war wider Treu und Glauben und somit gegen den Vertrag. ...

3. Ohne Rechtsirrtum entnimmt das Berufungsgericht den erwiesenen Umständen die Ueberzeugung, daß die Beklagten den Vertrag und das Urheberrecht des Klägers wissentlich verletzt haben.

II. Weiter stellt das angefochtene Urteil fest: Ein Schaden sei durch die Veröffentlichung der Beklagten in der vom Kläger als vertragswidrig und rechtsverletzend bemängelten Form unwiderruflich entstanden. „Denn daß diese Veröffentlichung den Kläger geschädigt hat, unterliegt keinem Zweifel.“ Die Revision findet hierin ohne zureichenden Grund eine Verletzung der §§ 249 flg. BGB. und meint: Wenn ein Schaden entstanden sei, dann doch nur durch den Ueberschuß unzulässigen Handelns über zulässige Maßnahmen, aus denen dem Kläger ebenfalls Nachteil erwachsen wäre. Dergleichen Ueberschreitung aber sei nicht als ursächlich für den Schaden festgestellt. Dieser Vorwurf ist unbegründet. Das Berufungsgericht verbindet mit seiner Feststellung in dem Zusammenhang, in dem es sie trifft, bereits den Sinn: Dadurch, daß die Beklagten den Vertrag und das Urheberrecht des Klägers verletzt haben, ist diesem ein Vermögensnachteil erwachsen, der ihm ohne dergleichen Rechtsverletzung erspart geblieben wäre. Einbegriffen ist hierin die Erwägung: Bei ordnungsmäßiger Vertragserfüllung der Beklagten unter Beachtung der Grundsätze von Treu und Glauben wäre, selbst wenn der abgedruckte Aufsatz des Klägers Widerspruch hervorgerufen und ein Streit der Meinungen sich angeschlossen hätte, die Vermögenslage für den Kläger günstiger geblieben, als sie durch das vertragswidrige Verhalten der Beklagten sich gestaltet hat. Für die Entscheidung darüber, ob der Schadensersatzanspruch dem Grunde nach gerechtfertigt sei, genügt das. Denn das Gericht hat sie unter Würdigung aller Umstände nach freier Ueberzeugung zu treffen (§ 287 ZPO.); die Revision kann zur Zeit nicht damit begründet werden, daß diese Gesetzesvorschrift verletzt sei.

III. Gleichfalls unbegründet ist die Revisionsrüge, daß die Frage rechtsirrig beurteilt sei, ob der Kläger den Schaden durch eigenes Verschulden mitverursacht oder vergrößert oder zu mindern unterlassen habe (§ 254 BGB.). Die Beklagten haben dem Kläger ja gerade vor der Veröffentlichung in Nr. 12/13 der Zeitschrift von der Art, wie sie diese planten, keine Kenntnis und überhaupt keine Gelegenheit zu eigener alsbaldiger Gegenäußerung auf die Kritiken gegeben. Was aber von dem Anerbieten nachträglicher Erwiderung zu halten war, würdigt das Berufungsgericht ohne Rechtsirrtum, indem es erwägt: Dem Kläger könne vernünftigerweise nicht zugemutet werden, in einer Zeitschrift weitere Veröffentlichungen zu bringen, die derart vertrags- und rechtswidrig mit seiner ersten verfahren war. Zwar müsse der Geschädigte grundsätzlich in allen Fällen dahin wirken, daß der ihm zugefügte Schaden keinen übermäßigen Umfang annehme. Diese Verpflichtung finde jedoch ihre Grenze, wenn die zur Abwendung oder Minderung in Betracht kommende Maßnahme dem Geschädigten nicht zuzumuten sei. Dies ist der Fall, wenn, wie hier, das Vertrauen mißbraucht worden und dadurch verlorengegangen ist. ...

**RGZ. 119, 408**

**Sind auf einen Vertrag, durch den ein Maler sein Gemälde einem Kunsthändler zur Vervielfältigung im Druckverfahren und zum Vertrieb der Nachbildungen überläßt, Grundsätze des Schriftwerksverlages anzuwenden, und zwar derart, daß der Maler künftig dem Kunsthändler keinen Wettbewerb durch „ähnliche" Bilder machen darf?**

KunstschutzG. §§ 1, 10. VerlG. § 1. UnlWG. § 1. BGB. §§ 157, 242, 826.

I. Zivilsenat. Urt. v. 14. Januar 1928.

I. Landgericht Dresden. II. Oberlandesgericht daselbst.

Der Beklagte Z. pflegt seit geraumer Zeit einen Teil der Bilder, die er malt, samt den Schutzrechten daran Kunstanstalten zur Vervielfältigung und Verbreitung zu überlassen. In solchen Beziehungen stand er ungefähr von 1906 bis 1924 auch zur Klägerin. Ihr überließ er durch Vertrag vom 3. Februar 1914 gegen Entgelt (von 600 Kr.) sein damals vollendetes Bild „Elfenreigen". Die Klägerin bildete es im Druckverfahren nach und vertrieb gewerbsmäßig die Nachbildungen. Im Jahre 1925 malte Z. für den Beklagten F. auf dessen Bestellung ein Bild „Blumenreigen", das wie der „Elfenreigen" die Maße 52 × 120 cm aufweist und ihm unstreitig ähnelt. F. übernahm dieses Bild zur Vervielfältigung, stellte im Druckverfahren Nachbildungen her und brachte sie in den Handel. Wie bei der Klägerin der „Elfenreigen", so wurde beim Beklagten F. der „Blumenreigen" in einer zusammengehörenden Reihe von sechs Bildern (F. nannte die seinige den „Neuen Weg") angeboten.

Die Klägerin sieht im Verhalten der Beklagten eine Verletzung ihrer Rechte. Sie behauptet, Z. sei ihr vertraglich verpflichtet gewesen und hätte dieser Verpflichtung zufolge den „Blumenreigen“ keinem anderen Kunsthändler zur Vervielfältigung überlassen dürfen; F. habe um das Vertragsverhältnis gewußt. Auch künstlerisches Urheberrecht der Klägerin am „Elfenreigen“ sei von beiden Beklagten verletzt worden. Deren Gebaren mache sie ferner nach den Bestimmungen über unlauteren Wettbewerb und über unerlaubte Handlungen haftbar. Der Klagantrag geht auf Unterlassung, Rechnungslegung, Schadensersatz und Befugnis zur Bekanntmachung.

Das Landgericht gab diesem Antrag statt. Das Oberlandesgericht wies die Klage gegen beide Beklagte ab. Die Revision der Klägerin hatte keinen Erfolg.

Aus den Gründen:

(Mit der Revision nicht angegriffen ist das Berufungsurteil, soweit es annimmt: Das Urheberrecht am „Elfenreigen“ stand allein dem Beklagten Z. zu, der ihn gemalt hatte; der Vorstand der Klägerin, Generaldirektor M., war trotz gewisser Weisungen und Fingerzeige nicht Mitschöpfer. Die Klägerin aber hat durch Vertrag das Urheberrecht übertragen erhalten. Der „Blumenreigen“ war keine unfreie Nachbildung des „Elfenreigens“, sondern ein Werk von persönlicher künstlerischer Eigenart. Nicht verletzt ist also das künstlerische Urheberrecht der Klägerin am „Elfenreigen“. Zwischen der Klägerin und dem Beklagten Z. ist kein allgemeiner Vertrag dahin zustande gekommen, daß Z. seine Bilder zum Zwecke der Vervielfältigung und gewerblichen Ausnutzung nur an die Klägerin und an keine andere Gewerbetreibende ihres Zweiges liefern dürfe*).)

1. Die Revision der Klägerin wendet sich vor allem mit der Rüge, daß § 157 BGB. verletzt sei, gegen die Ausführungen des Berufungsurteils über den Klagegrund vertraglicher Verpflichtung: Offen bleibe die Frage, ob nicht — wenngleich allgemeine vertragliche Bindung des Z. für unbewiesen erachtet werde — für das einzelne Bild „Elfenreigen“, woran der Klägerin das Urheberrecht übertragen worden, eine besondere vertragliche Verbindlichkeit eingegangen sei, nämlich die Verpflichtung, kein ähnliches Bild zu schaffen, das als Konkurrenzwerk daneben wirken könnte. Das Berufungsgericht habe diese Frage nicht genügend geprüft. Dieser Vorwurf ist unbegründet.

a) Die Klägerin vermißt im Berufungsurteil die Untersuchung, ob nicht aus Schriftwechsel und mündlichen Aeußerungen im Zusammenhang mit der Uebertragung des Urheberrechts am „Elfenreigen“ nach Treu und Glauben als Vertragswille der Beteiligten zu schließen sei: Z. dürfe kein diesem Bilde ähnliches Bild schaffen, damit der von der Klägerin mit

*) Zu vgl. RG. Urt. v. 15. Juni 1927 I 49/27, abgedr. in Markenschutz und Wettbewerb XXVII/XXVIII S. 144.

dessen Druckvervielfältigung und Vertrieb bezweckte Erfolg nicht beeinträchtigt werde. . . . (Dieser Revisionsangriff wird zurückgewiesen.)

b) Ganz besonders betont die Revision, das Berufungsgericht habe das Wesen des Verlagsvertrags als Vertrauensverhältnis außer acht gelassen und daher nicht beachtet, daß der Künstler jeden Wettbewerb gegen den Verleger streng vermeiden müsse, selbst wenn darüber keine besondere Abmachung getroffen sei. Gerade weil sich das von selbst verstehe, also Z. für Wettbewerber kein dem „Elfenreigen" ähnliches Bild hätte malen dürfen, sei es in der Urkunde vom 3. Februar 1914 nicht erst erwähnt worden. Die Revision entnimmt Beispiele und Grundsätze für diesen ihren Angriff kurzweg dem Verlag von Schriftwerken und führt aus: Ein Verfasser dürfe seinem Verleger keine Konkurrenz machen. Wer z. B. einem Verleger ein größeres Handbuch übertragen habe, müsse, auch wenn gar nichts darüber vereinbart sei, davon absehen, einem anderen Verlag eine abgekürzte Ausgabe dieses Werkes zu überlassen; denn das wäre dem geschäftlichen Erfolge nach ein Konkurrenzwerk. Als die Klägerin am 3. Februar 1914 mit Z. den Vertrag über den „Elfenreigen" geschlossen habe, seien doch beide sicherlich überzeugt gewesen, der Künstler dürfe für einen anderen Verlag kein Bild malen, das dem der Klägerin überlassenen ähnlich sei.

In solcher Anwendung von Grundsätzen, die allerdings in vielen Fällen für den Buchverlag, wenigstens für das wissenschaftliche Schrifttum, zutreffen mögen, auf Fälle wie den hier streitigen ist der Klägerin nicht beizustimmen. Mit Recht hebt das Berufungsgericht hervor, daß bei der Uebertragung des Urheberrechts an einem Kunstwerke noch andere Rücksichten genommen werden müssen. Schon bei Schriftwerken macht es einen für die gesamte Beurteilung wesentlichen Unterschied, ob das Werk ein wissenschaftliches Hand- oder Lehrbuch, eine Abhandlung, ein Roman, eine erzählende oder lyrische Dichtung ist. Wiederum andere Gesichtspunkte können sich für Werke der Tonkunst ergeben.

Das Kunstschutzgesetz erwähnt zwar (§ 10 verb. m. § 1), daß das Recht des Urhebers an einem Werke der bildenden Kunst beschränkt oder unbeschränkt auf andere übertragen werden kann. Doch ist der Hauptfall beschränkter Uebertragung, der Fall des Verlagsvertrags, für dieses Sachgebiet nicht besonders geregelt. Die Vorschriften des auf Werke der Literatur und der Tonkunst berechneten Verlagsgesetzes vom 19. Juni 1901 lassen sich nicht schlechthin und allgemein auf Gegenstände anwenden, die dem Kunstschutzgesetz unterliegen. Um Illustrationsverlag, der allerdings dem Buchverlag nahe verwandt ist, handelt es sich hier nicht. Sowohl der eigentliche Kunstverlag aber, dem der gegenwärtige Streitfall zugehört, als der kunstgewerbliche Verlag lassen sich, bei der sehr mannigfaltigen Verschiedenheit der in ihnen begegnenden Vertragsverhältnisse, nicht ohne weiteres nach Grundsätzen des Schriftwerkverlags beurteilen (K o h l e r, Kunstwerkrecht S. 95 bis 101, 104 bis 108; O s t e r r i e t h,

Urheber-R. an Werken der bildenden Künste S. 74 bis 81; Allfeld, KunstschutzGes. S. 71 flg. Anm. 14, 19, 20 zu § 10; Riezler, Deutsches Urheber- und Erfinder-R. I S. 441 flg.; ders. in Ehrenbergs Handb. des gesamten Handelsrechts Bd. 5 Abt. 2 [1915] S. 88 bis 91; v. Gierke, D. Priv.-R. III [1917] § 205, VIII S. 767 bei Anm. 82). Immer bedarf es im einzelnen Falle der Prüfung, ob entsprechende Anwendung der Buchverlagsregeln auf den Kunstverlag nach der Art des Gegenstandes dem Zweck und Verkehrsbedürfnis entspricht (Riezler, Dtsch. Urh.-R. I S. 442; Osterrieth a. a. O. S. 75 bis 78). Aus dem Wesen des Urheberrechts als einer grundsätzlich unbeschränkten Verfügungsherrschaft folgt auch hier, daß der Schöpfer des Kunstwerks in der Ausübung seines Rechts nur so weit beschränkt ist, als es sich aus einer ausdrücklich oder stillschweigend eingegangenen Verpflichtung ergibt. Stillschweigend ist er verpflichtet, sich aller derjenigen Verfügungen über sein Werk zu enthalten, die gegen Treu und Glauben verstoßen würden. Ob eine Verfügung den Geboten von Treu und Glauben zuwiderläuft, richtet sich wesentlich nach Umfang und Zweck der dem Verleger gewährten Nutzungsbefugnisse. Verfügungen, welche die dem Verleger eingeräumte Nutzung des Werkes schädigen oder gar unmöglich machen, muß er unterlassen (Osterrieth a. a. O. S. 78 Anm. 2). Doch gilt vor allem die Regel, daß — ebenfalls aus dem Wesen des Urheberrechts — dergleichen Verlagsverträge einschränkend auszulegen sind. Der Verleger erwirbt nur solche Verfügungsbefugnisse über das Werk, die der Künstler ihm ausdrücklich bewilligt oder deren Gewährung aus dem beiderseits gewollten Vertragszweck klar erhellt (Osterrieth a. a. O. S. 76 Anm. IV 1 zu § 10; Allfeld a. a. O. S. 73).

Durch den Vertrag vom 3. Februar 1914 „verkaufte" Z. an die Klägerin das „von ihm selbst entworfene und gemalte Original-Oelgemälde, 52 × 120 cm groß, darstellend ‚Elfenreigen', Querbild mit 9 Figuren, mit dem ausschließlich alleinigen Rechte, dieses Bild in jeder beliebigen Art und Weise und Größe zu vervielfältigen und die Reproduktionen beliebig zu verkaufen, und mit der Erlaubnis, dieses Bild mit oder ohne seinen Namen oder mit beliebigem anderem Namen (Pseudonym) herauszubringen, auch etwaige Aenderungen an dem Originale vorzunehmen, ferner mit dem Rechte, das Verlags- und Vervielfältigungsrecht dieses Bildes ganz oder teilweise auch auf andere Firmen oder Personen zu übertragen, für den Preis von Kr. 600 ...".

Der im Jahre 1925 gemalte „Blumenreigen" war ein anderes Kunstwerk als der „Elfenreigen", über den das Abkommen von 1914 getroffen worden war. Der Klägerin mag zugegeben werden, daß beide Parteien zur Zeit des Vertragsabschlusses von 1914 nach der ganzen Art ihrer damaligen Beziehungen überhaupt nicht damit rechneten, Z. werde in absehbarer Zeit ein Bild zur Vervielfältigung an einen anderen Kunsthändler vergeben und durch die Besonderheit des Werkes und der Uebertragung vielleicht den geschäftlichen Erfolg des „Elfenreigens" beeinträchtigen. Damit ist aber nicht gesagt, daß er sich in diesem Sinne habe rechtlich binden wollen; und ebensowenig, daß die Klägerin ihn durch den Vertrag dergestalt für gebunden erachtet habe. Das Berufungsgericht verneint beides, und zwar, wie schon dargelegt wurde, ohne Verletzung rechtlicher Grundsätze. Wohl war der Künstler durch den Vertrag fortan gehindert, den „Elfenreigen" an einen anderen Verlag zur Vervielfältigung zu vergeben oder selbst etwas derartiges auszuführen. Aber für die Vertragsauslegung muß unangetastet bleiben, daß jedes Kunstwerk, mag die Schätzung der Kenner ihm auch keinen besonders hohen Rang zuweisen, ein eigenpersönliches Gebilde ist; daß es als solches, nicht als Gattung, Schutz genießt und Gegenstand von Rechtsgeschäften wird. Ferner daß grundsätzlich dem Schöpfer eines Kunstwerks für sein weiteres Schaffen alles frei und unverkürzt bleiben muß, was nach anerkannten Regeln des Kunstschutzes zu den freien Bestandteilen und Mitteln künstlerischen Bildens gehört: die Lebenserscheinungen, die den Ausgangspunkt und Gegenstand, den Vorwurf oder Gedanken (das Motiv) seiner Darstellung bieten, auch die Weise der technischen Behandlung, die Anwendung des dem Künstler geläufigen, seiner Wesensart entsprechenden Stils (K o h l e r Kunstwerkrecht S. 27; ders., Das literarische und artistische Kunstwerk S. 37 flg., O s t e r r i e t h a. a. O. S. 20/21 Anm. II 6, 7, 8 zu § 1 KunstschutzGes.). Dieses Gebiet freien Wirkens erheblich einzuschränken zugunsten geschäftlicher Zwecke des Verlegers, dem ein einzelnes Werk zur Vervielfältigung überlassen wurde, entspräche nicht den Anforderungen des Kunstschutzes. Uebrigens darf dabei nicht ganz außer Betracht bleiben, daß zwischen dem Vertrage des Z. mit der Klägerin und der Vergebung seines „Blumenreigens" an den Mitbeklagten F. immerhin ein Jahrzehnt verflossen war.

Die Klägerin führt jetzt aus: Vermöge des dem Verlagsvertrag zugrunde liegenden Vertrauensverhältnisses müsse die Ueberlassung des „Elfenreigens" dahin ausgelegt werden, daß Z. keinem anderen Kunsthändler ein Bild zum Vervielfältigen liefern dürfe, das dem „Elfenreigen" ähnlich sei, ebenso den Geschmack des Publikums treffe, deshalb ebensogut verkäuflich, namentlich für Zwischenpersonen (Vermittler, Reisende, Kolporteure) leicht bei Kunden anzubringen und somit im wirtschaftlichen Erfolge verwechslungsfähig sei. Damit wird jedoch im gegenwärtigen Rechtszuge den Klagebehauptungen ein Sinn gegeben, den sie weder im ersten noch im zweiten Rechtsgange hatten. Das Berufungsgericht verstieß also nicht gegen Rechtsgrundsätze, wenn es das Vorbringen der Klägerin nicht ausdrücklich von jenen Gesichtspunkten aus prüfte. Zudem sind die Ausführungen der Revision abzulehnen, weil sie darauf hinausgehen, die künstlerische Tätigkeit viel stärker einzuschränken, als es dem Wesen und Zwecke des Kunstschutzes entspricht. Auch die Folgerungen der Revision aus dem Verlagsvertrag als Vertrauensverhältnis weisen also keinen rechtlichen Fehler des angegriffenen Urteils nach.

2. Das Berufungsgericht verneint endlich, daß eine Zuwiderhandlung der Beklagten gegen das Verbot unlauteren Wettbewerbs (§ 1 UnlWG.) oder unerlaubter Handlungen (§ 826 BGB.) vorliege.

a) Mit Recht geht es davon aus, daß grundsätzlich der Gewerbetreibende befugt ist, fremde Erzeugnisse zu Wettbewerbszwecken zu verwerten, soweit er damit nicht in Schutzrechte eingreift oder vertragliche Rechte verletzt; daß Wettbewerb also erlaubt ist, auch wenn er dem Gegner in seinem Fortkommen Schwierigkeiten macht oder ihn gar im Geschäftsleben völlig unterdrückt und lahm legt. Unstatthaft wird der Wettbewerb erst, wenn er sich in einer Weise vollzieht, die das Anstandsgefühl der gerecht und billig Denkenden verletzt, und Mittel anwendet, die eines anständigen Gewerbetreibenden unwürdig sind (RGZ. Bd. 55 S. 371/373, Bd. 58 S. 217, Bd. 71 S. 173, Bd. 73 S. 113; JW. 1926 S. 1982 Nr. 9). Es verstößt somit keineswegs gegen Rechtsgrundsätze, wenn das Berufungsgericht annimmt: Eine Verlagsanstalt handelt nicht schon damit sittenwidrig, daß sie, nachdem Bilderdrucke eines anderen Verlags im Verkehr Anklang gefunden haben und gut eingeführt sind, von demselben Maler Bilder malen läßt und deren Nachbildungen in den Handel bringt. Das angefochtene Urteil erwähnt hierbei, daß die Klägerin selber den im Geschäftsleben üblichen Standpunkt eingenommen habe. (Wird ausgeführt.)

Ohne Rechtsirrtum betont das Berufungsgericht im Anschluß an diese anerkannten Grundsätze, daß das Verhalten der Beklagten nur dann die Grenzen erlaubten Wettbewerbs überschreiten würde, wenn mit ihm besondere Tatumstände verbunden wären, die es als sittenwidrig erscheinen ließen. Es kommt zu dem Ergebnis: was die Klägerin nach dieser Richtung vorbringe, genüge nicht, einen solchen Verstoß der Beklagten gegen die guten Sitten darzulegen.

Sittenwidrig wäre es allerdings — so führt das Berufungsgericht aus —, wenn die Beklagten darauf ausgegangen wären, ein Gemälde zu schaffen, das dem „Elfenreigen“ zum Verwechseln gliche. Sittenwidrig schon, wenn sie bei der Herstellung des Bildes und seiner Vervielfältigung wenigstens mit dieser Möglichkeit der Verwechslung gerechnet und sie in ihren Willen aufgenommen hätten, um durch Irreführung den Absatz zu heben. Desgleichen wenn sie in anderer Weise die Arbeitsleistung und die Kosten, welche die Klägerin aufgewendet, um den „Elfenreigen“ einzuführen, sich für die Verwertung des „Blumenreigens“ dienstbar gemacht und so die Früchte fremder Arbeit sich mühelos angeeignet hätten. Dies alles aber erachtet das Berufungsgericht nicht für vorliegend. . . . (Die Würdigung des Revisionsgerichts schließt mit dem Ergebnis:)

Alle Merkmale unlauteren Wettbewerbs verneint demnach das Oberlandesgericht aus Erwägungen tatsächlicher Würdigung (§ 286 ZPO.), die keinen Rechtsirrtum enthalten. Die §§ 1 UnlWG. und 826 BGB. sind nicht verletzt.

RGZ. 121, 258

**Besteht bei Verletzung des Urheberrechts an Schriftwerken ein Anspruch auf Herausgabe der ungerechtfertigten Bereicherung?**

LitUrhG. § 36. BGB. § 812.

I. Zivilsenat. Urt. v. 9. Juni 1928.

I. Landgericht I Berlin. II. Kammergericht daselbst.

Im Verlage des Klägers D. hat die Klägerin Frau Dr. J. R. ein von ihr verfaßtes Werk „Frauenberufe“ erscheinen lassen. Die Kläger behaupten, dieses Buch sei in dem vom Beklagten verlegten Buche „Was soll unsere Tochter werden?“ von F. W. durch Uebernahme großer Stücke des Inhalts unselbständig und somit auf unzulässige Weise benutzt worden. Sie haben 1. auf Unterlassung weiteren Vervielfältigens und Verbreitens, 2. auf Zurückziehung aus dem Sortimentsbuchhandel, 3. auf Herausgabe der im Besitze des Beklagten befindlichen Stücke, 4. auf Auskunft und Abrechnung und 5. auf Herausgabe der eingenommenen (aus der Abrechnung ersichtlichen) Beträge geklagt. Das Landgericht hat allen diesen Anträgen entsprochen, das Kammergericht hat die nur wegen des vierten Antrags eingelegte Berufung des Beklagten zurückgewiesen. Während das Landgericht annahm, dem Beklagten falle fahrlässiges Verhalten zur Last, verneint das Kammergericht zwar die Fahrlässigkeit, sieht jedoch einen Anspruch aus ungerechtfertigter Bereicherung als gegeben an. Die Revision des Beklagten hatte keinen Erfolg.

Gründe:

Das angefochtene Urteil verneint mit einwandfreier Begründung, daß der Beklagte als Verleger die ihm obliegende Sorgfalt verletzt habe. Haftung aus schuldhaftem Handeln scheidet somit aus. Das Kammergericht sieht jedoch den Anspruch auf Auskunft und Abrechnung als begründet an, weil der Beklagte den Klägern aus ungerechtfertigter Bereicherung hafte (§§ 812 flg. BGB.). Der Rechtsauffassung, daß ein Anspruch wegen schuldloser Verletzung von Urheberrechten auf der Grundlage der Bereicherung (§§ 812 flg. BGB.) erhoben werden könne, war beizutreten. Die Ausführung in RGZ. Bd. 113 S. 424 über den damals nur hilfsweise verwendeten, für die damalige Entscheidung unerheblichen Klagegrund der ungerechtfertigten Bereicherung wird aufgegeben.

1. Das Gesetz betr. das Urheberrecht an Schriftwerken usw. vom 11. Juni 1870 bestimmte im § 18 Abs. 6 ausdrücklich: „Wenn den Veranstalter des Nachdrucks kein Verschulden trifft, so haftet er dem Urheber oder dessen Rechtsnachfolger für den entstandenen Schaden nur bis zur Höhe seiner Bereicherung“. Damit war für das Gebiet des literarischen Urheberrechts grundsätzlich ein Bereicherungsanspruch anerkannt. Er sollte jedoch, damit Einheitlichkeit gewährleistet sei, nicht nach dem damals noch verschiedenen bürgerlichen Rechte (dem Gemeinen Recht oder sonsti-

gen Landesrecht), sondern ausschließlich nach dem Urheberrechtsgesetz beurteilt werden (RGZ. Bd. 12 S. 106, Bd. 35 S. 74).

a) Als an die Stelle des Gesetzes vom 11. Juni 1870 das Gesetz vom 19. Juni 1901 trat, bestand schon ein allgemeines bürgerliches Reichsrecht. Also brauchte das neue Gesetz für das Sondergebiet des Urheberschutzes keine Vorsorge wider die Anwendung unterschiedlichen Landesrechts zu treffen, das ergänzungsweise vielleicht hätte herangezogen werden können. Dem nunmehr einheitlichen Reichsrecht konnte auch für das Gebiet des Urheberschutzes überlassen werden, Lücken des Sonderrechts auszufüllen. Die Begründung zum Entwurfe des Urheberrechtsgesetzes hob darum eigens hervor: „Der Entwurf hat nicht die Aufgabe, die zivilrechtlichen Folgen von Eingriffen in das Recht des Urhebers erschöpfend zu regeln. Soweit sich aus den allgemeinen Vorschriften des bürgerlichen Rechts sonstige Ansprüche begründen lassen, bleiben diese unberührt" (Nr. 97 der Reichst.-Drucks., 10. Legislaturperiode, II. Session 1900/01 S. 38 vor § 37). Und sie bemerkte an anderer Stelle (S. 12 in den einleitenden Sätzen vor § 1): diejenigen Vorschriften des Gesetzes vom 11. Juni 1870 seien im Entwurf ausgeschieden, „welche durch die einheitliche Regelung ... des allgemeinen bürgerlichen Rechtes entbehrlich geworden sind". Ausdrücklich heißt es in diesem Zusammenhang: „Inwieweit ein Anspruch auf Herausgabe der durch Nachdruck oder Aufführung erzielten Bereicherung begründet ist, wenn den Täter kein Verschulden trifft, bestimmt sich künftig nach dem Bürgerlichen Gesetzbuch."

Zwar bestimmt der § 36 LitUrhG. von 1901 nur: „Wer vorsätzlich oder fahrlässig unter Verletzung der ausschließlichen Befugnis des Urhebers ein Werk vervielfältigt, gewerbsmäßig verbreitet oder den wesentlichen Inhalt eines Werkes öffentlich mitteilt, ist dem Berechtigten zum Ersatze des daraus entstehenden Schadens verpflichtet." Hieraus darf aber nicht entnommen werden, daß das Gesetz bei schuldloser Urheberrechtsverletzung den Anspruch auf Herausgabe der ungerechtfertigten Bereicherung versagen wolle. Es erwähnt ihn nur nicht, weil er angesichts des unterdessen in Kraft getretenen einheitlichen allgemeinen bürgerlichen Rechts keiner besonderen Hervorhebung mehr bedurfte. Das neue Urheberrechtsgesetz sollte, wie sein Inhalt beweist und die Begründung bezeugt und wie auch die Anwendung in Lehre und Rechtsprechung ständig anerkannt hat, keinen geringeren Schutz gewähren als das alte; der Urheber sollte durchweg nicht schlechter, in verschiedenen Punkten sogar besser gestellt sein als früher.

b) Von solchen Erwägungen geleitet, hat die Rechtsprechung für den Kunstwerkschutz einen Anspruch des Verletzten auf Herausgabe der ungerechtfertigten Bereicherung anerkannt (RGZ. Bd. 90 S. 137). Das Gesetz vom 9. Januar 1907 aber, in dessen Anwendung das geschah, ist im Grundgedanken, im gesamten Aufbau und in vielen Einzelheiten dem Urheberrechtsgesetz vom 19. Juni 1901 nachgestaltet. Hinreichende Gründe, für die vorliegende Frage einen Unterschied zu machen, sind nicht ersichtlich. Verwiesen doch die Gesetze, an deren Stelle das Gesetz vom 9. Januar 1907 getreten ist, um Inhalt und Umfang der gewährten Ansprüche zu bezeichnen, ausdrücklich auf das Urheberrechtsgesetz vom 11. Juni 1870: das Gesetz vom 9. Januar 1876 im § 16, das Gesetz vom 10. Januar 1876 im § 9. (Ebenso das noch geltende GeschmacksmusterschutzGes. vom 11. Januar 1876 im § 14.) Für die Zeit ihrer Geltung war damit auf dem Gebiete, das sie regelten, der Bereicherungsanspruch gesichert. Im Schriftwerkschutz davon abzuweichen, ist nicht gerechtfertigt.

c) Die aus den Gesetzen über Erfindungs-, Gebrauchsmuster- und Warenzeichenschutz abgeleiteten Bedenken (RGZ. Bd. 113 S. 424) können nicht aufrechterhalten werden.

Das Patentgesetz vom 25. Mai 1877 gab dem Verletzten Anspruch auf Entschädigung nur bei wissentlicher Patentverletzung (§ 34). Das Gesetz vom 7. April 1891 dehnte ihn auf die Fälle grobfahrlässiger Erfindungsbenutzung aus (§ 35). Völlig entsprechend dem Patentgesetz von 1891 bestimmte das GebrauchsmusterschutzG. vom 1. Juni 1891 die Voraussetzungen seiner Entschädigungsansprüche (§ 9). Beide schließen den Anspruch auf Herausgabe der ungerechtfertigten Bereicherung aus. Ebenso für den Warenzeichenschutz das Gesetz vom 30. November 1874 und später das vom 12. Mai 1894. Nach herrschender Lehre und Rechtsprechung hat das Inkrafttreten des Bürgerlichen Gesetzbuchs daran nichts geändert. Es ist dabei geblieben, daß die genannten Gesetze den Bereich der Vergütungsansprüche des Verletzten abschließend bestimmen (JW. 1914 S. 406 Nr. 8 für das Patentrecht; RGZ. Bd. 108 S. 6 für das Warenzeichenrecht unter Betonung des Unterschieds vom Urheberrecht).

d) Den Grundsatz des Patent-, Gebrauchsmuster- und Warenzeichenrechts auch auf das Gebiet des Schriftwerkschutzes anzuwenden, ist nicht gerechtfertigt. Allerdings hat K o h l e r in dieser Frage gleichmäßige Behandlung für das ganze Immaterialgüterrecht befürwortet, und zwar im Sinne der Ausschließung des Bereicherungsanspruchs. Er führt aus: „Der gutgläubige Verletzer des Autorrechts ist nicht verpflichtet, zu entschädigen, aber auch nicht eine ungerechtfertigte Bereicherung herauszugeben; denn die Folgen der Verletzung sind in den §§ 36 flg. UrhG. gegeben und dürfen nicht aus dem allgemeinen Recht ergänzt werden, da hier eigenartige Gesichtspunkte obwalten. In der Tat wäre eine derartige Bereicherungshaftung hier nicht angemessen, da die Grenzen des Autorrechts viel schwieriger und biegsamer sind, als die Grenzen des Rechts an körperlichen Sachen, und die Rechtsordnung davon ausgeht, daß ein schuldloses Hinübergreifen eine natürliche Folge sachlicher Unbestimmtheiten ist, bei welchen das Recht ebensowenig das strenge Einzelrecht gelten lassen darf, wie bei anderen Grenzschwierigkeiten; vgl. § 920 BGB." (Urheberrecht [1907] S. 373 § 69 V, Kunstwerkrecht [1908] S. 117 § 34 III, Lehrb. d. bürg. R. II 1 [1906] S. 459/460 § 166 V 6, Warenzeichenrecht [1910]

S. 188 § 40 II). Diesen Ausführungen kann so allgemein für das geltende Recht nicht beigetreten werden. Ob und wie etwa künftig für das ganze Gebiet des literarischen, künstlerischen und gewerblichen Rechtsschutzes eine gleichmäßige Regelung zu erstreben sei, ist hier nicht zu erörtern. Auf die jetzt allein zu entscheidende Frage innerhalb des Schriftwerkschutzes ergibt sich die Antwort aus dem dargelegten Zusammenhang des gegenwärtigen Rechts mit der ausdrücklichen Regelung des früheren, an welcher über den Geltungsbeginn des Bürgerlichen Gesetzbuchs und des Gesetzes über das literarische Urheberrecht von 1901 hinaus ersichtlich festgehalten wurde. Das ist denn auch die im Schrifttum durchaus (mit der genannten Ausnahme K o h l e r s) vertretene Meinung. (Folgen Belege.) Ist hiernach die in RGZ. Bd. 90 S. 137 für den Kunstwerkschutz vertretene Auslegung für den Schriftwerkschutz beizubehalten, so braucht nicht untersucht zu werden, ob sich etwa, wie die Kläger auf den Revisionsangriff entgegnen, im Sinne dieser Auslegung bereits durch langjährige ständige Uebung aller beteiligten Kreise ein Reichsgewohnheitsrecht gebildet habe.

2. Die gesetzlichen Erfordernisse eines Bereicherungsanspruchs (§ 812 BGB.) sind gegeben. Der Verfasser des vom Beklagten verlegten Buches hat, wie festgestellt ist, das beim Kläger D. verlegte Werk der Klägerin Frau J.-R. unfrei benutzt und so das den Klägern zustehende Urheberrecht verletzt (§§ 11, 12, 13, 15 LitUrhG.). Es bedarf keiner besonderen Darlegung, daß der Absatz des abhängigen Buches eine Schmälerung des Urheberrechts von Verfasser und Verleger bedeutet, in deren Befugnisse die unfreie Benutzung eingreift. Inwieweit der Absatz des Beklagten dem Absatz-Ausfall der Klägerin entspricht, braucht hier nicht entschieden zu werden. Es genügt, wenn in irgendwelchem Umfang das eine durch das andere verursacht worden ist. Das Berufungsgericht hat die Ueberzeugung erlangt, daß es geschehen ist. Mit dieser Feststellung ist bereits dargetan, daß der Beklagte ohne rechtlichen Grund auf Kosten der Kläger etwas erlangt hat (§ 812 BGB.). Ursächlicher Zusammenhang zwischen Gewinn und Verlust liegt vor. Und zwar derart, daß ein einheitlicher Vorgang beides bewirkt, also eine unmittelbare Vermögensverschiebung unter den Parteien stattgefunden hat (Komm. v. RGRäten Anm. 3 zu § 812).

## RGZ. 121, 357

**1. Wann werden Rechentabellen als Schriftwerk geschützt? Unter welchen Voraussetzungen genügt eine geistige Tätigkeit des Verfassers, die nur darin besteht, das aus bekanntem Stoff Ausgewählte für bestimmte praktische Gebrauchszwecke herzurichten und anzuordnen?**

**2. Grenzen zwischen freier Benutzung eines Schriftwerks und unfreier Benutzung durch bloßes Auswählen und Weglassen.**

LitUrhG. § 1 Abs. 1 Nr. 1, §§ 13, 36.

I. Zivilsenat. Urt. v. 30. Juni 1928.

I. Landgericht I Berlin. II. Kammergericht daselbst.

Der Kläger hat vor einer Reihe von Jahren ein tabellenmäßig angeordnetes Rechenwerk hergestellt; es erschien zuerst 1912 und hieß ursprünglich „Dutzend- und Meterrechner", später „Universal-Rechner". Jetzt liegt die 21. Auflage (von 1924) vor. Eine von den Beklagten W. und C. im Mai 1926 errichtete Gesellschaft m. b. H. gibt ein ebenfalls tabellenmäßig eingerichtetes Rechenwerk heraus und vertreibt es unter dem Namen „Rekord-Rechner"; den Druck hat die beklagte Firma B. & S. besorgt. Der Kläger nimmt für seinen Universal-Rechner die Eigenschaft und den gesetzlichen Schutz eines Schriftwerks in Anspruch. Er behauptet, der Rekord-Rechner beruhe in seinen zum Vervielfachen dienenden Tafeln auf unselbständiger und deshalb unzulässiger Benutzung des Universal-Rechners. Er hat auf Untersagung, Rechnungslegung, Herausgabe (zur Vernichtung) und Feststellung der Schadensersatzpflicht geklagt. Die Beklagten haben sowohl die Schriftwerkseigenschaft des Universal-Rechners als die unfreie Benutzung des Buches zur Herstellung des Rekord-Rechners bestritten.

Das Landgericht hat die Beklagten zur Unterlassung, Rechnungslegung und Herausgabe verurteilt. Auf die Berufung der Beklagten hat das Kammergericht die Klage abgewiesen. Die Revision des Klägers hatte Erfolg.

Gründe:

1. Auf die Frage, ob dem Universal-Rechner des Klägers Schriftwerkschutz gebühre, gibt das Kammergericht — abweichend vom Landgericht — eine verneinende Antwort.

a) Der ständigen Lehre und Rechtsprechung folgend, versteht es unter einem Schriftwerk, das den Schutz des Urheberrechts-Gesetzes vom 19. Juni 1901 (LitUrhG.) genießt, einen durch Zeichen äußerlich erkennbar gemachten sprachlichen Gedankenausdruck, der sich als Erzeugnis geistiger Tätigkeit des Urhebers kundgibt (RGZ. Bd. 108 S. 63 und die dort angeführten Urteile; Bd. 116 S. 294). Als Zeichen zum Ausdrucke der Gedanken dienen auch Zahlen; unbedenklich gehören also zu den Schriftwerken, sofern die sonstigen Voraussetzungen vorliegen, auch Zahlentabellen wie die hier im Streite befindlichen. Mit Recht betont das Berufungsurteil ferner, daß ein Werk, um als Schriftwerk geschützt zu werden, inhaltlich keine Neuschöpfung zu sein braucht; bloße Zusammenstellungen aus Vorhandenem (Kompilationen) können ebenfalls Schutz genießen. Die zum Begriff des Schriftwerks erforderliche schaffende Geistesarbeit braucht, wie weiter anerkannt und im angefochtenen Urteil hervorgehoben ist, nur einen geringen Grad zu erreichen. Sie kann sich auf untergeordneten Gebieten des Schrifttums erweisen; Schöpfungen zu praktischen Zwecken sind vom Schriftwerksschutz nicht ausgeschlossen. Immer bedarf es aber, damit ein Schriftwerk im gesetzlichen Sinne vorliege, einer gewissen eigenpersönlichen geistigen Tätigkeit, die dem Geschaffenen das Gepräge verleiht. Wird ohne jede derartige Gestaltung, Herrichtung oder Zutat lediglich Bekanntes wiederholt oder zusammengefügt, also eine bloß mechanische Leistung geboten, dann ist das Gebilde kein Schriftwerk (RGSt. Bd. 39 S. 284, Bd. 41 S. 402, Bd. 43 S. 229, Bd. 46 S. 159; RGZ. Bd. 116 S. 295). Anerkanntermaßen kann sich aber das geistige Wirken auf bloße Formgebung, auf die Sammlung, Einteilung und Anordnung vorhandenen Stoffes beschränken (RGSt. Bd. 41 S. 402; RGZ. Bd. 108 S. 65, Bd. 116 S. 294/95; JW. 1925 S. 2777 Nr. 1).

b) bis d): Mit Recht schaut das *Berufungsurteil den Universal-Rechner* nicht nur in seiner Gesamtheit an, sondern prüft ihn vor allem daraufhin, ob er einzelne Züge, Eigenschaften oder Besonderheiten aufweist, aus denen eigenpersönlich schaffende Geistesarbeit des Verfassers zu ersehen ist (RGZ. 116 S. 295). (Die Würdigung des Kammergerichts wird wiedergegeben. Sie schließt mit dem Ergebnis:)

„Bei dem vorliegenden, rein berichtenden Zahlenwerke weist die Zusammenstellung der einzelnen Wesensbestandteile keinerlei Eigenart auf. Sie ist mechanisch und schablonenmäßig erfolgt. Insbesondere kann ein individueller Charakter gerade der Zusammenstellung auch nicht darin gefunden werden, daß das Buch einen Teil der Produkte aus zwei- und vierstelligen Zahlen ablesefertig angibt. Diese Produkte lassen sich ohne besondere Mühewaltung auch aus den Tabellen von Crelle und Peters entnehmen. Der Fortschritt des Universal-Rechners ist allenfalls praktischer, nicht aber geistig-individueller Art, zumal da sich die Produkte auch aus vielstelligen Zahlen durch mechanische Rechenoperationen — mögen diese auch mühevoll sein — von jedem errechnen und insgesamt oder in einer Auswahl zusammenstellen lassen."

e) Mit dieser Würdigung werden der eigenpersönlichen geistigen Arbeitsleistung zu hohe Ziele gesetzt. Der Gebietsumfang für solche Gebilde, die als Schriftwerke Schutz finden, wäre damit enger gezogen, als es der tatsächlich anerkannten Uebung entspricht. Dieser würde man nicht gerecht, wenn so, wie das Berufungsgericht will, die Werke mit rein praktischen Zwecken hintangesetzt würden. Sie sind von jeher dem Kreise geschützter Werke, wenngleich nicht ausnahmslos, so doch bei zuweilen geringer geistiger Tätigkeit, hinzugezählt worden (RGSt. Bd. 17 S. 195); RGRsprStS. Bd. 10 S. 278; DJZ. 1909 Sp. 268; JW. 1925 S. 2777 Nr. 1; RGZ. Bd. 12 S. 114, Bd. 108 S. 65, Bd. 116 S. 294). Rechtlichen Bedenken unterliegt es daher, wenn das Berufungsurteil den Universal-Rechner als eine bloß mechanische, schablonenmäßige Zusammenstellung ansieht. Es verkennt keineswegs, daß sich das Werk des Klägers für den besonderen Rechenbedarf kaufmännischen Verkehrs als ein zweckmäßiges Hilfsmittel darbietet, und deutet selber den damit allenfalls erzielten praktischen Fortschritt an. Die Erwägung, mit der es ihn als unerheblich beiseite läßt, kann im Hinblick auf den von der Rechtsprechung ständig angelegten Maßstab nicht gebilligt werden. Gewiß lassen sich die Produkte aus zwei- und vierstelligen Zahlen auch ohne besondere Mühe den Tabellen von Crelle und Peters entnehmen. Aber diese umfänglichen, ausdrücklich für andere Zwecke bestimmten Werke geben unstreitig und nach klarem Augenschein viel mehr, als der Geschäftsmann braucht, wenn er im Bedarf des Tages schnell ohne zeitraubende Rechnung fertige Ergebnisse finden und verwerten will. Um solchem Bedarf zu genügen, war eine auf ihn zugeschnittene, bei mäßigem Umfang leicht zu handhabende Auswahl in entsprechender übersichtlicher Anordnung und Gliederung nötig. Die der Lösung dieser Aufgabe dienende Tätigkeit, deren Ergebnis im Universal-Rechner vorliegt, läßt sich nicht unter die nur schablonenmäßigen, mechanischen rechnen, besonders da dem Universal-Rechner kein älteres Werk entgegengehalten wird, das sich bereits den völlig gleichen Zweck mit gleicher oder ähnlicher Begrenzung des Anwendungsbereichs und unter Anwendung derselben Mittel gesetzt hätte. So z. B. führen, wie das Berufungsgericht selbst erwähnt, schon ältere Rechenwerke neben ganzen Zahlen auch Brüche als Vervielfacher auf. (Wird dargelegt). In der Tat läßt sich dem Kläger gerade bei dieser Berücksichtigung der Brüche eine — durch zweckmäßige, dem kaufmännischen Bedürfnis angepaßte Auswahl geleistete — besondere geistige Tätigkeit nicht absprechen. Nimmt man hinzu, was der Kläger im übrigen geleistet hat durch vereinfachende, handliche, übersichtliche Zusammenfügung anderswo bereits gebrauchter Behelfe, Einteilungs- und Anordnungsmittel, in der Vereinigung bekannter Merkmale zur Erfüllung des besonderen Zweckes, dem kaufmännischen Rechenwesen zu dienen, so ist die Schriftwerks-Eigenschaft des Universal-Rechners zu bejahen. Ueber das Mindestmaß dessen, was wiederholt (z. B. bei Lotteriegewinnlisten, Ortsregistern, Einwohnerbüchern, Fernsprechbüchern in den vorhin unter e angeführten Fällen) noch als geistige Tätigkeit von der Rechtsprechung anerkannt worden ist, erhebt er sich jedenfalls. Der Schutz des § 1 LitUrhG. muß ihm also zugebilligt werden.

2. . . . Eine Vergleichung mit dem Universal-Rechner ergibt allerdings — wie das Berufungsgericht in seiner Eventualbegründung ausführt —, daß aus seinem Inhalt für den Rekord-Rechner wiederum eine Auswahl getroffen worden ist. Und zwar nur aus den Vervielfachungen, nicht aus den Zinstafeln. . . . Die Ueberlegungen, die jener einfachen Weglassung zugrunde liegen, sind nach den im Urheberrecht ständig angewandten Grundsätzen eine allzu geringe geistige Tätigkeit, als daß von einer freien Benutzung des (ersichtlich ausgebeuteten) Vorbildes die Rede sein könnte. Zutreffen mag, daß, als Ganzes betrachtet, der Rekord-Rechner nicht für den gleichen Zweck, Bedarf und Benutzerkreis be-

stimmt und zugeschnitten wurde wie der Universal-Rechner. Die Zinstafeln sind anders als in diesem angelegt und umfänglicher; im Universal-Rechner nehmen sie 8, im Rekord-Rechner 18 Seiten ein. Das ändert aber nichts an der Tatsache, daß für die 99 Seiten Vervielfachungszahlen des Rekord-Rechners (den weitaus größten Teil dieses Buches) die entsprechenden 198 Seiten des Universal-Rechners (oder was dasselbe bedeutet, dessen 99 Seitenpaare) durch einfache Weglassungen größtenteils übernommen worden sind. Hierin lag keine freie Benutzung, die eine eigentümliche Schöpfung hervorbrachte. Denn frei ist die Benutzung nur, wenn sie den fremden Gedankeninhalt so verwertet, daß das Ergebnis eine auf eigner geistiger Tätigkeit beruhende selbständige Verarbeitung des vorhandenen Stoffes in eigenpersönlicher Gestaltung darstellt. Hier bestand der im Universal-Rechner gebotene fremde Gedankengehalt nicht in den längst als Gemeingut verwerteten Tatsachen der Rechenkunst, die er verzeichnet, sondern in der Ausdrucksform, die er einer daraus getroffenen Auswahl durch geschickte, einfache, übersichtliche Anordnung für bestimmte Zwecke und Benutzerkreise verliehen hat. Diese Ausdrucksform (Anordnung) ist im Rekord-Rechner im wesentlichen nur wiederholt worden, und zwar ohne besondere gedankliche Leistung, die unter anderen Umständen vielleicht auch in bloßen Weglassungen liegen könnte. Solche Benutzung ist nicht frei, sondern unselbständig (§ 13 LitUrhG.; RGZ. Bd. 63 S. 159; RGSt. Bd. 16 S. 354/355). Und zwar ist ein im Verhältnis zum Ganzen nach Ausdehnung und Wichtigkeit erheblicher Teil des Universal-Rechners — der Multiplikator, nicht die viel weniger umfänglichen Zinstafeln — in dieser unzulässigen Weise benutzt worden (RGZ. Bd. 116 S. 303).

(Es folgen Einzelheiten über die Ansprüche auf Unterlassung, Herausgabe und Schadensersatz.)

RGZ. 121, 388

**1. Ist die Verwendung eines bekannten Musters für einen dazu bisher nicht benutzten Stoff als Geschmacksmuster schutzfähig?**

**2. Was ist unter „neuen und eigentümlichen Erzeugnissen" zu verstehen? Wird für das ästhetische Empfinden ein schöpferischer Fortschritt erfordert? Kommen auch solche ästhetische Eindrücke in Betracht, die durch den Tastsinn vermittelt werden?**

GeschmacksmusterG. § 1.

I. Zivilsenat. Urt. v. 7. Juli 1928.

I. Landgericht Meiningen. II. Oberlandesgericht Jena.

Die Beklagte besitzt ein Geschmacksmuster für Damastpapiere. Eingetragen worden ist es im Musterregister als „Muster eines in Prägemaschinen mit Damastleinenmuster (Leinenimitation) geprägten Krepppapiers". Die Beklagte hat der Klägerin, die ebenfalls solches Damastpapier herstellt, mit Schreiben vom 10. Februar 1926 die weitere Anfertigung verboten. Die Klägerin behauptet, daß die Uebertragung des für Leinen längst bekannten Damastmusters auf Papier nicht musterschutzfähig, aber auch nicht neu sei, und hat beantragt, der Beklagten zu untersagen, Rechte irgendwelcher Art auf das Muster geltend zu machen, insbesondere Rechte aus der Eintragung in das Musterregister. Sie verlangte ferner Ersatz des Schadens, der ihr dadurch entstanden sei, daß sie auf das Verbot der Beklagten den Weitervertrieb des Papiers eingestellt habe.

Die Beklagte machte geltend: Gegenstand des Musterschutzes sei die Uebertragung des Damastleinenmusters auf Kreppapier. Auf Kreppapier arbeite sich das Muster wesentlich deutlicher und klarer heraus als auf jeder anderen Papierart. Das Eigenartige und Neue bestehe darin, daß ihre Papiere dem Damastleinen und Hausmacherleinen zum Verwechseln ähnlich und so weich und schmiegsam seien wie wirkliches Leinen.

Das Landgericht erkannte nach dem Untersagungsantrag und wies im übrigen die Klage ab. Dagegen legte die Beklagte Berufung ein, jedoch ohne Erfolg. Ihre Revision wurde ebenfalls zurückgewiesen.

Gründe:

. . . Geschmacksmuster haben Schöpfungen zum Gegenstand, die auf das ästhetische Empfinden einwirken sollen, also wesentlich durch Form oder Farbe, sei es in plastischer Form, sei es, wie hier, als Flächenmuster (zu vgl. wegen der Farbenwirkung: RGZ. Bd. 61 S. 46 und RGUrt. vom 12. Juni 1903 (4. Strafsenat) in PMZBl. 1904 S. 224). Schutzfähig ist das Muster, wenn es neu und eigentümlich, d. h. eigenartig ist. Dagegen braucht es darum nicht „schöner" zu sein als bisher Bekanntes. Hierin irrt der Vorderrichter. Es genügt das Hervorbringen eines neuen Eindrucks auf das Schönheitsgefühl; keineswegs muß das Neue einen „Fortschritt" auf diesem Gebiete enthalten (RGZ. Bd. 14 S. 60, Bd. 45 S. 61 und noch neuestens Urteil des erkennenden Senats vom 8. Februar 1928 I 155/27 in M. u. W. XXVII/XXVIII, S. 317; Ebermayer in Stengleins strafr. Nebengesetzen 5. Aufl., Bd. I S. 192; Allfeld gewerbl. Urheberrecht S. 313 Anm. 3c zu § 1 GeschmMG.; Vierhaus-Müller privatrechtliche Reichsgesetze 2. Aufl. S. 276). Von besonderer Wichtigkeit für den vorliegenden Fall ist die Frage der Stoffvertauschung. Das Geschmacksmuster ist an sich nicht notwendig an einen bestimmten Stoff gebunden. Es kommt immer nur auf die Wirkung für den ästhetischen Formen- oder Farbensinn an, gleichviel, welcher Stoff zur Hervorbringung dieser Wirkung verwendet wird (Osterrieth Lehrbuch des gewerblichen Rechtsschutzes S. 226; Allfeld a. a. O. S. 311 Anm. 3, 6aa zu § 1; Neuberg GeschmMG. S. 14; Ebermayer a. a. O. S. 193; RGSt. Bd. 23 S. 93). Die Stoffvertauschung wird nur dann von Bedeutung, wenn der neue Stoff bei Verwendung des bekannten Musters eine neue ästhetische Wirkung hervorbringt, diesem Muster also zu einer bisher nicht bekannten ästhetischen Wirkung verhilft.

Die Beklagte hatte im ersten Rechtszug diesen rechtlichen Gesichtspunkt verkannt. Ihre Ausführungen gingen im wesentlichen dahin, daß ihr Papierdamast ein vollwertiger Ersatz für Leinendamast sei. Das hatte natürlich mit dem Geschmacksmuster nichts zu tun. Nachdem dann das Landgericht durchaus zutreffend auf die maßgebenden rechtlichen Gesichtspunkte hingewiesen hatte, wechselte die Beklagte ihren Standpunkt. Vorher hatte sie geltend gemacht, ihr Papierdamast sehe dem Leinendamast zum Verwechseln ähnlich. Jetzt behauptet sie, die ästhetischen Wirkungen seien in beiden Fällen verschieden. Darauf allein kam es an. Allein derartige Verschiedenheiten im ästhetischen Eindruck hat der Vorderrichter nicht anzuerkennen vermocht; das Revisionsgericht, das dies nachzuprüfen hat (RGZ. Bd. 117 S. 230), tritt ihm darin bei. Solch feine Unterschiede, wie sie der Privatgutachter der Beklagten herausgefunden haben will, die überdies im einzelnen, soweit sie überhaupt bestehen, als offensichtlich ausgeschmückt und übertrieben erscheinen, können hier um so weniger eine Rolle spielen, als die Beklagte selbst vorher eine bis zum Verwechseln ähnliche Wirkung des Papierdamastes gegenüber Leinendamast behauptet hatte. Endlich ist dem Berufungsgericht auch darin beizutreten, daß die verschiedene „Griffigkeit" für den Bereich des Geschmacksmusterschutzgesetzes keine Bedeutung hat, weil das Geschmacksmuster sich nur auf solche ästhetischen Eindrücke bezieht, die durch das Auge vermittelt werden, nicht aber auf die durch das Gefühl, den Tastsinn vermittelten (Allfeld a. a. O. S. 313 oben; Ebermayer a. a. O. S. 192; Vierhaus-Müller privatrechtliche Reichsgesetze 2. Aufl. S. 276).

Demgegenüber hat die Revision ausgeführt, man dürfe nicht, wie der Vorderrichter, auf einen Vergleich zwischen Papierwäsche und Leinenwäsche abstellen, sondern müsse fragen, ob bei Papierwäsche das geschützte Muster bereits bekannt gewesen oder ob es für sie neu und eigentümlich sei. Die Beklagte wolle nicht etwa einen Leinendamast vortäuschen, sondern der Papierwäsche eine neue ästhetische Wirkung verleihen. Der Uebertragung eines bisher nur für Leinen bekannten Musters auf Papierwäsche, die ihr eigenes Verwendungsgebiet und einen eigenen selbständigen Gebrauchszweck habe, werde man die Schutzfähigkeit zubilligen müssen, sofern das Muster nur bei Papierwäsche neu und eigentümlich sei. Diese Ausführungen verkennen jedoch die maßgebenden Gesichtspunkte. Nicht darauf kommt es für den Geschmacksmusterschutz an, daß man geeignetes Kreppapier jetzt auch damastähnlich herstellen kann, denn das wäre eine gegebenenfalls neue technische Wirkung; sondern entscheidend ist allein, ob das bekannte Damastmuster, wenn man es auf weiches Kreppapier einprägt statt es in Leinen einzuweben, auf den Beschauer eine neue ästhetische Wirkung ausübt. Das ist von den Vorinstanzen mit Recht verneint worden.

**RGZ. 123, 120**

**Wann wird der Titel einer Schriftenreihe als selbständiges Schriftwerk geschützt?**

LitUrhG. § 1 Nr. 1.

I. Zivilsenat. Urt. v. 12. Januar 1929.

I. Landgericht Leipzig. II. Oberlandesgericht Dresden.

Im Verlage des Klägers ist seit 1915 unter der von ihm selbst geschaffenen Bezeichnung „Die Brücke zum Jenseits" eine Schriftenreihe von 10 Bänden erschienen, deren jeder wiederum seinen besonderen Titel hat. Im Jahre 1927 hat der Beklagte Dr. K. sein Buch „Gespenster und Spuk", das 1921 herausgekommen war, in zweiter Auflage mit dem Haupttitel „Die Brücke zum Jenseits" im Verlage des Beklagten L. erscheinen lassen. Darin sieht der Kläger eine Verletzung seiner urheberrechtlichen Befugnisse. Seinem Antrag auf Untersagung haben Landgericht und Oberlandesgericht — unter Abweisung der Ansprüche auf Auskunft und Schadensersatz — stattgegeben. Auf die Revision der Beklagten wurde die Klage ganz abgewiesen.

Gründe:

I. Mit Recht nehmen Landgericht und Oberlandesgericht an, daß der Lehrstreit um die Frage des Schutzes von Schriftwerkstiteln als solchen hier nach der besonderen Lage des Falls außer Betracht bleibt.

1. . . . Wie die Urteile der Vorinstanzen betonen, wurden die vier Worte „Die Brücke zum Jenseits" nicht den einzelnen Werken, sondern ihrer Reihe als Ganzem mitgegeben. Sie sollten anzeigen, daß die Schriftenfolge in gewissem Sinne zusammengehöre, weil Inhalt und Zweck, Grundauffassung und Bestreben ihr mehr oder minder gemeinsam seien. Das wird durch Vergleichung mit den Haupttiteln bestätigt, welche lauten:

(I) M. M. . . ., Wiedersehen nach dem Tode ist Gewißheit. Zeugnisse aus dem Jenseits. Den Lebenden zum Trost. . .

(III.) Hans A. . . ., Diesseits und Jenseits. 1. Zwei Welten. Eine Sammlung gutbeglaubigter Erlebnisse, die . . . beweisen, daß unsere Verstorbenen noch leben. . . .

(IV.) J. F. J. T. . . ., Diesseits und Jenseits. 2. Die Beweise der Unsterblichkeit und Wiedererinnerungskraft der Seele, erwiesen aus Schrift, Vernunft und Erfahrung. . . .

„Die Brücke zum Jenseits" steht, obwohl der Sinn der Worte erst aus den Haupttiteln erhellt und so mit diesen eine Gedankenverbindung obwaltet, über der ganzen Schriftenreihe doch mit größerer

Selbständigkeit, als sie einem Haupttitel zu eignen pflegt. Ihr Zusammenhang mit den Schriften, auf die sich der gemeinsame Reihentitel bezieht, ist verhältnismäßig lose. Darum geht es hier nicht an, den Titel der ganzen Reihe so zu behandeln, als gehöre er zu jeder der Schriften und bilde einen Teil von ihr. Die Lehrmeinung, daß der Titel als Teil des Werkes urheberrechtlichen Schutz genieße, könnte deshalb, auch wenn ihr beizustimmen wäre, den Klaganspruch aus tatsächlichen Gründen nicht rechtfertigen.

2. Die Selbständigkeit des Reihentitels wird im gegenwärtigen Falle dadurch noch erhöht, daß der Verleger ihn nicht bloß unstreitig geschaffen hat, sondern ihm im ersten Hefte der Reihe (auf dem Titelblatte) seinen Namen voranstellt: „A., Die Brücke zum Jenseits I". Dieser augenfällige Hinweis, der über dem Verfassernamen — übrigens in mindestens gleicher Größe — beim Kopftitel den Namen des Verlegers zur Geltung bringt und einprägt, behielt seine Wirkung für die ganze mit dem ersten Heft eingeleitete Schriftenreihe. Er wurde nicht dadurch ungeschehen gemacht, daß in den vorgelegten beiden späteren Bänden der Obertitel der Reihe ohne den Verlegernamen steht.

Urheberrechtlicher Schutz kann demnach für den Reihentitel als solchen nicht beansprucht werden.

II. Die Ansicht des Landgerichts und des Oberlandesgerichts, daß die Worte „Die Brücke zum Jenseits" nach Gedankeninhalt und Sprachgestaltung die Eigenschaften eines Schriftwerks aufweisen, ist nicht zu billigen. Das Berufungsurteil kommt übereinstimmend mit dem landgerichtlichen zu dem Ergebnis: Jener Titel der Schriftenreihe gebe nach der Art des Schlagwortes oder kurzen Spruches eine Bezeichnung, die dem Leser inhaltlich sofort verständlich sei und zugleich in erheblichem Maße schöpferischen Geist offenbare; keine bloß mechanische Aneinanderreihung einzelner Worte, sondern die wohldurchdachte bildliche Ausdrucksweise eines Gedankens und somit ein Erzeugnis geistiger Tätigkeit.

1. Allerdings handelt es sich nicht um rein äußerlich aneinandergereihte Worte, sondern um eine Wortverbindung, die für Leser und Hörer Sinn enthält. Urheberrechtliches Erfordernis ist nicht, daß der Sinn eines solchen Gefüges eindeutig oder alsbald aus sich allein völlig verständlich sei. Auch Sprüche, denen ohne Bedenken Höhenstand und Eigenschaften eines Schriftwerks zuerkannt werden, lassen oft mehrere Deutungen zu; Dunkel oder schillernde Farben mögen ihnen sogar besonderen Reiz verleihen, vielleicht ihre Eigenart ausmachen. Das Berufungsgericht findet in dem Gebilde „Die Brücke zum Jenseits" einen Gedankenausdruck in der für menschliche Sinne wahrnehmbaren Schriftform. Einen bestimmten Gedanken aber geben die Worte für sich allein nicht kund. Sie sind mehrdeutig. Nicht einmal das verkünden sie klar, ob das Jenseits und die Brücke dahin bejaht oder verneint werden. Und im Falle der Bejahung sagen sie z. B. nicht, ob Glauben oder Wissen den

Brückenbau zustande bringe; dafür gewähren erst die einzelnen Haupttitel der Schriften festeren Anhalt.

2. Von Rechtsirrtum beeinflußt ist das Berufungsurteil, soweit es bejaht, daß das Wortgebilde „Die Brücke zum Jenseits" eine eigene geistige Tätigkeit erweise, deren Art und Maß sich in Gedanken und Ausdruck als schöpferisch kennzeichne.

Anerkannter Grundsatz der Gesetzesauslegung ist zwar, daß Umfang und Wert eines Schriftwerks für dessen Schutzfähigkeit nicht wesentlich sind. Auch hat man sich zur Anerkennung der Schriftwerkseigenschaft selbst dann entschlossen, wenn die geistige Tätigkeit, welcher der sprachlich geformte Gedankenausdruck entsprang, nur gering war. *Lotteriegewinnlisten*, Ortsregister, *Einwohnerbücher*, Verzeichnisse von Fernsprechteilnehmern, Rechentabellen sind als Schriftwerke geschützt worden, obwohl zuweilen das bescheidene Maß der Leistung augenfällig war (RGZ. Bd. 121 S. 361 und die dort erwähnten früheren Urteile). Bei der Verwertung solcher Beispielsfälle darf jedoch nicht außer acht gelassen werden, um wie verschiedene Gattungen geistiger Erzeugnisse es sich handelte. Kommt es darauf an, große Stoffmassen zu bewältigen, die vorerst gesammelt, dann eingeteilt, zweckmäßig geordnet und übersichtlich dargeboten werden sollen, so liegt die Aufgabe und die Eigenart der Leistung auf ganz anderem Gebiet als etwa bei Liedern, Sinnsprüchen oder bei den knappen schlagwortartigen Gebilden, denen der Kläger seinen Schriftreihen-Titel zugesellt sehen möchte. Bewegt sich der Gedanken a u s d r u c k auf sehr eng bezirktem Raume, dann ergibt sich von selber, daß im Gedanken g e h a l t etwas liegen muß, was durch schöpferische Eigenart das Gebilde über die Ebene des Alltäglichen emporhebt. Fehlt das, dann gebricht es an einem wesentlichen Erfordernis des schutzfähigen Schriftwerks. Die Frage, ob das Gebilde ein genügendes Maß schöpferischer Eigenart aufweise, um den Schriftwerken eingereiht zu werden (§ 1 Nr. 1 LitUrhG.), ist eine vom Revisionsgericht nachzuprüfende Rechtsfrage.

3. Wie das Berufungsurteil vermerkt, „haben die Beklagten weder behauptet noch bewiesen, daß die Worte ‚Die Brücke zum Jenseits' schon vor der Herausgabe der Bücherreihe des Klägers 1915 von anderer Seite in gleicher Weise zusammengestellt worden seien".

a) In erster Linie wäre von Belang, wenn schon vor 1915 der Schriftwerkstitel „Die Brücke zum Jenseits" vorkäme. Das ist aber nicht dargetan. . . .

b) In zweiter Linie müßte der Kläger es sich entgegenhalten lassen, wenn „Die Brücke zum Jenseits" im Jahre 1915 etwa schon geflügeltes Wort gewesen wäre. Dann hätte sie unbeschränktem Gemeingebrauch offengestanden, auch zur Verwendung in Schriftwerkstiteln. Geflügeltes Wort aber war die Wendung nicht. Unerörtert kann bleiben, ob es allein schon zur Abweisung der Klage führen müßte, wenn irgendwo im Schrifttum, sei es auch an unbeachteter, entlegener Stelle, von der Brücke zum Jenseits die Rede wäre. Unerörtert ferner, ob andre Würdigung vonnöten, wenn die Stelle der allgemeinen Aufmerksamkeit besonders nahegetreten wäre, wie etwa der Zauberberg am Schluß von Wilhelm Raabes „Schüdderump" (1870), lange bevor ein Späterer (1924) den Ausdruck zum Romantitel erkor. Weder nach der einen noch nach der anderen Richtung haben die Beklagten etwas behauptet; was sie beibringen, beschränkt sich im wesentlichen auf das Feld der Schriftwerkstitel.

4. Wortformen und Gedankeninhalt des umstrittenen Schriftreihen-Titels waren dem geistigen Leben Deutschlands lange vor 1915 geläufig. . . . (Wird näher ausgeführt.)

5. *Schon im Jahre 1915, als der Kläger seinen Schriftreihen-Titel* „Die Brücke zum Jenseits" auf das erste Heft setzte, war der in diesem Wortgefüge — nicht eindeutig — ausgedrückte Gedanke, daß der Lebende Verbindung aufnehmen und pflegen könne mit Seelen Abgeschiedener, eine weithin bekannte Vorstellung. Und die zur sinnlichen Wahrnehmung behilflichen Mittel, diesen Gedanken einzukleiden, waren der Schrift- wie der Umgangssprache seit geraumer Zeit in vielerlei Gestalten durchaus geläufig. Die Zusammensetzung der vier Worte samt ihrer Verwendung zum Obertitel hob sich, selbst wenn sie lautlich und buchstäblich in genau solcher Gestalt vorher noch nirgends erschienen gewesen wäre, nicht aus der Ebene des Alltäglichen heraus, sie bedeutete keine geistige Schöpfung, welche die wesentlichen Erfordernisse eines Schriftwerks enthielte. Dem Schriftreihentitel „Die Brücke zum Jenseits" muß daher der urheberrechtliche Schutz versagt werden.

Auf die sonstigen von der Revision zum selben Ende vorgebrachten Bedenken — gegen allzuweite Ausdehnung des Schutzes, die aus einer Verflachung der Schriftwerks-Merkmale erwachsen könnte — braucht hiernach nicht eingegangen zu werden.

Der Kläger selbst läßt keinen Zweifel darüber, daß er seine Klage nur auf Urheberrechtsverletzung gründet, nicht auch auf unlauteren Wettbewerb der Beklagten (UnlWG. § 16). Da beide Beklagte — der eine die gewerbliche Niederlassung, der andre den Wohnsitz — in München haben, so fehlte dem angerufenen Landgericht überdies die Zuständigkeit (§ 24 UnlWG.), über einen Anspruch aus unlauterem Wettbewerb zu erkennen.

RGZ. 123, 307

**Darf ein Unterlassungsantrag wegen Verletzung von Urheberrechten so allgemein gefaßt sein, daß die Bezeichnung der Gegenstände und der Nachweis des Urheberrechts-Erwerbs, also auch die Bestimmung des Verbotsumfangs, ganz dem Zwangsvollstreckungsverfahren überlassen bleiben?**

LitUrhG. §§ 11, 36. ZPO. § 253 Abs. 2 Nr. 2, § 890.

I. Zivilsenat. Urt. v. 16. Februar 1929.

I. Landgericht I Berlin. II. Kammergericht daselbst.

Die Kläger — zwei zu einer bürgerlichrechtlichen Gesellschaft vereinigte Musikvertriebs-Verbände — behaupten, daß ihnen an einer großen Anzahl von Musikstücken von deren Urhebern oder Verlegern die urheberrechtlichen Befugnisse zu treuen Händen übertragen worden seien und daß die Beklagte in den Jahren 1923 bis 1927 in ihrem „Odeonspalast" zu H. viele jener Stücke habe spielen lassen. Mit der Klage verlangen sie Unterlassung und Schadensersatz. Und zwar Unterlassung „konzertmäßiger Aufführungen der vom Verbande zum Schutze musikalischer Aufführungsrechte für Deutschland kontrollierten Musikstücke". Das Landgericht hat beiden Klaganträgen entsprochen. Auf Berufung der Beklagten hat das Kammergericht durch Teilurteil die Kläger mit dem Unterlassungsanspruch abgewiesen, auch in der hilfsweise angekündigten Fassung: konzertmäßige Aufführungen solcher Musikstücke zu gewerblichen Zwecken zu unterlassen, für die den Klägern die Vergebung des Aufführungsrechts zusteht. Die Revision der Kläger blieb ohne Erfolg.

Aus den Gründen:

1. ... Das Kammergericht findet beide Anträge der Kläger auf Untersagung schon deshalb unbegründet, weil ihnen die erforderliche Bestimmtheit fehle. Eine so allgemein gehaltene Verurteilung — die auch Stücke mitumfasse, welche künftig erst von den Klägern zu erwerben seien — würde die eigentliche Entscheidung des Streites zu einem wesentlichen Teile dem Vollstreckungsverfahren überlassen. Zwar schließe die Strafbestimmung in § 38 LitUrhG. die Verurteilung zur Unterlassung und die spätere Bestrafung nach § 890 ZPO. nicht aus. Aber die Strafvorschrift könne nicht allgemein, weit über den Rahmen bestimmter Verletzungshandlungen hinaus, im Verhältnis der Parteien zueinander im voraus dadurch verschärft werden, daß nach § 890 ZPO. eine Geldstrafe in unbeschränkter Höhe hinzukomme. Von dieser Auffassung ausgehend hatte das angefochtene Urteil keinen Anlaß festzustellen, ob die von den Klägern gegebene Darstellung der tatsächlichen Zustände richtig ist.

2. Die Revisionsangriffe dringen nicht durch.

a) Gegenstand eines Untersagungsanspruchs und Inhalt des ihm entsprechenden Urteilsgebots können in der Regel nur Zuwiderhandlungen sein, die tatsächlich stattgefunden haben (RGZ. Bd. 100 S. 187; JW. 1927 S. 114 Nr. 16). Der Anspruch muß nach Art und Umfang so genau bezeichnet werden, daß jede Ungewißheit vermieden wird. Demgemäß ist auch der Antrag bestimmt zu begrenzen. Die Anforderungen an solche Bestimmtheit müssen freilich je nach der Art des Falles verschieden sein. Genaue Bezeichnung ist aber in der Regel schon darum nötig, weil dem Beklagten vor der Verurteilung Gelegenheit gegeben werden muß, sich gegen den Klaganspruch ausgiebig zu verteidigen. Dies wird nicht dadurch ersetzt, daß der Schuldner im Zwangsvollstreckungsverfahren ebenfalls die Gewähr erhält, sich zu äußern (§§ 890, 891 ZPO.). Auch die Rücksicht auf Rechtskraftwirkung und Vollstreckung erheischt genaue Behauptungen darüber, welchen Inhalt und Umfang der Anspruch habe. Diese Vorfrage muß im Urteil entschieden werden. Demnach ist der Antrag auf bestimmte Rechtsverletzungen oder Verbotsübertretungen, auf Unterlassung ganz bestimmter Handlungen zu richten (JW. 1912 S. 591 Nr. 12). Soweit nötig, muß dann im Vollstreckungsverfahren nochmals geprüft und festgestellt werden, ob die einzelne nunmehr behauptete Uebertretung des Urteilsverbots vorliege (RGZ. Bd. 99 S. 94). Das Verbot hat ausdrücklich zu sagen, welche Handlungen unterlassen werden sollen. Sonst würde der wesentlichste Teil des Rechtsstreites aus dem Entscheidungsverfahren in die Zwangsvollstreckung verschoben.

b) Allerdings billigt die Rechtsprechung aus Zweckmäßigkeitsgründen bei der Abwehrklage gegen Störungen unter Umständen eine allgemeine Verurteilung, Eingriffe gewisser Art zu unterlassen. Namentlich bei der Einwirkung durch Rauch, Lärm, Geruch, schädliche Gase und sonstige sog. Immissionen wird eine allgemeine Verurteilung zur Unterlassung zugestanden. Der Gläubiger muß dann im Zwangsvollstreckungsverfahren genau angeben, welche Maßregeln der Schuldner treffen soll; das Vollstreckungsgericht hat danach zu prüfen, ob die einzelne jetzt als Uebertretung gerügte Belästigung übermäßig, die Abhilfemaßnahme angebracht sei (RGZ. Bd. 37 S. 172, Bd. 40 S. 184, Bd. 60 S. 121; JW. 1912 S. 591 Nr. 12; Gruch. Bd. 42 S. 108 Nr. 3). Hieraus lassen sich aber so allgemein gefaßte Untersagungsansprüche, wie der gegenwärtige der Kläger, nicht rechtfertigen. Denn bei störenden Einwirkungen auf Grundstücke (§ 906 BGB.) handelt es sich um Einflüsse genau angegebener Art aus bestimmter Quelle auf gewisse Liegenschaften. Anders in den Anträgen der Kläger. Hier bleiben die einzelnen bestimmten Werke der Tonkunst samt den Urheberrechten daran völlig unerwähnt; ja sie werden im Dunkel gelassen, und ihre Bestimmung soll durchaus der Zukunft anheimstehen; unerörtert soll im Erkenntnisverfahren bleiben, ob die Kläger das Urheberrecht an einem Werke schon erworben haben oder künftig erst erwerben werden. Die Frage, ob an gewissen Musikstücken — und zwar an welchen — Urheberrecht bestehe und auf die Kläger übertragen worden sei, soll also gänzlich in das Vollstreckungsverfahren hinausgeschoben werden. Hinreichende Gründe zu solcher Ausnahmebehandlung sind nicht dargetan.

c) Wenn ein Urheber seine Rechte selbst wahrnimmt, so liegt ihm ob, die Urheberbefugnisse und ihre Verletzung darzutun und, sofern er Untersagung beantragt, deren Umfang genau zu bezeichnen. Solche Darlegung und nähere Bestimmung ist — schon mit Rücksicht auf die dem

Beklagten zu sichernde Verteidigung — auch dann erforderlich, wenn die behauptete Rechtsverletzung nicht bloß ein einzelnes Werk betrifft, sondern mehrere oder viele. Genügender Grund, die Darlegung des Urheberrechts und die genaue Bestimmung des Verbotsumfanges aus dem Erkenntnis- in das Vollstreckungsverfahren zu verschieben, ist hierin allein nicht zu finden. Grundsätzlich aber kann und darf der Erwerber, dem der Urheber seine Befugnisse zu treuen Händen überläßt, für den Schutz der Rechte gegen Verletzung nicht besser gestellt werden, als der Urheber selbst. Keinesfalls wäre ihm solche Vergünstigung lediglich um seines eignen Vorteils willen einzuräumen. Unerörtert muß bleiben, ob sich etwa das Ergebnis anders gestaltete, wenn behauptet würde: Den Urhebern bleibe zur Wahrnehmung ihrer Rechte gegen Verletzungen vernünftigerweise kein anderer Weg als der einer Uebertragung zu treuen Händen an die Kläger, und die notwendige Folge solcher Ueberlassung sei Verlegung des Rechtsnachweises aus dem Erkenntnis- in das Vollstreckungsverfahren. Denn auf diese Weise ist der Unterlassungsanspruch in den Tatsacheninstanzen — auch nach wiederholter Ausübung des Fragerechts durch das Berufungsgericht — nicht begründet worden. Ebensowenig braucht untersucht zu werden, ob einem Antrage gleicher oder ähnlicher Fassung, wie dem Hilfsantrag der Kläger stattzugeben wäre, wenn seine Grundlage in der Behauptung bestünde: Aus dem rechtsverletzenden Verhalten der Beklagten in bezug auf gewisse den Klägern übertragene Werke sei den Umständen nach zu schließen, daß Wiederholung gleicher Verletzungen in unabsehbarem Umfang an den sonstigen zu treuen Händen erworbenen urheberrechtlichen Befugnissen der Kläger befürchtet werden müsse. Auch auf diese Weise ist der Unterlassungsanspruch — wie schon erwähnt, nach mehrmaliger richterlicher Frage im zweiten Rechtszug — nicht begründet worden.

d) Anerkannter Grundsatz ist zwar, daß zu weit gehende Anträge tunlichst nicht ganz abzuweisen, sondern im Urteil entsprechend einzuschränken sind (JW. 1909 S. 495 Nr. 18, 1910 S. 292 Nr. 28, 1912 S. 591 Nr. 12). Für seine Anwendung ist jedoch hier kein Raum. Es kam nach dem Tatbestand, den das Berufungsurteil ausweist, nicht in Frage, auf Untersagung etwa nur bei solchen Musikstücken zu erkennen, von denen dargetan sei, daß den Klägern daran ein Urheberrecht zustehe und daß die Beklagte sie unbefugt habe spielen lassen. Denn abgesehen von der schon erwähnten vergeblichen Frage des Gerichts ließen die Kläger keinen Zweifel darüber, daß ihnen mit dergleichen eingeschränkter Untersagung überhaupt nicht gedient sei und daß nur eine mindestens dem Hilfsantrag entsprechende allgemeine Untersagung ihren Zwecken genüge. Solche Verurteilung in Bausch und Bogen aber hat das Berufungsgericht aus den angegebenen Gründen mit Recht abgelehnt.

## RGZ. 123, 312

**Erstreckt sich das einem Verleger eingeräumte „unbeschränkte dingliche Urheberrecht“ auch auf die erst später aufgekommene Sendung durch Rundfunk, oder steht die Rundfunksendung dem Urheber zu?**

LitUrhG. §§ 11, 12, 14. BGB. § 133.

I. Zivilsenat. Urt. v. 16. Februar 1929.

I. Landgericht I Berlin. II. Kammergericht daselbst.

...

Aus den Gründen:

... 3. Mit Recht geht auch das angegriffene Urteil davon aus, daß es stets auf den von beiden Vertragsteilen gehegten Willen, und für dessen Erkenntnis auf den Zweck des Rechtsgeschäfts und auf die den Abschluß begleitenden Umstände ankommt. Wenn es an sicherem Anhalt für den Willen fehlt, so gebührt für die ergänzende Auslegung wiederum dem Vertragszweck besondere Beachtung. ... Die Ausführung der Revision, daß das Berufungsgericht damit einer neuen unerprobten Lehre folge, trifft nicht zu. Dem Grundsatz, daß der Wille der Beteiligten aus der Gesamtheit der Bestimmungen des Geschäfts und nach dessen erkennbaren Zielen zu ermitteln sei, folgte im Anschluß an viele Belege der Quellen schon das Gemeine Recht (Dernburg Pandekten I § 123 bei Anm. 2; Regelsberger Pandekten I S. 642 § 177 II). Im Handelsrecht behielt man ihn bei und betonte: „Was die Vertragsteile für einen von ihnen nicht vorgesehenen Fall nach den Zwecken ihres Geschäfts und der herrschenden Auffassung gewollt hätten, das ist in Wahrheit ihr Wille“ (ROHG. Bd. 22 S. 371). Ohne Bedenken trifft diese Regel auch für das jetzige bürgerliche Recht zu, besonders da der § 133 BGB. völlig dem Art. 278 AHGB. entspricht, bei dessen Auslegung jener Satz entwickelt wurde (JW. 1908 S. 544 Nr. 2). Das Berufungsurteil erwägt, daß jede Uebertragung von Urheberrecht bestimmten Zwecken dienen solle. Sei nichts anderes vereinbart, so umfasse sie deshalb nach dem Parteiwillen in der Regel nur das, was zur Zeit des Vertragsabschlusses der Erwerber nötig hatte, um die Aufgaben, die er sich gestellt, zu lösen, seinen Verpflichtungen zu genügen und die für das Vertragsziel getroffenen oder vorgesehenen Einrichtungen planmäßig zu verwenden (Goldbaum Urheberrecht 2. Aufl. S. 163 Anm. I zu § 14 LitUrhG.). Beim Abschluß des Prozeßvergleichs vom Juli 1918 kam Rundfunksendung als Verwertungsform urheberrechtlicher Befugnisse nicht in Betracht. Ob sie später — wie die Nebenintervenientin behauptet, was das Berufungsgericht jedoch als unrichtig bezeichnet — durchaus etwas dem Arbeitsgebiet des Buchverlags Zugehöriges geworden ist, kann dahingestellt bleiben. Denn der auf übereinstimmendem Parteiwillen beruhende Vertragsinhalt wäre dadurch nicht nachträglich geändert worden.

a) Allerdings umfaßten „die unbeschränkten dinglichen Urheberrechte", wie schon das Landgericht annimmt und das Kammergericht ausdrücklich billigt, die Gesamtheit urheberrechtlicher Befugnisse an den im B.schen Verlag erschienenen Werken Wilhelm Busch's. Das Urheberrecht wurde jedoch, wie die Vorinstanzen weiter übereinstimmend annehmen, trotz uneingeschränkter Uebertragung nur in demjenigen Umfang abgetreten, der nach den damaligen Umständen als anerkannter, gesetzlich geschützter Inbegriff nutzbarer Befugnisse für den Verkehr in Betracht kam. Nach dieser wirtschaftlichen Größe bestimmte sich auch das dafür gewährte Entgelt. Wäre wirklich die Absicht gewesen, dem B.schen Verlage mit dem an ihn überlassenen Befugniskreis alle unvorhersehbaren Möglichkeiten der Ausnutzung zuzuwenden, die aus völlig neu erwachsenden Zweigen der Verkehrsmitteltechnik in Zukunft vielleicht entstehen würden, so hätte das deutlich kundgetan werden müssen. Mit Recht jedoch vermissen Landgericht und Kammergericht einen solchen Willensausdruck. Das Berufungsurteil findet ganz zutreffend im Punkt II des Vergleichs einen Anhalt für das Gegenteil. „Mit Rücksicht auf die Ausdehnung des Urheberrechts durch § 53 des Kunstschutzgesetzes" bewilligte der Verlag den Erben Wilhelm Busch's ein besonderes Entgelt von 5000 M. Wenngleich im Vertrage betont wurde, daß es ohne Anerkennung einer Rechtsverbindlichkeit geschehe, so bleibt doch immerhin die gewichtige Tatsache beachtenswert. Das Berufungsgericht hält es darum für ausgeschlossen, daß die Kläger auf eine Sondervergütung für die weit bedeutsamere Ausnutzungsmöglichkeit der Rundfunksendung verzichtet hätten, wenn sie damals eine solche hätten in Erwägung ziehen können. Ohne Verstoß gegen Rechtsgrundsätze folgert das Kammergericht aus dem Vertrage selbst, aus den ihn begleitenden Umständen, zumal den damaligen Verhältnissen der Nachrichtsmitteltechnik und aus den von ihr dargebotenen Ausnutzungswegen, als übereinstimmenden Willen der Vertragsparteien: eine bei der Uebertragung nicht vorausgesehene inhaltliche Vermehrung oder zeitliche Ausdehnung der Urheberrechte kommt dem veräußernden Urheber (hier Urheber-Erben) zugute. Hätten (so erwägt es) die Vergleichsbeteiligten diesen ihren Standpunkt für die Zukunft aufgeben wollen, so hätten sie dafür eine entsprechende Wortfassung gesucht und gefunden. Sie haben aber keine Ausdrucksweise gewählt, die einen solchen Willen kundtäte. Denn die Worte der Nr. I des Vergleichs, wonach der Firma B. „die unbeschränkten dinglichen Urheberrechte" eingeräumt sein sollten, deckten (wie Nr. II erkennen läßt) nur den Inbegriff der damals als geschützt angesehenen urheberrechtlichen Befugnisse.

b) Gelangte das Berufungsgericht auf Grund des Vergleichs selbst im Zusammenhang mit den seinen Abschluß begleitenden Umständen zu der Ueberzeugung, daß der in ihm enthaltene Willensausdruck so, wie angegeben, auszulegen sei, dann bedurfte es keiner Beweiserhebung, weder im Sinne der Kläger für, noch im Sinne der Beklagten und ihrer Streithelfer gegen das bereits aus der Urkunde gewonnene sichere Ergebnis. Dieses steht durchaus im Einklang mit dem Gedanken, der das geltende Urheberrecht beherrscht: in Zweifelsfällen müsse man bei Verträgen über die Veräußerung von Urheberrechten annehmen, eine Befugnis sei beim Urheber verblieben (RGZ. Bd. 118 S. 285). Aus §§ 12, 14 LitUrhG. erheben sich dawider keine Bedenken. Die in dieser Richtung unternommenen Angriffe der Revision dringen nicht durch. Gerade § 12 und namentlich § 14 geben der Vorstellung Ausdruck, daß das Urheberrecht keine unteilbare Einheit bilde, sondern einen Inbegriff von Befugnissen. Diese können dergestalt nebeneinander bestehen, daß einzelne veräußert werden, die anderen beim Urheber (oder dessen Erben) verbleiben. Wird „das Urheberrecht" übertragen, so geht auf den Erwerber im Zweifel nur die Befugnis über, das Werk in der vom Verfasser gewählten Form auszunutzen; und auch in dieser Form nur soweit, als nicht bestimmte Benutzungsarten gesetzlich dem Urheber vorbehalten sind. Selbst wenn das Urheberrecht ausdrücklich „unbeschränkt" überlassen wird, so darf dies nicht ausnahmslos so verstanden werden, als verbleibe nichts beim veräußernden Urheber, und der Erwerber habe mit dem Inbegriff erworbener Rechte auch alle unvorhersehbaren künftigen Ausnützungsmöglichkeiten überkommen, welche das Gesamtbild der Verwertung völlig verändern, bei der Bemessung des Entgelts aber gar nicht in Betracht gezogen werden konnten. Der Urheber behält in jedem Fall ein unveräußerliches Persönlichkeitsrecht, das der Vertrag unberührt läßt, auch wenn der andere „die unbeschränkten dinglichen Urheberrechte" und damit alle vermögensrechtlichen Bestandteile des urheberrechtlichen Befugniskreises erwirbt; ein Recht, das sich vornehmlich in der Abwehr gegen entstellende Veränderungen des Werkes (§ 9 LitUrhG.) zeigt (RGZ. Bd. 69 S. 244, Bd. 79 S. 398). Dem persönlichkeitsrechtlichen Kerne wächst an, was etwa nach dem Vertragsabschluß an vermögensrechtlichen Urheberbefugnissen durch gesetzliche Neuschöpfung in der Person des Veräußerers entsteht. Gleiches gilt von jenen ihrer Art und wirtschaftlichen Wirkung nach völlig neuen Möglichkeiten der Ausnutzung, die (wie der Rundfunk) keine bloße Weiterbildung oder Abspaltung bisheriger Verwertungsarten sind.

Ist also die Nebenintervenientin aus Verlagsvertrag und Prozeßvergleich nicht befugt, Werke Wilhelm Busch's durch Rundfunk zu senden, so haben die Vorinstanzen dem Untersagungsanspruch mit Recht stattgegeben. . . .

**RGZ. 124, 68**

**1. Zur Abgrenzung von Kunstwerkschutz und Geschmacksmusterschutz bei Erzeugnissen des Kunstgewerbes.**

**2. Wer ist beweispflichtig, der Urheber eines kunstgewerblichen Gegenstandes für Neuheit und Eigenart, oder der Verletzungsbeklagte für das Gegenteil?**

**3. Kann sich der Verletzungsbeklagte auf den guten Glauben des von ihm mit Anfertigung des Entwurfs beauftragten Künstlers berufen, wenn er diesem im Hinblick auf ein fremdes Kunstwerk bestimmte Weisungen für die Anfertigung des Entwurfs gegeben hatte?**

KunstschutzG. §§ 1, 2. GeschmacksmusterG. § 1.

I. Zivilsenat. Urt. v. 17. April 1929.

I. Landgericht Freiberg. II. Oberlandesgericht Dresden.

. . .

Der Sachverhalt ergibt sich aus den

Gründen:

Das Berufungsgericht ist, wie der erste Richter, dem Gutachten der Sachverständigenkammer beigetreten. Diese hatte sich dahin ausgesprochen, das Besteckmuster Nr. 900 der Klägerin sei, unter dem Gesichtspunkt des Kunstschutzgesetzes betrachtet, eine neue geschmackvolle Lösung von eigenartiger, künstlerisch durchdachter Form und als Ergebnis einer individuellen schöpferischen Tätigkeit zu bezeichnen. Im Anschluß hieran wird ausgeführt: Seiner Zweckbestimmung nach sei das Modell 900 zwar ein gewerbliches Erzeugnis. Aber, da ihm künstlerische Eigenart innewohne, falle es unter die kunstgewerblichen Erzeugnisse im Sinne von § 2 Abs. 1 KunstschutzG. Dem stehe nicht entgegen, daß es bestimmungsgemäß in Massen hergestellt und vertrieben werde; auch Massenartikel könnten Erzeugnisse des Kunstgewerbes sein. Die Beklagte habe ihre Einwendung, daß das Muster nicht neu sei, nicht bewiesen. Keines der von ihr in Abbildungen und in einzelnen Stücken vorgelegten älteren Muster entspreche der Gestaltung des Modells 900. ... Soweit etwa der Künstler, der das Muster 900 entworfen, sich an derartige Vorbilder angelehnt haben sollte, habe er dennoch etwas Neues und Eigenartiges geschaffen, das als eine Neuschöpfung bezeichnet werden müsse. Aber auch wenn man die Klägerin als beweispflichtig für die Neuheit erachten und der Beklagten nur eine Darlegungspflicht ansinnen wolle, sei das Ergebnis kein anderes, weil das Modell der Klägerin gegenüber allem, was die Beklagte dagegen vorgebracht habe, als neu und eigenartig zu bezeichnen sei. Das Urheberrecht stehe der Klägerin zu, weil der Künstler den Entwurf für sie zu dem ausgesprochenen Zwecke der Vervielfältigung angefertigt habe. Der von der Beklagten beauftragte Zeichner Me. habe zwar keine bewußte Nachahmung begangen, wohl aber die Beklagte selbst. Denn sie habe, wie ihr Briefwechsel mit Me. ergebe, das Muster der Klägerin gekannt. Der Mitinhaber der beklagten Firma, Mü., habe ein dem Muster der Klägerin möglichst ähnliches Besteckmuster herausbringen und nur in Kleinigkeiten abweichen wollen, um die Nachahmung nicht zu augenfällig erscheinen zu lassen. Das Muster der Beklagten sei denn auch demjenigen der Klägerin so ähnlich geworden, daß beide kaum voneinander zu unterscheiden seien.

Der gute Glaube des Me. könne ihr nicht zustatten kommen. (Es folgt die Wiedergabe einer weiteren Begründung des Berufungsgerichts.)

Rechtliche Bedenken sind hiergegen nicht zu erheben, soweit die Anwendung des Kunstschutzgesetzes in Frage kommt. Die Verteilung der Beweislast für die Frage der Neuheit ist rechtlich unbedenklich. Mit Recht wendet der Vorderrichter hier die gleichen Grundsätze an, wie sie der erkennende Senat über den Beweis der Neuheit im Urteil vom 9. Februar 1927 I 274/26 (GUR. 1927 S. 235) für den Bereich des Gebrauchsmusterschutz-Gesetzes ausgesprochen hat. Die Revision erhebt denn auch zur Frage der Beweislast keine Angriffe.

Rechtlich unbedenklich sind ferner die weiteren Ausführungen des Berufungsurteils über das Urheberrecht der Klägerin und die Schlechtgläubigkeit der Beklagten. In ersterer Beziehung genügt die Verweisung auf RGZ. Bd. 110 S. 393 (395). Ebensowenig unterliegt es einem rechtlichen Bedenken, daß der Beklagten, die einen Künstler mit Herstellung eines Entwurfs nach bestimmten Weisungen betraut hatte, um ein fremdes Kunstwerk nachzuahmen, der gute Glaube dieses Künstlers nicht zustatten kommen kann. Auch insoweit richtet die Revision keine Angriffe gegen das Urteil.

Das, was sie hauptsächlich geltend macht, bezieht sich auf die Anwendbarkeit des Kunstschutz-Gesetzes. Sie meint, die vom Vorderrichter hervorgehobenen Eigenschaften des Musters der Klägerin könnten lediglich die Unterordnung unter das Geschmacksmuster-Gesetz rechtfertigen; keinesfalls handle es sich danach um ein Werk der bildenden Künste. Das trifft indessen nicht zu. Zu den Werken der bildenden Künste gehört jede in nicht organischem Stoff sichtbar gewordene Gestaltung, in der ein eigenes künstlerisches Schaffen zutage tritt; jede eigenpersönliche geistige Schöpfung, die mit den Darstellungsmitteln der Kunst durch formgebende Tätigkeit hervorgebracht und vorzugsweise für die Anregung des ästhetischen Gefühls durch Anschauen bestimmt ist, ohne Rücksicht auf den höheren oder geringeren Kunstwert und ohne Rücksicht darauf, ob das Werk neben dem ästhetischen Zweck noch einem praktischen Gebrauchszweck dient. Der rechtliche Maßstab, den das Berufungsgericht bei Prüfung der Frage nach dem Kunstwerkscharakter des Musters angelegt hat, entspricht dem Standpunkt der reichsgerichtlichen Rechtsprechung, wie er besonders in RGZ. Bd. 76 S. 339 (343 flg.) grundsätzlich festgelegt und seitdem ständig festgehalten worden ist (vgl. z. B. RGZ. Bd. 115 S. 180). Von diesem Standpunkt geht der Vorderrichter ersichtlich aus. Die Schwierigkeit lag im vorliegenden Falle in der Abgrenzung gegen den einfachen Musterschutz. Daß sich hier eine ein für allemal gesicherte Grenze nicht ziehen läßt, ist in der reichsgerichtlichen Rechtsprechung schon mehrfach betont worden. Die Beurteilung der Frage nach dem höheren Grad ästhetischen Gehalts ist zwar in der Revisionsinstanz nachprüfbar, muß aber im wesentlichen dem Tatrichter überlassen bleiben (RGZ. Bd. 115 S. 180, Bd. 117

S. 230). Die Revision, die bloß geltend macht, es liege „nicht das geringste" dafür vor, das Muster 900 als Kunstwerk anzusehen, trägt damit nichts Positives zur Beurteilung der Frage bei. Es handelt sich um einen Grenzfall. Die Sachverständigenkammer für Werke der bildenden Künste in Dresden hat dem Muster der Klägerin Kunstwerkscharakter zugesprochen, und von zwei namhaften Sachverständigen, den Professoren H. und G., die hier Privatgutachten erstattet haben, hat sich der eine der Bewertung der Sachverständigenkammer angeschlossen, während der andere ihr widersprochen hat. Unter diesen Umständen besteht für das Revisionsgericht kein Anlaß, dem Tatrichter in der Beurteilung der Frage des „ästhetischen Ueberschusses" aus Rechtsgründen entgegenzutreten, wenngleich nicht zu verkennen ist, daß die *Unterstellung derartiger Besteckmuster* unter das Kunstschutz-Gesetz außerordentlich weit geht. In gleicher Weise erledigt sich der weitere Revisionsangriff, daß nach dem vorgebrachten Material das Muster 900 nicht neu und eigentümlich sei. ...

**RGZ. 125, 80**

**1. Wann gehört ein Bildnis in den Bereich der Zeitgeschichte?**

**2. Wird ein berechtigtes Interesse des Abgebildeten durch Verwendung seines Bildnisses zur Reklame verletzt?**

KunstschutzG. §§ 22, 23.

I. Zivilsenat. Urt. v. 26. Juni 1929.

I. Landgericht Hamburg.

Die Beklagte gibt im Rahmen einer Sammlung „Die Welt in Bildern", die wiederum verschiedene durch Gleichheit oder Verwandtschaft des Gegenstands gekennzeichnete Reihen von je drei Stück aufweist, kleine farbige Bilder heraus. ...

Die Reihe 29 gibt „Volkstümliche deutsche Fußballer" wieder. Das zweite Bild in dieser Reihe stellt den Kläger dar, der ein bekannter Fußballspieler ist. ... Die Beklagte verkauft die Bilder an Zigarettenfabriken. Diese legen je ein Bildchen in ihre Zigarettenschachteln. Das Bild des Klägers, das mit der Klageschrift eingereicht worden ist, weist unter dem Texte die Ankündigung auf:

Cigarettenfabrik J. Berlin
Juno 4 Pfg. Eljen 5 Pfg.
Album Nr. 1 für Serie 1—24, Album Nr. 2 für Serie 25—72
je M. 1 gegen Voreinsendung in Briefmarken.

Der Kläger sagt zwar selbst, daß er als bekannter Fußballspieler eine Persönlichkeit aus dem Bereiche der Zeitgeschichte sei. Doch sieht er in der Verbreitung seines Bildes zu Reklamezwecken eine „Verletzung seiner berechtigten Interessen". Er verlangt deshalb, daß die Beklagte die Verbreitung unterlasse. Das Landgericht hat die Klage abgewiesen. Die unmittelbar an das Reichsgericht eingelegte Revision des Klägers hatte keinen Erfolg.

Gründe:

Bildnisse dürfen zwar nach gesetzlicher Regel nur mit Einwilligung des Abgebildeten verbreitet oder öffentlich zur Schau gestellt werden (§ 22 Satz 1 KunstschutzG.). Doch bedarf es bei Bildnissen aus dem Bereich der Zeitgeschichte solcher Einwilligung nicht (§ 23 Abs. 1 Nr. 1 das.).

Wenngleich der Kläger selbst nicht in Abrede stellt, dem Bereiche der Zeitgeschichte anzugehören, muß doch geprüft werden, ob es zutrifft. Denn es handelt sich um einen Rechtsbegriff, der einen gewissen Tatbestand erfordert. Die Merkmale dieses Tatbestandes liegen vor. Erscheinungen im Leben der Gegenwart, die vom Volke beachtet werden, bei ihm Aufmerksamkeit finden und Gegenstand der Teilnahme oder Wißbegier weiter Kreise sind, gehören dahin (Osterrieth-Marwitz KunstschutzG. 2. A. 1929 S. 172 flg.). Zu ihnen muß man Sportgrößen, wie bekannte Fußballspieler, vermöge der ihnen geschenkten Beachtung jetzt sicherlich zählen. Geschmack und Empfinden der Zeit bringen es mit sich. Dauer über den Tag hinaus in beträchtliche Zukunft braucht nicht wahrscheinlich zu sein.

Danach dürfen Bildnisse des Klägers ohne seine Einwilligung verbreitet und zur Schau gestellt werden. Das Persönlichkeitsrecht am eigenen Bilde (§ 22 KunstschutzG.), kraft dessen es grundsätzlich seiner Einwilligung zum Verbreiten oder öffentlichen Ausstellen des Bildnisses bedürfte, wird auf solche Weise um der öffentlichen Anteilnahme willen, die sich dem Kläger infolge seiner Sportleistung zugewandt hat, zugunsten der Allgemeinheit durchbrochen (§ 23 Abs. 1 Nr. 1 KunstschutzG.).

Die Befugnis zur Verbreitung und Schaustellung erstreckt sich aber nicht auf Fälle, in denen durch sie ein berechtigtes Interesse des Abgebildeten verletzt wird (§ 23 Abs. 2 KunstschutzG.). Ob das geschieht, muß den Umständen entnommen werden. Wer es zur Begründung seines Untersagungsanspruchs behauptet, hat das Nötige darzulegen und gegebenenfalls zu beweisen.

Der Kläger betont nur, daß er die Verbreitung seines Bildes zu Reklamezwecken mißbillige und als verletzend empfinde.

Das Landgericht erklärt dies für unzulänglich zur Begründung eines Unterlassungsantrags. Denn Reklame — hier im Sinne von Geschäftsreklame — sei an sich keine Einrichtung, die berechtigterweise im allgemeinen Werturteil hinter anderen menschlichen Arbeitsgebieten zurückgesetzt werde. Daher müßten, wie bei jeder anderen Verbreitungsart eines zeitgeschichtlichen Bildnisses, besondere Umstände vorliegen, wenn sich die Annahme rechtfertigen solle, seine berechtigten Interessen seien verletzt. Der Kläger habe keine solchen Umstände angegeben. Also könne seinem Verlangen nicht entsprochen werden.

Diese rechtliche Beurteilung weist keinen Verstoß gegen das Gesetz auf, der zur Aufhebung führen müßte. Anpreisung von Waren zum Kauf und zur Kundenwerbung im geschäftlichen Verkehr bedeuten an sich noch keinen Zweck niederer oder gar unsittlicher Art, der ein ihm dienstbar gemachtes Bild allgemein entwürdigt. Vielmehr kommt es jeweils darauf an, für welchen besonderen Zweck und auf welche Weise geworben wird. Auch können sich durch eine besondere Fügung der Umstände für den Abgebildeten berechtigte Untersagungsgründe ergeben. Es bleibt ihm jedoch überlassen, diese Gründe darzulegen.

... Das angegriffene Urteil geht von der zutreffenden Ansicht aus: Das Persönlichkeitsrecht am eigenen Bilde wird zwar für Bildnisse aus dem Bereich der Zeitgeschichte eingeschränkt, weil hier die unterm Einfluß zeitlich bedingter Stimmungen vom Anschauungsbedürfnis geleitete Allgemeinheit billigerweise verlangen darf, jene Personen vor Augen gestellt zu sehen. Damit sind aber die Grenzen der Einschränkung bezeichnet. Wenn Beweggrund, Zweck oder begleitende Umstände des Verbreitens oder Zurschaustellens für gerecht und billig Denkende ersichtlich machen, der Abgebildete werde in seiner Persönlichkeit stärker beeinträchtigt, als es der gesetzlich anerkannte Anspruch der Allgemeinheit rechtfertigt, dann liegt „berechtigtes Interesse" vor, dem Eingriffe zu wehren.

Der Kläger glaubt, sich für sein Verlangen auf das Urteil RGZ. Bd. 74 S. 308 berufen zu können. Damals handelte es sich um einen Unterlassungsanspruch aus dem Rechtsgrunde des Namens- und Bildnisschutzes. Die Beklagte, welche Tabakfabrikate vertrieb, hatte auf Anmeldung vom Oktober 1906 das Wortzeichen „Graf Zeppelin" und auf Anmeldung vom November 1907 die Worte „Graf Zeppelin" mit dem Brustbilde Zeppelins als Warenzeichen eintragen lassen, ohne zuvor den Genannten und Abgebildeten um Erlaubnis zu fragen. ... Im damaligen Falle waren Namen und Bild als Warenzeichen verwendet und gewissermaßen in Beschlag genommen. Dagegen steht im vorliegenden Falle das Bildnis des Klägers innerhalb einer Dreibilderreihe bestimmter Gattung (Fußballspieler), die wieder mit einer großen Anzahl anderer Bilderreihen zusammengefügt ist. Aus diesem mannigfaltigen, auf Anschaulichkeit und Unterhaltung berechneten Ganzen werden die einzelnen Beilagen der Ware genommen, die allerdings den Sammeltrieb des Warenkäufers reizen und auf solche Weise den weiteren Absatz fördern sollen. Das Bild eines einzelnen wird also nicht mit der Ausschließlichkeit wie im Zeppelin'schen Falle beansprucht und zur Kundenwerbung gebraucht. Geschäftliche Kundenwerbung aber läßt sich auf so mannigfaltige Weise betreiben, daß sie nicht in Bausch und Bogen als Tätigkeit niederen Ranges betrachtet werden kann, zumal nachdem Handwerk, Technik, Wissenschaft und Kunst mit ihr in Verbindung getreten und ihren Zwecken vielfach zugewandt worden sind. Auch die Bilderauswahl im ganzen bedeutet keineswegs (wie die Revision meint) einen Rahmen, dem schon um absonderlicher Buntheit willen der Kläger sich nicht einfügen zu lassen brauche. Dieses bunte Vielerlei kann nach Gegenständen und Plan der Zusammenfügung nicht als unwürdige Umgebung betrachtet werden. Ebensowenig ist aus der technischen Art der Vervielfältigung und Ausstattung nach dem Gesamteindruck ein Bedenken in dem Sinne zu entnehmen, daß dem Persönlichkeitsrecht des Klägers zu nahe getreten sei. Besonderheiten, die eine andere Auffassung rechtfertigten, sind nicht geltend gemacht. Danach muß es bei der Abweisung der Klage bewenden.

**RGZ. 127, 206**

**1. Werbeanzeigen als Werke des Kunstgewerbes; Allein- oder Miturheberrecht?**

**2. Wann liegt freie, wann unfreie Benutzung solcher Werke als Vorbilder für andere Werbeanzeigen desselben Unternehmens vor?**

**3. Fahrlässige Urheberrechtsverletzung durch das Verhalten des Geschäftsführers einer Gesellschaft mbH.**

KunstschutzG. v. 9. Januar 1907 §§ 1, 2, 9, 15, 16, 31.
BGB. §§ 276, 278, 831.

I. Zivilsenat. Urt. v. 8. Februar 1930.

I. Landgericht II Berlin. II. Kammergericht daselbst.

Der Kläger entwarf für die Beklagte zwei Werbeanzeigen über ihre Kraftwagen. Nachdem sie die Entwürfe erhalten, ließ sie von anderer Seite weitere Reklameanzeigen entwerfen. Die Anzeigen erschienen u. a. in der „BZ. am Mittag", und zwar die des Klägers am 2. und 7. November 1927, die anderen am 4., 9. und 11. November 1927.

Im Dezember 1927 erhob der Kläger die vorliegende Klage auf Schadensersatz, zunächst im Betrage von 600 RM. Er machte geltend, seine Entwürfe seien als eigentümliche Schöpfungen des Kunstgewerbes urheberrechtlich geschützt. Die andern seien ihnen in den wesentlichen Zügen nachgebildet. Auch verstoße das Gebaren der Beklagten gegen Vertrag, Gesetz und Handelsgebrauch. Er habe dadurch großen Schaden erlitten. Die Beklagte erwiderte: Die Schöpfungen des Klägers seien keine Erzeugnisse bildender Kunst, die anderen jedenfalls keine Nachbildungen davon. Sie habe weder Vertrag noch Gesetz verletzt. Sollte ein Verstoß vorgekommen sein, so falle er lediglich ihrem Werbeleiter J. zur Last, auf dessen Zuverlässigkeit sie habe vertrauen dürfen.

Das Landgericht holte ein Gutachten der preußischen künstlerischen Sachverständigenkammer über die damals vorliegenden Anzeigen ein und verurteilte darauf die Beklagte nach dem Klagantrag.

Die Beklagte legte Berufung ein. Sie ließ bis gegen Ende Mai 1928 noch eine Anzahl weiterer Werbeanzeigen erscheinen, die ebenfalls nicht vom Kläger herrührten. Dieser schloß sich dem Rechtsmittel der Gegnerin an und erstreckte seinen Schadensersatzanspruch auf die unterdessen erschienenen Anzeigen, nach dem Schlußantrag im ganzen auf 41 Stück; seine Forderung bemaß er auf zusammen 8000 RM.

Das Kammergericht verurteilte die Beklagte zur Zahlung von 6150 R.-Mark; den weitergehenden Anspruch wies es ab. Die Revision der Beklagten blieb erfolglos.

Gründe:

I. Die Ausführungen des angefochtenen Urteils über das Urheberrecht des Klägers geben keinen Anlaß zu rechtlichen Bedenken.

1. (Die Würdigung der vom Kläger herrührenden Entwürfe der beiden Anzeigen schließt mit dem Ergebenis:)

Sonach beurteilt das Kammergericht die beiden Werbeanzeigen des Klägers mit Recht — insoweit übrigens von der Revision nicht bemängelt — als Werke der bildenden Kunst, und zwar des Kunstgewerbes, genauer des graphischen Kunstgewerbes (§§ 1, 2 KunstschutzG.). Ob der beigefügte Worttext den Anforderungen des Gesetzes an Schriftwerke (LitUrhG. § 1 Abs. 1 Nr. 1) genügt, braucht nicht untersucht zu werden. Wenn es nicht der Fall ist, so liegt nur ein Werk bildender Kunst (Zeichenkunst) vor. Gehört aber dieses kunstgewerbliche Erzeugnis zu den aus Zeichnung und Schriftwerk gemischten, dann ändert sich dadurch am rechtlichen Ergebnis nichts. Denn die beiden einschlägigen Gesetze (KunstschutzG. und Lit.-UrhG.) regeln die Fragen, auf die es hier ankommt, in durchaus gleichförmiger Weise. Um Abbildungen wissenschaftlicher oder technischer Art, welche nicht ihrem Hauptzweck nach als Kunstwerk zu betrachten sind (LitUrhG. § 1 Abs. 1 Nr. 3), handelt es sich bei den vorliegenden Werbeanzeigen nicht.

2. Als den Urheber der beiden Anzeigen betrachtet das Berufungsgericht — trotz der etwa von J. gegebenen Anregung — den Kläger allein. Es erwägt: „Der Kläger hat von der Beklagten den Auftrag erhalten, Entwürfe herzustellen, und zwar gegen eine Vergütung von je 200 RM.; er hat die Entwürfe geliefert und die Vergütung erhalten. Schon diese Tatsachen sprechen entscheidend dafür, daß die wirklich gestaltende Tätigkeit allein beim Kläger lag und daß ihm eben für diese Tätigkeit der Betrag von 400 RM. gezahlt worden ist. Als unrichtig erscheint hiernach die Darstellung der Beklagten, nach der der Kläger — also der Fachmann — nur in unselbständiger Weise die ins einzelne gehenden Ideen des Nichtfachmannes J. ausgeführt haben soll, so daß alle für die Gestaltung wesentlichen Züge dem J. und nicht dem Kläger geistig zuzurechnen wären. Diese Darstellung widerspricht unter Berücksichtigung der allgemeinen Lebenserfahrung den unstreitigen Tatsachen so sehr, daß sie selbst dann als unrichtig angesehen werden müßte, wenn J. sie als Zeuge bestätigen würde, zumal da die Beklagte selbst vorträgt, J. sei nicht Künstler und könne für sich kein künstlerisches Sachverständnis in Anspruch nehmen." „Das

Vorbringen der Beklagten läßt", so hebt das Berufungsgericht als besonders beachtlich hervor, „in keiner Weise erkennen, ob die Beklagte mehr von dem Wesentlichen erfaßt hat als der Sachverständige . . ., dessen Gutachten sie überreicht und sich zu eigen macht. Sollte wirklich, wie sie behauptet, J. angegeben haben, wo der Text der Anzeige, wo die Zeichnung und wo das Wort Nash hinkommen sollte, so hätte er, wie die vorstehenden Ausführungen ohne weiteres ergeben, im urheberrechtlichen Sinn überhaupt nichts Wesentliches geleistet. Er hätte nur den Rahmen skizziert, innerhalb dessen die individuelle Prägung des Klägers sich vollzogen hat. Daß diese individuelle Prägung in ihrer sie auszeichnenden Besonderheit schlechterdings nichts mit jenen rein äußerlichen Angaben zu tun hat, ergibt auch der Umstand, daß das bereits erwähnte Probeblatt „In Amerika", das nach dem Vortrage der Beklagten „J.s Ideen ungefähr entsprach" und aus diesem Grunde dem Kläger übergeben wurde, mit den Anzeigen des Klägers nichts im urheberrechtlichen Sinne Wesentliches gemein hat."

Im Anschluß an ein Urteil des Reichsgerichts bemerkt das Berufungsurteil: Mündlichen Aeußerungen J.s könne, jedenfalls unter den hier gegebenen Umständen, keine Bedeutung beigemessen werden. Denn urheberrechtlich wesentlich sei in aller Regel nur die endgültige Zusammenfügung des Werkes vor dem inneren Blicke des Künstlers nebst der sichtbaren Darstellung zur körperlichen Wahrnehmung für den Betrachter (RGUrt. I 49/27 vom 15. Juni 1927 in Markenschutz und Wettbewerb Bd. 27/28 S. 144). Zwar solle J. einzelne Bilder, darunter gerade den ersten Entwurf des Klägers (2 × um die Erde mit dem Nash), selbst skizziert haben. Aber vorgelegt seien die Skizzen nicht. Und da J. nicht Künstler, sondern lediglich Werbeleiter sei, so müsse, da kein in Augenschein zu nehmendes Blatt vorliege, angenommen werden, daß er in derartigen Skizzen nichts Wesentliches von den Arbeiten des Klägers vorweggenommen habe.

Bei dieser Sachlage findet das Kammergericht es auch unerheblich, daß die erste vom Kläger gelieferte Anzeige außer dem Namen des Klägers noch das Zeichen J.s (den Anfangsbuchstaben seines Namens) trägt. Es führt aus: „Die durch § 9 KunstschutzG. begründete Vermutung wird durch die besonderen Umstände des Falles entkräftet. Da J. unstreitig kein Künstler ist und nicht einmal künstlerisches Sachverständnis für sich in Anspruch nehmen kann, so muß alles in den Anzeigen des Klägers Wesentliche bis zum zwingenden Beweis des Gegenteils als in jedem urheberrechtlich erheblichen Sinne von dem Kläger herrührend angesehen werden. Denn alles Wesentliche, alles Individuelle beweist so stark das Sachverständnis und das Können des von der Beklagten selbst in Gegensatz zu J. gestellten berufsmäßigen Graphikers, daß es nur auf einen solchen zurückgeführt werden kann. Sollte J. daher wirklich sein Zeichen im Einverständnis mit dem Kläger auf den ersten Entwurf gesetzt haben, so muß bei der Besonderheit der Sachlage angenommen werden, daß J. dieses Einverständnis nicht in seiner Eigenschaft als Urheber oder Miturheber, sondern in der Eigenschaft als Werbeleiter erklärt hat, wie ungewöhnlich es auch sein mag, daß ein Werbeleiter sein Zeichen in solcher Weise auf eine Reklameanzeige setzt."

Diese Erwägungen enthalten keinen Verstoß gegen Rechtsgrundsätze. Sie werden von der Revision auch nicht ausdrücklich bemängelt. ...

II. Die Darlegungen des Berufungsurteils darüber, daß die Beklagte das Urheberrecht des Klägers verletzt habe, werden von der Revision ohne stichhaltige Gründe bemängelt.

1. Das Kammergericht vergleicht die beanstandeten Anzeigen der Beklagten mit den Anzeigen des Klägers und findet: Bei dieser Vergleichung „treten die Unterschiede, die in der Hauptsache die im bildlichen Teil dargestellten Gegenstände betreffen, fast vollkommen zurück; es leuchtet sofort ein, daß hinsichtlich der zur Wirkung bestimmten und dienenden Zusammenhänge stärkste Uebereinstimmungen herrschen. Die wesentlichen Züge sind so stark übernommen, daß nicht von einer im Wege freier Benutzung hervorgebrachten eigentümlichen Schöpfung, sondern nur von unzulässiger Nachahmung gesprochen werden kann." In ähnlichem Sinne heißt es an späterer Stelle, daß „sich die 41 Anzeigen der Beklagten, die jetzt noch in Betracht kommen, gegenüber den Anzeigen des Klägers hinsichtlich aller erheblichen Züge in vollkommener Abhängigkeit befinden".

Die Revision bemängelt, daß hierbei die Anzeigenreihe des Klägers mit jener — von dem Graphiker P. entworfenen — der Beklagten ververglichen werde, aber nicht, wie es allein statthaft sei, jede einzelne Anzeige der Beklagten mit der einzelnen Anzeige des Klägers, die in ihr unfrei benutzt sein solle. Die Beklagte meint, daß bei der vom Berufungsgericht angewandten Vergleichungsart dem Kläger ein bestimmter Stil, eine Weise der Auffassung, Darstellung oder Kennzeichnung geschützt werde, während sich nach anerkannten Grundsätzen der Kunstschutz darauf nicht erstrecke.

Allerdings ist der von der Revision damit angerufene Grundsatz der Rechtsanwendung festzuhalten. Jedes Kunstwerk ist ein einzelnes Gebilde geistiger Tätigkeit in bestimmter Form. Und Gegenstand des Schutzes ist immer nur das einzelne Werk, nicht die Kunstgattung, nicht der Stil, nicht die Anwendung bestimmter Mittel oder technischer Kunstgriffe, um eine gewisse Wirkung zu erzielen (RGSt. Bd. 6 S. 344, Bd. 23 S. 129/130; RGZ. Bd. 71 S. 355/56, Bd. 72 S. 164, Bd. 116 S. 298, Bd. 117 S. 232/33, Bd. 121 S. 71; Allfeld Anm. 19 zu § 1 KunstschutzG.; Kohler KunstwerkR. S. 29; Osterrieth-Marwitz S. 27/28 Anm. 7 zu § 7 KunstschutzG.; Riezler Urh. u. ErfinderR. I S. 408/409, 424; Dernburg Bürg. R. VI S. 157/58; Crome Bürg. R. IV S. 70 flg.; Elster UrheberR. [2. Aufl. 1928] S. 178). Diese anerkannten Regeln verletzt aber das Berufungsurteil nicht. Mit ihnen ist die Erwägung durchaus vereinbar, von der das Kammergericht ersichtlich ausgeht: Wenn die Kunst sich in den Dienst alltäglicher Verkehrszwecke stellt, Kunden für andere zu werben sucht, Reklameanzeigen entwirft, so gewinnen dadurch notwendig gewisse aus diesem Werbezweck folgende Umstände und Bedingnisse Einfluß auf die Beurteilung des Werkes. Anzeigen wie die hier streitigen sind nach Bestandteilen und Gesamtanlage darauf berechnet, sich einer Reihe gleichartiger oder verwandter Kundmachungen einzufügen. Abwechslung und Wiederholung miteinander verbindend, sollen sie auf mannigfaltig zusammengesetzte Betrachtungskreise wirken. Darum eignet dem Bildgegenstand des aus Schrift und Bild bestehenden kunstgewerblichen Werkes, das Werbezwecken dient, geringere Bedeutung, als es dort der Fall zu sein pflegt, wo kein solcher Zweck obwaltet. Der Werbezweck läßt deshalb auch bei den Anzeigen der Parteien den Bildgegenstand zurücktreten im Vergleich zu dem Namen der Fabrik oder Ware, der sich, betont durch künstlerisch angeordnetes, blickfangendes und damit kundenwerbendes Zubehör, empfehlend einprägen, Aufmerksamkeit erregen und im Gedächtnis haften soll. Bei wiederholten Anzeigen, z. B. in der Presse, die durch Gleichheit des Ausdrucksmittels, Gleichheit oder Aehnlichkeit seiner Anwendungsform gedanklich miteinander verknüpft sind, darf deshalb nicht bloß die einzelne Anzeige betrachtet, sondern es muß die ganze Reihe in ihrer Gesamtwirkung mit dem Gegenstand verglichen werden (vgl. RGZ. Bd. 121 S. 71).

2. Nach diesen Grundsätzen ist das Berufungsgericht verfahren. Auf der Seite des Klägers handelt es sich nur um zwei Werbeanzeigen. Ihnen steht auf der Seite der Beklagten eine lange Reihe gegenüber.

. . . 41 davon, nämlich eine der drei im ersten Rechtszuge und 40 der erst im zweiten Rechtszuge vorgelegten Werbeanzeigen der Beklagten, beurteilt . . . das Kammergericht dahin, daß sie keine aus freier Benutzung hervorgegangenen eigentümlichen Schöpfungen, sondern unzulässige Nachahmungen der Anzeigen des Klägers seien. Ein Sachverständigengutachten über die im Berufungsrechtszug neu beigebrachten Stücke hat es nicht eingeholt. Es führt aus: „Bei der Prüfung der . . . Frage, ob es sich bei den beanstandeten 41 Anzeigen um unzulässige Nachbildungen oder um eine freie Benutzung im Sinne des § 16 KunstschutzG. handelt, ist in erster Linie zu beachten, daß diese Frage stets nur im Hinblick auf den besonderen Charakter der zu vergleichenden Werke und nicht nach einem starren allgemeinen Schema beantwortet werden kann. Stets muß geprüft werden, ob die für das angeblich nachgebildete Werk wesentlichen, seine ästhetische Wirksamkeit entscheidend bedingenden Züge so übernommen sind, daß das Uebernommene — trotz etwaiger umfänglich vielleicht sehr erheblicher Veränderungen — auch für das neue Werk in so hohem Maße wesentlich ist, daß seine ästhetische Wirksamkeit entscheidend durch die übernommenen Züge bedingt ist.“ Der damit aufgestellte Grundsatz entspricht der bereits anerkannten Rechtsanwendung. Es fragt sich auch hier: Hat sich der Urheber des neuen Werkes von dem Gedanken und der Darstellung des alten Werkes so weit losgelöst, daß man billigerweise seine Tätigkeit als eine selbständige künstlerische Leistung anerkennen muß? (RGZ. Bd. 63 S. 159, Bd. 82 S. 17, Bd. 117 S. 232/33, Bd. 121 S. 69).

Das Kammergericht beantwortet die somit entscheidende Frage dahin: Bei den Werbeanzeigen der Beklagten wird die Wirkung auf den Betrachter, seine Aufmerksamkeit und sein Schönheitsgefühl ganz überwiegend durch Züge bestimmt, die den Anzeigen des Klägers entlehnt sind; die der Beklagten gehören nicht zu den eigentümlichen Schöpfungen, sondern zu den aus unfreier Benutzung erwachsenen Nachahmungen. Im einzelnen begründet es diese Würdigung folgendermaßen: „Bei Erzeugnissen der hier in Frage stehenden Art (Werbeanzeigen, zumal in der Presse) kommt es in erster Linie nicht so sehr auf die im bildlichen Teile dargestellten Gegenstände als solche an, als auf die Besonderheit der Schwarz-Weiß-Wirkung, d. h. darauf, wie die aus dem Text und dem bildmäßigen Teile sich zusammensetzenden schwarzen Farbflecke auf dem weißen Grunde verteilt sind; besonders in welcher Weise sie im einzelnen zusammengeballt und aufgelöst sind, wie das Zusammengeballte und das Aufgelöste auf dem weißen Grunde in einer für das Auge mehr oder weniger angenehmen Weise gegeneinander abgewogen ist, wie die Ueberleitungen der schwarzen zu den weißen Teilen gestaltet sind und vor allem auch, wie durch diese und alle sonstigen Mittel des Schwarz-Weiß ein das Ganze beherrschender Rhythmus erzeugt wird, der das Auge des Betrachters gefangen nimmt und es veranlaßt, sich dem zu lesenden Texte zuzuwenden. Vergleicht man im Hinblick auf diese Gesichtspunkte die beanstandeten Anzeigen mit den Anzeigen des Klägers, so treten die Unterschiede, die in der Hauptsache die im bildlichen Teile dargestellten Gegenstände betreffen, fast vollkommen zurück, und es leuchtet sofort ein, daß hinsichtlich der ... wesentlichen, auf Wirkung berechneten Zusammenhänge stärkste Uebereinstimmung herrscht."

3. Diese Erwägungen des Berufungsurteils verstoßen nirgend gegen Rechtsgrundsätze. Die Anwendung der zutreffend hervorgehobenen Regeln auf den vorliegenden Sachverhalt gehört in das Gebiet der Tatsachenwürdigung. Daß bei ihr offenbare Irrtümer tatsächlicher Art untergelaufen wären, welche die rechtliche Beurteilung entscheidend beeinflußten und deshalb auch im gegenwärtigen Rechtszuge beachtet werden müßten, ist nicht zuzugeben.

a) Zwar weisen die Anzeigen der Beklagten auch beträchtliche Unterschiede von denen des Klägers auf. Daß geradezu der Bildgegenstand aus einer der Anzeigen des Klägers übernommen sei, wird weder behauptet, noch erhellt es aus den Vorlagen; nur ein gewisser Einfluß auf die Art der Bildgestaltung mag in etlichen Anzeigen zutage treten. Auch Gleichheit oder auffallende Aehnlichkeit der Worttexte ist weder behauptet noch ersichtlich.

b) Aber das Kammergericht stellt gleichwohl mit eingehender Begründung weitgehende Uebereinstimmung fest. So in Kernstück und Grundlage der Anzeigen: in dem stärkstens betonten, wirkungsvoll hervortretenden Nash und den ebenfalls augenfälligen Zusätzen dieses Namens. So in der Verteilung von Schwarz und Weiß nach Anlage und Gesamteindruck; die Anzeigen der Beklagten weisen sämtlich gleich denen des Klägers die alsbald auffallende hufeisenförmige Anordnung auf, die den Kern des Anpreisungstextes einfaßt. Ohne rechtlichen Irrtum nimmt deshalb das Berufungsurteil an, daß bei keiner der endgültig beanstandeten Anzeigen der Beklagten freie, sondern überall unfreie Benutzung der Werbeanzeigen des Klägers vorliege; daß jedenfalls aber das Nachgeahmte durchweg keine eigentümliche Schöpfung bedeute, weil es ihm an Eigenart und selbständiger Wirkung fehle (§ 16 KunstschutzG.). Somit ist begründeterweise Verletzung des Urheberrechts des Klägers als gegeben angenommen worden (§§ 15, 31 KunstschutzG.).

III. Das Berufungsgericht nimmt weiter an, daß die Beklagte die Urheberrechtsverletzung fahrlässig begangen habe (§ 31 KunstschutzG., § 276 Abs. 1 Satz 2 BGB.). Dabei sieht es zunächst von dem Vertragsverhältnis unter den Parteien völlig ab und läßt die Frage beiseite, ob sich die Beklagte des Werbeleiters J. zur Erfüllung ihrer Verbindlichkeiten bedient (§ 278 BGB.), ob sie ihn zu gewissen Verrichtungen, nämlich zur Besorgung der Werbeanzeigen, bestellt gehabt habe (§ 831 BGB.). Es erwägt: „Bei der außerordentlichen Tragweite, die eine Inseratenseite von der hier in Rede stehenden Art hat, und bei der Ausbreitung, die das Plagiat-Unwesen gewonnen hat, war es Sache des Geschäftsführers der Beklagten, die Werbeanzeigen, bevor sie hinausgingen, durchzusehen. Hat er dies getan, so hat er auch als erfahrener Geschäftsmann erkannt, daß hier unzulässige Nachbildungen vorliegen. Hat er es nicht getan, so liegt fahrlässiges Unterlassen — Versäumung der im Verkehr erforderlichen Sorgfalt (§ 276 BGB.) — vor, das auch zum Schadensersatz verpflichtet." Diese Beurteilung gibt keinen Anlaß zu rechtlichen Bedenken. Aus den festgestellten Tatsachen ist schlüssig gefolgert, daß der Geschäftsführer der Beklagten die ihm obliegende Pflicht zu verkehrsmäßiger Sorgfalt verletzt hat. Die Ausführung der Revision, welche jedes Verschulden dem Werbeleiter J. zuschieben will, scheitert an den getroffenen Feststellungen. Sie werden unterstützt durch den Brief vom 15. November 1927, aus dem hervorgeht, daß der Kläger in einer Unterredung den Vorwurf unbefugter Entnahme, also unfreier Benutzung seiner Werbeanzeigen (der Brief spricht von Stil-Plagiat) erhoben hatte. Der an den Kläger gerichtete Brief zeigt Auf- und Unterschrift der Firma, unter der die Beklagte mit der gegenwärtigen Klage auf Schadensersatz in Anspruch genommen wurde. Die jeweils in Zeitungen erschienenen Werbeanzeigen der Beklagten wurden dem Geschäftsführer, wie sich von selbst versteht und unbestritten ist, bekannt. Ihr weitaus größter Teil erschien sogar erst nach jener Warnung, in welcher der Kläger sein Urheberrecht betont und dessen Verletzung behauptet hatte. Die Ueberzeugung des Berufungsgerichts von der Fahrlässigkeit der sämtlichen Verletzungen ist demnach ohne Verstoß gegen Rechtsgrundsätze gewonnen.

Haftet also die Beklagte, ohne Rücksicht darauf, ob sie zum Kläger in einem Vertragsverhältnis stand, wegen Verletzung seines Urheberrechts, dann rechtfertigt sich auch ihre Verurteilung zum Schadensersatz (§ 31 KunstschutzG.). Auf die nicht bemängelte Höhe des Ersatzes, die das Berufungsgericht auf Grund tatsächlicher Erwägungen nach freiem Ermessen bestimmt hat, braucht nicht eingegangen zu werden (§§ 286, 287 ZPO.). . . .

**RGZ. 128, 102**

**1. Grundsätzliche Ausschließlichkeit der urheberrechtlichen Befugnis.**

**2. Folgerungen daraus für Sammlungen von Werken, die bei Gesangsvorträgen benutzt werden sollen.**

LitUrhG. §§ 11, 19 Nr. 3.

I. Zivilsenat. Urt. v. 26. März 1930.

I. Landgericht I Berlin. II. Kammergericht daselbst.

Die Beklagte gibt Schlager-Liederbücher heraus. Unter diesen kommen hier drei in Betracht, die üblicherweise nach ihrer Zahl in der Reihe und nach der Ueberschrift ihres Anfangs-Schlagers bezeichnet werden: Nr. 24 „Sonja, deine Lippen sind wie Rosen" mit 54, Nr. 25 „Ich küsse Ihre Hand, Madame" mit 56 und Nr. 26 „O Mädchen, mein Mädchen" mit 49 Liedern. Die Beklagte verkauft die Heftchen für je 10 Pfennig. An den in den drei Heften enthaltenen Stücken „Ich küsse Ihre Hand, Madame" (Nr. 25 S. 1 und Nr. 26 S. 31), „Sündig und süß" (Nr 25 S. 15) und „Natascha" (Nr. 24 S. 16) steht dem Kläger das Verlagsrecht zu. Er sieht in der Vervielfältigung und Verbreitung der drei Schlager eine Verletzung dieses seines Rechtes, durch die er geschädigt werde. Mit der vorliegenden Klage begehrt er deshalb Unterlassung, Auskunfterteilung und Vernichtung. Die Beklagte vertritt die Ansicht, daß die Schlagerbücher Sammlungen mit den Merkmalen des § 19 Nr. 3 LitUrhG. seien, die Vervielfältigung und Verbreitung ihr mithin freistehe.

Das Landgericht hat dem Klagantrag entsprochen. Auf Berufung der Beklagten hat das Kammergericht die Klage abgewiesen. Die Revision des Klägers führte zur Aufhebung und Zurückverweisung, soweit Auskunfterteilung verlangt ist, im übrigen zur Wiederherstellung des ersten Urteils.

Gründe:

I. Für die von der Revision bemängelte Auslegung des § 19 Nr. 3 (LitUrhG.) ist der Aufbau dieses Gesetzes wesentlich.

1. In seinem zweiten Abschnitte (§§ 11 bis 28) regelt es die Befugnisse des Urhebers. Voran schickt es dabei den allgemeinen Grundsatz

(§ 11), daß dem Urheber eine umfassende, ausschließliche Befugnis zukommt, das Werk zu vervielfältigen und gewerbsmäßig zu verbreiten; bei Bühnen- und Musikwerken, es öffentlich aufzuführen. Diese ausschließlichen Befugnisse erstrecken sich, wie dann (§ 12) näher bestimmt wird, auch auf die Bearbeitungen des Werkes. Unbeschadet der ausschließlichen Urheberrechte ist aber unter bestimmten Voraussetzungen freie Benutzung des Werkes zulässig (§ 13). Die Ausschließlichkeit wiederum zeigt sich dadurch, daß bei Ueberlassung des Urheberrechts gewisse Befugnisse dem Urheber verbleiben, wenn nichts anderes bedungen ist (§ 14).

2. Vervielfältigung ohne Einwilligung des Berechtigten ist, wie es der vorangestellten Regel (§ 11) entspricht, grundsätzlich unzulässig (§ 15 Abs. 1). Doch sieht das Gesetz eine Reihe von Ausnahmen vor, die solche Vervielfältigung gestatten.

a) Vervielfältigung zum persönlichen Gebrauch ist zulässig, sofern damit keine Einnahme bezweckt wird (§ 15 Abs. 2).

b) Abdruck amtlicher, zum amtlichen Gebrauch hergestellter Schriften (Gesetze, Verordnungen, Erlasse, Entscheidungen), die sich ihrer Bestimmung gemäß an die breiteste Oeffentlichkeit wenden, ist ebenfalls gestattet (§ 16).

c) Desgleichen unter gewissen Voraussetzungen die Wiedergabe von Vorträgen und Reden, die bei öffentlichen Verhandlungen (der Gerichte, der Volks-, Gemeinde- oder Kirchenvertretungen) gehalten werden (§ 17).

d) Ferner mit gewissen Einschränkungen Zeitungsartikel und Nachrichten tatsächlichen Inhalts (§ 18).

e) Sodann Vervielfältigungen, bei denen es sich um bloße Belegstücke, um geistige Verarbeitung und um Blütenlese oder Auswahl verschiedener Art handelt (§ 19):

(1.) Unter den hier gestatteten Ausnahmen steht die voran, welche man unter den Sammelnamen Zitat zu bringen pflegt: Kleinzitat bei Anführung einzelner Stellen oder kleiner Teile in einer selbständigen literarischen Arbeit (Nr. 1); Großzitat bei Aufnahme nicht umfänglicher Aufsätze oder einzelner Gedichte in eine selbständige wissenschaftliche Arbeit (Nr. 2).

(2.) Einzelne Aufsätze von geringem Umfang, einzelne Gedichte oder kleinere Teile eines Schriftwerks dürfen in eine Sammlung aufgenommen werden, welche Werke einer größeren Anzahl von Schriftstellern vereinigt und ihrer Beschaffenheit nach für den Kirchen-, Schul- oder Unterrichtsgebrauch oder zu einem eigentümlichen literarischen Zwecke bestimmt ist (Nr. 4).

(3.) Zwischen diese beiden letztgenannten Ausnahmen wurde — vom Reichstag in der dritten Lesung — diejenige eingefügt, um deren Auslegung es sich hier handelt (§ 19 Nr. 3): „Zulässig ist die Vervielfältigung, wenn einzelne Gedichte nach dem Erscheinen in eine Sammlung aufgenommen werden, die Werke einer größeren Zahl von Schriftstellern vereinigt und ihrer Beschaffenheit nach zur Benutzung bei Gesangsvorträgen bestimmt ist."

f) Der Textauslese für neue Tonkunstwerke wird ebenfalls eine Vergünstigung eingeräumt (§ 20).

g) Entsprechend wie bei anderen Schriftwerken (§ 19 Nr. 1, 2, 4) sind aus Musikwerken Zitat (Klein- und Großzitat) und in gewissem Umfang Blütenlese für den Schulunterricht freigegeben (§ 21).

h) Für die mechanische Wiedergabe von Werken der Tonkunst ist unter bestimmten Voraussetzungen Zwangslizenz gesichert (§§ 22, 22 a bis c).

i) Zugelassen ist endlich die Entnahme einzelner erläuternder Abbildungen (Bildzitat) aus einem erschienenen Werke (§ 23).

3. Diesen erlaubten Ausnahmen, welche die Regel des ausschließlichen Urheberrechts durchbrechen, sind wiederum

a) durch das Verbot der Aenderung (§ 24) und das Gebot der Quellenangabe (§ 25) Grenzen gesetzt.

b) Der Vervielfältigung, die innerhalb solcher Schranken ausnahmsweise gestattet ist, schließen sich Verbreitung, öffentliche Aufführung und öffentlicher Vortrag an (§ 26). Für gewisse Arten und Anwendungsfälle öffentlicher Aufführung folgen etliche nähere erleichternde Vorschriften (§ 27).

II. Bei der Auslegung der in Nr. 3 des § 19 LitUrhG. gegebenen Vorschrift ist zu prüfen, 1. was unter Eingriff in fremde Urheberbefugnis erlaubterweise entnommen werden darf, und 2. welche Eigenschaften für den Gegenstand geboten sind, in dessen Rahmen das Entnommene eingefügt wird.

A. Einzelne Gedichte dürfen nach dem Erscheinen (in eine Sammlung . . .) aufgenommen werden.

Die drei Lieder, um die es sich hier handelt — „Ich küsse Ihre Hand, Madame", „Sündig und süß" und „Natascha" — sind „Gedichte". Zwar bestreitet der Kläger, daß ein Schlager nach Entstehungsweise, Gedankeninhalt und sittlichem wie künstlerischem Wert unter die Gedichte gehöre. Jedoch kann der sittliche und künstlerische Wert hier unerörtert bleiben. Es genügt, daß die drei Lieder die Ausdrucksform gebundener Rede aufweisen. Dadurch allein schon kennzeichnen sie sich nach dem Sprachgebrauch des Lebens, von dem das Gesetz nicht abweicht, als Gedichte. (K o h l e r Urheberrecht [1907] S. 189 Nr. II 1.) Gestattet ist Aufnahme „einzelner" Gedichte, also etlicher Probestücke aus dem, was ein Verfasser geschaffen hat; nicht gestattet wäre die Aufnahme einer großen Anzahl, eines beträchtlichen Teils der Gedichte eines und desselben Verfassers. Daß der Gesetzesvorschrift insofern genügt ist, bedarf hier, wo es sich nur um drei Lieder, je von verschiedenen Urhebern, handelt, keiner Ausführung. Auch darüber besteht kein Streit, daß die

Aufnahme in das Liederbuch der Beklagten bei allen drei hier in Betracht kommenden Gedichten erst stattgefunden hat, nachdem sie erschienen waren.

B. Der Rahmen, in den die Gedichte zulässigerweise eingefügt werden dürfen, wird vom Gesetze bezeichnet als „eine Sammlung, die Werke einer größeren Zahl von Schriftstellern vereinigt und ihrer Beschaffenheit nach zur Benutzung bei Gesangsvorträgen bestimmt ist" (§ 19 Nr. 3 LitUrhG.).

1. Daß die Hefte 24, 25 und 26 der Beklagten (ein jedes) die Werke einer größeren Anzahl von Schriftstellern in sich vereinigen, zeigt die Durchsicht ohne weiteres. Im Heft 24 sind 34, im Heft 25 sind 25, im Heft 26 sind 27 verschiedene Urheber der Liedtexte genannt.

2. Das Kammergericht nimmt an, auf die Liederbücher der Beklagten (Nr. 24, 25, 26) sei der Begriff „Sammlung" im Sinne der Gesetzesvorschrift anzuwenden. Ob er wirklich zutrifft, läßt sich auf Grund des Berufungsurteils nicht entscheiden, weil in wesentlichen Punkten teils dessen Feststellungen selbst, teils die daraus gezogenen Folgerungen zu Bedenken Anlaß geben.

a) Außer in § 19 Nr. 3 LitUrhG. wird der Ausdruck „Sammlung" noch in dessen § 17 Abs. 2, § 19 Nr. 4, § 21 Nr. 3, § 24 Satz 3 und § 62 Satz 2 verwendet. Bestehen keine Anzeichen dafür, daß an diesen Stellen mit dem Wort ein durch besondere Begriffsmerkmale gekennzeichneter, vom allgemeinen Sprachgebrauch abweichender Sinn verbunden werde, so ist festzustellen, welches der gebräuchliche Sprachsinn des Wortes Sammlung sei. Das Kammergericht führt aus: Der allgemeine Sprachgebrauch setze bei „Sammlung" keinen Gedankenplan, keine Ordnung nach bestimmten Gesichtspunkten voraus. Man spreche z. B. von Gemäldesammlung auch dann, wenn Bilder ohne Rücksicht auf Urheber, Zeit und Land lediglich nach Gefallen zusammengekauft und wahllos nebeneinander gehängt worden seien; das Ergebnis dieser sammelnden Tätigkeit werde nicht durch nachträgliches Ordnen aus Gesichtspunkten des Stils oder der geschichtlichen Entwicklungsstufen zur „Sammlung"; es verliere das Wesen der Sammlung auch nicht dadurch, daß die einmal hergestellte Ordnung, etwa bei einem Umzuge, wieder verloren gehe. Ganz allgemein erkenne man ferner in bunter Unordnung aneinandergereihte Märchen, Anekdoten, Aphorismen als „Sammlung" an.

Diese Aussage über den Sprachgebrauch trifft so allgemein nicht zu; sie kann deshalb nicht als eine Feststellung verwendet werden, die der Gesetzesauslegung zur Grundlage diente. Geht einer planmäßig geordneten Menge von Gegenständen die Ordnung nur vorübergehend verloren, so beweist es für den Sprachgebrauch wenig, wenn sie auch dann noch mit ihrem sonst gebräuchlichen Namen „Sammlung" belegt wird. Von Belang könnte für den gegenwärtigen Fall, wo es sich um Liederhefte handelt, vorzugsweise der bei Zusammenstellungen von Gedichten obwaltende Gebrauch sein. Derartige Zusammenstellungen aber pflegen, zumal soweit sie sich in Titel oder Vorwort selbst als Sammlungen bezeichnen, nach bestimmten Gesichtspunkten ausgewählt und gegliedert zu sein. Zwar enthält „Des Knaben Wunderhorn" hunderte verschiedenartiger Lieder aus vielen Zeitaltern in willkürlich bunter Folge; und die Kinder- und Hausmärchen der Brüder Grimm sind ohne besondere Stoffordnung aneinandergereiht. Aber Sammelarbeiten wie diese beiden bedeuten nach Gegenstand, Ziel und Ergebnis schon für sich allein hervorragende geistige Taten; sie müßten um deswillen als Sammlungen anerkannt werden, auch wenn die Anwendung dieses Begriffes eine beträchtliche geistige Leistung voraussetzte. Ganz Entsprechendes mag an jüngeren Sammlungen beobachtet werden. Daher bezeichnet das Grimmsche Wörterbuch (im 8. Bande, den im Jahre 1893 Moriz Heyne herausgegeben hat) den gewöhnlichen Sinn der „Sammlung" als eines Tätigkeits-Ergebnisses wie folgt: „eine nach bestimmten Gesichtspunkten, zu wissenschaftlichen, künstlerischen Zwecken oder aus Liebhaberei zusammengebrachte und geordnete Menge von Gegenständen (wie Gemälde, Münzen, Marken, Minerale, Altertümer, Vasen, Porzellan, Predigten, Briefe, Novellen, Gedichte . . .)". Festzustellen, ob der so bezeugte gewöhnliche Sprachgebrauch (sofern das Zeugnis zutreffend) sich seitdem geändert habe, ist nicht Aufgabe des Revisionsgerichts. Hier genügt darum der Hinweis, daß gegen die Ausführungen des Berufungsurteils zu diesem Punkt aus den angedeuteten Gründen Bedenken bestehen.

b) Das Kammergericht führt jedoch — für den Fall, daß zur „Sammlung" ein gewisser Gedankenplan gehören sollte — weiterhin aus: Auf die vorliegenden Schlagerhefte sei ein erhebliches Maß ordnender Geistestätigkeit verwendet worden; daher müsse der Begriff „Sammlung", wenn man höhere Ansprüche an seinen Inhalt stelle, hier doch Anwendung finden. Es bemerkt: „Wenn aus der unendlichen Fülle der vorhandenen Gedichte aller Zeiten Gruppen von beliebten Schlagern der Gegenwart zu Heften zusammengestellt werden, so liegt dieser Zusammenstellung ein mindestens so hoher Grad ordnender Tätigkeit zugrunde, wie der Zusammenstellung eines Kommersbuchs, bei dem erfahrungsgemäß mehr oder weniger willkürlich schon vorhandene Kommersbücher in umfassendster Weise verwendet werden".

Diese Beurteilung ist in wesentlichen Punkten tatsächlich irrig und rechtfertigt deshalb die aus ihr für die Gesetzesauslegung gezogenen Folgerungen nicht. Eine Durchsicht der drei Hefte 24, 25, 26 auf ihren Inhalt erweist, daß die Annahme, es sei „aus der unendlichen Fülle der vorhandenen Gedichte aller Zeiten" ausgewählt und auf solche Weise seien „Gruppen von beliebten Schlagern der Gegenwart . . . zusammengestellt worden", der tatsächlichen Grundlagen ermangelt. Es handelt sich fast durchweg nur um Lieder von augenblicklicher Beliebtheit in der Gegenwart, und ihr Ursprung liegt zumeist in verhältnismäßig naher Vergangenheit. Wie eine dergestalt für den heutigen Tag vornehmlich aus Schlagern jüngster Zeit veranstaltete Zusammenstellung aus Stoff „aller Zeiten“ hätte gewonnen werden müssen, ist nicht dargelegt; es konnte auch nicht dargelegt werden, weil es nicht zutrifft. Außer Betracht gelassen ist ferner, daß eine erhebliche Anzahl der aufgenommenen Stücke in allen drei hier streitigen Heften wiederkehrt. Hierdurch vermindert sich bei näherem Zusehen das Maß geistiger Arbeit, das zur Zusammenfügung gehörte, noch mehr. Die Auffassung des Berufungsurteils, die in den Heften niedergelegte Auslese zeuge von einem erheblichen Maß ordnender Geistestätigkeit, ist also nicht gerechtfertigt. Die Anwendung des Begriffes „Sammlung“ könnte somit auf sie nicht begründet werden, wenn ihm das Erfordernis einer solchen Tätigkeit eignete.

3. Muß also die Möglichkeit offengelassen werden, daß die Liederhefte 24, 25 und 26 der Beklagten zu den Sammlungen im Sinne des § 19 Nr. 3 LitUrhG. gehören, so fragt sich, ob sie „ihrer Beschaffenheit nach zur Benutzung bei Gesangsvorträgen bestimmt“ sind.

a) Das Landgericht verneinte dies. Es ging — wie in einem früheren Rechtsstreit, der durch unmittelbar eingelegte Revision zu einem Urteile des Reichsgerichts führte (RGZ. Bd. 122 S. 66) — von der Auffassung aus: „Unter Gesangsvorträgen sind gesellige Veranstaltungen zu verstehen, bei denen eine größere Anzahl von Personen mitsingt. Demgegenüber sind in die Liederbücher hauptsächlich Tanzschlager aufgenommen worden, die kurze Zeit populär sind und sehr bald in Vergessenheit geraten. Die Hefte enthalten zwar die Angabe, daß die Lieder ‚zum Mitsingen bestimmt‘ sind; die aufgedruckte Zweckbestimmung ist aber nicht entscheidend. Im vorliegenden Tatbestand kommt noch hinzu, daß das Liederbuch selbst als wesentlich hervorhebt, es enthalte ‚Rundfunk-Texte‘. Es will also den Benutzern die Möglichkeit geben, die Hefte beim Rundfunkhören zu verwenden, hauptsächlich in ihnen den Wortlaut der bei den Uebertragungen von Tanzmusik durch den Rundfunk gespielten Schlager nachzulesen, weil hierbei der Text überhaupt nicht angegeben, sondern nur die Ueberschrift mitgeteilt wird. Aehnlich liegt es bei dem Hinweise, daß die Texte ‚passend für Grammophon‘ seien, da auch hier bisweilen die Platten nur die Melodie, nicht aber den Text enthalten“.

Das Kammergericht lehnt — unter vergleichendem Hinweis auf die Fassung der §§ 20, 27 LitUrhG. — die Ansicht des Landgerichts ab und führt aus: Es könne für die Abmessung der im § 19 Nr. 3 eingeräumten Befugnisse nicht auf die Art der Veranstaltung (Vereins- oder Volksfest oder häusliche Feier, engerer oder weiterer Kreis der Beteiligten) ankommen, bei der die Gesangsvorträge stattfinden. Entscheiden müsse das Uebergewicht des musikalischen Zweckes gegenüber dem literarischen. Ueberdies sei die Familie im Aufbau der Volksgemeinschaft ein Gebilde viel höherer Ordnung als etwa ein Wanderverein oder eine Reisegesellschaft. Also müsse eine Auslegung des § 19 Nr. 3 abgelehnt werden, durch die das Familienleben gegenüber der sonstigen Geselligkeit hintangesetzt würde. Zu den Gesangsvorträgen im Sinne des § 19 Nr. 3 gehöre mithin das Singen im engsten Familienkreis ebensowohl wie das Singen einer größeren Anzahl von Menschen bei Ausflügen oder Volksfesten und das Singen in Kaffeehäusern oder an sonstigen Vergnügungsstätten. Diesen Ausführungen des Berufungsurteils ist nicht beizustimmen. Sie geben schon darum Grund zu Bedenken, weil die zur Auslegung des § 19 Nr. 3 herangezogenen anderen Vorschriften des Gesetzes vom 19. Juni 1901 nach dessen vorhin gekennzeichneter Grundlage ausdrücklich besonderen Zwecken gewidmet sind. Im § 27 handelt es sich um Beschränkungen des Ausführungsrechts zugunsten öffentlicher Aufführungen eines erschienenen Werkes der Tonkunst für gewisse nicht dem Erwerb dienende Zwecke. Der § 20 betrifft die Textauslese für neue Werke der Tonkunst. Durch den § 19 Nr. 3 dagegen soll unter Ersparung von Weiterungen und Kosten die Sammlung einzelner Gedichte zur Benutzung bei Gesangsvorträgen ermöglicht werden. Der § 20 setzt also voraus, daß eine Schöpfung auf dem Gebiete der Tonkunst neu entstanden ist; im § 19 Nr. 3 wird keine musikalische Neuschöpfung erfordert. Auch der § 27 hat ein einzelnes Werk der Tonkunst zum Gegenstand und verstattet dessen öffentliche Aufführung, sofern damit kein dem Urheber entgehender Vermögensvorteil erstrebt wird; im § 19 Nr. 3 handelt es sich um mehrere Gedichttexte, die in einer zu geselligem Singen bestimmten Sammlung vereinigt werden. Es geht also nicht an, so, wie das Berufungsurteil es vertritt, lediglich das Uebergewicht des musikalischen Zweckes gegenüber dem literarischen entscheiden zu lassen.

b) Während in dem vorhin erwähnten früheren Prozesse das Landgericht angenommen hatte, die damals im Streit befindlichen Schlager würden nur verhältnismäßig selten von größeren Gesellschaften bei ihren Veranstaltungen gesungen, trifft im vorliegenden Rechtsstreit das Kammergericht eine Feststellung anderen Inhalts. Es bemerkt: „Erfahrungsgemäß werden gegenwärtig Schlager wie die in den Heften 24, 25 und 26 enthaltenen auch bei Festen, Ausflügen, Reisen, Wanderungen von Vereinen und Gesellschaften in weitestem Ausmaße gesungen. Die gegenteilige Feststellung im früheren Rechtsstreite wird den wirklichen Tatsachen nicht gerecht". Und an späterer Stelle fügt es als seine aus tatsächlichen Erfahrungen gewonnene Ueberzeugung hinzu, daß „die Benutzung der Schlagerhefte bei Vereinsveranstaltungen und ähnlichen Gelegenheiten auf der einen Seite und in öffentlichen Lokalen auf der anderen Seite eine wesentlich größere Rolle spielt als die Benutzung im engsten Familienkreise".

Hiernach liegt kein Rechtsirrtum darin, daß das Berufungsurteil annimmt, die Liederhefte 24, 25 und 26 der Beklagten seien ihrer Beschaffenheit nach zur Benutzung bei Gesangsvorträgen bestimmt. Auf den in ihm aufgeworfenen rechtlichen Zweifel, ob nicht Gesang im Familienkreise genügen, ja sogar dem Gesang in Vereinen, Wandergesellschaften und sonstigen größeren Kreisen grundsätzlich vorgehen müsse, braucht nicht eingegangen zu werden, weil eigens festgestellt ist, daß aus den Liederheften auch in solchem großen Kreise vielfach gesungen werde. Keiner Untersuchung bedarf deshalb die naheliegende Frage, was dergleichen Liederhefte ihrem weit überwiegenden Inhalt nach dem Familienleben bieten.

Unbeschadet der vom Berufungsgericht getroffenen Feststellungen ergibt übrigens schon der augenfällige Aufdruck der Heft-Umschläge, daß neben der Bestimmung „zum Mitsingen", also zur Benutzung bei (eigenen) Gesangsvorträgen, die Aufgabe, als „Rundfunk-Texte", also zur Verfolgung der Darbietungen im Rundfunk, zu dienen, stark hervortritt. Mit dieser vorwaltenden Zweckbestimmung erwächst aber zugleich im einzelnen Fall — und bei fortschreitender Entwicklung immer mehr — der Zweifel, ob die Benutzung für Gesangsvorträge noch den Hauptzweck ausmache und der Zusammenstellung ihr Gepräge verleihe. Bereits im vorliegenden Streitfall ist dieser Zweifel berechtigt. Mitsingen zum Rundfunk gehört nicht unter die „Gesangsvorträge"; noch weniger ist die bloße Verfolgung des durch Rundfunk übermittelten Gesanges an der Hand des Liederhefts eine „Benutzung bei Gesangsvorträgen".

4. Aus dem schon (oben I) erwähnten Grundgedanken des Gesetzes, daß in der Regel dem Urheber die ausschließliche Befugnis gebührt, sein Werk zu vervielfältigen und zu verbreiten (§ 11 Abs. 1 Satz 1 LitUrhG.), und aus der Fassung des § 19 Nr. 3 ist bereits bei früherer Gelegenheit gefolgert worden: eine Zusammenstellung nur allerneuester Gedichte darf nicht ohne Erlaubnis der Urheberberechtigten veranstaltet werden; durch § 19 Nr. 3 LitUrhG. wird sie nicht zugelassen (RGZ. Bd. 122 S. 69). Diese Auslegung, die aus der Entstehungsgeschichte des § 19 Nr. 3 keineswegs allein oder hauptsächlich entnommen, durch sie aber bestätigt wird, ist aufrechtzuerhalten.

a) Daß Vorarbeiten eines Gesetzes für dessen Auslegung immer nur mit einer gewissen Zurückhaltung, in der Regel bloß unterstützend, zu verwerten sind, ist auch in der Rechtsprechung seit geraumer Zeit anerkannt (RGZ. Bd. 11 S. 433/434, Bd. 14 S. 72, Bd. 16 S. 102, 194, 298, Bd. 20 S. 162, Bd. 21 S. 437, Bd. 27 S. 72, 410, Bd. 51 S. 274, Bd. 113 S. 416/417, Bd. 123 S. 314). Die Beachtung dieser Erkenntnis schließt jedoch nicht aus, daß im einzelnen Falle Vorkommnisse und Erklärungen aus der Entstehungsgeschichte, weil sie besonders zuverlässig auf den Grund und Zweck der Gesetzesvorschrift schließen lassen, größeres Gewicht beanspruchen dürfen, als es sonst im allgemeinen derartigen Vorgängen zukommen mag. Die Entstehungsweise des § 19 Nr. 3 LitUrhG. beleuchtet Anlaß und Absicht dieser Bestimmung (RGZ. Bd. 122 S. 68, 69). Man wollte geselligen Vereinigungen aller Art die Möglichkeit sichern, bei Festen, Ausflügen usw. Sammlungen gebräuchlicher und geeigneter Lieder zu benutzen und aus ihnen zu singen. Als bekannte anschauliche Sammlung solcher Art wurde bei der Gesetzesberatung mehrmals das Kommersbuch genannt. In ihm und in anderen Liederbüchern, die man sich als Beispiele vor Augen hielt, nahmen den breitesten Raum Gedichte ein, deren Urheber (wie bei Volksliedern) unbekannt war oder an denen, weil der bekannte Verfasser schon längst gestorben, kein Urheberrecht mehr bestand. Nur verhältnismäßig wenige Lieder standen darin, für die beim Inkrafttreten des Gesetzes vom 19. Juni 1901 die Schutzfrist noch lief. Wurde für diesen geringen Bruchteil des Gesamtinhalts die Vervielfältigung ohne Erlaubnis der Verfasser freigegeben, so war gewiß, daß den Urhebern damit kein großes Opfer auferlegt werde.

Das Kammergericht geht nun bei der Auslegung des § 19 Nr. 3 LitUrhG. von dem an sich zutreffenden, auch in der Rechtsprechung oftmals betonten Gedanken aus, wie sehr sich in den drei Jahrzehnten seit der Vorbereitung des Urheberrechtsgesetzes von 1901 die geistigen Strömungen, das Empfindungsleben, der Geschmack, die Liebhaberei für Erscheinungen der Kunst aller Zweige, die Gewohnheiten und Neigungen der verschiedenen Gesellschaftsschichten gewandelt haben. An diese allgemeine Beobachtung anknüpfend weist es auf den Unterschied des heutigen Liederbestandes von früheren hin. Unter Bezugnahme auf Ausführungen eines Literaturforschers in einer Tageszeitung deutet es die Möglichkeit an, daß der Schlager der Gegenwart dereinst in ähnlichem Sinne gewürdigt werde wie etwa das bäuerliche Volkslied zur Zeit Goethes; ja, daß er vielleicht den Anfang einer neuen volkstümlichen Kunstdichtung bedeute und das Streben nach einer solchen betätige. In weitestem Umfange gesungen, tue er heute dem geistigen Leben des Volkes gleichen oder ähnlichen Dienst wie früher das Volkslied. Wenn er aber die geschichtliche Erbschaft des Volksliedes angetreten habe, so sei es folgerichtig, daß er die nämlichen urheberrechtlichen Vergünstigungen genieße, die jenem zugedacht waren. Habe also bei Beratung des Gesetzes der Gedanke obgewaltet, daß die „Sammlungen" des § 19 Nr. 3 LitUrhG. überwiegend aus Volksliedern und sonstigen älteren, urheberrechtlich nicht geschützten Gedichten bestünden, so sei später in einer veränderten Umwelt mit anderen Bestrebungen und anderem Geschmack der Schlager an die Stelle des abgelebten Volksliedes getreten. Einschränkende Auslegung des § 19 Nr. 3 wäre nur angebracht, wenn zwischen ungeschützten und geschützten Werken hier ein maßgebender Unterschied anerkannt werden müßte. Der bestehe aber nicht. Also sei die einschränkende Deutung der Vorschrift abzulehnen.

Dieser Ansicht des Berufungsgerichts ist nicht beizustimmen, weil sie auf eine Verkürzung des Urhebers zugunsten der Allgemeinheit hinausliefe, die dem Grundgedanken des Urheberrechtsgesetzes nicht entspricht. In der Regel kommt, wie schon erwähnt, dem Urheber die ausschließliche Befugnis zu, sein Werk zu vervielfältigen und zu verbreiten (§ 11 LitUrhG.). Zutreffend erläutert die Revision diesen Grundsatz in seiner praktischen Anwendung auf das Verkehrsleben dahin, daß überall, wo aus dem Geisteswerke geldwerter Gewinn gezogen werden kann, dem Urheber (oder dem kraft Urheberrechts Befugten) grundsätzlich die Möglichkeit gewährt sein soll, daran teilzunehmen. Ausnahmen von der damit gegebenen Regel in Gestalt von Beschränkungen der Urheberbefugnisse dürfen in Zweifelfällen nicht erweiternd gedeutet werden (RGZ. Bd. 118 S. 285, Bd. 122 S. 68). Die Entstehungsgeschichte des § 19 Nr. 3 LitUrhG. bestätigt eindringlich, was ohnedies schon aus dem leitenden Gedanken des Gesetzes zu entnehmen wäre: daß mit dieser Ausnahmevorschrift für Gedichtsammlungen zur Benutzung bei Gesangsvorträgen den Urhebern kein beträchtliches Opfer zugemutet werden sollte. Sammlungen der Art, wie man sie damals im Sinne hatte (verdeutlicht am Beispiel des Kommersbuches), brachten den Urhebern keine nennenswerte Einbuße, weil die in ihnen enthaltene Zahl urheberrechtlich geschützter Gedichte im Vergleich zum Gesamtbestande gering zu sein pflegte. Dieses Verhältnis würde sich bei Zusammenstellungen, die nur, oder bloß mit wenigen Ausnahmen, allerneueste Gedichte enthalten, geradezu in das Gegenteil verkehren. Es liefe somit dem Zwecke des Gesetzes zuwider und gestaltete die Stellung des Urhebers in den hier wesentlichen Beziehungen zur Allgemeinheit ganz anders, als es der Hauptgrundsatz des Urheberschutzes erstrebt.

b) Mit Recht betont die Revision den bereits erwähnten unstreitigen Umstand, der aus dem Aufdruck „Rundfunk-Texte" auf der ersten Umschlagseite der Liederhefte zu ersehen ist: daß sie hauptsächlich dazu dienen sollen, bei Darbietungen, die durch Rundfunk übermittelt werden, die Musik an Hand des im Heft enthaltenen Textes zu verfolgen. Entsprechendes gilt für Schallplattenmusik. Es liegt auf der Hand, daß auf solche Weise großer Absatz der wohlfeilen Liederheftchen ermöglicht werden kann. Der wirtschaftliche Erfolg der von der Beklagten verfochtenen, im Berufungsurteil gebilligten Gesetzesauslegung käme also darauf hinaus, daß Veranstalter solcher Sammlungen als erfolgreiche geschäftliche Wettbewerber wider den Urheber oder den sonst auf Grund von Urheberrecht Befugten auftreten könnten. Dem Zwecke des § 19 Nr. 3 LitUrhG. entspricht es nicht, dazu den Weg zu eröffnen.

c) Nicht zu billigen ist die Meinung der Beklagten, daß es ausreiche, wenn sie von einem großen Teil der urheberrechtlich Befugten die Erlaubnis erhalte, deren Gedichte in ihre Liederbücher aufzunehmen, weil dann ja der unbewilligt aufgenommene Rest gering an Zahl sei und unter das gesetzliche Erfordernis „einzelne Gedichte" falle. Auf solche Weise wäre es der Willkür des Veranstalters einer Sammlung anheimgegeben, welche Berechtigten er um Erlaubnis angehen und entsprechend dafür entlohnen wolle. Er gewänne so die Möglichkeit, eine große Anzahl Gedichte mit Erlaubnis der Verfasser unentgeltlich oder ohne beträchtliche Gegenleistung in die Zusammenstellung aufzunehmen, etwa weil die Aufnahme den noch wenig oder gar nicht bekannten Urhebern als willkommene Empfehlung gilt, einige wenige besonders beliebte, zugkräftige Schlager dagegen, die vielleicht den Erfolg des Ganzen verbürgen, ohne Zustimmung der Berechtigten einzufügen. Dieses Verfahren wäre weder mit den Anforderungen der Billigkeit zu vereinigen noch vertrüge es sich mit den Grundgedanken des Urheberschutzes. Denn es benutzte eine buchstäbliche Auslegung der Gesetzesworte, um das als umfassende, ausschließliche Befugnis gedachte Urheberrecht zu durchlöchern. Unerheblich wäre es, wenn einige der aufgenommenen Gedichte sich nicht als „allerneueste Schlager" kennzeichneten. Den an Zahl überwiegenden, für den geschäftlichen Zweck und Erfolg wirksamen Teil des Inhalts bilden jedenfalls Schlager, die noch im Schwange sind oder es in naher Vergangenheit waren.

5. Die Beklagte schützt vor, daß es in jahrzehntelanger Uebung unverwehrt geblieben sei, solche Liederbücher wie die vorliegenden zusammenzustellen und an die Oeffentlichkeit zu bringen; sie vertritt die Meinung, damit habe sich ein allgemeines Gewohnheitsrecht gebildet, das nunmehr als befestigt anerkannt werden müsse. Ferner wendet sie ein, die Entscheidungen im früheren Rechtsstreit, in dem das Urteil des Reichsgerichts vom 22. September 1928 (RGZ. Bd. 122 S. 66) erging, seien auf Grund eines von den Parteien vereinbarten unrichtigen Tatbestandes in einem Scheinprozeß erwirkt worden. Auch diese Einwendungen greifen nicht durch.

a) Im Vergleich zum Tatbestande des früheren Rechtsstreits ist allerdings der gegenwärtige insofern anders, als das Berufungsgericht nunmehr festgestellt hat, die Liederhefte seien ihrer Beschaffenheit nach zur Benutzung bei Gesangsvorträgen bestimmt. Aber die jetzige Feststellung beseitigt damit — wie im Anschluß an die Bezeichnung „Rundfunk-Texte" vermerkt wurde — nicht jeden Zweifel. Und auch wenn sie unangetastet bleibt, so führen doch grundsätzliche Erwägungen über das Wesen und die Schranken des Urheberrechts im Ergebnis zu der nämlichen Entscheidung wie früher. Somit versagt der Einwand, das Urteil im früheren Streite sei auf Grund eines fälschlich vereinbarten Tatbestandes erschlichen worden.

b) Ein Gewohnheitsrecht des von der Beklagten behaupteten Inhalts könnte angesichts der vorhin dargelegten Leitgedanken des Gesetzes schon aus grundsätzlichen Rechtsbedenken nicht anerkannt werden. Ihm stünden aber auch Bedenken tatsächlicher Art entgegen. Die Beklagte selbst macht in anderem Zusammenhang geltend, daß das geistige Leben überhaupt, der Kunstgeschmack weiter Volkskreise und der Bestand der in breiten Gesellschaftsschichten bevorzugten Lieder gerade während der letzten Jahre starken Veränderungen unterworfen gewesen sind. Schon hat sich mit diesen Wandlungen die Wissenschaft beschäftigt, um, vergleichend mit entsprechenden Vorgängen anderer Zeitalter, die Gründe, Wege und Ziele zu erforschen (vgl. z. B. Karl Viëtor, Geschichte der deutschen Ode, München 1923; im Reallexikon der deutschen Literaturgeschichte, herausgegeben von Paul Merker und Wolfgang Stammler, die Artikel „Literarischer Geschmack" (II S. 241 bis 255, namentlich S. 251 § 7), „Lied" (A. Literargeschichtlich II S. 210 bis 225, B. Musikgeschichtlich II S. 225 bis 228), „Gesellschaftslied", „Dörperliche Dichtung", „Schamperlied", „Volkslied", „Volksliedersammlungen", „Soziale Dichtung" und die Schriftennachweise in ihnen; Gustav Jungbauer Das deutsche Volkslied, in der Zeitschrift für Deutsche Bildung V [1929] S. 333 bis 342). Einflußreiche technische Neuerungen wie Lichtspiel und Rundfunk stehen mit jenen Veränderungen in Wechselbeziehung und vermehren ihre Wirkung. Daraus folgt aber notwendig, daß auch Liederzusammenstellungen, als deren Beispiele die Hefte 24, 25, 26 der Beklagten hier im Streite sind, nach Gegenstand, Zweck und Auswahlgrundsätzen mannigfachem Wechsel unterlegen haben müssen. Sie bildeten also während der Zeit, in der sich nach der Rechtsansicht der Beklagten ein Gewohnheitsrecht oder wenigstens eine ständige Uebung gestaltet haben soll, keinen im Wesen so gleichbleibenden Gegenstand, wie er dafür vorauszusetzen wäre.

III. Nach allem dem kann sich die Beklagte, um die Aufnahme der drei streitigen Schlager in ihre Liederhefte (24, 25, 26) zu rechtfertigen, nicht auf § 19 Nr. 3 LitUrhG. berufen. Sie hat durch die Vervielfältigung der Schlager in diesen Heften das dem Kläger übertragene Urheberrecht verletzt. . . . (Es wird ausgeführt, daß die Sache wegen der bisher nicht geprüften Frage des Verschuldens an das Berufungsgericht zurückverwiesen werden müsse.)

## RGZ. 129, 252

**1. Freie oder unfreie Benutzung von Operetten für die auf sie bezüglichen kurzen, volkstümlichen Führer; Erfordernisse der eigentümlichen Schöpfung.**

**2. Bedeutung längeren Duldens und Abwartens gegenüber Urheberrechtsverletzungen; Einfluß veränderter technischer und wirtschaftlicher Umstände.**

LitUrhG. §§ 11, 12 Abs. 1, §§ 13, 19 Nr. 1, § 21 Nr. 1, §§ 36, 42.

I. Zivilsenat. Urt. v. 25. Juni 1930.

I. Landgericht Leipzig. II. Oberlandesgericht Dresden.

Die Klägerin bezweckt den Schutz ihrer Mitglieder gegen Eingriffe in deren Urheberrechte. Zu den Mitgliedern gehören die Firmen C. in Leipzig und D. in Wien. C. besitzt die Urheberrechte an Musik und Text der Johann Straußschen Operetten „Die Fledermaus" und „Der Zigeunerbaron" (Texte beider von Schnitzer). D. besitzt die Urheberrechte an Musik und Text der Operetten „Die lustige Witwe" vertont von Franz Lehàr, Text von Viktor Leon und Leo Stein) und „Ein Walzertraum" (vertont von Oskar Straus, Text von Felix Dörmann und Leopold Jacobson). Die Beklagte We. verlegt unter der Sammelbezeichnung „Wo.s Operettenbibliothek, Fortsetzung von Wo.s Opernbibliothek" Führer durch einzelne Operetten. Die Hefte enthalten eine Schilderung des Handlungsganges der Werke mit eingestreuten Notenbeispielen, denen Stücke der Liedertexte beigedruckt sind. Verfasser dieser Führer ist der Beklagte Wo. In dieser Sammlung sind auch Führer durch die vorhin genannten vier Operetten „Fledermaus", „Zigeunerbaron", „Lustige Witwe" und „Walzertraum" erschienen. Die Firmen C. und D. sehen darin Verletzung ihrer Urheberrechte; sie haben ihre Rechte an die Klägerin abgetreten und diese mit der Verfolgung betraut.

Der Antrag der Klägerin geht auf Untersagung und Vernichtung. Die Beklagten erwidern, ihre Führer seien eigentümliche Schöpfungen, denen der Verfasser nur einzelne Stellen der Musik und des Textes eingefügt habe. Das Landgericht erkannte nach dem Klagantrag, das Oberlandesgericht wies die Klage ab. Auf die Revision der Klägerin wurde das landgerichtliche Urteil wiederhergestellt.

Gründe:

1. Eine Durchsicht der vier Wo.schen Operettenführer, um die es sich hier handelt, ergibt alsbald, daß ihr Inhalt dreierlei Bestandteile aufweist: Erstens eine Anzahl Notenbeispiele, durch die der Verfasser gewisse Lieder, Sing- und Tanzweisen oder sonstige Melodien aus dem Musikwerke heraushebt. Zweitens wird, sofern diese Weisen einen Gesangstext begleiten, auch der Text — im Umfang des mitgeteilten Notenbeispiels, dem er zugehört — wiedergegeben und so aus der Wortdichtung ebenfalls — wie aus der Musik — eine Auswahl kennzeichnender Proben dargeboten. Drittens schildert der Führer in großen Zügen den Gang der Handlung; diese Schilderung dient zugleich als Bindemittel zwischen den vorgelegten, in einzelnen Ausdrücken andeutungsweise gekennzeichneten Proben aus Tönen und Worten. Der Führer zur „Fledermaus" hat 19, der zum „Zigeunerbaron" 16, der zur „Lustigen Witwe" 21, der zum „Walzertraum" 20 bedruckte Seiten (ohne Titel und Personenverzeichnis gezählt). Bei den Führern zu „Fledermaus" und „Zigeunerbaron" kommt auf die Notenbeispiele samt Text und auf die

verbindende Schilderung je etwa die Hälfte der bedruckten Fläche; in denen zur „Lustigen Witwe" und zum „Walzertraum" ist der räumliche Anteil der Handlungsschilderung im Vergleich zu Noten und Text noch geringer.

a) . . . Vervielfältigung einzelner Stellen eines erschienenen Schriftwerks oder Tonkunstwerks ist zulässig, wenn sie in einer selbständigen literarischen Arbeit angeführt werden (§ 19 Nr. 1, § 21 Nr. 1 LitUrhG.). Also fragt sich, ob die Führer, ein jeder für sich betrachtet, als Gesamtwerk — durch die knappe Schilderung des Handlungsverlaufs nebst der mit ihr verbundenen Auslese an Melodien und Textproben — zu den selbständigen literarischen Arbeiten gehören. Wenn, wie hier, das neue Werk nach seinem ausgesprochenen Zwecke dazu dient, in das ältere, die Operette, einzuführen, es dem Verständnis zu erschließen und, obgleich nur oberflächlich, zu erläutern, dann erweist sich diese Frage als gleichbedeutend mit der anderen: ob die vier Führer aus freier Benutzung der Operetten (ein jeder derjenigen Operette, auf die er sich bezieht) erwachsene eigentümliche Schöpfungen sind (§ 13 Abs. 1 LitUrhG.).

Das Oberlandesgericht bejaht dies. . . .

b) Diese Schlußfolgerung kann nicht gebilligt werden, weil dabei die Annahme gleichartiger (freier) Benutzung und eigentümlicher Schöpfung von Rechtsirrtum beeinflußt ist.

aa) Nach ständiger Lehre und Rechtsprechung genügt allerdings zum schutzfähigen Schriftwerke (§ 1 Abs. 1 Nr. 1 LitUrhG.) der durch Zeichen äußerlich erkennbar gemachte sprachliche Gedankenausdruck, der sich als Erzeugnis geistiger Tätigkeit des Urhebers kundgibt (RGZ. Bd. 108 S. 65, Bd. 116 S. 294, Bd. 121 S. 358). Bloß mechanische Wiedergabe von Bekanntem, zu der sich keine selbständig schaffende Geistesarbeit gesellt, reicht nicht hin; doch braucht die aufgewandte geistige Tätigkeit nur geringen Grades zu sein; auch kommt es auf Umfang und Wert der Leistung nicht an; unter Umständen genügt Sammlung, Sichtung und Anordnung vorhandenen Stoffes (RGZ. Bd. 121 S. 358 und dort angef. Urteile). Aber ein auf solche Weise grundsätzlich des Schutzes gegen jedermann teilhaftiges Schriftwerk braucht, wenn es unter Benutzung eines anderen Werkes hervorgebracht worden ist, nicht gegen dessen Urheber geschützt zu sein. Im Verhältnis zu ihm bleibt es vielmehr abhängig, sofern die Benutzung keine freie war und — mag sie auch eine freie gewesen sein — das aus ihr hervorgegangene neue Werk keine eigentümliche Schöpfung ist (§ 13 Abs. 1 LitUrhG.). Sonach kommen, wenn es zu prüfen gilt, ob das ältere Werk unfrei oder frei benutzt worden und ob das neue eine eigentümliche Schöpfung sei, die Art und das Maß aufgewendeter Geistesarbeit und das aus ihr erwachsene Leistungsergebnis in Betracht. Es geht nicht an, einen Operettenführer schon darum zu den Früchten freier Benutzung und zu den eigentümlichen Schöpfungen zu zählen, weil er die Musik- und Textzitate im Geleit einer kurzen Handlungsschilderung mit etlichen Ausdrücken urteilenden Sinnes über die Melodien darbietet und so vielleicht dem Bedürfnis weiter Kreise nach einiger Belehrung genügt. Damit würde sowohl das Erfordernis freier Benutzung wie das der eigentümlichen Schöpfung allzusehr verringert und veräußerlicht. Beide gehören zum Bereiche der vom Revisionsgericht zu prüfenden Rechtsfragen (RGZ. Bd. 123 S. 124).

bb) Die Führer, welche hier in Betracht kommen, lehnen sich eng an die Operetten selbst an. Sie bestehen großenteils, einige sogar stark überwiegend, aus bloßen Notenbeispielen nebst zugehörigen Textstellen, also aus Zitaten. Den Faden, an dem diese aufgereiht sind, bildet ein reiner Handlungsbericht ohne eigene irgendwie beträchtliche Gedanken.

. . . Die vom Oberlandesgericht erwähnten, hie und da beigefügten Ausdrücke, die zur Kennzeichnung der Musik dienen, verleihen den spärlichen Zutaten des Verfassers weder bemerkenswerten Gehalt noch persönliche Farbe. Solche Behandlung der Aufgabe bewegt sich in den Grenzen unfreier Benutzung, hebt jedenfalls das Ergebnis nicht bis zu einer eigentümlichen Schöpfung empor. Denn ein knapper Handlungsbericht mit gelegentlicher Kennzeichnung der Musik erheischt zwar eine gewisse geistige Tätigkeit. Wenn sich aber, wie hier bei allen vier Führern, die Darstellung der Geschehnisse ganz nüchtern berichtend auf ein paar Hauptzüge der Bühnenvorgänge, die Beurteilung der Musik auf einige hier und da eingestreute allgemein gebräuchliche Ausdrücke beschränkt, so zeigt sich darin nichts Schöpferisches. Im Vergleich zur Operette selbst weist der Führer ebensowenig Eigenart des Gehaltes und der Form auf, wie ihn etwa ein bloßer Auszug (vgl. § 12 Abs. 2 Nr. 4 LitUrhG.) besäße (Kohler Urheberrecht [1907] S. 212/213; Riezler Deutsches Urheber- und Erfinderrecht I [1909] S. 232, 291/2; de Boor Urheberrecht und Verlagsrecht [1917] S. 112, 160). Das Oberlandesgericht verweist für seine abweichende Beurteilung auf einige Schriftsteller und Rechtssprüche (Beschl. des Oberlandesgerichts München vom 24. September 1889 — nach dem UrhGes. vom 11. Juni 1870, nicht dem vom 19. Juni 1901 —, Sammlung von Entsch. des OLG. München Bd. 5 S. 484 Nr. 59; Allfeld Urheberrecht [2. Aufl. 1928] Anm. 3 b cc zu § 13; Mothes Recht an Schrift- und Kunstwerken S. 52, 63). Allein hierbei ist zu bedenken, daß auch das Schrifttum nicht darauf ausgeht, für sämtliche untereinander nach Anlage, Gedankengehalt und Form sehr ungleiche „Führer" wie für eine gleich zu behandelnde Gattung gleiche Grundsätze aufzustellen. Immer kommt es nach anerkannter Lehre auf die gesetzliche Regel an, daß eine aus freier Benutzung hervorgegangene eigentümliche Schöpfung erfordert wird (Marwitz-Möhring Urheberrecht [1929] Anm. 1 zu § 12, Anm. 1, 2, 7 und 13 zu § 13; Wenzel Goldbaum Urheberrecht [2. Aufl. 1927] Anm. VI zu § 13; Elster Gewerbl. Rechtsschutz [2. Aufl. 1928] S. 98 flg.). An einer solchen fehlt es hier.

c) Sind die vier Führer der Beklagten also keine aus freier Benutzung der Operetten hervorgegangenen eigentümlichen Schöpfungen, so greift wider sie die ausschließliche Befugnis der Urheber jener Operetten oder ihrer Rechtsnachfolger durch. Die Anträge auf Unterlassung und Vernichtung sind demnach aus den vom Landgericht dargelegten Gründen gerechtfertigt (§§ 11, 36, 42 LitUrhG.). Dabei muß es bewenden.

2. Die Beklagten machen geltend: Ihre Operettenführer seien seit mehr als zwanzig Jahren ungehindert hergestellt und vertrieben worden. Gerade die Mitglieder der klagenden Gesellschaft, von denen der Rechtsstreit ausgehe, hätten bei der Beklagten We. eine große Anzahl (100 Stück) des Führers zur „Fledermaus" bezogen. Solches Verhalten bedeute Duldung und Einverständnis, und jene Firmen hätten sich sagen müssen, daß die Gegner es nur so verstehen könnten. Ihren gegenwärtigen Klagansprüchen stehe daher die Einrede der Arglist entgegen, weil es nach so langem Stillschweigen, Abwarten und Geschehenlassen gegen Treu und Glauben verstoße, Untersagung und Vernichtung zu fordern. Dieser Einwand ist unbegründet.

Allerdings kann langjährige Duldung eines Zustandes, der in die urheberrechtlichen Befugnisse eingreift, nach Treu und Glauben den Verzicht enthalten, gegen solche Eingriffe vorzugehen. Untätiges Abwarten läßt sich, wenn keine besonderen Gründe es rechtfertigen, als Einverständnis mit dem Verhalten des Gegners deuten. Denn durch Rechtsverletzungen, gegen die nicht eingeschritten wird, erwächst auf diese Weise für den Verletzer ein im Wettbewerb und Verkehr wertvoller Besitzstand. Ihn nachträglich zu verbieten, kann namentlich dann als Verstoß gegen Treu und Glauben empfunden werden, wenn die beteiligten Kreise die Rechtsverletzung nicht einhellig als solche beurteilen und das Bewußtsein des Verletzers, unlauter zu handeln, nicht erwiesen ist (RGZ. Bd. 127 S. 321 [323 flg.]). Diese Auslegung kommt aber nicht in Betracht, wenn, wie hier, der Berechtigte jene Eingriffe in seinen Befugniskreis für unbedeutend, den daraus erwachsenden Schaden für geringfügig, gerichtliches Vorgehen dawider für unlohnend hält. Unter solchen Umständen vergibt er sich durch stillschweigende Duldung nichts, besonders wenn er voraussetzen darf, der Gegner kenne und verstehe die Beweggründe derartigen Verhaltens. Erlangen aber später durch Verwandlungen in Technik, Wirtschaft und Verkehrsleben die Eingriffe in sein Urheberrecht größere Bedeutung, so daß ihm nunmehr nötig oder doch ratsam erscheint, sie abzuwehren, dann kann ihm nicht entgegengehalten werden, die Rechtsverfolgung verstoße, weil er vorher untätig abgewartet habe, gegen Treu und Glauben. Auf grundwesentliche Veränderungen im Verkehr, die auch Urheberrecht und Buchhandel berühren, weist hier die Klägerin ausdrücklich hin. Dabei bezieht sie sich auf die Werbedrucke der Beklagten We., die zur Empfehlung von „Wo.s Opern-, Operetten- und Oratorienbibliothek" eigens hervorheben, diese „populären Führer durch Poesie und Musik" seien, „unentbehrlich auch bei Opernaufführungen durch Rundfunk". Dieses letzte Wort springt auf dem Titelblatte des Schriftenverzeichnisses durch starken Druck am deutlichsten ins Auge. Der Klägerin und den in ihr vereinigten Urheberberechtigten ist, ohne daß es dazu besonderer Tatsachenfeststellung bedarf, zuzugeben: aus der Bedeutung des Rundfunks für den heutigen Verkehr läßt sich die Erwartung künftigen stärkeren Absatzes der streitigen Führer herleiten. Eingriffe in das Urheberrecht an den entsprechenden Operetten gewinnen dadurch eine wesentlich andere Bedeutung als in den Zeiten, die noch nicht durch den Rundfunk stark beeinflußt wurden. Die der Klage entgegengestellte Einrede der Arglist erweist sich demnach als unbegründet.

RGZ. 130, 11

**1. Was ist erforderlich, damit die in Ungarn verlegte deutsche Uebersetzung eines französischen Romans erlaubterweise im Deutschen Reich erschienen sei?**

**2. Was muß vorgebracht werden, um die Behauptung genügend zu begründen, daß eine Uebersetzung das Original verstümmelt wiedergebe?**
Revidierte Berner Uebereinkunft über Urheberschutz v. 13. November 1908 (RGBl. 1910 S. 965) Art. 4, 18. Uebereinkünfte des Deutschen Reichs mit Frankreich v. 19. April 1883 (RGBl. S. 269) und 8. April 1907 (RGBl. S. 419). Verordnung v. 12. Juli 1910 (RGBl. S. 989).

I. Zivilsenat. Urt. v. 20. September 1930.

I. Landgericht München I. II. Oberlandesgericht München.

Die Kläger sind die Erben des Romanschriftstellers Emile Zola geworden, der am 29. September 1902 in Paris gestorben ist. Zola hatte von 1871 bis 1886 unter anderen Werken fünfzehn Romane in Frankreich in französischer Sprache veröffentlicht.

Bis 1910 sind vom Urheber oder seinem Verleger in Deutschland keine deutschen Uebersetzungen dieser Werke erschienen. Dagegen hatte der Verlagsbuchhändler G. in Ofen-Pest Uebersetzungen der fünfzehn Werke sowohl in Oesterreich-Ungarn als im Deutschen Reich in den Handel gebracht; die genaue Zeit, zu der es geschehen, ist streitig.

Durch Vertrag vom 12. November 1916/1.Februar 1917 hat G. die gesamten Vorräte der deutschen Uebersetzungen aller jener fünfzehn Werke Zolas nebst anderen Werken an den Beklagten verkauft und ihm dabei alle ihm an den Werken zustehenden Rechte abgetreten. Der Beklagte hat seitdem die Uebersetzungen im Deutschen Reiche weitervertrieben, besonders auch in München abgesetzt.

Durch Vertrag vom 30. Januar 1921 haben Zolas Erben an den Verlag K. W.-AG. in München das Recht der Uebersetzung und der Veröffentlichung der meisten jener fünfzehn Werke, so, wie es an ihnen bestand, übertragen. Im Fall eines gerechtfertigten Anspruchs eines anderen gegen das Recht, Werke Zolas in deutscher Sprache herauszugeben, verpflichtete sich die K. W.-AG., die Vertragsgegner von allen Ansprüchen zu befreien, die jener andere wider sie erhebe.

Die Kläger behaupten, der Vertrieb der Uebersetzungen durch den Beklagten sei unerlaubt und verletze ihr durch die Revidierte Berner Uebereinkunft gewährleistetes Urheber- und Uebersetzungsrecht. Sie verlangen mit der gegenwärtigen Klage 1. Unterlassung des Vervielfältigens und Verbreitens, 2. Herausgabe hergestellter Exemplare und der zur Herstellung dienenden Vorrichtungen zu Beschlagnahme und Vernichtung, 3. Feststellung der Schadensersatzpflicht und 4. Rechnungslegung.

Die Kläger unterlagen in allen drei Rechtszügen.

Aus den Gründen:

I. Der Urheberschutz, den die Kläger beanspruchen, regelt sich, weil ihn Franzosen im Deutschen Reiche begehren und beide Länder dem Berner Schutzverband angehören, nach der Revidierten Berner Uebereinkunft (RevBernUeb.) vom 13. November 1908 (RGBl. 1910 S. 965), die seit dem 9. September 1910 in Kraft steht, nebst dem Berner Zusatzprotokoll vom 20. März 1914 (RGBl. 1920 S. 137).

1. Frankreich ist, da Zolas Werke dort zum erstenmal in französischer Sprache veröffentlicht worden sind, ihr Ursprungsland (RevBernUeb. Art. 4 Abs. 3). Die Erben und Rechtsnachfolger des Urhebers genießen grundsätzlich im Deutschen Reiche während der ganzen Dauer des Urheberrechts am Originale das ausschließliche Recht, die Werke zu übersetzen oder die Uebersetzung zu gestatten (RevBernUeb. Art. 8). Dieser Grundsatz gilt aber nur für solche Uebersetzungen unbeschränkt, die nach seinem Inkrafttreten veröffentlicht werden. Für schon vorhandene Uebersetzungen blieb, soweit keine Sonderabkommen darüber bestanden, jedem Verbandsstaat überlassen, die Anwendung zu regeln (RevBernUeb. Art 18 Abs. 3). Im Deutschen Reich ist das durch die Verordnung vom 12. Juli 1910 (RGBl. S. 989) geschehen, deren § 1 Nr. 3 bestimmt:

> War vor dem Inkrafttreten der Uebereinkunft eine Uebersetzung erlaubterweise ganz oder zum Teil erschienen, so bleibt die Befugnis des Uebersetzers zur Vervielfältigung, Verbreitung und Aufführung dieser Uebersetzung unberührt.

2. Die Uebersetzungen, wider die sich die gegenwärtige Klage richtet, sind nach den — von den Klägern allerdings bestrittenen — Angaben des Beklagten schon lange vor dem Inkrafttreten der Revidierten Berner Uebereinkunft, zum Teil bereits vor 1881 erschienen, alle jedenfalls vor

1900. G., der Verleger, der sie vervielfältigte und verbreitete, hatte seinen Sitz in Ofen-Pest und war ungarischer Staatsangehöriger; Ungarn aber gehört zum Berner Verband erst seit dem 26. Februar 1922. Dieser Umstände wegen untersucht das Berufungsgericht die Rechtslage vor der Geltungszeit der Revidierten Berner Uebereinkunft und vermerkt, stufenweise die Entwicklung rückwärts verfolgend, als maßgebliche Vorschriften folgende:

a) Für die Zeit vom 31. August 1907 bis zum 9. September 1910 galt die Uebereinkunft des Deutschen Reichs mit Frankreich vom 8. April 1907 (RGBl. S. 419). Sie gab zwar den Urhebern der Vertragsländer grundsätzlich für die ganze Dauer des Urheberrechts auch das ausschließliche Uebersetzungsrecht (Art. 2 § 1). Für Uebersetzungen jedoch aus der Zeit vor dem Inkrafttreten der Uebereinkunft wurde die Regel von einer mit § 1 Nr. 3 der Verordnung vom 12. Juli 1910 gleichlautenden Vorschrift durchbrochen (Art. 3 Abs. 2).

b) Für die Zeit vom 9. Dezember 1897 bis zum 31. August 1907 galt die durch die Pariser Zusatzakte vom 4. Mai 1896 geänderte Berner Uebereinkunft vom 9. September 1886 (RGBl. 1897 S. 759). In ihrer ursprünglichen Fassung hatte die Berner Uebereinkunft (RGBl. 1887 S. 493) vom 5. Dezember 1887 bis zum 9. Dezember 1897 in Kraft gestanden.

c) Vom 6. November 1883 bis zum 5. Dezember 1887 galt die Literar-Konvention mit Frankreich vom 19. April 1883 (RGBl. S. 269).

Zutreffend legt das Berufungsurteil dar, daß die zu b und c erwähnten Zeitabschnitte unter einem beschränkten Uebersetzungsschutze standen und daß bis zum 31. August 1907 (bis zum Inkrafttreten der Uebereinkunft vom 8. April 1907) keine deutschen Uebersetzungen vom Urheber oder Verleger der hier streitigen Werke erschienen waren. Die bis dahin nach den damaligen Vorschriften gewährte Möglichkeit, vom Uebersetzungsschutze Gebrauch zu machen, war also vom Urheber und seinen Rechtsnachfolgern nicht ausgenutzt worden.

II. Somit war zu prüfen, ob auf die Uebersetzung des Beklagten und seiner Rechtsvorgänger die Voraussetzungen des § 1 Nr. 3 der Verordnung vom 12. Juli 1910 (oder, was inhaltlich das gleiche ist, des Art. 3 Abs. 2 der Uebereinkunft vom 8. April 1907) zutreffen, d. h. ob sie „erlaubterweise erschienen" waren. Das Berufungsgericht bejaht dies ohne Rechtsirrtum.

1. Der Beklagte beruft sich den Klagansprüchen gegenüber auf den Vertrag vom 12. November 1916/1. Februar 1917, durch den er vom Verleger G. in Ofen-Pest dessen noch vorhandene Bestände an Uebersetzungen der streitigen fünfzehn Zolaschen Werke samt allen Rechten daran erworben habe. Die Kläger bestreiten, daß G. die vollen Uebersetzerrechte erlangt habe und also imstande gewesen sei, sie auf den Beklagten zu übertragen.

. . . Daß G. Uebersetzungen aus den (bei ihm oder anderswo zu seiner Verfügung) lagernden Beständen in den Handel gebracht hat, bevor er den Vertrag von 1916/17 mit dem Beklagten abschloß, ist nicht bestritten. Wie das Berufungsurteil feststellt, liegt der Anfang solcher Verbreitung weit zurück. . . . Unter solchen Umständen verletzte das Berufungsgericht weder den Grundsatz der freien Beweiswürdigung (§ 286 ZPO.) noch die Rechtsregeln der Behauptungs- und Beweispflicht, wenn es so, wie geschehen, ohne Erhebung des vom Beklagten angetretenen Zeugenbeweises, zu der Ueberzeugung gelangte: es besteht kein Anhalt dafür, daß G. die Uebersetzungen verbreitet habe, ohne durch Vereinbarung mit den Uebersetzern dazu befugt zu sein. Wenn — wie aus den Parteivorträgen zu folgern — die Uebersetzer dergleichen Verbreitung geduldet, wenn sie sich jahre- und jahrzehntelang ohne Widerspruch, durch schlüssiges Verhalten damit einverstanden gezeigt haben, dann ist erfahrungsmäßig zu schließen, G. habe die Uebersetzungen berechtigterweise verbreitet, also „die Uebersetzungsrechte ordnungsgemäß und vollständig erworben". Ohne Verstoß gegen die anerkannten Beweislastregeln konnte das Berufungsgericht bei derartiger Streitlage den Klägern zumuten, sich nicht mit bloßem Leugnen zu begnügen, sondern auf die vorerst durch hohe Wahrscheinlichkeit unterstützte Sachdarstellung des Beklagten mit genaueren Einzelheiten zu erwidern, auch dafür gegebenenfalls Gegenbeweis anzubieten. Im gleichen Umfange, wie G. selbst Befugnisse besaß, übertrug er dann durch Vertrag von 1916/17 „alle Rechte, die er an den Werken hatte", auf den jetzigen Beklagten. Das Berufungsurteil weist dafür unterstützend auf Art. V (Abs. 1) des Uebereinkommens mit Oesterreich-Ungarn vom 30. Dezember 1899 hin, der den Uebergang der Rechte vom Urheber auf dessen Rechtsnachfolger einschließlich der Verleger erwähnt.

2. Sowohl § 1 Nr. 3 der Verordnung vom 12. Juli 1910 wie Art. 3 Abs. 2 der Uebereinkunft vom 8. April 1907 verlangt, daß eine Uebersetzung (vor dem Inkrafttreten der Uebereinkunft) „erlaubterweise ganz oder zum Teil erschienen" sei; und zwar bedarf es (wie aus Art. 18 RevBernUeb. folgt) des Erscheinens im Deutschen Reiche.

Das Erscheinen der Uebersetzungen im Deutschen Reiche wird vom Berufungsgericht ausdrücklich festgestellt. . . .

a) Die Revision bemängelt, daß das Berufungsgericht an den Begriff des „Erscheinens im Deutschen Reiche" zu geringe Anforderungen stelle. Weder nach dem üblichen Sprachgebrauch noch nach dem Zwecke des Gesetzes könne es zum „Erscheinen" ausreichen, daß der ausländische Verleger durch Vermittlung eines deutschen Kommissionärs die Sortimentsbuchhändler des Deutschen Reichs beliefere. Auf solche Weise würde dem Ausländer, der im übrigen weder die Vorteile des deutschen Gesetzes noch der Revidierten Berner Uebereinkunft genieße, eine Vergünstigung zugewendet, die mit Sinn und ausdrücklichem Inhalt des Gesetzes (insbesondere § 55 LitUrhG.) nicht in Einklang stehe.

Hieran ist zwar richtig, daß der Schriftwerkschutz grundsätzlich nur dem Reichsangehörigen vollkommen zu teil wird (LitUrhG. § 54). Wer nicht Reichsangehöriger ist, genießt ihn jedoch ebenfalls für jedes seiner Werke, das im Inland erscheint, sofern er nicht das Werk selbst oder eine Uebersetzung an einem früheren Tag im Auslande hat erscheinen lassen (§ 55 Abs. 1 Satz 1). Unter der gleichen Voraussetzung genießt er den Schutz für jedes seiner Werke, das er im Inland in einer Uebersetzung erscheinen läßt; die Uebersetzung gilt in diesem Falle als das Originalwerk (§ 55 Abs. 2). Ausnahmen von dieser regelmäßigen Begrenzung des Schriftwerkschutzes (LitUrhG. §§ 54, 55) ergeben sich aus zwischenstaatlichen Verträgen. Solche Verträge des Deutschen Reiches bestanden in den Zeiträumen, auf die es hier ankommt, nicht bloß mit Frankreich (Berner Uebereinkunft, später Revidierte Berner Uebereinkunft, daneben Uebereinkunft von 1883, später von 1907), sondern auch mit Oesterreich-Ungarn (1899), das dem Berner Schutzverbande nicht angehörte. Die Verordnung vom 12. Juli 1910 wiederum war dazu bestimmt, die Anwendung der Revidierten Berner Uebereinkunft ergänzend zu befördern. Deshalb ist unbedenklich der Begriff des „Erscheinens" (im Inlande) in der Verordnung von 1910 und in der Uebereinkunft von 1907 ebenso auszulegen wie im § 55 LitUrhG. Den Ausdruck „Erscheinen" verwendet auch der Buchverkehr in verschiedenem Sinne. Wenn z. B. gefragt wird, wo ein Buch erschienen ist, mag das oft auf den Ort bezogen werden, an dem sich der Verlag befindet. Wer dagegen nachforscht, ob ein angekündigtes Werk erschienen sei, der verlangt in der Regel zu wissen, ob es für die Kreise, in denen Nachfrage herrscht, auf dem üblichen Buchhandelswege zu erlangen ist. Der Sprachgebrauch der erwähnten Gesetzesvorschriften bestimmt sich durch deren ersichtlichen Zweck, den redlichen verkehrsmäßigen Besitzstand auf dem Büchermarkt zu sichern. Das Erscheinen eines Schriftwerks im Inlande setzt danach voraus, daß im Deutschen Reich ein geschäftlicher Mittelpunkt der Verbreitung geschaffen und zu diesem Zweck auch benutzt worden sei. Dieser Mittelpunkt braucht kein inländischer Verlag, es kann auch ein Kommissionär sein (Kohler UrhR. [1907] S. 397 Nr. VI; Allfeld LitUrhR. [2. Aufl. 1928] S. 379 Anm. 4 zu § 55; Riezler in Ehrenbergs Handb. d. ges. Handelsrechts V 2 [1915] S. 107 flg.). Bloße Scheinmaßnahmen, die sich nur als Verbreitung in das Inland hinein und nicht als Vertrieb vom Inland aus erweisen, genügen freilich nicht. Nötig und ausreichend ist, daß vom Vertriebsmittelpunkt aus eine Mehrzahl von Vervielfältigungsstücken des Schriftwerks tatsächlich an die Allgemeinheit öffentlich angeboten wird; und zwar eine Mehrzahl solcher Stücke, die auch wirklich zur Veräußerung an die Leserwelt bestimmt sind. (Willy Hoffmann Verlagsrecht

[1925] S. 41 Anm. 6 d zu § 2 VerlagsG. und in JW. 1925 S. 2460/1). Diesen Anforderungen genügt der vom Oberlandesgericht festgestellte Tatbestand. Aus ihm erhellt, daß die Uebersetzungen, die G. verbreitete, aus dem Persönlichkeitskreise ihrer Urheber herausgetreten waren und daß in Leipzig für sie ein Vertriebsmittelpunkt geschaffen war. Deutsche Sortimenter bestellten also nicht (wie die Revision meint) beim Ofen-Pester Verlag, der den Auftrag dann erst nach Leipzig geleitet hätte, sondern in der (wie gerichtsbekannt) üblichen Weise unmittelbar beim Leipziger Kommissionär, der das Bestellte dann aus seinem Lagervorrat lieferte.

Der von der Revision erhobene Vorwurf, das Oberlandesgericht habe den *Begriff des Erscheinens (im Inlande) verkannt*, gegen § 55 LitUrhG. und gegen Sätze der Revidierten Berner Uebereinkunft verstoßen, trifft nicht zu (RGZ. Bd. 111 S. 14—22).

b) Eine weitere Revisionsrüge geht dahin: Das Berufungsgericht habe rechtsirrig angenommen, die von G. nach 1907 vertriebenen Uebersetzungen Zolascher Werke seien mit den vor 1907 vertriebenen wesensgleich. In Wahrheit handle es sich (nach der Behauptung der Kläger) um zwei sehr verschiedene Werke (genauer: Gruppen von Werken), von denen — im Vergleich zum Original — das frühere sehr eingreifend, das spätere weniger verstümmelt sei. Bei so großer Verschiedenheit könne man nicht von „Uebersetzungen" wie von einem einheitlichen, gleichartigen Werke sprechen; man könne nicht sagen, die in neuerer Zeit (nach 1907) in Verkehr gebrachten Uebersetzungen seien wesensgleich mit denen aus älterer Zeit (vor 1907). . . .

Auch diese Rüge ist unbegründet. Doch hängt sie enger mit der Frage zusammen, ob die umstrittenen Uebersetzungen vor dem Inkrafttreten der Revidierten Berner Uebereinkunft — und der Uebereinkunft von 1907 — „erlaubterweise" erschienen sind (nachstehend zu 3).

3. Die Kläger entgegnen dem Beklagten, die streitigen Uebersetzungen gehörten schon darum nicht unter die erlaubten, weil sie verstümmelt seien und somit das persönliche Urheberrecht des Verfassers verletzten; und zwar sei in den älteren Uebersetzungen das Original ärger verstümmelt als in den jüngeren.

. . . aa) Das Berufungsgericht hat die Behauptung, daß durch die Uebersetzungen das Original verstümmelt werde, (trotz der Zurückweisung nach ZPO. § 529 Abs. 2) auch sachlich geprüft, aber so wie sie aufgestellt ist, mit Recht als unzulänglich angesehen. Es hat keineswegs versäumt, zu fragen. Denn seine Gründe sagen ausdrücklich: „Die Kläger können gar nicht angeben, welche Verstümmelungen überhaupt in Frage stehen. Sie stellen nur ganz allgemein diese Behauptung auf und vermochten auf Befragen nur anzugeben, daß die ersten Auflagen stärker verstümmelt gewesen seien, während dies bei den neueren Ausgaben in weniger hohem Grade der Fall sei. Sie bemerkten noch, daß die

Bücher der ersten Auflagen viel dünner waren, wollen also anscheinend angeben, daß Weglassungen erfolgt seien. Ein solcher Schluß kann aber aus dem geringeren Umfang einzelner Druckstücke nicht ohne weiteres gezogen werden; auch die Art des Satzes wie auch die Dicke des verwendeten Papiers kann den Umfang eines Buches wesentlich verändern. Die Kläger vermögen ebensowenig anzugeben, auf welche einzelnen Werke sich die Bemängelung beziehen soll."

Die grundsätzliche Behandlung, welche das Berufungsgericht den Angaben der Kläger angedeihen läßt, ist zutreffend. Mit Recht geht es davon aus, daß in Streitpunkten wie den vorliegenden ganz allgemein gehaltene formelhafte Behauptungen . . . nicht ausreichen. Für die Verstümmelung des Originals durch die Uebersetzungen, und zwar unterschiedlich in älteren und jüngeren Ausgaben, hätte es der Beispiele bedurft, die dem Gericht genauere sachliche Prüfung ermöglichten. . . . Die des anschaulichen Inhalts entbehrende Allgemeinheit der von den Klägern und ihrer Streithelferin aufgestellten Behauptungen läßt auch außer acht, daß jedes Schriftwerk ein Gebilde für sich ist, also hier jedes Zolasche Werk im Verhältnis zu seiner Uebersetzung gesondert betrachtet und gewürdigt werden müßte. . . . Jedenfalls geht es nicht an, in Bausch und Bogen von einer Uebersetzungsreihe wie von einer Gattungsware zu sprechen und mit Bezug auf sie allgemeine Behauptungen vorzubringen, die notwendig nur nach der Beschaffenheit des einzelnen Stückes und seiner Besonderheit aufgestellt werden können, diese Sonderart aber auch kenntlich machen müßten. Was den Behauptungen an Genauigkeit fehlt, wird dadurch, daß für sie ein Beweis (sachverständiger Zeuge) angeboten wird, nicht ausgeglichen. Denn zuvor muß geprüft werden, ob die Angaben selbst schlüssig sind. Das Oberlandesgericht hat dies ohne Verstoß gegen Rechtsregeln verneint. Es ist auf Grund des Sachvortrags, und zwar nach Ausübung des Fragerechts, zu der Ueberzeugung gekommen: Die Kläger behaupten „Verstümmelung" der Romane Zolas durch die umstrittenen Uebersetzungen lediglich nach äußerlichen Anzeichen, die den Schluß auf Verschlechterung von Gedankengehalt und Ausdrucksform nicht rechtfertigen; sachlich beweisende Merkmale, aus denen solche Beeinträchtigung zu folgern wäre, vermögen sie nicht anzugeben. Dafür, daß etwa zwischen älteren und jüngeren Uebersetzungen oder Uebersetzungsausgaben ein durchgreifender Unterschied obwalte, der eine Wesensungleichheit begründen könnte (vor 1907 eingreifendere Veränderungen als später), fehlt deshalb vollends jeder Anhalt. Das Berufungsgericht hat bei allem dem weder die Pflicht zur aufklärenden Frage (§ 139 ZPO.) verletzt noch gegen die Regeln der Behauptungs- und Beweislast oder gegen andere Grundsätze sachlichen Rechts verstoßen.

bb) Nimmt also das Berufungsgericht begründeterweise an, für die Verstümmelung Zolascher Werke durch die umstrittenen Uebersetzungen sei nichts Ausreichendes vorgebracht, so braucht nicht darauf eingegangen zu werden, ob Verstümmelung, wenn erwiesen, die Uebersetzung notwendig zu einer unerlaubten gemacht hätte. Namentlich ist es entbehrlich, die Gegenausführungen des Beklagten zu erörtern, wonach etwa geschehene Verstümmelung der Originale durch kürzende oder mangelhafte Uebersetzung nur das Persönlichkeitsrecht des Verfassers berührt hätte, ohne jedoch urheberrechtlichen Ansprüchen Grundlage oder Handhabe zu bieten. Das Berufungsgericht sieht demnach mit Recht als dargetan an, die Uebersetzungen seien vor dem Inkrafttreten der Revidierten Berner Uebereinkunft in Deutschland erlaubterweise erschienen. . . .

RGZ. 130, 196

**1. Nach welchen Grundsätzen ist zu prüfen, ob ein einzelnes Werk der bildenden Kunst oder der Photographie in eine selbständige wissenschaftliche Arbeit ausschließlich zur Erläuterung des Inhalts aufgenommen worden ist?**

**2. Die gesetzliche Regel ausschließlicher Urheberbefugnis im Verhältnis zu ihren Ausnahmen.**

**3. Was gehört zur deutlichen Angabe der Quelle, besonders bei Werken, die in Lieferungen erscheinen?**

**4. Muß schon die Feststellung der Schadensersatzpflicht deren Umfang begrenzen oder kann dies, wenn es sich um einen einzigen Anspruch handelt, dem künftigen Streit um den Leistungsantrag überlassen werden?**

Kunstschutzgesetz v. 9. Januar 1907 §§ 15, 19, 31, 37, 42. ZPO. § 286.

I. Zivilsenat. Urt. v. 5. November 1930.

I. Landgericht München I. II. Oberlandesgericht daselbst.

Zu den wertvollen Handschriften der Bayerischen Staatsbibliothek in München gehört das „Goldene Buch“, ein Pergamentband aus dem Kloster St. Emmeran in Regensburg. Dieser „Codex aureus“ enthält den auf Kaiser Karls des Kahlen Geheiß im Jahre 870 verfertigten lateinischen Text der vier Evangelien mit reicher farbiger Ziermalerei und einer Anzahl Bildertafeln. Im Verlage der Klägerin erschien in den Jahren 1920 bis 1925 eine schrift- und bildgetreue Wiedergabe des Codex in Lichtätzung mit 253 farbigen Tafeln (Größe 52×42 cm) und einem Textbande von Geheimrat Prof. Dr. L., dem Direktor der Münchener Staatsbibliothek. Das Werk verursachte viel Mühe, Zeitaufwand und Kosten; sein Preis im Buchhandel beträgt 1800 RM.

Die Beklagte läßt in ihrem Verlage lieferungsweise das von Prof. Dr. W. unter Mitwirkung einer Reihe Gelehrter herausgegebene Handbuch der Literaturwissenschaft erscheinen. Die im Jahre 1928 herausgebrachte Lieferung 106, mit der eine geschlossene Sonderabhandlung des Universitätsprofessors Dr. O. über die romanischen Literaturen des Mittelalters beginnt, enthält vor dem Text als ganzseitige farbige Abbildung („Tafel I") eine Wiedergabe des Blattes V des Codex aureus. Dieses Blatt stellt Kaiser Karl den Kahlen auf dem Throne sitzend dar. Die Abbildung im Verlagswerke der Beklagten ist eine auf photographischem Wege mittels Lichtätzung hergestellte Nachbildung desselben Blattes in der Codexausgabe der Klägerin. Die Quelle ist auf der Nachbildung nicht angegeben.

Die Klägerin bezeichnet die Nachbildung der Beklagten als widerrechtlich, die Herstellung als schuldhaft und den guten Sitten widerstreitend. Sie hat auf Untersagung, Vernichtung, Rechnungslegung und Schadensersatz geklagt. . . .

Das Landgericht hat dem Klagantrag entsprochen, das Oberlandesgericht die Berufung der Beklagten im wesentlichen zurückgewiesen und die landgerichtliche Urteilsformel nur durch gewisse Einschränkungen berichtigt. . . .

Die Revision der Beklagten war erfolglos.

Gründe:

I. Das Gesetz betr. das Urheberrecht an Werken der Literatur und der Tonkunst vom 19. Juni 1901 kommt auf den vorliegenden Fall nicht unmittelbar zur Anwendung. Zwar läßt es Vervielfältigung zu, wenn einem Schriftwerk ausschließlich zur Erläuterung des Inhalts einzelne Abbildungen aus einem erschienenen Werke beigefügt werden (§ 23). Diese Vorschrift bezieht sich indes nur auf solche Abbildungen (einschließlich plastischer Darstellungen) wissenschaftlicher oder technischer Art, die nicht ihrem Hauptzwecke nach als Kunstwerke zu betrachten sind (§ 1 Abs. 1 Nr. 3 LitUrhG.). Die im Verlage der Klägerin erschienene schrift- und bildgetreue Wiedergabe (Faksimile-Ausgabe) des Codex aureus aber ist ein Werk der Lichtbildkunst. Die Regeln, nach denen der Urheber eines solchen Werkes geschützt wird, sind dem Gesetze betr. das Urheberrecht an Werken der bildenden Künste und der Photographie vom 9. Januar 1907 zu entnehmen.

1. Mit Recht geht das Oberlandesgericht (wie bereits das Landgericht) davon aus, daß die Klägerin nach dem leitenden Grundsatze des Gesetzes (§ 15 KunstschutzG.) als Urheber die ausschließliche Befugnis hat, das Werk zu vervielfältigen (also auch nachzubilden) und zu verbreiten. Nach dieser Regel ist Vervielfältigung ohne Einwilligung des Berechtigten im allgemeinen unzulässig (§ 17 KunstschutzG.).

2. Das Gesetz macht von dem Grundsatze verschiedentlich Ausnahmen und schränkt ihn ein (§§ 16, 18 bis 21). Zu den Einschränkungen gehört es, daß einzelne Werke in eine selbständige wissenschaftliche Arbeit ausschließlich zur Erläuterung des Inhalts aufgenommen werden dürfen; Vervielfältigung und Verbreitung sind in solchem Falle

zulässig (§ 19 Abs. 1 KunstschutzG.). Die Beklagte nimmt für sich in Anspruch, daß die Voraussetzungen dieser die Urheberbefugnisse einschränkenden Vorschrift im gegenwärtigen Falle gegeben seien.

a) Allerdings unterliegt keinem Zweifel, daß O.s Abhandlung über die romanischen Literaturen des Mittelalters eine selbständige wissenschaftliche Arbeit ist. Denn sie bezweckt nach Rahmen, Form und Gehalt, durch eigene in ihr dargelegte planmäßige Geistestätigkeit des Verfassers die Literaturwissenschaft zu fördern und das Erarbeitete an die Leser mitzuteilen. Die Beklagte hat aus dem Lichtbilderwerke der Klägerin, das den Codex aureus wiedergibt, bloß ein einzelnes Bild, die Darstellung des thronenden Kaisers Karls des Kahlen auf Blatt V des Goldenen Buches, übernommen. Es fragt sich also nur, ob das Bild ausschließlich zur Erläuterung des Inhalts in das Schriftwerk aufgenommen worden ist.

b) Landgericht und Oberlandesgericht verneinen die Frage aus im wesentlichen übereinstimmenden Gründen. Das Berufungsurteil enthält in den Ausführungen, die sich darauf beziehen, keinen Verstoß gegen Rechtsgrundsätze.

„Erläutern" heißt ursprünglich: mit Licht durchdringen; also erhellen, klar und anschaulich machen, so daß man das Beleuchtete begreift und versteht. Erläuterung bezeichnet sonach die Tätigkeit und die Mittel, durch die etwas aufgehellt, erklärt, verständlich gemacht wird (so der in den Wörterbüchern von Adelung, Gebr. Grimm, Sanders, Moriz Heyne nachgewiesene Sprachgebrauch). Daß Abbildungen dazu dienen können, einen Worttext verständlich zu machen oder ihn in gewisser Hinsicht heller zu beleuchten, lehrt die Erfahrung des Lebens.

Das Gesetz (§ 19 KunstschutzG.) verlangt, daß das Bild zur Erläuterung des Inhalts der wissenschaftlichen Arbeit in sie aufgenommen worden sei. Damit ist gesagt, die Abbildung solle dazu bestimmt sein, den im Worttext der Arbeit offenbarten Gedankengehalt aufzuhellen, zu veranschaulichen, dem Verständnis zu erschließen. Dies kann je nach Art, Umfang und Ausdrucksform des Schriftwerks wie des Bildes und nach der Wechselbeziehung zwischen beiden auf so mannigfaltige Weise geschehen, daß sich dafür nur wenige Richtlinien und Grenzen gewinnen lassen. Die Verbindung zwischen Schriftwerk und Bild muß eine innerliche, den Darstellungs- und Lehrzweck des Worttextes unterstützende sein; die Abbildung muß das folgerecht entwickelte Gedankenwerk verdeutlichen. Doch braucht sich das Bild nicht als wissenschaftliche Ausgestaltung der Schriftwerksgedanken dem Ganzen einzufügen. Es genügt, wenn es als Kunstwerk beispielmäßig wirkt, etwa um die eigenpersönliche Kunstweise eines bestimmten Meisters, oder um die Auffassungsweise einer Kunst- oder Gesittungsstufe zu kennzeichnen (Kohler Kunstwerkrecht [1908] § 13 I S. 63, § 13 IV S. 64). Schon als solches, auch ohne die Abbildungen, muß das Schriftwerk seinen Zweck erfüllen; die Bilder dürfen nur zum besseren Verständnis des sprachlichen Ausdrucks beigegeben sein. Es darf nicht etwa das umgekehrte Verhältnis bestehen, daß die Worte bloß zur Erläuterung nachgebildeter fremder Werke dienen sollen (Allfeld, Kommentar zum Kunstschutzgesetz [1908] Anm. 6 zu § 19 S. 121). Deshalb nehmen — übereinstimmend mit der Ausdrucksweise des früheren Kunstschutzgesetzes (§ 6 Nr. 4 des Ges. vom 9. Januar 1876) — Rechtsprechung und Schrifttum auch für das jetzige Recht an: das Schriftwerk muß die Hauptsache, das beigefügte Bild nur eine dem Schriftwerkszwecke behilfliche Nebensache sein (RGZ. Bd. 18 S. 150 [154]; Riezler Deutsches Urheber- u. Erfinderrecht I [1909] S. 438; Osterrieth-Marwitz Kunstschutzgesetz [2. Aufl. 1929] Anm. V zu § 19 S. 148; Ernst Müller Deutsches Urheber- und Verlagsrecht II [1907] Anm. 3 zu § 19 S. 108; Crome System d. deutschen bürgerlichen Rechts IV [1908] § 529 Nr. 3 b S. 74; Dernburg Bürgerl. Recht VI [1907/10] § 71 I 1 S. 198; Fuld Kunstschutzgesetz [2. Aufl. 1925] Bem. 5 zu § 19 S. 90; Ebermayer in Stengleins Strafrechtl. Nebengesetzen I [5. Aufl. 1928] Anm. 4 zu § 19 KunstschutzG. S. 174; Hillig 385 Gutachten [1928] Nr. 105 bis 110).

aa) Das Berufungsgericht prüft, ob die Bildtafel I, die, mit der Lieferung 106 ausgegeben, jetzt hinter dem Titelblatte von O.s inzwischen vollendetem Schriftwerke folgt und seinem ganzen Schriftinhalte voransteht, im Verhältnis zu diesem Werk erläuternde Zutat sei. Bei der Beantwortung dieser zugleich tatsächlichen und rechtlichen Frage (die also vom Revisionsgericht nachzuprüfen ist) lehnt es den (namentlich in einem Privatgutachten Dr. Alexander Elsters verfochtenen) Gedanken ab, daß etwa das Bild im Vergleich zu dem ganzen Werke betrachtet werden könne. Nur zu den einzelnen Stellen des Textes, die auf das Bild Bezug nehmen, könne es in Beziehung gesetzt werden; mit ihnen nur sei der erforderliche innere Zusammenhang vorhanden, der dem Erläuterungszweck eigne. Dem ist beizustimmen. Bei anderen Werken mag unter Umständen nach Umfang, Inhalt und Behandlungsweise, auch nach dem Gegenstand des beigefügten Bildes, die Frage anders zu stellen sein und die Antwort anders ausfallen müssen. Das vorliegende Buch O.s über die romanischen Literaturen des Mittelalters ist — vollendet — ein Quartband von 260 Seiten. . . . Schon ein Ueberblick dieses Inhalts lehrt sogleich, daß das Bild Karls des Kahlen auf dem Throne zeitlich, räumlich und gegenständlich nicht zum Ganzen des wissenschaftlichen Schriftwerks, sondern nur zu gewissen Stücken oder Stellen in erläuternder Beziehung stehen kann. Daher verstößt das Berufungsgericht nicht gegen Rechtsgrundsätze, wenn es die Stellen aufsucht und behandelt, an denen der Worttext auf das Bild Bezug nimmt. (Diese Stellen werden wiedergegeben. Dann wird fortgefahren:)

Das Berufungsgericht nimmt an, das Bild könne im Vergleich zu den wenigen Sätzen des Schriftwerktextes, mit denen es sachlich durch Stoff und gemeinsame Gedanken zusammengehört, nicht als Nebensache betrachtet werden. Ueberdies mute es den meisten Lesern nach ihrer Vorbildung wahrscheinlich Denkarbeit und Mühe zu, statt ihnen den Text leichtfaßlich zu erklären oder zu veranschaulichen. In dieser Beurteilung liegt von selbst eingeschlossen, daß einem besonders kundigen, geübten Teil der Leser (freilich nur einer Minderheit) immerhin Erläuterung des Textes geboten werden möge. Für sie bliebe damit die Möglichkeit offen, daß ihnen das Bild als ergänzende Zutat der Textsätze und demnach als Nebensache erschiene. Diese Würdigung . . . läßt keinen rechtlichen Irrtum erkennen; auch keinen Irrtum in Tatsachen, der die Rechtsanwendung beeinflussen müßte.

c) Selbst wenn — wie für alle Fälle das Berufungsgericht unterstellt — die Bildtafel als bloße Nebensache des Worttextes anzusehen wäre und zu dessen Erläuterung diente, so müßte hinzukommen, daß sie ausschließlich zur Erläuterung des Schriftwerksinhalts (oder einzelner Stellen oder gewisser gedanklich zusammengehörender Teile) aufgenommen worden sei. Das ist nach der Feststellung des Berufungsurteils nicht der Fall. Das Oberlandesgericht führt aus:

> Gegen eine solche Annahme spricht die Art, wie die Beklagte die Reproduktion in dem von ihr ausgegebenen Werke wiedergegeben hat, und die Stellung, die sie der Nachbildung darin gegeben hat. Die Nachbildung gibt die Farben der Reproduktion der Klägerin wieder, ist auf ein Blatt Pappe aufgezogen und als Tafel I an die Spitze der ganzen Sonderabhandlung über die romanischen Literaturen des Mittelalters gestellt. Die in dieser Abhandlung sonst gebrachten Abbildungen sind in Schwarzdruck wiedergegeben und in den Text eingeschoben. . . . Daraus ergibt sich deutlich, daß die Beklagte mit der Aufnahme der Nachbildung in das Werk dekorative Zwecke verfolgt hat; daß es ihr darum zu tun war, durch Anbringung der vorzüglich gelungenen Nachbildung an hervorragender Stelle das Werk zu schmücken und Liebhaber anzuziehen.

Diese Ausführung des Berufungsurteils verstößt weder gegen Rechtsgrundsätze noch enthält sie einen Irrtum über Tatsachen, der die rechtliche Beurteilung ändern könnte. Die Revisionsangriffe dawider sind ungerechtfertigt.

aa) Wohl haben sich, wie gerichtsbekannt, in bezug auf die Beigabe von Bildern zu wissenschaftlichen Werken Geschmacksrichtung, Zweckstreben und tatsächliche Uebung im Laufe der letzten Jahrzehnte geändert. Während man früher in Kreisen der Forscher und gelehrten Schriftsteller (abgesehen von Gebieten, die des Bildes als unentbehrlichen Anschauungsmittels immer bedurften) der Bilderzutat nicht geneigt war und allein durchs Wort zu wirken gedachte, ging man später in steigendem Maße dazu über, den Text von mannigfaltigen Gesichtspunkten aus durch Bilderbeispiele zu belegen, ja bisweilen fortlaufend zu begleiten. Das von W. herausgegebene Sammelwerk, dem O.s Abhandlung zugehört, bedient sich durchweg in großem Umfange der Abbildung als Beigabe des Textes. Der Revision mag zugegeben werden: Dieses Handbuch wolle (auch in dem Teile, den O. verfaßt hat) die Literaturgeschichte in die gesamte Kulturgeschichte, in die geistigen Strömungen und Bewegungen der jeweils beschriebenen Zeitspanne einbeziehen. Die Abhandlung O.s über die romanischen Literaturen wolle dem Leser das Mittelalter, die Umwelt des Schrifttums, anschaulich und lebendig machen, und zwar nicht bloß durch Textschilderung, sondern auch durch die zu Hilfe genommenen Bilder. Aus dieser planmäßigen Anlage und Behandlung folgt aber nicht, wie die Revision will, daß alle in das Werk aufgenommenen Abbildungen ausschließlich zur Erläuterung des Inhalts bestimmt seien. Vielmehr bedarf die Frage, ob das zutreffe, gerade der Prüfung im einzelnen Fall unter Berücksichtigung der Umstände und beweisenden Anzeichen. Für die Antwort ist nicht entscheidend, daß etwa der Verfasser die Aufnahme des Bildes ausdrücklich angeordnet hat. Seine und des Verlegers Beweggründe geben nicht (wie z. B. Dr. Elster in seinem Privatgutachten es vertritt) dermaßen den Ausschlag, daß das Gericht sich ihnen unterzuordnen und daraufhin ohne weiteres eine Ausübung des die Urheberbefugnisse am Bilde einschränkenden Zitierrechts anzuerkennen hätte. Neben jenen Beweggründen und Absichten der an der Werkgestaltung und Ausstattung maßgebend Beteiligten ist auch die Aufgabe zu beachten, welche das Bild in dem Werke, dem es einverleibt wurde, beim Gebrauch in der Leserwelt tatsächlich erfüllt. Auf sie legt das Berufungsgericht begründeterweise besonderen Wert; und mit Recht berücksichtigt es die Rolle des streitigen Bildes im Verhältnis zum entsprechenden Texte für die überwiegende Mehrheit der Benutzer. . . .

bb) Die Entwicklungsgeschichte der Gesetzesvorschrift fordert ebenfalls Beachtung. Im Gesetz vom 9. Januar 1876 (RGBl. S. 4) bestimmte der § 6 Nr. 4, daß als verbotene Nachbildung nicht anzusehen sei „die Aufnahme von Nachbildungen einzelner Werke der bildenden Künste in ein Schriftwerk, vorausgesetzt, daß das letztere als die Hauptsache erscheint und die Abbildungen nur zur Erläuterung des Textes dienen". Das Gesetz vom 9. Januar 1907 (§ 19) hebt in den Worten „ausschließlich zur Erläuterung des Inhalts" das Einschränkende der Bestimmung schärfer hervor. Dadurch, daß statt „Text" jetzt „Inhalt" steht, wird es nicht gemildert. Und die der Verwendung von Bildern auch in wissenschaftlichen Werken günstigere Geschmacksrichtung genügt nicht, einen grundsätzlichen Wandel der Gesetzesauslegung herbeizuführen. Nach wie vor muß auch der Hinweis beachtet werden, der sich schon in der Begründung des Gesetzentwurfs zum § 19 findet: die in ihm vorgesehene

Einschränkung sei nötig, um zu verhüten, daß unter dem Vorwand einer selbständigen Arbeit (und der Einverleibung in sie) eine den Urheber schädigende Ausbeutung künstlerischer oder photographischer Abbildungen stattfinde (Reichstag, 11. Legislatur-Periode II. Session 1905/06 Nr. 30 S. 26).

Die Vorinstanzen wenden darum zutreffend eine einschränkende Auslegung an. Sie entspricht schon dem Wesen des § 19 KunstschutzG. als Ausnahmevorschrift im Vergleich zu der Regel (§ 15), in der die ausschließliche Befugnis des Urhebers gesichert wird (vgl. für entsprechende Sätze des Gesetzes vom 19. Juni 1901 RGZ. Bd. 128 S. 102 bis 104, 111, 113). Gegen diese Folgerung aus dem Aufbau des Gesetzes greift nicht durch, daß das photographische Urheberrecht (wie die Beklagte und ihr Privatgutachter Dr. Elster ausführen) im Vergleich zum Urheberrechte des bildenden Künstlers nur ein schwächeres, daher für kürzere Dauer geschütztes Recht sei (§ 26 in Verb. mit § 25 KunstschutzG.). Denn hier handelt es sich nicht um Abwägung dieser beiden Urheberrechte gegeneinander, sondern einfach um den Schutz des photographischen Urhebers gegen (jetzt unbestrittene) Nachbildung. Für die Auslegung der Beklagten fiele auch nicht in die Waagschale, daß die schrift- und bildgetreue Wiedergabe eines Werkes wie des Codex aureus für Bildvervielfältigung, Druck- und Buchwesen eine Entlastung des Originals bedeuten mag; daß eine Faksimile-Ausgabe tatsächlich ermöglicht, die kostbare Ur-Handschrift zu schonen und Gefahren, die mit unmittelbarer Nachbildung verbunden wären, von ihr abzuwenden. Solche Verkehrserscheinungen können in anderer Hinsicht wichtig sein. Sie ändern aber nichts daran, daß Bildentnahme aus einem urheberrechtlich geschützten Werke nur unter den gesetzlich bestimmten Voraussetzungen freisteht, auch wenn dieses Werk selbst die Nachbildung einer urheberrechtlich ungeschützten alten Handschrift ist. . . .

Das Berufungsgericht gelangt sonach mit Recht zu dem Ergebnis, daß sich die Beklagte für ihre Entnahme des Bildes aus der Codex-Nachbildung (Faksimileausgabe) der Klägerin nicht auf § 19 KunstschutzG. berufen könne. Denn das Bild sei nicht ausschließlich zur Erläuterung des Schriftwerk-Inhaltes, sondern vorzugsweise zum Schmucke des Buches aufgenommen worden. Dem steht nicht entgegen, daß auch erläuterungshalber beigefügte Abbildungen oftmals eine anziehende Zutat, ja eine Zierde des Buches ausmachen. Entscheidend ist, daß hier, wie ohne Verstoß gegen Rechtsregeln festgestellt worden ist, der Schmuckzweck den Erläuterungszweck weit überwiegt. Ist also die Vervielfältigung der Beklagten unzulässig, so rechtfertigt sich der Klaganspruch auf Untersagung des Herstellens, Vervielfältigens und Verbreitens jener Nachbildung (§ 15 KunstschutzG. in Verb. mit § 1004 BGB., § 890 ZPO.) aus den im Berufungsurteil näher angegebenen Gründen. Auch Vernichtung ist — ohne Rücksicht auf Verschulden — in dem vom Berufungsgericht bezeichneten Umfange gesetzlich begründet (§ 37 Abs. 1 Satz 1 und Abs. 2, § 42 KunstschutzG.).

3. Ueberdies stellt das Berufungsgericht fest, daß die Beklagte absichtlich unterlassen habe, auf der Nachbildung oder in dem Hefte, dem sie beigefügt war, die Quelle deutlich anzugeben (§ 19 Abs. 2 KunstschutzG.). Die Revision beanstandet dies mit dem Hinweise, daß die Quellenangabe am Schlusse des (mit der Lieferung 144 vollständig gewordenen) Bandes unterdessen nachgeholt worden sei; sie führt aus, eine andere und frühere Quellenangabe sei nicht geboten gewesen. Auch dieser Revisionsangriff bleibt erfolglos. Denn der Vermerk auf der zur Lieferung 106 beigefügten Bildtafel I lautete: „Kaiser Karl der Kahle auf dem Throne. Aus dem sogen. Codex aureus von St. Emmeran zu Regensburg, um 870 (?) zu Corbie (Somme) angefertigt. Bayr. Staatsbibliothek, München, Cod. lat. 14 000, Bl. 5 v." Diese Fassung erweckte den Anschein, daß die Nachbildung unmittelbar nach dem Originale des Kodex gemacht worden sei, und verschwieg die Entnahme aus dem Faksimile-Kodex der Klägerin. Demnach handelte es sich um keine bloße Unterlassung der richtigen Angabe bis zum Schlusse des Werkes, sondern um eine irreführende Bezeichnung, die zu der gesetzlich gebotenen „deutlichen" Angabe geradezu im Widerspruch stand. Bei lieferungsweise erscheinenden Werken darf eine vorläufige Quellenangabe nicht so beschaffen sein, daß sie — bis zum ungewissen Erscheinen berichtigter Angaben am Schlusse des Werkes — Irrtum hervorruft. Der Revisionsangriff scheitert somit an der ausdrücklichen Feststellung des Berufungsrichters.

II. Das Oberlandesgericht stellt weiterhin fest, die Beklagte habe vorsätzlich die Nachbildung der Reproduktion der Klägerin in das Werk aufgenommen und sei „sich dabei wenigstens der Möglichkeit bewußt gewesen, das Recht der Klägerin zu verletzen". Die Feststellung der Schadensersatzpflicht ist also ebenfalls gerechtfertigt (§ 31 KunstschutzG., § 256 ZPO.). In den Gründen bemerkt das Berufungsgericht: Die Klägerin könne auf jeden Fall als entgangenen Gewinn verlangen, was ihr die Beklagte bei Einholung der Erlaubnis zur Nachbildung billigerweise an Vergütung hätte zahlen müssen. Hierzu führt die Revision aus: ein weiterer Schaden als die entgangene angemessene Vergütung könne überhaupt nicht entstanden sein; darum hätte der Anspruch der Klägerin schon dem Grunde nach in diesen Grenzen gehalten und im Urteil entsprechend beschränkt, darüber hinaus aber aberkannt werden müssen. Dem ist nicht beizustimmen. Der Antrag der Klägerin bezweckte die Feststellung, daß ihr die Beklagte überhaupt wegen schuldhafter Verletzung des photographischen Urheberrechts an einem einzigen bestimmten Werke zum Schadensersatz verpflichtet sei. Gelangte das Gericht dazu, das festzustellen, dann bedurfte es keiner näheren Bezeichnung und

Begrenzung; diese konnte dem späteren Streit über den Leistungsanspruch vorbehalten bleiben.

III. Die ferner ausgesprochene Verurteilung der Beklagten, der Klägerin über die Herstellung, Vervielfältigung und Verbreitung der Bildtafel I Rechnung zu legen, findet ihre Grundlage nach ständiger Gesetzesanwendung in Vorschriften über die Geschäftsführung ohne Auftrag (§ 687 Abs. 2 in Verb. mit § 681 Satz 2 und § 666 BGB.). . . .

**RGZ. 135, 209**

**1. Voraussetzungen und Grenzen des urheberrechtlichen Titelschutzes. Ist der Titel stets ein Teil des Werkes?**

**2. Wettbewerbsrechtlicher Titelschutz; starke und schwache Titel.**

LitUrhG. §§ 1, 2, 9, 41. UnlWG. § 16.

I. Zivilsenat. Urt. v. 13. Februar 1932.

I. Landgericht I Berlin. II. Kammergericht daselbst.

Der Schriftsteller G. K. hat im Jahre 1919 im Verlage von S. F. in B. ein „Nachtstück in drei Aufzügen" „Der Brand im Opernhaus" erscheinen lassen. Unterm 5. April 1929 hat er mit der Klägerin über die Verwertung (einschließlich Verfilmung) dieses Bühnenwerks einen Vertrag geschlossen. Danach ist die Klägerin ausschließlich befugt, seine Urheberrechte an dem genannten Bühnenstück im eignen Namen gegen Dritte geltend zu machen.

Die Erstbeklagte ist Herstellerin, die Zweitbeklagte Verleiherin eines Films, den sie ursprünglich unter dem Titel „Brand in der Oper" angekündigt hatten. Auf brieflichen Einspruch der Klägerin hatte die Erstbeklagte erwidert, der Film werde den Titel „Der Brand in der großen Oper" tragen; er ist aber dann unter dem Titel „Brand in der Oper" weiter angekündigt und auch aufgeführt worden.

Die Klägerin vertritt die Auffassung, die Beklagten hätten durch Verwendung des Titels „Brand in der Oper" die urheberrechtlichen und wettbewerblichen Befugnisse an dem Bühnenwerk des G. K. „Der Brand im Opernhaus" verletzt. Sie behauptet, daß sie dadurch verhindert werde, das K.sche Stück mit Erfolg zu verfilmen. Mit der Klage fordert sie Unterlassung und Schadensersatz. Die Beklagten bestreiten die Rechtsverletzung. Die Klägerin wurde in zwei Rechtszügen abgewiesen, ihre Revision war erfolglos.

Gründe:

I. Auf urheberrechtlicher Grundlage kann die Klägerin, wie das Berufungsurteil zutreffend annimmt, mit ihren Ansprüchen aus dem Werktitel „Der Brand im Opernhaus" nicht durchdringen.

1. Aus § 9 LitUrhG. läßt sich der Klaganspruch nicht rechtfertigen. Das Kammergericht führt darüber aus: Als wesentliche Stütze eines selbständigen urheberrechtlichen Titelschutzes habe man bisher — auch in den früheren Urteilen, die einen solchen Schutz bejahten — den § 9 LitUrhG. herangezogen. Danach sei allerdings der Erwerber des Urheberrechts, soweit keine andere Vereinbarung bestehe, nicht befugt, an dem Werke selbst, an dessen Titel und an der Bezeichnung des Urhebers etwas zu ändern. Dieses anerkanntermaßen auch im Verhältnis zu Dritten geltende Verbot richte sich aber nur gegen Veränderungen des Titels, nicht gegen dessen unveränderte Verwendung. Selbstverständlich werde dabei vorausgesetzt, daß der unzulässigerweise veränderte Titel mit dem Werke, dem er zugehöre, verbunden bleibe, sei es, daß das Werk selbst unverändert, sei es, daß es mit (gleichfalls unzulässigen) Veränderungen wiedergegeben werde. Auf den Fall dagegen, daß der Titel mit einem ganz anderen Werk als dem ursprünglichen verbunden werde, beziehe sich § 9 LitUrhG. überhaupt nicht. Ein Schutz gegen selbständige Verwendung des Titels (völlig von dem ursprünglichen Werke losgelöst) könne der Vorschrift um so weniger entnommen werden, als sie sich nur gegen die veränderte, nicht gegen die unveränderte Verwendung des Titels richte. Ein dem Titel zu gewährendes selbständiges Urheberrecht setze voraus, daß die unveränderte Verwendung des Titels verboten sei.

Dieser Auslegung des § 9 LitUrhG. ist beizustimmen. Die Revision sucht dagegen eine weitergehende zu begründen: Wenn die Vorschrift eine Veränderung des Werktitels verbiete, so müsse Verwendung des unveränderten Titels für ein anderes Werk von dem Verbote vollends betroffen werden. Diese Auffassung ist jedoch abzulehnen, weil sie dem § 9 eine Wirkung beilegt, die ihm weder nach seinem Wortlaute zukommt noch aus seiner Stellung im Zusammenhange des Gesetzes zu folgern ist. Entnahme des Titels aus dem ursprünglichen Werk in ein anderes wird bereits von den Vorschriften erfaßt, welche verbieten, das Werk unter Verletzung der Urheberbefugnis zu einem Teile zu vervielfältigen, zu verbreiten, öffentlich mitzuteilen, aufzuführen, vorzuführen oder vorzutragen (§ 41 LitUrhG.).

2. Der urheberrechtliche Schutz des ganzen Werkes erstreckt sich danach auf dessen Teile. Der Titel aber ist ein Teil des Werkes.

a) Zu den Werken gehören nach § 1 LitUrhG.: 1. Schriftwerke (aller Art, unter den in der Rechtsanwendung dafür anerkannten Voraussetzungen) einschließlich choreographischer und pantomimischer Werke (§ 1 Abs. 1 Nr. 1, Abs. 2); 2. Werke der Tonkunst (§ 1 Abs. 1 Nr. 2); 3. Abbildungen (einschließlich plastischer) wissenschaftlicher oder technischer Art, welche nicht ihrem Hauptzwecke nach als Kunstwerke zu betrachten sind (§ 1 Abs. 1 Nr. 3).

Wie die Werke, so sind die Titel von allerverschiedenster Art. Als Bezeichnungsmittel im geistigen und geschäftlichen Verkehr kleiden sie sich um der bequemen Verständigung und sicheren Unterscheidung willen meist in Worte. Doch könnte ein Titel auch bildlich gestaltet oder es können in ihm Wort und Bild verbunden sein. Dem Werke gleichartig braucht — wie ersichtlich an Ton- und Bildschöpfungen, die eine Wortbezeichnung als Titel tragen — der Titel nicht zu sein. Das Kunstwerkrecht kann außer Betracht bleiben, schon weil dort das Gesetz (KunstschutzG. vom 9. Januar 1907 § 12, § 32 Abs. 2) ausdrücklich nicht von Titel, sondern von „Bezeichnung des Werkes" spricht.

Mag der Titel dem Bezeichnungszwecke dienen, so erschöpft sich doch sein Wesen nicht notwendig in dieser Zweckverbindung. Oftmals besteht ein gedanklicher Zusammenhang des Titels mit dem (sonstigen oder eigentlichen) Inhalte. Der Titel kann z. B. (wie bei Gedichten häufig) in Anfangsworten des Werkinhalts bestehen und ihn dergestalt einleiten. Er kann (wie bei Sprüchen, Widmungsgedichten u. dgl. nicht selten) das Werk derart beleuchten und sogar ergänzen, daß ohne ihn der Sinn nur schwer, nur unsicher oder unvollständig, zuweilen überhaupt nicht verständlich wäre. Den Gedankengehalt des Werkes kann er auf mannigfaltige Weise bezeichnen oder andeuten. Innere Verbindung gesellt sich zur äußeren selbst dann, wenn der Titel den Inhalt im Dunkeln läßt, verhüllt, versteckt oder durch absichtsvolle Fassung über ihn irreführt.

In jedem Falle, auch wenn die Gedankenverbindung mit dem Inhalte nicht ohne weiteres erhellt, kommt dem Titel als Kennwort und Handhabe für das Werk im Geistes- und Geschäftsverkehr erhebliche Bedeutung zu. Schon deshalb muß er, selbst als bloßes Bezeichnungsmittel, zum Werke gerechnet, also für einen Teil des Werkes erachtet werden (so schon unter dem Gesetz vom 11. Juni 1870 gegen die damals herrschende Meinung D e r n b u r g Preuß. Privatrecht II [5. Aufl. 1897] S. 944 Anm. 9; derselbe Bürgerl. Recht VI [1907/10] S. 101 § 35 IV für das Gesetz vom 19. Juni 1901; G o l d b a u m Urheberrecht und Urhebervertragsrecht 1. Aufl. 1922 S. 122 bis 125, 2. Aufl. 1927 S. 27/28; E l s t e r Urheber-, Erfinder- und Wettbewerbsrecht 1. Aufl. 1921 S. 28 § 7, 2. Aufl. 1928 S. 40 bis 43; derselbe im Gewerbl. Rechtsschutz Bd. 30 [1925] S. 146 bis 152).

Zutreffend bemerkt daher das Berufungsgericht: „Für den Titel gelten . . . die allgemeinen Grundsätze, wonach das Urheberrecht nur ‚Werken' gewährt ist, sich aber auch auf deren Teile erstreckt (§§ 1, 2, 41 LitUrhG.)." Ferner: „Der Titel muß wegen seiner engen äußeren und inneren Verbindung mit dem Werke als dessen Teil angesehen werden, zumal da aus LitUrhG. § 9 zu entnehmen ist, daß der Titel innerhalb des urheberrechtlichen Schutzes des Werkes selbst keinesfalls schlechter gestellt sein soll als die übrigen Teile des Werkes."

b) Die Anwendung dieser Grundsätze führt jedoch zu wesentlichen Einschränkungen.

Das Kammergericht läßt eine solche Beschränkung schon insofern eintreten, als es die Frage verneint, ob dem Titel „Der Brand im Opernhaus“ als selbständigem Schriftwerke Schutz gebühre. Das ist im Ergebnis zu billigen. Jener Titel ist nach Gedankeninhalt und Ausdruck nicht von solcher Eigenart, daß ihm die Eigenschaft eines Schriftwerks im Sinne des § 1 Abs. 1 Nr. 1 LitUrhG. zugesprochen werden könnte; Gehalt und Form stehen dem Alltäglichen zu nahe, als daß sich in ihnen schöpferische Eigentümlichkeit finden ließe (RGZ. Bd. 123 S. 122, 125, 129). Nicht beizustimmen ist dem weitgehenden Satze, den das Berufungsurteil in seiner Begründung enthält: Der Titel könne begriffsmäßig kein abgesondertes Dasein führen; seine Bestimmung, ein Werk zu bezeichnen, setze die Verbindung mit diesem — einem „wirklichen“ Werke — voraus. So allgemein hingestellt, erscheint das bedenklich. Zwar werden Titel, die für sich selber nach Inhalt und Form schon ein Schriftwerk ausmachen, selten sein. Die Möglichkeit jedoch, daß sie vorkommen, ist offenzulassen. Sie wird auch durch die nahe Verbindung des Titels mit dem Werk und durch den Zweck, es im Verkehr zu bezeichnen, nicht notwendig ausgeschlossen.

Somit läge, wenn der unstreitige Sachverhalt dahin zu würdigen wäre, daß der Filmtitel „Brand in der Oper“ dem K.schen Nachtstück „Der Brand im Opernhaus“ entnommen sei, Entlehnung, zum mindesten inhaltliche Wiederholung eines Teils dieses Werkes („Teilnachdruck“) vor. In einem solchen Falle käme es nach ständiger Gesetzesauslegung darauf an, ob ein erheblicher Teil des K.schen Bühnenwerkes unbefugt vervielfältigt worden wäre. Die Erheblichkeit wäre nach Umfang und inhaltlicher Bedeutung des Entnommenen im Vergleich zum ganzen Schriftwerke zu bemessen (RGZ. Bd. 116 S. 303 und dort angeführte Belege). Der äußere Umfang der vier Titelworte „Der Brand im Opernhaus“ ist im Verhältnis zum ganzen Werke sehr gering. Auch der Anteil am Gedankengehalte des Werkes ist klein, obwohl die Ansicht der Beklagten, daß der Theaterbrand nur einen undeutlichen Hintergrund der eigentlichen Handlung bilde und der Bühne fern bleibe, nicht völlig zutrifft. Dafür, daß die Titelwahl selbst gerade für dieses Bühnenstück eine besonders hohe schöpferische Leistung bedeute und damit etwas urheberrechtlich Wesentliches ausmache, besteht kein Anhalt. Der Berufungsrichter verneint es und bemerkt, der Titel bilde hier keinen Werkteil mit selbständigem Gedankengange; er enthalte keine Gedankenentwicklung, welche die Eigenart von Inhalt und Form erst ermögliche. Hieran knüpft er die allgemeine Betrachtung: „Der Titel . . . ist im Regelfalle weder fähig noch dazu bestimmt, für sich allein, abgesondert von jeglichem Werke, einen bestimmten Gedankengang wiederzugeben. Gegenstand des Schutzes ist hier nicht die im Titel selbst enthaltene geistige Leistung, sondern die — einen beträchtlichen wirtschaftlichen Wert darstellende — Beziehung, die der Titel in der Vorstellung des Publikums zu einem auf Grund seines guten Rufes oder der dafür gemachten Reklame als besonders schätzenswert vorgestellten Werke besitzt." Mit dieser zutreffenden Kennzeichnung wird aus der urheberrechtlichen in die wettbewerbsrechtliche Klagbegründung übergeleitet.

Die vom Berufungsgericht ausgesprochene Verneinung selbständigen, eigenartigen Gedankeninhalts unterliegt keinem rechtlichen Bedenken. Denn eine große Menge von Werknamen auf den verschiedenen Gebieten des Schrifttums sind Freititel: teils als gemeinübliche, zum Verständnis nützliche oder geradezu notwendige Bezeichnungen von Gegenständen der Forschung, Wissenschaft, Kunst, Dichtung, Unterhaltung usw., teils als schlagwortartige Wendungen oder Wortverbindungen, die als Titel nichts Eigenartiges mehr bedeuten und deshalb keinen Urheberschutz rechtfertigen können, teils aus anderen Gründen, die mit der Gemeinfreiheit eines gewissen allgemeinen Sprachschatzes zusammenhängen (eine Fülle von Beispielen aus der sog. schönen Literatur enthält: Max Schneider, Deutsches Titelbuch, 1927). Viel haben zu den Freititeln in der Dichtung die geschichtlichen Personen und Ereignisse beigetragen. Im vorliegenden Falle meldet sich deshalb der Zweifel, ob nicht beide Titel — der des Bühnenstücks und der des Lichtspiels — den Leser und Hörer zunächst nur an die häufigen Theaterbrände erinnern, die Menschenopfer gefordert, Sachschaden verursacht, Aufsehen erregt haben und eine Zeitlang Gegenstand allgemeiner Aufmerksamkeit gewesen sind. K. nennt in seinem Bühnenwerk ausdrücklich einen Brand der Pariser Oper von 1763 als dessen geschichtlichen Hintergrund. Unter den Bauverhältnissen früherer Zeit waren Theaterbrände keineswegs selten. An großen Bränden dieser Art verzeichnete der Brockhaus von 1903 (14. Aufl. Bd. 15 S. 742) aus dem 19. Jahrhundert mehr als zwanzig. Auch seitdem haben sich solche Brände wiederholt. Besonders tief hat sich dem Gedächtnis die Feuersbrunst eingeprägt, die im Dezember 1881 das Wiener Ringtheater zerstörte und Hunderten von Menschen das Leben kostete. Nach der Häufigkeit derartiger Geschehnisse liegt es nahe, Wortverbindungen wie die beiden von diesem Rechtsstreite betroffenen Titel bereits unter die Wendungen des gebräuchlichen Sprachschatzes zu rechnen, die auf eine gewisse Gattung schwerer, in weiten Kreisen beachteter Unglücksfälle hindeuten. Welche Beziehungen den Inhalt des Werkes mit dem Bühnenhaus-Brande verknüpfen, macht erst das Werk selbst offenbar; der Titel ist insofern farblos, vielleicht in gewissem Maße spannend, aber ohne einen Gedankeninhalt von besonderer Eigenart.

Dem Berufungsurteil ist hiernach beizustimmen in dem Ergebnis: Der Titel „Der Brand im Opernhaus" ermangelt als Werkteil der besondern, für das Gesamtwerk erheblichen urheberrechtlichen Bedeutung.

c) Angesichts dieses Ergebnisses braucht nicht untersucht zu werden, ob die Beklagten mit der Entlehnung des Titels (wenn eine solche vorläge) oder mit der Verwendung eines in Wortwahl und Sinn ähnlichen Titels („Brand in der Oper") im Bereich unfreier Benutzung geblieben wären oder das etwa Entnommene frei benutzt hätten (LitUrhG. § 13).

II. Verneint der Vorderrichter ohne Rechtsirrtum, daß der von der Klägerin erhobene Anspruch wegen Urheberrechtsverletzung an dem Schriftwerkstitel „Der Brand im Opernhaus" begründet sei, so fragt sich noch, ob wettbewerbliche Gründe (UnlWG. § 16) ihn rechtfertigen. Das verneint er ebenfalls.

1. Im Einklange mit der Rechtsprechung des Reichsgerichts nimmt er an: Auch zwischen einem Film und einem Schriftwerke (Bühnenwerke) gleichen Titels kann Gefahr der Verwechslung bestehen. Wer den Film nicht kennt, kann durch dessen Ankündigung in die Meinung versetzt werden, daß er eine Bearbeitung des Schriftwerkes sei (RGZ. Bd. 112 S. 117, 119). (Wird ausgeführt.)

Nach irrtumsfreier Darlegung über die Anwendung des § 16 UnlWG. nimmt sodann das Kammergericht an: Die Klägerin verfügt über das Verfilmungsrecht an dem K.schen Nachtstück „Der Brand im Opernhaus", und der Verkehr muß, wie bisher so noch jetzt, mit dem Erscheinen eines nach diesem Werke hergestellten Films rechnen. Die Voraussetzungen für die Anwendung des § 16 UnlWG. liegen also an sich vor.

2. Das Berufungsgericht verneint jedoch, daß im gegenwärtigen Streitfalle die Gefahr der Verwechslung gegeben sei; es nimmt an, daß die beiden Titel „Der Brand im Opernhaus" und „Brand in der Oper" ausreichende Unterscheidungsmerkmale aufwiesen, der Tatbestand des § 16 UnlWG. („geeignet, Verwechslungen hervorzurufen") daher nicht erfüllt sei. Im einzelnen erwägt es:

a) Für den Leser und Hörer, der nur flüchtig beobachte, trete das Unterscheidende der beiden Titel in den Hintergrund. Wenn auch der Titel des K.schen Stückes durch seine Fassung (Verwendung des bestimmten Artikels „der" und des vollständigen Ausdrucks „Opernhaus") von der schlagwortartigen Kürze des Filmtitels „Brand in der Oper" abweiche, so bleibe dem flüchtigen Beobachter doch hauptsächlich — hervorgerufen durch die Bestandteile „Brand" und „Oper" — die Vorstellung eines Opernbrandes im Gedächtnis. Aus dieser Uebereinstimmung der bei beiden Titeln zugrunde liegenden Vorstellung ergebe sich zwar eine Möglichkeit zu verwechseln. Aber die Gefahr der Verwechslung — so wie sie bei der Anwendung des § 16 UnlWG. erfordert werde — folge daraus noch nicht. Wie auf dem Gebiete der Warenzeichen und Firmen, so müsse auch auf dem der Titel zwischen „starken" (mit größerer Kennzeichnungskraft) und „schwachen" (mit geringerer Kennzeichnungskraft) unterschieden werden. Um einen schwachen Titel handle es sich besonders dann, wenn die Werkbezeichnung nicht in sich selbst, durch ihren Inhalt oder ihre Form, etwas Eigenpersönliches, frei Erfundenes darstelle, sondern nur einen Hinweis auf allgemein bekannte Tatsachen oder tatsächliche Beziehungen enthalte, deren Verwertung jedem freistehe und durch ausschließliche Rechte nicht gehindert sei. Auch der Titel „Der Brand im Opernhaus" sei in diesem Sinne wenig unterscheidungskräftig. Er deute auf eine Art von Ereignissen hin, die im wirklichen Leben wiederholt vorgekommen seien und größtes Aufsehen erregt hätten. Einen Brand im Opernhause, wie er sich verschiedentlich schon wirklich ereignet habe, als beherrschendes Ereignis einer Filmhandlung zu wählen, könne niemandem verwehrt werden. Gerade derartige unheilvolle Geschehnisse stelle man wegen des damit verbundenen erschütternden Aufsehens gern in Filmen dar; namentlich für den Tonfilm biete ein Brand in einem Opernhause starke Möglichkeiten. Daher könne aber auch ein Hinweis des Titels darauf, daß das Brandunglück in einem Opernhause das beherrschende Ereignis des Films bilde, nicht verboten werden. Zusammenfassend bemerkt das Berufungsurteil: „Soweit eine Verwechslungsmöglichkeit lediglich auf der Verwendung und Zusammenstellung der Worte ‚Brand' und ‚Oper' beruht, bietet § 16 UnlWG. der Klägerin keinen Schutz; denn soweit lediglich diese beiden Grundbestandteile in Frage kommen, hat der Titel des K.schen Stückes nicht das Wesen einer besonderen Bezeichnung und muß die etwa vorhandene Verwechslungsmöglichkeit, da sie zum Gesetze nicht in Widerspruch steht, in Kauf genommen werden. Die bereits erwähnten Unterscheidungsmerkmale genügen deshalb, um eine Verwechslungsgefahr im Sinne des Gesetzes zu beseitigen. Die trotzdem übrigbleibende Möglichkeit der Verwechslung hat ihren Grund nicht in der Uebereinstimmung der Titel als solcher, sondern darin, daß in beiden Titeln auf ein der allgemeinen Verwendung offenstehendes, bekanntes Thema hingewiesen ist."

Die Gründe, aus denen das Kammergericht annimmt, daß „Der Brand im Opernhaus" ein „schwacher" Titel sei, beruhen auf der Beobachtung von Lebenserscheinungen der Vergangenheit und Gegenwart, verknüpft mit Erfahrungen der Seelenkunde; sie sind überwiegend tatsächlicher Art und weisen keinen ersichtlichen Irrtum auf, den das Revisionsgericht beachten müßte. Die dawider unternommenen Angriffe der Revision sind nicht gerechtfertigt. Namentlich trifft es nicht zu, daß das Kammergericht die Kreise, auf die es für die Verwechslungsgefahr ankommt, unrichtig bestimmt habe. Ob (wie die Revision meint) Schrifttum und Kunst schon ein Bühnenwerk oder eine sonstige Dichtung aufzuweisen haben, worin ein Opernbrand den Hintergrund bildet oder die Entwicklung beherrscht, gibt für die Gefahr der Verwechslung nicht notwendig den Ausschlag. Der Berufungsrichter konnte daher, auch wenn noch kein solches Werk nachzuweisen sein sollte, die Kennzeichnungskraft des Titels und die Verwechslungsgefahr so beurteilen, wie es geschehen ist.

b) Das Kammergericht prüft die etwa möglichen Bedenken und erwägt weiter: Allerdings könne, wie auf dem Gebiete der Warenzeichen und Firmen feststehe, auch ein an sich wenig unterscheidungskräftiges Kennzeichnungsmittel ausnahmsweise dadurch Unterscheidungskraft erlangen, daß es durch sehr weite und lange dauernde Verbreitung „Verkehrsgeltung" erlangt habe. Daß dies hier der Fall sei, verneint aber das Urteil und sagt zur Begründung: „Das Stück von K. ist keineswegs in besonderem Maße bekanntgeworden. Nach den eigenen Angaben der Klägerin ist es seit seinem Erscheinen (1919) nicht in nennenswertem Umfang aufgeführt worden. Der Titel ‚Der Brand im Opernhaus' und die dadurch wachgerufene Vorstellung eines Opernbrandes hat somit im Publikum nicht in erheblichem Maß eine zwangsläufige Beziehung zu dem Theaterstück von K. erlangt."

Auch die hiergegen erhobene Revisionsrüge greift nicht durch. Die Klägerin meint, das Berufungsgericht habe übersehen, daß die Verbreitung des K.schen Stückes nicht bloß durch Aufführungen, sondern in viel höherem Maße durch den Buchhandel — als Lesedrama — stattgefunden habe; man müsse mit einer G.-K.-Gemeinde rechnen, und darüber hätte Genaueres festgestellt werden müssen. Der Vorwurf ist nicht begründet. Denn das Kammergerichtsurteil schickt den ganz allgemein gefaßten Satz voran, daß „das Stück . . . keineswegs in besonderem Maße bekanntgeworden" sei. Dies umfaßt die gesamte Verbreitung, gleichviel ob durch Lesen oder durch Anschauen einer Aufführung. Wenn in den folgenden Sätzen noch eigens von Aufführungen die Rede ist, so bezweckt das Erläuterung, aber nicht Einschränkung der vorausgeschickten allgemeinen Feststellungen über mangelnde „Verkehrsgeltung".

Das Berufungsurteil konnte somit auf dieser Grundlage das Ergebnis ziehen: „Wenn auch der Verkehr . . . an und für sich damit rechnen muß, daß das K.sche Stück noch verfilmt werden wird, wenn also dem Titel des Theaterstücks grundsätzlich der Schutz aus § 16 UnlWG. auch gegenüber einem Filmtitel nicht abgesprochen werden kann, so ist doch der Schutz ein nur beschränkter; er greift nicht Platz, wenn der Filmtitel von dem Titel des Theaterstückes in dem hier vorliegenden Maße abweicht." Mit Recht wird hiernach verneint, daß der äußere Tatbestand des § 16 Abs. 1 UnlWG. vorliege. Die Ausführung der Revision, daß durch die besondere Bezeichnung einer Druckschrift ein schutzwürdiges Persönlichkeitsrecht entstehe, ist demgegenüber unerheblich. Der Begriff „Persönlichkeitsrecht" bezeichnet das Wesen eines besonders gearteten, von der Rechtsordnung geschützten Gutes. Damit aber der Schutz gewährt werde, müssen die gesetzlichen Voraussetzungen dafür (hier die des § 16 UnlWG.) erfüllt sein. Das Berufungsurteil verneint ohne Rechtsirrtum, daß dies der Fall sei. . . .

**RGZ. 135, 385**

**1. Sind Naturnachbildungen vom Kunstschutz und vom Geschmacksmusterschutz grundsätzlich ausgeschlossen?**

**2. Ausnutzung fremder Arbeit als Verstoß gegen die guten Sitten. Voraussetzungen der Verwechslungsgefahr.**

KunstschutzG. §§ 1, 2, 15. GeschmacksmusterG. § 1. UnlWG. § 1. BGB. § 826.

I. Zivilsenat. Urt. v. 19. März 1932.

I. Landgericht Bautzen, Kammer für Handelssachen.

II. Oberlandesgericht Dresden.

Beide Parteien stellen gewerbsmäßig künstliche Blumen, hauptsächlich Kranzblumen, her. Der Kläger hat am 27. Januar 1928 beim Amtsgericht in O. acht Modelle künstlicher Kakteen eingereicht und sie ins Musterregister eintragen lassen.

Der Kläger behauptet, im Jahre 1927 als erster von allen Wettbewerbern erkannt zu haben, daß künstliche Dickblattgewächse (Crassulaceen), besonders Echeverien und Sempervivum (Hauswurz), als Kranzblumen, zumal für Grabschmuck, vorzüglich geeignet seien. Unter Aufwendung erheblicher Mühen und Kosten sei es ihm gelungen, nach einem Verfahren, das ihm früher durch Patent geschützt gewesen sei, Echeverien und Sempervivum so vollkommen herzustellen, daß sie völlig wie natürliche wirkten. Diese Erzeugnisse seien sofort als etwas Neues und Eigenartiges in den Verkehr aufgenommen worden und hätten sich den Markt erobert. Mit Recht habe er sie als Geschmacksmuster schützen lassen. Sie seien aber auch Gegenstände des Kunstgewerbes und also des Kunstwerkschutzes teilhaftig. Die Wettbewerber hätten versucht, die Erzeugnisse nachzubilden. Am besten sei dies der Beklagten gelungen, weil sie sie genau („sklavisch") nachgeahmt habe; in Rundschreiben an die Kundschaft lasse sie selber diese genaue Nachbildung durchblicken. Das Verhalten der Beklagten verstoße wider das Geschmacksmustergesetz, das Kunstschutzgesetz, das Wettbewerbsgesetz, auch gegen die §§ 826, 1004 BGB. Die Anträge der Klage gehen dahin: 1. Der Beklagten solle bei Strafe verboten werden, künstliche Echeverien und Sempervivum als Kranzblumen herzustellen und in den Handel zu bringen; 2. es solle ihr ferner verboten werden, ein Rundschreiben gewissen Inhalts zu verbreiten; 3. die Beklagte solle über den bisherigen Vertrieb der unter 1 bezeichneten Erzeugnisse Rechnung legen und 4. Schadensersatz leisten. Die Beklagte bestreitet jeden Verstoß gegen gesetzliche Vorschriften.

Das Landgericht hat die Klage abgewiesen, das Oberlandesgericht hat durch Teilurteil die Berufung des Klägers für die Klagansprüche 1, 3 und 4 zurückgewiesen; für den 2. Anspruch ist die Sache noch im zweiten Rechtszug anhängig. Die Revision des Klägers führte zur Aufhebung und Zurückverweisung.

Gründe:

I. Insofern, als der Klaganspruch auf Kunstwerkschutz und Geschmacksmusterschutz gegründet wird, schließt sich das Oberlandesgericht im allgemeinen den Gründen des Landgerichts an und nimmt auf sie Bezug. Beide kommen zu demselben Ergebnis: daß die Klage mit ihrem 1., 3. und 4. Antrag auf dieser Grundlage keinen Erfolg habe.

A. (Kunstwerkschutz.) Landgericht und Oberlandesgericht prüfen, ob die künstlichen Echeverien und Sempervivum des Klägers kunstgewerbliche Erzeugnisse seien (§ 2 KunstschutzG.), und verneinen es. Zu den Werken der (das Kunstgewerbe mit umfassenden) bildenden Künste gehört nach ständiger Gesetzesauslegung jede in nichtorganischem Stoffe sichtbar gewordene Gestaltung, in der ein eigenes künstlerisches Schaffen zutage tritt; jede eigenpersönliche geistige Schöpfung, die mit den Darstellungsmitteln der Kunst durch formgebende Tätigkeit hervorgebracht und vorzugsweise für die Anregung des ästhetischen Gefühls durch Anschauen bestimmt ist; und zwar ohne Rücksicht auf den höheren oder geringeren Kunstwert und ohne Rücksicht darauf, ob das Werk neben dem ästhetischen Zwecke noch einem praktischen Gebrauchszwecke dient. (RGZ. Bd. 18 S. 107, Bd. 23 S. 117, Bd. 76 S. 343/344, Bd. 115 S. 181, Bd. 117 S. 234, Bd. 124 S. 71; RGSt. Bd. 6 S. 343, Bd. 23 S. 134, Bd. 43 S. 330). Landgericht und Oberlandesgericht nehmen mit fehlerfreier Begründung an, daß die künstlichen Blumen des Klägers, um die es sich hier handelt, jenen Anforderungen, die an Kunstwerke zu stellen sind, nicht genügen.

Das Landgericht bemerkt: Die Muster des Klägers können, wie ihr Anblick erweist, nicht als künstlerische Schöpfung angesprochen werden. Augenscheinlich hat der Kläger nicht beabsichtigt, mit seinen Gebilden eine eigenartige ästhetische Wirkung außerhalb der reinen gewerbsmäßigen Zweckmäßigkeit zu erzielen. Er wollte offenbar nur ein rein gewerbliches Muster schaffen, das er in seinem Fabrikationsbetriebe gewerblich auszunutzen gedachte. Auch fehlte es bei den Mustern des Klägers an der schöpferischen künstlerischen Idee, deren Formgebung durch das Kunstschutzgesetz geschützt wird. Er beschränkt sich darauf, die in der Natur vorhandenen Vorbilder ohne eignen schöpferischen künstlerischen Gedanken nachzuahmen. Das Oberlandesgericht fügt beistimmend hinzu: Den Erzeugnissen des Klägers fehle jede Eigentümlichkeit, jede auf dem Gegenstand selbst beruhende eigenartige ästhetische Wirkung. Die vom Kläger bewerkstelligte getreue Nachbildung des Naturerzeugnisses sei keine eigentümliche (eigenartige) Schöpfung.

Diese aus dem Augenschein an vorgelegten Mustern gewonnene Beurteilung reicht aus, um das Ergebnis, daß die Kunstwerkseigenschaft fehle, rechtlich zu begründen. Einen offenbaren Irrtum tatsächlicher Art enthält sie nicht. Allerdings dürfen die Ausführungen des Oberlandesgerichts (nebst denen des Landgerichts, die es billigt) nicht in dem

Sinne verstanden werden, als sei die getreue Nachbildung der Natur grundsätzlich nie unter die Kunstwerke zu rechnen, weil ihr notwendig die Eigentümlichkeit mangle. Naturnachahmungen können nach Gegenstand, Ausführungsmitteln, Gestaltungsweise und Wirkung dermaßen verschieden sein, daß sich eine so weitgehende Regel nicht rechtfertigt. Auch vermag die Vollkommenheit der Form in vielen Fällen auszugleichen, was durch enge Anlehnung an das natürliche Vorbild dem Gedankengehalte des Werkes fehlt. Immer bleibt es daher eine Frage tatsächlicher Würdigung, ob sich im einzelnen Falle die Nachbildung noch als Ausdruck eigenpersönlicher Schöpferkraft erweist (RGZ. Bd. 72 S. 163 [165]). Einen Fehler in der Rechtsanwendung läßt die Würdigung des Berufungsgerichts nicht erkennen.

Das Oberlandesgericht ergänzt seine Erwägungen noch in folgender Richtung: In der Rechtslehre finde sich die Auffassung, daß dem, welcher ein Original kopiere, ein eigenes schutzwürdiges Urheberrecht auch dann zustehe, wenn seiner Kopie kein ästhetischer Ueberschuß innewohne; daß also der Nachbildner einen eigenen Unterlassungsanspruch gegen denjenigen habe, der nicht das Original, sondern die Kopie nachbilde. Dieser — von anderen abgelehnten — Ansicht sei zwar nicht beizutreten. Denn das Wesen des Kunstwerkschutzes fordere eine eigentümliche Schöpfung. Aber der § 15 Abs. 2 KunstschutzG. könne schon deshalb nicht angewandt werden, weil der Kläger nicht ein anderes Kunstwerk, sondern die Natur nachgebildet habe. Das ist zutreffend. Die „Nachbildung eines bereits vorhandenen Werkes" (§ 15 Abs. 2) umfaßt nicht die Nachbildung natürlicher Blumen durch Herstellung von künstlichen, die ihnen gleichen. Gegenstand des Kunstwerks und Urbild sind verschiedene Dinge.

Weiter erwägt das Oberlandesgericht, ob etwa der besondere Fall vorliege, daß das Original der Nachbildung durch einen Dritten entzogen sei, und verneint es: natürliche Echeverien und Sempervivum seien auch in den vom Kläger herausgebrachten Formen und Farben im Handel und daher auch für die Beklagte erreichbar.

Das Berufungsurteil zieht ferner die Frage nach dem schöpferischen Ueberschusse der vom Kläger hergestellten künstlichen Blumen besonders in Betracht. Es bemerkt dazu: Eine eigenpersönliche geistige Tätigkeit des Klägers präge sich auch in der Wahl der Originalstücke aus der Gattung nicht aus. Zwar mache der Kläger geltend, daß er weit gereist sei, um besonders schöne Stücke ausfindig zu machen. Seine vorgelegten Muster ließen jedoch in dieser Richtung gegenüber den allgemein im Handel befindlichen natürlichen Pflanzen nichts Schöpferisches erkennen. Dem Kläger möge vielleicht zugerechnet werden, daß er als Erster diese Pflanzen als für die Kranzindustrie besonders geeignet befunden habe. Diese Erkenntnis allein aber genüge nicht, um dem Erzeugnis so viel schöpferische Geistestätigkeit zuzubilligen, wie man für ein Kunstwerk fordern müsse. — Auch hier ist nirgend ersichtlich, daß das Berufungsgericht Rechtsgrundsätze außer acht gelassen, verkannt oder unrichtig angewandt habe.

Die Verneinung der Kunstwerkseigenschaft weist nach allem dem keinen Rechtsirrtum auf.

B. (Geschmacksmusterschutz.) Das Landgericht geht, der herrschenden Gesetzesauslegung gemäß, davon aus, daß ein schutzfähiger Geschmacksmuster-Gegenstand nur vorliegt, wenn durch eigenpersönliche Formgebung ein neues und eigentümliches (eigenartiges) Erzeugnis geschaffen worden ist, ein bisher im Verkehr noch nicht vorhanden gewesenes Muster sich als Ergebnis schöpferischer Geistestätigkeit darstellt.

Die Muster des Klägers sind Erzeugnisse der Industrie künstlicher Blumen. Das Landgericht spricht den allgemeinen Satz aus: Soweit dieser Gewerbszweig sich darauf beschränke, die natürlichen Blumen möglichst naturgetreu nachzubilden, könne man nicht von eigner schöpferischer Kraft der Hersteller sprechen. Denn ihre Tätigkeit bestehe dann nur in Nachahmung der in der Natur vorhandenen Vorbilder. Es fehle an der für ein Geschmacksmuster erforderlichen eigenpersönlichen ästhetischen, neuen und eigenartigen Formgebung. Von ihr könne erst die Rede sein, wenn das geschaffene Muster in Form oder Farbe (z. B. durch Stilisierung) von der natürlichen Blume abweiche, oder wenn durch besondere schöpferische Zutaten bei sonst naturgetreu nachgeschaffenen Blumen neue und eigenartige ästhetische Wirkungen hervorgerufen würden. Dann erweise sich die Nachbildung natürlicher Blumen als Betätigung eigenpersönlicher Schöpferkraft, und im Falle der Neuheit entstehe so ein geschmacksmusterfähiges Gebilde. Die Muster des Klägers seien bloß möglichst naturgetreue Nachbildungen von Echeverien und Sempervivum. Zu ihrer Herstellung habe der Kläger keine eigene schöpferische Kraft aufwenden müssen. Das Vorbild sei ihm von der Natur gegeben worden; seine Arbeitsleistung habe sich darauf beschränkt, zu möglichst naturgleicher Nachgestaltung die Werkzeuge zu schaffen und die Stoffe auszuwählen. Bei der Schaffung eines Musters, das in bloßer Naturnachahmung bestehe, mangle die eigne Formgebung, also die Eigentümlichkeit im Sinne des Geschmacksmusterrechts.

Das Oberlandesgericht schließt sich dem an und bekundet die Ueberzeugung, daß es den Erzeugnissen des Klägers an der für Geschmacksmuster wesentlichen Eigentümlichkeit gebreche. Es läßt dahinstehen, ob in dieser Beziehung an ein Geschmacksmuster geringere Anforderungen zu stellen seien als an ein Kunstwerk, spricht aber den Erzeugnissen des Klägers jede Eigentümlichkeit, auch die für Geschmacksmuster nötige, ab. Diese Eigentümlichkeit (so führt es aus) bestehe darin, daß mit der Gestaltung der Gegenstände, für die der Schutz begehrt wird, eine eigenartige ästhetische Wirkung erzielt werde, die auf dem Gegenstand selbst beruhe. Das aber sei bei den Erzeugnissen des Klägers nicht der Fall.

Diese seien (nach der Behauptung des Klägers, die als richtig unterstellt werden könne) bewußte Nachbildungen der Natur; und zwar seien sie ihr so getreu nachgebildet, daß man sie von den natürlichen Blumen kaum noch unterscheiden könne. Der ästhetische Genuß für den Beschauer werde nicht durch die Gestaltung des Nachbildes hervorgerufen, sondern durch die Form, welche die Pflanze in der Natur aufweise. Die schöpferische Tätigkeit des Klägers, darin bestehend, daß der Nachbildung die Form des Naturerzeugnisses verliehen werde, möge hohen technischen und gewerblichen Wert besitzen. Aber sie führe nicht dazu, die Nachbildung als eine eigenartige, „eigentümliche" Schöpfung im Sinne des Mustergesetzes vom 11. Januar 1876 anzusehen. Den Einwurf des Klägers, daß viele Beschauer, obwohl sie natürliche Pflanzen der nachgebildeten Art gar nicht kennten, seine Nachbildung doch als eigenartig und schön empfänden, erachtet der Vorderrichter für unstichhaltig. Er bemerkt dazu: Auch bei solchen Beschauern seien die Gedanken der Eigenart und Eigentümlichkeit und der ästhetische Genuß zwingend mit dem Naturerzeugnis verbunden, welches in der künstlichen Nachbildung dargestellt sei; sie würden nur durch die Empfindung hervorgerufen, ein schönes Naturerzeugnis zu sehen. Erkenne der Betrachter, daß eine Nachbildung vorliege, so gelange er von jener Befriedigung seines Schönheitsgefühls je nach den Umständen zur Bewunderung und Anerkennung der technischen Leistung, die sich in der Lösung einer solchen Aufgabe, die Natur nachzuahmen, offenbare.

Auch diese Ausführungen des Oberlandesgerichts lassen sich — wie die entsprechenden über die Erfordernisse des Kunstschutzes — nicht verallgemeinern. Ein Rechtssatz, daß Nachbildungen nach der Natur völlig des Musterschutzes unfähig seien, besteht nicht. Aber auch einen Rechtssatz, daß Nachbildungen einfacher Naturgegenstände von diesem Schutze ausgeschlossen seien, gibt es nicht. Beim Geschmacksmusterschutz ist es (entsprechend wie beim Kunstwerkschutze) nur eine Frage tatsächlicher Würdigung, ob sich im einzelnen Falle die Nachbildung noch als eine Betätigung eigenpersönlicher Schöpferkraft erweise (RGZ. Bd. 72 S. 165). Die Möglichkeit, daß bloße Nachbildungen von Blumen nach der Natur Geschmacksmusterschutz erlangen, kann also nicht (wie Landgericht und Oberlandesgericht es anscheinend wollen) grundsätzlich ausgeschlossen werden. Den im Schrifttum vertretenen Stimmen, welche das befürworten, ist nicht beizupflichten. Auch Modelle künstlicher Blumen können — namentlich durch freischaffende Tätigkeit, die nicht im Bereiche des Mechanischen verharrt — ein solches Maß von geistiger Schöpferkraft aufweisen, daß die für ein Geschmacksmuster nötige Eigentümlichkeit erreicht wird. Selbst nach der Einschränkung rechtlich bedenklicher Verallgemeinerungen bleibt jedoch im Berufungsurteil die tatsächliche Würdigung übrig, daß den Erzeugnissen des Klägers die Eigentümlichkeit — jedenfalls die für Geschmacksmuster erforderliche — fehle. Daß hierin ein rechtlicher oder ein offenbarer tatsächlicher Irrtum liege, ist nicht ersichtlich. Die Revisionsangriffe gegen diesen Teil der Urteilsgründe dringen nicht durch. . . .

II. Während also das Berufungsurteil, insofern es die Anspruchsgründe des Kunstschutzes und des Geschmacksmusterschutzes verneint, keine Rechtsverletzung erkennen läßt, unterliegen seine Gründe, soweit sie sich auf den Klagegrund des unlauteren Wettbewerbs beziehen, in einem wesentlichen Punkte rechtlichen Bedenken.

1. Keiner Erörterung bedarf es, daß die Maßnahmen der Beklagten, welche der Kläger beanstandet, im geschäftlichen Verkehre zu Zwecken des Wettbewerbs vorgenommen worden sind (§ 1 UnlWG.).

2. Das Oberlandesgericht würdigt jedoch das Verhalten der Beklagten dahin, daß es nicht gegen die guten Sitten verstoße (§ 1 UnlWG., § 826 BGB.). Dem ist nach dem Inbegriffe der Feststellungen und derjenigen als richtig unterstellten Klagbehauptungen, die zu diesem Teile der Anspruchsbegründung gehören, nicht beizustimmen.

a) Das Berufungsurteil unterstellt als richtig, daß der Kläger ein ungewöhnliches Maß von technischer Arbeit, Geistestätigkeit und Kosten bei der Gestaltung seiner Nachbildung von Echeverien und Sempervivum und bei deren Einführung in den Verkehr aufgewendet habe. Ferner nimmt es als wahr an, die Beklagte habe wegen der günstigen Aufnahme, die den Erzeugnissen des Klägers im Verkehr zuteil geworden ist, auch ihrerseits die Nachbildung solcher Pflanzen und ihren Vertrieb zum Gegenstande des eigenen Geschäfts gemacht. Es unterstellt weiter als zutreffend, die Beklagte habe das entsprechende von ihr auf den Markt gebrachte Erzeugnis nicht der Natur, sondern dem Erzeugnisse des Klägers nachgeahmt. Aber der Vorderrichter erachtet solche Nachahmung nicht für grundsätzlich unstatthaft, weil das künstliche Gebilde des Klägers wegen mangelnder Eigentümlichkeit „keinen Formalschutz“, also keinen Geschmacksmusterschutz, genieße. Zwar verkennt er nicht, daß sich die Beklagte durch solche Nachbildung fremder Naturnachbildung außerordentlich erleichtert habe, ein brauchbares, lohnendes Erzeugnis für ihren Handelsbetrieb zu gewinnen. Jedoch meint er: „Nur dann würde möglicherweise im vorliegenden Falle die Aufnahme der künstlichen Herstellung von Echeverien und Sempervivum in den Fabrik- und Geschäftsbetrieb der Beklagten gegen die guten Sitten verstoßen, wenn die Erzeugnisse der Beklagten in allen Einzelheiten so getreu den Erzeugnissen des Klägers nachgebildet wären, daß sie von ihnen nicht unterschieden werden könnten, und wenn aus diesem Grunde und nach den sonstigen Begleiterscheinungen des Inverkehrbringens damit gerechnet werden müßte, daß Verwechslungen der Erzeugnisse der Parteien entstehen könnten, die der Beklagten besondere Vorteile brächten.“ Solche Verwechslungsgefahr liege jedoch nicht vor. Wie sich aus den vorgelegten Mustern ergebe und im Gutachten des Sachverständigen seine Bestätigung finde, handle es sich beim Erzeugnis der Beklagten nicht um eine in den Einzelheiten genaue (sog. sklavische) Nachahmung; sondern es zeige sich bei der Beklagten eine Herstellungsart, die von der des Klägers ganz verschieden sei. Allerdings beständen die Blätter der Kunstblumen bei beiden Parteien aus Papier oder Pappe. Beim Kläger aber seien sie mit einer Wachsmasse überzogen; bei der Beklagten dagegen sei die Pappmasse mit Erhaltungsmitteln durchtränkt (imprägniert), auf diese Weise widerstandsfähig gemacht und nicht mit einem Wachsüberzug versehen. Dieser Unterschied sei an den von den Parteien vorgelegten Mustern so augenfällig, daß „Verwechslungen der Erzeugnisse der Beklagten mit solchen des Klägers nicht eintreten können".

b) Der Revision ist angesichts dieser Feststellungen zwar nicht ohne weiteres zuzugeben, daß die Gefahr der Verwechslung dennoch vorliege. Wohl aber fragt sich, ob die Verneinung solcher Gefahr im Berufungsurteil auf einer völlig zureichenden Grundlage beruht. Ausführungsformen künstlicher Blumen wie die bei Gericht vorgelegten des Klägers und der Beklagten mögen sich, unmittelbar nebeneinander zur Schau gestellt, für einen nicht völlig oberflächlichen Betrachter hinreichend unterscheiden. Für den Verkehr aber kommt es darauf an, ob sie, einzeln und getrennt voneinander gesehen, nicht doch verwechselt werden können. Hierfür ist auch von Bedeutung, welche Kreise ausschließlich oder hauptsächlich dergleichen künstliche Blumen, besonders Kranzblumen, beziehen. Sind es allein oder überwiegend Großhändler, so mag ihnen unbedenklich der geübte Blick zugetraut werden, den das Oberlandesgericht voraussetzt. Sollten es aber weitere Kreise sein, in denen man nicht durchweg mit solcher Sachkunde im Unterscheiden von Herstellungsart und Eigenschaften der Ware zu rechnen hat, so wäre doch die Frage, ob die Annahme des Berufungsurteils (daß Verwechslungsgefahr schlechthin und allgemein zu verneinen) haltbar sei, nochmals unter Berücksichtigung der bislang nicht festgestellten Umstände zu prüfen. Dabei kann möglicherweise die neuere Entwicklung der Technik im Herstellen künstlicher Blumen und der Einfluß des Klägers auf sie von Bedeutung sein.

c) Selbst wenn bei nochmaliger Untersuchung das Ergebnis dahin lauten sollte, daß für die tatsächlich in Betracht kommenden Abnehmerkreise die streitigen Erzeugnisse, auch einzeln und getrennt voneinander gesehen, keiner Täuschung über den Ursprung und somit keiner Verwechslungsgefahr ausgesetzt seien, so wäre doch zu bedenken, ob nicht sogar ohne sie ein Verstoß gegen die guten Sitten vorliegen könne.

Der Berufungsrichter stellt zwar nicht als erwiesen fest, nimmt aber (unterstellend) einstweilen als wahr an: der Kläger habe ein ungewöhnliches Maß von technischer Arbeit, Geistestätigkeit und Kosten bei der Gestaltung seiner Nachbildungen und bei ihrer Einführung in den Verkehr aufgewendet und die Beklagte habe wegen der günstigen Aufnahme, die den Erzeugnissen des Klägers zuteil geworden sei, auch ihrerseits die

Nachbildungen solcher Pflanzen und deren Absatz in ihren Geschäftsbetrieb aufgenommen. ... Sie hätte als Vorbilder bei der künstlichen Anfertigung (so stellt das Berufungsurteil fest) ebenso wie der Kläger natürliche Blumen benutzen können; solche wären ihr zugänglich gewesen. Sie hat aber (wie unterstellt wird) diesen ihr offenstehenden Weg, nach der Natur zu gestalten, nicht gewählt, sondern zum eignen Vorteil die vom Kläger geschaffenen künstlichen Blumen nachgebildet. Das war für sie (so wird festgestellt) bedeutend leichter; auch die damit verbundene Ersparnis unterliegt keinem Zweifel. Dadurch verschaffte sich die Beklagte im Verhältnis zum Kläger, dessen mühevoll und kostspielig hergestellte Muster sie benutzte, große geschäftliche Vorteile.

Grundsätzlich steht dem Gewerbetreibenden allerdings frei, fremde Arbeit und deren Ergebnisse, die mit Mühen, Zeit- und Kostenaufwand errungen worden sind, auszunutzen. Denn Gewerbefleiß, Handel und Verkehr der Gegenwart beruhen auf dem Erbe der Vergangenheit. Neue Arbeiten brauchen vernünftigerweise den bisher errungenen Stand der Dinge nicht unbeachtet zu lassen; um unfruchtbare Wiederholungen zu vermeiden, müssen sie an das Erreichte anknüpfen und auf ihm weiterbauen. Erkenntnisse und Fertigkeiten, die bereits gewonnen sind, dürfen, soweit nicht besondere Schutzgesetze entgegenstehen, benutzt werden. Unter gewissen Umständen aber verstößt, auch wenn kein gesetzliches eigens anerkanntes Ausschließungsrecht (Urheber-, Erfinder- oder Musterrecht) verletzt wird, die Ausbeutung fremder Arbeit gegen die guten Sitten. So namentlich 1. wenn sie täuschend wirkt und die Gefahr von Verwechslungen oder anderen irreführenden Vorstellungen erzeugt; 2. wenn eine ungerechtfertigte Bereicherung beabsichtigt wird; 3. wenn die Ausnutzung erschlichen ist (vgl. C a l l m a n n Der unlautere Wettbewerb S. 116 Anm. 48 zu § 1 UnlWG.). Hier wird, wenn nicht etwa doch nach weiteren Aufklärungen Verwechslungsgefahr als gegeben anzusehen ist, von neuem zu prüfen sein, ob die Maßnahmen der Beklagten ein Ergebnis bezwecken, das in ungerechtfertigter Bereicherung auf Kosten des Klägers besteht, und ob die angewandten Mittel sich mit den Lebensbedingungen eines redlichen Geschäftsverkehrs vertragen. Jeder Geschäftsinhaber wird — und das nimmt der Kläger für sich in Anspruch — vermöge seines Persönlichkeitsrechtes am Bereiche seiner Gewerbetätigkeit von der Rechtsordnung in dem Verkehrs-Besitzstande geschützt, den er mit redlichen Mitteln erworben hat (vgl. K o h l e r Der unlautere Wettbewerb S. 17, 22 flg., 95 flg.; B a u m b a c h Wettbewerbsrecht 1. Aufl. S. 514, 2. Aufl. S. 401 bis 403; C a l l m a n n a. a. O. S. 123 Anm. 57 zu § 1 UnlWG.; R o s e n t h a l Wettbewerbsgesetz 8. Aufl. S. 5, S. 183 flg. Anm. 53, 53 a, 56, 59, 59 a zu § 1 UnlWG.). Die Kampfmittel eines Wettbewerbs aber, die jenen Besitzstand angreifen, entsprechen den guten Sitten in der Regel nicht, wenn ihre allgemeine Anwendung mit dem geordneten Gange des redlichen Verkehrs unvereinbar wäre (RGZ. Bd. 73 S. 296/297, Bd. 88 S. 185/186, Bd. 117

S. 21, Bd. 119 S. 415, Bd. 120 S. 97, Bd. 134 S. 351). Das könnte im vorliegenden Falle z. B. zutreffen, wenn die Beklagte bei der Nachahmung von Mustern des Klägers oder bei der engen Anlehnung an sie darauf ausgegangen wäre, mit den eigenen Nachbildungen den Kläger im Preise zu unterbieten. Hier wie sonst wird zu prüfen sein, ob ein in den beteiligten Geschäftskreisen etwa verbreiteter Gebrauch als maßgeblich zu behandeln oder als Mißbrauch abzulehnen sei.

3. Die dargelegten rechtlichen Bedenken in der Frage, ob die Beklagte gegen die guten Sitten verstoßen habe, nötigen zur Aufhebung des Berufungsurteils und zur Zurückverweisung an das Oberlandesgericht. Im Zusammenhang mit der wiederholten Untersuchung, ob ein Verstoß wider die guten Sitten (§ 1 UnlWG., § 826 BGB.) vorliege, wird je nach deren Ergebnis nochmals zu erwägen sein, ob sich dadurch etwa für die Fragen des Kunstwerkschutzes und des Geschmacksmusterschutzes (oder eines von beiden) eine andere Beurteilung rechtfertigt. Auch wenn dieser Fall eintreten sollte, kann der Kläger mit seinem ersten Klagantrage keinen vollen Erfolg haben. Er kann nicht verlangen, daß der Beklagten bei Strafe verboten werde, „künstliche Echeverien und Sempervivum als Kranzblumen herzustellen und in den Handel zu bringen". Denn die Nachbildung jener Pflanzengattungen unmittelbar nach der Natur müßte der Beklagten jedenfalls unverwehrt bleiben.

## RGZ. 136, 377

**Verletzt der Rundfunkteilnehmer ein Urheberrecht des Tonsetzers, wenn er geschützte Musik durch seinen Lautsprecher zu gewerblichen Zwecken ertönen läßt?**

LitUrhG. § 11.

I. Zivilsenat. Urt. v. 11. Juni 1932.

I. Landgericht I Berlin. II. Kammergericht daselbst.

Die drei verklagten, zu einer Gesellschaft bürgerlichen Rechts zusammengeschlossenen Verbände (hier fortan einheitlich als „der Beklagte" bezeichnet) verwerten die ihnen von ihren Mitgliedern übertragenen musikalischen Aufführungsrechte und Senderechte; sie verwalten nahezu sämtliche Aufführungs- und Senderechte deutscher und ausländischer Tonsetzer, die für den deutschen Musikbedarf in Betracht kommen. Das klagende Reichskartell vertritt die Belange der Musikveranstalter mit Ausnahme der im Bunde der Saal- und Konzertlokal-Inhaber vereinigten; ihm gehören tausende von Lichtspielbühnenbesitzern, Gastwirten usw. an.

Ein Rahmenvertrag vom 7. August 1930 zwischen dem Kläger und dem Beklagten sagt den Mitgliedern des Klägers, soweit sie nach der Art ihrer Betriebe im Tarif berücksichtigt sind, besondere Vorzugsbedingungen beim Abschluß von Einzelverträgen zu. Darüber, wie die gewerbsmäßigen Vorführungen geschützter Rundfunkmusik mittels Lautsprechers behandelt werden sollen, bestimmt der Tarif nichts; er vermerkt nur, daß Lautsprecherübertragungen in andere Räume nach Größe und Charakter der betreffenden Lokale eingeschätzt werden. Der Beklagte hat neuerdings in seinem allgemeinen Tarif Entgeltsätze für Rundfunkmusik-Uebertragungen in Gaststätten usw. aufgenommen. Daraufhin ist zwischen ihm und dem Kläger streitig geworden, ob der Beklagte einen Gewinnanteil dafür verlangen darf, wenn in Gaststätten und an anderen Orten urheberrechtlich geschützte Musik durch Lautsprecher zu Gehör gebracht wird. Der Beklagte hat sich in einem Schreiben vom 15. Oktober 1930 dem Kläger gegenüber ausdrücklich des Rechts berühmt, für Rundfunkübertragungen der Musik Tantieme zu fordern.

Mit der vorliegenden Klage begehrt der Kläger die Feststellung, daß dem Beklagten für das Hörbarmachen an sich abgabepflichtiger Rundfunkmusik durch Lautsprecher in gewerblichen Betrieben kein solches Recht zustehe. Er vertritt die Ansicht: Gewerbliche Darbietung von Rundfunkmusik durch Lautsprecher sei weder eine öffentliche Aufführung noch eine gewerbsmäßige Verbreitung des musikalischen Werks. Soweit etwa noch eine Verbreitungshandlung darin gefunden werden könne, sei die ausschließliche Verbreitungsbefugnis des Beklagten dadurch erschöpft, daß er die Befugnis, seine musikalischen Aufführungsrechte zu benutzen, an die Rundfunk-Gesellschaft übertragen habe. Der Beklagte dagegen will das gewerbsmäßige Hörbarmachen von Rundfunkmusik als eine Verbreitung aufgefaßt sehen, die ihm — kraft Vorbehalts in den Verträgen mit der Reichs-Rundfunk-Gesellschaft — ausschließlich zustehe. Die Reichs-Rundfunk-Gesellschaft und der Bund der Saal- und Konzertlokal-Inhaber sind dem Kläger als Nebenintervenienten beigetreten.

Das Landgericht hat die Klage abgewiesen. Auf Berufung des Klägers hat das Kammergericht abändernd festgestellt, daß der Beklagte nicht berechtigt ist, für das Hörbarmachen von an sich abgabepflichtiger Radiomusik durch Lautsprecher in gewerblichen Betrieben Tantieme zu verlangen.

Die Revision des Beklagten hatte keinen Erfolg.

Aus den Gründen:

... II. Zu entscheiden ist hiernach nur die Rechtsfrage: Verletzt der Rundfunkteilnehmer ein Urheberrecht des Tonsetzers, wenn er an sich geschützte Musik durch seinen Lautsprecher zu gewerblichen Zwecken ertönen läßt, besonders durch Aufstellung des Lautsprechers in öffentlichen Lokalen, Gaststätten, Lichtspielhäusern usw.?

A. Das Berufungsgericht untersucht zunächst, welcher urheberrechtliche Tatbestand in der Darbietung geschützter Musik durch den Rundfunk liege.

1. Es lehnt ab, auf die Rundfunkmusik den gesetzlichen Begriff der Vervielfältigung eines Tonwerks (LitUrhG. § 11 Abs. 1) anzuwenden, und erwägt: Früher habe man unter Vervielfältigung die Herstellung

eines körperlichen Gegenstands verstanden, der das Werk zum Zweck sinnlicher Wahrnehmung wiedergebe und es derart festlege, daß diese sinnliche Wahrnehmung sich beliebig oft wiederholen könne. Da die Rundfunkübertragung das Geistesgut lediglich für das Gehör aufnehme und wiedergebe, ohne einen sachlichen Niederschlag des Werks zu bilden und zu hinterlassen, könne man sie nicht als Vervielfältigung bezeichnen. Wolle man „Vervielfältigung“ im Sinn einer Vervielfachung des Geisteswerkes selbst verstehen, so weiche dies allzu gewaltsam vom gewöhnlichen, auch dem Gesetz zugrunde liegenden Sprachgebrauch ab. — Diese Betrachtung enthält weder einen tatsächlichen noch einen rechtlichen Irrtum. Uebrigens würde die Anwendung des Begriffes „Vervielfältigung“, wenn angängig, zu keinem anderen Ergebnis führen als die vom Landgericht und vom Kammergericht angenommene der „gewerbsmäßigen Verbreitung“ (vgl. zu A 4).

2. Mit Recht lehnt das Berufungsurteil sodann die Vorstellung ab, daß der Rundfunk ein zur mechanischen Wiedergabe für das Gehör dienendes Instrument (LitUrhG. § 2 Abs. 2, § 12 Abs. 2 Nr. 5, § 14 Nr. 4) sei. Der Entstehung der hierher gehörigen Gesetzesbestimmungen entnimmt es, daß damit nur solche Instrumente umfaßt sein sollen, die durch ihre eigene Mechanik Musik zum Ertönen bringen und beliebig wiederholen können, die also die Klangquelle in ihrer Mechanik selbst tragen. Davon kann, wie das Berufungsgericht zutreffend ausführt, bei der Rundfunkanlage nicht gesprochen werden; denn sie dient nur in ähnlicher Weise wie der Fernsprecher (wenn auch auf minder einfachem Wege) als Sender für die außerhalb davon erzeugten Töne.

3. In der rundfunkmäßigen Wiedergabe von Schriftwerken ist zwar kein öffentlicher Vortrag zu sehen (RGZ. Bd. 113 S. 420—423). Daraus folgt jedoch nicht, daß für die rundfunkmäßige Wiedergabe von Werken der Tonkunst die Anwendung des Begriffs „öffentliche Aufführung“ (LitUrhG. § 11 Abs. 2) abzulehnen sei. Den Darlegungen des Berufungsgerichts hierüber ist beizutreten. Ein Tonwerk wird aufgeführt, wenn es (wie dies im Senderaum einer Rundfunkgesellschaft geschieht) zu Gehör gebracht wird. Der Vorgang im Senderaum, wo die Musik vor dem zur Weitergabe bestimmten und geeigneten Sender stattfindet, genügt diesem Erfordernis der Aufführung, da die Töne auch tatsächlich zu Gehör kommen oder wenigstens zu Gehör kommen können. Daß die Zuhörer nicht zugegen, sondern räumlich entfernt, auch nicht versammelt, sondern weithin zerstreut sind, ist unerheblich; überdies wirkt die Musik an jeder Empfangsstelle wie unmittelbar gegenwärtig. Ob wirklich zugehört wird, ist ohne Bedeutung. Die Oeffentlichkeit der Aufführung ist, wie das Berufungsurteil zutreffend bemerkt, bei der Rundfunkmusik durch ihre bestimmungsmäßige Aufnahme — bei einer unbestimmt großen Menge Menschen — gegeben.

4. Beizutreten ist dem Landgericht und dem Kammergericht ferner darin, daß sie die Rundfunksendung von Werken der Tonkunst — wie

die von Schriftwerken — im Sinn des § 11 LitUrhG. der Verbreitung einordnen; keinem Bedenken unterliegt es, daß diese gewerbsmäßig vorgenommen wird. „‚Verbreiten‘ beschränkt sich nach dem allgemeinen Sprachgebrauch nicht auf solche Fälle, in denen die körperliche Erscheinungsform eines Gedankens oder Geisteswerks zugänglich gemacht wird, sondern hat einen sehr viel weiteren Sinn: den der Uebermittlung einer Kenntnis an andere" (RGZ. Bd. 113 S. 418). Werke der Tonkunst können sonach auf zwiefache Weise „verbreitet" werden: 1. durch Inverkehrbringen körperlicher Erscheinungsformen in lesbaren Tonzeichen (Noten) oder 2. durch Hörbarmachen der Töne. Dies zweite geschieht bei der Sendung durch Rundfunk.

Das Berufungsurteil gelangt also für die Sendung von Musik durch den Rundfunk zu dem Ergebnis: Sie stellt eine öffentliche Aufführung und zugleich eine gewerbliche Verbreitung dar.

B. Das Berufungsgericht prüft sodann, ob die Verwendung eines Lautsprechers zu gewerblichen Zwecken eine besondere Handlung darstellt, die trotz der Genehmigung des Beklagten zur „öffentlichen Aufführung" oder „gewerbsmäßigen Verbreitung" der geschützten Musikwerke durch den Rundfunk einen eigenen Eingriff in urheberrechtliche Befugnisse enthält. Es verneint diese Frage.

1. Darüber, was die Inbetriebsetzung des Lautsprechers urheberrechtlich bedeute, führt es aus:

a) Der Inhaber einer Rundfunk-Empfangsanlage könne das ihm Dargebotene nach freier Wahl entweder durch Kopfhörer oder durch Lautsprecher aufnehmen. Beide Empfangsgeräte würden auch in den Verleihungsbedingungen der Reichspost (Anl. zu den Bestimmungen des Reichspostministers über den Rundfunk vom 11. April 1930, Arch. f. FunkR. 1930 S. 270) völlig gleich behandelt. In Art und Zahl der Empfangsgeräte unbeschränkt könne also der Genehmigungsinhaber sowohl mehrere Kopfhörer als mehrere Lautsprecher, die an einer Empfangsanlage angebracht seien, benutzen. Der wesentliche Unterschied beider bestehe bloß in der verschieden starken Wiedergabe der Töne und Geräusche: Die Schwingungen der Kopfhörermembran seien dem menschlichen Ohr nur in unmittelbarer Nähe vernehmbar; dagegen verstärke der Lautsprecher die von der Membran erzeugten Tonwellen so, daß man sie in mehr oder minder großer Entfernung vom Gerät frei im Raum schwingend vernehmen könne. Beide Geräte dienten grundsätzlich gleichmäßig dazu, die Rundfunksendung für den Empfang durchs Ohr lautbar zu machen. Durch die Empfangnahme werde erst der Zweck der vom Urheber genehmigten Rundfunksendung erfüllt. Das bloße Anhören der Sendung sei daher keine urheberrechtlich erhebliche Handlung. Ebenso aber müsse es für urheberrechtlich bedeutungslos erachtet werden, wenn der Inhaber der Empfangsanlage durch Inbetriebsetzung seines Lautsprechers die Sendung laut werden lasse. Das Wesen der

Rundfunkeinrichtung bestehe darin, als neues technisches Mittel Töne (Sprache, Musik, Geräusche) in die Ferne zu übertragen. Sie stehe grundsätzlich auf gleicher Stufe mit dem Fernsprecher. Wie dieser beginne sie mit der Aufnahme der Töne durch eine Membran und endige damit, die Töne durch eine Membran wiederzugeben; nur vollziehe sich beim Fernsprecher die Weitersendung der Töne durch elektrischen Strom in einer Drahtleitung, an deren Ende allein man die Töne abhören könne, — während der Rundfunk die elektrisch umgeformten Töne in die den ganzen Umkreis des Senders erfüllenden Hertzschen Wellen aufnehme und dadurch an jeder beliebigen Stelle des Sendekreises gestatte, sie mittels eines Empfangsgeräts wieder erklingen zu lassen. Somit sei das Tönenlassen der Empfangsanlage nur ein Teil des einheitlichen Rundfunkvorganges, der im Erzeugen der Töne vor dem Mikrophon der Sendestelle anfange und im Wiedererklingen durch die unbestimmt vielen Empfangsgeräte endige. Dieses Ganze des Vorganges erst mache die „öffentliche Aufführung" oder die „gewerbsmäßige Verbreitung" eines Musikstücks aus. Indem der Inhaber eines Empfangsgeräts dieses in Betrieb setze, betätige er sich also nicht selbst als Aufführender oder Verbreiter, sondern als Gehilfe oder Mittäter der aufführenden oder verbreitenden Sendegesellschaft; denn er ermögliche an seiner Empfangsstelle erst das von der Gesellschaft beabsichtigte Wiedererklingenlassen der Töne, das ohne einen in Betrieb gesetzten Empfänger ja gar nicht durchführbar sei. Auch das Ertönenlassen des Lautsprechers vor einer unbestimmten öffentlichen Menschenmenge bilde demnach keinen neuen urheberrechtlich wesentlichen Tatbestand.

b) Aus der behördlichen Einrichtung des Rundfunks, namentlich seinen Verleihungsbedingungen, sei nichts zu entnehmen, was darauf schließen lasse, die unbeschränkte Hörbarmachung eines Lautsprechers vor einer beliebig großen Menschenmenge an einem beliebigen Platz sei untersagt. Verboten sei nach § 1 nur die Errichtung und der Betrieb mehrerer „Empfangsanlagen" (im Gegensatze zu „Geräten") auf Grund einer einzigen Verleihung; und der § 8 Abs. 3 verlange die Zustimmung der Reichs-Rundfunk-Gesellschaft bloß bei „gewerbsmäßiger Verbreitung". Verbote in einzelnen Polizeiverordnungen gegen öffentliches Hörenlassen von Lautsprechern dienten lediglich zur Aufrechterhaltung der Ordnung und Ruhe; mit der ordnungsmäßigen Benutzung des Rundfunks selbst hätten sie nichts zu schaffen. Das Zuhörenlassen unbestimmt vieler Menschen und das Aufstellen eines Lautsprechers an beliebigem Platze halte sich völlig im Rahmen der Rundfunkeinrichtung, damit aber auch der „öffentlichen Aufführung" oder „Verbreitung" eines rundgefunkten Musikstücks, wie sie von der Sendegesellschaft unter Mitwirkung des Empfängers planmäßig vor sich gehen müsse, und wie sie der Urheber des Stücks (der durch den Beklagten ja die Rundfunksendung genehmigt habe) zu erwarten habe. Der Beklagte billige, indem er die Rundfunkaufführung der bei ihm geschützten Tonwerke genehmige, die funkmäßig hergestellte Aufführung und das Zuhören aller Personen, denen das Zuhören durch betriebene Empfangsgeräte — mindestens im Bereich des Senders — möglich sei; ob es bei einem Empfangsgerät nur eine Person oder mehrere oder viele seien, begründe keinen Unterschied. Zuhörerzahl oder Zuhörerorte zu beschränken, widerspreche der genehmigten Aufführungs- und Verbreitungsart, sei daher urheberrechtlich unmöglich. Stets ergebe sich insgesamt die der Einrichtung entsprechende Verbreitung an eine unbegrenzte Menschenmenge. Die Grenze der urheberrechtlichen Genehmigung liege darin, daß die Verbreitung auf dem Rundfunkweg vor sich zu gehen habe. Abzulehnen sei die Ansicht, daß das fürs Urheberrecht Ausschlaggebende beim Lautsprecher in der besonderen Vorrichtung zum Aussenden besonders weittragender akustischer Wellen, in der Wahl entsprechend starker Lautsprecher und entsprechender Aufstellungsplätze liege. Die Hörweite des Lautsprechers oder seine Aufstellung an einem Ort, der unbestimmt vielen Menschen zugänglich sei, könne die Verbreitungsart des Rundfunks nicht mehr verändern, weil sie schon ihrem Wesen nach ins Allgemeine und Unbegrenzte gehe; die Oeffentlichkeit der Aufführung lasse keine Steigerung zu.

2. Die Benutzung des Lautsprechers in gewerblichen Betrieben stelle keinen besonderen Tatbestand dar, der die an sich erlaubte Hörbarmachung der Rundfunkmusik vor einer unbestimmten Menschenmenge urheberrechtlich unerlaubt mache.

a) Da die gewerbsmäßige Verbreitung (und die von ihr mitumfaßte öffentliche Aufführung) eines Musikstücks in der rundfunkmäßigen Wiedergabe einschließlich der Hörbarmachung vor einer beliebig großen Menschenmenge bestehe, so könne die gewerbliche Ausnutzung des Zuhörenlassens allein nicht nochmals ein Verbreiten oder Aufführen oder eine sonst urheberrechtlich erhebliche Handlung sein. Der Beklagte habe durch sein Abkommen mit der Reichs-Rundfunk-Gesellschaft (oder den einzelnen Sendegesellschaften) darein gewilligt, daß geschützte Tonwerke auf dem Wege des Rundfunks vor einer unbegrenzten öffentlichen oder privaten Menschenmenge erklingen. Diese grundsätzlich grenzenlose Verbreitung und Aufführung bleibe dieselbe, gleichviel ob der einzelne Lautsprecherinhaber daraus einen persönlichen, privaten oder gewerblichen Vorteil ziehe oder nicht. Die gewerbliche Ausnutzung des Lautsprechers liege völlig neben der an sich schon vollendeten und urheberrechtlich erlaubten, weil genehmigten, Verbreitung und Aufführung; an der Erlaubtheit der rundfunkmäßigen Verbreitung und Aufführung könne sie nichts mehr ändern. Erst wenn hinter der beim Lautsprecher und bei dessen Ertönenlassen endigenden Rundfunksendung eine neue Verbreitungs- oder Aufführungstätigkeit einsetze, tauche die Frage nach einer neuen urheberrechtlich wesentlichen Handlung auf.

b) Der Vertrag des Beklagten mit der Reichs-Rundfunk-Gesellschaft vom 13. März 1929 ändere an dieser Rechtslage nichts. Er bestimmt in § 2:

„Der Musikschutzverband behält sich die Verwertung dieser (d. h. der den Rundfunkgesellschaften übertragenen) Aufführungsrechte, soweit sie von den Rundfunkteilnehmern gewerbsmäßig benutzt werden, vor."

Diese Bestimmung aber könne (so fährt das Berufungsurteil fort) gegen die Rundfunkteilnehmer nicht wirken, weil die gewerbsmäßige Benutzung des Rundfunks durch dessen Teilnehmer in der Form gewerblicher Verwertung der Lautsprechermusik kein Recht der von dem Beklagten vertretenen Urheber verletze.

c) Auch der Inhalt der — seit dem 1. Mai 1930 geltenden — Verleihungsbedingungen der Reichspost vom 11. April 1930 stehe dem nicht entgegen. Ihr § 8 Abs. 3 bestimmt:

„Die gewerbsmäßige Verbreitung der Darbietungen der Rundfunkgesellschaften ist nur mit Zustimmung der Reichs-Rundfunk-Gesellschaft m. b. H., Berlin, oder der aussendenden Rundfunkgesellschaft zulässig. Urheberrechtliche Bestimmungen werden hierdurch nicht berührt."

Zwar sei (so nimmt das Berufungsgericht an) zur „gewerbsmäßigen Verbreitung der Darbietungen der Rundfunkgesellschaften" im Sinn dieser Bestimmung das gewerbliche Aufstellen von Lautsprechern an öffentlichen Orten zu rechnen. Daraus allein aber lasse sich kein Untersagungsrecht der Urheber herleiten. Denn die Vorschrift sei zugunsten der Sendegesellschaften erlassen, um sie aus wettbewerblichen Gesichtspunkten vor gewerblicher Ausnutzung ihrer Darbietungen zu schützen. Ihnen möge daraus (nach § 328 BGB.) ein unmittelbares Verbotsrecht gegen die „gewerbsmäßige Verbreitung" der Rundfunkdarbietungen erwachsen sein, soweit es ihnen nicht ohnedies schon nach Wettbewerbsrecht zustehe. Den Urhebern der Rundfunkdarbietungen aber entstehe aus der Bestimmung kein neues Recht. Die Verbreitung auf dem Rundfunkwege sei von ihnen genehmigt. Diese genehmigte Verbreitungsart werde durch die gewerbliche Ausnutzung des Anhörens von Rundfunkmusik nicht verändert.

III. Diese Beurteilung der Sache durch das Kammergericht verstößt nicht gegen rechtliche Grundsätze; sie enthält auch in keinem wesentlichen Punkt etwas tatsächlich Unrichtiges. Die von der Revision erhobenen Rügen haben daher keinen Erfolg.

1. Die Revision führt aus, der gewerblich betriebene Lautsprecher müsse schon darum einer urheberrechtlich begründeten Abgabepflicht unterliegen, weil er meistens, zumal in Gaststätten, Warenhäusern, Lichtspielhäusern, die ehemaligen Kapellen lebender Musiker, die „Handmusik", ersetzt habe. Wie für diese Aufführungen „Tantieme" gezahlt

worden sei, müsse es gerechterweise jetzt für den „Musiker-Ersatz" des leblosen Lautsprechers geschehen, der die verkehrsmäßige Nachfolge jener Kapellen angetreten habe. Das entspreche dem Grundsatz, daß die ihrem Wesen nach ausschließliche Befugnis des Urhebers (LitUrhG. § 11) in ihrer Anwendung auf das Verkehrsleben danach strebe, dem Urheber tunlichst überall, wo sich aus einem Geisteswerke geldwerter Gewinn ziehen lasse, die Teilnahme daran zu ermöglichen (RGZ. Bd. 128 S. 113, Bd. 134 S. 201); desgleichen dem Grundsatz, daß in Zweifelsfällen angenommen werden müsse, eine Befugnis sei beim Urheber verblieben (RGZ. Bd. 118 S. 285, Bd. 123 S. 319, Bd. 128 S. 103 flg., Bd. 130 S. 206, Bd. 134 S. 201). An diesen Grundsätzen ist festzuhalten. Sie rechtfertigen jedoch für den vorliegenden Streitfall nicht die von der Revision gezogene Folgerung. Denn der Beklagte beachtet, indem er den Lautsprecher als den Ersatz lebender Kapellen hinstellt, nicht den Tatbestand der ganzen Entwicklung, welche dabei stattgefunden hat. An die Stelle der Kapellen lebender Menschen ist in dem Verkehrsbereich, um den es sich hier handelt, nicht der Lautsprecher für sich allein, sondern der Lautsprecher als Empfangsgerät des Rundfunks, also in engster Verbindung mit diesem, getreten. Als Rundfunkteilnehmer aber entrichtet der Lautsprecherbesitzer seine Abgabe. Und die Rundfunkgesellschaft entrichtet ihre Vergütung an den Schutzverband, der die Rechte der Musikurheber wahrnimmt. Dieses Entgelt ist an die Stelle der Vergütung getreten, die früher für die Aufführung durch „Handmusik" zu leisten war. Soweit darin bei gewerblicher Lautsprecherbenutzung kein wirtschaftlich entsprechender Ersatz liegt, muß den Beteiligten überlassen werden, vertraglich einen angemessenen Ausgleich vorzunehmen.

2. Wer das durch Rundfunk gesendete Werk in seinem dem Rundfunk angeschlossenen Lautsprecher ertönen läßt, veranstaltet keine neue selbständige Aufführung, sondern gibt nur die von der Sendegesellschaft veranstaltete, durch den Sender übermittelte öffentliche Aufführung (LitUrhG. § 11 Abs. 2, § 27) mechanisch wieder. Er nimmt auch keine neue selbständige Verbreitung (§ 11 Abs. 1 Satz 1) vor. Denn die Rundfunkgesellschaft gibt im Senderaum vor dem zur Weitergabe bestimmten Sender das Werk in Tönen wieder und sendet Hertzsche Wellen aus. Mit dieser funkmäßigen Wiedergabe wird aber die Verbreitung — die Mitteilung der Kenntnis von Ausdruck (Tönen) und Gedankeninhalt — nicht vollendet, weil das menschliche Ohr die frei im Raum schwingenden Wellen nicht aufnimmt. Um diese Aufnahme zu bewerkstelligen, bedarf es einer Empfangsanlage. Sie vermittelt erst dem Hörer die Wahrnehmung; sie ist unentbehrlich, wenn ihm, dem Zweck der Einrichtung entsprechend, die Kenntnis des gesendeten Werks verschafft werden soll. In der Art der Empfangsanlage hat der Rundfunkteilnehmer freie Wahl, dem jetzigen Stand der technischen Entwick-

lung gemäß also die Wahl zwischen Kopfhörer und Lautsprecher. Der eine wie der andere gibt das Werk nicht funkmäßig wieder, vollendet aber die mit der Rundfunksendung bezweckte Verbreitung, indem er es als Empfangsgerät an der Empfangsstelle hörbar macht. Dem technischen Hergang nach gehört also das Tönenlassen durch Lautsprecher (wie das durch Kopfhörer) zum Verbreiten, d. h. zur Kenntnisübermittlung oder, was gleichbedeutend ist, zur hörbaren Wiedergabe des Tonkunstwerkes durch Rundfunk. Diesem Tatbestand nach ist somit die Benutzung des Lautsprechers weder eine neue noch eine selbständige Verbreitungshandlung.

a) Nicht gangbar ist der von der Revision durch Hinweis auf gewisse technische Anordnungen beim Senden und Empfangen (sog. Rebroadcasting) eingeschlagene Weg, die Lautsprecherdarbietung als neue Verbreitung zu erweisen. Denn die technischen Besonderheiten jener Anordnung fehlen gerade beim Lautsprecher. Bei ihm hat man es nicht mit einer eingefügten neuen Sendestelle, nicht mit zwei selbständigen Fällen funkmäßiger Wiedergabe, sondern nur mit einer einzigen Sendestelle, einer einzigen Empfangsanlage und einer einzigen Wiedergabe zu tun. Es liegt keine neue technische Verwertungstat vor.

b) Auch die von der Revision hervorgehobenen Erwägungen allgemeiner Verkehrsbetrachtung führen nicht zu dem Ergebnis, daß man die gewerbsmäßige Lautsprecherdarbietung eines gesendeten Musikstücks als neue selbständige Verbreitung ansehen müsse. Zwar erweitert der gewerbsmäßige Lautsprecherbetrieb den Kreis der Hörer im einzelnen Fall über den engen Bereich häuslichen Rundfunkempfangs hinaus. Und wenn der Unterschied in Betracht gezogen wird, den die Lautsprecherdarbietungen als Massenerscheinung des heutigen Verkehrs herbeiführen, so ergibt das einen großen Zuwachs der Hörerschaft im ganzen. Mit Recht aber weist das Berufungsgericht darauf hin, daß die Gestattung der Wiedergabe durch Rundfunk ihrem Wesen nach eine Erlaubnis zur Kenntnisübermittlung in unbegrenzte Weite und an eine unbestimmt große Menge von Menschen bedeutet. Dem Kammergericht ist darin beizustimmen, daß eine dergestalt einmal freigegebene Oeffentlichkeit durch gewerbsmäßige Lautsprecherdarbietung nicht mehr gesteigert, nicht „noch öffentlicher" gemacht werden kann. Es liegt — wie man in dem umfänglichen Schrifttum verschiedentlich ausgeführt hat — zwar im einzelnen und im ganzen eine V e r b r e i t e r u n g des Hörerkreises, aber keine neue, selbständige V e r b r e i t u n g des Werkes vor.

c) Dieses Ergebnis ändert sich auch durch die von der Revision ferner betonten wirtschaftlichen und wettbewerblichen Erwägungen nicht. Sie vermögen den Mangel eines gesetzlichen Tatbestandes nicht auszugleichen, der eine neue und, im Verhältnis zur Rundfunksendung im ganzen, selbständige Verbreitungshandlung enthielte. Dadurch, daß der Lautsprecherbesitzer „gewerbsmäßig", mit dem Zweck eigenen Erwerbes, tätig wird, erfüllt sich ein solcher Tatbestand nicht. Das Verhalten des Rundfunkteilnehmers wird durch dieses Merkmal der Gewerbsmäßigkeit nicht aus dem untrennbaren Zusammenhang mit der Verbreitungshandlung der Sendegesellschaft gelöst.

3. Endlich kann die Revision damit nicht durchdringen, daß der § 2 des Vertrags vom 13. März 1929 (II B 2 b) in Verbindung mit § 8 Abs. 3 der Verleihungsbedingungen vom 11. April 1930 (II B 2 c) die von dem Beklagten in Anspruch genommene Befugnis rechtfertige. In der Beurteilung beider Bestimmungen ist dem Kammergericht beizutreten; sie läßt keinen Verstoß gegen Auslegungsregeln oder sonstige Rechtsgrundsätze erkennen. Der § 8 der Verleihungsbedingungen sagt zwar (*in Satz 2*), *daß urheberrechtliche Bestimmungen unberührt bleiben*, trifft solche aber nicht selbst. Und der Vertrag vom 13. März 1929, in dessen § 2 sich der Musikschutzverband die Verwertung der den Rundfunkgesellschaften übertragenen Aufführungsrechte vorbehält, soweit sie von den Rundfunkteilnehmern gewerbsmäßig benutzt werden, ist zwischen dem jetzigen Beklagten und der Reichs-Rundfunk-Gesellschaft, aber nicht mit dem jetzt klagenden Reichskartell der Musikveranstalter geschlossen. Hier muß ein Rechtsgrundsatz berücksichtigt werden, den auch das Berufungsurteil, wenngleich nicht ausdrücklich, hervorgehoben, doch angedeutet hat: Wenn der Urheber oder der, an den er seine Rechte übertragen hat, das Werk in Ausübung dieser Befugnisse verbreitet und damit in Verkehr bringt, so ist für diese Verbreitung sein Recht erschöpft. Er kann Dritten weder die gewerbsmäßige Ausnutzung ebenderselben Verbreitung untersagen noch (durch Entgeltbestimmung oder dgl.) ihr Recht dazu beschränken (RGZ. Bd. 63 S. 398/9). Gleiche Grundsätze herrschen für den gewerblichen Rechtsschutz (RGZ. Bd. 103 S. 363, Bd. 133 S. 330, Bd. 135 S. 148). Die nämliche Rechtsregel, welche sich im Verkehr mit Vervielfältigungsstücken von Schriftwerken, Tonkunstwerken usw. entwickelt hat, muß für die Verbreitung von Werken durch den Rundfunk gelten. Ist ein Werk berechtigterweise durch Rundfunk gesendet und also verbreitet oder die Sendung vom Berechtigten gestattet worden, so erschöpft sich damit die Verbreitungsbefugnis des Urheberberechtigten für diese Sendung. Er kann durch Vertrag mit der Sendegesellschaft die Verbreitungsbefugnis und deren Ausübung zwar mit schuldrechtlicher Wirkung für diese Gesellschaft, aber nicht mit dinglicher Wirkung Dritten gegenüber urheberrechtlich regeln. Erst wenn diese Sendung für eine spätere selbständige Darbietung — etwa durch Uebertragung auf ein anderes Empfangsgerät und Hörbarmachung von ihm aus — nutzbar gemacht würde, so könnte sich das im urheberrechtlichen Sinn als neuer Verbreitungsvorgang darstellen. Als erfolglos erweist sich infolgedessen auch die Ausführung der Revision, daß der Zweck des Vertrags zwischen dem Beklagten und der Reichs-Rundfunk-Gesellschaft klar erkennbar auf die Gestattung einer funkmäßigen

Wiedergabe gegangen sei, von der die gewerbsmäßige Lautsprecherdarbietung habe ausgeschlossen sein sollen. Selbst wenn die Vertragsauslegung an sich zuträfe, so gebräche es jener Ausschließung an der Wirkung gegen Dritte und damit gegen den Kläger. Die von der Revision vertretene rechtliche Folgerung beruht auf der Annahme: Der Wille der Vertragsbeteiligten, daß mit der Gestattung der Rundfunksendung die Befugnis zur gewerbsmäßigen Lautsprecherdarbietung nicht habe mitübertragen werden sollen, sei nicht nur für jeden Dritten erkennbar, sondern nach der Auffassung des redlichen Verkehrs selbstverständlich gewesen. Darum habe die Reichs-Rundfunk-Gesellschaft offensichtlich die Befugnis zur gewerblichen Lautsprecherdarbietung gesendeter Musikwerke weder miterworben noch an Dritte übertragen können, und der Rundfunkteilnehmer, der sich des Lautsprechers gewerbsmäßig für die gesendeten Werke bediene, verletze das Urheberrecht an diesen Werken. Für eine solche Annahme fehlen jedoch die tatsächlichen Grundlagen.

Ist also die Befugnis, deren sich der Beklagte berühmt, nicht dargetan, so muß es bei der vom Berufungsgericht getroffenen Feststellung nach dem Klagantrag bewenden.

**RGZ. 139, 214**

**1. Welchen Anforderungen müssen Erzeugnisse des Kunstgewerbes genügen, um als Werke der bildenden Künste Schutz zu genießen?**

**2. Zweckmäßigkeit der Form und ästhetischer Ueberschuß; Anwendung auf Erzeugnisse des neuesten Kunstgeschmacks, die nur aus bekannten einfachen Grundformen gebildet sind.**

KunstschutzG. §§ 2, 15.

I. Zivilsenat. Urt. v. 14. Januar 1933.

I. Landgericht I Berlin. II. Kammergericht daselbst.

Beide Parteien stellen Türdrücker her, die aus vierkantigem, rechtwinklig geknicktem Halse und walzenförmigem Griffe bestehen.

Die Klägerin nimmt alle Rechte an diesen Türdrückern in Anspruch. Sie behauptet, Professor G., der ehemalige Leiter des Staatlichen Bauhauses in W., habe im Jahre 1922 den Türdrücker entworfen und die ihm daran zustehenden künstlerischen Urheberrechte an sie übertragen; der Türdrücker sei ein Erzeugnis des Kunstgewerbes, der von der Beklagten angefertigte und vertriebene eine widerrechtliche Nachbildung davon. Mit der Klage verfolgt sie das Ziel, daß die Beklagte zu gewissen Unterlassungen, zur Erteilung von Auskunft und zum Schadensersatze verurteilt werde und daß die hergestellten Drücker sowie die zur Anfertigung dienenden Vorrichtungen zu vernichten seien. Die Beklagte hat Abweisung der Klage beantragt. Sie bestreitet aus verschiedenen Gründen die Sachbefugnis der Klägerin. Sie stellt ferner die Kunstschutzfähigkeit des Türdrückers in Abrede, weil er keine eigentümliche künstlerische Schöpfung sei und keinen ästhetischen Ueberschuß über die durch den Gebrauchszweck nahegelegten Grundformen hinaus enthalte.

Das Landgericht entsprach durch Teilurteil den Klaganträgen auf Unterlassung, Auskunfterteilung und Vernichtung und ließ nur den Schadensersatzantrag in der Schwebe. Das Kammergericht wies auf Berufung der Beklagten die Klaganträge, denen das erste Urteil stattgegeben hatte, ab. Es verneinte sowohl die Sachbefugnis der Klägerin als die Kunstschutzfähigkeit des Türdrückers. Die Revision der Klägerin hatte keinen Erfolg.

Aus den Gründen:

Das Berufungsurteil erachtet mit Recht die Sachbefugnis der Klägerin für nicht erwiesen. (Wird ausgeführt.)

Für den Fall jedoch, daß die Sachbefugnis der Klägerin als gegeben anzusehen wäre, prüft es, ob der streitige Türdrücker den Anforderungen genüge, die an ein Erzeugnis des Kunstgewerbes zu stellen sind (§ 2 Abs. 1 Satz 1 verb. mit § 1 KunstschutzG.). Es verneint das und käme somit auch aus diesem Grunde zur Abweisung der Klage. Das Berufungsurteil stellt zunächst fest, welche von den Streitteilen vorgelegten Modelle und Abbildungen den Türdrücker verkörpern, für den die Klägerin Kunstschutz beansprucht, und welche die Form veranschaulichen, die von der Beklagten hergestellt und vertrieben worden ist. In dieser Hinsicht erhebt die Revision keine Rüge; sie beanstandet nur, daß das Berufungsgericht die Kunstschutzfähigkeit des Türdrückers der Klägerin rechtsirrtümlich verneint habe.

1. Diese verneinende Beurteilung des Kammergerichts gründet sich nicht (wie es in einem anderen Rechtsstreite der Parteien geschehen ist) auf die Annahme, daß der Türdrücker eine bloße Fortbildung einfacherer, schon vor dem Kriege gefundener Formen und deshalb keine eigentümliche Schöpfung sei. Das Berufungsurteil folgt insoweit dem Gutachten der Künstlerischen Sachverständigenkammer, als es den „Bauhausdrücker" der Klägerin im Vergleich zu dem M.schen Drücker (vorgelegt von der Beklagten) wesentlich verschieden findet, „entstanden aus einem ganz anderen Geiste". „Die kugelförmige Verzierung des M.schen Drückers wurzelt noch in der Geschmacksrichtung der Vorkriegszeit, die auf ein dem Gebrauchszwecke fremdes schmückendes Beiwerk nicht glaubte verzichten zu dürfen, während der „Bauhausdrücker" im Gegensatz dazu solches Beiwerk betont verwirft und die Form wesentlich dem sachlichen Zwecke des Türdrückers entnimmt." Darin aber, daß der Türdrücker der Klägerin unter die Erzeugnisse des Kunstgewerbes zu rechnen sei, folgt das Kammergericht dem Gutachten der Künstlerischen Sachverständigenkammer nicht.

Die Sachverständigenkammer vertritt die Ansicht: Der „Bauhausdrücker" gehöre zu den individuellen künstlerischen Schöpfungen. Er bilde ein besonders deutliches Beispiel dafür, wie man einen Gebrauchsgegenstand dem modernen Kunstempfinden entsprechend klar und sachlich dem Zwecke gemäß ohne schmückendes Beiwerk gestalte. Die eigenpersönliche künstlerische Schöpfung liege in dem wohlerwogenen feinen Rhythmus begründet, der sich aus dem Verhältnis und den Abmessungen der einzelnen Teile des Drückers zueinander ergebe. Das Kammergericht faßt dies dahin zusammen, daß die künstlerische Eigenart des Drückers sowohl in seinen einfachen, dem Gebrauchszweck entsprechenden Grundformen als in der Abstimmung dieser Formen gegeneinander — beides zur Einheit verschmolzen — zum Ausdrucke komme.

Das Berufungsurteil erörtert dann gewisse Verschiedenheiten der in den mehreren Prozessen beigebrachten und als Unterlage für die Gutachten der Sachverständigenkammer benutzten Modelle. Es berührt die aus einigen Unstimmigkeiten entspringenden Zweifel, kommt jedoch zu der Feststellung: Allen diesen Modellen sind die Grundformen gemeinsam; die Abmessungen der einzelnen Teile im Verhältnis zueinander zeigen nur unwesentliche, den Gesamteindruck nicht erheblich verändernde Abweichungen; der Unterschied liegt hauptsächlich in der Größenausführung und läßt die einzelnen Modelle ihrem Verwendungszweck entsprechend einmal zierlich, einmal mehr kräftig und gedrungen wirken.

Die Sachverständigenkammer bekennt sich zu der Anschauung, daß man, abweichend von der Rechtsprechung (RGZ. Bd. 76 S. 339 [344]; RGSt. Bd. 43 S. 329 nebst den dort angeführten älteren Entscheidungen), im Kunstgewerbe die Zweckmäßigkeit der Form und den ästhetischen Wert nicht voneinander trennen könne.

2. Das Berufungsgericht dagegen geht von den in der Rechtsanwendung entwickelten Grundsätzen aus, wonach Erzeugnisse des Kunstgewerbes als Werke der bildenden Kunst schutzfähig sind, wenn der zur Zweckmäßigkeit der Form hinzukommende ästhetische Ueberschuß, gleichgültig welches sein künstlerischer Wert ist, einen solchen Grad erreicht, daß nach den im Leben herrschenden Anschauungen von Kunst gesprochen werden kann (RGZ. Bd. 76 S. 344). Es führt aus: Der von der Sachverständigenkammer abgelehnte begriffliche Unterschied zwischen Zweckmäßigkeit der Form und ästhetischem Gehalt bei einem Gebrauchsgegenstande muß auch bei Zugrundelegung moderner Kunstanschauungen aufrechterhalten werden. Wird ein Gebrauchsgegenstand lediglich nach den Erfordernissen seines Gebrauchszwecks geformt, so hat das mit Aesthetik und Kunst zunächst gar nichts zu tun. Das Gebiet der Aesthetik und Kunst beginnt erst da, wo über die dem Zwecke gewidmeten Gegebenheiten hinaus die nähere Form auszugestalten ist. Die moderne Kunstanschauung, die sich gerade an Gebrauchsgegenständen zielbewußt und erfolgreich zu betätigen weiß, sucht die auf das ästhetische Gebiet hinübergreifenden Formen einmal darin zu finden, daß sie danach trachtet,

schmückende Zutaten zu den aus dem Verwendungszweck abgeleiteten Grundformen zu vermeiden. Diese ablehnende Einstellung führt aber noch nicht zu einer schöpferischen künstlerischen Formgebung. Eine solche kann allein aus der Berücksichtigung und Erfüllung des Gebrauchszwecks des Gegenstandes nicht gewonnen, sondern erst durch Anwendung bestimmter künstlerischer Geschmacksrichtungen geschaffen werden.

Das eigentlich Schöpferische der modernen Kunstform sieht der Berufungsrichter in der absichtlichen Hervorkehrung und Betonung des inneren natürlichen Gefüges eines Gegenstandes, wie es sich aus seinem Gebrauchszwecke, seinem technischen Aufbau, seinem Werkstoff ergibt; in der klaren Führung der Linien ohne grundlose Unterbrechungen; in der Gestaltung der Form aus dem beherrschenden Raumgefühl heraus. Erst die von solchen Grundanschauungen aus geschaffenen Formwerke stellen den Ueberschuß über das rein Zweckdienliche dar, der das Schönheitsgefühl anspricht; sie fügen also der Verneinung des Zweckwidrigen die schöpferische Bejahung aus dem Reiche des Schönen hinzu. Mit Recht folgt das Berufungsurteil dem Leitsatze, daß auch gegenüber moderner Kunstanschauung noch immer die außerhalb der Kunst liegende Zweckmäßigkeit der Form von deren ästhetischer Ausgestaltung unterschieden werden müsse.

3. Diese der bisherigen Rechtsanwendung entnommene Betrachtungsweise ergibt nach der weiteren Darlegung des Berufungsurteils für den streitigen Türdrücker: er kann nicht schon deshalb Gegenstand des Kunstschutzes sein, weil in ihm Grundformen (Vierkant des Halses, Walzenform des Griffes) verwendet sind, die sich aus bloßer Zweckmäßigkeit mehr oder minder natürlich dem Entwerfer anbieten. Vielmehr ist auch hier zu fragen: Inwieweit enthält die Ausgestaltung der Form einen genügenden ästhetischen Ueberschuß über die durch den Gebrauchszweck gebotene Form hinaus? (RGZ. Bd. 76 S. 344, Bd. 124 S. 71/72; RGSt. Bd. 43 S. 330). Bei solcher Beurteilung legt das Berufungsgericht zutreffend den Maßstab an, der von gebildeten, mit Kunstanschauungen einigermaßen vertrauten und für künstlerische Dinge empfänglichen Volkskreisen zu erwarten ist.

Zwar findet der Vorderrichter (insofern der Sachverständigenkammer wiederum beistimmend), daß das Modell des streitigen Türdrückers gewisse ästhetische Werte aufweise. Mit Recht aber erachtet er dies nicht für ausreichend, sondern prüft den Gegenstand auf den Grad seiner künstlerischen Eigenart.

Die Behandlung der verschiedenen Vergleichungsstücke bei dieser Untersuchung zeigt keinen tatsächlichen Irrtum, der, als wesentlich für das Ergebnis, beachtet werden müßte; sie wird von der Revision übrigens nicht bemängelt. Auf Einzelheiten, namentlich auf Irrtümer, die der Sachverständigenkammer bei der Vergleichung der Modelle untergelaufen sind, braucht hier nicht eingegangen zu werden. Im Ergebnis stellt der Berufungsrichter fest: „Es bestehen . . . mindestens fünf Modelle, die durchweg den sogenannten G.-Drücker darstellen". Unter ihnen findet er nur geringe Unterschiede, so daß keinem von ihnen eine von den anderen verschiedene künstlerische Eigenart zugeschrieben werden könnte. Daher nimmt er ohne rechtliches Bedenken an: Die künstlerische Schutzfähigkeit lasse sich nur in der ihnen etwa gemeinsamen künstlerischen Wesensart finden. Künstlerische Eigenart, vermöge deren sie als eigenpersönliche Schöpfungen angesehen werden könnten, wohne ihnen jedoch nicht inne. „Das allen Modellen Gemeinsame beschränkt sich auf die Verwendung des geknickten, kurzen, vierkantigen Halses, dessen Ecken etwas hinter dem Durchmesser des Rundgriffes zurückbleiben, und des zylindrischen, schmucklosen Griffes." Ohne rechtlichen Irrtum beurteilt das Kammergericht diesen Befund dahin, daß die Grundformen (Vierkant und Walze) an sich nichts Neues und Eigenpersönliches darstellen, sondern etwas längst Bekanntes und Angewandtes. Künstlerisch bedeutsam sei — so fährt es fort — nach modernem Kunstempfinden bei diesen Modellen nur einmal die Anwendung jener Grundformen in ihrer Ausschließlichkeit, man könne sagen: in ihrer Nacktheit, und zweitens die Schaffung eines harmonischen Verhältnisses zwischen zylindrischem Griffe und vierkantigem Halse.

a) Das erste davon, „der puritanische Verzicht auf jede schmückende Zutat zu den Grundformen, die strenge Sachlichkeit von Zylinder und Vierkant, ist zwar ersichtlich ein Ausdruck modernen Kunstgefühls, sie entbehrt aber der für den Kunstschutz notwendigen Individualität im gegebenen Falle". Ganz mit Recht weist das Berufungsgericht auf die Folgen hin, die für Urheberschutz, Verkehr und Kunstleben durch eine solche Begrenzung des Anspruchs an Eigenart und schöpferischem Gehalt, wie das Gutachten der Sachverständigenkammer sie angewandt sehen will, entständen: „Wollte man jeden Gebrauchsgegenstand, in dem sich modernes Kunstgefühl offenbart, bereits als eigenpersönliche Schöpfung ansehen, so müßte in der Tat so ziemlich jeder Gegenstand, der die Geschmacksrichtung moderner Kunstanschauung zum Ausdruck bringt, als Erzeugnis des Kunstgewerbes geschützt werden." Das aber liefe — auch darin ist dem Berufungsgerichte beizustimmen — dem anerkannten Rechtsgrundsatze zuwider, wonach Gegenstand des Kunstschutzes immer nur das einzelne Werk ist und nicht die Kunstgattung, der Stil, die Anwendung bestimmter Mittel zum Zwecke gewisser Wirkungen (RGZ. Bd. 127 S. 206 [213]). Das Kammergericht bemerkt weiter: Wenn Schmucklosigkeit und Sachlichkeit vermöge einer sich durchsetzenden Kunstanschauung im reinen Vierkant und im reinen Zylinder zum Ausdruck gelangt seien, so liege darin nur die Anwendung eines neuen Kunstbestrebens mit bekannten, geläufigen Mitteln auf einen einzelnen Fall. Wohl möge der auf gewöhnliche Gebrauchsgegenstände angewandte neue Kunstgeschmack, im großen betrachtet, umwälzend gewirkt haben, und in der breiten Masse des Volkes möge diesem verwandelnden Wirken eine gewisse schöpferische Kraft zuzuschreiben sein. Dadurch ergebe sich aber noch keineswegs für jeden einzelnen Anwendungsfall eine schöpferische, eigentümliche Leistung künstlerischen Gepräges. Beim G.schen Türdrücker sei sie durch die Verwendung des geknickten Vierkants als Hals und der Walze als Griff, eben weil es altbekannte Grundformen seien, nicht erbracht. Die Revision bemängelt diese Würdigung als rechtsirrig; sie verweist darauf, daß G. einer der Begründer des modernen Baustils und Kunstempfindens sei. Aber nicht auf die Wirksamkeit des Schöpfers im ganzen, sondern auf die Eigenschaften des besonderen Werkes kommt es an.

b) Auch in der Abstimmung der Grundformen aufeinander sieht das Berufungsgericht keine eigentümliche geistige Schöpfung. „Die verwendeten und vorbekannten Grundelemente des geknickten, kurzen, vierkantigen Halses und des längeren zylindrischen Griffes lassen der schöpferischen Ausgestaltung der Abmessungen im einzelnen viel zu wenig Raum, als daß hier noch eine kunstschutzfähige individuelle Gestaltung erreicht werden kann. Schon die Verschiedenheit der Abmessungen in den einzelnen Modellen, die den G.-Drücker darstellen, zeigt deutlich, daß die genauen Abmessungen für den Kunstgehalt des Gegenstandes nicht ausschlaggebend sind." Auch dies beanstandet die Revision als rechtsirrig. Sie verweist auf das Gutachten der Sachverständigenkammer und meint, daß dessen Richtigkeit keinem Zweifel unterliegen könne. Aber es ist dargelegt, daß das Kammergericht rechtlich fehlerfrei die Folgerungen der Sachverständigenkammer ablehnt und so mit schlüssiger Begründung zu dem Ergebnis kommt: Die Modelle, welche die Klägerin zur Grundlage ihrer Klage gemacht hat, unterliegen nicht dem Kunstschutzgesetz. Auch hier ist keine Verletzung von Rechtsregeln ersichtlich; namentlich ist nicht gegen §§ 2, 15 KunstschutzG. verstoßen. Alle Ausführungen der Revisionsbegründung richten sich gegen Feststellungen und Schlußfolgerungen, die dem Gebiete der erfahrungsmäßigen Beobachtung angehören und auf den vorliegenden besonderen Fall unter Berücksichtigung seiner Eigenart angewandt werden.

RGZ. 139, 327

**1. Voraussetzungen des urheberrechtlichen Schutzes bei Werken, die vor dem Inkrafttreten des gegenwärtigen Gesetzes erschienen sind.**

**2. Folgen nachträglicher Bekanntgabe des Urhebernamens bei ursprünglich namenlos erschienenen Werken; „Nebenluftausgaben".**

**3. Wirkungen und Grenzen der urheberrechtlichen Ausschließungsbefugnis.**

**4. Erfordernisse einer Gesamtausgabe.**

**5. Erläuterndes Wort- und Bildzitat.**

**6. . . .**

BGB. §§ 133, 157. UrhG. (1870) § 11. LitUrhG. (1901) §§ 11, 62. VerlagsG. § 2. KunstschutzG. §§ 15, 19, 53. ZPO. § 550.

I. Zivilsenat. Urt. v. 4. Februar 1933.

I. Landgericht I Berlin. II. Kammergericht daselbst.

Im Verlage der Klägerin in München sind Wilhelm Buschs „Max und Moritz“, „Schnurrdiburr oder Die Bienen“, „Schnaken und Schnurren“, „Kunterbunt“ und „Münchener Bilderbogen“ erschienen. Und zwar kamen die in den letzten drei Werken zusammengefaßten einzelnen Stücke zuerst in den 1860er Jahren namenlos, später unter dem Namen des Verfassers heraus. Zwischen der Veröffentlichung ohne und der mit Namen lagen bei denjenigen zunächst ohne Namensangabe veröffentlichten Werken, die am Schlusse des zweiten Rechtszuges noch Gegenstand des Streites waren, weniger als 30 Jahre.

Nachdem der Dichter im Jahre 1908 gestorben war, planten seine Erben einen Sammelband, der als „Neues Wilhelm Busch-Album“ von der Beklagten verlegt werden sollte. Um für ihn auch Werke verwenden zu können, die bei der Klägerin erschienen waren, schlossen sie mit der Klägerin unterm 24. Februar 1912 einen Vertrag. Darin gestattete ihnen diese kostenlos, einige jener Werke in dem „Neuen Wilhelm Busch-Album“ abzudrucken; die Erben dagegen erkannten das Verlags- und Eigentumsrecht der Klägerin an den Werken an.

Das „Neue Wilhelm Busch-Album“, eine Sammlung von Werken des Dichters, erschien 1912 im Verlage der Beklagten. Im Herbst 1913 brachte die Beklagte ferner das „Kleine Wilhelm Busch-Album“ heraus. Dieses enthält als Einleitung die Selbstschilderung des Dichters „Was mich betrifft“ (S. 5 bis 10), im ersten Buche (S. 13 bis 76) die Beschreibung und Würdigung des Busch'schen Lebenswerkes von Fritz von Ostini. Das zweite Buch (S. 79 bis 144) bringt eine Auswahl „Die ersten Arbeiten des Meisters“, das dritte Buch (S. 147 bis 176) eine weitere Auslese „Bilderbogen und dichterische Arbeiten“. Dabei ist eine große Anzahl von Zeichnungen und Texten wiedergegeben, die zuerst im Verlage der Klägerin erschienen sind.

Später schloß die Klägerin mit Wilhelm Buschs Erben den Vertrag vom 4./17 Februar 1921. Dieser enthält u. a. im § 5 das Anerkenntnis der Erben, daß sie mit den neu zu zahlenden Bezügen und der kostenlosen Ueberlassung aller Werke Buschs außer „Max und Moritz“ (an die Beklagte für die Herausgabe des „Neuen Wilhelm Busch-Albums“) in jeder Hinsicht befriedigt seien.

Im November 1930 erhob die Klägerin die vorliegende Klage mit dem Antrag auf 1. Unterlassung der Vervielfältigung und Verbreitung des „Kleinen Wilhelm Busch-Albums“, solange darin die im einzelnen näher bezeichneten, früher bei der Klägerin erschienenen Texte und Zeichnungen Wilhelm Buschs enthalten seien, 2. Vernichtung der Formen, Platten usw., 3. Auskunftserteilung, 4. Herausgabe des Gewinns und 5. Ersatz des Schadens.

Die Beklagte bestritt, daß der Klägerin ein Urheberrecht an den Zeichnungen und Texten zustehe. Im einzelnen machte sie geltend:

a) Die streitigen Werke seien überhaupt nicht mehr geschützt, sondern schon auf Grund des bayerischen Urheberschutzgesetzes vom 28. Juni 1865 gemeinfrei geworden, bevor das Reichsgesetz vom 11. Juni 1870 in Kraft getreten sei.

b) Der Klägerin stehe jedenfalls kein Verbotsrecht zu, da sie laut Vertrag selbst nicht befugt sei, eine Sammelausgabe zu veranstalten.

c) Urheberrechtsverletzung liege nicht vor, weil es sich um Aufnahme von Werken oder Teilen solcher in eine selbständige wissenschaftliche Arbeit ausschließlich zur Erläuterung des Inhalts handle (KunstschutzG. § 19).

d) Schließlich seien etwaige Rechte der Klägerin dadurch verwirkt, daß sie die Herstellung und den Vertrieb des „Kleinen Wilhelm Busch-Albums" siebzehn Jahre lang ohne Widerspruch geduldet habe.

Das Landgericht wies die Klage ab. Es nahm an: Die streitigen Zeichnungen und Texte seien zwar noch urheberrechtlich geschützt. Aber das Recht, eine Sammelausgabe zu veranstalten, habe nicht der Klägerin zugestanden, sondern sei bei den Erben Wilhelm Buschs verblieben; die Beklagte habe daher mit Zustimmung der Erben das „Kleine Wilhelm Busch-Album" herausbringen dürfen. Uebrigens hätte (sofern diese rechtliche Beurteilung abzulehnen wäre) die Klägerin durch vieljährige Duldung zwar ihre Ansprüche nicht verwirkt, aber doch das Eingeständnis abgegeben, daß sie auf Grund ihrer Verträge mit den Erben Wilhelm Buschs gegen die Herausgabe nichts einwenden könne.

Im zweiten Rechtszuge erledigte sich der Rechtsstreit wegen etlicher Abbildungen dadurch, daß die Klägerin insoweit ihre Klage zurücknahm. Bezüglich einiger Texte und Bilder wurde die Klage abgewiesen. Im übrigen gab das Kammergericht der Klage statt. Die Revision der Beklagten führte zur Aufhebung und Zurückverweisung.

Aus den Gründen:

I. 1. Die Werke Wilhelm Buschs, um die es sich in diesem Rechtsstreite handelt, sind sämtlich vor dem Inkrafttreten der jetzt geltenden Urheberschutzgesetze erschienen. In § 62 Abs. 1 Satz 1 LitUrhG. vom 19. Juni 1901 ist bestimmt: „Die ausschließlichen Befugnisse des Urhebers eines geschützten Werkes bestimmen sich nach den Vorschriften dieses Gesetzes, auch wenn das Werk vor dessen Inkrafttreten entstanden ist." Entsprechend schreibt § 53 Abs. 1 Satz 1 KunstschutzG. vom 9. Januar 1907 vor: „Die ausschließlichen Befugnisse des Urhebers eines Werkes, das zur Zeit des Inkrafttretens dieses Gesetzes geschützt ist, bestimmen sich nach dessen Vorschriften." Das letztere Gesetz spricht schon nach seiner Wortfassung dafür, daß es voraussetzt: bereits zur

Zeit seines Inkrafttretens (am 1. Juli 1907) müsse das Werk „geschützt“ gewesen sein, also auf Grund des bis dahin geltenden Gesetzes Schutz genossen haben. Ein Gleiches ist für das Gesetz von 1901 (in Kraft seit dem 1. Januar 1902) anzunehmen. Denn die beiden Gesetze sind nach leitenden Gedanken, Zweck und Aufbau so nahe miteinander verwandt, daß Abweichung in den Regeln für eine grundsätzliche Uebergangsfrage ausgeschlossen ist, wenn sie nicht klar zum Ausdrucke gelangt; das aber ist nicht der Fall. . . .

2. Bei der sonach erforderlichen Untersuchung, ob die streitigen Werke schon beim Inkrafttreten der neuen Gesetze geschützt waren, muß grundsätzlich für jedes einzelne Werk vom Jahre des Erscheinens ausgegangen und dann verfolgt werden, ob und wie tatsächliche Vorgänge und Aenderungen der Gesetzgebung darauf eingewirkt haben.

Die ältesten der Werke, die hier in Betracht kommen, sind (ohne Namen des Urhebers) im Jahre 1860 erschienen; die späteren fallen zum Teil in die Geltungszeit des bayerischen Gesetzes zum Schutze der Urheberrechte an literarischen Erzeugnissen und Werken der Kunst vom 28. Juni 1865, zum Teil in die des Bundes- (später Reichs-) Gesetzes vom 11. Juni 1870, das am 1. Januar 1871 in Kraft trat. Als am 1. Juli 1876 das Reichsgesetz betr. das Urheberrecht an Werken der bildenden Künste vom 9. Januar 1876 zu gelten anfing, waren alle hier streitigen Abbildungen schon erschienen. . . .

Das Berufungsgericht prüft, welche Folgen es für die Dauer des Urheberschutzes hatte, daß mehrere der streitigen Werke ursprünglich ohne Angabe des Urhebers und später nochmals, nunmehr jedoch unter dem Namen des Urhebers, erschienen sind. Hierbei geht es auf die Auslegung von § 11 des Gesetzes vom 11. Juni 1870 ein, die sich im Laufe der Jahre nicht immer gleich geblieben ist. Früher ging, wie das Berufungsurteil zutreffend bemerkt, die wohl einhellige, mit den Vorarbeiten des Gesetzes übereinstimmende Auffassung dahin: erstmalig ohne Urhebernamen erschienenen Werken könne durch nachträgliche Herausgabe unter dem wahren Urhebernamen nicht die Schutzfrist zuteil werden, welche den alsbald unter dem wahren Namen des Urhebers erschienenen Werken gebühre. Diese Auslegung ist namentlich von A l l f e l d 1914 in Rechtsgutachten für einen über Werke von Wilhelm Raabe geführten Streit eingehend begründet worden. Folgte man ihr, dann war auf solche Weise der Urheberschutz, bildlich gesprochen, undicht; man pflegte daher von „Nebenluftausgaben“ zu sprechen. Das Reichsgericht hat jedoch (in eben jenem Rechtsstreit über Werke Wilhelm Raabes) eine andere Auslegung des § 11 des Gesetzes vom 11. Juni 1870 angenommen, die dahin geht: eine nachträgliche Veröffentlichung des Werkes unter dem wahren Namen des Urhebers hat zur Folge, daß nunmehr die allgemeine Schutzfrist (auf Lebenszeit des Urhebers und 30 Jahre darüber hinaus) gilt (RGZ. Bd. 86 S. 241 vom 10. Februar 1915, auch in JW. 1915 S. 456 Nr. 12, ferner z. B. im BuchhBörsBl. 1915

S. 533/534 abgedruckt). Die Reichsgerichtsentscheidung erachtet diese Auslegung — trotz abweichender Aeußerungen bei der Vorbereitung des Gesetzes und in Erläuterungen angesehener Gelehrter — für gerechtfertigt aus dem Sinn und Zweck der Vorschriften selbst. ... (Der wesentliche Inhalt der Entscheidung wird mitgeteilt.) Das Kammergericht verkennt nicht, daß sich auch für die andere, im Schrifttum ehemals herrschende Gesetzesauslegung beachtliche Gründe beibringen lassen. Es gibt aber denen des reichsgerichtlichen Urteils vom 10. Februar 1915 den Vorzug. Zutreffend betont es dabei, daß man nicht ohne Not nach siebzehn Jahren von der einmal getroffenen Entscheidung der zweifelhaften Frage abgehen solle; der Verkehr müsse wissen, woran er sei; Schwankungen der Gesetzesanwendung gefährdeten die Rechtssicherheit. Im Anschluß an das Reichsgericht nimmt also das Kammergericht an: Literarische Werke waren nach § 11 des Gesetzes vom 11. Juni 1870 am 1. Januar 1902 (beim Außerkrafttreten des Gesetzes von 1870 und beim Inkrafttreten des Gesetzes vom 19. Juni 1901) noch geschützt, wenn sie

a) entweder innerhalb von 30 Jahren vor diesem Zeitpunkt ohne Urhebernamen erschienen
b) oder, sofern sie schon früher ohne Namen erschienen waren, in der Zwischenzeit auch unter dem wahren Urhebernamen veröffentlicht worden sind.

Entsprechendes gilt nach Ansicht des Kammergerichts für Werke der bildenden Kunst, die beim Inkrafttreten des Gesetzes vom 9. Januar 1907 (am 1. Juli 1907)

a) entweder innerhalb von 30 Jahren vorher ohne Urhebernamen erschienen
b) oder, sofern sie schon früher ohne Namen erschienen waren, nachträglich noch unter dem wahren Urhebernamen veröffentlicht worden sind.

Bei allen Texten und Bildern, die noch im Streite sind, liegt, wie das Berufungsurteil als unbestritten bezeichnet, die eine oder andere dieser Voraussetzungen vor. Das Urteil folgert: auch unter der Herrschaft der jetzt geltenden Gesetze von 1901 und 1907 sind die im Streite befangenen Werke urheberrechtlich geschützt.

3. Die hiergegen gerichteten Revisionsangriffe sind nicht gerechtfertigt. Die Revisionsrüge, welche auf das bayerische Urheberrechtsgesetz von 1865 hinweist, könnte selbst dann keinen Erfolg haben, wenn sie eine Verletzung allgemeiner, auch bei der Anwendung von Reichsrecht beachtlicher Grundsätze des Uebergangsrechtes behaupten wollte. Denn insoweit arbeitet sie mit einer Unterstellung, die der tatsächlichen und rechtlichen Grundlagen ermangelt. Bei der Anwendung des Gesetzes vom 11. Juni 1870 müßte allerdings beachtet werden, ob die Werke, um die es sich bei dessen Inkrafttreten (1. Januar 1871) handelte, überhaupt noch geschützt oder etwa schon gemeinfrei waren. Daß die vor dem

1. Januar 1871 erschienenen der hier streitigen Werke nach bayerischem Landesgesetze schon gemeinfrei gewesen seien, nimmt auch die Revision nicht an. Sie folgert nur: wenn das bayerische Gesetz von 1865 weitergegolten hätte, so wäre für die zuerst ohne Urhebernamen erschienenen Werke der Schutz 30 Jahre nach dieser ersten Herausgabe erloschen. Die damit gemachte Voraussetzung trifft jedoch nicht zu. Das bayerische Gesetz von 1865 wich dem Bundes- (dann Reichs-) Gesetze vom 11. Juni 1870. Und dieses Reichsgesetz bestimmte im § 58 Abs. 1 ausdrücklich, daß es auf alle vor seinem Inkrafttreten erschienenen Schriftwerke, Abbildungen usw. Anwendung finde, selbst wenn sie nach den bisherigen Landesgesetzgebungen keinen Schutz gegen Nachdruck, Nachbildung usw. genossen hätten. Das Gesetz betr. das Urheberrecht an Werken der bildenden Kunst vom 9. Januar 1876 traf im § 18 Abs. 1 eine ganz gleiche Bestimmung. Von einer Verletzung zwischenzeitlicher Rechtsgrundsätze kann also nicht die Rede sein.

Die Rügen der Revision, welche sich unmittelbar auf die Auslegung und Anwendung des Gesetzes vom 11. Juni 1870, namentlich seines § 11, beziehen, greifen ebenfalls nicht durch. Zwar kam für den vom Reichsgericht am 10. Februar 1915 entschiedenen Streit um Werke Wilhelm Raabes (RGZ. Bd. 86 S. 241) nur die Anwendung preußischer, braunschweigischer und württembergischer, aber nicht bayerischer Gesetze in Betracht. Die damalige Entscheidung gelangte jedoch für den § 11 des Gesetzes vom 11. Juni 1870 zu einer umfassenden, grundsätzlichen Auslegung, die sich das Berufungsgericht auch für den gegenwärtigen Tatbestand aneignen durfte, ohne eine der Revision zugängliche Rechtsnorm zu verletzen (§ 549 ZPO.). Alle weiteren Ausführungen der Revision zu diesem Punkte verfolgen das Ziel, die Gründe als fehlerhaft nachzuweisen, welche in dem Reichsgerichtsurteil vom 10. Februar 1915 den Ausschlag dafür gegeben haben, die im Schrifttum vorherrschende Ansicht über die Auslegung des § 11 des Gesetzes vom 11. Juni 1870 abzulehnen. Erneute Prüfung ergibt, auch im Hinblick auf die schon erwähnte notwendige Beständigkeit der Rechtsprechung, keine Ursache, die in dem Urteile von 1915 vertretene Meinung aufzugeben.

Die Auffassung des Berufungsgerichts, daß die jetzt umstrittenen Werke auch unter der Herrschaft der gegenwärtig geltenden Gesetze vom 19. Juni 1901 und 9. Januar 1907 urheberrechtlich geschützt sind, läßt hiernach keinen Rechtsirrtum erkennen.

II. Für die Entscheidung des vorliegenden Rechtsstreits ist weiter wesentlich, was zwischen den Erben Wilhelm Buschs und der jetzigen Klägerin über die Befugnis, Sammelausgaben von des Dichters Werken zu veranstalten, vereinbart worden ist.

1. Aus Feststellungen in einem früheren Rechtsstreite folgerte das Landgericht, daß das Recht zur Veranstaltung von Sammelausgaben überhaupt bei den Erben Buschs verblieben sei, und nahm an: die jetzige

Beklagte habe mit Zustimmung der allgemein zu Sammelausgaben befugten Erben nicht bloß das „Neue Wilhelm Busch-Album", sondern auch das „Kleine Wilhelm Busch-Album" herausbringen dürfen; denn dieses enthalte lediglich eine gekürzte Ausgabe des größeren Sammelbandes und beeinträchtige die wirtschaftliche Auswertung der bei der Klägerin erschienenen Werke nicht. Das Kammergericht lehnt diese Folgerungen ab und erwägt: Der wesentliche Grund der nachträglichen Regelung sei der gewesen, daß das „Neue Wilhelm Busch-Album" vor Wettbewerb (nämlich der Klägerin) gesichert werden sollte. Dieser Zweck der Vereinbarung müsse auch deren Grenzen bestimmen. Aus ihm ergebe sich: „Die ausschließliche Befugnis der Erben Buschs sollte sich auf das im Vertrage vom 24. Februar 1912 genannte „Neue Wilhelm Busch-Album" beschränken. Von der Anerkennung eines einzigen solchen Albums abgesehen, sollte die Klägerin die ausschließlich Berechtigte sein, wie sich aus der ausdrücklichen Anerkennung ihres Verlags- und Eigentumsrechtes in Nr. II des Vertrages ergibt." Abweichend vom Landgericht beurteilt ferner das Kammergericht das buchmäßige und wirtschaftliche Verhältnis zwischen dem „Neuen" und dem „Kleinen" Wilhelm Busch-Album. Das „Kleine" Album sei keine bloß gekürzte Ausgabe des „Neuen", sondern etwas dem Wesen nach Anderes. Während das „Neue" Album lediglich eine Zusammenstellung von Werken Wilhelm Buschs enthalte, bestehe das „Kleine" in seinem ersten gleichsam richtunggebenden Teil in einer Würdigung des Busch'schen Lebenswerkes durch einen anderen Schriftsteller, Fritz von Ostini. Weiter treffe es offensichtlich nicht zu, daß der Absatz der Ausgaben der Klägerin durch dieses „Kleine" Album nicht beeinträchtigt werde. „Es ist bekannt, daß große Teile des Publikums derartige Sammelausgaben an Stelle der Einzelausgaben erwerben; hier kommt noch der außerordentlich niedrige Preis von 5 RM. hinzu." Eine gekürzte Ausgabe des ursprünglich in Aussicht genommenen „Neuen" Albums könnte übrigens nur dann der Klägerin gegenüber als befugt angesehen werden, wenn sie an die Stelle der größeren Ausgabe getreten wäre. Die Beklagte aber habe beide Ausgaben gleichzeitig nebeneinander vertrieben und tue das noch. Ein derartiges Erscheinen zweier Werke sei mit dem Vertrage vom 24. Februar 1912 unvereinbar. Da dort das ausschließliche Recht der Klägerin — abgesehen vom „Neuen" Album — unzweideutig anerkannt worden sei, komme es übrigens nicht darauf an, ob sie in ihrem Verlagsbetriebe beeinträchtigt werde. Denn der Zweck völliger Uebertragung des Urheberrechts an einen Verleger liege gerade darin, ihn über die eigentlichen und näheren Zwecke des Verlagsvertrags hinaus zu sichern und zu berechtigen.

2. Gegen die Beurteilung des Vertragsverhältnisses und seiner rechtlichen Folgen durch das Berufungsgericht wenden sich verschiedene Angriffe der Revision.

a) Die Beklagte verficht die Meinung: was die Klägerin nach ihrem Vertrage mit Wilhelm Buschs Erben zu tun selbst nicht berechtigt sei —

Veranstaltung einer Sammelausgabe —, könne sie der Beklagten, die ihre Befugnis von jenen Erben herleite, nicht verbieten. Dieser Revisionsangriff ist nicht gerechtfertigt. Wenngleich die Klägerin selbst vertraglich verpflichtet ist, keine Sammelausgabe Busch'scher Werke auf den Markt zu bringen, so wird ihr dadurch nicht verwehrt, gegen denjenigen vorzugehen, der unbefugt eine Sammelausgabe veranstaltet und dadurch in die Rechte eingreift, die der Klägerin an einzelnen Werken von Busch zustehen (§§ 11, 36 LitUrhG.; §§ 15, 31 KunstschutzG.). Der Berufungsrichter stellt fest, daß die Beklagte, obwohl nur zu Veranstaltung des „Neuen" Wilhelm Busch-Albums berechtigt, durch das daneben herausgegebene „Kleine" Album den Absatz der Busch'schen Verlagswerke der Klägerin „offensichtlich" beeinträchtige; dies begründet er durch erfahrungsmäßige Beobachtungen über das Wettbewerbsverhältnis zwischen Einzelausgaben und Sammelausgaben im buchhändlerischen Absatz.

b) Ferner meint die Beklagte: die Befugnis zur Herausgabe des „Neuen Wilhelm Busch-Albums" schließe nach dem Sinn und Zweck des Vertrages die Herausgabe eines zweiten im erlaubten Rahmen bleibenden Sammelwerkes unter anderem Titel, von geringerem Umfang und zu niedrigerem Preise nicht notwendig aus; wenigstens so lange nicht, als der Klägerin dadurch für den Vertrieb ihrer Werke kein stärkerer Wettbewerb entstehe, als er im Vertrage von 1912 vorgesehen sei. Auch dieser Revisionsangriff kann nicht durchdringen. Der Vertrag vom 24. Februar 1912 sieht keinen bestimmten Umfang des der Beklagten freistehenden Wettbewerbs vor. Er enthält auch nichts Näheres über Umfang, Auflagen, Höhe, Preis usw. des „Neuen Wilhelm Busch-Albums". Aus den Worten des schriftlichen Vertrags allein könnte man kein anschauliches Bild des damals geplanten und bald danach erschienenen Sammelwerkes gewinnen. Darüber, daß etwa der Schriftwechsel es ergänzt oder die mündliche Besprechung im Jahre 1912 zu Vereinbarungen in dieser Hinsicht geführt habe, ist nichts festgestellt. Daher muß angenommen werden, daß die Beteiligten damals nur soviel, wie der schriftliche Vertrag ergibt, über diese Dinge abgemacht haben. Wenn die Beklagte z. B. einen Sammelband gleichartigen Inhalts, ungefähr gleichen Umfangs, gleichen Preises und in ebenso hoher Auflage wie das „Neue Wilhelm Busch-Album" (ebenfalls mit Werken dieses Urhebers), nur unter anderem Titel, auf den Markt gebracht hätte, so ließe sich wohl erwägen: dadurch entstehe der Klägerin kein lästigerer Wettbewerb als etwa durch eine doppelte Auflage des „Neuen" Albums. Davon ist aber der vorliegende Tatbestand nach den Feststellungen des Berufungsurteils verschieden. Das Kammergericht verstößt weder gegen Rechtsregeln noch begeht es einen offenbaren Irrtum tatsächlicher Art, wenn es annimmt, das „Kleine" Album sei gerade durch seinen geringeren Umfang und billigen Preis zu erfolgreichem Wettbewerbe gegen die Einzelausgaben der Klägerin befähigt. Daß diese Würdigung am buchstäblichen Sinne der Vertragsworte hafte und dadurch die §§ 133, 157 BGB. verletze, ist nicht ersichtlich.

c) Auch darin ist der Revision nicht beizustimmen, daß das Berufungsgericht die Gesetzesvorschrift anzuwenden versäumt habe, wonach der Verfasser nach Ablauf von 20 Jahren seit dem Erscheinen befugt ist, seine Werke in einer Gesamtausgabe zu vervielfältigen und zu verbreiten (§ 2 Abs. 3 VerlagsG.). Das Berufungsurteil brauchte hierauf nicht ausdrücklich einzugehen, weil das „Kleine Wilhelm Busch-Album" nicht unter die „Gesamtausgaben" zu rechnen ist. Zu einer Gesamtausgabe gehört zwar nicht, daß sie sämtliche Werke des Urhebers umfaßt. Sie muß aber ein einigermaßen vollständiges, abgerundetes Bild vom Wesen des Künstlers als Werkschöpfer, von der Art seines Schaffens, von den Hauptgegenständen und leitenden Gedanken seiner Werke, von der Darstellungsweise und den Kunstmitteln gewähren, mit denen er arbeitet (vgl. die Erläuterungen von Allfeld, Hoffmann, Goldbaum zu § 2 VerlG.; Hillig 385 Gutachten [1928] Nr. 263). Das „Kleine" Album leistet das nicht. Es enthält nur eine Auswahl aus der Fülle der Werke, gerade die wichtigsten und bekanntesten aber fehlen. Ob das „Neue" Album den Anforderungen genügt, die an eine Gesamtausgabe zu stellen sind, kann unerörtert bleiben. Sollte überhaupt schon eine Gesamtausgabe vorliegen, dann wäre es das „Neue" und nicht das „Kleine" Album. Stellt das „Kleine" Album keine Gesamtausgabe dar, so bedarf es keiner Untersuchung der Frage, ob der Urheber oder seine Erben durch § 2 Abs. 3 VerlagsG. zu mehreren Gesamtausgaben berechtigt werden oder nur zu einer einzigen. Es kann auch dahingestellt bleiben, ob etwa die gesetzliche Befugnis der Erben von Wilhelm Busch, eine Gesamtausgabe zu veranstalten, durch den Vertrag von 1912 in gewisser Weise eingeschränkt worden sei; da das „Kleine Wilhelm Busch-Album" keine Gesamtausgabe ist, kommt es darauf nicht an.

III. Das Berufungsgericht weist für gewisse Abbildungen und Textstücke die Klage ab, weil insoweit die Beklagte nur von dem gesetzlichen Rechte Gebrauch gemacht habe, einzelne Werke in eine selbständige wissenschaftliche Arbeit (die Abhandlungen des Schriftstellers Fritz von Ostini) ausschließlich zur Erläuterung des Inhalts aufzunehmen (§ 19 KunstschutzG.). Die Beklagte nimmt dieses Recht des erläuternden Text- und Bildzitats auch noch für andere Teile des „Kleinen Wilhelm Busch-Albums" in Anspruch; ihre Revision rügt, daß das Berufungsgericht ihr die Befugnis bei zwei Abbildungen zu Unrecht versagt habe. Die Rüge betrifft die Bilder 18 und 19, welche sich auf S. 54 des Albums in Ostinis Abhandlung (Wilhelm Busch) „Sein Werk" finden; beide sind aus „Schnurrdiburr oder Die Bienen" entnommen. Das Berufungsurteil sagt darüber:

> In Wahrheit handelt es sich hier nur um eine gedrängte Inhaltsangabe nebst einigen Beispielen. Gerade das wird aber durch § 19 KunstschutzG. nicht gedeckt. Der Text wird hier durch die Abbildungen nicht „erläutert", d. h. die Abbildungen haben nicht lediglich den Zweck, das Verständnis des Textes zu fördern. Denn im Texte werden die

Abbildungen nicht kritisch besprochen, sondern die inhaltliche Wiedergabe wird durch Beibringung einzelner Beispiele vervollständigt. Gerade ein solches Verfahren ist geeignet, dem Original Wettbewerb zu machen. Wenn zwar auch hier der ernste wissenschaftliche Zweck außer Zweifel steht, so ist dieses Verfahren doch grundsätzlich nicht zugelassen, zumal da die Grenze zwischen dem Zulässigen und dem Unzulässigen fraglich werden könnte.

Diese Beurteilung ist, wie an der Hand von Text und Bildern alsbald klar wird, durchaus richtig, ein Verstoß gegen Auslegungsregeln ist darin nicht zu finden.

IV. Die Beklagte wendet gegen die Klagansprüche ferner ein, daß die Klägerin die von ihr geltend gemachten urheberrechtlichen Befugnisse durch langjähriges Abwarten und Dulden „verwirkt" habe. . . . (Die Ausführungen des Berufungsgerichts das diesen Einwand zurückgewiesen hat, werden beanstandet.)

## RGZ. 140, 103

**Wodurch unterscheidet sich der bloße Bestellvertrag vom eigentlichen Verlagsvertrage?**

VerlagsG. §§ 1, 47.

I. Zivilsenat. Urt v. 8. März 1933.

I. Landgericht Leipzig. II. Oberlandesgericht Dresden.

Im Verlage des Beklagten erschien 1930: „Das Bürgerliche Gesetzbuch mit Einführungsgesetz unter Berücksichtigung aller Gesetzesänderungen und einem Anhang: „Das heute geltende Mietrecht" sowie Verordnung betr. Mängel beim Viehhandel, Verordnung über das Erbbaurecht, Reichsgesetz über religiöse Kindererziehung, und ausführliches Sachregister. Ein neuer Wegweiser durch das bürgerliche Recht mit allgemeinverständlichen Erläuterungen vom Amtsgerichtsrat R., Dr. jur Ro. und Dr. jur. K." Der an zweiter Stelle genannte Erläuterer ist der jetzige Kläger. Er hat die Erläuterungen zum Allgemeinen Teil, zum Sachenrecht, zum Erbrecht und zum Mieterschutzgesetz verfaßt; sie bestehen in kurzen einleitenden Bemerkungen zu den einzelnen Gesetzesabschnitten. Das ganze Buch hat (einschließlich Titel, Einleitung, Vorwort, Inhaltsverzeichnis und Sachregister) 446 Seiten; davon kommen etwas mehr als 50 auf die Erläuterungen des Klägers. Der Titel gibt 5 RM. als Ladenpreis an; unstreitig aber ist das Buch für 3,75 RM. verkauft worden.

Der Kläger hatte die Verhandlungen, auf Grund deren er die Arbeit übernahm, mit dem Bruder des Beklagten als dessen Beauftragtem geführt. Der Beklagte bestätigte die mündlichen Vereinbarungen unterm 28. Dezember 1929 schriftlich dahin, daß der Kläger die Bearbeitung nach Art des ihm vorgelegten Buches von E.-B. in allgemeinverständlicher Weise durchführen solle und daß „das vereinbarte Honorar insgesamt einmalig 300 RM. betrage"; die Handschrift, im Umfang von mindestens 48 Druckseiten, sollte bis zum 6. Januar 1930 zur Verfügung stehen. Der Kläger erklärte sich unterm 2. Januar 1930 mit dem Inhalt des Briefes vom 28. Dezember einverstanden, ausgenommen die Zeit der Ablieferung. Am 20. Januar 1930 bestätigte er durch schriftliche Quittung, 300 RM. für vereinbartes Honorar erhalten zu haben.

Nachdem die drei Bearbeiter die Erläuterungen vollendet hatten, ließ der Beklagte das Werk in einer ersten Auflage von 5000 Stück erscheinen; später brachte er noch weitere Auflagen in Verkehr. Im April 1931 erhob der Kläger dagegen Widerspruch. Mit der vorliegenden Klage verlangt er vom Beklagten: Unterlassung des Vervielfältigens und Verbreitens, soweit mehr als 1000 Stück des Werkes hergestellt sind und soweit es sich um die vom Kläger verfaßten Erläuterungen handelt; Vernichtung der widerrechtlich hergestellten oder verbreiteten Stücke und der dazu ausschließlich bestimmten Vorrichtungen; Feststellung der Schadensersatzpflicht; Auskunft über den Umfang der Vervielfältigung und des Vertriebes. Er ist der Meinung, daß die vertraglichen Befugnisse des Beklagten auf eine einzige Auflage beschränkt seien.

Der Beklagte entgegnet, daß der Kläger durch das „insgesamt einmalige" Honorar von 300 RM. ein für allemal für seine Arbeit völlig abgefunden sei.

Das Landgericht hat nach dem Klagantrag verurteilt, das Oberlandesgericht auf Berufung des Beklagten die Klage abgewiesen. Die Revision des Klägers war erfolglos.

Gründe:

Der Berufungsrichter läßt dahingestellt, ob die Vereinbarung der Parteien als sog. Bestellungsvertrag (§ 47 VerlG.) zu beurteilen und also nach Grundsätzen des Werkvertrags (§§ 631 flg. BGB.) zu behandeln, oder ob sie als eigentlicher Verlagsvertrag (§ 1 VerlG.) anzusehen sei. Denn auch für den Fall des Verlagsvertrags kommt er wegen des besonderen Inhalts der Abreden zu dem Ergebnis: der Kläger seit mit den ihm gezahlten 300 RM. für seine aus dem Vertrag erwachsenen Ansprüche völlig abgefunden und könne nichts mehr fordern.

Die in tatsächlicher Hinsicht getroffenen Feststellungen des Berufungsurteils rechtfertigen die Annahme eines bloßen Bestellvertrags. Er kann sehr verschiedene Gestalt annehmen. Wesentlich aber ist ihm, daß jemand die Herstellung eines Werkes nach einem Plan übernimmt, worin der Besteller ihm den Inhalt des Werkes sowie die Art und Weise der Behandlung genau vorschreibt (§ 47 Abs. 1 VerlG.). Im vorliegenden Fall ist das geschehen.

1. Ohne ausschlaggebende Bedeutung wären, für sich allein betrachtet, gewisse Umstände, die sich bei dem Vertrage der Parteien finden, jedoch beim eigentlichen Verlagsvertrag ebenfalls oft begegnen. Das

gilt zunächst von der unbestrittenen Tatsache, daß die Anregung zu der Arbeit vom Beklagten, dem Verleger, ausging; solches geschieht auch beim Verlagsvertrag sehr häufig, ohne dessen Wesen in Frage zu stellen. Nicht selten bestimmt ferner der Verleger ein Mindest- oder Höchstmaß des Umfanges, den der Verfasser bei der Herstellung des Werkes einhalten soll. Im gegenwärtigen Fall beabsichtigte der Beklagte, daß ein Buch zustande komme, welches ungefähr den Umfang des eigens als Vorbild genannten (E.-B., BGB.) erreiche und also zum selben Preise wie dieses auf den Markt gebracht werden könne. So geschah es tatsächlich auch. Der E.-B. hat 443, das Buch von R., Ro. und K. 446 Seiten. Die Titelblätter beider in Größe und Ausstattung gleichen Bücher zeigen als aufgedruckte Preisangabe 5 RM. Innerhalb des vom Verleger geplanten Gesamtumfangs erhielt der Kläger für seine Erläuterungen „mindestens 48 Druckseiten" (3 Bogen) zugewiesen. Der Bestätigungsbrief zeigt, namentlich durch den Hinweis auf das Buch von E.-B., daß jenes Mindestmaß auch nicht beträchtlich überschritten werden sollte.

2. Darin allein, daß ein anderes Werk als Vorbild in Gegenstand, Umfang und Behandlungsweise ausdrücklich genannt wurde, brauchte zwar nicht das sichere Anzeichen des Willens gesehen zu werden, dem Kläger die Art und Weise der Behandlung „genau" vorzuschreiben. Es kommen jedoch durch die Lage des gegenwärtigen Falls gewisse Umstände hinzu, die — im Verein mit den vorhin (zu 1) erwähnten — dartun: dem Kläger war nicht bloß durch Zuweisung bestimmter Gesetzesabschnitte, die er erläutern sollte, der sachliche Inhalt des Werkes gegeben, sondern auch die Behandlungsweise, die Art, seine Erläuterungen einzurichten, „genau" vorgeschrieben.

a) Was zu solcher Genauigkeit der Vorschrift gehöre, muß jeweils nach der Art der Aufgabe näher bestimmt werden. In der Regel handelt es sich beim Bestellvertrag um eine (wie man es genannt hat) „niedere" oder „tiefstehende" Verfassertätigkeit, bei welcher der Entwerfer des Planes (hier der Verleger) die Richtlinien der Arbeit angibt, die Ausführer sich seinen Weisungen unterordnen und jenen Linien durch Gestaltung der äußeren Ausdrucksform folgen, in ihrer Tätigkeit also an enge, vom Besteller maßgebend festgelegte Grenzen gebunden sind (Allfeld VerlagsG., 2. Aufl. 1929, Anm. 2 Abs. 2 zu § 47; Crome System d. Dtsch. bürg. R. II S. 717 § 274 Anm. 12; Daude Ges. über UrhR. und VerlagsR. [1910] S. 196; A. Elster in GRUR. 1911 S. 129, 1913 S. 33, Urh. u. ErfindR. [1928] S. 238/39; v. Gierke DPrR. III [1917] S. 752 Anm. 19; Wenzel Goldbaum UrhR. u. UrhVertragsR. [2. Aufl. 1927] Bem. 1 bis 3 zu VerlG. § 47; Hillig 385 Gutachten Nr. 168 S. 193; Willy Hoffmann VerlagsG. Anm. 1 zu § 47 S. 158; Kohler UrhR. [1907] S. 343/5; Riezler in Ehrenbergs Handb. d. HandelsR. V 2 [1915] S. 13 § 4 bei Anm. 2; Voigtländer-Fuchs Ges. betr. Urh.- u. VerlagsR., 2. Aufl. 1914, Bem. 1, 2 u. 7 zu § 47).

b) Daß im vorliegenden Streitfall nur eine Arbeit nach derartig bestimmten Richtlinien zu leisten war, erhellt hauptsächlich aus der Kürze der Zeit, die dem Kläger für seine Erläuterungen zugemessen wurde. Am 27. Dezember 1929 hatte der Bruder des Beklagten in dessen Auftrage zuerst mit ihm über die Angelegenheit gesprochen. Schon am 28. Dezember schrieb der Beklagte dem Kläger den Bestätigungsbrief über den Inhalt des Abkommens. Darin heißt es: der Kläger werde seiner Zusage gemäß mit der Arbeit sogleich beginnen, und die Handschrift solle dem Beklagten spätestens bis zum 6. Januar (1930) zur Verfügung stehen. Wäre das ausgeführt worden, so hätten für die Ausarbeitung nur acht volle Tage zur Verfügung gestanden. Die Frist wurde dann allerdings etwas verlängert. Denn unterm 2. Januar 1930 erwiderte der Kläger in seiner Gegenbestätigung: „Die mit Ihrem Herrn Bruder besprochene Zeitangabe, 6. Januar als frühester Termin, bezog sich nur auf die ursprünglich besprochene Arbeit. Ich werde Ihnen den Allgemeinen Teil, Miete, Pacht, Leihe und Mieterschutzgesetz und den größten Teil des Sachenrechts bis zum 8. ds. nachm. liefern können, aber noch nicht das Erbrecht. Dies wird dann noch einige Tage in Anspruch nehmen, so daß ich mit allem bis zum 13. ds. fertig sein werde." Darüber, wann tatsächlich das Ganze vollendet gewesen ist, liegt keine Feststellung vor; doch unterliegt keinem Zweifel, daß die Zahlung der 300 RM. Entgelt, über die der Kläger am 20. Januar quittiert hat, erst der Ablieferung der vollständigen Handschrift gefolgt ist. Ein gemeinverständlicher Wegweiser zum Allgemeinen Teil, zum Sachenrecht, Erbrecht und zum heute geltenden Mietrecht, der innerhalb so kurzer Zeit nur in Gestalt knapper Vorbemerkungen zu den Gesetzesabschnitten herzustellen war, mußte sich nach allen dargelegten Umständen in der Art und Weise der Erläuterungen stark an das ausdrücklich bezeichnete Vorbild anlehnen. Etwas im Gedankengehalt Selbständiges, durch persönliche Eigenart des Verfassers Gekennzeichnetes war nach alledem nicht bezweckt; nur eine der erteilten genauen Vorschrift gemäß angefertigte Arbeit wurde gewollt und erwartet. Dem entspricht auch das vorliegende Ergebnis, das so zugleich den Zweck bestätigt, den die Beteiligten übereinstimmend verfolgten.

Somit handelte es sich bei den Erläuterungen, die der Kläger zu verfassen hatte, um ein Werk, das nach einem Plan des Beklagten als Bestellers anzufertigen war; durch den Plan wurden dem Kläger der Inhalt (umschrieben durch den des Gesetzes in Verbindung mit dem eigens betonten Muster) sowie die Art und Weise der Behandlung genau vorgeschrieben (§ 47 Abs. 1 VerlG.). Der Kläger hat die für das hergestellte Werk vereinbarte Vergütung erhalten (§ 631 Abs. 1 BGB.). Seine Klagansprüche sind daher unbegründet; das Berufungsgericht hat sie mit Recht abgewiesen.

**RGZ. 140, 137**

**1. Sind Rundfunk-Wochenprogramme als Schriftwerke urheberrechtlich geschützt?**

**2. . . .**

LitUrhG. § 1.

I. Zivilsenat. Urt. v. 18. März 1933.

I. Landgericht I Berlin. II. Kammergericht daselbst.

. . .

Aus den Gründen:

1. Das Kammergericht hat schon in einem früheren Rechtsstreit den Rundfunkprogrammen keinen urheberrechtlichen Schutz zugebilligt (Urt. vom 12. April 1924 10 U 2532/24 in *JW.* 1925 S. 148 Nr. 2). Hieran hält es nach eingehender Prüfung auch für den gegenwärtigen Sachverhalt fest.

a) Mit der ständigen Gesetzesauslegung fordert es für ein Schriftwerk (§ 1 LitUrhG.) eine gewisse eigenpersönliche geistige Tätigkeit, die dem Geschaffenen in Gehalt und Form das Gepräge verleiht. Unter Umständen kann auch ein bescheidenes Maß solcher Tätigkeit genügen. Das geistige Wirken kann auf bloße Formgebung, auf die Sammlung, Einteilung und Anordnung des vorhandenen Stoffes beschränkt sein. Auch Werke mit rein praktischen Zwecken sind aus dem Kreise der Schriftwerke nicht grundsätzlich auszuschließen. Inhalt und Zweck würden also der Einreihung der Rundfunkprogramme unter die Schriftwerke nicht schlechthin entgegenstehen (RGZ. Bd. 116 S. 295, Bd. 121 S. 358 [361], Bd. 123 S. 123; RGSt. Bd. 39 S. 283).

Aber mit Recht unterscheidet das Berufungsgericht zwischen dem tatsächlichen Inhalt der Programme und seiner schriftlichen Wiedergabe. Es führt aus: „Der sachliche Programminhalt gibt an, welche musikalischen oder sprachlichen Vorträge und Aufführungen an jedem Tage der kommenden Woche im Rundfunk stattfinden, ihre genaue Ansetzung auf bestimmte Tagesstunden sowie die Namen der Vortragenden, der Sänger, Schauspieler, Sprecher usw. Alle diese tatsächlichen Angaben tragen an sich noch keinen Schriftwerkscharakter im Sinne des Urheberrechts". Zwar wird nicht verkannt, daß die Zusammenstellung eines Rundfunkprogramms für eine ganze Woche in der zur Zeit üblichen Form auf erheblicher geistiger Arbeit beruhe, die einen ganzen Stab von Mitwirkenden erfordere. Zu den vielen Aufgaben, die dabei zu lösen seien, gehöre unter anderem die Aufstellung allgemeiner Grundsätze für die Wahl dessen, was man im Rundfunk bieten wolle; ferner die Heranziehung des Stoffes, der Abschluß von Vortrags- oder Aufführungsverträgen, die Verteilung der gewählten Darbietungen auf die Tage und Tageszeiten. Alles das liege jedoch nicht auf dem Gebiet des Schriftwerks, d. h. des sprachlichen Gedankenausdrucks, sondern des organisatorischen menschlichen Handelns. Damit hebt das Berufungsurteil richtig hervor, daß die Aufstellung eines Rundfunkprogramms ganz anderen Zwecken dient als dem, ein Schrift- oder sonstiges Sprachwerk zu schaffen, obwohl dabei manches geschieht, was an sich geeignet sein könnte, ein solches Werk vorzubereiten. Das Urteil weist ausdrücklich auf solche Vorgänge hin, die auch die Entstehung von Schriftwerken zu begleiten pflegen: Wenn ein Rundfunk-Wochenprogramm aufgestellt wird, so nötigt schon die Fülle des zu bewältigenden Stoffes und das Bedürfnis zeitlicher Ordnung des Ausgewählten zu schriftlichen Aufzeichnungen während der Arbeit, auch um der gedächtnismäßigen Festlegung willen. Aber die geleistete geistige Tätigkeit wird durch solche Aufzeichnungen, die sich auf sie beziehen, nicht zur schriftstellerischen. Sie bleibt, was sie vermöge des sie beherrschenden Zweckes ist: ein Inbegriff menschlicher Handlungen (Entschlüsse und Beschlüsse) mit Bezug auf die Rundfunkdarbietungen der nächsten Zeit und ihre genaue zeitliche Einteilung.

b) Nachdem der Berufungsrichter so die Aufstellung des Planes für die Rundfunkdarbietungen der jeweils kommenden Woche als eine zweckbestimmte ordnende Geistestätigkeit gekennzeichnet hat, wendet er sich der „für das Rundfunkpublikum bestimmten, in sich geschlossenen einheitlichen Schriftform" zu, in der das Ergebnis jener Organisationsarbeit nach deren Beendigung niedergelegt wird. Zutreffend betont er: Der etwaige urheberrechtliche Schutz könne nicht die geleistete Organisationsarbeit selbst zum Gegenstand haben, sondern nur die Wiedergabe ihres Ergebnisses in der dafür gewählten Schriftform. Er prüft, ob diese Schriftform die notwendigen Erfordernisse eines schutzfähigen Schriftwerks aufweist. Ohne Rechtsirrtum verneint er das. Und zwar bemerkt er zunächst mit Recht, daß das Wochenprogramm, soweit es die Darbietungen und die dabei mitwirkenden Personen nenne, der Schriftwerkseigenschaft ermangle. Die Namhaftmachung beschränke sich durchweg auf eine lose, stichwortartige Nennung der Namen unter Verzicht auf jeden Satzbau oder sonstige eigenpersönliche Formprägung. Die aufgenommenen Namen selbst seien die von den jeweiligen Verfassern gegebenen, also völlig zitierfreien Titel der aufgeführten Stücke nebst etwaigen Personenverzeichnissen, dazu die Verfasser und die Vortragenden. Soweit ein Vortrag etwa von der Sendegesellschaft selbst erst betitelt werde (z. B. als „Tages- und Sportnachrichten", „Jugendstunde", „Viertelstunde für den Landwirt" oder ähnlich), handle es sich um eine kurze schlagwortartige Angabe des Vortragsinhalts ohne eigenpersönliche Prägung. Im ganzen also entbehren sie, wie das Berufungsurteil zusammenfassend über die Inhaltsangaben sagt, jeder schöpferischen Eigenart.

Der Vorderrichter zieht ferner in Betracht, daß die Sammlung und Sichtung, die Gruppierung, Einteilung und Anordnung vorhandenen Stoffes eine für die Gewährung literarischen Urheberschutzes genügende geistige Schöpfung darstellen kann (RGSt. Bd. 39 S. 100 [Preisbücher]; RGZ. Bd. 116 S. 292 [Adreßbücher], Bd. 121 S. 357 [Rechentabellen]; RG in GRUR. 1932 S. 742 [desgl.]). Er prüft die Rundfunkprogramme deshalb auch daraufhin, ob vielleicht die besondere schriftliche Anordnung des Vortragsstoffes urheberrechtlichen Schutz begründen könne. Dazu bemerkt er, daß bei dem Rundfunkprogramm in seiner vorliegenden, von der Klägerin veröffentlichten Form keine besonders gestaltete Stoffanordnung zu finden sei, die den Erfordernissen eines schutzfähigen Schriftwerks genüge. Das Programm enthalte zunächst die gleichbleibende Vortragsfolge von Montag bis Sonnabend, der Uhrzeit nach geordnet; dann als Hauptteil die unterschiedlichen Vorträge, geordnet nach den Wochentagen und innerhalb jedes Tages in zeitlicher Reihenfolge mit Stundenangabe; schließlich das Programm des Deutschlandsenders, ebenso nach Tagen und Stunden geordnet. Zur Würdigung der in dieser Anordnung enthaltenen Geistesarbeit erinnert das Berufungsgericht nochmals daran, daß die zeitliche Einteilung der Vorträge an sich genau ebenso wie die sachliche Auswahl des Vortragsstoffes selbst nicht zu der Gedankenarbeit gehört, die sich auf die schriftliche Festlegung des Programms bezieht; sie ist eine bereits gegebene Tatsache, die nur in der natürlichen Form Ausdruck findet, daß die Vorträge gemäß ihrer Zeitfolge hintereinandergereiht sind. Es kommt zu dem Ergebnis: eine derartige schriftliche Einteilung des Vortragsstoffes nach seinem bereits feststehenden zeitlichen Ablauf unter Voranstellung des für alle Tage Gemeinsamen sei so völlig selbstverständlich, naheliegend und mechanisch, daß sie des Eigenpersönlichen, Schöpferischen gänzlich entbehre.

c) Die Angriffe der Revision gegen diese Beurteilung der urheberrechtlichen Fragen sind nicht gerechtfertigt. Ueberall geht der Berufungsrichter von anerkannten Grundsätzen der Gesetzesanwendung aus. Die Würdigung des Sachverhalts, die er im Anschluß daran vornimmt, enthält weder einen offenbaren Irrtum über Tatsachen noch eine Verletzung von Rechtsregeln. Was die Revision dawider vorbringt, beruht in erster Reihe auf einer Hereinziehung von Einzelheiten, welche nur der Aufstellung des Planes für Rundfunkdarbietungen gewidmet waren, in das Bereich derjenigen Arbeiten, die bestimmungsgemäß die schriftliche Aufzeichnung des Wochenprogramms ermöglichen sollten. Auf solche Weise werden Leistungen geistigen Wirkens, die nach ihrer Zweckbestimmung nicht schriftstellerisch sind, unbegründetermaßen für das urheberrechtliche Gebiet verwertet, um die Erfordernisse eines Schriftwerks nachzuweisen. Das ist abzulehnen. In zweiter Reihe verficht die Revision für die Würdigung des Gedankengehalts und der Ausdrucksform von Schriftwerken einen Maßstab, der zu geringe Anforderungen stellt und deshalb nicht gebilligt werden kann. Die Ausführungen des Berufungsgerichts hierüber sind durchaus zutreffend. . . .

**RGZ. 140, 231**

**1. Finden auf den Tonfilm die Vorschriften über mechanische Wiedergabe von Tonkunstwerken entsprechende Anwendung?**

**2. Unterliegt die Vertonfilmung den Regeln für die Bearbeitung von Werken?**

**3. Erstreckt sich der Vertrag, welcher die Verwertung der urheberrechtlichen Befugnisse bezweckt und die Vertonfilmung des Werkes mitumfaßt, auch auf die Aufführung des Tonfilms?**

**4. Uebertragung der Urheberrechte an künftigen Werken auf Schutzverbände, deren Mitglieder die Urheber sind.**

**5. . . .**

LitUrhG. § 2 Abs. 2, § 11 Abs. 1, § 12 Abs. 1, Abs. 2 Nr. 5, §§ 22, 22 a.
ZPO. § 253 Abs. 2 Nr. 2, § 256.

I. Zivilsenat. Urt. v. 5. April 1933.

I. Landgericht I Berlin. II. Kammergericht daselbst.

Die beiden ersten Klägerinnen sind Genossenschaften, die dritte ist ein rechtsfähiger Verein kraft staatlicher Verleihung. Alle drei verwerten die ihnen von sehr vielen Urhebern und Verlegern übertragenen Aufführungsrechte an Musikstücken und Texten. Den Erwerb der ausschließlichen Aufführungsrechte leiten die erste und die zweite Klägerin aus den Vorschriften ihrer Satzungen her, wonach die Mitglieder die Aufführungsrechte ohne weiteres an die Genossenschaft übertragen; daneben berufen sie sich auf besondere Uebertragungserklärungen ihrer Mitglieder. Die dritte Klägerin stützt sich auf „Berechtigungsverträge", die sie mit den Rechtsinhabern geschlossen habe. Die erste und die dritte Klägerin gründen, soweit es sich um ausländische Urheber handelt, ihre Befugnisse auf Generalverträge, die sie mit gleichartigen ausländischen Aufführungsgesellschaften eingegangen seien. Alle drei Klägerinnen sind zu dem „Verbande zum Schutze musikalischer Aufführungsrechte" zusammengeschlossen. Dieser gibt fortlaufend Verzeichnisse heraus; in ihnen sind die Urheber und Verleger des In- und Auslands aufgeführt, hinsichtlich deren die Klägerinnen Aufführungsrechte beanspruchen. Der Inhalt der Verzeichnisse umfaßt den ganzen oder nahezu den ganzen urheberrechtlich geschützten Musikbestand.

Durch Satzungsänderungen vom 15. Januar 1930 (erste Klägerin) und 14. März 1930 (zweite Klägerin) sind die satzungsmäßigen Uebertragungserklärungen der Mitglieder der ersten beiden Klägerinnen auch auf den Tonfilm ausgedehnt worden. Die dritte Klägerin hat — auf ihre „Grundordnung der Anstalten für musikalische Urheberrechte" vom 10. Mai 1931 hin — ihren Vordruck zu Berechtigungsverträgen ebenfalls auf die Uebertragung der den Tonfilm betreffenden Rechte ausgedehnt; von ihren Vertragsgegnern hat sie sich gleichlautende schriftliche Erklärungen geben lassen, wonach sie die neuen Bestimmungen als bindend anerkennen; sie hat dem Berufungsgerichte 700 bis 800 solche Erklärungen vorgelegt.

Die Beklagte betreibt eine große Anzahl Lichtspieltheater, in denen Tonfilme aufgeführt werden. Sie hat mit den ersten beiden Klägerinnen am 18. Oktober 1928 einen allgemeinen Vertrag über die Aufführung von Musikstücken als Filmbegleitung geschlossen, der bis zum 31. Mai 1931 lief. Welche Bedeutung dieser Vertrag für den Tonfilm habe, ist in einem andern Rechtsstreit ausgetragen worden. Der vorliegende Streit geht um die Frage, ob die Beklagte vom 1. Juni 1931 ab zur tonfilmmäßigen Aufführung von Musikstücken oder Texten der Urheber und Verleger, die im Verzeichnis des Verbandes der Klägerinnen genannt sind, nach dem Gesetz der Erlaubnis der Klägerinnen bedarf. Die Klägerinnen bejahen, die Beklagte verneint es. . . .

Gründe:

I. . . .

II. Wie das Berufungsgericht hervorhebt, geht der Streit in erster Reihe darum, ob das geltende Recht dem Urheber von Musik oder Text ein ausschließliches Recht auf die öffentliche Wiedergabe im Tonfilm gewährt. Die Klägerinnen bejahen es, während die Beklagte es unter Berufung auf §§ 22, 22 a LitUrhG. verneint. Das Berufungsgericht entscheidet mit zutreffenden Gründen in bejahendem Sinne.

Seiner eingehenden Darlegung schickt es — mit dem Hinweis auf Entstehungsgeschichte, wirtschaftliche Begleitumstände, zwischenstaatliches Recht und gesetzgeberische Ziele — eine Erläuterung der Vorschriften über mechanische Wiedergabe von Werken der Tonkunst voraus, die das Aenderungsgesetz vom 22. Mai 1910 dem Gesetz vom 19. Juni 1901 eingefügt hat: § 12 Abs. 2 Nr. 5, § 2 Abs. 2, § 22 (in neuer Fassung), § 22 a. Es betont: Bei Musikwerken sei (nach § 22 a) die öffentliche Aufführung mit Hilfe der im § 12 Abs. 2 Nr. 5 genannten Vorrichtungen (für Instrumente zur mechanischen Wiedergabe für das Gehör, insbesondere auswechselbare Scheiben, Platten, Walzen, Bänder) in jedem Fall, bei freiwilliger wie bei unfreiwilliger Genehmigung der Herstellung jener Vorrichtungen, jedermann ohne Zustimmung des Urhebers gestattet. Jene mechanischen Vorrichtungen stellten an und für sich Vervielfältigungen des Werkes (§ 11 Abs. 1 LitUrhG.) dar (vgl. § 20 Abs. 3, § 22 Abs. 1 Satz 1, Abs. 2 Satz 1, § 22 a Abs. 2). Daß die Uebertragung auf Vorrichtungen zu mechanisch-musikalischer Wiedergabe dennoch im Gesetz nicht als Vervielfältigung (§§ 11, 15), sondern als Bearbeitung (§ 12 Abs. 2 Nr. 5) gekennzeichnet werde, erkläre sich aus dem Zweck der neuen Vorschriften, einen Schutz für die Industrie der mechanischen Musikinstrumente zu schaffen und in das vorhandene Gesetzesgefüge einzugliedern. Die Uebertragung auf Schallplatten stelle hiernach begrifflich eine Vervielfältigung dar; sie sei vom Gesetz als Bearbeitung nur deshalb gekennzeichnet worden, um neben dem ausschließlichen Recht des Urhebers selbst gegen die Uebertragung auf die Schallplatte auch ein urheberrechtartiges ausschließliches Recht des industriellen Unternehmens an der Schallplatte selbst zu begründen.

Das Landgericht hatte auch die beim Tonfilm zur Wiedergabe fürs Gehör benutzten Vorrichtungen (Platten, Stahlbänder, Lichttonfilmstreifen) zu den mechanischen Vorrichtungen (§ 12 Abs. 2 Nr. 5 LitUrhG.) gerechnet. Dennoch hatte es die §§ 22, 22a für unanwendbar auf den Tonfilm erachtet. Es entnahm der Enstehungsgeschichte der Gesetze von 1901 und 1910, daß die Zwangslizenz aus § 22 eine nur für die Schallplattenindustrie gedachte, auf wirtschaftlichen Erwägungen beruhende Ausnahmevorschrift sei. Mit dem § 22 habe man einen Schutz gegen Monopolbildung bezweckt; solche Erscheinungen aber könnten in der Filmindustrie nicht die gleichen Wirkungen haben. Die Freigabe der öffentlichen Aufführung wiederum (§ 22a) stehe mit der Zwangslizenz (§ 22) in engstem Zusammenhang.

Das Kammergericht schlägt statt dieses Weges, der durch wirtschaftspolitische Gründe bestimmt wird, einen anderen ein, den überwiegend rechtliche Erwägungen kennzeichnen. Es bemerkt: Ob jene Erwägungen rein wirtschaftspolitischer Art über den Schutz der Schallplattenindustrie auf den Tonfilm gleichermaßen zuträfen, müsse dahingestellt bleiben; das sei keine Frage der Rechtsprechung, sondern der Rechtspolitik und Gesetzgebung. Wenn die Auslegung einmal ergebe, daß der Tonfilm ebenfalls unter die §§ 22, 22a LitUrhG. falle, sei es nicht Sache der Gerichte, diese Vorschriften außer Anwendung zu lassen, weil gewisse wirtschaftspolitische Erwägungen des Gesetzgebers auf sie nicht zuträfen. Sei der § 12 Abs. 2 Nr. 5 auf den Tonfilm anzuwenden, so müsse das auch für den (auf § 12 Abs. 2 Nr. 5 ausdrücklich bezugnehmenden) § 22 gelten.

1. Die beim Tonfilm zur Wiedergabe für das Gehör benutzten Vorrichtungen seien indessen (so fährt das Berufungsurteil fort) den im § 12 Abs. 2 Nr. 5 genannten nicht einzureihen.

a) Aus der Natur der Sache und der amtlichen Begründung des Gesetzentwurfs ergebe sich, daß man beim Erlaß des Gesetzes von 1910 nur an die damals schon bekannten mechanischen Musikinstrumente und Sprechmaschinen, vor allem an Phonographen und die dafür benutzten Schallplatten gedacht habe. Der § 12 führe im Abs. 2 unter den bloß beispielmäßig genannten Fällen der Bearbeitung, um Zweifel zu verhüten, als Nr. 5 ausdrücklich die Uebertragung des Werkes auf Vorrichtungen zur mechanischen Wiedergabe fürs Gehör an. Gerade ihre Einreihung unter die Bearbeitungsfälle sei eine bewußte gesetzgeberische Abweichung von der Regel, deren Ausnahmezweck durch die Begründung bestätigt und erläutert werde. Der nahe Zusammenhang des § 12 Abs. 2 Nr. 5 einerseits mit der (an und für sich aus dem System des Gesetzes herausfallenden) Bestimmung des § 2 Abs. 2, anderseits mit den (auf besonderen rechtspolitischen Erwägungen beruhenden) Ausnahmebestimmungen der §§ 22 bis 22 c schließe eine erweiternde Auslegung des § 12 Abs. 2 Nr. 5 aus.

b) Seien so die gesetzgeberischen Gründe dargelegt, die einer ausdehnenden Deutung des § 12 Abs. 2 Nr. 5 widerstritten, so rechtfertigten weitere Erwägungen aus den Besonderheiten des Tonfilms ein gleiches: Gerade der Tonfilm falle aus dem Rahmen jener Bestimmung vor allem deshalb heraus, weil bei ihm die gleichzeitige Wiedergabe für Auge und Ohr, die Zusammengehörigkeit von Bild und Ton, wesentlich sei; der § 12 Abs. 2 Nr. 5 betreffe nur Instrumente zur Wiedergabe für das Gehör ohne gleichzeitige Darstellung fürs Auge. Auch bei bloßer Begleitmusik ohne unmittelbare Beziehung auf die bildlichen Vorgänge liege diese Zusammengehörigkeit darin, daß die Verbindung von Ton und Bild nicht der Willkür eines begleitenden Orchesters überlassen, sondern ein für allemal durch den maßgeblichen künstlerischen Willen des Tonfilm-Schöpfers festgelegt sei. Ob es sich um einen Tonfilm nach dem Nadelton-, dem Stahlband- oder dem Lichttonfilm-Verfahren handle, mache dabei (wie das Kammergericht ausdrücklich feststellt) keinen grundsätzlichen Unterschied. Diese technisch verschiedenen Arten der Tonverfilmung seien somit rechtlich einander gleichwertig.

c) Das Berufungsurteil führt zutreffend aus, daß es nicht angehe, beim Tonfilm die Seh- und die Hörseite der Wiedergabe zu trennen, auch soweit dies (wie besonders bei dem mit Schallplatten arbeitenden Nadeltonverfahren) technisch an sich möglich sei. Ebenso wie das kennzeichnende Merkmal des Tonfilms selbst in der organischen, durch den Schöpfer des Tonfilms gewollten Verbindung von Bild und Ton beruhe, ebenso liege das Wesentliche einer ausschließlichen Befugnis des Urhebers, das Werk auf diese Weise wiederzugeben, gerade darin, daß sich die Befugnis auf die gleichzeitige Mitteilung der in organischem Zusammenhang stehenden bildlichen und akustischen Wiedergabe beziehe. Eine derartige (zusammengesetzte, aber doch einheitliche) Befugnis sei wohl zu trennen von den (einzelnen) Befugnissen, die sich einerseits auf die alleinige bildliche, anderseits auf die alleinige akustische Wiedergabe bezögen.

2. Sind also die Rechte des Urhebers am Tonfilm nicht unter den § 12 Abs. 2 Nr. 5 einzureihen, so finden auch § 22 (Zwangslizenz) und § 22 a (Freigabe der öffentlichen Aufführung) keine Anwendung auf sie. Entsprechende Heranziehung dieser Vorschriften wäre mit ihrem begrenzten Ausnahmezweck nicht vereinbar. Für die von der Revision befürwortete entsprechende Anwendung des § 22 a wird geltend gemacht, daß die Aufführung (Vorführung) eines Tonfilms dessen natürliche, in den weitaus meisten Fällen wohl die allein mögliche Verwendungsart sei, die stets seinen letzten und eigentlichen Zweck ausmache. Hieraus wird gefolgert: dem Hersteller eines Tonfilms müsse, wenn er vom

Urheber die Befugnis erworben habe, das Werk im Tonfilm zu bearbeiten, auch das Recht zuerkannt werden, diesen aufzuführen, gegebenenfalls unter Abfindung derer, die früher das Aufführungsrecht erworben haben. Der § 22 a aber steht in engstem Zusammenhang mit § 22 LitUrhG. Würde jener entsprechend herangezogen, so müsse das auch für diesen gelten. Also wäre jedem andern Tonfilmhersteller der Anspruch auf Benutzung desselben Werkes gegen angemessene Vergütung zuzubilligen (§ 22 Abs. 1 Satz 1). Diese Folgerung ist abzulehnen. Fallen sonach die Rechte des Urhebers am Tonfilm nicht unter § 12 Abs. 2 Nr. 5 und finden die §§ 22, 22 a keine Anwendung, so ergibt sich, daß der Urheber ausschließliche Rechte hat. Und zwar erstrecken sich diese sowohl auf die Herstellung des Tonfilms selbst (der auf die Tonfilmwiedergabe hinzielenden Vorrichtungen: Negativ und Positiv des Filmstreifens, Platten, Bänder, Streifen) als auf die Benutzung zu öffentlichen Aufführungen. Um dies näher zu begründen, erwägt das Berufungsgericht:

a) Die der Wiedergabe fürs Ohr dienenden Vorrichtungen stellten, wenn sie das Werk getreu wiedergäben, eigentlich (wie die, welche unter § 12 Abs. 2 Nr. 5 fielen) Vervielfältigungen des Werkes dar. Obwohl sie nicht unter die Sondergruppe des § 12 Abs. 2 Nr. 5 gehörten, müsse in ihnen eine Erscheinungsform der Bearbeitung gesehen werden, deren Beispiele der § 12 LitUrhG. im Abs. 2 nicht erschöpfend aufzähle. Aus dem § 2 Abs. 2 LitUrhG. — nach seiner Stellung im Gesamtaufbau des Gesetzes und nach dessen amtlicher Begründung — entnimmt das Kammergericht mit Recht den allgemeinen Gedanken, der durch entsprechende Anwendung erweitert werden kann: Bei jeder körperlichen Festhaltung des Werkes (sei es auch auf Grund eigenpersönlicher künstlerischer Leistung, etwa unter Einschaltung eines persönlichen Vortrags) sei die körperliche Festlegung mit einer Bearbeitung gleichwertig. Für diese Gleichsetzung spreche auch, daß meistens eine getreue, unveränderte Wiedergabe des Werkes der Literatur oder Tonkunst nicht oder wenigstens nicht in vollem Umfang möglich sei. Die Notwendigkeiten des Tonfilms, das Erfordernis schneller Szenenfolge mit Ausscheidung überflüssiger Vorgänge u. dgl. erforderten regelmäßig Abweichungen. Nicht einmal mit dem eigens hergestellten Drehbuch könne erfahrungsgemäß der fertige Film in Uebereinstimmung gehalten werden. Somit liege, wie das Berufungsurteil zutreffend bemerkt, in der Regel schon nach den Begriffsmerkmalen, die der Tatbestand aufweise, eine Bearbeitung vor.

Ohne zureichenden Grund bemängelt die Revision diese Einordnung des Tonfilms unter den Begriff der Bearbeitung. Sie meint, daß man zwei Arten von Herrichtung für den Tonfilm unterscheiden müsse: (1) Werde z. B. aus einem schon vorhandenen Werk, etwa einer Operette, unter Beteiligung des Musikers ein Tonfilm gemacht, so ähnle die Herstellung durch die Art, wie nach den Tonfilm-Anforderungen alles umgeändert und zugeschnitten werden müsse, der Betriebserfindung; namentlich durch die Weisungen und Anordnungen des Regisseurs werde das von den andern Mitwirkenden Geleistete durchgreifend verwandelt. Das möge allerdings Bearbeitung sein; der Mitwirkende habe an der Herstellung des Tonfilms dann kein übertragbares Urheberrecht mehr. Fälle dieser Art seien aber jetzt von geringerer Bedeutung, weil sie verhältnismäßig selten vorkämen. (2) Der praktisch bei weitem vorherrschende Teil der Fälle spiele sich derart ab, daß der Komponist, vom Hersteller gewonnen, eigens für den Tonfilm erst ein Werk schaffe. Das sei dann keine Bearbeitung, sondern eine nach allgemeinen Grundsätzen zu beurteilende Werkschöpfung. Dem ist nicht beizustimmen. Auch bei den Fällen der zweiten Art rechtfertigt die stets erforderliche besondere Anpassung des Tonkunstwerks an die Eigenart des Tonfilms die Annahme einer Bearbeitung des Werkes.

b) Nach § 12 Abs. 2 Nr. 6 LitUrhG. erstrecken sich die Befugnisse des Urhebers insbesondere auf „die Benutzung eines Schriftwerkes zu einer bildlichen Darstellung, welche das Originalwerk seinem Inhalte nach im Wege der Kinematographie oder eines ihr ähnlichen Verfahrens wiedergibt". Diese — gleichfalls durch das Gesetz vom 22. Mai 1910 eingefügte — Bestimmung ist indes (wie das Berufungsurteil ausführt) beim Tonfilm — auf die Wiedergabe fürs Auge — nicht anwendbar. Zur Zeit ihrer Entstehung nur für den damals allein bekannten stummen Film gedacht, paßt sie noch jetzt im allgemeinen bloß für ihn. Das Wesen der in ihr (beispielsweise) genannten Bearbeitungen besteht darin, daß das Schriftwerk nur „seinem Inhalte nach" wiedergegeben wird; d. h. die Worte, das Ausdrucksmittel des literarischen Werkes, fallen weg und werden durch die Art und Weise der Gestaltung und Aufeinanderfolge stummer, bloß pantomimischer Szenen, also reinen Gebärdenspiels, ersetzt. Wie das Berufungsgericht ausführt, käme Gleichartiges beim Tonfilm nur in Betracht, wenn ein an und für sich stummer Film durchgehend mit Begleitmusik oder begleitenden Geräuschen verbunden wäre. Solche Filme spielen heute praktisch keine Rolle mehr. Beherrschend ist jetzt durchaus der reine oder wie man ihn zu nennen pflegt, „hundertprozentige" Tonfilm, bei dem die im Film fürs Auge dargestellten Vorgänge durch die innerhalb der Filmhandlung gesprochenen und gesungenen Worte begleitet werden, bloße Begleitmusik nur nebenher als untergeordnete Zutat in Betracht kommt. Auch der optische Teil fällt dabei nicht unter § 12 Abs. 2 Nr. 6, weil es sich nicht bloß um „inhaltliche" Wiedergabe handelt. Bearbeitung liegt insoweit regelmäßig vor, da das literarische Werk fast immer nur in geänderter Gestalt wiedergegeben werden kann; doch fällt diese Bearbeitung unter keines der in § 12 Abs. 2 genannten Beispiele.

Mit Recht zieht das Berufungsgericht hieraus das Ergebnis: Die teils zur Seh-, teils zur Hör-Wiedergabe dienenden Vorrichtungen, welche bei der Herstellung eines Tonfilms entstehen, seien „Bearbeitung" des Werkes, gehörten aber unter keinen der in § 12 Abs. 2 aufgezählten Beispielfälle. Die Originalvorrichtungen (Negative, Matrizen usw.) dürften somit nach §§ 11, 12 LitUrhG. ohne Zustimmung des Urhebers der dabei benutzten literarischen und musikalischen Werke nicht vervielfältigt, d. h. zur Herstellung von Positivkopien, Abgüssen (u. dgl. unmittelbar der Aufführung dienenden Wiederholungen) nicht verwandt werden. — Die Beurteilung durch das Kammergericht beruht auch in diesem Punkt auf einer allseitigen Würdigung der tatsächlichen Umstände, wobei die verschiedenen Entstehungsarten des Tonfilms und seine technischen Besonderheiten ohne ersichtlichen Irrtum in Betracht gezogen sind. Die von der Revision in dieser Hinsicht geäußerten Zweifel sind nicht begründet.

3. Das Kammergericht untersucht sodann, welcher Umfang den Befugnissen des Werk-Urhebers am Tonfilm zukomme.

a) Bei der Wiedergabe des Tonfilms könne man, so wird anschließend an wissenschaftliche Abhandlungen ausgeführt, von Vorführung einer Aufführung sprechen (Willy Hoffmann in JW. 1929 S. 1179 und in GRUR. 1929 S. 1003; Alexander Elster im Arch. f. Urh.-Film- und TheatR. Bd. 2 S. 255 und HWRWiss. Erg. Bd. S. 148 flg.; Roeber im Arch. f. Urh. usw. R. Bd. 4 S. 55 flg., 270 flg. und Filmrecht 1933 S. 6 flg. u. a.; Caro im Arch. f. Urh. usw. R. Bd. 4 S. 105 flg.). Das Gesetz aber unterscheide nicht zwischen Aufführung unmittelbar durch Menschen und mechanischer Wiedergabe oder Wiederholung dieser Aufführung; nach ihm sei auch die öffentliche Wiedergabe unter Zuhilfenahme mechanischer Vorrichtungen als öffentliche Aufführung (§ 11 Abs. 2 LitUrhG., vgl. auch § 22 a Abs. 1 Satz 1 das.) anzusehen. Hieraus folge: Das ausschließliche Recht des Urhebers eines Tonkunstwerkes erstrecke sich auch auf die öffentliche Aufführung (oder „Vorführung") des Tonfilms (§ 12 Abs. 2 verb. m. § 11 Abs. 2 LitUrhG.). Dem Verfasser des Textes stehe ebenfalls ein ausschließliches Recht zu. Denn die öffentliche Tonfilm-Wiedergabe sowohl der Töne als der Worte sei eine Verbreitung im allgemeinen Sinne der Mitteilung (Kenntnis-Vermittlung, Wahrnehmbarmachung für die Sinne), selbst wenn dabei keine körperliche Festlegung des Werkes stattfinde (§ 11 Abs. 1 Satz 1 LitUrhG.; RGZ. Bd. 113 S. 413 [418]).

b) Zutreffend hebt das Berufungsurteil weiter hervor, daß zwischen der ausschließlichen Befugnis zur Herstellung und der zur öffentlichen Wiedergabe des Tonfilms unterschieden werden müsse. Es verkennt nicht, daß mit der Uebertragung der Herstellungsbefugnis nach einer die Gebote von Treu und Glauben beachtenden Auslegung (§§ 133, 157 BGB.) auch die Wiedergabe- oder Aufführungsbefugnis verbunden sein kann, selbst wenn darüber keine ausdrückliche Abrede getroffen ist. Es fügt jedoch hinzu, daß dergleichen Verbindung nicht durchaus notwendig sei. Mit dieser letzten Bemerkung, die erfahrungsmäßigen Inhalts ist, steht im Einklang, daß sich unter den im Rechtsstreit vorgelegten Urkunden (Verträgen, Anmeldungen, Uebertragungen usw.) auch solche finden, die ausdrücklich nur die Herstellungsbefugnis betreffen und die Aufführungsbefugnis nicht mitumfassen. Der schließliche Zweck, zu dem ein Tonfilm hergestellt wird, ist, wie schon erwähnt, allerdings in der durchaus herrschenden Regel seine Aufführung. Nur fragt sich, ob gerade das Unternehmen, welches ihn herstellt, sich auch damit befaßt, ihn selbst aufzuführen oder zur Aufführung weiter zu vergeben. Deshalb muß in jedem einzelnen Fall geprüft werden, welcher Zweck nach dem übereinstimmenden Willen der Beteiligten mit der Uebertragung von Rechten am Werke verfolgt wurde. Danach bestimmt sich deren Umfang (RGZ. Bd. 123 S. 317/318). Und nach ihm ist jeweils zu beurteilen, welche Befugnisse beim Urheber oder sonst Berechtigten verblieben sind, von ihm also späterhin noch anderweit übertragen werden konnten.

Die Angriffe sachlich-rechtlichen Inhalts, welche die Revision gegen die bisher erwähnten Urteilsgründe des Berufungsgerichts unternimmt, sind — wie bereits zu den einzelnen Fragen erwähnt — nicht gerechtfertigt. Dem Urheber eines Werkes steht somit ein ausschließliches Recht (§ 11 LitUrhG.) auf Wiedergabe (Aufführung, Vorführung) im Tonfilm zu; dies gilt sowohl für die Musik als für den Worttext. Die Vertonfilmung ist eine Bearbeitung des Werkes (§ 12 Abs. 1 LitUrhG.), fällt aber unter keines der besonderen Beispiele des Gesetzes (§ 12 Abs. 2). Der Urheber, der einen die Herstellung eines Tonfilms mitumfassenden Verwertungsvertrag schließt, erlaubt dadurch die Bearbeitung des Werkes. Diese Erlaubnis erstreckt sich grundsätzlich auf die Uebertragung des Aufführungsrechts, weil in der Regel jede Herstellung eines Tonfilms dessen schließliche Aufführung bezweckt. Aus dem Entwurf eines Gesetzes über das Urheberrecht (1932) und seiner Begründung ergeben sich keine Bedenken gegen diese Beurteilung der urheberrechtlichen Befugnisse am Tonfilm (vgl. Begr. S. 34, 35, 96).

III. Gleichzeitige Uebertragung des Herstellungs- und des Aufführungsrechts für den Tonfilm setzt voraus, daß sich der Urheber bei der Uebertragung noch im Besitz dieser Befugnisse befindet. Die Klägerinnen machen geltend: Die ihnen durch Satzungen oder Verträge angeschlossenen Urheber und Verleger hätten ihnen die Tonfilm-Wiedergaberechte für Vergangenheit und Zukunft (für die Zukunft in dem aus Satzungen und Verträgen ersichtlichen zeitlichen Umfang) übertragen; daher hätten die Urheber und Verleger fortan über die Wiedergaberechte (Aufführungsrechte) nicht mehr verfügen können. Die Beklagte bestreitet das. Wie das Berufungsurteil hervorhebt, geht dabei der Streit der Parteien nicht um die jeden einzelnen Urheber oder Verleger betreffenden Rechtsvorgänge, sondern um mehrere allgemeine Punkte, die für die Gesamtheit aller Urheber und Verleger (oder ihre verschiedenen Gruppen) von rechtlicher Bedeutung sind.

A. Das Berufungsgericht erachtet den von den Klägerinnen behaupteten Rechtserwerb für dargetan.

1. Bei der ersten Klägerin sind für die streitige Frage des Rechtserwerbs zwei Bestimmungen ihrer Satzung wesentlich:

§ 2 Abs. 1 Satz 1:

Gegenstand des Unternehmens ist die Verwertung der der Genossenschaft übertragenen musikalischen Aufführungsrechte an Werken der Tonkunst mit und ohne Text, auch durch Rundfunk und im Tonfilm, unter Ausschluß der bühnenmäßigen Aufführungen ganzer musikdramatischer Werke und größerer geschlossener Teile aus solchen an Bühnen, im Rundfunk und im Tonfilm.

§ 3 Abs. 2 und 3:

Jedes Mitglied überträgt bei seinem Beitritt seine gegenwärtigen und zukünftigen Aufführungsrechte bis zu dem in § 5 bestimmten Zeitpunkt der Beendigung seiner Mitgliedschaft der Gema.

Die Uebertragung erstreckt sich auf alle Aufführungsrechte, deren Verwertung gemäß § 2 Abs. 1 zum Gegenstand des Unternehmens gehört.

Im § 2 sind die zweimal vorkommenden Worte „und im Tonfilm" auf Grund eines Beschlusses der Generalversammlung vom 15. Januar 1930 eingefügt; diese Satzungsänderung ist am 18. Februar 1930 im Genossenschaftsregister eingetragen worden.

. . . Die durch Generalversammlungsbeschluß vom 15. Januar 1930 vorgenommene Satzungsänderung erstreckte die Uebertragungsbestimmungen des § 3 Abs. 2 und 3 auch auf den Tonfilm. Diese Ausdehnung war jedoch, wie das Berufungsurteil zutreffend betont, nur im Verhältnis zu denjenigen Genossen rechtswirksam, die der Aenderung zustimmten. Denn es handelte sich dabei um die Festsetzung einer sogenannten Nebenleistungspflicht, die über die allgemeinen mitgliedschaftsrechtlichen Pflichten und Rechte hinausging und ein Rechtsverhältnis betraf, bei dem der Genossenschaft außerhalb des eigentlichen körperschaftlichen Verhältnisses Einzelrechte übertragen wurden. Derartige Sonderpflichten dürfen ohne Zustimmung jedes einzelnen Genossen ebensowenig begründet oder erweitert werden, wie sogenannte Sonderrechte eines Mitglieds ohne seine Zustimmung durch Generalversammlungsbeschluß beeinträchtigt werden dürfen. Aus den Registerakten der Gema stellt das Berufungsurteil fest: Der Generalversammlungsbeschluß vom 15. Januar 1930 ist einstimmig, mit Ausnahme von zwei dagegen stimmenden Genossen, gefaßt worden. Ob sich die beiden Widersprecher nachträglich doch noch (wie die Gema behauptet) mit der Neuregelung einverstanden erklärt haben, läßt das Berufungsgericht dahingestellt. Es nimmt an, sie seien nicht an den Beschluß gebunden. Doch hält es dies mit Recht für unerheblich, Beweisaufnahme darüber für unnötig, weil beiden Parteien ja nur an einer allgemeinen Feststellung liege. Von dem in der Versammlung vom 15. Januar 1930 gefaßten Beschluß sieht das Berufungsgericht als erwiesen an: er ist den in der Versammlung nicht erschienenen Genossen durch das genossenschaftliche Mitteilungsblatt, die „Gema-Nachrichten" vom 19. Februar 1930, zur Kenntnis gebracht worden; sie haben darauf nicht etwa wegen Gesetzes- oder Satzungsverletzung Anfechtungsklage erhoben, sondern geschwiegen, also der Satzungsänderung und der neuen Handhabung in keiner Weise widersprochen. Hieraus folgert das Berufungsgericht ohne Verstoß gegen Gesetzesvorschriften und Rechtsgrundsätze ihre Zustimmung (§ 51 GenG.).

Die hiergegen erhobene Rüge der Revision, die darin eine Verletzung maßgeblicher Rechtsregeln findet, ist unbegründet; ihre Ausführung, daß man damit ins Bodenlose und zu praktisch unerträglichen Ergebnissen gelange, geht fehl. . . . (Wird ausgeführt.) Die Mitglieder der Genossenschaft hatten also von dem Gegenstand der Versammlung Kenntnis erhalten. Wer nicht erschien, setzte sich dadurch der Folge aus, daß von den Erschienenen nach Mehrheitsgrundsätzen ein von seiner Meinung abweichender Beschluß gefaßt werde. Verletzung der Satzungsvorschriften ist nicht behauptet, Verletzung der Gesetzesbestimmungen (§§ 46 flg. GenG.) weder dargelegt noch sonst ersichtlich.

Die Beklagte hat ferner vorgebracht: Die satzungsmäßige Uebertragung von Rechten an die Klägerin sei wegen Unklarheit und Unbestimmtheit des § 2 Abs. 1 Satz 1 der Gema-Satzung wirkungslos. Gemeint ist damit die Einschränkung „unter Ausschluß der bühnenmäßigen Aufführungen ganzer musikdramatischer Werke und größerer geschlossener Teile aus solchen an Bühnen, im Rundfunk und im Tonfilm". Das Berufungsurteil findet den Einwand der Beklagten unbegründet. . . . (Wird ausgeführt.) — Die dawider vorgebrachte Revisionsrüge ist nicht gerechtfertigt. Sie führt namentlich aus, daß die beanstandete Stelle der Satzung in verschiedenem Sinne ausgelegt werden könne. Aber die Auslegung des Berufungsgerichts ist folgerichtig und einleuchtend; einen offenbaren Irrtum oder einen Verstoß gegen Rechtsgrundsätze läßt sie nicht erkennen.

2. Bei der zweiten Klägerin kommt es auf den § 30 Abs. 1 und 2 ihrer Satzung an:

> Jedes Mitglied überträgt der Gesellschaft durch seinen Eintritt die ihm zur Zeit des Eintritts zustehenden Rechte zur öffentlichen Aufführung aller Art, zur Rundfunksendung und zur Aufführung im Tonfilm, und zwar ausschließlich und für alle Länder. Nicht übertragen werden die Rechte zur bühnenmäßigen Aufführung. . . .
>
> Es erklärt ferner, daß es mit dem Eintritt in die Gesellschaft diese Rechte an sämtlichen Werken, die es während der Dauer seiner Mitgliedschaft selbst schafft bzw. von anderen erworben hat oder erwirbt,

ausschließlich der Gesellschaft überträgt, und verpflichtet sich, die Werke zwecks Evidenzhaltung bei der Gesellschaft schriftlich anzumelden. Der Uebergang dieser Aufführungs- und Senderechte an die Gesellschaft erfolgt kraft Rechtens schon in dem Zeitpunkt, in welchem dieselben durch das Mitglied geschaffen bzw. erworben werden, und ist nicht davon abhängig, daß die im vorigen Satz erwähnte Anmeldung vollzogen wird oder daß das Werk veröffentlicht wird oder erscheint. . . .

Wie das Berufungsurteil vermerkt, beruht die Erstreckung der Uebertragung auf die Rechte „zur Aufführung im Tonfilm" auf einem Beschluß der Generalversammlung vom 14. März 1930. Fehl geht zunächst die Revisionsrüge, daß das Berufungsgericht versäumt habe, Grundsätze des zwischenstaatlichen Rechts und damit auch des Reichsrechts anzuwenden, vermöge deren für die streitigen Fragen der Satzungsänderung österreichisches Recht maßgebend sei, weil die zweite Klägerin ihren Sitz in Wien habe. . . . (Wird ausgeführt.) Auf die Verletzung ausländischen Rechts kann die Revision nicht gestützt werden (§ 549 ZPO.). Soweit sich die Rügen darauf erstrecken, daß die Beurteilung der umstrittenen Satzungsänderung vom 14. März 1930 an rechtlichen Irrtümern leide, ist daher nicht auf sie einzugehen. Das Berufungsgericht gelangt bei der zweiten Klägerin, im wesentlichen entsprechend wie bei der ersten Klägerin, zu dem Ergebnis: die Satzung ist wirksam geändert worden; die in der Generalversammlung anwesenden Mitglieder haben die Aenderung einstimmig beschlossen, die abwesenden durch Stillschweigen zugestimmt. Verletzung revisiblen Rechts liegt hierbei nicht vor.

B. Die Beklagte macht geltend: In der aus den angeführten Satzungsbestimmungen ersichtlichen Weise hätten Urheberrechte, die schon vor dem Eintritt der Mitglieder in die Genossenschaft entstanden (oder erworben) oder während der Mitgliedschaft entstanden (oder erworben) seien, nicht so allgemein übertragen werden können. Die satzungsmäßigen Uebertragungen seien unwirksam, weil es ihnen für die Vergangenheit, ganz besonders aber für die Zukunft an der nötigen Bestimmtheit fehle. Das Berufungsgericht findet diese Ausführung unzutreffend.

1. Es untersucht zunächst, wie sich die Rechtslage für die erst nach dem Eintritt in die Genossenschaft von deren Mitgliedern zu schaffenden Werke gestalte. Mit der herrschenden Meinung bejaht es die Zulässigkeit der Uebertragung von Urheberrechten an einzelnen Werken, die künftig erst noch geschaffen werden sollen (Allfeld Anm. 9 zu § 8 LitUrhG., S. 105 d. 2. Aufl.; Riezler Dtsch. Urh.- u. ErfindR. Bd. 1 S. 89 § 18 VII; Goldbaum UrhR. und UrhVertragsR. 2. Aufl. S. 48 Anm. II zu LitUrhG. § 2; Marwitz in GRUR. 1931 S. 606; Voigtländer-Fuchs UrhR. 2. Aufl. S. 74 Anm. 2a zu § 8;

Dernburg BürgR. Bd. 6 S. 49 § 16 V). Zwar kann unter besonderen Umständen in Verträgen solchen Inhalts eine unstatthafte Beschränkung der persönlichen Freiheit liegen. Ihre grundsätzliche Zulassung entspricht indessen dem Bedürfnis des Verkehrs sowohl auf der Seite der Urheber wie derjenigen, mit denen sie in geschäftliche Beziehungen treten.

a) Für die Uebertragung von Urheberrechten sind die Grundsätze, die bei Forderungsübertragung gelten, entsprechend anzuwenden (§ 413 BGB.). Und die Abtretung künftiger Forderungen ist, wenn sie ausreichend bestimmt oder wenigstens bestimmbar sind, nach ständiger Rechtsprechung zulässig (RGZ. Bd. 55 S. 334, Bd. 58 S. 71, Bd. 67 S. 166, Bd. 75 S. 225; RGRKomm. Anm. 2 Abs. 3 zu § 398 BGB.). Wird die Uebertragung, wie im gegenwärtigen Fall, auf alle während der Zugehörigkeit zur Genossenschaft von deren Mitglied geschaffenen Werke (einschließlich der künftig noch zu schaffenden) erstreckt, so gebricht es allerdings an einer genauen Bestimmung der Werke im einzelnen.

aa) Das Berufungsgericht prüft die Zweifel, die sich daraus ergeben können, an der Hand der für gewisse Sachgebiete erwachsenen Rechtsprechung. Es fehlt danach z. B. an der nötigen Bestimmtheit, wenn die Abtretung lautet auf: alle künftigen Einnahmen; alle aus den Büchern ersichtlichen Kundenforderungen; alle auf die angegebene Art erworbenen Forderungen; die jeweils jüngsten Forderungen einer Gesellschaft (RGRKomm. a. a. O. und dort angef. Urteile). Namentlich zieht das Kammergericht in Betracht, daß z. B. ein erst künftiges Patentrecht für eine noch nicht gemachte Erfindung kein Gegenstand der Abtretung sein kann (RGZ. Bd. 75 S. 225 [228]). Jedoch erwägt es: Für diese Rechtsprechung sei das Erfordernis der Rechts- und Verkehrssicherheit bestimmend gewesen. Durch Ausscheidung der Uebertragung nicht genau bestimmter künftiger Rechte habe verhindert werden sollen, daß im Verhältnis der Beteiligten zueinander und vor allem zu Dritten Unklarheit entstehe. Im vorliegenden Fall sei für dieses Bedenken kein Raum. Im Gegenteil spreche hier für die Anerkennung von Uebertragungen der streitigen Art ein Verkehrsbedürfnis weitester Kreise. Angesichts der kaum überblickbaren Anzahl von Kaffeehäusern, Lichtspieltheatern und anderen Betrieben, in denen Musikstücke zur öffentlichen Unterhaltung aufgeführt würden, sei die angemessene und wirksame Wahrnehmung der Aufführungsrechte für den einzelnen Urheber und Verleger vollkommen unmögiich. Dies habe zur Bildung der hier auf der Klageseite auftretenden Verbände geführt, ohne deren treuhänderische und genossenschaftliche Tätigkeit die Aufführungsrechte praktisch wertlos wären. Dies sei in den beteiligten Kreisen allbekannt. Jeder anständige, das Recht ehrende Betrieb der fraglichen Art müsse sich wegen der öffentlichen Aufführung geschützter Musikstücke mit den Klägerinnen in Verbindung setzen. Dies werde, unter der Voraussetzung, daß die Rechtsprechung das ausschließliche Tonfilm-Wiedergaberecht anerkenne, auch für die Tonfilmtheater gelten. In aller Regel würden zwischen den Klägerinnen einerseits, den Musikveranstaltern anderseits Pauschalverträge abgeschlossen, da die Bemessung der Vergütung nach einzelnen bestimmten Musikstücken praktisch kaum möglich, jedenfalls mit übermäßigen Feststellungskosten verbunden sei. Angesichts dieses Sachverhalts liege es im dringenden Interesse aller Beteiligten, daß schon kraft der Satzung selbst, ohne besondere weitere Uebertragungserklärung, die Aufführungsrechte auf die Klägerinnen übergingen, damit nicht ungetreue Genossen, die einer bloßen Verpflichtung zur Uebertragung nicht nachkämen, anderweitig über die Rechte verfügen oder sich auf die Tatsache der nicht erfolgten Uebertragung berufen könnten.

bb) Das Verkehrsbedürfnis ist damit durchaus überzeugend und schlüssig festgestellt. Auch die Durchführbarkeit der Uebertragung unmittelbar kraft Satzungsvorschrift wird irrtumsfrei begründet. Das Berufungsgericht bemerkt dazu: Die für die Verkehrssicherheit erforderliche Bestimmtheit der übertragenen Rechte liege hier, soweit die Urheber selbst als Mitglieder in Frage kämen, darin, daß die in Rede stehenden Werke von ihnen während der Dauer der Mitgliedschaft geschaffen sein müßten. Dabei sei die Tatsache der Urheberschaft in der Regel leicht feststellbar und durch die öffentliche Angabe des Verfassernamens, insbesondere auf den bereits erschienenen Notenblättern und Programmen öffentlicher Aufführungen, allgemein offenbar.

So werden die Bedenken beseitigt, welche gegen die Uebertragung des Urheberrechts an künftigen Werken vorliegen mochten, ehe die Entwicklung der neuesten Zeit zur gegenwärtigen Gestaltung und Arbeitsweise der Urheberschutzverbände geführt hat. Auch die Ansicht, daß ein derartiges Abkommen immer nur eine schuldrechtliche Verpflichtung begründen könne (Befugnisse künftig, nachdem das Werk entstanden sei, zu übertragen), ist in der Allgemeinheit, mit der sie früher vertreten wurde, nicht mehr haltbar. (Für bloß schuldrechtliche Verpflichtung: Kohler Urheberrecht 1907 S. 281, 333). Die in dieser Hinsicht von der Revision gemachten Ausführungen sind abzulehnen, zumal da bei der Uebertragung künftiger Forderungen anerkannt ist, daß sie sofort dinglich wirkt und daß sich beim Entstehen der Forderung ihr Uebergang ohne weiteres vollzieht (RG. in JW. 1913 S. 132 Nr. 8). Entsprechendes muß für die Uebertragung des Urheberrechts an künftigen Werken gelten. Ist doch auch bei beweglichen Sachen die bedingte Uebertragung des Eigentums zulässig, während für die Auflassung von Grundstücken das Gesetz die Beifügung von Bedingungen und Zeitbestimmungen ausdrücklich ausschließt (§ 925 Abs. 2 BGB.; Crome BürgR. Bd. 3 S. 312 bei Anm. 12; Dernburg BürgR. Bd. 3 § 102; Martin Wolff Sachenrecht § 66 I 3; RGRKomm. Vorbem. 5 vor § 158 BGB.). Aus patentrechtlichen Grundsätzen ergeben sich keine Hindernisse. Mit

Recht bemerkt das Kammergericht: Das Patentrecht sei, besonders wenn es sich um künftige Verbesserungen einer bereits bekannten Erfindung handle, unpersönlich. Eine Individualisierung nach der Person des Erfinders sei hier nicht möglich. Beim Urheberrecht dagegen ermögliche die persönliche Verbundenheit von Werk und Urheber im Verein mit der Zeitspanne, in der das Werk geschaffen sein müsse, unschwer die nähere Bestimmung. Aber auch für die Verleger, denen die urheberrechtlichen Befugnisse erst durch die Urheber übertragen würden, könne nichts anderes gelten. Die erforderliche Offenkundigkeit sei hier schon durch die stets mit Angabe des Verlags erfolgende verlagsmäßige Veröffentlichung der Werke gegeben. . . .

b) Die Revision bemängelt mit Unrecht, daß das Berufungsurteil auf den Einwand der Beklagten aus §§ 138, 310 BGB. nicht besonders eingehe. Den ausführlichen Darlegungen der Urteilsgründe, die das Verkehrsbedürfnis nachweisen, die Bedenken unstatthafter Bindung zerstreuen und sonstige Zweifelsfragen erörtern, ist nach ihrem Gesamtinhalt zu entnehmen: Es wird verneint, daß etwa die umfassende satzungsmäßige Urheberrechts-Uebertragung nach den dargestellten Begleitumständen gegen die guten Sitten verstoße (§ 138 Abs. 1 BGB.). Ein Vertrag, durch den sich der Urheber verpflichtete, sein künftiges Vermögen oder einen Bruchteil seines künftigen Vermögens zu übertragen (§ 310 BGB.), liege in ihr nicht; der Urheber (oder sonstige Rechtsinhaber) übertrage jener Satzungsvorschrift gemäß nur einen Inbegriff von Vermögensgegenständen, der nach Art, Ursprung und Zeit begrenzt sei.

c) Soweit die erste Klägerin in Betracht kommt, gelangt somit das Berufungsgericht zu dem rechtlich zutreffend begründeten Ergebnis, daß schon auf Grund ihrer Satzung die Aufführungsrechte ihrer Mitglieder auch an noch zu schaffenden Werken auf die Genossenschaft übergehen (§ 17 Abs. 1 GenG.). Die besonderen Uebertragungserklärungen und „Anmeldungen" der Werke haben demnach nur klarstellende, beweissichernde, aber nicht rechtsbegründende Wirkung. Ganz Entsprechendes nimmt das Berufungsgericht bei der zweiten Klägerin an. Doch bemerkt es, daß auf die satzungsmäßigen Uebertragungen an diese Genossenschaft, deren Sitz in Wien ist, österreichisches Recht Anwendung finde. Das ist nicht zu beanstanden. Die Anwendung des ausländischen Rechts in seinen einzelnen Vorschriften kann der Revision keine Stütze geben (§ 549 ZPO.).

2. Was für die erst künftig zu schaffenden Werke und die erst noch zu erwerbenden Urheberrechte gilt, muß — nach rechtsirrtumsfreier Folgerung des Berufungsurteils — vollends für die beim Eintritt der betreffenden Urheber oder Verleger in die Genossenschaft schon vorhandenen Werke und erworbenen Rechte gelten. Denn hier sind, wie das Urteil richtig hervorhebt, die Werke gegenständlich bereits genau be-

stimmt. Auch hier genügt die Bindung der Befugnisse an die Person des Urhebers oder Verlegers zur Bestimmung der Rechte; denn hier waltet das gleiche Verkehrsbedürfnis ob. Vorausgesetzt wird allerdings, daß die Mitglieder bei ihrem Eintritt in die Genossenschaft nicht schon anderweit über ihre Rechte verfügt haben; diese Voraussetzung gilt jedoch für Uebertragungen auch sonst.

C. Zu entsprechenden Ergebnissen wie bei der ersten und zweiten kommt das Berufungsgericht bei der dritten Klägerin. Ihr Rechtserwerb gründet sich aber nicht auf ihre Satzung, sondern auf „Berechtigungsverträge", die sie mit den anderen (darunter ihren Mitgliedern) geschlossen hat.

a) Nach der „Grundordnung" vom 10. Mai 1931 ist der § 2 Abs. 1 dieser Verträge dahin neu gefaßt worden:

> Der Bezugsberechtigte überträgt der Genossenschaft Deutscher Tonsetzer die ausschließliche dingliche Verfügung über alle ihm gegenwärtig zustehenden und während der Vertragsdauer noch erwachsenden oder zufallenden Aufführungsrechte, Rechte der Rundfunkübertragung, mechanische Urheberrechte (Rechte der Benutzung zum Zwecke der mechanischen Wiedergabe für das Gehör) und Tonfilmrechte (d. h. Rechte der Tonverfilmung und Tonfilmaufführung) für alle Länder. Die Genossenschaft ist berechtigt, diese Rechte im eigenen Namen auszuüben.

Diese Vertragsbestimmung erstreckt sich ausdrücklich auf den Tonfilm. Auch für solche Berechtigungsverträge gilt, was bei der Satzung der ersten Klägerin dargelegt worden ist: daß die Uebertragung der schon vorhandenen und der künftig erwachsenden Rechte nicht wegen Unbestimmtheit wirkungslos ist, und daß die besondere Anmeldung der einzelnen Werke nur vorsorgliche, beweissichernde, nicht aber rechtsbegründende Bedeutung hat. Soweit die Rügen der Revision sich hierauf beziehen, sind sie aus den früher mitgeteilten Gründen ungerechtfertigt.

b) Der frühere Vordruck für Berechtigungsverträge der dritten Klägerin erwähnte die Tonfilmrechte noch nicht. Jedoch hat die Klägerin laut Feststellung des Berufungsurteils in der mündlichen Verhandlung 700 bis 800 gleichlautende Erklärungen vorgelegt; die Beklagte hat die Echtheit nicht bestritten. In diesen Erklärungen wird die Verbindlichkeit der neuen Bestimmungen für die Unterzeichner anerkannt. Das Berufungsurteil läßt dahingestellt, ob in der Tat, wie die dritte Klägerin behauptet, alle ihre Vertragsgegner derartige Nachtragserklärungen abgegeben haben und ob die 700 bis 800 Formblatt-Erklärungen sämtliche Bezugsberechtigten umfassen. Es hebt, wie an anderen Stellen, so auch hier hervor, daß es den Klägerinnen nur auf die allgemeine, aus dem Hauptantrag ersichtliche Feststellung ankommt. Diese Erwägungen enthalten weder einen sachlich-rechtlichen Irrtum noch verstoßen sie gegen

Vorschriften des Verfahrensrechts. Die dagegen erhobenen Revisionsrügen sind nicht begründet. Soweit die Beklagte eine Aufklärung darüber vermißt, wieviel Bezugsberechtigte die dritte Klägerin habe, ist darauf zu verweisen, daß ein Verzeichnis der Tonsetzer, Textdichter und Verleger nach dem Stande vom 1. März 1932 dem Berufungsgerichte vorgelegt worden ist; es enthält ungefähr 1500 Namen und Firmen. Die Feststellungen des Berufungsgerichts rechtfertigen die von ihm angewandte Beurteilung. . . .

IV. Das Berufungsgericht gelangt nach alledem zu dem Ergebnis:

Die Beklagte war und ist vom 1. Juni 1931 ab nicht befugt, Musikstücke und Texte im Tonfilm öffentlich aufzuführen, die

1. urheberrechtlich geschützt sind (oder waren) und
2. an denen die Urheberberechtigten ihre ausschließlichen Befugnisse (wie es festgestelltermaßen geschehen ist) auf die Klägerinnen übertragen haben, und zwar

a) an die erste und zweite Klägerin gemäß deren Satzungen,

b) an die dritte Klägerin gemäß den mit ihr geschlossenen Berechtigungsverträgen,

c) an die erste und dritte Klägerin möglicherweise auch durch Vermittlung ausländischer Verwertungsgesellschaften.

Dies alles setzt voraus, daß die Berechtigten nicht etwa schon vorher ihre Befugnisse an die Beklagte übertragen hatten. Der Klage ist sonach begründeterweise in der Fassung stattgegeben worden, die aus der Formel des Berufungsurteils zu ersehen ist.

**RGZ. 140, 255**

**Wonach ist zu beurteilen, ob ein vor der praktischen Vervollkommnung und Verwendbarkeit des Tonfilms geschlossener Vertrag in den urheberrechtlichen Befugnissen, die er übertrug, die Vertonfilmung mitenthielt?**

LitUrhG. § 11.

I. Zivilsenat. Urt. v. 5. April 1933.

I. Landgericht I Berlin. II. Kammergericht daselbst.

Die Klägerin hat durch Vertrag mit dem Tonsetzer R. S. vom 9. Februar 1923/11. März 1924 und mit den Textbuchverfassern B. und L. vom 26. Februar 1924 die gesamten Urheberrechte an der Operette von R. S. „Der Hampelmann" einschließlich der Verfilmungsrechte und der Rechte zur mechanischen Wiedergabe für die ganze Welt erworben. Durch Vertrag vom 22. Mai 1924 hat sie diese Rechte an die Beklagte weiterübertragen. Die Beklagte behauptet, die Tonfilmrechte an der Operette im Mai 1930 unmittelbar von den Urhebern erworben zu haben. Sie hat die Tonfilmrechte dann für 15 000 RM. und gegen eine Beteiligung an eine deutsche Filmgesellschaft verkauft; diese hat den Tonfilm hergestellt und erscheinen lassen.

Die Klägerin, die nach ihrem Vertrag mit der Beklagten Anspruch auf die Hälfte aller Einnahmen aus Aufführungsrechten und Lizenzen aus mechanischer Verwertung sowie aus Filmrechten an der Operette hat, fordert mit der Klage den ihr gebührenden Teil der Einkünfte nebst Zinsen, ferner Rechnungslegung über alle Einnahmen, besonders Tantiemen und Lizenzen, aus der Verwertung der Tonfilmrechte an der Operette. Notfalls macht sie diese Ansprüche auch als Schadensersatz geltend.

Die Beklagte hat bestritten, daß die Klägerin Urheberrechte mit dinglicher Wirkung an der Operette erlangt habe. Sie führt aus, daß der etwaige Rechtserwerb *sich keinesfalls* auf *die* Tonfilmrechte erstrecke; diese seien damals noch unbekannt gewesen und bei den Urhebern verblieben.

Der Klage auf Zahlung und Rechnungslegung wurde vom Landgericht und vom Kammergericht stattgegeben. Die Revision der Beklagten blieb erfolglos.

Gründe:

In dem Vertrag vom 9. Februar 1923 ging R. S. nur die schuldrechtliche Verpflichtung ein, Urheberrechte an die Klägerin zu übertragen. Das ergänzende Abkommen vom 11. März 1924 ergibt jedoch, daß er sein erstes Werk, die Operette „Der Hampelmann", am 1. September 1923 fertig abgeliefert hat. Damit hatte er, wie das Berufungsurteil zutreffend bemerkt, die Urheberrechte an diesem Stück im vertraglich vorgesehenen Umfang auf die Klägerin übertragen und die am 9. Februar 1923 eingegangene schuldrechtliche Verpflichtung in bezug auf sein erstes Werk erfüllt.

Nach dem Vertrag vom 9. Februar 1923 sollte die Klägerin vom Tonsetzer das gesamte Urheberrecht für die ganze Welt einschließlich der Aufführungsrechte aller musikalischen Werke und Operetten und einschließlich der Verfilmungsrechte und der Rechte zur mechanischen Wiedergabe erhalten. Der Vertrag vom 26. Februar 1924 mit den Textverfassern weist ebenfalls umfassenden Wortsinn auf, indem der Klägerin nicht nur das gesamte Verlagsrecht am Text, sondern auch Aufführungsrecht, musikalischer Verlag, mechanische Rechte, Kinematographenrecht und Rundfunk-Senderecht übertragen werden.

Nicht erwähnt wird in den schriftlichen Verträgen die Befugnis, aus dem Stoff und der Musik einen Tonfilm (Tonbildfilm) herzustellen und zu verbreiten. Zur Zeit der vertraglichen Vereinbarungen gab es zwar bereits den Tonfilm als technische Erfindung; er hatte sich aber noch nicht bis zur praktisch durchführbaren urheberrechtlichen Verwertungsart entwickelt. Das Berufungsgericht faßt deshalb die für den Rechtsstreit wesentliche Frage richtig dahin, ob das Vertonfilmungsrecht nach dem Inhalt der Verträge als mitübertragen gelten könne, wenngleich sich die Vertragsparteien einer solchen späteren Verwertungsart nicht bewußt gewesen seien. Bei der Untersuchung dieser Frage bemerkt es zutreffend, daß die in den Verträgen gebrauchten Ausdrücke „mechanische" Wiedergabe der Operette, „Verfilmungsrecht", „Kinematographenrecht" nicht entscheiden können. Sprächen sie bei Verträgen der Gegenwart, gerade über eine Operette, mehr oder weniger dafür, daß die Vertonfilmung mit einbegriffen sein sollte, so läßt sich das nicht ausdehnen auf ältere Vereinbarungen aus einer Zeit, die nur den stummen Film im Auge hatte und den praktisch vervollkommneten Tonfilm noch nicht kannte.

Der Berufungsrichter geht für die weitere Prüfung von den in der Rechtsprechung ausgebildeten Grundsätzen aus, in denen die Beklagte eine Stütze ihrer dem Klaganspruch widerstreitenden Auffassung findet (RGZ. Bd. 118 S. 282, Bd. 123 S. 312). Er hebt — als maßgebend auch für seine eigene Behandlung der Sache — hervor: der Urheber soll davor geschützt werden, daß er das ganze Urheberrecht in Unkenntnis der ihm innewohnenden nicht vorhersehbaren künftigen neuen Verwertungsmöglichkeiten aus der Hand gebe, ohne dafür ein angemessen vergütendes Entgelt zu erlangen. Von diesem Gesichtspunkt aus untersucht er den vorliegenden Fall. Dabei kommt er zu der Ueberzeugung: auch das Tonfilmrecht müsse als mitübertragen gelten. Im einzelnen führen die Urteilsgründe aus: Der Ergänzungsvertrag vom 11. März 1924 regle das Entgelt für die Uebertragung des Urheberrechts dahin, daß Tonsetzer und Textverfasser 50 % aus der Verwertung kinematographischer Rechte erhielten. Die Urheber hätten demnach ihre Rechte nicht gegen einen bestimmten Geldbetrag übertragen, der die künftigen, noch unbekannten Möglichkeiten der Werk-Ausnutzung außer Betracht gelassen und also nicht mitvergütet hätte; sondern sie seien an jedem Ertrag ihres Werkes weiterhin beteiligt geblieben, und Einnahmen aus neuartiger Ausnutzung seien ihnen keineswegs entgangen. Es habe somit in der nach Zweck und Umständen erkennbaren Willensrichtung der Vertragschließenden gelegen, daß die gesamten Urheberrechte einschließlich auch aller noch unbekannten, in Zukunft erst zur Entwicklung kommenden Verwertungsmöglichkeiten übertragen und erworben werden sollten; denn man habe damals einen Weg gefunden und gewählt, der geeignet sei, die Gegenleistung für den Erwerb der Rechte allen, auch unvorhersehbaren Möglichkeiten technischer Entwicklung ganz von selbst anzupassen.

Die Angriffe der Revision wider diese Beurteilung kennzeichnen sich durchweg als Bemängelungen der Tatsachenwürdigung. Auf den Unterschied des Tonbildfilms vom stummen Film und die umwälzende Verwandlung, die sich durch das Aufkommen eines praktisch brauchbaren Tonfilms im Lichtspielwesen vollzogen hat, weist schon das Berufungsgericht hin. Es verkennt auch durchaus nicht, daß damit Veränderungen eingetreten sind, die sich der Abschätzung und Vorausberechnung im einzelnen entzogen. Seine Begründung dafür, daß die Beteiligten gleichwohl eine Uebertragung aller urheberrechtlichen Befugnisse gewollt haben, läßt jedoch keinen Verstoß gegen Rechtsgrundsätze erkennen. Das Urteil betont vornehmlich, daß zwischen Leistung und Gegenleistung auch dann kein unbilliges Mißverhältnis bestehe, wenn in die übertragenen Rechte das Recht zur Vertonfilmung mit eingerechnet werde. Hieraus zieht es Folgerungen bei der Lösung der Frage nach Vertragszweck und gewolltem Umfang des Vertragsgegenstandes. . . .

RGZ. 140, 264

**1. Verstößt ein Verlagsvertrag gegen die guten Sitten, wenn er dem Verleger das Verlagsrecht an allen Auflagen des Werkes einräumt, den Verfasser verpflichtet, jede neue Auflage binnen bestimmter Frist zu bearbeiten, und bei Behinderung oder Ablehnung des Verfassers dem Verleger das Recht gibt, die nötigen Aenderungen des Werkes durch einen sachkundigen Dritten vornehmen zu lassen?**

**2. Rücktritts- und Kündigungsrecht des Verfassers; unvorhergesehene Veränderung der Umstände.**

**3. Erhöhung des Ladenpreises der neuen Auflage durch den Verleger.**

**4. Wann empfängt der Verlagsvertrag durch Anteil des Verfassers am Ladenpreis gesellschaftsartigen Inhalt?**

BGB. §§ 138, 242, 705. VerlG. §§ 5, 12, 21, 35.

I. Zivilsenat. Urt. v. 26. April 1933.

I. Landgericht I Berlin. II. Kammergericht daselbst.

Der Kläger ist der Verfasser eines Werkes „Die Technik des Bankbetriebes", das im Verlage der Beklagten 1904 erschien und dann mehrmals aufgelegt wurde. Die Parteien schlossen darüber zunächst den Verlagsvertrag vom 19. August 1902. An seine Stelle trat, nachdem sieben Auflagen erschienen waren, der Vertrag vom 3./4. Juli 1922. In ihm gab der Kläger der Beklagten die achte und alle folgenden Auflagen des Buches in Verlag (§ 1). Das Entgelt des Verfassers wurde auf 10 % des Ladenpreises bestimmt (§ 5). Nach Verkauf der achten Auflage nötige Neudrucke und Neuauflagen sollten unter den gleichen Bedingungen erscheinen. Der Kläger verpflichtete sich, die neuen Auflagen sachgemäß und der Entwicklung des Bankwesens entsprechend zu bearbeiten und die vollständige druckfertige Handschrift binnen sechs Monaten, nachdem die Beklagte ihn aufgefordert habe, abzuliefern (§ 8). Ferner wurde bedungen: Sollte der Kläger „durch Krankheit, Tod oder sonstwie außerstande oder nicht willens sein, eine neue Auflage zu bearbeiten", sei die Beklagte „berechtigt, die Bearbeitung ... einer anderen ihr geeignet erscheinenden Persönlichkeit zu übertragen". In diesem Fall soll der

Kläger (oder sein Rechtsnachfolger) in den ersten fünf Jahren nach seinem Ausscheiden von allen zum Verkauf kommenden Exemplaren die Hälfte des festgelegten Honorarsatzes, in den darauf folgenden fünf Jahren . . . ein Viertel dieses Honorarsatzes erhalten (§ 9). Die achte Auflage erschien 1924 und war 1926 vergriffen. Ende 1930 lieferte der Kläger die Handschrift der neunten Auflage an die Beklagte ab; Anfang 1931 erschien diese Auflage.

Als der Vertrag von 1902 geschlossen wurde, war der Kläger (damals 24 Jahre alt) Bankbeamter. Später übernahm er die Leitung einer Zeitschrift „Bs. Börsenberichte"; im Jahre 1928 verkaufte er dieses Unternehmen. Seit Ende 1929 lebt er in der Schweiz.

Durch ein Schreiben an die Beklagte vom 18. April 1931 machte der Kläger geltend, der Verlagsvertrag sei wegen Verstoßes gegen die guten Sitten nichtig; vorsorglich erklärte er, daß er von dem Vertrage zurücktrete.

Mit der Klage verlangte er die Feststellung, daß die Beklagte nicht befugt sei, eine neue Auflage seiner „Technik des Bankbetriebes" erscheinen zu lassen. Er begründete sein Begehren damit, daß er durch den Verlagsvertrag in verschiedener Hinsicht so gebunden werde, wie es sich mit den guten Sitten nicht vertrage. Die Ueberlassung einer unbegrenzten Anzahl von Auflagen an den Verlag, die kurze Frist von 6 Monaten für die Bearbeitung jeder Auflage, die ständige Dienstbarkeit des Verfassers für Ansprüche des Verlags, die einseitige Befugnis des Verlags zur Bestimmung eines neuen Bearbeiters — alles das verstoße gegen die Gebote der guten Sitten. Auch bestehe zwischen Arbeitsmaß und Entgelt ein starkes Mißverhältnis. Durch Uebersiedlung des — nicht mehr im Bankberuf tätigen— Verfassers in die Schweiz hätten sich zudem wesentliche Umstände völlig verändert. Die Beklagte habe schließlich eigenmächtig den Ladenpreis der 9. Auflage von 10,50 auf 19,50 RM. erhöht. Das Vertrauen des Klägers zur Beklagten sei durch diese Gestaltung der Dinge so erschüttert, daß es an der erforderlichen Grundlage des Vertragsverhältnisses fehle.

Landgericht und Kammergericht wiesen die Klage ab. Die Revision des Klägers hatte keinen Erfolg.

Gründe:

I. Landgericht und Kammergericht gelangen übereinstimmend zu dem Ergebnis, daß der Vertrag der Parteien vom 3./4. Juli 1922 nicht gegen die guten Sitten verstößt (BGB. § 138).

A. Beide Vorderrichter verneinen, daß der Vertrag auf eine Knebelung des Klägers hinauskomme, namentlich daß er dessen persönliche Freiheit in unwürdiger Weise einschränke, seine Urheberehre (und somit sein Urheber-Persönlichkeitsrecht) durch Unterwerfung unter Willen und einseitige Anordnungen der Beklagten kränke, für seine schriftstellerische Arbeit ein unverhältnismäßig geringes Entgelt gewähre.

1. Darin allein, daß die Beklagte durch den Vertrag unbeschränkt das Recht zu sämtlichen weiteren Auflagen übertragen erhalten hat (§ 8 Satz 1 des Vertrags), liegt keine den guten Sitten widerstreitende Bindung des Klägers. Schrifttum und Rechtsprechung sind darüber einig, daß nach der gegenwärtigen Verkehrsanschauung und Rechtsordnung derartige Vereinbarungen nicht grundsätzlich beanstandet werden können (RGZ. Bd. 112 S. 173 [175/7] und dort angef. Belege).

2. Auch dadurch hat sich der Kläger nicht in unbilliger, mit der persönlichen Freiheit unverträglicher Weise gebunden, daß er allgemein die Verpflichtung eingegangen ist, „die neuen Auflagen sachgemäß und der Entwicklung des Bankwesens entsprechend zu bearbeiten" (§ 8 Satz 2). Es entspricht für Schriftwerksgattungen wie die hier gegebene dem natürlichen Verlauf der Dinge, daß der Schöpfer des Werkes bei neuen Auflagen dessen Inhalt und Gestalt dem Zweck entsprechend verändert und dem praktischen Bedürfnis anpaßt, dem es gewidmet ist. Eine dahingehende Verpflichtung enthält keine unwürdige oder anstößige Selbstbeschränkung. Zwar kann ihre Erfüllung dem Urheber lästig fallen, wenn das Werk schnell abgesetzt wird und andere Aufgaben seine Zeit und Kraft beanspruchen, oder wenn unterdessen sein Lebensgang ihn der Beschäftigung mit dem Gegenstand des Werkes mehr oder minder entfremdet hat. Unsittlich aber wird die grundsätzliche Verpflichtung durch die Möglichkeit solchen künftigen Verlaufes nicht (RGZ. Bd. 112 S. 178, Bd. 60 S. 174).

3. Bestimmt der Vertrag dem Urheber für die neue Bearbeitung des Werkes eine Frist, so geschieht dadurch Anforderungen der Zweckmäßigkeit Genüge, damit der Zusammenhang mit dem Markt und der auf ihm eroberte Platz nicht verloren geht. Der Vertrag vom 3./4. Juli 1922 (§ 8 Satz 2) sieht vor, daß der Kläger die vollständige druckfertige Handschrift der neuen Bearbeitung innerhab 6 Monaten abliefere, nachdem die Beklagte ihn aufgefordert. Wie der Schriftwechsel aufweist, hat der Kläger selbst der Beklagten vorgeschlagen, die Frist auf sechs (statt früher drei) Monate zu bemessen. Und zutreffend bemerkt das Berufungsurteil: wenn man annehmen wollte, diese Zeit sei (aus sachlichen Gründen des Werkinhalts oder aus persönlichen Rücksichten auf die jetzigen Verhältnisse des Klägers) zu kurz, so würde daraus keine Nichtigkeit des ganzen Vertrags folgen, sondern es stünde dem Kläger nur frei, nach allgemeinen Vertragsgrundsätzen eine angemessene Frist zu beanspruchen (BGB. § 242).

4. Der § 9 des Vertrags vom 3./4. Juli 1922 bestimmt: „Sollte (der Kläger) durch Krankheit, Tod oder sonstwie außerstande oder nicht willens sein, eine neue Auflage zu bearbeiten, so ist (die Beklagte) berechtigt, die Bearbeitung einer solchen einer anderen, ihr geeignet erscheinenden Persönlichkeit zu übertragen. (Der Kläger) oder seine Rechtsnachfolger erhalten in diesem Fall in den ersten 5 Jahren nach seinem

Ausscheiden von allen zum Verkauf kommenden Exemplaren die Hälfte des jetzt festgelegten Honorarsatzes, in den darauf folgenden 5 Jahren nach seinem Ausscheiden ein Viertel dieses Honorarsatzes."

a) Zutreffend legt das Berufungsgericht diese Vorschrift als eine Ausnahme von den sonstigen Vertragsbestimmungen einschränkend dahin aus: das Recht der Beklagten, einen andern Bearbeiter heranzuziehen, erfasse jeweils nur die nächste Auflage; der Kläger sei also in der Lage, die Bearbeitung späterer Auflagen wieder für sich in Anspruch zu nehmen. Für diese Deutung spricht außer dem Zweck des § 9 im Zusammenhang des ganzen Vertrages auch der Wortlaut. Es ist von „einer neuen Auflage" und „Bearbeitung einer solchen", nicht allgemein von „neuen" oder „weiteren Auflagen" die Rede. Das „Ausscheiden" des Klägers ist auf die jeweils bevorstehende Auflage zu beschränken und nicht, wie die Revision will, in endgültigem, allgemeinem Sinn auf die sämtlichen etwa noch folgenden Auflagen zu erstrecken. In einem Brief vom 26. Juli 1928 hat die Beklagte allerdings die Auffassung vertreten, daß unter „Ausscheiden" das völlige und endgültige Ausscheiden verstanden werden müsse, daß also der Kläger nicht bloß für die nächstfolgende Auflage die Mitarbeit versage, sondern überhaupt aus dem Vertragsverhältnis austrete und wegbleibe. Die bewußt hiervon verschiedene Auslegung des Kammergerichts wird jedoch durch Fassung und Gesamtinhalt des Vertrags gerechtfertigt; sie verstößt auch nicht gegen Rechtsgrundsätze.

b) Die Revision führt aus: es verstoße gegen die guten Sitten, daß die Beklagte nach § 9 des Vertrags — im Zweifel auch gegen den Willen des Klägers — befugt sein solle, die Bearbeitung einer neuen Auflage einem Dritten zu übertragen. Dem ist nicht beizustimmen. Wohl kann es Fälle geben, in denen es dem sittlichen Empfinden widerspräche, wenn der Verleger sich das Recht einräumen ließe, nach freiem Belieben das Geisteswerk (zumal das wissenschaftliche) eines andern durch Dritte umarbeiten zu lassen und so den Verfasser von jeder Einwirkung auf Gehalt und Form späterer Auflagen auszuschließen. Das unterliegt keinem Zweifel, ist auch in der Rechtsprechung ausdrücklich betont worden (RGZ. Bd. 112 S. 180/181). Unter welchen Voraussetzungen es aber den guten Sitten zuwiderlaufe, bei Lebzeiten des verhinderten oder ablehnenden Urhebers die Bearbeitung der neuen Auflage eines Werkes einem andern als ihm zu übertragen, läßt sich überhaupt nicht allgemein entscheiden. Die Antwort unterliegt schon nach dem Gegenstand, dem besonderen Sachgebiet, der Gattung des Werkes, ganz verschiedenen Bedingnissen, die keine einhellige Regelung gestatten. Innerhalb einer Gattung oder sonst zusammengehörigen Gruppe kann wiederum je nach der Art des Werkes die Entscheidung verschieden ausfallen. Auch Weltanschauung, wissenschaftliche, künstlerische, wirtschaftspolitische Richtung des Verfassers und mancherlei andere auf seiner Persönlichkeit beruhende Umstände können dabei mitsprechen; sie werden es um so mehr, je stärker sich Wesen und Eigenart des Schöpfers im Inhalt und in der Gestalt des Werkes ausprägen. Das Berufungsgericht verkennt das keineswegs. Ausdrücklich erwähnt es ein Hauptbeispiel dieser in den Forderungen des Lebens begründeten Tatsachen: bei wissenschaftlichen Werken von höchst persönlicher Eigenart möge es vorkommen, daß die Bearbeitung durch einen Dritten unangebracht erscheine. Sogleich aber fährt es mit Bezug auf den gegenwärtigen Fall fort: Um ein solches Werk handle es sich hier nicht. „Die Technik des Bankbetriebes (Ein Hand- und Lehrbuch des praktischen Bank- und Börsenwesens)" befasse sich (wie schon der Titel sage) mit der Wiedergabe und Erläuterung banktechnischer Vorgänge. Bei Werken dieser Art werde ein Wechsel in der Person des Bearbeiters nach überwiegender Ansicht nicht als Eingriff in höchst persönliche Werte und Rechte empfunden. Vielleicht erkläre es sich — was dahingestellt bleiben möge — aus der Stellungnahme des Reichsgerichts in einem besonderen Rechtsstreit (RGZ. Bd. 112 S. 173), daß man für wissenschaftliche Verlagswerke in vielen erwiesenen Fällen eine Vertragsbestimmung vorgesehen habe, wonach der Verleger die Bearbeitung einem Fachmann übertragen dürfe, wenn der Verfasser sie ablehne. Jedenfalls sei dargetan, daß eine solche Vereinbarung in weiten Kreisen für zulässig erachtet werde und sich durchgesetzt habe.

Der so vom Berufungsgericht festgestellte, in erheblichem Umfang zur Herrschaft gelangte Gebrauch bei Verlagsverträgen ist weder schlechthin für Geisteswerke noch für den ganzen Bereich wissenschaftlicher Werke ein Mißbrauch, der allgemein den guten Sitten widerspräche. Vielmehr muß in jedem einzelnen Fall nach der Art des Werkes, der Persönlichkeit des Urhebers und den sonst für die Beurteilung wesentlichen Umständen geprüft werden, ob jene Abrede mit den Anforderungen des redlichen Urheberrechts-Verkehrs und also mit den guten Sitten im Einklang steht. Hierbei sind nicht bloß die eignen vermögens- und persönlichkeitsrechtlichen Belange des Urhebers und des Verlegers gegeneinander abzuwägen. Auch Rücksichten auf die Allgemeinheit kommen in Betracht (RGZ. Bd. 112 S. 181, 184). Namentlich darf es nicht unbeachtet bleiben, wenn ein Werk, sei es nach Inhalt und Zweck überwiegend wissenschaftlich oder praktisch, mehr oder weniger umfänglichen Kreisen des Volkes als Lehrbuch, Unterweisungsmittel oder Berater gedient hat. In solchen Fällen erhebt das Bedürfnis des Verkehrs, ganz abgesehen von eignen geschäftlichen Wünschen des Verlags, auf dem Büchermarkt den Anspruch, das bisher dem gewohnten Zweck dienstbare Werk auch weiterhin gebrauchen zu können. Aus den Kreisen der Benutzer meldet sich so, wenn ein Buch vergriffen ist und zu fehlen beginnt, das Verlangen nach einer neuen (nötigenfalls entsprechend ergänzten, umgestalteten) Auflage. Durch den Verleger als Mittler der Nachfragenden tritt deren Begehr an den Urheber heran, als sei er der Gemeinschaft durch das einmal geschaffene Werk verpflichtet. In diesen Erscheinungen des Verkehrsleben äußert sich der auf das Urheberrecht angewandte Gedanke der „sozial gebundenen Befugnis". Wie er für das Sacheigentum anerkannt ist, muß er auch für das Recht an Geisteswerken, unbeschadet des Persönlichkeitsrechts ihres Schöpfers, berücksichtigt werden. Abreden wie die im § 9 des Vertrags vom 3./4. Juli 1922 können zu seiner Verwirklichung beitragen, sofern nicht die Eigenart des Werkes und die sonstigen sachlichen und persönlichen Umstände dazu nötigen, derartige Bindungen des Urhebers als unstatthaft abzulehnen.

Sonach bewendet es bei dem schon früher ausgesprochenen Grundsatz: unter sonst geeigneten Umständen ist es mit der Schriftstellerehre des Verfassers eines Geisteswerkes vereinbar, daß das Werk — auch das wissenschaftliche — durch einen andern für eine neue Auflage bearbeitet werde (RGZ. Bd. 112 S. 183).

Ohne tatsächlichen und rechtlichen Irrtum nimmt das Kammergericht an: Des Klägers Werk „Die Technik des Bankbetriebes" solle die banktechnischen Vorgänge schildern und erläutern. Es gehöre also (das ergibt der Zusammenhang der Urteilsgründe) zu den Schriftwerken, die im wesentlichen ein Bild gewisser sinnlich wahrnehmbarer Tatsachen des Verkehrslebens in ihrer zweckbestimmten Ordnung und Wechselbeziehung geben. Bei dergleichen schildernden, berichtenden Werken bedeute ein Wechsel der Person des Bearbeiters im allgemeinen keinen Eingriff in höchst persönliche Werte und Rechte des Urhebers, also keinen Verstoß gegen die guten Sitten. Diese Erwägung enthält, soweit in ihr das vorliegende Werk des Klägers gewürdigt wird, weder einen offenbaren tatsächlichen Irrtum noch einen Verstoß gegen rechtliche Grundsätze.

c) Uebrigens gestattet das Gesetz dem Verfasser, Aenderungen, die bei einer neuen Auflage nötig sind, durch einen Dritten vornehmen zu lassen, den er selbst bestimmt (VerlG. § 12 Abs. 2). Diese Vorschrift ist in dem Verlagsvertrag vom 3./4. Juli 1922 nicht außer Kraft gesetzt (vgl. RGZ. Bd. 112 S. 179 [184]). Schlägt der Kläger den ihm freistehenden gesetzlichen Weg nicht ein und überläßt der Beklagten, nach § 9 des Vertrags zu verfahren, so geschieht damit nichts Sittenwidriges. Das Berufungsgericht erwägt berechtigterweise: die Beklagte biete als wissenschaftliches Verlagsunternehmen von Ruf ausreichende Gewähr dafür, daß sie bei der Auswahl des Nachfolgers in der Bearbeitung mit der nötigen Kenntnis und Umsicht vorgehen werde; müsse ihr doch selbst daran liegen, das Werk auf der bisherigen wissenschaftlichen Höhe zu erhalten.

d) Das Berufungsurteil betont weiter, daß der § 9 des Verlagsvertrags keine einseitige Bindung des Klägers begründe. Die Vertragsbestimmung lasse ja die Befugnisse unverkürzt bestehen, die das Gesetz dem Urheber aus dem Verlagsvertrag gegen den Verleger gewähre. Auch diese Erwägung ist nicht zu beanstanden.

5. Das Berufungsgericht verneint sodann, daß ein auffallendes, unbilliges Mißverhältnis zwischen der Leistung des Klägers als Urheber und der dafür bedungenen Vergütung vorliege. Ohne Rechtsirrtum führt es darüber aus: Ein Satz von 10 % des Ladenpreises halte sich im Rahmen des Zulässigen und Gebräuchlichen. Gegen die vom Kläger jetzt vorgebrachten Bedenken spreche überzeugend schon die Tatsache, daß er in unabhängiger wirtschaftlicher Lage den Vertrag annähernd 30 Jahre lang (seit dem ersten Vertrag vom 19. August 1902) durchgehalten habe, ohne Anstände zu erheben. Welchen Verdienst die Beklagte während der Vertragszeit aus dem Werk etwa gezogen habe, müsse grundsätzlich außer Betracht bleiben. Jedenfalls sei die Frage dann bedeutungslos, wenn die Vergütung des Verfassers zum Absatz des Werkes in Beziehung gesetzt sei und der ihm eingeräumte Anteil an sich einen angemessenen Bruchteil des Verkaufspreises ausmache.

Nach alledem nimmt das Berufungsurteil ohne Rechtsverletzung an, der Verlagsvertrag vom 3./4. Juli 1922 verstoße nicht gegen die guten Sitten (BGB. § 138 Abs. 1).

B. Landgericht und Kammergericht verneinen ferner übereinstimmend, daß die Beklagte unter Ausbeutung der Unerfahrenheit des Klägers sich für die ihm zugesagte Vergütung habe Leistungen versprechen lassen, die dazu in auffälligem Mißverhältnis standen und ihr einen unangemessenen Vermögensvorteil verschafften (BGB. § 138 Abs. 2). Der Kläger war, als er mit der Beklagten den ursprünglichen Verlagsvertrag (1902) einging, 24, beim Abschluß des späteren Vertrags (1922) bereits 44 Jahre alt. Das Berufungsgericht nennt ihn einen weit über dem Durchschnitt geschäftlicher Erfahrung stehenden Schriftsteller; sein Werk hatte zur Zeit des zweiten Vertrags schon sieben Auflagen erlebt. Dafür, daß etwa die Beklagte damit umgegangen sei, die vermeintliche Unerfahrenheit des Klägers auszunutzen, ist nach der Feststellung des Berufungsurteils nichts erbracht. Der dem Vertragsschluß von 1922 vorangegangene Schriftwechsel läßt, wie es weiter bemerkt, nicht erkennen, daß die Beklagte auf den Kläger einen Druck ausgeübt und die Vorteile ihrer Lage auf Grund der Bestimmungen von 1902 ausgenutzt habe; ja sie ist ihm bei der Aenderung des alten Vertrags allenthalben entgegengekommen und hat alle seine Wünsche im wesentlichen berücksichtigt.

Der Klaggrund sittenwidriger Ausbeutung vermag also den Anspruch ebenfalls nicht zu rechtfertigen (BGB. § 138 Abs. 2).

II. Das Vertragsverhältnis der Parteien ist auch weder durch berechtigten Rücktritt noch durch gerechtfertigte Kündigung des Klägers aufgelöst worden.

Der Verfasser ist bis zum Beginn der Vervielfältigung berechtigt, vom Verlagsvertrag zurückzutreten, wenn sich Umstände ergeben, die beim Abschluß des Vertrags nicht vorauszusehen waren und den Verfasser bei Kenntnis der Sachlage und verständiger Würdigung des Falles von der Herausgabe des Werkes zurückgehalten hätten (VerlG. § 35 Abs. 1 Satz 1). Für eine neue Auflage gilt entsprechendes (§ 35 Abs. 1 Satz 2).

1. Das Berufungsgericht verneint, daß für den Kläger ein Grund zum Rücktritt bestanden habe. Es erwägt: Der Kläger sei trotz der Uebersiedlung in die Schweiz in der Lage, eine Neubearbeitung seines Werkes durchzuführen. Die Beschaffung der nötigen Unterlagen dürfe ihm im wesentlichen auch von dort aus möglich sein; notfalls könne er sich durch einen nicht allzu langen Aufenthalt in Deutschland die erforderlichen Hilfsmittel beschaffen. Doch komme es darauf nicht einmal an. Denn in den Vertragsvereinbarungen sei ja gerade für den Fall einer Behinderung des Klägers und für den Fall seiner willkürlichen Abkehr vorgesorgt. Unter diesen Umständen könne keine Rede davon sein, daß der Kläger diesen Fall der Behinderung nicht ins Auge gefaßt habe und (wenn er ihn vorausgesehen) von der Herausgabe des Werkes überhaupt abgesehen hätte.

Die letzte Wendung (Herausgabe des Werkes überhaupt) ist nicht, wie die Revision will, buchstäblich zu nehmen, sondern nur auf die jeweils nötige neue Auflage zu beziehen. Denn beim Abschluß des Vertrags vom 3./4. Juli 1922 waren ja seit dem ersten Erscheinen des Werkes (der ursprünglichen „Herausgabe") achtzehn Jahre vergangen, und es hatte schon sieben Auflagen erlebt; um die Frage nach einer „Herausgabe überhaupt" handelte es sich also damals nicht mehr, sondern nur um eine neue (die achte) Auflage.

Auch darin ist der Revision nicht beizustimmen, daß beim Vertragsabschluß schon die genau bestimmten Umstände hätten vorausgesehen werden müssen, die später eingetreten sind: Verkauf der Zeitschrift „B.s Börsenberichte" und dann Uebersiedlung in die Schweiz. Es genügt, daß die Umstände ihrer Art und allgemeinen Wirkung nach — Erschwerung durch Aufenthaltswechsel und eingreifende Aenderungen der beruflichen Tätigkeit — „vorauszusehen waren". Also reicht es nicht aus, daß etwa der Verfasser selbst sie tatsächlich nicht vorausgesehen hat; sondern es muß für ihn der gegebenen Sachlage nach bei gehöriger Aufmerksamkeit nicht möglich gewesen sein, den Eintritt der Umstände vorherzusehen (Allfeld VerlagsR. 2. Aufl. 1929, Anm. 4 zu § 35; Willy Hoffmann Verlagsgesetz Anm. 2b zu § 35). Das Berufungsgericht bejaht ohne rechtlichen Irrtum diese Vorhersehbarkeit. Ja, es spricht die Ueberzeugung aus, daß der Eintritt von Umständen der angegebenen Art vom Kläger in Betracht gezogen worden sei; daß dies geschehen ist, stellt das Berufungsurteil ausdrücklich fest (Fall der Behinderung und der willkürlichen Abkehr).

Außerdem aber spricht das Urteil, ohne Rechtsregeln und Grundsätze der Billigkeit zu verletzen, die Ueberzeugung aus: die besonderen Umstände, auf welche der Kläger seinen Rücktritt gründen wolle, hätten ihn (wenn sie ihm beim Vertragsschlusse schon als möglich vor Augen gestanden hätten) bei verständiger Würdigung des Falls nicht davon abgehalten, die im Vertrag niedergelegten Abreden über weitere Auflagen zu treffen. Dies ist rechtlich ebenfalls nicht zu beanstanden.

Die Ausführungen der Revision über den Sinn des Wortes „Herausgabe" und seine Entwicklung aus der Entstehungsgeschichte des Gesetzes brauchen danach nicht besonders erörtert zu werden.

2. Der Kläger sieht ferner einen Grund zum Rücktritt vom Vertrag (oder zu dessen fristloser Kündigung) darin, daß die Beklagte bei der neunten Auflage des Buches den Ladenpreis von 10,50 auf 19,50 RM. erhöht hat.

a) Mit Recht verweist aber das Berufungsgericht auf die Gesetzesvorschrift, wonach die Bestimmung des Ladenpreises, zu welchem das Werk verbreitet wird, für jede Auflage dem Verleger zusteht (VerlG. § 21 Satz 1). Er kann also den Ladenpreis bei der neuen Auflage unabhängig vom Verfasser höher ansetzen als den der früheren. Nur wenn er den einmal bestimmten Preis nachträglich erhöhen will, bedarf er der Zustimmung des Verfassers (§ 21 Satz 3; Willy Hoffmann a. a. O. Anm. 4 zu § 21; Allfeld a. a. O. Anm. 3 zu § 21; Voigtländer-Fuchs 2. Aufl. Anm. 2 zu § 21). Um solche nachträgliche Erhöhung innerhalb einer Auflage handelt es sich hier nicht.

Der Kläger verficht — auch in der Revisionsbegründung — die Ansicht, daß jene gesetzliche Befugnis der Beklagten nach dem Vertrag nicht gegeben sei. Er beruft sich darauf, daß ihm „als Honorar 10 % des Ladenpreises für jedes verkaufte Exemplar" gebühren (§ 5 des Vertrags), und folgert aus dieser Abrede, das Vertragsverhältnis unterliege den Gesetzesregeln der Gesellschaft (§§ 705 flg. BGB.). Um dies darzutun, zieht er auch die Entstehungsgeschichte der verlagsrechtlichen Vorschrift über den Ladenpreis heran. Dazu bemerkt jedoch das Berufungsgericht mit Recht, daß die vom Kläger angerufenen Erwägungen der vorbereitenden Entwicklung im Gesetz selbst keinen Niederschlag gefunden haben. Zutreffend wendet ferner das Berufungsurteil den anerkannten Grundsatz an, daß die bloße Bemessung des Entgelts nach Bruchteilen des Ladenpreises nicht genügt, um das Vertragsverhältnis zu einem gesellschaftsähnlichen zu machen. Wohl entspricht es dem Inhalt eines Verlagsvertrags überhaupt, daß beide Teile zu einem gemeinschaftlichen Zweck zusammenwirken sollen. Die regelmäßige Gestalt dieses Vertrags ist jedoch von der des Gesellschaftsvertrags wesentlich verschieden, auch wenn ihm gesellschaftsartige Einzelheiten oder Nebenabreden einverleibt sind (v. Gierke DPrR. Bd. 3 S. 750 bei Anm. 13; K. Lehmann Handelsrecht [2. Aufl.] S. 853 § 196 Nr. 4; Crome Die partiarischen Rechtsgeschäfte [1897] S. 467 bis 472). Grundsätzen der Gesellschaft unterliegt der Verlagsvertrag nur, wenn er den Verfasser am Gewinn beteiligt (RGZ. Bd. 78 S. 298 [301], Bd. 81 S. 233 [235], Bd. 87 S. 215 [219],

Bd. 126 S. 65 [67]). Das ist hier nicht der Fall; eine Gewinnbeteiligung des Klägers, d. h. einen Anteil am Reingewinn, begründet der § 5 des Verlagsvertrages nicht (Allfeld a. a. O. Anm. 4 zu § 24). Ausdehnung von Regeln des besonders gearteten Herausgebervertrags auf den Verlagsvertrag überhaupt lehnt das Berufungsgericht begründeterweise ab.

b) Allerdings könnte, wie das Berufungsurteil erwägt, eine übermäßige, den Absatz des Werkes schlechthin vernichtende oder doch gefährdende Erhöhung des Preises durch den Verleger dem Verfasser unter Umständen ein Rücktrittsrecht eröffnen. Die Voraussetzungen dafür sind jedoch — so hebt das Urteil eigens hervor — nicht überzeugend dargelegt. Die nähere Begründung, weshalb das Kammergericht die genügende Darlegung vermißt, gehört dem tatsächlichen Gebiet an und enthält keinen rechtlichen Irrtum.

c) Daß eine Kündigung aus wichtigem Grunde nicht nach Regeln des Gesellschaftsrechts (BGB. §§ 705 flg. 723) zu rechtfertigen ist, bedarf keiner besonderen Ausführung, weil, wie schon bemerkt, auf den vorliegenden Verlagsvertrag keine gesellschaftsrechtlichen Grundsätze anzuwenden sind. Eine Auflösung durch fristlose Kündigung läßt sich auch nicht aus dem allgemeinen Rechtssatz herleiten, daß Dauerschuldverhältnisse vernünftigerweise lösbar sein müssen, wenn das nötige Vertrauen geschwunden oder schwer erschüttert ist, die ersprießliche Verfolgung des Vertragszwecks deshalb ausgeschlossen erscheint und die Fortsetzung dem Teil, der die Auflösung betreibt, nicht mehr zugemutet werden kann (RGZ. Bd. 78 S. 388/9, Bd. 79 S. 160, Bd. 113 S. 77, Bd. 128 S. 16). Das Berufungsgericht stellt fest, daß es an diesen Voraussetzungen fehlt: Das Verhalten der Beklagten habe dem Kläger keinen Anlaß geboten, sich in seinem Vertrauen zu ihr getäuscht zu sehen. Die Behauptung, daß sie ihn zur Ablieferung der Handschrift für die neunte Auflage gedrängt habe, treffe nicht zu; selbst nach seiner eignen Darstellung habe sie ihm genug (nämlich beinahe zwei Jahre) Zeit gelassen.

## RGZ. 142, 145

**1. Setzt die Nachbildung eines Geschmacksmusters die Kenntnis eines Vervielfältigungsstückes des Musters und das Arbeiten nach diesem Vorbild voraus?**

**2. Wie ist der Beweis der Nachbildung eines Geschmacksmusters zu führen?**

**3. Welche Bedeutung hat gegenüber der Regel, daß das Muster zur Zeit der Anmeldung neu sein muß, die Vorschrift des § 7 Abs. 2 GeschmMustG.?**

**4. Kann Verbreitung eines dem Muster gleichen Erzeugnisses, falls Nachbildung nicht vorliegt, sittenwidrig sein?**

GeschmMustG. §§ 1, 5, 7. UnlWG. § 1.

I. Zivilsenat. Urt. v. 18. Oktober 1933.

I. Landgericht Zweibrücken. II. Oberlandesgericht daselbst.

Die Klägerin hat am 30. Juli 1928 bei dem Amtsgericht in P. ein versiegeltes Paket mit „5 Abbildungen von Schuhmustern und den dazu gehörigen Modellteilen" als Geschmacksmuster angemeldet. Im Einverständnis mit ihr ist das Paket am 27. November 1929 geöffnet worden. Die Anmeldung war zunächst auf drei Jahre erfolgt; vor Ablauf dieser Frist hat die Klägerin die Verlängerung der Frist um weitere drei Jahre erwirkt. Sie stellt seit Hinterlegung der Muster nach deren Vorbild Halbschuhe für Damen her, welche einen den ganzen oberen Rand des Schuhs umfassenden, in der Regel heruntergeklappten, aber auch hochstellbaren Kragen haben, unter dessen verbreitertem Vorderrand sich eine aus elastischem Stoff bestehende Verschlußlasche befindet, die auf der einen Seite festgenäht ist, auf der anderen Seite mit Druckknöpfen geschlossen werden kann. Eine Beschreibung ist den Mustern nicht beigegeben.

Nach Anmeldung dieser Muster hat die Beklagte ebenfalls Kragenschuhe in den Handel gebracht, die den von der Klägerin vertriebenen Kragenschuhen bis auf geringfügige Abweichungen gleichen. Darin sieht die Klägerin eine Verletzung ihrer Geschmacksmusterrechte, aber auch unlauteren Wettbewerb und unerlaubte Handlung, ferner eine Vertragsverletzung, weil sich die Beklagte ihr gegenüber zur Unterlassung verpflichtet habe. Sie hat deshalb Klage auf Unterlassung, Einziehung, Rechnungslegung und Feststellung der Schadensersatzpflicht erhoben. In erster Linie verlangt sie ein Verbot der Herstellung und des Vertriebs solcher Damenkragenschuhe, deren oberer Rand einen von vorn nach hinten geschweiften, am Schuh selbst angebrachten Kragen aufweist, der sowohl umgeschlagen wie hochgeschlagen getragen werden kann und bei dem ein elastischer Verschluß angebracht ist.

Die Beklagte hat Abweisung der Klage und widerklagend Löschung der Muster der Klägerin beantragt. Sie bestreitet, daß diese durch Niederlegung beim Amtsgericht schutzfähige Muster erworben habe. Kragenstiefel und -schuhe der streitigen Art seien schon vor der Anmeldung der Klägerin bekannt gewesen. Deren Muster zeigten keinerlei besondere Form, die als eigentümliche Schöpfung Schutz genießen könnte. Etwaige Vorteile dieser Schuhe gegenüber den bisher allgemein gebräuchlichen bezögen sich nur auf den Gebrauchszweck, nicht auf die ästhetische Wirkung.

Das Landgericht hat die Klage und die Widerklage abgewiesen. Das Oberlandesgericht hat die Berufung der Klägerin zurückgewiesen. Auch ihre Revision blieb ohne Erfolg.

Gründe:

Das Oberlandesgericht geht mit Recht davon aus, daß die Muster der Klägerin nur insoweit Schutz genießen können, als sie durch ihre

Form auf das ästhetische Gefühl, also auf den Form- und Farbensinn des Beschauers einzuwirken vermögen. Danach können die Muster (richtiger: Modelle) der Klägerin einen Geschmacksmusterschutz jedenfalls nur für die Gestaltung eines Kragens und eines Verschlusses bestimmter Form als Teil eines Damenhalbschuhs und nur soweit genießen, als die Gestaltung eine ästhetische Wirkung in der Ruhelage herbeizuführen bestimmt ist. Die von der Klägerin betonte Bedeutung der Tatsache, daß die Verschlußlasche aus elastischem Stoff bestehen soll, ist daher unbeachtlich, ganz abgesehen davon, daß eine solche Beschaffenheit der Lasche weder aus den niedergelegten Abbildungen und Modellteilen noch aus einer Beschreibung ersichtlich ist.

*Es käme daher zunächst weiter darauf an, ob die Muster im Sinne* des § 1 Abs. 2 GeschmMustG. neu und eigentümlich sind. Dabei könnten die Bedenken der Revision besonders insoweit, als sie sich gegen die Feststellung mangelnder Neuheit der Muster richten, vielleicht gerechtfertigt erscheinen. Die Zurückweisung der Revision ist aber schon deshalb gerechtfertigt, weil nach den tatsächlichen Feststellungen des Berufungsgerichts Nachbildung eines der Muster der Klägerin durch die Beklagte nicht vorliegt.

Unter Nachbildung versteht § 5 GeschmMustG. ebenso wie § 15 KunstschutzG. das Arbeiten nach einem Vorbild. Der regelmäßige Fall der Nachbildung ist also gegeben, wenn ein Vervielfältigungsstück des geschützten Musters oder des Kunstwerks dem Schöpfer der Nachbildung vorliegt und diese danach geschaffen wird, ohne daß ein Fall der sog. freien Benutzung des Vorbilds gegeben wäre. Der letztgenannte Fall kommt im gegenwärtigen Rechtsstreit unzweifelhaft nicht in Betracht; der Tatbestand zulässiger freier Benutzung (§ 4 GeschmMustG.) scheidet daher aus. Denn wenn überhaupt die Muster der Klägerin für die beanstandeten Muster der Beklagten als Vorbilder gedient haben sollten, so könnte man von letzteren nicht sagen, daß sie selbständige, auf eigenen künstlerischen Gedanken beruhende Neuschöpfungen darstellen.

Nach den Feststellungen des Oberlandesgerichts waren aber den beiden Angestellten der Beklagten, die deren Muster geschaffen haben, zu jener Zeit die Muster der Klägerin nicht bekannt. Das hat das Oberlandesgericht zwar nicht im Zusammenhang der Geschmacksmusterverletzungsfrage erörtert. Von seinem Standpunkt aus brauchte es dieses auch nicht zu tun, weil es schon die Neuheit der Muster der Klägerin verneinte. Es hat aber bei Erörterung der weiteren Frage, ob sich die Beklagte eines unlauteren Wettbewerbs schuldig gemacht habe, bestimmte Feststellungen getroffen, die auch hier verwertet werden können.

Es läßt sich nicht verkennen, daß der an sich dem Musterinhaber obliegende Beweis der Nachbildung von ihm schwer zu führen ist, wenn der wegen Verletzung in Anspruch Genommene leugnet, das Muster gekannt zu haben. Stimmt die als Nachbildung beanstandete

Gestaltung mit dem geschützten Muster soweit überein, daß es im höchsten Grade unwahrscheinlich ist, die spätere Gestaltung könne ohne Kenntnis des älteren Musters geschaffen sein, so nimmt die Rechtsprechung schon seit langem einen Prima facie-Beweis an, der durch den Augenschein bis zum Beweis des Gegenteils geführt ist; nunmehr hat der Beklagte seine Unkenntnis von dem Muster bei Schaffung seines Erzeugnisses nachzuweisen. Ein solcher Fall liegt hier vor. Genügen würde also nicht, wenn das Oberlandesgericht nur ausgesprochen hätte, die Klägerin habe den Beweis nicht geführt, daß ihre Muster den Angestellten der Beklagten bekannt gewesen seien. Es hat aber tatsächlich festgestellt, daß diese Angestellten bei Schaffung des Musters der Beklagten die Muster der Klägerin nicht gekannt haben. Damit ist der der Beklagten obliegende Gegenbeweis geführt. Allerdings könnte von einer Nachbildung auch dann die Rede sein, wenn die Schöpfer der Muster der Beklagten bei ihrer Tätigkeit die Muster der Klägerin nicht unmittelbar gekannt und als Vorbild benutzt hätten. Es wäre denkbar, daß B., der Mitinhaber der Beklagten, der die Anregung zur Schaffung eines Kragenstiefels gegeben hat, die Muster der Klägerin gekannt und seinen Angestellten derart genau beschrieben hätte, daß diese zu einem Muster gelangen mußten, das denen der Klägerin zum Verwechseln ähnlich war. In einem solchen Fall würde man noch von mittelbarer Nachbildung in rechtsähnlicher Anwendung des § 5 Nr. 3 GeschmMustG. sprechen können (vgl. Pinzger GeschmMustG. Anm. 5 f zu § 5). Indessen hat die Klägerin eine solche Behauptung gar nicht aufgestellt, und deshalb kann auch von der Beklagten nicht verlangt werden, sie zu widerlegen. Daher kann auf sich beruhen, ob nicht schon aus den Aussagen der beiden Angestellten der Beklagten ohne weiteres hervorgeht, daß ihnen eine solche Belehrung weder von B. noch von anderer Seite zuteil geworden ist. Bei dieser Sachlage besteht kein Zweifel, daß der von der Beklagten zu führende Beweis, sie habe die Muster der Klägerin nicht nachgebildet oder nachbilden lassen, als geführt angesehen werden muß. Das rechtfertigt die Verneinung einer Geschmacksmusterverletzung.

Auf die weiteren diesen Klagegrund betreffenden Rügen der Revision braucht daher nicht eingegangen zu werden. Es soll aber nicht unerwähnt bleiben, daß das Oberlandesgericht mit Recht angenommen hat, die Neuheit eines geschützten Musters müsse nicht nur zur Zeit der Schaffung, sondern auch noch zur Zeit der Anmeldung gegeben sein. An diesem Grundsatz hat die Rechtsprechung (vgl. RG. in GRUR. 1928 S. 219) in Uebereinstimmung mit dem Schrifttum (vgl. Allfeld S. 310 Anm. 3 b aa zu § 1 GeschmMustG.; Pinzger a. a. O. S. 18 und 19 Anm. 4 zu § 1 GeschmMustG.) von jeher festgehalten. Auch aus § 7 Abs. 2 GeschmMustG. kann nichts anderes hergeleitet werden. Wenn Erzeugnisse nach dem eingetragenen Muster verbreitet werden, bevor die Anmeldung erfolgt ist, so vernichtet diese Tatsache die Möglichkeit der

Entstehung eines vollkommen absoluten Rechts, auch wenn der Urheber selbst diese Verbreitungshandlungen vorgenommen hat. Die besondere Vorschrift des § 7 Abs. 2 GeschmMustG. hat mit der Regel des § 1 Abs. 2 das. im Grunde genommen nichts zu tun, will diese jedenfalls nicht einschränken. Vielmehr soll damit nur klargestellt werden, daß auch dem Inhaber eines Musters eigene Verbreitungshandlungen als neuheitsschädlich entgegengehalten werden können, sofern es sich nur um fertige Erzeugnisse handelt und diese vor der Anmeldung verbreitet worden sind. Dabei ist im wesentlichen an solche Fälle gedacht, in denen zunächst ein nach § 1 schutzfähiges Muster geschaffen wurde, dessen Schutzfähigkeit aber durch die Verbreitung fertiger Erzeugnisse durch den Schöpfer selbst in Wegfall gebracht wird. Das ist eine Regel, die im ausländischen Recht nicht allgemein gilt und daher wohl mehr zur Klarstellung etwaiger Zweifel dient, nach deutscher Rechtsauffassung aber entbehrlich wäre. Jedenfalls hindert die Regel des § 7 Abs. 2 nicht die Annahme, daß auch der Vertrieb von Musterabbildungen neuheitsschädlich sein kann (vgl. Pinzger a. a. O. S. 73 Anm. 5 zu § 7 Geschm.-MustG.).

Das Oberlandesgericht hat aber auch mit Recht die Annahme eines Tatbestandes unerlaubter Nachbildung nach § 1 UnlWG., § 826 BGB. verneint. Diese Begründung der Klage kann überhaupt nur erörtert werden, wenn aus irgendeinem Grunde eine Nachbildung im Sinne des § 5 GeschmMustG., z. B. wegen Fehlens eines schutzfähigen Musters, nicht angenommen werden kann (vgl. Pinzger a. a. O. Anm. 10 zu § 1 GeschmMustG.). Von einer sittenwidrigen Ausbeutung fremder Arbeit könnte aber überhaupt nur die Rede sein, wenn sich die Beklagte die Muster oder Erzeugnisse der Klägerin zum Vorbild genommen hätte. Dann würde freilich nicht schon die Tatsache der Nachahmung eines fremden Industrieerzeugnisses allein genügen, um den Tatbestand eines sittenwidrigen Verhaltens zu rechtfertigen. Vielmehr müßten zusätzlich besondere Umstände für die Sittenwidrigkeit der Nachbildung eines fremden ungeschützten Erzeugnisses festgestellt werden. Das Oberlandesgericht hat dargelegt, daß solche Umstände in keiner Weise dargetan oder auch nur behauptet worden sind. Diese Begründung ist rechtlich einwandfrei. Sie deckt sich mit der Rechtsprechung des erkennenden Senats (vgl. RGZ. Bd. 135 S. 385), an der festzuhalten ist.

**RGZ. 142, 341**

**1. Zur Frage der Beweislast im Streit um Neuheit und Eigentümlichkeit eines Geschmacksmusters.**

**2. Kann in der Nachbildung eines Teils des zusammengesetzten (kombinierten) Musters eines Verletzung des nur als Ganzes angemeldeten Musters gefunden werden?**

**3. Ist die Verwertung ungenehmigt hergestellter Vervielfältigungsstücke von Teilen eines zusammengesetzten Musters zur gewerblichen Herstellung von Gegenständen der Art, auf die sich das Muster bezieht, als Musterverletzung oder aus einem anderen Grunde unzulässig?**

**4. Genießen gewerbliche Erzeugnisse wegen der erstrebten Schönheitswirkung den Schutz als kunstgewerbliche Erzeugnisse auch dann, wenn sie als Kunstwerke nicht anerkannt werden können?**

**5. Zur Frage des Sittenverstoßes durch Täuschung des Publikums über die Herkunft der Ware.**

GeschmMustG. §§ 1, 5, 13, 14. KunstschutzG. §§ 1, 2, 15. UnlWG. § 1.

I. Zivilsenat. Urt. v. 2. Dezember 1933.

I. Landgericht Karlsruhe. II. Oberlandesgericht daselbst.

Die Klägerin hat am 8. Dezember 1930 zur Eintragung in das Musterregister des Amtsgerichts in Pforzheim ein Muster angemeldet. Es betrifft eine Hals- oder Armkette, bestehend aus kissenartig geformten Galalithsteinen und runden Metallringen aus unedlem Metall, die jeweils zwischen zwei Steinen angebracht sind. Die Galalithsteine sind zu diesem Zweck an beiden Schmalseiten mit halbkreisförmigen Ausschnitten versehen, in welche die Ringe als Zwischenglieder eingefügt werden. Die Verbindung zwischen Ringen und Steinen wird durch ein Metallband hergestellt, das sich in einer aus dem Stein herausgefrästen Rinne rund um den Stein legt, dabei aber die in die bogenförmigen Ausschnitte des Steins sich einschmiegenden Ringe mit umfaßt.

Zu Anfang des Jahres 1931 brachte die Beklagte Ketten der gleichen Art auf den Markt. Bei diesen Ketten ist die Form des Galalithsteins mit der nach dem Muster der Klägerin wesensgleich. Die Abweichungen bestehen nur in folgendem: Die Beklagte verwendet Ringe mit rundem Querschnitt, während dieser bei der Klägerin etwa quadratisch ist. Das flache Metallband, das die Steine umfaßt und auf beiden Seiten mit den Ringen zusammenhält, ist bei der Klägerin glatt, bei der Beklagten mehrfach gefurcht.

Die Klägerin sieht in den Ketten der Beklagten eine unbefugte Nachbildung ihres Musters und hat Klage auf Unterlassung, Rechnungslegung und Schadensersatz erhoben. Die Beklagte hat beantragt, die Klage abzuweisen, da sie das Muster der Klägerin nicht nachgebildet, vor Schaffung ihres eigenen Musters überhaupt nicht gekannt habe. Sie habe nämlich ohne solche Kenntnis eines Tages etwa 60 Stück der von der Klägerin bestellten, von ihr aber nicht abgenommenen, fertig zugerichteten Galalithsteine, herrührend von dem Fabrikanten B. in Pforzheim, dessen Reisendem abgekauft. Dieser habe nichts davon gesagt, daß die Steine für die Klägerin hergestellt und für die von dieser zum Musterschutz angemeldeten Ketten bestimmt gewesen seien. Der (im Dienst der Beklagten stehende) Goldschmied R. habe dann nach eigenen Gedanken die Kette geschaffen. Deshalb könne von einer unzulässigen Nachbildung keine Rede sein. Außerdem aber fehle der Kette der Klägerin die Neuheit und Eigentümlichkeit, da Ketten ähnlicher Art seit langer Zeit bekannt und im Handel seien.

Das Landgericht hat auf Unterlassung und Rechnungslegung erkannt, das Oberlandesgericht jedoch die Klage abgewiesen. Die Revision der Klägerin erreichte Aufhebung des Berufungsurteils, Verurteilung zur Unterlassung und im übrigen Zurückverweisung an das Berufungsgericht.

Gründe:

Das Oberlandesgericht geht mit Recht davon aus, daß die Klage, soweit sie auf Geschmacksmusterschutz gestützt ist, nur Erfolg haben kann, wenn das Muster der Klägerin ein neues und eigentümliches Vorbild für gewerbliche Erzeugnisse darstellt, das durch Form oder Farbe auf den Formen- oder Farbensinn einzuwirken geeignet ist. Diese Schutzvoraussetzungen bejaht das Oberlandesgericht mit einwandfreier Begründung. . . . Seine Feststellungen, wonach nichts vorgebracht ist, woraus sich ein Mangel der Neuheit oder der Eigentümlichkeit des Musters der Klägerin ergeben könnte, sind einwandfrei und beruhen nirgends auf Rechtsirrtum. Zutreffend ist insbesondere die Annahme des angefochtenen Urteils, daß die Beklagte in beiden Richtungen beweispflichtig ist. Dabei ist unerheblich, daß das Oberlandesgericht irrigerweise diese Verteilung der Beweislast aus § 13 GeschmMustG. herleitet, wobei es sich zu Unrecht auf die Rechtsprechung des Reichsgerichts beruft. Diese hat vielmehr aus denselben Erwägungen, die im Gebrauchsmusterrecht maßgeblich waren, daran festgehalten, daß der Gegner des Musterinhabers den Mangel der Neuheit beweisen muß, weil die gegenteilige, theoretisch vielleicht haltbare Regelung zu praktisch unerträglichen Erschwerungen des Schutzes führen müßte (RGZ. Bd. 124 S. 68; RG. in GRUR. 1927 S. 235; vgl. auch Pinzger GeschmMustG. Anm. 2 zu § 13, S. 103).

Zutreffend gibt das Oberlandesgericht der Beklagten die Beweislast auch dafür, daß sie das Muster der Klägerin nicht nachgebildet habe, nachdem durch den Augenschein die fast völlige Uebereinstimmung der beanstandeten Kette mit dem Muster der Klägerin nachgewiesen worden ist. Das entspricht der Rechtsprechung des erkennenden Senats, wie sie noch jüngst (vgl. RGZ. Bd. 142 S. 145) zum Ausdruck gelangt ist.

Indessen stützt das angefochtene Urteil die Abweisung der Klage mit Unrecht, wie der Revision zuzugeben ist, darauf, daß sich die Beklagte einer unzulässigen Nachbildung des Musters der Klägerin deshalb nicht schuldig gemacht habe, weil sie zur Zeit der Herstellung ihres eigenen Musters das Muster der Klägerin nicht gekannt, sondern nur die für diese hergestellten Galalithsteine gekauft und danach ohne Vorbild ihr eigenes Muster durch R. habe herstellen lassen. Es ist zwar zutreffend, daß von einer Nachbildung in der Regel — abgesehen von dem Fall der Herstellung nach einer den Anblick des Vorbildes vollständig ersetzenden Beschreibung — nur die Rede sein kann, wenn das geschützte Muster oder ein danach hergestelltes Erzeugnis vollständig vorgelegen und als Vorbild gedient hat (so das angeführte Urteil RGZ. Bd. 142 S. 145). Aber es ist unzutreffend, daß von einer Nachbildung niemals gesprochen werden könne, wenn nicht das ganze Muster, sondern nur ein Teil eines zusammengesetzten Musters dem Nachbildner bekannt war. Das Oberlandesgericht stützt diese Ansicht zwar auf das Gutachten des Preußischen Sachverständigenvereins; es handelt sich aber um eine Rechtsfrage, die nur das Gericht selbst, nicht eine technische oder künstlerische Sachverständigenvereinigung zu beantworten berufen ist (vgl. Pinzger a. a. O. Anm. 10 zu § 14). Wird ein Kombinationselement als Vorbild für die Herstellung eines neuen Erzeugnisses benutzt, so ist die vollständige Uebereinstimmung mit dem geschützten zusammengesetzten Muster dann als Nachbildung anzusehen, wenn sich aus der Gestaltung des Teils mit Notwendigkeit, sozusagen zwangsläufig, die Gestalt der übrigen Teile des Musters ergibt, so daß dem Schöpfer des neuen Erzeugnisses gar keine andere Wahl blieb. Für eine solche Annahme sprechen im vorliegenden Fall in gewisser Weise sämtliche Gutachten der Sachverständigen. Es bleiben aber hinsichtlich der Gestaltung der Zwischenglieder immerhin noch eine Reihe anderer Möglichkeiten, welche die Gesamtwirkung der Kette wesentlich beeinflussen können. Deshalb kommt eine nochmalige ausdrückliche Befragung von Sachverständigen nicht in Betracht. Eine vollständige Nachbildung der geschützten Kette der Klägerin liegt nicht vor, wenn sie auch nicht etwa wegen der geringfügigen tatsächlichen Abweichungen in der Gestaltung der Metallteile verneint werden könnte.

Damit ist jedoch noch nicht, wie das Oberlandesgericht annimmt, die Abweisung der Klage gerechtfertigt. Die Beklagte hat zwar durch ihren Angestellten nicht einmal die dem Muster der Klägerin entsprechenden Steine nachgebildet, sondern diese von einem Fabrikanten gekauft, der sie zunächst im Auftrag der Klägerin hergestellt hatte. Nach dem insofern beachtlichen Gutachten des Sachverständigenvereins, das den Feststellungen des Oberlandesgerichts zugrunde liegt, besteht kein Zweifel, daß die formschöpferische Bedeutung des streitigen Musters der Klägerin im wesentlichen auf der Gestaltung gerade der Steinglieder beruht. Diese stellen aber auch für sich allein neue und eigentümliche Erzeugnisse von Schönheitswirkung dar, was besonders deutlich in Erscheinung tritt, wenn man die nach dem Muster 6813 hergestellten älteren Ketten einer anderen Firma vergleicht, welche die Beklagte nach ihrer Angabe als Vorbild benutzt hat. Dann genießen die Steine als Teil des Musters der Klägerin für sich gesondert Schutz, obwohl sie nicht gesondert als Muster angemeldet sind (vgl. Pinzger a. a. O. Anm. 8 zu § 1). Diese Steine durfte der Fabrikant B. zwar im Auftrag der Klägerin herstellen; er durfte sie aber nicht anderweit vertreiben. Tat er es doch, so verletzte er das Schutzrecht der Klägerin mindestens objektiv. Das gleiche gilt aber auch für die Beklagte, welche die unbefugt vertriebenen Steine nicht benutzen und verarbeiten durfte. Die Klägerin allein hat das Recht, die nach ihrem Muster und dessen selbständig schutzfähigen Kombinationselementen hergestellten Erzeugnisse herzustellen und gewerblich zu verwerten. Geht die Herstellung und Verbreitung von anderen ohne Zustimmung der Klägerin aus, so liegt ein objektiv widerrechtlicher Eingriff in das Schutzrecht der Klägerin vor, der diese bei Wiederholungsgefahr zur Klage auf Unterlassung berechtigt, ohne daß es irgendwie auf ein Verschulden des Verletzers ankommen könnte (vgl. Pinzger a. a. O. Anm. 3 I und III zu § 14). Für die Frage der Unterlassung ist es daher unerheblich, ob die Beklagte das Muster der Klägerin kannte oder ob sie — zu Unrecht, aber gutgläubig — annahm, daß der Fabrikant B. berechtigt sei, die Steine zu vertreiben. Die Beklagte leugnet nicht, daß sie sich für berechtigt hält, die beanstandeten Ketten weiter herzustellen, weiter solche Steine zu beziehen und zu verarbeiten; Wiederholungsgefahr liegt also zweifellos vor.

Dann sind alle Voraussetzungen für den geltend gemachten Unterlassungsanspruch gegeben, soweit er sich auf die Verletzung des Schutzes bezieht, den die Klägerin an den Steingliedern ihres Musters genießt. Dem muß die Fassung des Urteils angepaßt werden. Der Abweisung eines Teils der Unterlassungsklage bedarf es aber nicht, weil die Klägerin im wesentlichen erreicht, was sie mit diesem Antrag erstrebt.

Die Klage ist in zweiter Linie auf §§ 15, 31 KunstschutzG. gestützt; doch kann das zu einer abweichenden oder weitergehenden Entscheidung hinsichtlich des Unterlassungsanspruchs nicht führen. Das Oberlandesgericht hat diese Frage dahingestellt gelassen, und auch die Sachverständigen sind danach nicht gefragt worden. Das hindert aber die Prüfung nicht, ob die Gliedsteine der Klägerin selbständig als kunstgewerbliche Erzeugnisse nach § 2 KunstschutzG. anzusprechen sind. Nur diese Frage kommt in Betracht, da eine Nachbildung des ganzen Musters nicht erfolgt ist und der Begriff der Nachbildung in § 15 KunstschutzG. auch kein anderer ist als in § 5 GeschmMustG. Für die Steine des Musters der Klägerin kann jedoch ein selbständiger Schutz mangels Kunstwerkcharakters im Sinne des § 2 KunstschutzG. nicht anerkannt werden. Wenn die Rechtsprechung auch in der Anerkennung des Schutzes nach § 2 bei der Bewertung von Erzeugnissen, die im Sprachgebrauch des täglichen Lebens als kunstgewerbliche Erzeugnisse bezeichnet werden, öfters sehr weit gegangen ist (vgl. RGZ. Bd. 124 S. 72), so muß doch daran festgehalten werden, daß nicht jedes Geschmacksmuster wegen der erstrebten Schönheitswirkung nun auch als kunstgewerbliches Erzeugnis im Sinne des § 2 KunstschutzG. angesprochen werden kann. Diese Vorschrift ist vielmehr nur im Zusammenhang mit § 1 das. richtig zu verstehen. Sie besagt, daß ein Werk der bildenden Künste nicht deshalb des Kunstschutzes entbehren soll, weil es in erster Linie zu Gebrauchszwecken geschaffen und bestimmt ist (vgl. RGZ. Bd. 135 S. 385 [387]; Pinzger a. a. O. Anm. 9 zu § 1). Es darf also nicht von dem landläufigen Begriff des Kunstgewerbe-Erzeugnisses, es muß vielmehr von dem Begriff des Kunstwerks ausgegangen werden. Dabei kommt es aber auch nicht auf den Kunstwerkcharakter der fertigen Kette, sondern auf den des einzelnen Gliedsteins als Kombinationselement an. Betrachtet man einen solchen Stein für sich allein, so ist die Frage zu verneinen, ob man hierbei nach den im Leben herrschenden Anschauungen von Kunst sprechen kann (RGZ. Bd. 76 S. 344). Dazu bedarf es nicht noch tatsächlicher Feststellungen oder der erneuten Anhörung von Sachverständigen; deshalb kann diese Frage selbständig in der Revisionsinstanz geprüft und entschieden werden.

Uebrig bleibt noch die Begründung der Klage aus § 1 UnlWG., § 826 BGB. Auch diese Vorschriften erachtet die Revision als verletzt, weil das Oberlandesgericht das Vorhandensein eines Sittenverstoßes durch Herstellung und Verbreitung der beanstandeten Kette zu Unrecht verneint habe. Die Rüge ist unbegründet. Da die Nachbildung und die Verwertung nachgebildeter Gliedsteine schon durch den Musterschutz der Klägerin gedeckt ist, kommt insoweit ein besonderer Schutz nach § 1 UnlWG. oder § 826 BGB. überhaupt nicht in Betracht. Die Revision meint aber, daß die Beklagte durch den Vertrieb der Ketten eine Täuschung des Publikums derart herbeigeführt habe, daß die Abnehmer die Ketten der Beklagten für Erzeugnisse der Klägerin hielten. Wäre das erwiesen, so läge allerdings ein Verstoß gegen § 1 UnlWG. vor, der eine Verurteilung nach dem Klagantrag rechtfertigen würde; denn daß die Parteien im Wettbewerb stehen, ist unstreitig. Aber das Oberlandesgericht hat eine solche Täuschung nicht festgestellt, ja nicht einmal für erwiesen erachtet, daß die Ketten der streitigen Art im Verkehr als aus dem Betrieb der Klägerin stammend bekannt seien. Für die Annahme eines Sittenverstoßes fehlt es daher an jeder Unterlage. Es muß deshalb bei dem Verbot der Herstellung usw. von Halsketten oder Armbändern mit Gliedsteinen der der Klägerin geschützten Art verbleiben.

Im übrigen aber muß die Sache an das Berufungsgericht zurückverwiesen werden, weil das Oberlandesgericht — von seinem Standpunkt aus mit Recht — die Frage eines Verschuldens noch nicht geprüft hat.

**RGZ. 143, 412**

**Sind Buchhaltungsformulare als Schriftwerk geschützt?**

LitUrhG. § 1 Abs. 1 Nr. 1.

I. Zivilsenat. Urt. v. 17. Februar 1934.

I. Landgericht Frankfurt a. M. II. Oberlandesgericht daselbst.

Gegenstand des Unternehmens der Klägerin ist die Einführung einer besonderen Büro-, Betriebs- und Vertriebseinrichtung, des „T.-Systems". Dieses besteht in einer Art der Buchhaltung, welche das handschriftliche Durchschreibeverfahren mit der Anwendung loser Blätter vereinigt. Jeder buchungsbedürftige Vorgang wird in Hand- oder Maschinenschrift auf einem besonderen Kontenblatt eingetragen und zugleich auf ein loses Journalblatt (mittels Pauspapiers) durchgeschrieben; dieses Journal nimmt als Grundbuch alle Geschäftsvorfälle mit Angabe der Buchungsbelege in zeitlicher Folge auf. Mit jeder Buchung auf dem Konto- und Journal-Blatt wird erforderlichenfalls eine Durchschrift auf ein drittes Blatt hergestellt (Gruppenkonto, Lohnliste, Quittung, Kontoauszug usw.), das je nach Bedürfnis des Unternehmers einem besonderen Zweck dient. Als Buchungsblätter verwendet die Klägerin Druckformulare, die je nach dem Zweck, dem sie gewidmet sein sollen, ausgestattet sind. Aeußerlich gemeinsam ist ihnen die Einteilung in Spalten und Fächer, die mit entsprechenden Stichworten versehen sind. Damit das Durchgschriebene an die richtige Stelle kommt, müssen die Formblätter, die (übereinander gelegt) gleichzeitig beschrieben werden, in Linienwerk und Stichworten ganz genau zueinander stimmen. Zum Teil tragen sie verschiedenfarbige Ränder, damit sie der Kunde, der sie verwendet, leichter unterscheiden kann. Um zu verhüten, daß sich die Formblätter verschieben, wendet die Klägerin besondere Einklemmvorrichtungen an, die ihr durch Patent geschützt sind. — Die Klägerin beliefert die für ihre Buchungsweise gewonnenen Kunden laufend mit ihren Formblättern.

Die Beklagten stellen in ihrer Druckerei ebensolche Formulare her wie die Klägerin, zum Teil auch mit den gleichen farbigen Rändern, und verkaufen sie an T.-Kunden erheblich billiger als die Klägerin.

Die Klage geht auf Unterlassung des Herstellens und Lieferns der dem T.-System eignen Formulare, Herausgabe der unbefugt hergestellten Formulare, Ersatz des durch Kundenbelieferung entstandenen Schadens, Auskunft über Kunden, Veröffentlichungsbefugnis und Zahlung eines Barbetrags auf die Kosten der Veröffentlichung. Begründet wird sie u. a. damit, daß die Klägerin für ihre Formblätter als Schriftwerke Urheberschutz genieße.

Die Beklagten erwidern auf die urheberrechtliche Klagbegründung: Die Formblätter der Klägerin seien gemeinfrei und keines Urheberschutzes teilhaftig.

Das Landgericht wies die Klage ab; das Oberlandesgericht änderte auf Berufung der Klägerin das erste Urteil zum Teil. Soweit es der Klage entsprach, stützte es seine Entscheidung auf den Rechtsgrund des unlauteren Wettbewerbs. Die Anschlußrevision der Klägerin hatte unter diesem Gesichtspunkt teilweisen Erfolg, während die Revision der Beklagten zurückgewiesen wurde. Beide Urteile verneinten jedoch die

Schriftwerkseigenschaft der Buchhaltungsformulare. Bei dieser Beurteilung blieb es aus folgenden

Gründen:

1. . . .

2. . . . Allerdings kann „Formularen“ nicht ganz allgemein die Schriftwerkseigenschaft abgesprochen werden. Denn unter jener Bezeichnung faßt man um eines bequemen Sammelnamens willen aus Gründen der Zweckmäßigkeit und Verkehrsübung sehr verschiedenartige Formblätter, Vordrucke, Muster, Urkundenentwürfe und Buchungsrahmen zusammen. Immer bleibt im einzelnen Fall zu prüfen, ob das Gebilde, um das es sich handelt, die in der Gesetzesanwendung als wesentlich anerkannten Merkmale eines Schriftwerks aufweist. Nach diesem Grundsatz ist schon seit geraumer Zeit, auch bereits unter der Herrschaft früherer Gesetze, geurteilt worden. Darum hat man z. B. Formularen zu Verträgen, Rechnungen, Quittungen, Wechseln, Wechselprotesten, Frachtbriefen, Vollmachten, Klagschriften, Geschäftsbüchern (Kontobüchern) in der Regel die Schriftwerkseigenschaft und den Urheberschutz versagt. (Folgen Zitate.) In besonderen Fällen aber sind an Formblättern oder Mustern ausnahmsweise die Merkmale von Schriftwerken gefunden worden. Es kommt stets darauf an, ob sich im Inhalt des Vordrucks oder Formblatts oder Urkunden-Musters ein ungewöhnlicher Grad geschäftlicher Erfahrung, Gewandtheit, Wirtschafts- oder Rechtskenntnis, oder in seiner Form eine eigentümliche, nicht von selbst gegebene Anordnung und Einteilung kundgibt (RGSt. Bd. 43 S. 229 [Vertragsvordruck], Bd. 46 S. 159 [Bestellungsformular], Bd. 48 S. 330 [Vertragsvordruck], RGUrt. v. 10. März 1913 3 D 1091/12 in Markensch. u. Wettb. 1912 S. 569/570).

Den im gegenwärtigen Fall streitigen Formblättern kann man jene wesentlichen Schriftwerks-Erfordernisse weder dem Inhalt noch der Gestaltung nach zuerkennen.

Die Klägerin führt aus: Das Buchhaltungsformular wende sich nur an Buchführungsfachleute. Zu ihnen rede es in Sprachzeichen, die bloß dem Kundigen völlig verständlich seien. Ihnen verrate es durch diese Zeichen auch die selbständige, eigenpersönliche Geistestätigkeit, aus der es entstanden sei. Dem Fachmann, welcher die T.-Buchhaltung kenne, rufe das Formblatt deren Lehre, durch die er Arbeit und Zeit erspare, ins Gedächtnis zurück und leite ihn so zu zweckmäßigerer Einrichtung seiner Tätigkeit an. Es übermittle also einen eigentümlichen Gedankeninhalt. Auch die Form, in welcher der geistige Gehalt offenbart und die technische Lehre vermittelt werde, sei durch die Verbindung von Anordnung (Linienwerk) und Stichworten eigenartig. — Dieser Betrachtungsweise und dem aus ihr für die streitigen Buchungsformulare gezogenen Schlusse ist nicht beizustimmen. Seit mehr als einem halben Jahrhundert unterscheiden Lehre und Rechtsprechung folgerichtig: Einerseits Gebilde, deren Zweckbestimmung lediglich in der Widmung zu geschäftlichem oder technischem Gebrauch besteht (Industrieerzeugnisse zu praktischer Verwendung); sie können Gebrauchsmuster- oder gegebenenfalls Patentschutz erlangen, aber Schriftwerke sind sie nicht. Anderseits Gebilde, bei denen Stoff und Sprachform dem Hauptzweck nach zur Uebermittlung von Gedanken dienen; sie können Schriftwerke sein. Unter die Schriftwerke gehört also z. B. eine belehrende Darstellung von Plan, Grundgedanken und Einrichtung einer Buchführungsweise, sofern sie nach Inhalt und Form auch sonst den Anforderungen an ein Schriftwerk entspricht. Das Formblatt aber, welches diese Buchhaltung nicht beschreibt, sondern nur verwirklicht, ist kein Schriftwerk (vgl. Kohler Autorrecht S. 186; ders. Urheberrecht S. 133; Daude Lehrb. d. UrhR. [1888] S. 16; Scheele Deutsches Urheberrecht [1892] S. 14; Daude 50 Gutachten S. 20). Von dem Gedankengehalt, welcher in dem Gebilde selber (hier den Buchhaltungsformblättern) durch Sprachzeichen niedergelegt und sinnlich erkennbar gemacht ist, muß stets unterschieden werden diejenige geistige Tätigkeit, die vorausgegangen ist, ohne in wahrnehmbarem Niederschlag (hier dem Buchungsformular) mitgeteilt zu werden. Entsprechende Unterschiede sind in derartigen Streitfällen stets gemacht worden. Sie haben sich z. B. als beachtlich gezeigt bei Adreßbüchern (RGZ. Bd. 116 S. 292, RGUrt. v. 27. Februar 1932 I 328/31 in GRUR. 1932 S. 742), Rechentabellen (RGZ. Bd. 121 S. 357), Rundfunk-Wochenprogrammen (RGZ. Bd. 140 S. 137). Grundsätzlich gleiche Erwägungen sind beim Gegenstand des vorliegenden Rechtsstreits nötig. Die eignen Ausführungen der Klägerin zur Anschlußrevision gehen ersichtlich davon aus, daß zum Verständnis und zur Benutzung der Buchhaltungsformulare die vorher bereits erworbene Kenntnis der T.-Buchhaltung vorauszusetzen ist. Sie behauptet nicht etwa, daß ein Buchführungskundiger, dem das T.-System noch unbekannt sei, allein schon aus den Formblättern dessen Grundsätze ersehe und es daraufhin sogleich anwenden könne. Genügten bereits die Formblätter, um den im allgemeinen sachlich Vorgebildeten die nötige Kenntnis der T.-Buchhaltung zu verschaffen, so wäre auch nicht verständlich, wozu es der in großem Umfang und mit erheblichen Kosten herausgebrachten Beschreibungen, Gutachten, Aufklärungs- und Werbeschriften über das T. System bedürfte. Diese Erwägungen bestätigen die rechtliche Beurteilung, zu der das Oberlandesgericht gelangt. Es geht davon aus, daß sich die geistige Arbeit, die einer neuartigen, zweckmäßigen, vereinfachten Buchhaltung gilt, nicht lediglich auf die (jetzt streitigen) Formblätter richtet, sondern eine Reihe von Maßnahmen umfaßt, die in den Formularen überhaupt nicht zutage treten. Das Berufungsurteil findet demgemäß zwar in dem Buchhaltungssystem schöpferische Gedanken. In bezug auf die hier allein zu beurteilenden Formblätter aber stellt es ausdrücklich fest, daß sie ohne Kenntnis jenes Systems, für sich allein betrachtet (als Linienwerk nebst Stichworten), nicht verständlich sind. Damit wird verneint, daß sie einen eigentümlichen geistigen Inhalt vermitteln; das Urteil rechnet sie deshalb ausgesprochenermaßen zu den lediglich im Rahmen des Buchhaltungssystems verwertbaren gewerblichen Erzeugnissen. Auch die eigentümliche Formgestaltung spricht es ihnen ab, weil Anordnung und Ueberschriften, als bloß technische Anweisung, dem zugrunde liegenden System gemäß durch die Gesetze der Zweckmäßigkeit geboten seien, Eigenart der Form darin jedenfalls nicht gefunden werden könne. Es ist nicht ersichtlich, daß diese Würdigung durch einen wesentlichen Irrtum tatsächlicher Art beeinflußt sei. Die Schriftwerkseigenschaft ist somit ohne Verletzung von Rechtsgrundsätzen verneint worden.

3. Daß die Buchhaltungsformulare keine „Abbildungen (wissenschaftlicher oder technischer Art . . .)" sind (LitUrhG. § 1 Abs. 1 Nr. 3) braucht nicht besonders dargelegt zu werden.

Urheberrechtlichen Schutz kann demnach die Klägerin für ihre Buchhaltungsformulare nicht beanspruchen. . . .

## RGZ. 144, 75

**Genießen Rennvoraussagen („Renntips") Schriftwerkschutz?**
LitUrhG. § 1 Abs. 1 Nr. 1, §§ 4, 41.

I. Zivilsenat. Urt. v. 3. März 1934.

I. Landgericht I Berlin. II. Kammergericht daselbst.

. . .

Gründe:

Urheberrechtlichen Schutz versagt das Kammergericht den streitigen Rennvoraussagen mit Recht.

Es handelt sich um sog. Renntips, Voraussagen, die von Paris ausgehen und zunächst in Pariser, dann in Berliner Zeitungen gedruckt werden. Für sie beansprucht die Klägerin die Eigenschaft und den Rechtsschutz von Schriftwerken. Zutreffend wendet das Berufungsgericht, da sowohl das Deutsche Reich als Frankreich dem Berner Verbande zum Schutze von Werken der Literatur und Kunst angehören, bei der Frage, welches Recht maßgebend sei, die Vorschriften der Berner Uebereinkunft vom 9. September 1886/13. November 1908 (RGBl. 1910 S. 965) an. Danach (Art. 4) genießt der einem Verbandsland angehörende Urheber in den andern Verbandsländern (mit Ausnahme des Ursprungslandes) diejenigen Rechte, welche die einschlägigen Gesetze den inländischen Urhebern einräumen (Abs. 1). Der Umfang des Schutzes und die dem Urheber zur Wahrung seiner Befugnisse zustehenden Rechtsbehelfe bestimmen sich ausschließlich nach den Gesetzen des Landes, in welchem der Schutz beansprucht wird (Abs. 2 Satz 2). Ob und inwieweit die Klägerin für die Rennvoraussagen Schutz beanspruchen kann, ist also nach deutschem Recht zu entscheiden.

Das Berufungsurteil versagt mit rechtlich fehlerfreier Begründung den Rennvoraussagen die Eigenschaft von Schriftwerken (§ 1 LitUrhG.). Zutreffend betont es ferner: Wenn diese Eigenschaft fehle, so könne auch der in den französischen Rennzeitungen beigefügte Vermerk „Nachdruck verboten" keinen Urheberschutz begründen; denn er setze ja gerade, um wirksam zu sein, die Merkmale eines Schriftwerks voraus. Im einzelnen erwägt es:

Die Aufstellung einer Rennvoraussage setze allerdings eine geistige Tätigkeit voraus. Denn nur genaue Kenntnis der Pferde, ihrer Leistungen, ihrer Vergangenheit und gegenwärtigen Verfassung, ihrer Reiter, der besonderen Umstände des Rennens usw. ermögliche dem Fachschriftleiter überhaupt, eine ernsthaft begründete Voraussage zu machen; diese sei das Ergebnis der Abwägung aller derartigen Einzelheiten, also einer auf genaue Tatsachenkenntnis gestützten Ueberlegung. Alle diese Vorarbeiten lägen jedoch nicht sowohl auf dem Gebiete des Schriftwerkes, d. h. des sprachlichen Gedankenausdrucks, als auf dem eines andersartigen, geordneten, zweckbeherrschten Handelns. Möchten sie auch in schriftlicher Form ihren Niederschlag finden, so geschehe dies doch nur um der gedächtnismäßigen Festhaltung willen. Die geleistete Arbeit selbst werde durch solche auf sie bezügliche Aufzeichnungen nicht zur schriftstellerischen. Das Berufungsurteil verweist auf die Gründe, aus denen bei Rundfunk-Wochenprogrammen verneint worden ist, daß sie Schriftwerke seien (RGZ. Bd. 140 S. 137).

Es betont weiterhin den Unterschied zwischen den genaueren Vorberichten zu einem Rennen und den bloßen Voraussagen der vermutlichen Ergebnisse. Die Rennvoraussage selbst sei lediglich eine Aufzählung von Pferdenamen zu den nur nach Ort und Tag bezeichneten Rennen, eine rein mechanische Wiedergabe des Ergebnisses der geistigen Arbeit ohne jede eigenpersönliche Formprägung. Ihre Aufstellung erfordere nach Abschluß der Vorarbeiten keine besondere Geistestätigkeit. Die nackte Aufzählung von Pferdernamen ohne jeden erläuternden oder begründenden Zusatz zeige keinerlei schöpferische Eigenart. Sie sei nur ein mechanischer Vorgang, der seinen Sinn bloß durch Umstände außerhalb der Niederschrift erhalte. Vergleichend erinnert das Berufungsgericht an die Wettervoraussage und bemerkt: Jeder Zeitungsleser wisse, daß diese auf Grund oftmals nicht einfacher meteorologischer Beobachtungen aufgestellt werde und daher das Ergebnis einer wissenschaftlichen Arbeit sei. Diese Vorarbeiten aber kämen weder in der Form noch im Inhalt der Wettervoraussage zum Ausdruck. Anders nur, wenn die Voraussage in Verbindung mit einer Uebersicht der Wetterlage und mit einer Wetterkarte veröffentlicht werde. Dann könne man, angesichts der drei Bestandteile einer Einheit, als deren begründetes Ergebnis sich die Voraussage darstelle, von einem Schriftwerk sprechen, dem urheberrechtlicher Schutz gebühre. Das Schriftwerk umfasse dann eben außer der Voraussage auch die Ueberlegungen, auf denen sie beruhe. Ganz entsprechendes müsse für die Rennvoraussagen gelten. Diese Beurteilung stimmt mit der schon bisher in Rechtsprechung und Schrifttum vertretenen überein (vgl. Allfeld LitUrhG. 2. Aufl. S. 36 Anm. 10 zu § 1; Marwitz-Möhring LitUrhG. S. 18; Kohler UrhR. 1907, S. 156 und die Belege dort).

Das Berufungsgericht prüft noch, ob vielleicht die Rennvoraussage als schlagwortartige Zusammenfassung schutzwürdig sei. Mit Recht entscheidet es: Nur dann komme der Voraussage die Eigenschaft und der Schutz eines Schriftwerks zu, wenn sie im Zusammenhang mit einem Artikel erscheine, worin die einzelnen Pferde besprochen würden; in solchen Fällen sei sie Teil eines Schriftwerks, bei dem sich die eigenpersönliche Tätigkeit aus der Sammlung, Einteilung und Anordnung des Stoffes ergebe. In den Zeitungen der französischen Vertragspartner der Klägerin erscheine die telegrammartig kurz gefaßte Voraussage stets gesondert für sich. Zwar werde in derselben Nummer auch die ausführliche Vorschau und damit die Begründung der Voraussage gebracht; aber die Anordnung beider lasse den räumlichen Zusammenhang vermissen. — Damit gelangt das Berufungsurteil ohne Irrtum in Tatsachen, Schlußfolgerungen und Rechtsregeln zu dem Ergebnis: Die Rennvoraussage wird nicht als Teil eines Schriftwerks (nämlich der Vorschau mit näherer Begründung der Aussichten), sondern getrennt davon geboten; für sich allein aber bildet sie keine Gedankenäußerung, die, etwa schlagwortartig, nach Gehalt und Form zu den Schriftwerken gehörte.

Schließlich verneint das Berufungsgericht auch die in Parteiausführungen erörterte Frage, ob etwa die Zeitung dergestalt als Ganzes ein Schriftwerk ausmache, daß die Rennvoraussage ihm als Teil angehöre. Zutreffend bemerkt es: Die Summe der Beiträge einer Zeitung ist nicht der sprachliche Ausdruck eines schöpferischen Gedankens des Herausgebers; dies kann nur der einzelne, in sich geschlossene und in sich verständliche Artikel sein, nicht aber eine Fülle verschiedenartigster Abhandlungen und Mitteilungen, von denen die Mehrzahl nicht die Merkmale des Schriftwerks aufweist. Daher erstreckt sich der urheberrechtliche Schutz nur auf die einzelnen Beiträge, soweit sie „Schriftwerke" (im Sinne des § 1 LitUrhG.) darstellen. Zwar wird bei „Sammelwerken" (aus getrennten Beiträgen mehrerer), zu denen Zeitschriften und Zeitungen gehören, für das Werk als Ganzes der Herausgeber als Urheber (wenn dieser nicht genannt ist) angesehen (§ 4 LitUrhG.). Und Urheberrechtsverletzung liegt grundsätzlich auch dann vor, wenn nur ein Teil des Werkes — sei es Einzel- oder Sammelwerkes — entnommen wird (§ 41 LitUrhG.). Dies darf aber nicht so verstanden werden, als sei die Entlehnung (Vervielfältigung, Verbreitung usw.) schon des kleinsten Teiles unerlaubt. Erforderlich ist vielmehr, daß ein nach Umfang und inhaltlicher Bedeutung des Entnommenen erheblicher Teil (gemessen am ganzen Schriftwerk) übernommen worden ist (RGZ. Bd. 128 S. 289 und dort angeführte ältere Belege). Auch kommt es immer darauf an, ob das entlehnte Stück sich als Ergebnis des geistigen Schaffens des Urhebers darstellt (RGSt. Bd. 39 S. 153). Findet nun das Berufungsgericht mit fehlerfreier Begründung, daß die streitigen Rennvoraussagen, für sich allein betrachtet, weder dem Gedankeninhalt noch der Form nach die Erfordernisse von Schriftwerken aufweisen, so kann ihre Entnahme aus der Zeitung als Ganzem (Sammelwerk) ebenfalls kein unzulässiger Eingriff in Urheberrechte sein. . . .

RGZ. 144, 106

**1. Wieweit reicht der durch Eingriff in fremdes Urheberrecht erlangte Besitzstand im Verkehr? Ist hierbei der Gesichtspunkt der Verwirkung zu berücksichtigen?**

**2.—5. . . .**

LitUrhG. §§ 11, 19 Nr. 2, § 36. BGB. §§ 242, 276.

I. Zivilsenat. Urt. v. 10. März 1934.

I. Landgericht Leipzig. II. Oberlandesgericht Dresden

. . .

Aus den Gründen:

. . . II. 1 b) . . . Festzuhalten ist allerdings an der in Rechtsüberzeugung und Erwägungen wirtschaftlicher Zweckmäßigkeit begründeten Auffassung, daß ein lange Zeit hindurch mit Mühe und Kosten erworbener Verkehrs-Besitzstand, der in fremde Befugnisse eingreift, vom Verletzten nicht mehr beseitigt werden darf, nachdem er ihn erst durch sein abwartendes Dulden hat entstehen lassen, ohne durch gerechtfertigte Gründe zu solcher Untätigkeit veranlaßt zu sein (RGZ. Bd. 127 S. 323, Bd. 129 S. 258, Bd. 134 S. 41, Bd. 138 S. 294, Bd. 139 S. 340 u. S. 374). Wie weit aber der auf solche Weise erlangte Besitzstand reicht, bestimmt sich nach den besonderen Maßnahmen, die ihn geschaffen haben. Im vorliegenden Fall könnte — sofern die bestrittenen Voraussetzungen gegeben wären — der Zustand, daß gewisse urheberrechtlich geschützte Werke durch Aufnahme in das „Kleine Wilhelm Busch-Album" verbreitet worden sind, sich nur auf diese seit Jahren zur Verkehrsgeltung gelangte Sammlung beschränken. Ungerechtfertigt aber wäre die Erstreckung darauf, daß den Beklagten infolgedessen freistehe, die in jenes „Album" aufgenommenen Werke nun auch einer anderen Sammlung ähnlichen Inhalts, Umfangs und Preises einzuverleiben. Die Aufnahme in das „Wilhelm Busch-Buch" fällt also nicht, wie die Beklagten wollen, in den Ausbau eines durch Duldung der Klägerin zur Verkehrsgeltung gelangten Besitzstandes, sondern liegt außerhalb seiner Grenzen; sie wird durch eine zugunsten des „Albums“ etwa eingetretene Verwirkung nicht gedeckt. . . .

## RGZ. 145, 172

**Können dingliche Rechte am Filmnegativ bestellt werden und mit welcher Wirkung für das Urheberrecht?**

KunstschutzG. § 15 a. BGB. § 1207.

VII. Zivilsenat. Urt. v. 28. September 1934.

*I. Landgericht Berlin. II. Kammergericht daselbst.*

Die T.-Film GmbH., der das Urheberrecht bezüglich des Films „Stürmisch die Nacht“ zustand, erhielt vom Kläger zur Tilgung ihrer Restschuld an die Wiener Herstellerfirmen S. GmbH. und Kopieranstalt B. ein Darlehn von 15 000 RM. und übereignete zur Sicherheit dafür dem Kläger laut Vertrag vom 5. September 1930 das Negativ des Films sowie die Aufführungsrechte mit gewissen örtlichen Ausnahmen. Danach übertrug sie im Oktober 1930 der Beklagten die Anfertigung von zehn Kopien des Films auf Grund der Allgemeinen Lieferungsbedingungen der Beklagten, nach denen ihr „alle Urheber-, Verwertungs-, Vervielfältigungs- und Vertriebsrechte bezüglich der ihr im unentwickelten oder entwickelten Zustand übergebenen Gegenstände gleichzeitig mit der Uebergabe bzw. Bestellung wegen aller ihr gegen den Besteller zustehenden Forderungen verpfändet“ sein sollten. Da die hiernach hergestellten Kopien unverwertbar waren, sandte die Beklagte zufolge einer mit der S. GmbH. getroffenen Vereinbarung das Negativ an diese zur Nachbesserung zurück, wobei die Firma S. den Empfang als auf den Namen der Beklagten gemacht bestätigte und die Rückgabe nur an die Beklagte oder die von ihr zu benennende Person zu bewirken versprach. Das abgeänderte Negativ wurde auch der Beklagten nochmals zurückgesandt. Die Kosten der erwähnten mißlungenen zehn ersten Kopien von rund 20 000 RM. sind bisher nicht bezahlt. Die Beklagte machte deswegen ihr Pfandrecht geltend, dessen Anerkennung der Kläger jedoch ablehnte. Im Interesse der Verwertung des Films vereinbarten nun die Parteien, die T.-Film GmbH. und eine Pfändungspfandgläubigerin dieser Firma, daß die Beklagte fünf Kopien der neuen Fassung herstellen, die Ansprüche auf Filmmieten treuhänderisch abgetreten erhalten und die daraus einzunehmenden Beträge nach Vorabzug ihrer Forderung für die neuen Kopien auf einem Treuhandkonto bis zur Feststellung der von den Beteiligten geltend gemachten Rechtsansprüche in Verwahrung behalten sollte. Auf dem so begründeten Konto befinden sich nach Tilgung der Kosten für die neuen Kopien 7194,42 RM., um die der gegenwärtige Rechtsstreit geht.

Der Kläger nimmt den erwähnten Betrag für sich in Anspruch und begehrt Feststellung, daß die Beklagte nicht berechtigt sei, wegen ihrer Kostenansprüche für die ersten Kopien die Auszahlung des Betrages an ihn zu verweigern, sondern verpflichtet sei, ihm diesen nach Beibringung der Zustimmung der Pfändungsgläubigerin auszuzahlen.

Gemäß dem Antrag der Beklagten haben beide Vorinstanzen die Klage abgewiesen. Die Revision des Klägers führte zur Aufhebung des Berufungsurteils und zur Zurückverweisung.

Gründe:

Das Berufungsgericht weist die Ansprüche des Klägers auf den Bestand des Treuhandkontos zurück, weil die Beklagte zufolge ihrer Geschäftsbedingungen ein den Rechten des Klägers vorgehendes Pfandrecht an dem Filmnegativ gemäß § 1207 BGB. kraft guten Glaubens erlangt habe. Mit Recht wendet sich die Revision gegen diese Erwägungen als rechtlich verfehlt. Der umstrittene Betrag des Treuhandkontos rührt aus Erträgnissen her, die der fragliche Film durch Vermietung zu Aufführungszwecken erbracht hat, also aus Verwertung des Aufführungsrechts. Daraus folgt, daß der Streit der Parteien um das Recht, diese Mieten in Anspruch zu nehmen, durch die Entscheidung der Frage bedingt ist, welche von beiden Parteien zur Aufführung berechtigt oder vorberechtigt war, ob der Kläger kraft des Vertrags vom 5. September 1930 oder die Beklagte zufolge ihrer dem Kopierauftrag zugrunde gelegten Allgemeinen Geschäftsbedingungen. Das Negativ des Films hat, wie die Revision zutreffend ausführt, mit dieser Frage nichts zu tun. Ist es auch die technische Grundlage des Films, die Verkörperung des nach § 15a KunstSchutzG. unter Urheberschutz stehenden Werks und somit die wesentliche Voraussetzung seiner Verwertbarkeit, so ist doch weder das Recht am Negativ Ausfluß des Urheberrechts und sonach — etwa im Sinn von § 952 BGB. — von diesem abhängig noch ist das Negativ Träger des Urheberrechts in dem Sinn, daß dieses ohne weiteres an ihm hafte. Vielmehr stellt es eine selbständiger Rechtsbeziehungen fähige Sache dar, deren Besitz an sich nur die Möglichkeit zur Herstellung von Abzügen gewährleistet (vgl. RGZ. Bd. 106 S. 362, Bd. 118 S. 292; RGUrt. vom 23. Januar 1924 I 180/23; E c k s t e i n Film- und Kinorecht S. 3, S. 319 bis 325; abw. G o l d b a u m Urheberrecht S. 94, 134). Hiernach ist zwar der Vorinstanz beizupflichten, wenn sie die Begründung eines Pfandrechts der Beklagten am Negativ für rechtlich möglich ansieht; aus einem solchen Pfandrecht allein würde aber die Bezugsberechtigung der Beklagten auf die Erträgnisse des sog. Filmverleihs nicht herzuleiten sein, sondern es würde dazu des Ueberganges der das Vorführungsrecht einschließenden urheberrechtlichen Befugnisse auf die Beklagte mit einer die Rechte des Klägers ausschließenden Wirkung bedürfen. Es kommt also für die Entscheidung nicht darauf an, ob überhaupt ein Recht am Negativ als von der T.-Film GmbH. der Beklagten nach deren Geschäftsbedingungen eingeräumt anzusehen ist und ob die Beklagte in Ansehung dieses Rechtserwerbs in gutem Glauben war, sondern allein darauf, ob sie gegenüber der dem Kläger im Vertrag vom 5. September 1930 eingeräumten Berechtigung ein diese ausschließendes Recht zur Vorführung des Films für sich in Anspruch nehmen kann. Von diesem Gesichtspunkt aus wird sonach die Sachlage neu zu würdigen sein. Dabei wird die Tatsache der späteren Nachbesserung des Films von den Parteien übereinstimmend als unerheblich betrachtet. Hinsichtlich der Berechtigung des Klägers besagt das Abkommen vom 5. September 1930, daß ihm von der T.-Film GmbH. neben den Ansprüchen aus bestimmten Filmverleihverträgen das Negativ und alle Aufführungsrechte mit Ausnahme bestimmter Gebiete übertragen worden sind. Stand in Ansehung dieser Aufführungsrechte fortan das Verfügungsrecht dem Kläger zu, so fehlte der T.-Film GmbH. im Oktober 1930 die Befugnis, von sich aus mit der Beklagten bei Erteilung des ersten Kopieauftrags auf Grund ihrer Geschäftsbedingungen eine Vereinbarung zu treffen, wonach alle Urheber- und Verwertungsrechte bezüglich des Films der Beklagten wegen ihrer Werklohnforderung an die Bestellerin verpfändet sein sollten. Ein Rechtserwerb kraft guten Glaubens kam dann für die Beklagte, da sich die Verpfändung auf Rechte bezog, für den Rechtsbereich des Klägers nicht in Frage. Die Rechtsbeständigkeit des Vertrags vom 5. September 1930 ist jedoch streitig, so daß diese in erster Reihe geprüft werden muß. Ferner steht zur Zeit noch dahin, ob die auf das Treuhandkonto eingezahlten Erträge aus Aufführungen stammen, die in den Rechtsbereich des Klägers fielen. Auch dies wird zu erörtern sein, bevor die Frage, wer von den Parteien zur Erhebung des Treuhandkontos berechtigt ist, entschieden werden kann.

## RGZ. 151, 50

**Zum Aenderungsrecht des Urheberrechtserwerbers und Verlegers bei Uebersetzungen.**

LitUrhG. § 9. VerlG. § 13.

I. Zivilsenat. Urt. v. 28. März 1936.

I. Landgericht München I. II. Oberlandesgericht München.

Der K. W. Verlag hatte von dem amerikanischen Schriftsteller S. L. das Recht zur Uebersetzung und Veröffentlichung seiner Romane „Babbit“ und „Dr. Arrowsmith“ erworben. Der Verlag betraute die Beklagte mit der Uebersetzung der Werke. Die Beklagte lieferte die „Babbit“-Uebersetzung ab und schloß mit dem Verlag den Vertrag vom 17. Oktober 1924. Der § 1 lautet:

Frau D. B. hat im Auftrag und auf Bestellung der Firma K. W. Verlag A.-G. den Roman Babbit von S. L. übertragen und übergibt demgemäß hiermit das freie ausschließliche Urheberrecht an dieser Arbeit der Firma K. W. Verlag A.-G. für alle Ausgaben und Auflagen.

In § 3 ist eine einmalige mit dem Abschluß des Vertrages fällige Pauschalvergütung von 1000 RM. festgesetzt. Nach § 5 ist der Verlag berechtigt, die vertraglichen Rechte unbeschränkt auf einen Dritten zu übertragen. Er hat sie an die Klägerin abgetreten.

Die Uebersetzung ist demnächst im K. W.-Verlag erschienen mit dem Vermerk im Vordruck: „Einzig berechtigte Uebersetzung von D. B.". Denselben Vermerk trägt die im Jahre 1930 von der Klägerin veranstaltete weitere Auflage der „Babbit"-Uebersetzung, die als verbilligte Volksausgabe erschienen ist. Diese Uebersetzung weist gegenüber der zuerst erschienenen zahlreiche (3171) Aenderungen auf, die nicht die Beklagte vorgenommen hat.

Die Klägerin hat zunächst auf Feststellung geklagt, daß die Beklagte nicht berechtigt sei, eine anderweitige Uebersetzung der Werke „Babbit" und „Dr. Arrowsmith" durch eine andere Person als sie selbst zu verbieten. Die Beklagte hat widerklagend Verurteilung der Klägerin u. a. dahin begehrt, die Vervielfältigung, Verbreitung und Ankündigung der in ihrem Verlag erscheinenden, von der Beklagten herrührenden Uebersetzung des Werkes „Babbit" in geänderter, von der ursprünglichen Uebersetzung der Beklagten abweichender Form mit Ausnahme bestimmter, von der Beklagten genehmigter Aenderungen zu unterlassen . . . und Schadensersatz zu leisten. Das Landgericht hat der Klage stattgegeben und die Widerklage abgewiesen. Im Verfahren über die Berufung der Beklagten hat die Klägerin den Klagantrag dahin geändert, festzustellen, daß die Beklagte nicht berechtigt sei, der Klägerin die Veröffentlichung und den Vertrieb einer Uebersetzung der Werke „Babbit" und „Dr. Arrowsmith" zu verbieten, die von einer anderen Person herstamme als der Beklagten. Das Berufungsgericht hat dem Klagantrag in der neuen Fassung entsprochen, auf die Widerklage dem Unterlassungsanspruch stattgegeben und der Beklagten einen Betrag von 1000 RM. als Schadensersatz zuerkannt. Die Revision der Klägerin ist zurückgewiesen worden.

Gründe:

I. Der Vertrag vom 17. Oktober 1924, der die „Babbit"-Uebersetzung betrifft, hat nach der Auslegung des Berufungsgerichts zugleich einen urheber- und verlagsrechtlichen Inhalt. Das Berufungsgericht schließt aus den Umständen, daß sich durch ihn die Rechtsvorgängerin der Klägerin, der K. W.-Verlag, verpflichtet habe, die von der Beklagten gelieferte Uebersetzung zu vervielfältigen und zu verbreiten, daß die Beklagte anderseits nicht die Vervielfältigung und Verbreitung einer neuen, von einer anderen Person hergestellten Uebersetzung verbieten könne. Die Auffassung, daß das Urheberrecht unmittelbar in der Rechtsperson der K. W. Verlag A.-G. entstanden sei, wird vom Berufungsgericht ohne Rechtsirrtum abgelehnt.

Die Parteien sind darüber einig, daß die geänderte Uebersetzung, gegen deren Benutzung durch den Verleger sich die Widerklage richtet, trotz der umfangreichen, von der Klägerin veranlaßten Aenderungen keine neue Uebersetzung, sondern im ganzen noch als Werk der Beklagten zu betrachten ist. Sie streiten also nicht etwa nur darüber, ob die Klägerin die geänderte Uebersetzung noch als eine von der Beklagten herstammende bezeichnen und erscheinen lassen dürfe, sondern ob sie überhaupt das Recht zu ihrer Vervielfältigung und Verbreitung habe.

II. Für die Entscheidung über die Widerklage, mit deren Nachprüfung das Revisionsgericht nur befaßt ist, hat die Annahme, daß der Vertrag vom 17. Oktober 1924 auch einen verlagsrechtlichen Inhalt habe, keine unmittelbare Bedeutung, weil nach § 13 VerlG. auch für den Verleger ein Aenderungsverbot besteht, das sachlich mit dem in § 9 LitUrhG. für den Urheberrechtserwerber aufgestellten übereinstimmt.

Das Berufungsgericht geht davon aus, daß der Uebersetzer den gleichen urheberrechtlichen Schutz genießen könne wie der Urheber eines anderen Schriftwerks, also auch den Schutz gegen Aenderungen durch den Urheberrechtserwerber und den Verleger. Die Revision vertritt dagegen die Anschauung, die Uebersetzung sei in der Frage der Aenderungsbefugnis grundsätzlich anders zu beurteilen als ein Werk der freien Schöpfung. Zur Begründung führt sie aus, der Uebersetzer habe besondere Pflichten, sein Recht an der Veröffentlichung habe eine andere Eigenart; eine sachliche, zumal eine belegbare Nachprüfung der Uebersetzung sei möglich, eine Ausmerzung des Fehlerhaften gefordert und durch den Anspruch des Verlegers auf größtmögliche Vollkommenheit gerechtfertigt.

Die Revision beachtet nicht ausreichend, daß das Aenderungsrecht als das Recht des Urhebers, über die äußere und innere Form seines Werkes zu bestimmen, Ausfluß des Urheberpersönlichkeitsrechtes (im Gegensatz zum „Immaterialgüterrecht"), also seinem Wesen nach von der Art des Werkes unabhängig ist. Einzige Voraussetzung für seine Entstehung ist, daß es ein Werk im Sinne des § 1 LitUrhG. ist. Daß die Uebersetzung an sich ein solches sein k a n n, ergibt § 2 Abs. 1 des Gesetzes. Sie hat aber auch fast ausnahmslos das Merkmal eines geschützten Schriftwerks: einen persönlichen Gedankeninhalt. Bei aller Gebundenheit an das ursprüngliche Werk bleibt für den Uebersetzer ein weites Feld zu eigener Geistesarbeit. Sie zeigt sich schon bei der Wahl des Ausdrucks, kann sich aber darüber hinaus zu anpassender Aenderung der inneren Form erheben. Der gerichtliche Sachverständige sagt zutreffend, daß unter der Treue einer Uebersetzung nicht schablonenhaftes Uebersetzen Wort für Wort zu verstehen sei, sondern jene höhere künstlerische Treue, die darauf abziele, im Leser der Uebersetzung die gleiche seelische oder künstlerische Wirkung zu erzielen, wie sie das Werk selbst vermittle.

Vor diese Aufgabe sieht sich in besonderem Maße der Uebersetzer eines Werkes der freien Schöpfung, wie es der „Babbit"-Roman ist, gestellt. Die Uebersetzung der Beklagten erfüllt unbestritten das Erfordernis einer eigenen Geistesschöpfung. Ob die Uebersetzung mehr oder weniger gelungen ist, ob sie Fehler enthält oder die sonstigen Mängel hat, die ihr die Revision nachsagt, ist für die Entstehung des Urheberrechts belanglos. Auch am mangelhaften Schriftwerk besteht das Urheberrecht mit seiner das Aenderungsverbot für Dritte einschließenden personenrechtlichen Wirkung. Die Beteiligten stehen also nicht etwa deswegen, weil ihnen an einer möglichst vollkommenen Uebersetzung liegen muß, außerhalb des Aenderungsverbots.

III. Dieses Verbot ist abdingbar. Der Urheber kann im voraus das Aenderungsrecht übertragen oder von Dritten vorgenommenen Aenderungen zustimmen. Beides ist aber hier nach Ansicht des Berufungsgerichts nicht geschehen. Die Feststellung des Berufungsgerichts, die Beklagte habe den Aenderungen nicht zugestimmt, gibt (wie ausgeführt wird) zu rechtlichen Bedenken keinen Anlaß.

Gleichfalls ohne Erfolg bekämpft die Revision die weitere Feststellung, daß sich die Beklagte des Aenderungsrechts auch nicht vertraglich begeben habe. Im Einklang mit den obigen Ausführungen über das Urheberpersönlichkeitsrecht steht die Ansicht des Berufungsgerichts, daß im Falle der Urheberrechtsübertragung gegen die Mitübertragung des Aenderungsrechtes eine Vermutung spreche, die nur durch besondere Umstände widerlegt werden könne. Das Berufungsgericht findet solche Umstände weder in dem Wortlaut des Vertrages vom 17. Oktober 1924 noch in anderen Tatsachen. Was die Revision dagegen vorbringt, führt im Grunde immer wieder auf die oben abgelehnte Auffassung zurück, daß sich der Uebersetzer wegen der Eigenart seiner Aufgabe und der Belange der Beteiligten eine grundsätzliche Einschränkung seines Rechts auf unveränderte Veröffentlichung und Verbreitung seines Geisteserzeugnisses gefallen lassen müsse.

Die Revision hält dem Auslegungsergebnis des Berufungsgerichts entgegen, es sei nicht denkbar, daß die Rechtsvorgängerin der Klägerin mit der Beklagten einen Vertrag geschlossen habe, durch den sie sich der Vorteile des Uebersetzungsrechts und des Urheberrechts beraubt und der Verpflichtung unterzogen habe, nur in der von der Beklagten gefundenen Form oder in einer von deren Willen abhängigen Veränderung ein nicht genügend gelungenes Werk herauszugeben.

Diese Betrachtungsweise ist für die Auslegung schon deswegen abzulehnen, weil sie die einseitigen Belange einer Partei (der Rechtsvorgängerin der Klägerin) in den Vordergrund rückt. Mögen diese auch für die Beklagte erkennbar gewesen sein, so kann daraus noch nicht geschlossen werden, die Beklagte habe einen wesentlichen Teil ihres Urheberpersönlichkeitsrechtes zugunsten des Vertragsgegners aufopfern wollen. Sie ist fraglos überzeugt gewesen, daß ihr Werk fehlerfrei und druckreif sei. Diese Ueberzeugung war auch nicht ganz grundlos, wie der von der Klägerin zugegebene große Absatz beweist.

Zudem wendet sich die Revision gegen eine Auslegung, die das Berufungsgericht in solcher Tragweite nicht vertritt. Von einer Preisgabe des Uebersetzungsrechts kann nicht die Rede sein, weil das Berufungsgericht der Klägerin das Recht zur Veröffentlichung und Verbreitung einer neuen Uebersetzung zuerkennt. Auch aus diesem Grunde kann nicht anerkannt werden, daß hier das Aenderungsverbot den vom Verleger zu wahrenden Belangen des fremdsprachlichen Verfassers weichen müsse, dem, wie vielleicht auch der Oeffentlichkeit, an einer möglichst vollkommenen Uebersetzung gelegen sein mag.

Die Revision glaubt ihre Auffassung, daß das Aenderungsrecht auf die Klägerin übergegangen sei, noch mit folgenden Erwägungen stützen zu können: Das Persönlichkeitsrecht des Urhebers könne der Ausübung nach übertragen werden. Das Bedürfnis dafür liege vor, wenn es sich um eine Bearbeitung handle und der Urheber an ihr verhindert sei. Der Behinderung sei die Weigerung gleichzustellen. Indessen ist der letzte Satz auf jeden Fall unrichtig, denn er liefe im tatsächlichen Ergebnis auf eine Beseitigung des Aenderungsverbots hinaus.

Die Revision meint weiter: Die Klägerin allein sei berechtigt, die Verwertung der Uebersetzung der Beklagten durch einen Dritten zu verfolgen; sie könne deshalb die Verwertung auch dulden und sie schließlich selbst veranlassen. Ohne daß untersucht zu werden brauchte, ob nicht dem Urheber die Befugnis zusteht, neben dem Verleger gegen solche Handlungen Dritter vorzugehen, die sich gleichzeitig als Eingriffe in das ihm verbliebene Urheberpersönlichkeitsrecht darstellen, ist jedenfalls der Schluß, es folge aus dem Recht zur Duldung eines Eingriffs auch das Recht zu eigner Vornahme, als Trugschluß abzulehnen.

Die durch die Revision angeregte Frage, ob die angegriffene Uebersetzung eine Bearbeitung darstellt, ist vom Berufungsgericht nicht ausdrücklich erörtert worden. Die Annahme einer Bearbeitung würde aber das rechtliche Ergebnis nicht beeinflussen. Die Bearbeitung ist eine Aenderung. Das Recht zur Bearbeitung geht mit einer Urheberrechtsübertragung ebensowenig ohne weiteres auf den Erwerber über wie das Recht zu Aenderungen im allgemeinen. Somit ist auch die Ansicht der Revision abzulehnen, die Beklagte habe lediglich verlangen können, daß die geänderte Uebersetzung als eine Bearbeitung ihrer Uebersetzung bezeichnet oder daß ihr Name ganz fortgelassen werde.

IV. Rechtlich unangreifbar sind ferner die Urteilsausführungen, die das in § 9 Abs. 2 LitUrhG. und § 13 Abs. 2 VerlG. dem Urheberrechtserwerber und dem Verleger eingeräumte Aenderungsrecht allgemein und für den vorliegenden Fall abgrenzen.

Das Berufungsgericht folgt der zu billigenden Rechtsmeinung, daß die genannten Bestimmungen Ausnahmevorschriften und daher eng auszulegen seien. Zutreffend beschränkt es das Aenderungsrecht auf unwesentliche, für die Eigenart des Werks bedeutungslose Eingriffe, wie namentlich die Beseitigung unzweifelhafter Schreibfehler und ähnlicher Versehen. Mit Recht weist es die Ansicht zurück, daß sich eine Aenderung schon dann rechtfertige, wenn sie eine Verbesserung sei. Vom Boden der mehrfach hervorgehobenen Rechtsauffassung aus lehnt das Berufungsgericht es ab, die Uebersetzung grundsätzlich anders zu behandeln. Wenn es im scheinbaren Widerspruch hierzu sagt, bei Uebersetzungen sei der Rahmen für Aenderungen etwas weiter zu stecken, so meint es damit, wie die weiteren Ausführungen klarstellen, nicht mehr, als daß sich aus der Uebersetzungsaufgabe eine besondere, bei anderen Schriftwerken nicht vorhandene Fehlerquelle ergebe. Deshalb will das Berufungsgericht zu den dem Aenderungsrecht des Urheberrechtserwerbers oder Verlegers unterliegenden Versehen auch offen zutage liegende, den Sinn des Ursprungswerks unzweifelhaft völlig entstellende Uebersetzungsfehler rechnen.

Diese Ausführungen sind jedenfalls insoweit zu billigen, als sie eine weitere Erstreckung des Aenderungsrechtes ablehnen. Die abweichende Auffassung der Revision beruht wiederum auf der rechtlich falschen Beurteilung der Rechtsstellung des Uebersetzers. Macht man sich von der Vorstellung frei, daß der Uebersetzer als solcher urheberrechtlich eine Sonderstellung einnehme, so unterliegt es keinem Zweifel, daß er allein nicht nur über solche Aenderungen zu bestimmen hat, welche den — vielleicht tatsächlich verbesserungsbedürftigen — Stil, die innere Form der Uebersetzung betreffen, sondern der Regel nach auch über die Beseitigung von Uebersetzungsfehlern. Will man für diese eine Ausnahme zulassen, so muß man jedenfalls mit dem Berufungsgericht das Aenderungsrecht auf solche Fehler beschränken, über die eine Meinungsverschiedenheit schlechterdings nicht bestehen kann.

V. Die Revision wendet sich endlich gegen die Verurteilung der Klägerin zur Schadensersatzleistung. Auch dieser Angriff kann keinen Erfolg haben.

Die Revision vermißt die einwandfreie Feststellung einer Schadenszufügung. Das Berufungsgericht hat aus dem Verhandlungsinhalt die Ueberzeugung gewonnen, daß die Klägerin durch die alles übliche und gesetzlich zulässige Maß übersteigende Aenderung eines jahrelang in der bisherigen Form veröffentlichten Uebersetzungswerkes das Ansehen der Beklagten als Schriftstellerin in ganz erheblichem Maße geschädigt und dadurch andere Verleger von der Inanspruchnahme der Uebersetzertätigkeit der Beklagten abgehalten habe. Es hat den nach § 36 LitUrhG.

zu ersetzenden Schaden auf 1000 RM. geschätzt. Bei den auf der Hand liegenden Schwierigkeiten eines Schadensnachweises hat das Berufungsgericht von der ihm durch § 287 ZPO. gegebenen Befugnis, nach freier Ueberzeugung zu entscheiden, keinen unangemessenen Gebrauch gemacht. Daß der Schaden ohne das gerichtliche Vorgehen der Beklagten gegen die Klägerin vielleicht nicht entstanden wäre, ist für die Annahme des ursächlichen Zusammenhangs unerheblich, weil die Beklagte zu diesem Vorgehen berechtigt war, die Ursache für dieses also ebenfalls von der Klägerin gesetzt worden ist. Von einem Mitverschulden der Beklagten kann nach der Rechtslage, wie sie oben dargelegt wurde, keine Rede sein.

## RGZ. 153, 1

**1. Gehört die rundfunkmäßige Sendung von Musikschallplatten zu den öffentlichen Aufführungen die keinem gewerblichen Zwecke dienen und zu denen die Hörer ohne Entgelt zugelassen werden?**

**2. Umfaßt der urheberrechtliche Begriff „öffentliche Aufführung" ausnahmslos auch die Sendung von Musikschallplatten im Rundfunk?**

LitUrhG. § 2 Abs. 2, §§ 11, 12 Abs. 2 Nr. 5, §§ 22 a, 27.

I. Zivilsenat. Urt. v. 14. November 1936.

I. Landgericht Berlin. II. Kammergericht daselbst.

Die sieben Klägerinnen sind Hersteller der Schallplatten, die bis Anfang Mai 1935 der Deutsche Rundfunk zu den üblichen programmmäßigen Schallplattensendungen benutzt hat.

Die Beklagte ist eine im Jahre 1925 errichtete, im Handelsregister des Amtsgerichts Berlin eingetragene Gesellschaft mit beschränkter Haftung. Gegenstand ihres Unternehmens ist nach der am 12. November 1934 geänderten Satzung die politische, künstlerische, wirtschaftliche und technische Gesamtleitung des deutschen Rundfunkbetriebes. Das Stammkapital beträgt 100 000 RM.; . . . alle Anteile befinden sich in der Hand des Deutschen Reiches. Organe der Gesellschaft sind die Geschäftsführer, ein Verwaltungsrat und die Gesellschafterversammlung. Die zur Durchführung ihrer Aufgaben erforderlichen Mittel erhält sie vom Reiche.

Für die Benutzung der Schallplatten zu Rundfunksendungen hat die Beklagte bisher an die Klägerinnen kein Entgelt entrichtet; die Platten wurden mit Rücksicht auf die Werbewirkung des Rundfunks den einzelnen Sendern jeweils freiwillig oder auf Erfordern leihweise zur Verfügung gestellt. Mit einer Reihe von Schallplattenherstellern, unter denen sich die ersten drei Klägerinnen befanden, hatte die Beklagte am 12. März 1932 ein Abkommen getroffen, das zunächst bis zum 31. März 1933 galt und dann bis Ende Juni 1933 verlängert wurde; ihm waren im Laufe der Zeit die anderen Klägerinnen beigetreten. In diesem

Abkommen hatten sich die Hersteller verpflichtet, dem Rundfunk unter bestimmten Bedingungen ihre Schallplatten zur Verfügung zu stellen.

Vom 1. Juli 1933 an bestand ein vertragloser Zustand. — Im März 1935 traten die Klägerinnen mit dem Verlangen auf Zahlung eines angemessenen Entgelts für die Benutzung ihrer Schallplatten hervor. Die Beklagte lehnte diese Ansprüche ab und stellte, nachdem am 8. April 1935 die vorliegende Klage erhoben worden war, vom 4. Mai 1935 ab die Sendung von Schallplatten der Klägerinnen bis auf weiteres ein.

Der Klagantrag ging auf Unterlassung des Sendens der in den Betrieben der Klägerinnen hergestellten Schallplatten, auf Auskunfterteilung und Feststellung der Schadensersatzpflicht. Und zwar richtete sich das Unterlassungsbegehren auf Sendung von Platten mit der Wiedergabe von a) Werken der Tonkunst, b) Werken der Tonkunst verbunden mit Schriftwerken, c) Schriftwerken schlechthin, d) Reden und Vorträgen.

Zur Begründung brachten die Klägerinnen vor: Die Beklagte habe die mit viel Arbeit und Kosten hergestellten, technisch und tonlich einwandfreien, großenteils künstlerisch wertvollen Schallplatten in solchem Umfange für ihre Darbietungen benutzt, daß statt der Werbewirkung nunmehr eine Uebersättigung und ein für die Plattenerzeugung gefährlicher Rückgang des Absatzes eingetreten sei.

Rechtlich berufen sich die Klägerinnen auf § 2 LitUrhG. verb. mit §§ 11, 12 Abs. 2 Nr. 5 das. Sie beanspruchen ein ursprüngliches oder von den ausübenden Künstlern abgeleitetes Urheberrecht des Bearbeiters und damit die ausschließliche Befugnis, die Platten durch Rundfunk zu verbreiten. Daß etwa die rundfunkmäßige Wiedergabe von Schallstücken unter den Begriff der öffentlichen Aufführung im Sinne des § 22 bis LitUrhG. falle, lehnen sie ab; sie verweisen dawider auf Art. 11 a der Revidierten Berner Uebereinkunft (RBÜ.), deren neue Fassung (nach den Beschlüssen zu Rom von 1928) durch Reichsgesetz vom 31. Oktober 1933 (RGBl. II S. 889) innerdeutsches Recht geworden sei. Ferner bezeichnen sie das Verhalten der Beklagten als sittenwidrig und als unlauteren Wettbewerb, unter Berufung auf §§ 823, 826 BGB. und § 1 UnlWG.

Die Beklagte beantragte Abweisung der Klage. Sie erklärte den Rechtsweg für unzulässig, weil sie als Werkzeug der Reichsregierung kraft deren Kultur- und Funkhoheit staatliche Hoheitsaufgaben erfülle. Den wirtschaftlichen und rechtlichen Erwägungen der Klagbegründung widersprach sie mit eingehenden Gegenausführungen. Rechtlich betont sie namentlich: Auf den aus wettbewerblichen Gründen dem Gesetz eingefügten § 2 Abs. 2 LitUrhG. könnten sich die Klägerinnen nicht berufen, weil der Rundfunk kein Instrument zur mechanischen Wiedergabe für das Gehör sei. Lautliche Wiedergabe des in der Schallplatte festgehaltenen Tonkunstwerks durch den Rundfunk sei nach § 22 a LitUrhG. als öffentliche Aufführung ohne weitere Erlaubnis des Plattenherstellers statthaft. Daran ändere sich nichts, wenn die rundfunkmäßige Wiedergabe unter den Oberbegriff der Verbreitung gebracht werde. Der Art. 11 a RBÜ. erkenne nur das Senderecht des Urhebers an, begründe aber keinen Schutz der mechanischen Wiedergabevorrichtung. Die ausübenden Künstler hätten übrigens ihre auf § 2 Abs. 2 LitUrhG. beruhenden Rechte nicht mehr an die Klägerinnen abtreten können, weil sie sie schon vorher auf die Stagma (Staatlich genehmigte Gesellschaft zur Verwertung musikalischer Urheberrechte) übertragen hätten. Für Ansprüche aus unerlaubter Handlung oder unlauterem Wettbewerb fehle es an allen Voraussetzungen. Auch hätten die Klägerinnen die etwa begründeten Ansprüche durch jahrelanges Dulden verwirkt.

Das Landgericht hat den Anträgen der Klägerinnen mit Beschränkung auf diejenigen Schallplatten stattgegeben, welche ausschließlich die Wiedergabe von Schriftwerken, Reden und Vorträgen enthalten, im übrigen aber die Klage abgewiesen. Das Kammergericht wies die Berufungen beider Parteien zurück und änderte nur die Kostenentscheidung zugunsten der Beklagten.

Auf die Revision der Klägerinnen gab das Reichsgericht, unter Aufhebung und Aenderung der vorigen Urteile, den Klaganträgen auch in bezug auf Musikschallplatten statt.

Gründe:

I. Landgericht und Kammergericht erachten mit durchaus zutreffender Begründung den Rechtsweg für zulässig, die von der Beklagten dagegen vorgebrachten Einwendungen für ungerechtfertigt. (Wird näher ausgeführt.)

II. Das Kammergericht bejaht mit zutreffender Begründung die Sachbefugnis der Klägerinnen. Es legt dar, daß ihnen nach § 2 Abs. 2 LitUrhG. abgeleitete Rechte erwachsen seien: entstanden für die (nachschaffenden) Künstler, welche durch persönlichen Vortrag Tonkunstwerke auf Schallplatten („Vorrichtungen für Instrumente, die der mechanischen Wiedergabe für das Gehör dienen") übertragen haben, und von diesen dann vertraglich auf die Klägerinnen übergegangen.

1. Die durch das Gesetz vom 22. Mai 1910 zur Ausführung der Revidierten Berner Uebereinkunft dem Gesetz, betreffend das Urheberrecht an Werken der Literatur und der Tonkunst, eingefügten Vorschriften, welche sich auf Instrumente zur mechanischen Wiedergabe für das Gehör beziehen (§ 2 Abs. 2, § 12 Abs. 2 Nr. 5, § 22 in veränderter Fassung, §§ 22 a bis c), sollten aus Billigkeitsgründen die Hersteller solcher — oft sehr kostspieliger — Vorrichtungen gegen deren unbefugte Nachbildung sichern. Sie bezweckten also Schutz eines Industriezweiges für seine gewerblichen Erzeugnisse. Dieser Schutz wurde urheberrechtlich gestaltet, und es wurden an ihn urheberrechtliche Folgen geknüpft. Der Hersteller der Vorrichtung erlangt ihn jedoch nicht ... unmittelbar als ursprüngliches Recht, sondern mittelbar. Er kann seine Befugnisse

nur von demjenigen ableiten, der das Werk durch persönlichen Vortrag auf die Vorrichtung übertragen und damit eine schutzwerte Leistung vollbracht hat, für die ihn das Gesetz dem Bearbeiter gleichstellt (§ 2 Abs. 2, § 12 Abs. 1 und Abs. 2 Nr. 5 LitUrhG.). Mit der vorliegenden Klage machen die Klägerinnen als Hersteller von Schallplatten die von den betreffenden Künstlern abgeleiteten Bearbeiterrechte geltend und behaupten, diese Rechte seien auf sie übergegangen.

2. Das Berufungsgericht erachtet den Rechtsübergang mit zutreffenden Gründen für bewiesen.

a) Die Klägerinnen sind sämtlich juristische Personen (zwei Aktiengesellschaften, fünf Gesellschaften mit beschränkter Haftung). Daß diese ebenso wie andere Rechtsträger urheberrechtliche (und diesen gleichartige oder ähnliche) Befugnisse erwerben können, unterliegt nach der deutlichen Gesetzesvorschrift (§ 8 Abs. 3 LitUrhG.) keinem Zweifel.

b) Unbedenklich kann die — nicht formbedürftige — Uebertragung von Urheberrechten auch ohne ausdrückliche Worte und ohne besondere Handlung stillschweigend, durch schlüssiges Verhalten der Beteiligten, vor sich gehen, sofern nur der darauf gerichtete übereinstimmende Wille aus diesem Verhalten oder aus den begleitenden Umständen ersichtlich ist. Das entspricht hier wie sonst allgemeinen Rechtsgrundsätzen (§§ 133, 157 BGB.; RGZ. Bd. 41 S. 46; RGSt. Bd. 15 S. 406, Bd. 48 S. 332; Riezler Deutsches Urheber- und Erfinderrecht I S. 92/93; Allfeld Das Urheberrecht von Werken der Literatur und der Tonkunst 2. Aufl. Anm. 8 zu § 8 S. 104; Marwitz-Möhring Das Urheberrecht von Werken der Literatur- und Tonkunst in Deutschland § 8 Anm. 10). Das Berufungsurteil bemerkt mit Recht: Eine stillschweigende Einigung werde sich besonders da von selbst verstehen, wo der Vortragende dauernd oder vorübergehend gegen Entgelt im Dienste des Herstellers tätig sei und die Platte für dessen Geschäftsbetrieb angefertigt werde. Das der Uebertragung zugrunde liegende Verpflichtungsverhältnis sei dann durch den Dienstvertrag geschaffen und das Entgelt in der für den Vortrag gezahlten Vergütung mitenthalten. Der Wille des Herstellers gehe von vornherein auf Erwerb der „Bearbeiterrechte" (§ 2 Abs. 2 LitUrhG.), da ohne ihn die geschäftliche Ausnutzung der Platte nicht möglich sei. Und beim vortragenden Künstler müsse man dementsprechend den Willen annehmen, das Recht an der fertigen Platte mit der Entstehung auf den Hersteller zu übertragen, zumal da er wisse, daß die Platte in dessen Geschäft gewerblich ausgenutzt werden solle. Diese den Vertragszweck beachtende Auslegung sei auch jetzt nicht überholt, obgleich die ausübenden Künstler, von Standesvertretungen beraten, heutzutage mehr als früher darauf bedacht seien, ihre urheberrechtlichen (oder diesen ähnlichen) Befugnisse zu wahren.

c) Die Beklagte wollte den Rechtsübergang auf diejenigen Rechte eingeschränkt sehen, deren der Hersteller bedürfe, um auf Grund der

Aufnahme im Wege der Vervielfältigung Schallplatten zum Zwecke des Verkaufes herzustellen, wobei jedoch das Recht zur Verwertung der Aufnahme im Rundfunk ausgeschlossen sein solle. Das Kammergericht lehnt dies ab und erwägt: Auch für den Umfang der Rechtsübertragung sei der Zweck maßgebend, der nach dem übereinstimmenden Willen der Beteiligten mit der Uebertragung verfolgt werde (RGZ. Bd. 123 S. 317, Bd. 134 S. 201, Bd. 140 S. 245). Es bestehe kein Grund, anzunehmen, daß hier nach dem Parteiwillen das Recht zur Verwertung der Schallplatte im Wege rundfunkmäßiger Verbreitung vom Uebergang auf den Hersteller habe ausgeschlossen sein sollen. Da die Ausnahmen des § 14 LitUrhG. nicht in Betracht gekommen seien, habe die Uebertragung, auch ohne ausdrückliche Abrede, das Recht aus § 2 Abs. 2 seinem Bestande nach in weitestem Umfang und ohne jede Einschränkung umfaßt. Das Gegenteil wäre so sehr Ausnahme gewesen, daß es besonderer Vereinbarung bedurft hätte. Ohne solchen ausdrücklichen Vorbehalt müsse man davon ausgehen: die ausübenden Künstler hätten, wie es die Regel sei, die wirtschaftliche Ausnutzung ihrer Leistung durch entgeltliche Veräußerung aller Rechte gewollt und nicht beabsichtigt, dem Hersteller irgendeine Befugnis vorzuenthalten. Denn zumeist könne dem Künstler nichts daran liegen, Einzelbefugnisse vom Uebergang auszuschließen, sondern er gebe alle Rechte an der nach seinem Vortrage hergestellten Vorrichtung aus der Hand und werde dafür voll entschädigt. Zwar wies in der Revisionsverhandlung die Beklagte darauf hin, daß der Rundfunk erst ungefähr seit 1925 zu praktischer Bedeutung gelangt sei, und behauptete, zumal vor diesem Jahre hätten nicht alle vortragenden Künstler ihre sämtlichen Befugnisse übertragen. Aber schon das Berufungsgericht bemerkt: Die Beklagte habe keinen Fall anführen können, daß jemals ein Vortragender der Verwertung von Schallplatten durch Rundfunksendung Widerspruch aus eigenem Recht entgegengesetzt hätte. Dafür, daß diese Feststellung des Berufungsurteils irrig sei, ist nichts vorgebracht worden. Die Klägerinnen behaupten ausdrücklich, daß Platten aus der Zeit vor 1925 für diesen Rechtsstreit nicht in Frage kämen.

d) Das Berufungsgericht lehnt sodann die Ausführungen der Beklagten ab, welche darauf hinauskommen, daß die Vorrichtungen zur rundfunkmäßigen Wiedergabe von Schallplatten keine der mechanischen Wiedergabe für das Gehör dienenden Instrumente im Sinne der gesetzlichen Vorschriften (§ 2 Abs. 2, § 12 Abs. 2 Nr. 5, §§ 22, 22 a LitUrhG.) seien. Zwar sei (so bemerkt das Urteil) der Rundfunk selbst keine Vorrichtung und kein Instrument dieser Art; wohl aber sei es die einzelne Schallplatte in Verbindung mit der gesamten Apparatur, mittels welcher ihre Tonschrift dem Ohre der Hörer verlautbart werde. Als Instrument im Sinne jener Vorschriften könne — entsprechend dem Stande der immer fortschreitenden, stets neue und einfachere Uebertragungsmittel entwickelnden Technik — jede Apparatur angesehen werden, die ohne menschliche Mitwirkung die auf der Platte festgehaltene Schallwelleneinzeichnung wieder in akustische Schwingungen umwandle. Um die Rundfunksendung von Schallplatten unter § 12 Abs. 2 Nr. 5 LitUrhG. einzureihen, bedürfe es keiner erweiternden Auslegung des Gesetzes; denn weil bei ihr nur eine Wiedergabe für das Ohr stattfinde und nicht gleichzeitig (wie beim Tonfilm) dem Auge des Hörers eine Darstellung geboten werde, bleibe sie im Rahmen jener Bestimmung. In welcher Weise die Vorrichtung technisch mit dem Instrumente verbunden sei, mache keinen Unterschied. Schallplatte und Apparatur, zu der beim Rundfunk nicht nur die Sendeanlage gehöre, sondern auch die Empfangsanlagen einschließlich der eingebauten Lautsprecher, seien die „Vorrichtung" und das „Instrument", die in Verbindung miteinander der mechanischen Wiedergabe für das Gehör dienten. Das Beiwort „mechanisch" vor „Wiedergabe" enthalte keine Einschränkung, sondern kennzeichne die Art der hier gemeinten Instrumente näher; es meine nicht einen bestimmten technischen Vorgang, sondern den Gegensatz zur unmittelbaren menschlichen Bewirkung. Das Berufungsurteil behandelt im Anschluß an ein von den Klägerinnen eingereichtes Privatgutachten die Herstellung und die Rundfunkübertragung von Schallplatten und kommt zu dem Ergebnis: auch die bei der Rundfunkübertragung von Schallplatten heute meist übliche Art gehöre unter die Vorrichtungen zur mechanischen Wiedergabe für das Gehör. Hierin ist weder ein tatsächlicher Irrtum noch ein Verstoß gegen Auslegungsgrundsätze zu finden....

In den bisher erwähnten Teilen der Gründe — welche die Klägerinnen, weil sie ihnen günstig sind, mit der Revision nicht angreifen — enthält das Berufungsurteil keinen Rechtsirrtum. Demnach rechtfertigt sich das vom Kammergericht daraus gezogene Ergebnis, daß den Klägerinnen an den von ihnen hergestellten Schallplatten das abgeleitete Bearbeiterrecht (aus § 2 Abs. 2 LitUrhG.) zusteht.

III. Die Klägerinnen vertreten die Auffassung, daß dieses ihr abgeleitetes Recht die Befugnis zur Rundfunksendung der Schallplatten mitumfasse. Die Beklagte verneint das.

A. Auf die Gesetzesvorschrift (§ 27 Abs. 1 Satz 1 LitUrhG.), wonach es für öffentliche Aufführungen eines erschienenen Werkes der Tonkunst keiner Einwilligung des Berechtigten bedarf, wenn sie (1.) keinem gewerblichen Zwecke dienen und (2.) die Hörer ohne Entgelt zugelassen werden, kann sich die Beklagte nicht berufen. Das Kammergericht nimmt mit Recht an, daß es hier an den beiden gesetzlichen Erfordernissen freier Gestattung fehlt.

a) Daß die Verbreitung von Werken im Rundfunk gewerbsmäßig (§ 11 Abs. 1 Satz 1 LitUrhG.) geschieht, hat die Rechtsprechung wiederholt anerkannt (RGZ. Bd. 113 S. 419/420, Bd. 136 S. 381 unter Nr. 4). Die Aufführungen der Musikschallplatten im Rundfunk dienen gewerblichen Zwecken. Dies brauchen nicht Zwecke des Aufführenden selbst zu sein; auch solche Dritter genügen (RGSt. Bd. 43 S. 195). Das Berufungsurteil weist darauf hin, daß die Reichspost die Einrichtung und den Betrieb von Rundfunkanlagen sowie den Anschluß an sie genehmigt und damit nach ihren Verleihungsbedingungen den Benutzer zur Aufnahme der Rundfunkdarbietungen berechtigt (Bek. vom 24. August 1925 [Amtsblatt des Reichspostministeriums S. 443] §§ 8, 9). Zutreffend bemerkt es: „Die Gebühr stellt zugleich das Entgelt für die gebotene Möglichkeit der Entgegennahme der Darbietungen und folglich für diese selbst dar. Die Beklagte trägt als Leiterin der künstlerischen und wirtschaftlichen Seite der Sendetätigkeit den jeweiligen Programmstoff zusammen und macht ihn den Genehmigungsinhabern zugänglich. Auch die Schallplattensendungen fördern den Gesamtbetrieb des Rundfunks und dessen Ertragsfähigkeit, die wiederum der Beklagten bei Erfüllung ihrer Aufgaben auf dem Gebiete des Funkwesens zugute kommt. Damit sind die Merkmale des gewerblichen Zweckes bei der Rundfunksendung von Schallplatten der Tonkunst erfüllt. Daß der Rundfunk als Mittel zur unmittelbaren Einwirkung auf das Volk von der Reichsregierung in den Dienst wichtiger politischer und kultureller Staatsaufgaben gestellt ist, läßt den gewerblichen Zweck im ganzen, wie insbesondere für den hier in Betracht kommenden musikalischen Teil der Darbietungen, unberührt."

b) Daraus ergibt sich bereits, wie das Kammergericht mit Recht annimmt, daß die Hörer nicht (allgemein) ohne Entgelt zugelassen werden. Zwar hat die Rundfunkgebühr öffentlich-rechtliche Natur und wird durch die Post als Leiterin der technischen Seite des Rundfunkwesens eingezogen, auch weder ganz noch teilweise an die (auf den Reichshaushalt angewiesene) Beklagte abgeführt. Dies begründet aber keinen Unterschied. Der allgemein herrschenden volkstümlichen Auffassung entspricht es, daß die Gebühr von dem, der sie zahlt, als Entgelt der Rundfunkbenutzung empfunden und betrachtet wird. Das stimmt auch zur Ausdrucksweise des Gesetzes: „ohne Entgelt zugelassen". Darauf ob gerade der Aufführende selbst das Entgelt als Gegenleistung erhält, kommt es nicht entscheidend an.

B. Alle bisher erwähnten streitigen Fragen beantwortet das Kammergericht zugunsten der Klägerinnen; die Revision hat daher insoweit keine Ursache, die Entscheidung zu bemängeln. Anders bei der ferneren Frage, ob die rundfunkmäßige Wiedergabe von Schallplatten mit Werken der Tonkunst eine öffentliche Aufführung und daher (nach § 22 a LitUrhG.) ohne weitere Erlaubnis zulässig sei. Landgericht und Kammergericht bejahen dies und gelangen daher zur Abweisung der Klage, soweit sie sich auf die Sendung von Musikschallplatten richtet. Sie erachten den Tatbestand des § 22 a (verb. mit § 22) für gegeben, wonach „Vorrichtungen zum Zwecke der mechanischen Wiedergabe von Werken der Tonkunst ohne eine weitere Erlaubnis zu öffentlichen Aufführungen benutzt werden dürfen, wenn (wie es hier geschehen ist) der Urheber freiwillig einem anderen gestattet hat, das Werk zum Zwecke der mechanischen Wiedergabe (§ 12 Abs. 2 Nr. 5) gewerbsmäßig zu vervielfältigen".

1. Die ausschließlichen Befugnisse des Urhebers (und seiner Rechtsnachfolger) erstrecken sich auch auf die Bearbeitungen seines Werkes (§ 12 Abs. 1 LitUrhG.). Und unter die Beispiele der Bearbeitung reiht das Gesetz die Uebertragung des Werkes (durch persönlichen Vortrag) auf Vorrichtungen für Instrumente ein, die der mechanischen Wiedergabe für das Gehör dienen (§ 2 Abs. 2 Satz 1 und 3, § 12 Abs. 2 Nr. 5).

a) Daher ist ein anderer zu solcher Verwertung des Werkes nur berechtigt, *wenn der Urheber (oder dessen Rechtsnachfolger) sie ihm erlaubt.* Kommt über die Erlaubnis eine Vereinbarung zustande, so ist sie für das Verhältnis der Vertragsteile zueinander maßgebend. Kommt keine Einigung zustande, so kann bei Werken der Tonkunst der (inländische) Bewerber unter gewissen Voraussetzungen die Erteilung der Erlaubnis gegen angemessene Vergütung erzwingen (Zwangslizenz); nämlich dann, wenn (1.) der Urheber des Tonkunstwerks einem andern (sei es mit oder ohne Einräumung ausschließlicher Befugnis) bereits gestattet hat, es zum Zwecke mechanischer Wiedergabe gewerbsmäßig zu vervielfältigen und (2.) das Werk erschienen ist (§ 22 Abs. 1 Satz 1 LitUrhG.). Das Gesetz fügt (§ 22 Abs. 1 Satz 2 und 3) gewisse Bedingnisse über die räumliche Wirkung der Erlaubnis bei, auf die es für den gegenwärtigen Streitfall nicht ankommt.

b) Vorrichtungen, die auf Grund einer Zwangslizenz hergestellt sind, dürfen . . . „ohne eine weitere Erlaubnis zu öffentlichen Aufführungen benutzt werden" (§ 22 a Abs. 1 Satz 1). Dies gilt auch für Fälle, in denen der Urheber freiwillig einem andern die Erlaubnis erteilt, das Werk zum Zwecke der mechanischen Wiedergabe zu vervielfältigen (§ 22 a Abs. 2).

2. Wie die Vorarbeiten der Gesetzesänderung vom 22. Mai 1910 bezeugen, ist der § 22 a aus wirtschaftspolitischen Gründen eingefügt worden: mit Rücksicht auf die Abnehmer mechanischer Musikwerke (und Sprechmaschinen). Die Erwerber von Musikschallplatten sollen danach die Platten ohne eine weitere Erlaubnis zu öffentlichen Aufführungen benutzen dürfen. Zwar sprechen die §§ 22, 22 a (auch 22 b und c) nur vom Urheber; für eine Zwangslizenz gegenüber dem Bearbeiter und dem gesetzlich ihm Gleichgestellten (§ 2 Abs. 2 LitUrhG.) bestand kein Bedürfnis. Mit Recht aber wendet das Kammergericht den § 22 a auch auf das Recht des Bearbeiters an. Der im Schrifttum — und auch von der Revision der Klägerinnen — vertretenen Ansicht, daß mit der „weiteren Erlaubnis" im § 22 a Abs. 1 Satz 1 nur die des Urhebers gemeint sei (W i l l y H o f f m a n n Das Schallplattenkonzert der Rundfunkgesellschaften GRUR. Bd. 37 (1932) S. 44 bis 55 [47]), ist nicht beizustimmen.

Bei derart einschränkender Auslegung wäre der ersichtliche Zweck des Gesetzes, die Freiheit der Schallplattenkonzerte (in dem Umfange, den man bezweckte und sichern wollte), nicht zu erreichen. Jedem Käufer sollte gestattet sein, die im Handel erschienenen Musikplatten ihrer Bestimmung gemäß mit Hilfe mechanischer Instrumente zu benutzen. Der beim Erlaß des Gesetzes beabsichtigte, noch heute durch allgemeines Bedürfnis gerechtfertigte Erfolg würde vereitelt werden, wenn der Erwerber der Tonwerksplatte zwar keine Erlaubnis des Werkurhebers, wohl aber eine des Bearbeiters einzuholen hätte (Marwitz-Möhring a. a. O. § 22a Anm. 1). Ohne Verstoß gegen Auslegungsregeln folgert danach das Kammergericht: Das Gesetz erlaubt die Benutzung von Schallplatten mit Werken der Tonkunst zu öffentlichen Aufführungen gegenüber sämtlichen Inhabern urheberrechtlicher Befugnisse an Werk oder Platte. Besonderer Prüfung bedarf jedoch, ob das Gesetz diese Benutzung in dem umfassenden Sinne, wie das Kammergericht es nach dem weiteren Inhalte seiner Darlegungen meint, „uneingeschränkt" gestattet.

3. Demnach war zu prüfen, ob die Rundfunksendung von Schallplatten mit Werken der Tonkunst den urheberrechtlichen Tatbestand der „öffentlichen Aufführung" (§ 22a LitUrhG.) erfüllt. Schon das Kammergericht erwägt diese Frage allseitig und gründlich. Hierbei nimmt es zu den grundlegenden Rechtsbegriffen des Urheberrechtsgesetzes, soweit sie für den gegenwärtigen Streit in Betracht kommen, Stellung und untersucht, welcher von ihnen auf die Musikschallplattensendung anzuwenden sei.

a) Daß in ihr eine „Vervielfältigung", ein „Vortrag", eine „Vorführung", eine „Wiedergabe" zu finden sei, verneint es im Anschluß an die bisherige Rechtsprechung mit zutreffenden Gründen.

aa) Als Vervielfältigung eines Tonwerkes (§ 11 Abs. 1, §§ 15, 17, 19, 20, 21, 23 LitUrhG.) ist die Uebertragung von Musik durch den Rundfunk nicht anzusehen. Schon in dem Streit über die gewerbliche Verwertung von Lautsprechermusik hat sich das Kammergericht mit näherer Begründung in diesem Sinne ausgesprochen: Unter Vervielfältigung sei früher die Herstellung eines körperlichen Gegenstandes verstanden worden, der das Werk zum Zwecke sinnlicher Wahrnehmung wiedergebe und es derart festlege, daß diese sinnliche Wahrnehmung sich beliebig oft wiederholen könne. Da die Rundfunkübertragung das Geistesgut lediglich für das Gehör aufnehme und wiedergebe, ohne einen sachlichen Niederschlag des Werkes zu bilden und zu hinterlassen, könne man sie nicht als Vervielfältigung bezeichnen. Diesen Begriff im Sinne einer Vervielfachung des Geisteswerkes selbst zu verstehen, weiche zu gewaltsam vom gewöhnlichen (auch dem Gesetze zugrunde liegenden) Sprachgebrauch ab. Das Kammergericht verweist jetzt auf diese — vom Reichsgerichte (RGZ. Bd. 136 S. 380) gebilligte — Darlegung und setzt hinzu: Was dort allgemein über die Rundfunksendung von Tonwerken gesagt sei, gelte erst recht für die rundfunkmäßige Uebermittlung von Tonschallplatten. Auch diese wende sich nur vorübergehend an das menschliche Gehör und verfliege mit dem Schall, ohne daß das erklungene künstlerische Tongebilde für die Dauer so festgehalten werde, wie es nötig wäre, wenn man von Vervielfältigung sprechen wollte. — Diese Beurteilung enthält weder einen Verstoß gegen Auslegungsregeln noch widerspricht sie bekannten Tatsachen des Sprachgebrauchs und der Erfahrung.

bb) Auch die Unterordnung der Rundfunksendung von Musik unter den Vortrag lehnt das Kammergericht ab, weil dieser Begriff nach dem Sprachgebrauche des Gesetzes (§ 1 Nr. 1, § 7 Abs. 3, § 11 Abs. 3, § 17 Nr. 1 und 2, § 19 Nr. 1) nur auf Schriftwerke, Vorträge und Reden anzuwenden sei. Dem ist gleichfalls im Ergebnis beizustimmen, wenngleich an manchen Gesetzesstellen (§ 7 Abs. 3, § 26) fraglich erscheint, ob „Vortrag" und „vortragen" mit Beschränkung auf jenen ihnen sonst beigelegten Sinn verwendet sind, und vereinzelt (in § 2 Abs. 2 Satz 1 und 3) die beiden Worte in umfassender Bedeutung gebraucht werden.

cc) Im Schrifttum ist vorgeschlagen worden, die Wiedergabe von Schallplatten nicht als Aufführung, sondern als Vorführung zu bezeichnen und sie auf diese Weise dem Anwendungsbereiche des § 22 a zu entrücken (E l s t e r Prolegomena des Aufführungs- und Vorführungsurheberrechts, Arch. f. UrhR. Bd. 4 [1931] S. 433 flg.; ders., Schallplattenkonzerte im Rundfunk, das. Bd. 5 [1932] S. 105 flg. [111, 116]; ders., Die Lautsprecher-, Rundfunk- und Tonfilmmusikfrage, JW. 1931 S. 1866—1870 [1867]; ders., Wesen, Umfang und Begründung des Schallplattenschutzrechtes, GRUR. Bd. 40 [1935] S. 140 bis 149, 206 bis 213 [209 flg.]). Das Kammergericht trägt begründete Bedenken, dieser Anregung zu folgen. Es weist darauf hin, daß das Gesetz von „öffentlicher Vorführung" („öffentlich vorführen") in den §§ 37, 38, 41 im Zusammenhange mit einer bildlichen Darstellung spricht, die nach § 12 (Abs. 2 Nr. 6) unzulässig ist. An allen drei Stellen gehört „vorführen" den Zusätzen an, die das Gesetz betreffend das Urheberrecht an Werken der Literatur und der Tonkunst durch das Gesetz vom 22. Mai 1910 erhalten hat. Und zwar ist der Ausdruck dem Wortbestande des Kunstschutzgesetzes vom 9. Januar 1907 (§§ 15, 15 a, 31, 32, 36, 37, 48) entlehnt. Mit Recht nimmt daher das Berufungsgericht an, daß die Anwendung des Begriffs auf die Wiedergabe bildlicher Darstellungen mittels mechanischer oder optischer Einrichtungen zu beschränken sei, die eine Wahrnehmung durch das Auge ermöglicht. Die Uebermittlung von Werken der Tonkunst an das Gehör wird im LitUrhG. stets, auch bei mechanischer Wiedergabe, „Aufführung" genannt: § 7 Abs. 3, § 11 Abs. 2, § 20 Abs. 1, §§ 26, 27 Abs. 1 und 2, § 28 Abs. 1 und 22,

§§ 37, 38 Abs. 1 Nr. 2, §§ 41, 51, 61 Abs. 1 und 2, § 62. Beobachtet also das Gesetz in der Verwendung dieser Ausdrücke genau einen bestimmten Sprachgebrauch, so geht es nicht an, davon ohne sicheren Anhalt abzuweichen.

dd) Dem Worte „Wiedergabe" („wiedergeben") eine so beherrschende Stellung einzuräumen, wie im Schrifttum empfohlen worden ist (Elster Der Begriff „Wiedergabe" nach geltendem Recht, Arch. f. UrhR. Bd. 5 [1932] S. 179 bis 183), lehnt das Berufungsgericht gleichfalls begründeterweise ab. Es bemerkt richtig, daß der Ausdruck im Gesetze nicht für eine besondere urheberrechtliche Befugnis, sondern als farbloser Zwischenbegriff verwendet wird (§ 2 Abs. 2 Satz 1, § 12 Abs. 2 Nr. 3, 5, 6, § 14 Nr. 2, 4, 5, § 17 Nr. 1, § 20 Abs. 1 und 3, § 22 Abs. 1, § 22a Abs. 2, § 22b, § 24 Satz 2, § 63a Abs. 1 und 2). Deshalb hält es ihn wohl für geeignet, in neutralem Sinne urheberrechtlich bedeutsame Vorgänge zu erläutern und zu erklären, aber nicht, urheberrechtliche Befugnisse einzuschränken oder zu erweitern.

b) Dagegen erachtet das Kammergericht die Rundfunksendung von Schallplattenmusik für eine öffentliche Aufführung.

aa) Auch damit knüpft es an seine Beurteilung in dem Spruche über die gewerbliche Verwertung von Lautsprechermusik an, der durch Zurückweisung der Revision Rechtskraft erlangt hat (RGZ. Bd. 136 S. 377 bis 390). Damals hat es die Wiedergabe von Musik im Rundfunk für eine öffentliche Aufführung erklärt. Hieran hält es auch bei der Beurteilung der rundfunkmäßigen Musikschallplatten-Sendung fest. Es betont: Das Gesetz unterscheide nicht zwischen Aufführung unmittelbar durch Menschen und Aufführung im Wege mechanischer Wiedergabe; nach ihm sei die öffentliche Wiedergabe mittels mechanischer Einrichtungen ebenfalls als öffentliche Aufführung anzusehen. Aufführung sei deshalb bei der Platte so gut möglich wie beim ursprünglichen Werke der Tonkunst. Es genüge dazu jede Darbietung, die das Werk (hier dessen Bearbeitung) dem Gehörsinne der Zuhörer vermittle. In welcher Weise und mit welchen Mitteln es geschehe, sei gleichgültig. Bei der Schallplattensendung sei Mittel der Wiedergabe der Rundfunk unter Zuhilfenahme der (im einzelnen näher beschriebenen) Vorrichtungen, welche der Aufführung das Wesen einer „mechanischen" geben. Unwesentlich sei, ob die Schallplatte schon im Senderaum zu Gehör gebracht werde, wenn die weiter entwickelte Technik ein hörbares Abspielen der Platte vor dem Sender überflüssig mache. Der Hörerschaft an den Empfangsstellen werde nach dem neuen Verfahren die Platte durch die Inbetriebsetzung auf dem Tonkörper ebenso zugeleitet, wie es bei dem früheren Verfahren geschehen sei, nur mit dem Unterschiede, daß sich die lautliche Wiedergabe erst durch die Empfangsgeräte der Hörer vollziehe, denen der Inhalt der Platte in ganz gleichmäßiger Weise übermittelt werde. Dabei veranstalte nicht jeder einzelne Rundfunkteilnehmer eine selbständige Aufführung, sondern die örtlich verschiedenen Empfänger schlössen sich zu einer zeitlich einheitlichen und akustisch übereinstimmenden Wiedergabe der Platte zusammen.

bb) Das Kammergericht meint, daß rechtlich danach keine Möglichkeit bestehe, die Bestimmung des § 22 a auf Wiedergabearten einzuschränken, die im Jahre 1910 (bei der Einfügung des § 22 a) bekannt und in Gebrauch waren. Sollten die wirtschaftspolitischen Erwägungen, welche für den Erlaß der Vorschrift maßgebend waren, inzwischen überstiegen worden sein, so könne das nicht dazu führen, den § 22 a für Streitfälle wie den gegenwärtigen außer Anwendung zu setzen, d. h. die rundfunkmäßige Musikplattensendung von seinem Anwendungsbereich auszuschließen, obwohl sie ihm eigentlich zugehöre. Denn eine gesetzliche Vorschrift ergreife von selbst auch neuartige Erscheinungsformen, sofern sie die vom Gesetze geforderten Merkmale aufweisen. Neu am Rundfunk seien Art und Umfang der Verbreitung; er habe Mittel und Wege geschaffen, um Worte und Töne bis in die fernsten Erdteile zu tragen. Durch die Erweiterung des möglichen Hörerkreises und die technisch neuen Vorgänge bei der klanglichen Wiedergabe sei aber der Begriff der öffentlichen Aufführung nicht gesprengt worden. Nach wie vor würden die Platten abgespielt und dadurch „zu Gehör gebracht". Alles Persönliche bleibe ausgeschaltet, und nur das Mechanische werde wirksam. Die Wirkung der durch Rundfunk gesendeten Schallplatten auf den Hörer sei genau die gleiche, wie wenn die Schallwellen unmittelbar vom mechanischen Musikinstrument (Grammophon) zu seinem Ohr gelangten. Räumliche Trennung hebe die Vorstellung einer Aufführung des Tonwerks nicht auf. Die Rundfunksendung berge deshalb nichts in sich, was über den Begriff der öffentlichen Aufführung hinausgehe. Die technisch neue Einrichtung mache den Rundfunksender selbst zum akustischen Gerät, bei dem das Wesentliche die akustische Fernwirkung sei und nicht die Aussendung der Hertzschen Wellen, die nur als akustisches Mittel zu solcher Fernwirkung dienten. Der Art des Uebertragungsmittels sei kein Unterschied zu entnehmen, der eine verschiedene rechtliche Behandlung rechtfertigen könnte. Von der besonderen und wechselnden Technik der Uebertragung sei der Begriff der öffentlichen Aufführung nicht abhängig zu machen. Kein neuer Akt der Wiedergabe schiebe sich unterwegs ein. Die Empfangnahme aber, das bloße Anhören der Sendung, sei keine urheberrechtlich erhebliche Handlung; sie bilde einen Teil des einheitlichen Rundfunkvorgangs, der mit dem Auflegen der Schallplatte auf das Gerät im Senderaume beginne, mit dem Ertönen in den Empfangsanlagen der Hörer ende und in dieser seiner Ganzheit die öffentliche Aufführung ausmache.

cc) Zum Begriffe der Aufführung gehöre nicht, daß die Hörer (wie beim Vortrage) räumlich versammelt seien oder sonstwie in irgendeinem Zusammenhange stünden. Auch die Darbietung, die infolge technischer

Hilfsmittel einem unbegrenzten, mit dem Aufführenden nicht räumlich verbundenen Personenkreise zugänglich gemacht werde (wie eben die Rundfunksendung), sei als Aufführung anzusprechen (Marwitz-Möhring a. a. O. § 11 Anm. 31 S. 124; Allfeld a. a. O. § 11 Anm. 18 Abs. 4 S. 153). Die Oeffentlichkeit verstehe sich dabei nach dem Wesen des Rundfunkbetriebes von selbst. Mit ihm sei allerdings eine Erweiterung der Wahrnehmbarkeit bis ins Unendliche verbunden; aber auch das sei, wenigstens nach geltendem Rechte, bedeutungslos, weil der Begriff der Oeffentlichkeit schon die Unbegrenztheit des Hörerkreises in sich schließe. Urheberrechtlich bleibe es belanglos, daß der Reichweite des Rundfunks keine Schranken gesetzt seien und die Aufführung vor unbestimmt vielen Hörern stattfinde. Das Berufungsgericht lehnt demgemäß die im Schrifttum vertretene Ansicht (Elster in JW. 1931 S. 1866, im Arch. f. UrhR. Bd. 4 S. 437, Bd. 5 S. 117) ab, daß durch Rundfunkwiedergabe der Schallplatten eine Erweiterung der Oeffentlichkeit vor sich gehe und eine neue andersartige zweite Oeffentlichkeit in Szene trete. Der Begriff der Oeffentlichkeit sei einheitlich und keiner Steigerung oder Abwandlung fähig.

c) Diese (unter III B 3 b wiedergegebenen) Ausführungen des Berufungsurteils treffen durchaus zu, soweit es sich fragt, welchen Bereich die „öffentliche Aufführung" im Sinne des § 11 Abs. 2 LitUrhG. umfaßt. Sie entsprechen der schon im Lautsprecherstreite vom Kammergericht angewandten, vom Reichsgerichte gebilligten Beurteilung (RGZ. Bd. 136 S. 387/8 Nr. III 2). Damals handelte es sich um die Auslegung des § 11 (nicht auch des § 22 a) LitUrhG. Den Erwägungen aber, aus denen das Berufungsgericht zu dem Ergebnisse kommt, im § 22 a müsse der Ausdruck ebenso verstanden, also der „öffentlichen Aufführung" der gleiche umfassende Bereich (einschließlich Rundfunksendung von Schallplatten) zuerkannt werden wie im § 11, ist nicht beizustimmen.

aa) Den nämlichen mehrmals wiederkehrenden Ausdruck von ersichtlich fachmäßiger Bedeutung innerhalb desselben Gesetzes in verschiedenem Sinne auszulegen, ist nur aus ganz besonderen Gründen tunlich. Es schlechthin abzulehnen, geht nicht an. Bedenklich und in der Regel unstatthaft wäre es bei einem nach Zeit und Umständen der Entstehung, nach Beweggrund und Zweck, Aufbau und Gedankenführung völlig einheitlichen Gesetze, obwohl auch da durch Irrtum oder mißlungene Fassung oder infolge der Mehrdeutigkeit von Worten Unebenheiten vorkommen können; hat doch z. B. gerade im Gesetz betreffend das Urheberrecht an Werken der Literatur und der Tonkunst das Wort „Werk" nicht immer den deutlichen Sinn der unkörperlichen Geistesschöpfung, sondern verrät zuweilen (z. B. wenn von „Herstellung" des Werkes die Rede ist), daß der Gedanke an die körperliche Verwirklichung des geistigen Gebildes vorgeschwebt hat (vgl. § 7 Abs. 1 Satz 1, § 33 Abs. 1, § 42 Abs. 1 Satz 2 LitUrhG.; RGZ. Bd. 113 S. 416/7). Entbehrt jedoch ein

Gesetz jener völligen äußeren und inneren Gleichförmigkeit und Einheit, so kann ausnahmsweise eine verschiedene Auslegung desselben Ausdrucks geboten sein. Dies trifft zu, wenn — wie hier durch die Aenderungen vom 22. Mai 1910 — das Gesetz später Zusätze erhalten hat, die einen ganz besonderen wirtschaftlichen Zweck erfüllen und die Vorschriften gewissen neu entstandenen Bedürfnissen anpassen sollten; vornehmlich aber dann, wenn überdies die weitere wirtschaftliche und technische Entwicklung es nötig gemacht hat, das hinter ihr zurückgebliebene Gesetz in wichtigen Grundbegriffen anders als früher auszulegen, damit es veränderten, beim Erlasse nicht vorausgesehenen Zuständen genüge. So verhält es sich bei den hier wesentlichen Bestimmungen des Gesetzes, betreffend das Urheberrecht an Werken der Literatur und der Tonkunst.

bb) Das — durch Aenderungen der Revidierten Berner Uebereinkunft von 1908 veranlaßte — Gesetz vom 22. Mai 1910 setzte, soweit es hier von Belang ist, dem § 2 LitUrhG. den Abs. 2, dem § 12 im Abs. 2 die Nr. 5, dem § 14 die Nr. 4, dem § 20 den Abs. 3 hinzu, ersetzte den § 22 durch eine Vorschrift andern Inhalts, fügte die §§ 22 a bis c und den § 63 a ein.

Wie vorhin (II 1) schon erwähnt, bezweckte das Gesetz von 1910 damit, den Schutz der Hersteller von Vorrichtungen zur mechanischen Wiedergabe für das Gehör (also z. B. Schallplatten) gegen unbefugte Nachbildung mittelbar zu ermöglichen. Dieser Schutz eines Industriezweiges für seine gewerblichen Erzeugnisse wurde urheberrechtlich gestaltet und mit urheberrechtlichen Folgen ausgestattet. Und zwar geschah das in der Art, daß die Vorrichtung (zur mechanischen Wiedergabe) einer Bearbeitung des Werkes gleichgestellt, der Vortragende (Künstler) rechtlich wie ein Bearbeiter behandelt wurde (§ 2 Abs. 2). Der Hersteller jener Vorrichtungen (z. B. Plattenerzeuger) aber kann diese urheberrechtlichen Bearbeiterbefugnisse, wie gleichfalls schon erwähnt, als abgeleitete Rechte von den Vortragenden (auch stillschweigend durch entsprechendes beiderseitiges Verhalten) erwerben.

Zwar ist bemängelt worden, daß man auf solche Weise eine Befugnis, die nach Zweck und Inhalt dem gewerblichen Schutze der Hersteller von Instrumenten dienen solle und auch in der Hand des Vortragenden, für den sie entstehe, nur einen Leistungsschutz, keinen Geistesschöpfungsschutz bedeute, im Urheberrechtsgesetze geregelt und als Urheberrecht gestaltet habe. Die gesetzliche Regelung ist aber ausdrücklich so getroffen und muß der Rechtsanwendung zugrunde gelegt werden. Daß man sie in einem Gesetze untergebracht hat, in das sie nach den Grundsätzen wissenschaftlichen Gedankenaufbaues und nach genauer Abgrenzung gesetzgeberischer Sachgebiete nicht gehörte, darf Umfang und Wirkung des gewährleisteten Schutzes nicht beeinträchtigen. Denen, die Schutz bedürfen und begehren, liegt der Hinweis nahe, daß die in den Bereich des eigentlichen Urheberrechts gehörenden Werke nach Art und innerem Wert überaus mannigfaltig und sehr ungleich sind; daß ferner, verglichen mit den geringeren solcher Werke, die Leistung nachschaffender Künstler nicht schlechtweg auf eine niedere geistige Stufe gehört; daß auch z. B. die Herstellung guter Schallplatten für Tonwerke ein großes Maß von geistiger Tätigkeit, künstlerischem Verständnis und Empfinden, von Geschick, Arbeit (überdies von Kosten) erfordert. Aber selbst wenn man dies ganz außer Betracht läßt, so bleibt jedenfalls die gesetzliche Regelung des urheberrechtsartigen Bearbeiterrechts, welches die Klägerinnen (als abgeleitetes) ihrem Anspruche zugrunde legen, für die Behandlung maßgebend.

cc) Hieraus folgt, daß die allgemeinen Leitgedanken und Grundsätze der Rechtsanwendung, die sich für das (echte und eigentliche) Urheberrecht ausgebildet haben, nicht so, wie das Berufungsgericht meint, beim Bearbeiterrecht außer Anwendung zu lassen sind. Namentlich gilt das von dem wiederholt anerkannten Rechtsgrundsatze, daß dem Urheber tunlichst überall, wo aus seinen Geisteswerken Geldgewinn gezogen wird, ein Anteil daran zukommen soll (RGZ. Bd. 118 S. 285, Bd. 122 S. 68, Bd. 128 S. 113, Bd. 134 S. 201). Dieser Grundsatz ist auch zugunsten des Bearbeiters anzuwenden; er kommt also den Schallplattenherstellern, die ihre Befugnisse von ihm ableiten, ebenfalls zu statten.

Die Beklagte führt aus, daß sich jener Leitsatz mit dem jetzigen Rechtsdenken nicht mehr vertrage. Sie betont, daß die Stellung des einzelnen zur Volksgemeinschaft von Grund aus verändert sei, die Pflicht des Urheberberechtigten gegen diese Gemeinschaft dem Trachten nach persönlichem Nutzen vorgehen müsse. Das Bedenken der Beklagten ist nicht gerechtfertigt. Wiederholt und nachdrücklich hat die Rechtsprechung hervorgehoben, daß das Urheberrecht — wie viele andere Befugnisse — „sozial gebunden", d. h. aus Rücksichten auf die Volksgemeinschaft eingeschränkt und mit Pflichten belastet ist (RGZ. Bd. 140 S. 270, Bd. 144 S. 112/113). Diese aus wiedererstehenden deutschrechtlichen Gedanken geschöpfte Erkenntnis steht aber nicht in Widerspruch zu der Notwendigkeit, dem Urheberberechtigten tunlichst von den Vorteilen etwas zukommen zu lassen, die aus der Verwertung des Werkes (oder seiner Bearbeitung) entspringen. Wohl muß — selbstverständlich auch im Urheberrecht — Gemeinnutz vor Eigennutz gehen (RGZ. Bd. 144 S. 112). Der einzelne genügt jedoch seiner Pflicht, im Rahmen des Gesamten, übereinstimmend mit den Belangen der Allgemeinheit, zum Nutzen aller geistig oder körperlich zu schaffen, dann am besten, wenn die ihm dafür gewährten Bedingungen die Erfüllung der Pflicht begünstigen und fördern. Das geschieht, wenn auch der Urheber (und der rechtlich ihm Gleichbehandelte) für sein Tun der alten Wahrheit gewiß sein darf, daß der Arbeiter seines Lohnes wert ist. Nicht nur ihn, sondern auch andere von gleichen oder ähnlichen Gaben und Neigungen für schöpferische Leistung regt dies zum Wirken im Dienste der Allgemeinheit an. Und so kann mittelbar, was billigen Wünschen des einzelnen entspricht, der Persönlichkeit Ansporn und Lohn gibt, zu Nutz und Frommen der Volksgemeinschaft Früchte tragen. Sieht doch der neue Staat eine seiner vornehmsten Aufgaben in der Entfaltung der schöpferischen Persönlichkeit (Begründung zu den Gesetzen über den gewerblichen Rechtsschutz vom 5. Mai 1936, PMZBl. Jg. 42 [1936] S. 103). -- Aus ähnlichen Gedanken und aus den dadurch bestimmten Billigkeitserwägungen erklärt sich übrigens, daß in der Revidierten Berner Uebereinkunft (Art. 11 bis Abs. 2 Satz 2) betont wird, dem Urheber müsse eine angemessene Entschädigung für rundfunkmäßige Sendung seiner Werke zukommen. Nach diesem Gebote der Billigkeit handelt die Beklagte selbst, indem sie den unmittelbar für sie tätigen Urhebern auf dem Weg über deren Schutzverband Vergütung gewährt. Nachschaffende Künstler, welche Schallplatten besingen oder bespielen, grundsätzlich schlechter zu stellen, liegt keine Ursache vor, weder wegen des Unterschieds zwischen „echtem Urheberrecht" und „bloßem Leistungsschutz" noch aus Rücksichten auf das Gemeinwohl.

dd) Hat der Urheber freiwillig einem andern erlaubt, das Werk zum Zwecke mechanischer Wiedergabe für das Gehör zu vervielfältigen, so dürfen die dazu hergestellten Vorrichtungen (hier die Schallplatten) ohne weitere Erlaubnis irgend jemandes zu öffentlichen Aufführungen benutzt werden (§ 22 a Abs. 2 LitUrhG., s. oben III B 1 a und b). Diese Gesetzesvorschrift enthält, um die bestimmungsmäßige Ausnutzung ordnungsgemäß erworbener Schallplatten und damit die Freiheit der Schallplattenkonzerte zu sichern, eine A u s n a h m e gegenüber allen Inhabern urheberrechtlicher Befugnisse, also auch (s. oben III B 2) eine Ausnahme von dem (auf die Klägerinnen übergegangenen) Bearbeiterrechte. Schon äußerlich wird dies durch die Stelle gekennzeichnet, an der die Vorschrift dem Aufbau des Gesetzes eingefügt ist (RGZ. Bd. 128 S. 102 bis 104). Ausnahmevorschriften sind grundsätzlich eng auszulegen. Hiervon abzuweichen wird nicht dadurch gerechtfertigt, daß es sich im vorliegenden Falle um ein bloßes Bearbeiterrecht handelt und daß dieses an Schallplattenhersteller übertragen worden ist. Das Verhältnis der Ausnahme zur Regel muß hier ebensowohl gelten wie bei Rechten der Urheber selbst.

In welchem Umfange die Ausnahme bezweckt wurde, läßt sich bloß nach den technischen Möglichkeiten beurteilen, welche beim Erlaß des Gesetzes von 1910 vorlagen. Diese bestanden damals nur in der regelmäßigen, einfachen, erstmaligen auf dem Grammophon zum unmittelbaren Hören bestimmten Wiedergabe (E l s t e r im Arch. f. UrhR. Bd. 5 [1932] S. 116flg., GRUR. Bd. 40 [1935] S. 210). Eine beträchtlich weitergehende Wiedergabeart und eine Erstreckung des Ausnahmebereichs auf sie lagen nicht in Zweck und Absicht des Gesetzes. Die Rundfunksendung war noch unbekannt, ihre künftige Entwicklung und umwälzende Bedeutung nicht vorauszusehen. Der begrenzte Ausnahmezweck der §§ 22, 22a LitUrhG. ist schon im Tonfilmstreit hervorgehoben worden (RGZ. Bd. 140 S. 239). Dabei muß es bewenden.

Nachdem das Gesetz vom 22. Mai 1910 im § 22a LitUrhG. die im damaligen Umfange verstandene „öffentliche Aufführung" von Schallplatten freigegeben hatte, erfuhr das gesamte Fernmelde- und Mitteilungswesen durch den Rundfunk eine völlige Umwälzung. Etwa seit 1925 unstreitig von erheblicher Verkehrsbedeutung auch weit über die Länder und Völker abendländischer Gesittung hinaus, gab er ein neues Mittel an die Hand, welches elektrische Schnellsendung von Nachrichten und von Geistesgut jeder Art überallhin — bis in die fernsten Erdteile und die entlegenste Hütte, auch in bislang einsame Gegenden, über die Meere und durch den Luftraum zu den dort befindlchen Fahrzeugen —, ermöglichte. Immer mehr vervollkommnet, bildete er sich dergestalt aus, daß man ihm fast Allgegenwart rings um die Erde zuschreiben kann.

Dieser neuen Lage mußte sich die Rechtsprechung durch Auslegung des von der Entwicklung der Umwelt überholten Gesetzes anpassen. Und zwar mußte dabei beachtet werden, daß dieses Gesetz dem Urheber kein einheitliches schlechthin umfassendes Recht, sondern nur eine Reihe bestimmter, ausdrücklich genannter Befugnisse zuerkennt. Die Anpassung geschah dadurch, daß man die Urheberbefugnis des „Verbreitens" (§ 11 Abs. 1) weiter auslegte als sie bei Erlaß des Gesetzes gemeint war, und ihr die Rundfunksendung einbezog. „Verbreitung" umfaßt also nunmehr die Uebermittlung einer Kenntnis an andere (RGZ. Bd. 113 S. 418). So wird die „öffentliche Aufführung" (§ 11 Abs. 2), die das Gesetz neben „Vervielfältigung", „Verbreitung" und „öffentlichem Vortrag" (§ 11 Abs. 3) nennt, nun von der Verbreitung mitumfaßt; und zwar gilt dies auch dann, wenn — wie bei der Begrenzung der urheberrechtlichen Befugnisse erforderlich — „öffentliche Aufführung" die Sendung durch Rundfunk in sich schließt (RGZ. Bd. 136 S. 387). Was aber für die Sicherung umfassender Urheberbefugnis (§ 11 LitUrhG.) geboten war, liefe dem Gesetzeszwecke zuwider, wenn man es auf die Ausnahme von jener (als Regel zu behandelnden) Befugnis anwenden wollte; es würde dazu führen, eine nach Zweck und Sinn des Gesetzes nur mäßige Befugnislücke ins Ungemessene zu erweitern. Zu diesem Ergebnis ist das Kammergericht gelangt. Seine Auslegung kann in diesem für die Schlußentscheidung wesentlichen Punkte nicht gebilligt werden. Mit Recht bemerkt die Revision, daß die Frage, ob Rundfunksendung eine „öffentliche Aufführung" im Sinne des § 22a sei, dahin lauten muß: Ist der Vorgang der Rundfunksendung in seinen Wirkungen den tatsächlichen Verhältnissen gleichzusetzen, die das Gesetz bei der Schaffung des § 22a vor Augen hatte und die daher nach dem Zwecke der Vorschrift eine Beschränkung der urheberrechtlichen Befugnis rechtfertigen können? Diese Frage muß verneint werden. Eine andere Auslegung führte dazu, daß die Befugnis des Urheberberechtigten infolge des Wandels der Verhältnisse einen erheblichen Teil ihres Inhalts verlöre, daß das Gesetz ihm mit der anderen Hand nähme, was es mit der einen gibt.

Während also „öffentliche Aufführung" im § 11 umfassende Bedeutung hat und die Rundfunksendung in sich schließt, kommt dem Ausdruck in der Ausnahmevorschrift des § 22 a nur die enge Bedeutung zu, welche man beim Erlaß des Gesetzes vom 22. Mai 1910, dem damaligen Entwicklungsstande der Technik gemäß, im Auge hatte. Hier umschließt „öffentliche Aufführung" also die Rundfunksendung nicht mit; diese fällt in den außerhalb des Kreises „öffentlicher Aufführung" liegenden Teilbereich der „Verbreitung", den der § 22 a dem Schallplattenerwerber nicht freigibt, sondern dem Urheberberechtigten beläßt.

Auf die übrigen Vorschriften des Urheberrechtsgesetzes, in denen von „öffentlicher Aufführung" („Aufführung", „aufführen") die Rede ist — § 7 Abs. 3, § 20 Abs. 1 Satz 2, § 26, § 27 Abs. 1 Satz 1 und 2 und Abs. 2, § 28 Abs. 1 und 2, § 37 Satz 1 und 2, § 38 Abs. 1 Nr. 2, § 41, § 51, § 61 Abs. 1 und 2, § 62 Satz 2, § 63 a Abs. 1 — braucht hier nicht besonders eingegangen zu werden. Von ihnen allen ist (ebenso wie § 22 a) nur § 63 a durch das Gesetz vom 22. Mai 1910 eingefügt.

ee) Aus der Begrenzung der „öffentlichen Aufführung" im § 22 a folgt: Die Beklagte darf die Schallplatten der Klägerinnen nicht ohne deren Erlaubnis im Rundfunk senden (§ 2 Abs. 2 LitUrhG. verb. mit §§ 11, 12 Abs. 1, Abs. 2 Nr. 5 das.).

Den Einwand der Verwirkung weist das Berufungsurteil mit zutreffenden Gründen als ungerechtfertigt zurück. Von jahrelangem Dulden, Abwarten, Geschehenlassen der Klägerinnen, wodurch ein in ihre Befugnisse eingreifender Besitzstand der Beklagten erwachsen wäre, kann nicht die Rede sein. Mit Recht bemerkt das Kammergericht: „Weder haben die Klägerinnen auf längere Zeit ein Verhalten der Beklagten geduldet, zu dem diese nicht befugt war, noch hat solche Duldung einen gewissen Verkehrsbesitzstand zugunsten der Beklagten gezeitigt. Unstreitig geschahen in den letzten Jahren die Schallplattensendungen mit Erlaubnis der Klägerinnen, zum Teil auf Grund eines für einen längeren Zeitraum laufenden Vertrags, zum Teil unter leihweiser Ueberlassung der einzelnen Platten. Noch im Rechtsstreite hat sich die Beklagte — allerdings zu Unrecht — auf den Standpunkt gestellt, daß die Klägerinnen bis zum Spruche der ersten Instanz die unentgeltliche Sendung von Schallplatten gestattet und sich verpflichtet hätten, ihr das Material zur Verfügung zu stellen. Damit scheidet ein unbefugtes Verhalten der Beklagten, gegen das die Klägerinnen hätten vorgehen können, für die vergangene Zeit aus. Ferner war die mit ihrer Erlaubnis erfolgte Benutzung der Schallplatten nicht geeignet, einen eigenen Verkehrsbesitzstand für die Beklagte zur Entstehung zu bringen. Dazu genügte nicht ein regelmäßiges Gebrauchmachen von den fertigen fremden Erzeugnissen, sondern es hätte auch von ihrer Seite aus der Aufwendung jahrelanger selbständiger Arbeit und erheblicher eigener Kosten zum Zwecke der technischen Vervollkommnung bedurft. Derartige Maßnahmen sind von ihr für die Sendung der leihweise erhaltenen oder käuflich bezogenen Industrieschallplatten nicht getroffen worden. Die Erlaubnis der Klägerinnen aber war nach Ablauf des Vertrags nicht mehr auf bestimmte Zeit erteilt und konnte infolgedessen beliebig widerrufen werden. . . .' — Auch die Revisionsverhandlung hat gegen diese zutreffende rechtliche Beurteilung kein Bedenken ergeben.

4. War also die Beklagte nicht berechtigt, ohne Erlaubnis der Klägerinnen deren Musikschallplatten zu senden, dann ist der mit der Klage gestellte Antrag auf Unterlassung (entsprechend § 1004 BGB.) auch in bezug auf diese Platten begründet. Insofern trifft rechtlich alles zu, was das Berufungsurteil hinsichtlich der Literaturschallplatten über das Verbot der Klägerinnen, das tatsächliche Zuwiderhandeln und die Rechtsbegründung der Beklagten sowie über die Gefahr künftiger Wiederholung verbotenen Sendens ausführt. Demnach ist der Hauptantrag der Klage in vollem Umfang berechtigt für Platten, welche enthalten:

a) Wiedergabe eines Werkes der Tonkunst, sei es in Verbindung mit einem Schriftwerk oder ohne solche (Gegenstand dieser Revision) und

b) Wiedergabe eines Schriftwerks, einer Rede, oder eines Vortrags (vom Landgerichte zuerkannt, vom Kammergerichte bestätigt, mit Revision nicht angegriffen).

Das in der Formel des landgerichtlichen Urteils unter I ausgesprochene Verbot ist also auf die Musikschallplatten zu erstrecken. . . .

5. Für die Verurteilung der Beklagten zur Auskunfterteilung und für die Feststellung ihrer Schadensersatzpflicht gewährt in bezug auf Musikschallplatten das Kammergerichtsurteil bereits eine genügende Grundlage. Denn zu den nämlichen Anträgen hinsichtlich der Literaturschallplatten führt es — in Uebereinstimmung mit dem Landgericht — aus:

Der Schadensersatzanspruch setze allerdings (nach § 823 BGB., § 36 LitUrhG.) voraus, daß die schädigende Handlung vorsätzlich oder fahrlässig begangen worden sei. Für die Entschuldbarkeit eines Rechtsirrtums aber seien strenge Anforderungen zu stellen (RGZ. Bd. 110 S. 17). Die juristisch ausgezeichnet beratene Beklagte habe grobfahrlässig gehandelt, indem sie sich trotz Klagerhebung über die ihr bekannten abweichenden Meinungen hinwegsetzte. Sie habe mit der Möglichkeit und sogar mit der großen Wahrscheinlichkeit rechnen müssen, daß nicht ihre, sondern die Rechtsansicht der Klägerinnen zutreffe (RGZ. Bd. 92

S. 379/380, Bd. 118 S. 131). Dies um so mehr, als über gewisse grundsätzliche Fragen Entscheidungen des Reichsgerichts ergangen und ihr bekanntgeworden waren. . . . Die näher wiedergegebenen tatsächlichen Feststellungen rechtfertigen die Folgerung, daß die Beklagte die im Verkehr erforderliche Sorgfalt außer acht gelassen, also schuldhaft, und zwar fahrlässig, gehandelt hat (§ 276 Abs. 1 Satz 2 BGB.). Wäre die rechtliche Lage, soweit sie für die Verschuldensfrage von Belang ist, für Literatur- und Musikschallplatten nicht völlig gleich zu beurteilen, so würde sich doch zum mindesten der Vorwurf einfacher Fahrlässigkeit rechtfertigen. Daraus folgt die Pflicht, Schadensersatz zu leisten und Auskunft zu erteilen (§ 36 LitUrhG.; § 249 Satz 1, §§ 666, 681, 687 Abs. 2 BGB.).

Demgemäß war — ohne daß auf die Klagebegründung aus der Revidierten Berner Uebereinkunft und §§ 823, 826 BGB., § 1 UnlWG. eingegangen zu werden braucht — das Kammergerichtsurteil, soweit es zuungunsten der Klägerinnen lautet, aufzuheben, das Landgerichtsurteil, soweit es die Klage abweist, und im Kostenpunkte zu ändern (§ 565 Abs. 3 Nr. 1, § 91 ZPO.).

**RGZ. 154, 321**

**1. Ist es zulässig, eine von vornherein für mehr als 3 Jahre beanspruchte Schutzfrist für Geschmacksmuster weiter auf 10 oder 15 Jahre zu verlängern?**

**2. Ergreift der Geschmacksmusterschutz auch diejenigen Teile eines hinterlegten gewerblichen Erzeugnisses, die nicht dazu bestimmt und geeignet sind, durch ihre äußere Gestaltung auf den Form- und (oder) Farbensinn einzuwirken?**

GeschmMG. §§ 1, 5, 8.

I. Zivilsenat. Urt. v. 14. April 1937.

I. Landgericht Wuppertal. II. Oberlandesgericht Düsseldorf.

Die Klägerin stellt her und vertreibt Vorhängeschlösser bekannter Bauart, deren Vorderseite durch eine fast die ganze Fläche bedeckende Nickelauflageplatte mit Aussparungen für ein Nummernschild (horizontal die Zahl 1924 zeigend) und für die Schlüsselöffnung (senkrecht) bedeckt ist, so daß der dunkle Schloßkasten auf der Vorderseite als Umrahmung der Nickelplatte wirkt. Dabei ist oben rechts und links noch ein Ausschnitt halbkreisförmig aus der Platte ausgespart, die in der Mitte das Fabrikzeichen der Klägerin mit seitlich als Strahlen wirkenden Linien trägt. Dieses Schloß hat die Klägerin am 12. September 1931 als Geschmacksmuster bei dem Amtgericht W. angemeldet und vor Ablauf der zunächst beanspruchten Schutzfrist von 5 Jahren für die Gesamtdauer von 15 Jahren beansprucht.

Die Beklagte stellt ebenfalls Vorhängeschlösser derselben Bauart her und vertreibt sie gleich der Klägerin nach Indien. Diese Schlösser gleichen den Vorhängeschlössern der Klägerin hinsichtlich der Form des Nickelschildes vollständig. Die Abweichungen bestehen nur darin, daß an Stelle der Zahl 1924 die Zahl 1934 eingesetzt ist und daß an der Stelle, an der sich bei der Klägerin deren Fabrikzeichen befindet, ein Zeichen der Beklagten angebracht ist, das wie ein Flügelrad wirkt.

In der Herstellung dieser Vorhängeschlösser erblickt die Klägerin eine bewußte und gewollte Nachahmung ihrer als Muster eingetragenen Erzeugnisse, Verletzung des von ihr beanspruchten Ausstattungsschutzes, ferner Verstoß gegen § 1 UnlWG. und § 826 BGB. Sie verlangt deshalb mit der Klage Unterlassung der Herstellung und des Vertriebs von Vorhängeschlössern der beanstandeten Art, ferner Auskunft, Zahlung von Schadensersatz und Herausgabe der rechtswidrig hergestellten Schlösser und der dazu benutzten Werkzeuge zwecks Vernichtung. Dagegen hat die Beklagte die Abweisung der Klage beantragt, weil das eingetragene Muster nicht neu und auch sonst nicht schutzfähig sei, ein Ausstattungsschutz für die Klägerin nicht bestehe, auch von unlauterem Wettbewerb oder unerlaubter Handlung der Beklagten nicht gesprochen werden könne. Die Beklagte habe nur die längst bekannten Formen der Kampschlösser gleich der Klägerin verwendet und die geringfügigen Aenderungen der Klägerin ohne irgendwelche Täuschungsabsichten übernommen.

Das Landgericht hat die Klage abgewiesen. Dagegen hat das Oberlandesgericht im wesentlichen den Klaganträgen, wie die Klägerin sie im zweiten Rechtszug aufrechterhalten hatte, entsprochen und hat auf Unterlassung, Auskunftserteilung, Feststellung der Schadensersatzpflicht und auf Vornahme der in § 14 Abs. 1 GeschmMG. vorgesehenen Maßregeln erkannt. Die Revision der Beklagten wurde zurückgewiesen.

Aus den Gründen:

... Wie die Akten des Amtsgerichts W. über das Geschmacksmuster der Klägerin ergeben, ist dieses am 12. September 1931 für die Dauer von 5 Jahren angemeldet worden. Folgt man der bisherigen Rechtsprechung (RGZ. Bd. 46 S. 93), so ist das Muster am 12. September 1936 erloschen, was auch in der Revisionsinstanz noch berücksichtigt werden müßte. Die Verurteilung der Beklagten zur Unterlassung könnte dann ebensowenig aufrechterhalten bleiben wie die Verurteilung zur Auskunft und die Feststellung der Schadensersatzpflicht für die Zeit seit dem 12. September 1936. Denn die am 8. August 1936 beantragte Verlängerung der Schutzfrist um 10 Jahre wäre dann ohne jede rechtliche Wirkung geblieben, weil die Verlängerung einer in zulässiger Weise von vornherein auf 5 Jahre beantragten Schutzfrist nach § 8 Abs. 3 GeschmMG. überhaupt nicht möglich wäre. Das genannte Urteil hat diese Auslegung des Gesetzes für zutreffend erachtet, weil nicht erfindlich sei, zu welchem Zweck das Gesetz überhaupt die Ausübung des Rechts auf Verlängerung mit dem Ablauf gewisser Perioden in Verbindung gebracht haben könnte, wenn die Wahrung dieser Zeitpunkte nicht Bedingung für die Wirksamkeit der Rechtsausübung hätte sein sollen. Unterstützend wurde ausgeführt, daß auch die Gesetzesmaterialien für die Richtigkeit dieser Rechtsansicht sprächen: die erst in der Reichstagskommission eingefügte Bestimmung habe die Schutzfrist in eine organische Verbindung mit den Gebühren (vgl. § 12 Abs. 2 und 3 GeschmMG.) bringen und verhindern wollen, daß durch eine sonst mögliche 14malige Verlängerung das Registergericht ungebührlich belastet und das Register ganz unübersichtlich gemacht werde. Auch wenn man alle diese Gründe als beachtlich anerkennt, so zwingen sie doch nicht zu der oben angeführten Auslegung des Gesetzes.

Wenn es, wie keinem Zweifel unterliegt, unbedenklich zulässig ist, von vornherein eine Schutzfrist von mehr als 3 Jahren zu beanspruchen, so ist nicht recht erkennbar, inwiefern hier noch von einer „organischen Verbindung mit den Gebühren" gesprochen werden kann, die nach dem Kommissionsbericht als Zweck der Vorschrift angesehen wurde. Das wäre im Hinblick auf § 12 Abs. 2 und 3 nur zu erreichen gewesen, wenn § 8 die Regel aufgestellt hätte, daß die Schutzfrist zunächst 3 Jahre betrage und bei (richtiger: vor) ihrem Ablauf auf 10 Jahre und alsdann auf 15 Jahre verlängert werden könne. So ist das Gesetz sicher nicht zu verstehen; vielmehr soll es von vornherein ohne weiteres zulässig sein, eine Schutzfrist von mehr als 3 Jahren bis zur Höchstgrenze von 15 Jahren zu beanspruchen. Das Merkmal einer organischen Verbindung der Schutzfrist mit den Gebühren ist also im Gesetz keineswegs klar zum Ausdruck gelangt, bestenfalls durch Erwähnung der 10jährigen Schutzfrist nur angedeutet. Diese Andeutung kann aber auch noch einen anderen Sinn haben. Aus § 8 Abs. 2 könnte man entnehmen, daß nur eine einmalige Verlängerung durch Ausdehnung der Schutzfrist auf höchstens 15 Jahre zulässig sei. Dem tritt § 8 Abs. 3 entgegen und stellt die Regel auf, daß, wenn zunächst eine Verlängerung auf 10 Jahre stattgefunden hat, dann eine nochmalige Verlängerung durch Ausdehnung der Schutzfrist bis auf 15 Jahre zulässig sein soll. Bei dieser Fassung ist allerdings nicht darauf Rücksicht genommen, daß § 8 Abs. 3 eine Ausdehnung der Schutzfrist außer bei der Anmeldung auch bei Ablauf der dreijährigen Frist vorsieht. Danach könnte man annehmen, daß eine Schutzfrist von weniger als 3 Jahren überhaupt nicht verlängert werden könne. Einmütig ist man aber der Ansicht, daß eine solche Schutzfrist zunächst einmal auf 3 Jahre und dann weiter in derselben Weise verlängert werden kann, als wenn sie von vornherein

3 Jahre betragen hätte. Daraus folgt, daß die Fassung des Gesetzes der durch die Bedürfnisse der Praxis gerechtfertigten bisherigen Auslegung keineswegs vollständig entspricht. Dann kann aber auch sonst nicht der Wortlaut, sondern nur der Zweck der Gesetzesvorschrift, eine übermäßige Belastung der Registerbehörde und des Registers zu vermeiden, maßgeblich sein. Diesem Zweck genügt die in der Praxis der Registergerichte vielfach vertretene Ansicht, daß jede erstmalig beanspruchte Schutzfrist von mindestens 3 Jahren auf 10 oder 15 Jahre verlängert werden kann. Der Senat hält es deshalb für richtig, die in RGZ. Bd. 46 S. 93 vertretene Rechtsansicht, soweit sie mit der vorstehend wiedergegebenen Auslegung in Widerspruch steht, ausdrücklich aufzugeben. Dann ist die von der Klägerin beanspruchte Verlängerung der Schutzfrist des streitigen Musters rechtswirksam geworden; das Muster ist mit Wirkung vom 8. August 1936 um 10 Jahre verlängert worden, wovon auch die Revision ausgeht.

Was nun die Rügen der Revision anbelangt, so muß allerdings zugegeben werden, daß in der Begründung des angefochtenen Urteils die einzelnen Begriffsmerkmale eines Geschmacksmusters und die Voraussetzungen der Schutzfähigkeit nicht mit der wünschenswerten Deutlichkeit auseinandergehalten sind. . . . Indessen besteht kein Zweifel, daß auch das Oberlandesgericht erkannt hat, es komme — ganz abgesehen von Neuheit und Eigentümlichkeit des Musters — zunächst darauf an, daß als „gewerbliche Muster oder Modelle“ Industrieerzeugnisse nur schutzfähig sein können, wenn sie durch ihre äußere Gestaltung auf den Form- und (oder) Farbensinn (Geschmack) zu wirken bestimmt und geeignet sind. Das Oberlandesgericht hat die Frage nicht besonders geprüft, welche Teile des als Modell eingetragenen Vorhängeschlosses nach § 1 GeschmMG. geschützt sein können. Das war deshalb nicht erforderlich, weil einerseits von vornherein unter den Parteien kein Streit darüber bestand, daß hier in Uebereinstimmung mit der Anmeldung („gekennzeichnet durch eine große, fassonierte und durchbrochene Nickelauflageplatte“) nur die Gestaltung der Nickelauflageplatte in Frage kommt, und weil anderseits die Beklagte niemals behauptet hatte, daß diese Platte allgemein oder vermöge ihrer Gestaltung technische Aufgaben zu erfüllen habe und dadurch dem Geschmacksmusterschutz entzogen sei. Für eine solche Annahme besteht aber sonst auch kein Anlaß; es ist nicht ersichtlich, daß die Auflageplatte irgendwie den Gebrauchszweck des Vorhängeschlosses zu fördern geeignet sei. Aber bei der Begrenzung des Schutzgegenstandes auf die Auflageplatte ist das vom Oberlandesgericht ausgesprochene Verbot nur teilweise aus dem rechtlichen Gesichtspunkt der Geschmacksmusterverletzung gerechtfertigt. Das Verbot des angefochtenen Urteils bezieht sich auf die gesamte Vorderseite des beanstandeten Schlosses der Beklagten und will damit offenbar dem ersten Klagantrag entsprechen, also auch die Benutzung einer Zahl im rechteckigen Ausschnitt, insbesondere der Zahl 1934, untersagen. Die Revision beanstandet das nicht besonders, aber es besteht kein Zweifel, daß die Anbringung einer Zahl im rechteckigen Querausschnitt keine ästhetische Wirkung hervorzubringen geeignet ist, auch für die ästhetische Gesamtwirkung in keiner Weise in Betracht kommt. Dann konnte die Anbringung einer Zahl im rechteckigen Ausschnitt der Auflageplatte nicht wegen Verletzung des Geschmacksmusters der Klägerin verboten werden. Vielmehr kann nur in Frage kommen, ob einer der sonstigen Klagegründe hier durchgreift. Das ist tatsächlich der Fall . . . (Wird ausgeführt.)

**RGZ. 155, 33**

**Ist für die Annahme, daß ein Liederbuch seiner Beschaffenheit nach für den Gebrauch in Schulen bestimmt sei, erforderlich daß das Liederbuch ausschließlich für diesen Gebrauch bestimmt ist? Welche sonstigen Anforderungen sind an Schulliederbücher zu stellen, für die die Sonderbestimmung des § 21 Nr. 3 LitUG. in Anspruch genommen wird?**

I. Zivilsenat. Urt. v. 14. April 1937.

I. Landgericht Leipzig. II. Oberlandesgericht Dresden.

Im Verlage der Beklagten ist im Jahre 1934 ein Liederbuch erschienen, dessen erste Auflage den Titel „Singkamerad, Liederbuch der deutschen Jugend" führte und auf dem Titelblatt mit den Vermerken „Herausgegeben von der Reichsamtsleitung des Lehrerbundes" und „ministeriell genehmigt" versehen war. Das Buch enthält in 8 Gruppen über 300 Lieder, die teils einstimmig, teils mehrstimmig gesetzt sind. Die im Dezember 1934 erschienene 3. Auflage führt den Titel „Singkamerad, Schulliederbuch der deutschen Jugend". Auf der Rückseite des Titelblatts findet sich diesmal der Vermerk: „vom bayerischen Kultusministerium für den Schulgebrauch genehmigt und angelegentlich empfohlen". In diesem Liederbuch sind 13 Lieder abgedruckt, die in den klagenden Verlägen vor dem erstmaligen Erscheinen des „Singkamerad" erschienen waren und an denen den Klägerinnen die Urheberrechte zustehen. Der Abdruck im „Singkamerad" ist ohne Genehmigung der Klägerinnen erfolgt, die Genehmigung auch nicht nachgesucht, da der beklagte Verlag auf dem Standpunkt steht, daß eine Genehmigung nach § 21 Nr. 3 LitUG. nicht erforderlich sei. Die Klägerinnen bestreiten das, erblicken in dem Abdruck eine Urheberrechtsverletzung, bei 3 Liedern auch durch Weglassung der Quellenangabe, und haben mit der Klage Auskunft über den Umfang der Herstellung des „Singkamerad" sowie Zahlung von 0,01 RM. für je 1 Stück und Lied verlangt.

Das Landgericht hat die Klage abgewiesen. Dagegen hat das Oberlandesgericht abändernd den Beklagten zur Auskunft verurteilt. ... Die Verurteilung ist erfolgt, weil die Verpflichtung zur Quellenangabe nach

§ 25 LitUG. in drei Fällen nicht beachtet sei. Die Revision der Klägerinnen wurde zurückgewiesen.

Gründe:

In der Hauptsache ist die Klage in beiden Vorinstanzen abgewiesen worden, weil im Gegensatz zu der Ansicht der Klägerinnen angenommen wurde, daß das streitige Werk kein Schulliederbuch im Sinne des § 21 Nr. 3 LitUG. sei. Der Revision ist zuzugeben, daß das Oberlandesgericht — in einem gewissen Gegensatz zu den Ausführungen des Landgerichts — bei Prüfung der allein streitigen Frage, ob es sich um eine ihrer Beschaffenheit nach für den Schulunterricht bestimmte Sammlung handelt, etwas zu stark auf das subjektive Moment abgestellt hat, das für die Entscheidung nur von geringer Bedeutung ist, und daß es nicht ausreichend betont hat, daß es im wesentlichen auf die objektive Beschaffenheit des Sammelwerks ankommt. Mit Recht betont die Revision, daß für die Entscheidung, ob der Tatbestand des § 21 Nr. 3 LitUG. gegeben sei, die besondere Beschaffenheit der Sammlung, also die planmäßige Zusammenstellung nach pädagogischen Grundsätzen in erster Linie maßgebend ist.

Eine Prüfung dieser Voraussetzungen ist aber erst möglich, nachdem zu einer weiteren Frage grundsätzlich Stellung genommen ist, auf die die Revision in der mündlichen Verhandlung mit besonderem Nachdruck hingewiesen hat. Unter Bezugnahme auf ein Urteil des Kammergerichts vom 3. Dezember 1936 (Archiv für Urheber-, Film- und Theaterrecht 1937 S. 186) hat die Revision den Standpunkt vertreten, daß von einem Schulliederbuch im Sinne des § 21 Nr. 3 LitUG. nur die Rede sein könne, wenn Beschaffenheit und Zweck des Werkes ausschließlich auf seinen Gebrauch in der Schule gerichtet seien. Denn bei einer Erweiterung des Gebrauchszwecks über den Rahmen des Schulunterrichts hinaus erweitere sich das Absatzgebiet eines Liederbuches in einem Maße, daß eine erhebliche, vom Gesetz nicht gewollte Beeinträchtigung der Rechte der betroffenen Urheber eintrete. So sehr dieser letztgenannte Gesichtspunkt Beachtung verdient, kann sich der Senat dieser von der Revision verteidigten Ansicht des Kammergerichts nicht anschließen. Die neuere Entwicklung hat schon vor 1933 dazu geführt, daß die Unterrichtsverwaltungen der deutschen Länder für die Auswahl der zu Lehrzwecken geeigneten Musikwerke andere Grundsätze aufgestellt haben, als früher maßgeblich waren (vgl. Marwitz-Möhring, Anm. 1 Abs. 2 zu § 21 LitUG.). . . . Deshalb ist auch für die Auslegung des § 21 Nr. 3 LitUG. maßgeblich, daß man heute nach den von der Unterrichtsverwaltung aufgestellten Grundsätzen nicht mehr so scharf, wie früher vielleicht, zwischen Volksliederbüchern und Schulliederbüchern unterscheiden kann, weil der Inhalt von Volksliederbüchern in der Regel sich auch für die Aufnahme in Schulliederbücher eignet. Es gibt keinen unbedingten Maßstab für diejenigen pädagogischen

Grundsätze, die für die Auswahl des Inhalts von Schulliederbüchern maßgeblich wären; maßgeblich ist vielmehr die grundsätzliche Auffassung der Unterrichtsverwaltung. Wenn diese nicht mehr scharf zwischen Volks- und Schulliederbüchern unterscheidet, jedenfalls einen grundsätzlichen Unterschied nicht anerkennt, wie sich aus der Empfehlung des Bayerischen Kultusministeriums an die Schulleiter hinsichtlich des streitigen Liederbuches ergibt, so kann auch die Rechtsprechung nicht anerkennen, daß ein Schulliederbuch ausschließlich für den Gebrauch in den Schulen geeignet und seiner Beschaffenheit nach bestimmt sein müsse. Es muß genügen, wenn das Liederbuch so beschaffen ist, daß es auch für den Unterricht in Schulen bestimmt erscheint.

Prüft man unter diesem Gesichtspunkt das streitige Werk, so ist zuzugeben, daß es nach den tatsächlichen Feststellungen des Oberlandesgerichts beiden Zwecken, dem Volksgesang und dem Schulgesang, seiner Beschaffenheit nach zu dienen geeignet ist. Nach genauer Prüfung seines Inhalts hat aber das Oberlandesgericht festgestellt, daß das Werk auch die für den Schulgebrauch wesentlichen Eigenschaften besitzt, daß also die maßgeblichen pädagogischen Grundsätze nicht unbeachtet geblieben sind. Die Rüge der Revision, daß jeder objektive Maßstab bei den Erörterungen des angefochtenen Urteils fehle, ist deshalb ungerechtfertigt. Denn das Oberlandesgericht betont ausdrücklich, daß es nach der heute herrschenden Auffassung nicht mehr darauf ankomme, ein Schulliederbuch so einzurichten, daß nach der Reihenfolge vom leichteren zum schwereren fortgeschritten wird, daß vielmehr die Auswahl dem Lehrer überlassen bleiben könne. Dem kann noch hinzugefügt werden, daß ein Schulliederbuch nicht zum Selbstunterricht bestimmt ist. Somit bleiben als objektive Merkmale nur der Inhalt der Liedertexte und die Anpassung der ausgewählten Melodien an den Stimmumfang von Schülern beachtlich. In beiden Richtungen hat das Oberlandesgericht den Inhalt des „Singkamerad" geprüft, Anlaß zu Bedenken aber nicht finden können. Auch die Revision bemängelt diese im wesentlichen auf unanfechtbaren tatsächlichen Feststellungen beruhenden Ausführungen nicht, die ersichtlich auch nicht durch Rechtsirrtum beeinflußt sind.

Nur als Bestätigung ihrer objektiven Feststellung haben beide Vorinstanzen darauf verwiesen, daß sowohl die Herausgeberschaft des Lehrerbundes wie auch die Genehmigung und Anerkennung des Werkes als Schulliederbuch durch das Bayerische Kultusministerium für die Richtigkeit der objektiv gefundenen Beschaffenheit des „Singkamerad" sprechen. Es wäre nicht richtig, die besondere Stellung der Herausgeber und der prüfenden Behörde allein für die Entscheidung der Rechtsfrage als maßgeblich zu erachten. Beide Umstände sind aber deshalb nicht unbeachtlich, sondern durchaus geeignet, die sonst schon gefundene richterliche Ueberzeugung zu stützen, ja sogar bestehende Zweifel über die „Beschaffenheit" hinwegzuräumen.

RGZ. 155, 199

**1. Welchen Anforderungen müssen gewerbliche Erzeugnisse genügen, um als Erzeugnisse des Kunstgewerbes Kunstschutz zu genießen? Abgrenzung des Kunstschutzes gegenüber dem Geschmacksmusterschutz.**

**2. Wann ist ein Geschmacksmuster nicht mehr neu?**

KunstschutzG. §§ 1, 2. Geschm.MustG. §§ 1, 7 Abs. 2.

I. Zivilsenat. Urt. v. 12. Juni 1937.

I. Landgericht Chemnitz. II. Oberlandesgericht Dresden.

Die Parteien sind Hersteller von Webwaren (Möbelstoffen). Gemäß Anmeldung vom 22. Mai 1933 hat die Klägerin ihre Muster „Dachau" und „Diera" im Musterregister des Amtsgerichts M. mit einer später nicht verlängerten Schutzfrist von 2 Jahren eintragen lassen. In einem von der Beklagten unter der Bezeichnung „Ems" herausgebrachten Möbelstoff erblickt sie eine Nachbildung ihrer beiden Muster. Sie hat geltend gemacht, ihre Muster seien nicht nur nach dem Geschmacksmustergesetz vom 11. Januar 1876, sondern auch als kunstgewerbliche Erzeugnisse nach dem Kunstschutzgesetz vom 9. Januar 1907 geschützt. Die Beklagte habe durch Verbreiten ihrer Nachbildung auch gegen § 1 UnlWG. und § 826 BGB. verstoßen.

Mit der Klage hat sie beantragt, die Beklagte zur Unterlassung der Nachbildung ihrer Artikel „Dachau" und „Diera" (Epinglé-Rips mit Brokatwirkung unter Verwendung hoher Rippen und Auflösung des Fonds und der Zeichnung durch kunstseidene Schüsse und Muleschüsse), insbesondere durch Herstellung des Artikels „Ems", zu verurteilen. Mit weiteren Anträgen hat sie die Verurteilung der Beklagten zur Rechnungslegung und zur Herausgabe der Musterkarten behufs deren Vernichtung, sowie Feststellung der Schadensersatzpflicht der Beklagten begehrt.

Die Beklagte hat um Abweisung der Klage gebeten. Sie hat den Vorwurf der Nachbildung bestritten und sich darauf berufen, daß die Klägerin weder etwas Neues noch etwas Eigenartiges geschaffen habe, da im wesentlichen gleiche Muster bereits früher bekannt gewesen seien. Der Geschmacksmusterschutz bestehe auch deshalb nicht, weil die Klägerin schon vor der Anmeldung der Muster zum Musterschutz danach hergestellte Erzeugnisse in Verkehr gebracht habe.

Nach Beweiserhebung, insbesondere Einholung eines Gutachtens der Sachverständigenkammer für Werke der bildenden Künste in Dr., hat das Landgericht die Klage abgewiesen. Auf die Berufung der Klägerin hat das Oberlandesgericht nach wiederholter Anhörung der Sachverständigenkammer den Klaganträgen mit gewissen Einschränkungen entsprochen. Die Revision der Beklagten führte zur Wiederherstellung des ersten Urteils aus folgenden

Gründen:

1. Abweichend vom Landgericht erblickt der Berufungsrichter in den als Vorbilder für Möbelstoffe dienenden Mustern der Klägerin „Diera" und „Dachau" Erzeugnisse des Kunstgewerbes im Sinne von § 2 KunstschutzG., weil die in ihnen verkörperte schöpferische Leistung nach den im Leben herrschenden Anschauungen als Kunst anzusehen sei. Zur Begründung dieser Ansicht nimmt er Bezug auf mehrere Gutachten der Sachverständigenkammer für Werke der bildenden Künste in Dr. und ein von der Klägerin vorgelegtes Privatgutachten des Professors G. Wegen der kennzeichnenden Eigenschaften der Muster verweist er auch auf den Vortrag der Klägerin, den er für zutreffend erachtet. In Betracht kommt hiernach die „besonders plastische und prickelnde Wirkung", die nach Meinung der Klägerin durch die im Schuß zwischen den hohen Rippen in bestimmten Abmessungen abwechselnd eingewebten Fäden aus glänzender Kunstseide und aus Baumwollmulegarn herbeigeführt wird. Bezweckt wird mit der Verwendung der Schußfäden die Auflösung des Stoffgrundes und der verschiedene Blätter darstellenden Musterung sowie die Hervorhebung der Zeichnung durch Einrahmung eines Teiles der Blätter. Auf Grund des Beweisergebnisses verneint der Berufungsrichter, daß Stoffe von solcher Beschaffenheit bereits bekannt gewesen seien. Unter Berufung auf den Augenschein stellt er sodann fest, die kennzeichnenden Merkmale der Muster „Diera" und „Dachau", nämlich die Auflösung des Grundes und die Hervorhebung der Figuren durch eigenartige Verwendung von Effektschüssen, seien auch bei dem Muster „Ems" der Beklagten vorhanden. Die abweichende Form der Figuren sei demgegenüber unerheblich. . . .

2. Die Revisionsangriffe der Beklagten gehen im wesentlichen dahin, daß in dem vom Berufungsrichter zur Grundlage seines Urteils gemachten Gutachten der Sachverständigenkammer eine ausreichende Darlegung der Voraussetzungen für die Beurteilung der Muster „Diera" und „Dachau" der Klägerin als kunstgewerblicher Erzeugnisse zu vermissen sei. Im Ergebnis ist diese Rüge begründet.

Das Reichsgericht hat nach der von ihm in ständiger Rechtsprechung festgehaltenen Ansicht im Revisionsverfahren nachzuprüfen, ob die vom Berufungsrichter getroffenen Feststellungen den Rechtsbegriff des kunstgewerblichen Erzeugnisses erfüllen (vgl. RGZ. Bd. 117 S. 230, Bd. 124 S. 68). Wie in der Entscheidung RGZ. Bd. 142 S. 341 betont ist, soll die Sondervorschrift des § 2 Abs. 1 KunstschutzG. nur klarstellen, daß ein Werk der bildenden Künste nicht deshalb des Kunstschutzes entbehren soll, weil es in erster Linie zu Gebrauchszwecken geschaffen und bestimmt ist. Der hiernach auf Erzeugnisse des Kunstgewerbes auszudehnende Kunstwerkbegriff erfordert eine Gestaltung, in der ein eigenes künstlerisches Schaffen zutage tritt; es muß eine eigenpersönliche geistige Schöpfung vorliegen, die mit den Darstellungsmitteln der Kunst durch formgebende Tätigkeit hervorgebracht und vorzugsweise für die Anregung des ästhetischen Gefühls durch Anschauen bestimmt ist (vgl. RGZ. Bd. 135 S. 387 und die dort angeführten Entscheidungen). Wenn es dabei auch auf den höheren oder geringeren Kunstwert an sich nicht ankommt, so ist doch zur Abgrenzung gegenüber dem Geschmacksmuster, worauf noch näher einzugehen ist, daran festzuhalten, daß bei Kunstwerken der ästhetische Gehalt einen solchen Grad erreichen muß, daß nach den im Leben herrschenden Anschauungen noch von Kunst gesprochen werden kann (vgl. RGZ. Bd. 76 S. 343, Bd. 139 S. 217, Bd. 142 S. 346). Von diesen Grundsätzen ist zwar auch der Berufungsrichter ausgegangen. Die von ihm in bezug genommenen Gutachten der Sachverständigenkammer und seine eigenen sich hieran anschließenden Ausführungen lassen aber eine ausreichende Berücksichtigung des Gesichtspunktes vermissen, daß Gegenstand des Kunstwerkschutzes nur die besondere Gestaltung des einzelnen Werkes ist, in der das künstlerische Schaffen als formgebende Tätigkeit Ausdruck gefunden hat. Es kann also, wie in der Rechtsprechung und im Schrifttum allgemein anerkannt (vgl. RGZ. Bd. 127 S. 213, Bd. 139 S. 220; Osterrieth-Marwitz KunstschutzG. 2. Aufl. S. 27 flg., S. 111; Allfeld KunstschutzG. § 1 Anm. 19; Kohler Kunstwerkrecht S. 29), nicht als geschützt angesehen werden die Kunstgattung, der Stil oder, was hier besonders in Frage kommt, die Anwendung technischer Kunstgriffe zur Erzielung einer bestimmten Wirkung. Soweit die Klägerin darauf hingewiesen hat, daß bei ihren Mustern die Schußfäden geschützt zwischen den hohen Rippen des Stoffes lägen, handelt es sich nur um eine neue technische Wirkung, die allenfalls die Grundlage eines Erfinderschutzes bilden könnte (vgl. RGZ. Bd. 79 S. 328, Bd. 121 S. 392). Aus den angeführten Gründen kann aber auch der Klägerin der allgemeine Gedanke, durch Einweben kunstseidener oder baumwollener Schußfäden zwischen den Rippen des Stoffes dem Muster ein lebhaftes und plastisches Aussehen zu verleihen, nicht geschützt sein; er hat nur die Bedeutung einer Technik. Kunstwerk und Gegenstand des Schutzes ist vielmehr nur das einzelne Muster, und zwar können jeweils als geschützt angesehen werden nur dessen auf schöpferischer Leistung beruhende Eigenschaften, durch die es ein nur ihm eigentümliches Gepräge erhalten hat. In diesem Sinne war für jedes Muster der Klägerin gesondert zu prüfen, ob bei ihm durch die besondere Art und Weise der Ausführung eine eigenartige, zur Anregung des ästhetischen Gefühls geeignete Wirkung erzielt ist. Den Maßstab hierfür bildet der Gesamteindruck, der sich aus dem Zusammenwirken aller wesentlichen Eigenschaften ergibt. Bei Anwendung dieser vom Berufungsrichter nicht hinreichend beachteten Grundsätze auf die als Vorbild des Musters „Ems" in Betracht kommenden Muster „Diera" und „Dachau" ist deren Kunstwerkseigenschaft zu verneinen.

Wie sich aus vorstehenden Ausführungen schon ergibt, kann es nicht entscheidend darauf ankommen, ob die von der Klägerin geübte Technik als solche schon bekannt war. Auch wenn der Gestalter des Musters nur mit bekannten Mitteln gearbeitet hätte, würde das Ergebnis doch eine eigenartige schöpferische Leistung sein können. Es ist daher verfehlt, wenn die Beklagte in ihren Revisionsangriffen das Hauptgewicht darauf legt, daß es nicht mehr neu gewesen sei, durch hellere Fäden im Schuß des Gewebes Gegensätze zur Belebung des Gesamteindrucks zu erzielen. Ursprünglichkeit in dem Sinne, daß etwas völlig Neues oder Ueberraschendes gebracht werden müßte, ist für ein Kunstwerk nicht zu fordern. Es genügt vielmehr jede eigentümliche Gestaltung, in der ein eigenes künstlerisches Schaffen zutage tritt (vgl. RGZ. Bd. 71 S. 355). Die von der Beklagten beigebrachten Muster haben sämtlich der Sachverständigenkammer vorgelegen. Für die Muster, die nach der Auffassung der Kammer den Mustern „Diera" und „Dachau" der Klägerin verwandt sind, hat der Berufungsrichter, der dabei mit Recht von der Beweispflicht der Beklagten ausgeht, nicht als erwiesen erachtet, daß sie älter als diese Muster seien. Die von der Beklagten unter Bezugnahme auf § 286 ZPO. gegen diese Beweiswürdigung erhobenen Revisionsangriffe sind unbegründet. . . . Anhaltspunkte dafür, daß die Muster der Klägerin „Diera" und „Dachau" in unfreier Benutzung der wesentlichen Eigenschaften bestimmter Vorbilder geschaffen seien, liegen somit nicht vor.

Gleichwohl können die vom Berufungsrichter in bezug genommenen Gutachten der Sachverständigenkammer und des Professors G. die Bewertung der Muster als kunstgewerblicher Erzeugnisse nicht rechtfertigen. In der Zeichnung und in den Farben weichen beide Muster nicht von dem Ueblichen ab. Auch die Klägerin sieht die Eigenart ihrer Muster nur in der Wirkung der sog. Schußeffekte. Es ist somit entscheidend, ob die Klägerin durch die besondere Art und Weise der Anwendung dieses Hilfsmittels bei den Mustern „Diera" und „Dachau" eine schöpferische, künstlerisches Gepräge tragende Leistung vollbracht hat. Ohne unterscheidende Betrachtung sagt die Sachverständigenkammer im Hinblick auf die Muster „Diera" und „Dachau", daß durch eine gewisse individuelle schöpferische Tätigkeit immerhin eine besondere ästhetische Wirkung erzielt sei. Wie aus dem ersten Gutachten der Sachverständigenkammer hervorgeht, gründet sich dieses Urteil darauf, daß durch die Art der Anwendung der Schußfäden eine gewisse Auflösung der Flächen und die Einrahmung eines Teiles der Blätter bewirkt sei. Hierin kommt nicht hinreichend zum Ausdruck, daß nur die Besonderheiten jedes Musters und nicht die von der Klägerin angewandte Technik Gegenstand des Schutzes sein können. Die Kammer hebt überdies weiter hervor, was den beiden Mustern Eigenart verleihe, sei weniger künstlerischer als technischer Art, weshalb sie in der Entscheidung lange geschwankt habe. In ihrem letzten Gutachten spricht sie von einem besonders schwierigen Grenzfall. Das von dem Berufungsrichter in bezug genommene Gutachten des Professors G. führt über die Muster der Klägerin im wesentlichen nur aus, die Anbringung der farbigen Schußeffekte und deren Auflösung im Grunde, in den Blättern und Konturen sei in Verbindung mit den Farbwirkungen so raffiniert und geschickt ausgeklügelt, daß der Gesamteindruck der Muster förmlich zum Kauf anreize. Diese Begründung verkennt die in rechtlicher Hinsicht an den Kunstwerkbegriff zu stellenden Anforderungen. Eine geschickte Anpassung an die wechselnde Geschmacksrichtung der Mode und der darauf beruhende Verkaufserfolg können nicht Maßstab für die künstlerische Leistung sein. Die von der Beklagten vorgelegten Gutachten zweier angesehener Sachverständiger des Textilfaches sprechen den Mustern der Klägerin nicht nur die schöpferische Leistung, sondern auch jede Eigenart ab. Auf sie ist der Berufungsrichter, wie die Revision der Beklagten unter Bezugnahme auf § 286 ZPO. mit Recht rügt, überhaupt nicht eingegangen. Wenn ihnen der Berufungsrichter auch nicht zu folgen brauchte, so hätte er sich doch mit ihnen auseinandersetzen müssen. Soweit die Privatgutachter der Beklagten den Mustern der Klägerin keine Eigenart zubilligen wollen, steht ihnen freilich die bedenkenfrei getroffene Feststellung des Berufungsrichters entgegen, daß es der Beklagten nicht gelungen sei, das zeitlich frühere Bekanntsein von Mustern nachzuweisen, die durch Verwendung von Schußfäden eine im wesentlichen gleiche Wirkung erzielen.

Es mag auch der Sachverständigenkammer und dem Berufungsrichter zugegeben werden, daß durch die Verwendung von farbigen Schußfäden bei den Mustern der Klägerin bis zu einem gewissen Grad eine eigenartige, zur Anregung des ästhetischen Gefühls geeignete Wirkung erzielt und daß deshalb die Annahme einer schöpferischen Tätigkeit ihres Gestalters nicht gänzlich auszuschließen ist. Dann aber gewinnt bei dem erörterten Sachverhalt die Frage der Abgrenzung zwischen Kunstwerks- und Geschmacksmusterschutz, auf die der Berufungsrichter nicht besonders eingegangen ist, entscheidende Bedeutung. Da es sich dabei um eine Rechtsfrage handelt und weitere tatsächliche Feststellungen nicht erforderlich sind, so ist der Senat in der Lage, sie von sich aus zu entscheiden. Auch zum Geschmacksmusterschutz sind nur solche Erzeugnisse zugelassen, die sich als das Ergebnis individueller Schöpferkraft darstellen und zur Anregung des ästhetischen Empfindens geeignet sind (vgl. RGZ. Bd. 61 S. 178, Bd. 76 S. 340, Bd. 121 S. 391, Bd. 135 S. 389, Bd. 142 S. 147). In ständiger Rechtsprechung hat das Reichsgericht daran festgehalten, daß nicht alle die Voraussetzungen des Geschmacksmusterschutzes erfüllenden Gebilde zugleich Erzeugnisse des Kunstgewerbes sind (vgl. RGZ. Bd. 76 S. 344, Bd. 124 S. 68, Bd. 142 S. 346). Der Unterschied liegt im Grade des Schönheitsgehalts, der bei einem

Kunstwerk so groß sein muß, daß nach den im Leben herrschenden Anschauungen noch von Kunst gesprochen werden kann (vgl. RGZ. Bd. 76 S. 344). Der Berufungsrichter hat nun zwar die Sachverständigenkammer auf die Bedeutung dieses Unterschiedes hingewiesen, und diese ist gleichwohl bei ihrer Meinung verblieben. Die von der Sachverständigenkammer selbst geäußerten Bedenken führen indessen zur Verneinung der Kunstwerkseigenschaft. Die Grundlagen der Muster sind vielfach benutzte Blumen- und Blattmotive ohne Besonderheit. Was der Gestalter, der belebte Stoffe bevorzugenden Modeströmung folgend, durch die gekennzeichnete Anwendung von Schußfäden an Eigenem hinzugefügt hat, verleiht zwar den Mustern eine gewisse die ästhetische Wirkung beeinflussende Eigenart. Für den Gesamteindruck bleibt indessen diese im wesentlichen der angewandten Technik zuzuschreibende Wirkung so gering, daß die Bewertung als Kunst nicht gerechtfertigt erscheint. Die gegenüber dem Geschmacksmuster bestehende Grenze darf nicht zu niedrig abgesteckt werden. Mit der Anschauung des Lebens und dem Zwecke der gesetzlichen Regelung, die zwischen dem von selbst eintretenden, über die Lebenszeit des Urhebers hinausreichenden Kunstwerkschutz und dem verhältnismäßig kurzfristigen, an die Erfüllung von Formvorschriften gebundenen Schutz für Geschmacksmuster unterscheidet, wäre es nicht in Einklang zu bringen, wenn bei stark der Mode unterworfenen, aus üblichen Blumen- und Blattformen bestehenden Textilmustern in einer mehr oder weniger geschickten, hauptsächlich durch technische Mittel bewirkten Anpassung an eine neue Geschmacksrichtung schon eine künstlerische Leistung erblickt würde.

3. Nicht zu beanstanden ist die Ablehnung des Geschmacksmusterschutzes durch den Berufungsrichter. Für den Unterlassungsanspruch kommt dieser Schutz schon wegen Ablaufs der Schutzfristen nicht mehr in Betracht. Zutreffend hat aber der Berufungsrichter auch angenommen, daß dem Geschmacksmusterschutz die mangelnde Neuheit im Sinne von § 1 Abs. 2 GeschmMustG. entgegenstehe. Hierzu hat er, und zwar nach dem Beweisergebnis rechtlich bedenkenfrei, festgestellt, die Klägerin habe schon vor der Anmeldung ihrer Muster zum Musterregister in zwei oder drei Fällen Stoffproben in der Größe von 30 × 40 cm an Kunden ohne Geheimhaltungspflicht überlassen. Aus diesen Stoffproben seien die kennzeichnenden Merkmale des Musters in allen Einzelheiten und in natürlicher Größe zu ersehen gewesen. In einer vom Berufungsrichter in bezug genommenen Erklärung des Geschäftsführers der Klägerin zu Protokoll des Landgerichts Chemnitz vom 19. Februar 1934 heißt es, die Klägerin habe vor der Musteranmeldung die Artikel „Diera" und „Dachau" in zwei oder drei Fällen verkauft und der Auftragsbestätigung Muster beigefügt. Bei der Beurteilung dieses Sachverhalts ist der Berufungsrichter ohne Rechtsirrtum davon ausgegangen, daß die Neuheit eines schutzfähigen Musters nicht nur zur Zeit der Schaffung, son-

dern auch noch bei der Anmeldung gegeben sein müsse (vgl. RGZ. Bd. 142 S. 149). Es handelte sich im Streitfall zwar nur um Ueberlassung von Warenproben, also nicht der Ware selbst, so daß der Tatbestand der Verbreitung von nach den Mustern gefertigten Erzeugnissen im Sinne von § 7 Abs. 2 Geschm.MustG. nicht vorliegt (vgl. RGSt. Bd. 36 S. 431). Die Neuheit eines Musters wird aber auch dann zerstört, wenn es auf andere Weise vor der Anmeldung durch offenkundige Benutzung bekannt wird (vgl. Pinzger GeschmMustG. Anm. 4 zu § 1; RGZ. Bd. 142 S. 150). Nach dem festgestellten Sachverhalt sind die Muster zugleich mit der Bestätigung von Verkäufen übersandt worden, was nur zu dem Zwecke geschehen sein kann, den Käufern schon vor Lieferung der Ware die Werbung von Aufträgen zu ermöglichen. In demselben Sinne ist ersichtlich die Ausführung des Berufungsrichters gemeint, daß die Ueberlassung ohne Geheimhaltungspflicht erfolgt sei. Anders als bei der nicht neuheitsschädlich wirkenden vertraulichen Ueberlassung von Stoffproben an einzelne Geschäftsfreunde zum Zwecke der Erlangung von Bestellungen (vgl. Pinzger a. a. O. Anm. 5 zu § 7) sollten hier die im Zusammenhang mit Verkäufen als Werbemittel überlassenen Proben in der Kundschaft der Käufer bekannt gemacht werden. Unerheblich ist, inwieweit diese Absicht verwirklicht worden ist. Es genügt vielmehr, daß durch die Umstände, unter denen die Ueberlassung erfolgte, die Möglichkeit der Kenntnisnahme durch einen unbegrenzten Personenkreis unmittelbar gegeben war. Der Ansicht des Berufungsrichters, daß die Muster bei der Anmeldung nicht mehr neu gewesen seien, ist daher beizutreten.

4. Zutreffend hat der Berufungsrichter auch die Anwendbarkeit des § 1 UnlWG. und des § 826 BGB. verneint. Mit Recht geht er davon aus, daß die Nachahmung eines nicht geschützten Erzeugnisses nur unter besonderen Umständen als Ausbeutung fremder Arbeit gegen die guten Sitten verstoße. Im Einklang mit der Rechtsprechung des Reichsgerichts (vgl. RGZ. Bd. 135 S. 395, Bd. 142 S. 150 und S. 347) ist er nach eingehender Würdigung des Vortrages der Klägerin ohne Rechtsirrtum zu dem Ergebnis gelangt, daß solche Umstände hier nicht vorliegen.

**RGZ. 155, 306**

**Sind die Leistungen des Lizenzgebers aus einem einfachen Lizenzvertrage mit gesellschaftlichem Einschlag teilbar im Sinne des § 36 Abs. 2 der Vergleichsordnung vom 26. Februar 1935?**

Vergleichsordnung vom 26. Februar 1935 (RGBl. I S. 321) — VerglO. — §§ 36, 50, 51. Patentgesetz vom 5. Mai 1936 (RGBl. II S. 117) — PatG. — § 9.

I. Zivilsenat. Urt. v. 18. August 1937.

Die Entscheidung ist abgedruckt unter „Verfahrensrecht, Vergleichsordnung“.

RGZ. 158, 321

**1. Kann bei einem gesellschaftsähnlichen Filmherstellungs- und Verwertungsvertrag die Vertragsklausel, die Zensur gehe auf das Risiko des Herstellers, bedeuten, das Zensurverbot solle wie ein Umstand angesehen werden, der dem Hersteller seine Leistung nachträglich in einer von ihm nicht zu vertretenden Weise unmöglich mache?**

**2. Von welchem Zeitpunkt aus ist die Frage zu prüfen, ob eine Leistung aus einem gegenseitigen Vertrage, die sich zunächst in anscheinend endgültiger Weise als nachträglich unmöglich geworden darstellte, später sich aber doch als nur vorübergehend unmöglich gewesen erwies, im Rechtssinn endgültig oder nur einstweilig unmöglich geworden ist?**

Kunstschutzgesetz v. 9. Januar 1907 § 15. BGB. §§ 275, 323.

I. Zivilsenat. Urt. v. 27. September 1938.

I. Landgericht Berlin. II. Kammergericht daselbst.

Die Klägerin, eine deutsche Filmverleihgesellschaft, schloß am 31. März 1936 mit der Beklagten, einer österreichischen Filmherstellerin, einen Vertrag über die Herstellung und Auswertung eines Spielfilms mit dem vorläufigen Titel „Prater“. Die Auswahl des technischen und künstlerischen Stabes und der Hauptdarsteller sollte im gemeinsamen Einverständnis erfolgen. Auf die Herstellung des bei Vertragsschluß noch nicht fertigen Drehbuches sollte ein gemeinschaftlicher Bevollmächtigter der beiden Parteien Einfluß nehmen. Die Klägerin sollte die Aufnahmen überwachen dürfen. Der endgültige Schnitt für Deutschland bedurfte ihrer Genehmigung. Als Termin für die Lieferung des Films, d. h. die Niederlegung des Negativs und der Musterkopie des zensierten Films bei einer Kopieranstalt in Berlin, wurde der 1. August 1936 ohne Nachfrist festgesetzt (§ 7 des Vertrags). Der Film sollte für das Verleihgebiet Deutschland auf die Dauer von 5 Jahren, beginnend mit dem Datum der Zensurkarte, geliefert und in diesem Gebiet gemeinschaftlich in der Weise ausgewertet werden, daß die Durchführung des Verleihs nur von der Klägerin bestimmt, die eingehenden Erlöse aber nach Abzug gewisser Unkosten zwischen den Parteien zur Hälfte geteilt werden sollten. Die Klägerin hatte der Beklagten den auf sie treffenden Anteil am Erlös mit 65 % der Herstellungskosten zu garantieren und bestimmte Beträge dieser Garantiesumme zu bestimmten Fristen teils während, teils nach der Herstellung des Films, teils bar und teils in Akzepten an die Beklagte zu bezahlen. Die Zensur sollte von der Beklagten besorgt werden und auf ihr Risiko gehen. Doch sollte die Klägerin verpflichtet sein, hierbei nach besten Kräften mitzuhelfen und insbesondere für den

Fall des Zensurverbots selbst alles zu tun, um den Film freizubekommen (§ 14 des Vertrags). Das Negativ sollte mindestens 3 Monate zur Verfügung der Klägerin in Deutschland eingelagert bleiben. In den Fachzeitschriften sollte von den Parteien eine gemeinsame Reklame gemacht werden. Es wurde die Geltung deutschen Rechts vereinbart.

Der Herstellungstermin vom 1. August 1936 wurde um etwa vier Wochen überschritten. Deswegen und aus anderen Gründen entstand zunächst Streit zwischen den Parteien, der jedoch am 23. Oktober 1936 durch einen Vergleich geschlichtet wurde. Danach sollte ein Verzugsschaden wegen Ueberschreitung der Lieferfrist nicht geltend gemacht werden; es sollten unverzüglich noch einige von dem Bevollmächtigten der Klägerin festgelegte Nachaufnahmen gedreht und der Film sodann der Zensur eingereicht werden. Die Nachaufnahmen wurden gedreht und der Film sodann der Filmprüfstelle in Berlin eingereicht. Die Klägerin hatte die vertragsgemäßen Zahlungen geleistet und mit den Lichtspieltheaterbesitzern Verleihverträge für die Saison 1936/37 geschlossen, in denen als letzter Uraufführungstermin der 31. August 1937 festgesetzt war.

Die Filmprüfstelle verbot mit Bescheid vom 20. November 1936 die Vorführung des Films in Deutschland, weil er seinem ganzen Inhalt nach minderwertig sei und das künstlerische Empfinden verletze. Die Parteien bemühten sich nun gemeinsam um die Aufhebung dieses Verbots. Sie legten gegen die Entscheidung der Filmprüfstelle zunächst Beschwerde ein (§ 19 des Lichtspielgesetzes), zogen sie aber in gegenseitigem Einvernehmen später wieder zurück, weil sie sie für aussichtslos hielten und sich von einer erneuten Vorlage des Films nach Vornahme einiger Schnitte (§ 15 des Lichtspielgesetzes) mehr versprachen. Die Filmprüfstelle lehnte es jedoch mit Bescheid vom 15. April 1937 ab, den Prüfantrag für den so geänderten Film entgegenzunehmen, weil sich das Verbot nicht auf einzelne krasse Stellen, sondern auf den gesamten Inhalt des Films bezogen habe. Am 12. Mai 1937 wurde das Ausgleichsverfahren gegen die Beklagte eröffnet. Mit Schreiben vom 18. Mai 1937 lehnte die Klägerin der Beklagten gegenüber die Abnahme des Films endgültig ab.

Am 1. Juni 1937 erhob sie Klage auf Rückzahlung der von ihr auf Grund des Vertrags bereits geleisteten Zahlungen, die sie mit mehr als 200 000 RM. angab, und zwar zunächst auf Rückzahlung eines Teilbetrags von 50 000 RM. Sie führte aus, die Beklagte habe das Zensurrisiko übernommen, deswegen müsse sie, nachdem der Film endgültig verboten sei, die empfangenen Beträge zurückzahlen. Hilfsweise machte sie geltend, der Film sei vertragswidrig und verspätet geliefert.

Die Beklagte hat Klageabweisung beantragt und ausgeführt, die Klägerin könne sich nach Treu und Glauben auf die Zensurklausel nicht berufen, weil sie den Inhalt des Films, der zum Verbote geführt habe, selbst bestimmt und überdies die Zensurverhandlungen nicht ordnungsgemäß geführt habe. Es seien auch noch nicht alle Möglichkeiten erschöpft, den Film freizubekommen. Auf Verzugsschaden habe die Klägerin im Vergleiche verzichtet. Hilfsweise rechnet die Beklagte mit Gegenansprüchen auf. Die Klägerin trat diesen Ausführungen entgegen und bestritt insbesondere eine wirksame Aufrechnung für die eingeklagte Teilforderung.

Am 7. Juli 1937 gab das Landgericht der Klage statt. Es nahm an, das Zensurverbot, für das die Beklagte das Risiko übernommen habe, sei endgültig, die Beklagte müsse daher die empfangenen Beträge zurückzahlen, gegen den eingeklagten Teil der Klageforderung sei nicht aufgerechnet worden. — Am 21. April 1937 fand auf Grund eines Erlasses des Reichsministers für Propaganda und Volksaufklärung eine neue Verhandlung der Parteien vor der Reichsfilmkammer statt, in deren Verlauf die Klägerin unter Verwahrung gegen eine Rechtspflicht zur Abnahme des Films einen neuen Zulassungsantrag stellte. Diesem Antrag wurde tags darauf sogleich entsprochen. Der Film wurde Anfang August 1937 zum ersten Male aufgeführt. Die Klägerin betrieb die Auswertung des Films auf Grund ihrer Verleihverträge mit den Theaterbesitzern. Sie hatte sich aber von vornherein dagegen verwahrt, daß dies in Ausführung des Vertrags mit der Beklagten geschehe, und geltend gemacht, sie springe nur ein, um den Schaden der Beklagten nach Möglichkeit zu verringern.

Mit der Berufung begehrte die Beklagte, daß das Urteil des Landgerichts aufgehoben und die Klage abgewiesen werde. Sie führte aus, da der Film jetzt zugelassen worden sei, könne die Klage nicht mehr auf die Zensurklausel gestützt werden; übrigens sei auch der Aufrechnungseinwand unrichtig beschieden. Die Klägerin beantragte die Zurückweisung der Berufung. Sie machte geltend, mit dem Bescheide der Filmprüfstelle vom 15. April 1937 sei das Verbot des Films als endgültig anzusehen gewesen und der Vertrag erloschen. Er könne infolge der gänzlich unerwarteten nachträglichen Zulassung des Films nicht wieder aufleben. Hilfsweise werde die Klage auch auf Rücktritt vom Vertrage wegen Verzugs und wegen Lieferung eines minderwertigen und zu kurzen Films und äußerstenfalls auf Verzugsschaden gestützt. Gegen die eingeklagte Forderung sei nicht aufgerechnet worden. Die Beklagte trat diesen Ausführungen entgegen.

Das Kammergericht hat die Entscheidung des Landgerichts aufgehoben und die Klage abgewiesen. Die Revision der Klägerin blieb ohne Erfolg.

Gründe:

I. Die Rechtsnatur des Vertrags.

Das Kammergericht sieht die rechtliche Beziehung, die der Vertrag vom 31. März und der Vergleich vom 23. Oktober 1936 zwischen den

Parteien begründet haben, als einen Filmherstellungs- und Verwertungsvertrag, und zwar als einen gemischten gegenseitigen Vertrag an, der sich aus werkvertraglichen und gesellschaftlichen Bestandteilen zusammensetze, wobei die werkvertraglichen die entscheidenden seien. Der Revision ist zuzugeben, daß dieser Beurteilung nicht in vollem Umfang gefolgt werden kann. Zwar liegt ein gemischter gegenseitiger Vertrag vor. Es läßt sich aber nicht sagen, daß er werkvertraglichen oder gar überwiegend werkvertraglichen Charakter habe. In erster Linie handelt es sich um einen Filmverwertungs- (Lizenz- oder Monopol-) Vertrag zwischen der Herstellerin und der Verleiherin des Films im Sinne der Entscheidungen in RGZ. Bd. 106 S. 362, Bd. 118 S. 290; RG. in MuW. 1928 S. 146. Die Beklagte erwarb als Herstellerin vor allem das Urheberrecht an dem unkörperlichen, in dem Filmnegativ nur veranschaulichten Werk. Aus diesem umfassenderen Rechte übertrug sie der Klägerin zum Zwecke der gemeinsamen wirtschaftlichen Auswertung das sachlich, örtlich und zeitlich begrenztere Recht der ausschließlichen öffentlichen Vorführung und des ausschließlichen Vertriebs des Films in Deutschland auf die Dauer von fünf Jahren. Insofern liegt ein Vertrag eigener Art vor, der dem Rechtsgebilde der patentrechtlichen ausschließlichen Lizenz verwandt ist. Allerdings haben die Parteien auch ein gewisses Zusammenwirken zu gemeinsamem Ziele sowohl beim Herstellen wie beim Verwerten des Films vereinbart. Insoweit handelt es sich aber um einen gesellschaftlichen, nicht um einen werkvertraglichen Einschlag in dem Filmlizenzvertrag. Das Wesen des Vertrags besteht nicht darin, daß die Beklagte lediglich im Auftrage und für Rechnung der Klägerin einen Arbeitserfolg herbeizuführen hatte. Sie erwarb vielmehr das Urheberrecht für sich und mußte die zur wirtschaftlichen Auswertung des Films in Deutschland erforderlichen Teilrechte erst eigens an die Klägerin abtreten. Es ist auch anzunehmen, daß sie und nicht die Klägerin Eigentümerin des Filmnegativs war und blieb (vgl. §§ 13 und 15 des Vertrags). Bei der Herstellung des Films hatte sich zwar die Klägerin einen starken Einfluß auf die Gestaltung des Drehbuches und die Auswahl der künstlerischen und technischen Kräfte gesichert und sich das Recht der Ueberwachung der Aufnahmen ausbedungen. Grundsätzlich war die Herstellung jedoch Sache der Beklagten. Dabei wirkte sie zwar mit der Klägerin zusammen, unterstand aber nicht einseitig deren Weisungen. Die Klägerin beteiligte sich zwar mittels der vorzeitigen Auszahlung erheblicher Teile der Garantiesumme wirtschaftlich in starkem Maße an den Herstellungskosten des Films. Es läßt sich aber nicht sagen, daß die Beklagte ihr einfach den Film gegen ein bestimmtes Entgelt geliefert hätte. Die Beklagte hatte zwar ausdrücklich das Zensurrisiko übernommen. Beide Parteien sollten aber gemeinschaftlich alles tun, um den Film durch die Zensur zu bringen. Der Abschluß und die Gestaltung der Verleihverträge waren zwar ausschließlich Sache der Klägerin. An den Erlösen aus den Verleihverträgen waren aber beide Parteien nach Abzug gewisser Unkosten zur Hälfte beteiligt. Sie hatten auch gemeinsame Reklame für den Film in den Fachzeitschriften zu machen. — Aus alledem ergibt sich, daß in den Filmlizenzvertrag starke Elemente aus anderen Rechtsverhältnissen eingegangen waren. Diese waren jedoch gesellschaftlicher, zum Teil auch partiarischer, nicht aber werkvertraglicher Art.

Der zum Teil abweichende Ausgangspunkt des Kammergerichts entzieht jedoch, entgegen dem Revisionsangriff, seiner übrigen rechtlichen Beurteilung im allgemeinen nicht den Boden. Auch der Filmherstellungs- und Verwertungsvertrag mit erheblichem gesellschaftlichen Einschlag untersteht, wie dies das Kammergericht für die von ihm gemeinte Vertragsart angenommen hatte, grundsätzlich den Vorschriften der §§ 320 flg. BGB. Insbesondere ergibt sich für den im Vordergrund stehenden Klagegrund der vertraglichen Uebernahme des Zensurrisikos durch die Beklagte, die das Kammergericht als eine Verpflichtung nach § 323 BGB. deutet, keine grundsätzlich abweichende rechtliche Beurteilung. Der gesellschaftliche Einschlag des Vertrags hindert die Geltendmachung der Rechtsbehelfe aus § 323 BGB. nicht; vor allem dann nicht, wenn sie vertraglich ausbedungen ist. Die Rechtsbehelfe heben den Vertrag nicht in dem Sinne rückwirkend auf, daß sie nicht auch neben einem etwaigen Kündigungsrecht bestehen könnten. So hat die Rechtsprechung des Reichsgerichts auch den § 626 BGB., der für den Dienstvertrag ein Kündigungsrecht aus wichtigem Grunde gibt, das dem in § 723 BGB. für die Gesellschaft gegebenen Kündigungsrechte verwandt ist, dahin ausgelegt, daß er zwar ein auf §§ 325, 326 BGB. gestütztes Rücktrittsrecht ausschließe, aber die Anwendung des § 323 BGB. unberührt lasse (RGZ. Bd. 92 S. 158, 176, Bd. 105 S. 167). Ueberdies sieht der § 726 BGB. auch für das reine Gesellschaftsrecht vor, daß eine Gesellschaft endigt, wenn die Erreichung des vereinbarten Zweckes unmöglich geworden ist. — Für den Klagegrund des auf §§ 325, 326 BGB. gestützten Rücktritts vom Vertrage ist allerdings zu bedenken, daß ein erheblicher gesellschaftlicher Einschlag bei einem Lizenzvertrag im allgemeinen ein Kündigungsrecht aus wichtigem Grunde in entsprechender Anwendung des § 723 BGB. gibt (vgl. für den patentrechtlichen Lizenzvertrag RGZ. Bd. 142 S. 215) und daß bei einem solchen Vertrage das gesellschaftsähnliche Verhältnis zwischen den Parteien bereits so weit zur Ausführung gelangt sein kann, daß der Vertrag überhaupt nur noch auf Grund des § 723 BGB. aus wichtigem Grunde gekündigt, aber nicht mehr auf Grund der §§ 325, 326 BGB. rückwirkend aufgehoben werden kann (RGZ. Bd. 78 S. 303, Bd. 81 S. 303; RG. in JW. 1937 S. 2970 Nr. 12). Doch reichen die tatsächlichen Feststellungen des Kammergerichts aus, um die Sache auch unter diesem rechtlichen Gesichtspunkt würdigen zu können. — Für den schließlich geltend gemachten Klagegrund des Verzugsschadens ist der etwas abweichende rechtliche Ausgangspunkt des Kammergerichts ebenfalls ohne wesentliche Bedeutung.

II. Der Klagegrund der vertraglichen Uebernahme des Zensurrisikos (§ 323 BGB.).

Den § 14 des Vertrags legt das Kammergericht im Rahmen der zeitlichen Entwicklung, die das gesamte Vertragsverhältnis genommen hat, folgendermaßen aus: Die Uebernahme des Zensurrisikos durch die Beklagte bedeute nach den Umständen des Falles nicht, daß die Beklagte für ein Zensurverbot wie für einen von ihr zu vertretenden Umstand einzustehen habe. Vielmehr solle ein Zensurverbot wie ein Umstand angesehen werden, der die Leistung der Beklagten nachträglich unmöglich mache und von keiner Seite zu vertreten sei. Es solle also gemäß § 323 Abs. 3 BGB. die Verpflichtung der Beklagten zur Rückzahlung der erhaltenen Garantiebeträge begründen. Doch solle diese Wirkung nur einem endgültigen, nicht einem einstweiligen Zensurverbot zukommen und seien die Parteien einander verpflichtet, alles zu tun, um den Film schließlich doch durch die Zensur zu bringen. Auch bei einem Zensurverbot, das sich zunächst als vermutlich endgültig darstelle, sollten die Parteien für den Fall einer etwaigen späteren Aufhebung des Verbots noch so lange an den Vertrag gebunden sein, als die Leistungen der Beklagten durch die etwaige spätere Zulassung des Films nicht in ihrem Wesen geändert werden. — Das alles ruht auf im wesentlichen tatsächlichen Feststellungen über den Willen der Vertragschließenden, denen aus Rechtsgründen nicht entgegengetreten werden kann. Die Angriffe, die die Revision dagegen erhebt, vermögen nicht durchzudringen.

1. Insbesondere betrachtet die Revision zu Unrecht bei der Auslegung des § 14 den Vertrag, und vor allem seinen § 7, für sich allein, während das Kammergericht mit Recht das Vertragsverhältnis in seiner gesamten zeitlichen Entwicklung, also insbesondere auch den Vergleich, der den § 7 des Vertrags grundlegend geändert hatte, und das gesamte nachträgliche Verhalten der Parteien bei der Vertragserfüllung ins Auge faßt. Wie die Zensurklausel zu verstehen wäre, wenn die ursprüngliche feste Frist des 1. August 1936 für die Lieferung des zensierten Films aufrechterhalten geblieben wäre, kann dahinstehen. Nachdem der § 7 des Vertrags gefallen ist und das Rechtsverhältnis die vom Kammergericht festgestellte Entwicklung genommen hat, kann diese ursprüngliche Vertragsbestimmung rechtlich kein Hindernis mehr bilden für die Vertragsauslegung des Kammergerichts. Aus Rechtsgründen kann vielmehr seiner Annahme nicht entgegengetreten werden, die Parteien hätten die Uebernahme des Zensurrisikos durch die Beklagte in dem Sinne verstanden, das Zensurverbot solle wie ein nachträglicher Umstand wirken, der zwar von der Beklagten nicht zu vertreten sei, ihr aber die vertragliche Erfüllung unmöglich mache, sie daher zur Rückzahlung der emp-

fangenen Garantiesumme verpflichte und ihr die Gefahr aufbürde, daß der Film in Deutschland wirtschaftlich nicht ausgewertet werden könne. Es kann sich höchstens fragen, ist aber für die endgültige Entscheidung ohne Bedeutung, ob die Zensurklausel nicht über die gesetzliche Regelung des § 323 BGB. insofern hinausging, als sie das Rückforderungsrecht der Klägerin unbedingt und nicht nur nach den Grundsätzen über die Herausgabe einer ungerechtfertigten Bereicherung begründete. Es ist insbesondere zu billigen, daß das Kammergericht die Auslegung der Zensurklausel völlig auf die Umstände des Einzelfalls abgestellt und vor allem erwogen hat, daß die Gestaltung des Films, die dann den Anlaß zum Verbote gab, wesentlich ein Gemeinschaftswerk der Parteien war, daß ihnen beiden in gleichem Maße daran gelegen sein mußte, den Film durch die Zensur zu bringen, daß deshalb Anlaß dazu bestand, die einseitige Uebernahme des Zensurrisikos durch die Beklagte im Vertrag ausdrücklich hervorzuheben, und daß kein Grund vorhanden war, der Zensurklausel eine noch weitergehende Bedeutung beizulegen. Auch darin läßt sich kein Rechtsverstoß finden, daß das Kammergericht das Ermessen der Filmprüfbehörden als weit genug angesehen hat, daß die Vertragschließenden die Entscheidung im Verhältnis unter sich als einen von keiner Seite zu vertretenden Umstand ansehen konnten.

Die Revision will die für Kauf und Pacht gegebenen Vorschriften über die Haftung für Sachmängel entsprechend angewendet wissen. Ebenso sei der für das Rechtsgebiet der patentrechtlichen ausschließlichen Lizenz geltende Grundsatz entsprechend anzuwenden, daß der Geber einer solchen Lizenz für die technische Ausführbarkeit der Erfindung hafte; dieser entspreche rechtlich die Zensurfähigkeit des Films. Mithin hafte der Filmhersteller dem Verleiher schon von Gesetzes wegen für die Zensurfähigkeit des Films. Die vertragliche Zensurklausel müsse daher mehr bedeuten. Sie bedeute, daß die Beklagte der Klägerin für die Zensurfähigkeit des Films wie für eine zugesicherte Eigenschaft einstehen solle.

Diesen Ausführungen kann jedoch nicht gefolgt werden. Es ist schon unklar, wie sie mit der sonst von der Revision vertretenen Auffassung zusammenstimmen sollen, die Zensurklausel bedeute, daß die Beklagte ein Zensurverbot im Sinne des § 325 BGB. zu vertreten habe. Vor allem aber lassen sich die von der Revision gewünschten Entsprechungen nicht starr und allgemeinverbindlich auf den gesellschaftsähnlichen Filmherstellungs- und Monopolvertrag als solchen anwenden. Ein solcher Vertrag kann einen mannigfach verschiedenen Inhalt haben. Es hängt daher stets von den besonderen Umständen des Einzelfalles ab, ob und inwieweit Vorschriften aus anderen Rechtsgebieten entsprechend auf ihn angewendet werden können.

Der zwischen den Parteien geschlossene Vertrag kennzeichnet sich, auf das Merkmal der Zensurfähigkeit hin betrachtet, vor allem dadurch, daß die für die Zensurfähigkeit maßgebende inhaltliche und künstlerische Gestaltung des Films in starkem Maße ein Gemeinschaftswerk der Parteien war. Schon deswegen lassen sich die dem Kauf- und Pachtrecht eigentümlichen Sondervorschriften über Sachmängelhaftung, die auf die einseitige Gestaltung des Leistungsgegenstandes durch den Verkäufer oder Verpächter zugeschnitten sind, hier nicht entsprechend anwenden. Aus dem gleichen Grunde scheiden die dem Kaufrecht angehörigen Sondervorschriften über Rechtsmängelhaftung, insbesondere der § 437 BGB., aus. Es kommt daher auch nicht darauf an, ob sich das Einstehen für die Zensurfähigkeit an sich mehr der Sachmängelhaftung (bezogen auf die künstlerische Beschaffenheit des im Negativ veranschaulichten Filmwerks als eines unkörperlichen Wertgegenstandes) oder mehr der Rechtsmängelhaftung (bezogen auf das von dem staatlichen Zensurrecht unbehinderte Recht zur ausschließlichen Vorführung und zum ausschließlichen Vertrieb des Films) vergleichen ließe oder unter beiden Gesichtspunkten betrachtet werden könnte (RGZ. Bd. 82 S. 158).

Ebenso versagt bei dem zwischen den Parteien geschlossenen Vertrag die von der Revision behauptete Analogie der Haftung für die technische Ausführbarkeit einer Erfindung bei einem patentrechtlichen ausschließlichen Lizenzvertrag. Vergleichbar wäre an sich nur die ausschließliche Lizenz an einer Erfindung, für die ein Patent noch nicht erteilt ist. Auch hier kann unter dem doppelten Gesichtspunkt gefragt werden, ob der Lizenzgeber dafür hafte, daß das Patentrecht erteilt werde, oder (und) dafür, daß die Erfindung so beschaffen sei, daß sie patentiert werden könne, unter anderem also technisch ausführbar sei. Die Rechtsprechung nimmt an, daß der Geber einer patentrechtlichen ausschließlichen Lizenz für die technische Ausführbarkeit der Erfindung ohne weiteres, für die Erteilung des Patents in der Regel hafte, wenn es auch in der letzteren Beziehung auf die Umstände des Einzelfalles ankomme. Das alles läßt sich jedoch keineswegs ohne weiteres auf das Einstehen für die Zensurfähigkeit des Films im Rahmen des zwischen den Parteien geschlossenen Vertrags übertragen. Der Geber einer patentrechtlichen ausschließlichen Lizenz gestaltet die sachliche Unterlage für die Entscheidung des Patentamts, die Erfindung, ganz allein und kann sie so gestalten, daß das Patent erteilt werden muß, weil die Erteilungsbehörde an genau bestimmte Voraussetzungen gebunden ist und höchstens in der Frage der Erfindungshöhe einen gewissen, aber nicht sehr weitgehenden Ermessensspielraum hat. Im Rahmen des zwischen den Parteien geschlossenen Vertrags haben aber die Parteien g e m e i n s a m die sachliche Unterlage für die Entscheidung der Zensurbehörde, d. h. den Inhalt und den Kunstwert des Films, gestaltet und hätte übrigens der Hersteller selbst dann, wenn er ganz allein den Film zu schaffen gehabt hätte, keineswegs mit der dem Erfinder möglichen Sicherheit die Entscheidung der Prüfbehörde vorauszubestimmen vermocht, da die

Zensurbehörde nur an viel allgemeiner gefaßte Voraussetzungen gebunden ist und in sehr weiten Ermessensgrenzen handeln kann und muß. Die Verhältnisse liegen daher zu verschieden, als daß die für die patentrechtliche ausschließliche Lizenz geltenden Grundsätze einfach übernommen werden könnten.

Das Kammergericht hat vielmehr Recht daran getan, wenn es den Vertrag und die Zensurklausel ohne Anleihen bei anderen Rechtsgebieten, lediglich im Rahmen der für gemischte gegenseitige Verträge allgemein geltenden Vorschriften der §§ 320 flg. BGB. aus sich selbst heraus ausgelegt hat.

2. Auch die weitere Annahme des Kammergerichts, die Parteien seien verpflichtet gewesen, ungeachtet anfänglicher Verbote alles zu tun, um den Film schließlich doch durch die Zensur zu bringen, läßt sich rechtlich nicht beanstanden. Der ursprüngliche § 7 des Vertrags läßt sich ihr aus den oben angegebenen Gründen nicht entgegenhalten. Was die Dauer dieser Pflicht zur Mitwirkung am Zensurverfahren angeht, so ist jedenfalls die Auffassung des Kammergerichts völlig unbedenklich, daß von einem Unmöglichwerden der Leistung der Beklagten sicher so lange nicht gesprochen werden könne, als nicht sämtliche ordentlichen Rechtsmittel des Prüfverfahrens erschöpft gewesen seien. Die Frage ist jedoch die, und von ihrer Beantwortung hängt die Entscheidung des Rechtsstreits wesentlich ab, ob im Sinne der Zensurklausel die Leistung der Beklagten nicht wenigstens mit dem zweiten, endgültig ablehnenden Bescheid der Filmprüfstelle vom 15. April 1937 unmöglich geworden war, da nunmehr die ordentlichen Rechtsmittel gegen das Verbot erschöpft, seine Aufhebung aller Wahrscheinlichkeit nach nicht mehr zu erwarten, jedenfalls nicht mehr abzusehen war, außerdem bald darauf gegen die Beklagte das Ausgleichsverfahren eröffnet wurde und die Filmverleihverträge, die die Klägerin mit den Lichtspieltheaterbesitzern abgeschlossen hatte, in nicht zu ferner Zeit abliefen. Es läßt sich die Möglichkeit denken, den gegebenen Sachverhalt dahin zu würdigen, daß nach der Willensmeinung der Parteien eine solche Sachlage die Leistung der Beklagten als endgütig unmöglich erweisen und die Zensurklausel in Lauf setzen sollte. Von einer solchen tatsächlichen Würdigung des Vertragswillens aus wäre allerdings — das ist der Revision zuzugeben — bei der Prüfung der Frage, ob mit dem anscheinend endgültigen Zensurverbot die Leistung der Beklagten im Rechtssinne endgültig oder nur einstweilig unmöglich geworden sei, von demjenigen Zeitpunkt auszugehen, in dem das Zensurverbot sich als praktisch endgültig darstellte, und nicht von demjenigen, in dem sich nachträglich wider Erwarten ergab, daß es doch nicht endgültig gewesen war. Das gilt besonders dann, wenn dem Gläubiger bereits zu jenem ersten Zeitpunkt daran gelegen sein mußte, die Verhältnisse bald endgültig zu klären (RGZ. Bd. 5 S. 279, Bd. 42 S. 115; RG. in JW. 1927 S. 1363

Nr. 14). Wären hier infolge einer einmal eingetretenen endgültigen Unmöglichkeit der Leistung die ursprünglichen Vertragsbeziehungen erloschen gewesen, so hätten sie durch das spätere unerwartete Wiedermöglichwerden der Leistung der Beklagten nicht wieder aufleben können. Es wäre vielmehr nur zu prüfen gewesen, ob etwa aus dem früheren Vertragsverhältnis übriggebliebene Wirkungen die Klägerin nach Treu und Glauben zu einem bestimmten Verhalten oder zum Abschluß einer neuen den Verhältnissen angepaßten Vereinbarung verpflichtet hätten und welches Rechtsverhältnis durch die tatsächliche Auswertung des Films nach seiner Zulassung vom 22. Juli 1937 zwischen den Parteien begründet worden war. Gegebenenfalls wäre hier auch der Aufrechnungseinwand zu prüfen gewesen.

Nun hat aber das Kammergericht — und das ist der Revision entgegenzuhalten — tatsächlich eine andere Feststellung über den Vertragswillen der Parteien getroffen. Es stellt zu wiederholten Malen dem Sinne nach fest, nach dem Willen der Vertragschließenden hätte auch ein anscheinend endgültiges Verbot die vertragliche Bindung noch nicht sofort beendigen sollen. Vielmehr hätten die Parteien auch dann noch eine gewisse Zeit für den Fall gebunden bleiben sollen, daß eine bei der Eigenart des Filmprüfverfahrens immerhin nicht unmögliche spätere Zulassung des Films die Vertragsausführung noch ermöglichen werde. Diese Frist hätte so lange dauern sollen, als sich die Lieferung des Films infolge der verspäteten Zulassung nicht als eine andere als die vertragsmäßig geschuldete Leistung der Beklagten dargestellt hätte. — Diese tatsächliche Feststellung über den Vertragswillen bindet das Revisionsgericht. Legt man sie zugrunde, dann ist in der Tat niemals im Sinne der Zensurabrede ein Zustand endgültiger Unmöglichkeit der Vertragserfüllung für die Beklagte eingetreten, es sei denn, daß die verspätete Zulassung des Films ihre Leistung im wesentlichen so verändert hätte, daß sie die Klägerin nicht mehr als Vertragserfüllung anzunehmen brauchte.

Diese Auslegung des Kammergerichts muß bei der Eigenart des Rechtsverhältnisses, insbesonderes bei dem starken gesellschaftlichen Einschlag des Vertrags und dem Umstand, daß die Parteien gemeinschaftlich die Gestaltung des Films bestimmt hatten und daß ihnen gemeinschaftlich an seiner Zulassung gelegen sein mußte, als möglich angesehen werden. Ebenso läßt sich dem Kammergericht aus Rechtsgründen nicht entgegentreten, wenn es annimmt, eine Aenderung der Verbotsentscheidung der Prüfstellen sei auch noch möglich gewesen, nachdem die Antragsteller die ordentlichen Rechtsmittel erschöpft gehabt hätten. Daß dies der Fall war, hat der Verlauf des Prüfverfahrens gezeigt. Es läßt sich auch nicht sagen, daß die Auslegung des Kammergerichts die Uebernahme des Zensurrisikos durch die Beklagte praktisch in ihrer Bedeutung so sehr aushöhle, daß sie mit dem Vertrage nicht mehr im Einklang stehe. Die Frist, innerhalb deren das Kammergericht noch einen Zustand schwebender Bindung der Parteien auch nach einem anscheinend endgültigen Zensurverbot annimmt, ist angesichts des Saisoncharakters des Geschäfts praktisch nicht sehr groß. Sie hätte sich keinesfalls über den in den Verleihverträgen der Klägerin festgesetzten Uraufführungstermin vom 31. August 1937 hinaus erstrecken können. Demnach behält die Zensurklausel auch in der Auslegung des Kammergerichts sehr wohl ihre praktische Bedeutung.

3. Das Kammergericht prüft nun im einzelnen, ob durch die spätere Lieferung des Films etwa der Vertragszweck nicht mehr erreichbar und der Klägerin die Vertragserfüllung nicht mehr zuzumuten gewesen sei, und verneint das nach einer sorgfältigen Erörterung aller in Betracht kommenden Umstände. Hier handelt es sich um eine im wesentlichen tatsächliche Würdigung eines bestimmten Sachverhalts, die mit der Rechtsrüge nicht angegriffen werden kann. Die rechtliche Fragestellung des Kammergerichts ist, wie auch die Revision anerkennt, nicht zu beanstanden. Die Revision gelangt nur ihrerseits zu einer anderen tatsächlichen Würdigung des Sachverhalts. Damit kann sie aber in diesem Rechtszug nicht mehr gehört werden.

III. Die Klagegründe des Rücktritts vom Vertrage (§ 325, 326 BGB.) und des Verzugsschadens.

Das Kammergericht unterstellt, daß das Schreiben der Klägerin vom 18. Mai 1937 in eine Rücktrittserklärung umgedeutet werden könne. Es brauchte deshalb nicht mehr zu prüfen, ob auch die Erklärungen der Klägerin in der Verhandlung vor der Filmkammer am 21. Juli 1937 und ihr Schreiben vom 2. August 1937 in diesem Sinne gedeutet werden könnten. Das Kammergericht hält jedoch die Erklärung des Rücktritts vom Vertrage schon um deswillen für unwirksam, weil sie weder auf § 325 noch auf § 326 BGB. habe gestützt werden können. Für das Zensurverbot habe die Beklagte nicht im Sinne des § 325 BGB. gehaftet. Auf eine angebliche Minderwertigkeit oder eine zu geringe Länge des Films könne sich die Klägerin, abgesehen von dem Verspätungseinwand, schon deswegen nicht berufen, weil sie den Inhalt des Films selbst mit bestimmt und ihn ebenso wie den endgültigen Schnitt genehmigt habe. Ein Verzug liege nicht vor, weil die vor dem Vergleich liegende Ueberschreitung der Lieferfrist durch den Vergleich genehmigt, die Beklagte seit dem Vergleich aber mit einer ihr obliegenden Vertragshandlung nicht mehr in Verzug gekommen, die verspätete Zulassung des Films vielmehr wie ein zufälliger, nicht zu vertretender Umstand anzusehen sei. Deswegen könne weder der Rücktritt vom Vertrag auf Verzug gestützt, noch (hilfsweise) ein Verzugsschaden geltend gemacht werden.

Die Revision gelangt von ihrem Rechtsstandpunkt aus, nach dem die Beklagte für das Zensurverbot nach § 325 BGB. hafte und ein Verzugsschaden schon seit dem ersten Zensurverbot eingetreten sei, naturgemäß zu einem anderen Ergebnis. Ihr kann aber aus den oben angegebenen Gründen nicht gefolgt werden. Vielmehr ist die Auffassung des Kammergerichts, wenn man seine Auslegung der Zensurklausel zugrunde legt und unterstellt, daß das Vertragsverhältnis die Anwendung der Rechtsbehelfe der §§ 325, 326 BGB. an sich zuließ, rechtlich nicht zu beanstanden. Auf die Hilfserwägungen des Urteils darüber, wie die Sache zu beurteilen sei, wenn die Beklagte das Zensurverbot zu vertreten gehabt hätte, kommt es daher nicht mehr an.

Nun erhebt sich allerdings, wie oben bereits ausgeführt, angesichts des starken gesellschaftlichen Einschlags in dem Filmmonopolvertrage die Frage, ob nicht anstatt der Rechtsbehelfe aus §§ 325, 326 BGB. überhaupt nur die Kündigung aus wichtigem Grunde in entsprechender Anwendung des § 723 BGB. zulässig gewesen sei, ob die Erklärungen der Klägerin etwa auch in diesem Sinne gedeutet werden könnten und ob sie dann wirksam sein würden. Das Kammergericht hat diese Frage zwar nicht ausdrücklich geprüft. Seine Feststellungen über den Inhalt der Zensurklausel und die Willensrichtung der Vertragschließenden lassen aber keinen Zweifel, daß es angesichts der vereinbarten weitergehenden Bindung auch das zweite Zensurverbot jedenfalls nicht als einen wichtigen Grund für eine Kündigung angesehen und eine solche Kündigung überdies als zur Unzeit geschehen beurteilt haben würde.

**RGZ. 161, 321**

**1. Ueber den Unterschied zwischen einem gesellschaftlichen und einem werkvertraglichen Einschlag bei einem Filmherstellungs- und Verwertungsvertrage.**

**2. Inwiefern haftet bei einem gesellschaftsähnlichen Filmherstellungs- und Verwertungsvertrage der Hersteller dem Verleiher für Beschaffenheitsmängel des Films nach den Grundsätzen der Gewährleistung für Sachmängel?**

Kunstschutzgesetz vom 9. Januar 1907 (RGBl. S. 7) § 15.
BGB. §§ 537 flg., 581, Abs. 2, §§ 631, 705.

I. Zivilsenat. Urt. v. 26. September 1939.

I. Landgericht Berlin. II. Kammergericht daselbst.

Wegen des Sachverhalts wird auf die Entscheidung vom 27. September 1938 Bd. 158, S 321*) verwiesen. Dort klagte die Filmverleihgesellschaft auf Rückzahlung eines Teilbetrages der bereits von ihr an die Filmherstellerin für den Film „Prater" geleisteten Zahlungen. Die vorliegende Entscheidung betrifft die Klage der Herstellerin gegen die Verleihgesellschaft auf Zahlung einer unbestrittenen Forderung, die sich aus der Verwertung anderer Filme ergeben hatte. Die beklagte Verleih-

---

*) Abgedr. weiter oben in diesem Abschnitt.

gesellschaft hat mit Gegenansprüchen aufgerechnet, die sie aus der Geschäftsverbindung über den „Prater"-Film herleitet. Sie stützt diese Gegenansprüche auf die gleichen Gründe wie ihre Klage in dem Vorprozeß, namentlich auf die Mängelhaftung der hier klagenden Herstellerin. Landgericht und Kammergericht haben der Klage stattgegeben. Die Revision blieb ohne Erfolg.

Aus den Gründen:

In sachlich-rechtlicher Hinsicht gibt das Urteil des Kammergerichts zu keinen durchgreifenden Rechtsbedenken Anlaß. Soweit das Kammergericht, wozu es verfahrensrechtlich in der Lage war, in der rechtlichen Gesamtbeurteilung des zwischen den Parteien geschlossenen Vertrages vom 31. März 1936 von der Beurteilung des Senats in seiner Entscheidung vom 27. September 1938 abzuweichen erklärt, sind die Unterschiede mehr scheinbar als tatsächlich. Jedenfalls beruht das angefochtene Urteil auf ihnen nicht.

1. Daß ein zwischen Hersteller und Verleiher geschlossener Filmherstellungs- und Verwertungsvertrag nach Lage der Umstände im Einzelfall auch werkvertraglichen Einschlag haben kann, d. h. daß nach dem vermutlichen Parteiwillen und dem Vertragszweck auf ihn auch einzelne geeignete Bestimmungen des Werkvertragsrechtes entsprechend Anwendung finden können, mag durchaus zutreffen. Es mag besonders dann möglich sein, wenn beim Herstellungsvorgang ein starkes Uebergewicht des Verleihers über den Hersteller besteht, wenn etwa der Verleiher, wie das Kammergericht beispielsweise annimmt, den Inhalt des herzustellenden Films vollständig vorschreibt, wenn sie wirtschaftlich im wesentlichen die Herstellungskosten trägt und wenn die von ihm zu besorgende Auswertung des Films diesen wirtschaftlich in der Hauptsache erschöpft. Darum handelt es sich hier aber nicht. . . . Vielmehr fragt sich lediglich, ob der bestimmte zwischen den Parteien am 31. März 1936 geschlossene Filmherstellungs- und Verwertungsvertrag die rechtlichen Beziehungen der Parteien mehr nach Art von Gesellschaftern bestimmt hat, die zur Erreichung eines gemeinsamen Zweckes, nämlich zur gemeinsamen Herstellung und Auswertung des Films, zusammenwirken, oder mehr nach Art von Personen, bei denen die eine Partei ein Werk gegen Vergütung bestellt und die andere es lediglich herzustellen und abzuliefern hat. Das zeigt zugleich, daß es nicht angeht, das einheitliche Lebens- und Rechtsverhältnis, das eine solche Vertragsbeziehung darstellt, wie es das Kammergericht tut, scharf in den Herstellungs- und in den Verwertungsvorgang zu zertrennen und beide rechtlich gesondert zu betrachten. Von diesen Gesichtspunkten aus gelangt man zu der Annahme, daß der Filmherstellungs- und Verwertungsvertrag vom 31. März 1936, der im übrigen ein dem patentrechtlichen ausschließlichen Nutzungsvertrage (Lizenzvertrage) verwandter gemischter gegenseitiger Vertrag eigener Art ist, in erster Linie gesellschaftlichen,

nicht werkvertraglichen Einschlag hat. Hier haben sich die Parteien in der Tat zur gemeinschaftlichen Herstellung und Teilauswertung des Films zusammengeschlossen, nicht aber hat die Klägerin ein Werk lediglich für die Zwecke der Beklagten hergestellt. Das erkennt jedoch das Kammergericht jetzt selbst an. Wenn man auf die Gesamtrichtung des Vertrages sieht, muß man angesichts des gegensätzlichen Inhalts der beiden Begriffe zwischen der gesellschaftsähnlichen und der werkvertragsähnlichen Wesensart der rechtlichen Beziehung wählen und kann nicht von vornherein beide nebeneinander als vorhanden annehmen. Lediglich insofern — das ist dem Kammergericht zuzugeben — könnte neben der (übergeordneten) Heranziehung einzelner Bestimmungen des Gesellschaftsrechts eine (untergeordnete) Heranziehung einzelner Bestimmungen des Werkvertragsrechts in Frage kommen, als die in entsprechender Anwendung des § 706 BGB. geschuldete gesellschaftsähnliche Beitragsleistung der Beklagten in mancher Beziehung als eine in werkvertragsähnlichen Formen zu erbringende aufgefaßt werden könnte. Darauf kommt es jedoch für die Entscheidung nicht an.

2. Die Frage der Mängelhaftung ist in dem Urteil des Senats vom 27. September 1938 in grundsätzlicher Beziehung offengelassen worden. In dem Urteil ist lediglich bei der Auslegung der Zensurklausel des Vertrages vom 31. März 1936 dargelegt, daß die inhaltliche und künstlerische Gestaltung eines Films, die zu einer Versagung der Zulassung geführt hat, im Verhältnis der Parteien dann nicht nach Art der die eine Partei allein treffenden Mängelhaftung behandelt werden kann, wenn sie ein Gemeinschaftswerk beider Parteien war. Der Klagegrund der Mängelhaftung ist mit Erwägungen beschieden worden, die seine grundsätzliche Zulässigkeit dahingestellt sein lassen. Da die Parteien und das Kammergericht jedoch nunmehr die Frage nach der Zulässigkeit der auf Mängelhaftung gestützten Rechtsbehelfe ausdrücklich aufwerfen, sei dazu folgendes bemerkt.

Die Frage, ob, aus welchem Rechtsgrund und in welcher Form bei dem Filmherstellungs- und Verwertungsvertrag der Hersteller dem Verleiher für Beschaffenheitsmängel des Films auch nach Gewährleistungsgrundsätzen haftet, bemißt sich jeweils nach den Umständen des einzelnen Falles. Eine solche Haftung wird im allgemeinen schon dadurch nahegelegt, daß der Grundsatz der Gewährleistung für Sachmängel der einen oder anderen Form das gesamte Schuldrecht bei der entgeltlichen Veräußerung, Herstellung und Gebrauchsüberlassung von Gegenständen durchzieht. § 493 BGB. ist demnach nur der Ausdruck eines noch allgemeineren Rechtsgedankens. Bei dem Filmherstellungs- und Verwertungsvertrage kann überdies, wenn werkvertragliche Gesichtspunkte (§§ 633 flg. BGB.) zurücktreten, eine Vergleichsmöglichkeit gefunden werden in der entsprechenden Anwendung der Vorschriften über die Rechtspacht, indem auf die Haftung für Mängel der sachlichen Unterlage des zur Ausnutzung überlassenen Teilrechtes die Vorschriften in § 581 Abs. 2, §§ 537 flg. BGB. entsprechend, d. h., soweit sie sich im Einzelfalle dazu eignen, angewendet werden. In welcher Art und in welchem Umfange die Gewährleistungsvorschriften aus verwandten Rechtsgebieten heranzuziehen sind, kann nur durch die Auslegung jedes einzelnen Vertragsverhältnissen nach Grund, Parteiwillen und Zweck bestimmt werden. Insbesondere wird ein gesellschaftsähnlicher Einschlag die entsprechend anzuwendenden Bestimmungen über Gewährleistung vielfach abwandeln. Dabei folgen das Recht und die Pflicht der Beteiligten zur Nachbesserung, die das Kammergericht zutreffend als unerläßlich bei einer gesellschaftsähnlichen Bindung ansieht, schon aus der gegenseitigen Förderungspflicht der Parteien. Ueberdies könnten sie, wenn die Aehnlichkeit mit § 634 BGB. versagen sollte, aus der entsprechenden Anwendung der §§ 537 flg. BGB. hergeleitet werden.

Diese Auffassung begegnet sich in der Abstellung auf den Einzelfall mit den Entscheidungen des Reichsgerichts in MuW. 1931 S. 441 und I 4/39 vom 11. Juli 1939 (RGZ. Bd. 163 S. 1), die sich mit der Frage der Sachmängelhaftung bei einem patentrechtlichen Lizenzvertrag und bei einem Veräußerungs- und Lizenzvertrag über ein Geheimverfahren befassen. Doch liegt der Sachverhalt bei diesen Entscheidungen, besonders bei der zweiten, naturgemäß anders als im vorliegenden Falle.

Diese Rechtsgrundsätze führen hier zu der Annahme, daß die Klägerin zwar nicht nach Gewährleistungsgrundsätzen für denjenigen künstlerischen Minderwert des Films haftet, der auf das vertraglich festgelegte gemeinschaftliche Zusammenwirken der beiden Parteien zurückgeht, daß sie aber für etwaige sonstige auf ihre Herstellungstätigkeit zurückgehende erhebliche Sachmängel und für zugesicherte Eigenschaften (etwa für eine bestimmte Länge des Films) einzustehen hat, falls die Nachbesserung nicht möglich war oder trotz Verlangens nicht vorgenommen wurde und falls die Beklagte nicht durch ihr Verhalten zu erkennen gegeben hat, daß sie auf hieraus hergeleitete Gewährleistungsansprüche verzichte. Dies ist auch die Auffassung des Kammergerichts. Sie ist rechtlich ebensowenig zu beanstanden wie seine sonstige rechtliche Beurteilung, die sich im wesentlichen mit derjenigen seines Urteils im Vorprozeß deckt. . . .

## RGZ. 169, 109

**1. Welche Anforderungen sind an den Rechtsbegriff der freien Benutzung zu stellen, wenn ein Bildnismaler ein Lichtbild für die Anlagezeichnung eines Oelgemäldes benutzt hat?**

**2. Ist es rechtlich möglich, daß ein Bildnismaler, der aus einem Lichtbilde des Darzustellenden Kopfhaltung und Blickrichtung weitgehend übernommen hat, innerhalb dieses Vorbildes mit malerischen**

**Mitteln eine selbständige und eigenartige Wesensschau des Dargestellten verwirklicht?**

**3. Ist bei der Benutzung eines Lichtbildes für die Anlagezeichnung eines Oelgemäldes die Wahl der Farben grundsätzlich gleichgültig für die Frage nach freier oder unfreier Benutzung?**

Gesetz, betreffend das Urheberrecht an Werken der bildenden Künste und der Photographie, vom 9. Januar 1907 (RGBl. S. 7) — KunstschutzG. — §§ 1, 15 Abs. 2, § 16.

I. Zivilsenat. Urt. v. 28. April 1942.

I. Landgericht München. II. Oberlandesgericht daselbst.

Der Kläger, der seit langem Lichtbilderaufnahmen Adolf Hitlers herstellt und gewerbsmäßig verbreitet, hat im Jahre 1936 ein Lichtbild in Postkartengröße aufgenommen. Es ist ein Brustbild in bürgerlicher Kleidung. Der Kopf ist vom Beschauer aus im Halbprofil nach rechts gewendet. Der Blick schweift in derselben Richtung in die Ferne. Das Licht fällt von rechts und oben her ein. Der Zweitbeklagte hat unter Benutzung dieses Lichtbildes ein Oelgemälde geschaffen. Die Erstbeklagte hat daran das Urheberrecht erworben. Sie hat nach dem Oelbild in mehrfarbigem Kupfertiefdruck Postkarten und Bilder größeren Formates herstellen lassen und sie gewerbsmäßig vertrieben. Das Oelgemälde ist ein Kniestück. Es stellt Adolf Hitler im feldgrauen Rock mit verschränkten Armen dar. Die Haltung und die Blickrichtung des Kopfes und bis zu einem gewissen Grad auch der Lichteinfall entsprechen dem Lichtbild.

Die Parteien streiten im wesentlichen darüber, ob der Maler das Lichtbild lediglich nachgebildet oder im Sinne des § 16 KunstschutzG. frei benutzt und dadurch eine eigentümliche Schöpfung hervorgebracht hat. Der Kläger, der eine bloße Nachbildung annimmt, hat mit der Klage beantragt, die Erstbeklagte zu verurteilen, 1. es zu unterlassen, Wiedergaben des Oelbildes zu vervielfältigen und gewerbsmäßig zu verbreiten, 2. die noch nicht in das Eigentum ihrer Abnehmer gelangten Wiedergaben zurückzufordern, 3. dem Kläger Rechnung zu legen und nach seiner Wahl vorbehaltlich späterer Bezifferung den entstandenen Schaden zu ersetzen oder das ohne Rechtsgrund Erlangte herauszugeben, und 4. die Vervielfältigungsvorrichtungen und die in ihrem Eigentum stehenden vervielfältigten Stücke an einen Gerichtsvollzieher zum Zwecke der Vernichtung herauszugeben. Dem Zweitbeklagten soll verboten werden, die Vervielfältigung und die Verbreitung von Vervielfältigungen seines Gemäldes zu gestatten. Die Beklagten, die davon ausgehen, daß der Maler das Lichtbild nur frei benutzt habe, haben Klageabweisung beantragt.

Das Landgericht hat die Klage abgewiesen. Das Oberlandesgericht hat das Urteil des Landgerichts aufgehoben und dem Klagantrag stattgegeben, jedoch zum Klageantrag 3 gemäß § 254 ZPO. zunächst nur auf

Rechnungslegung erkannt. Auf die Revision der Beklagten wurde das Urteil des Landgerichts wiederhergestellt.

Gründe:

Der Ausgang des Rechtsstreits hängt davon ab, ob der Maler das Lichtbild im Rechtssinne lediglich nachgebildet oder ob er es frei benutzt und dadurch eine eigentümliche Schöpfung hervorgebracht hat (§ 15 Abs. 2, § 16 KunstschutzG.). Diese Rechtsfrage kann das Revisionsgericht, wenn der technisch-malerisch-ästhetische Sachverhalt als solcher im wesentlichen festliegt, auch von sich aus und abweichend vom Tatrichter entscheiden (RGZ. Bd. 117 S. 234, Bd. 155 S. 201).

Die lichtbildnerische, malerische und wirkungsmäßige Seite der Sache ist vom Berufungsgericht in weitgehender Uebereinstimmung mit dem Landgericht in rechtlich nicht zu beanstandender Weise festgestellt worden und bis zu einem gewissen Grad unstreitig. . . . (Die Ausführungen schließen mit der Folgerung:) Mithin ist der Gesamteindruck des Oelgemäldes von dem Gesamteindruck des Lichtbildes unverkennbar und charakteristisch verschieden. Doch tritt allerdings für denjenigen, der das Lichtbild kennt und der das Gemälde aufmerksam mit ihm vergleicht, das Lichtbild noch erkennbar aus dem Oelbilde hervor.

Hauptsächlich aus diesem letzten Grunde hat das Berufungsgericht im Gegensatz zum Landgericht eine freie Benutzung verneint. Dabei ist es jedoch zum Teil von rechtlichen Erwägungen ausgegangen, denen nicht beigestimmt werden kann. Es nimmt an, wenn das Vorbild aus dem späteren Werk noch zu erkennen sei, könne von einer freien Benutzung rechtsnotwendig nicht mehr die Rede sein. Das läßt sich jedoch mit dieser Ausschließlichkeit keineswegs sagen. Auch wenn das Vorbild aus dem späteren Werk noch „hervorleuchtet", kann es doch eine solche Umformung erfahren haben, daß das nachgeschaffene Werk noch als eigentümliche Schöpfung erscheint. Das Berufungsgericht überträgt weiter die Maßstäbe, nach denen die Rechtsprechung des Reichsgerichts beurteilt, ob ein Werk der bildenden Künste gegeben sei und wie sich freie und unfreie Benutzung im Verhältnis zwischen Werken der bildenden Künste gegeneinander abgrenzen, unverändert auf den ihm unterbreiteten Fall, bei dem es sich darum handelt, wie freie und unfreie Benutzung im Verhältnis zwischen einem Lichtbild einerseits und einem Werke der bildenden Künste andererseits gegeneinander abzugrenzen sind. Ja es verschärft innerhalb dieses Verhältnisses die Maßstäbe noch zugunsten des Lichtbildes. Dementsprechend befassen sich die zahlreichen Entscheidungen des Reichsgerichts, die das Berufungsgericht für seine Auffassung heranzieht, überwiegend mit der Frage nach dem Rechtsbegriff eines Werkes der bildenden Künste, also eines Kunstwerkes der hohen oder angewandten Kunst, oder nach dem Unterschiede zwischen freier und unfreier Benutzung im Verhältnis von Werken der bildenden Künste untereinander. Soweit sie sich mit der Nachbildung von Lichtbildern befassen, haben sie fast ausschließlich andere Fragestellungen und andere Sachverhalte als der vorliegende Rechtsstreit zum Gegenstand. Nur die ältere Entscheidung eines Strafsenats in RGSt. Bd. 43 S. 75 betrifft einen verwandten Fall: Die Nachbildung eines Lichtbildes in einer Strichzeichnung. Da sie jedoch nicht erkennen läßt, wie Lichtbild und Strichzeichnung beschaffen waren, ist sie für die aufgeworfene Frage wenig ergiebig. Jedenfalls berücksichtigt die Rechtsauffassung des Berufungsgerichts nicht ausreichend den Umstand, daß sich Grund und Voraussetzungen des urheberrechtlichen Schutzes bei Lichtbildern einerseits und bei Werken der bildenden Künste andererseits wesentlich unterscheiden und daß sich das auch für die Frage der freien und unfreien Benutzung beider Arten von Werken auswirken muß. Das Berufungsgericht scheint endlich davon auszugehen, daß bei der Benutzung eines Lichtbildes für ein Oelgemälde eine freie Benutzung überhaupt nur dann in Frage kommen könne, wenn das Oelbild den Rang eines Kunstwerkes i. S. des § 1 KunstschutzG. hat; es bezweifelt sogar, ob ein Oelgemälde bei maßgetreuer Nachzeichnung eines Lichtbildes überhaupt jemals als eigentümliche Schöpfung angesehen werden könne, möge es auch in noch so hohem Grade die Merkmale eines Kunstwerkes zeigen. Auch das berücksichtigt nicht ausreichend die urheberrechtlichen Unterschiede zwischen Lichtbildern und Werken der bildenden Künste und verkennt überdies die Tatsache, daß die zeichnerischen Werte eines Gemäldes unter Umständen hinter den malerischen durchaus zurücktreten können.

Lichtbilder waren ursprünglich, in dem Gesetz über den Schutz der Photographien gegen unbefugte Nachbildung vom 10. Januar 1876, nur für verhältnismäßig kurze Zeit und nur gegen mechanische Nachbildung geschützt. Später, im Entwurf eines Gesetzes über das Urheberrecht an Werken der Photographie vom Jahre 1902 und in dem jetzt noch geltenden Kunstschutzgesetz von 1907, ging man dazu über; sie für längere Zeit und gegen jede Vervielfältigung, auch eine solche mit Hilfe der zeichnenden und malenden Techniken, zu schützen. Die Begründung zum Entwurf von 1902 hatte dazu bemerkt, ein solcher Grundsatz möge vielleicht der malenden Kunst gegenüber etwas weit gehen, entbehre aber dort wohl der praktischen Bedeutung. Die Begründung zum Kunstschutzgesetz hielt es vor allem für erforderlich, auch jene Nachbildungen von Lichtbildern zu treffen, die durch Vermittelung eines künstlerischen Vervielfältigungsverfahrens zustande kommen und dann als Grundlage einer weiteren mechanischen Vervielfältigung dienen können. Das Kunstschutzgesetz gewährt demgemäß den Werken der bildenden Künste und den Lichtbildern denselben urheberrechtlichen Schutz; nur ist die Schutzdauer bei Lichtbildern wesentlich geringer. Werke der bildenden Künste, also Kunstwerke, setzen jedoch, um geschützt zu sein, ein besonderes Maß schöpferischer Eigenart notwendig voraus. Lichtbilder sind demgegenüber einfach als Erzeugnisse der — bis zu einem gewissen Grade gebundenen — photographischen Technik geschützt, gleichgültig, ob sie charakteristische oder künstlerische Eigenart besitzen oder nicht. Zwar kann sich, wie das Berufungsgericht mit Recht darlegt, auch bei ihrer Herstellung künstlerisches Vermögen auswirken. Notwendig für den Schutz ist das aber nicht. Ueberdies sind dem Walten dieses Vermögens aus der Natur der Sache heraus weit engere Grenzen gesetzt als bei den ungebundenen malenden oder zeichnenden Techniken. Die Eigenart eines Lichtbildes ist daher in der Regel notwendig schwächer als die Eigenart eines Werkes der bildenden Künste. Das ist auch für die Frage nach freier oder unfreier Benutzung von Bedeutung. Ein Werk stärkerer Eigenart geht schwerer in einem nachgeschaffenen Werk auf, ohne ihm seinen charakteristischen Stempel aufzudrücken, als ein Werk schwächerer Eigenart. Deswegen sind an den Rechtsbegriff der freien Benutzung im Verhältnis zwischen Werken der bildenden Künste grundsätzlich strengere Anforderungen zu stellen als im Verhältnis zwischen Lichtbildern und Werken der bildenden Künste. Allerdings kann sich der grundsätzliche Unterschied im Einzelfall wieder in dem Maß ausgleichen, als das Lichtbild stärkere und das nachgeschaffene Werk der bildenden Künste schwächere Eigenart hat. Da ein Lichtbild auch dann Schutz genießt, wenn es keinerlei charakteristische Eigenart aufweist, muß es weiter als rechtlich möglich angesehen werden, daß ein unter Benutzung des Lichtbildes geschaffenes Gemälde ihm gegenüber selbst dann noch eine eigentümliche Schöpfung sein kann, wenn es selbst nicht den Rang eines Kunstwerkes erreicht. Allerdings wird es dem Lichtbilde gegenüber um so eher als eigentümliche Schöpfung erscheinen, je mehr es selbst Kunstwerk ist.

Von diesen von der Auffassung des Berufungsgerichts zum Teil abweichenden Grundsätzen aus ist zu prüfen, ob das Oelgemälde und die ihm mit einer gewissen Abschwächung entsprechenden Kupfertiefdrucke dem Lichtbilde gegenüber noch als eine selbständige, einen eigentümlichen Formgedanken verkörpernde Schöpfung angesehen werden können. Dabei ist jeweils die Gesamtgestalt der Bilder ins Auge zu fassen, während das Berufungsgericht trotz seines Bekenntnisses zu diesem Grundsatz das Gemälde in Wirklichkeit nur zerstückelt betrachtet hat. Dem Lichtbilde sind, wie das Berufungsgericht mit Recht darlegt, nicht die Züge des Dargestellten als solche urheberrechtlich geschützt, sondern ihre in der Aufnahme festgehaltene einmalige bildmäßige Erscheinungsform, wie sie sich aus dem Inbegriff von Kopfhaltung, Blickrichtung, Gesichtsausdruck und Belichtung ergibt. Diese Grundform hat, soweit Kopfhaltung und Blickrichtung in Frage kommen, dem Gemälde so gut wie unverändert als Anlagezeichnung für den Kopf gedient. Darin liegt zugleich, daß die Maßverhältnisse von Kopf und Gesicht übernommen worden sind. Das war, wenn Bildnistreue erstrebt wurde, bei Uebernahme der Grundform bis zu einem gewissen Grad unvermeidlich und bietet urheberrechtlich gegenüber der Uebernahme der Grundform selbst keine Besonderheit mehr dar. Auf der anderen Seite hat diese Grundform aber eben nur als Anlagezeichnung für den Kopf des Oelbildes gedient. Das läßt rechtlich durchaus die Möglichkeit offen, daß das ausgeführte Oelbild durch malerische Mittel seine Unterlage zu einer selbständigen Schöpfung von mehr oder minder hoher Eigenart ausgestaltet. Ueberhaupt darf bei der urheberrechtlichen Beurteilung dieser Dinge folgendes nicht übersehen werden. In der Bildnistreue erstrebenden Bildnismalerei ist die Verwendung von Lichtbildern als Unterlagen vielfach üblich. Wenn das Modell dem Maler nicht sitzt, was bei hervorragenden Männern der Zeitgeschichte (i. S. des § 23 Nr. 1 KunstschutzG.) wohl die Regel sein wird, ist der Maler auf die Benutzung von Lichtbildern sogar angewiesen und, wenn er Aehnlichkeit erstrebt und ihm das Modell zur Vergleichung nicht zur Verfügung steht, bis zu einem gewissen Grad an ihre zeichnerische Grundform gebunden. Andererseits ist innerhalb der repräsentativen Bildniskunst, sei es der Malerei oder der Lichtbildnerei, die Zahl der für die charakteristische Wiedergabe einer bestimmten Persönlichkeit vorteilhaften Grundhaltungen des Kopfes nicht unbegrenzt. Gewisse Typen werden hier vielfach wiederkehren und trotzdem Raum zur selbständigen schöpferischen Ausprägung des Darzustellenden innerhalb des Typus lassen. Je mehr eine Persönlichkeit der Zeitgeschichte im Vordergrunde steht, desto eher wird anzunehmen sein, daß die für ihre Wiedergabe typischen Grundhaltungen bald mehr oder minder vollständig lichtbildnerisch erfaßt sein werden. Wollte man die lichtbildnerische Festhaltung dieser Typen in dem Sinne urheberrechtlich schützen, daß schon ihre Nachbenutzung einem späteren Werk die Wesensart einer eigentümlichen Schöpfung mit Rechtsnotwendigkeit nimmt, so würde man die Gefahr heraufbeschwören, daß die malerische oder zeichnerische Wiedergabe von Persönlichkeiten der Zeitgeschichte erheblich erschwert, ja bis zu einem gewissen Grade gesperrt würde. Eine solche Rechtsprechung läge nicht im Sinne des Kunstschutzgesetzes. Es ist daher einerseits die urheberrechtlich geschützte Eigenart des lichtbildnerischen Bildnisses schärfer zu bestimmen. Nicht schon die mehr oder minder typische bildnismäßige Grundhaltung des Dargestellten im Lichtbild ist rechtsnotwendig geschützt, sondern die charakteristische Ausprägung des Dargestellten innerhalb dieses Typus. Das bedeutet im vorliegenden Fall: Kopfhaltung und Blickrichtung und die dadurch vermittelten Maßverhältnisse des Gesichtes sind für sich allein noch nicht entscheidend. In eine unlösliche Verbindung damit tritt vielmehr auch der Gesichtsausdruck und die Art und das Maß von innerer Wesensschau des Dargestellten, die er vermittelt, sowie die Belichtung, und zwar nicht nur die allgemeine Richtung des Lichteinfalls, die sich wiederum mehr dem Typischen nähert, sondern auch und vor allem die Art und

Weise der Aufteilung von Licht und Schatten im einzelnen, die zu den charakteristischen Wirkungsmitteln eines Lichtbildes gehört. Auf der anderen Seite folgt daraus in gesteigertem Maße für das malerische Bildnis, daß die Uebernahme der in Kopfhaltung und Blickrichtung festgelegten zeichnerischen Grundform eines Lichtbildes in die Anlagezeichnung des Gemäldes dem Maler noch eine Fülle von Möglichkeiten läßt, innerhalb dieser Grundform eine selbständige und eigenartige Wesensschau des Darzustellenden mit malerischen Mitteln zu verwirklichen, daß also diese Uebernahme allein die Benutzung des Lichtbildes noch nicht rechtsnotwendig zu einer unfreien macht.

Wendet man diese rechtlichen Maßstäbe an, dann kann man dem Oelbild und den Kupfertiefdrucken, obwohl diese naturgemäß die Eigenwerte des Gemäldes nur abgeschwächt wiederzugeben vermögen, im Vergleich mit dem Lichtbilde das Wesen einer eigentümlichen Schöpfung nicht absprechen. Dabei ist im Verhältnis zwischen Lichtbild und Oelgemälde die Wahl der Farben nicht, wie das Berufungsgericht annimmt, grundsätzlich gleichgültig für die Frage der freien oder unfreien Benutzung. Zwar will das Kunstschutzgesetz Lichtbilder auch gegen malerische Nachbildung schützen, und es wird Fälle genug geben, in denen irgendeine mehr oder minder belanglose Umsetzung in Farbenton urheberrechtlich geschützten Elementen eines Lichtbildes nichts Charakteristisches hinzufügt. Es kann aber auch umgekehrt gerade die farbige Durchbildung, besonders in Verbindung mit der Behandlung des Lichtes, eines der mächtigsten Mittel sein, um gegenüber der zeichnerischen Grundform und dem als Unterlage dienenden Lichtbild ein Werk von unter Umständen hoher künstlerischer Eigenart hervorzubringen.

Das Gemälde des Beklagten stellt die Figur in einer selbständigen, vom Lichtbild unbeeinflußten Weise in den Bildraum und schafft durch das Zusammenwirken eigener zeichnerischer und vor allem malerischer Mittel eine aus sich heraus lebende Bildgestalt, der sich der Kopf harmonisch einfügt. Der Kopf ist zwar der zeichnerischen Grundanlage nach aus dem Lichtbild entnommen, ihm gegenüber aber durch besondere malerische Mittel ins Charakteristischere, innerlich Gespanntere und Kraftvollere gesteigert und klingt in dieser Steigerung mit der gesamten Bildgestalt des Gemäldes zusammen. Das reicht aus, um das Gemälde dem Lichtbilde gegenüber als eigentümliche Schöpfung erscheinen zu lassen. Das Lichtbild ist bei einer solchen Sachlage im Rechtssinne nur frei benutzt.

**RGZ. 172, 29**

**1. Unter welchen Voraussetzungen genießen Abbildungen in Werbeblättern als Abbildungen technischer Art Urheberrechtsschutz nach § 1 Abs. 1 Nr. 3 LitUrhG.?**

**2. Unter welchen Voraussetzungen erfüllen Gebrauchsanweisungen und ähnliche technische Erläuterungen zu Abbildungen in Werbeblättern den Schriftwerksbegriff?**

**3. Welche Grundsätze gelten für die Schadensberechnung des in seinem Urheberrecht Verletzten?**

LitUrhG. §§ 1, 11, 36.

I. Zivilsenat. Urt. v. 28. September 1943.

I. Landgericht Dresden. II. Oberlandesgericht daselbst.

Beide Parteien vertreiben Gewehrreinigungshölzer. Die Klägerin liefert als zusammengehörend für das Reinigen eines Gewehrs vier Hölzer, die entsprechend dem Verwendungszweck an ihrem als Werkzeug dienenden Ende verschieden geformt sind. Für ihre Werbung hat sie ein Plakat benutzt, das Form und Verwendung der Reinigungshölzer im Bilde veranschaulicht. Oberhalb und unterhalb eines die Bildmitte einnehmenden Gewehrs 98, das Schloß und Visiereinrichtung deutlich erkennen läßt und in der hauptsächlich für das Reinigen in Betracht kommenden Schräglage dargestellt ist, sind je zwei Reinigungshölzer in solcher Lage abgebildet, daß jedes Holz auf die Gewehrteile hinweist, zu deren Reinigung es bestimmt ist. Hierbei sind die Spitzen der Hölzer durch weiße Linien mit den Angriffsstellen am Gewehr verbunden. Neben jedem Holz ist außerdem die Verwendung durch schlagwortartige Angaben erläutert.

Der Beklagte, der Gewehrreinigungshölzer erst seit dem Jahre 1941 vertreibt, hat einigen Sendungen Werbeblätter beigelegt, die nach Ansicht der Klägerin ihr Bild und den erläuternden Text in völliger Uebereinstimmung enthalten.

Mit den auf Unterlassung, Feststellung der Schadensersatzpflicht und Auskunft gerichteten Klageanträgen hat die Klägerin dem Beklagten vorsätzliche Verletzung ihres Urheberrechts an den Werbeblättern und unlauteren Wettbewerb vorgeworfen.

Das Landgericht hat den Klageanträgen entsprochen, das Oberlandesgericht die Berufung des Beklagten zurückgewiesen. Auch seine Revision blieb erfolglos.

Gründe:

I. Der Berufungsrichter hat das Urheberrecht der Klägerin ausschließlich nach § 1 Abs. 1 Nr. 3 LitUrhG. bejaht. Er hat also bei dem Werbeblatt der Klägerin nur die Abbildung und nicht die erläuternden Worte als geschützt angesehen, deren Schutzfähigkeit nach § 1 Abs. 1 Nr. 1 LitUrhG. für sich zu prüfen gewesen wäre. Im Ergebnis und mit gewissen Einschränkungen auch in der Begründung ist dem Berufungsrichter beizutreten.

Nach § 1 Abs. 1 Nr. 3 LitUrhG. genießen Abbildungen aus dem Bereiche der Wissenschaft oder Technik den Schutz des Gesetzes, wenn sie, ohne Kunstwerke zu sein, Erzeugnisse eigenpersönlicher Geistestätigkeit sind. Hierdurch müssen sie, was aus dem Begriffserfordernis „wissenschaftlicher oder technischer Art“ folgt, geeignet sein, belehrend zu wirken. Auch Abbildungen, die gewerblichen Zwecken dienen, insbesondere solche in Preisverzeichnissen und Werbeblättern, können diese Voraussetzungen erfüllen. Dies ist allerdings nicht der Fall, wenn sie keinen eigentümlichen „darstellerischen Gedanken“ verkörpern, vielmehr ohne jede Eigenart in der Ausführung sich darauf beschränken, dem Leser in Erläuterung des Textes feilgehaltene Waren anschaulich zu machen (RGSt. Bd. 34 S. 432, Bd. 35 S. 328, Bd. 39 S. 100, S. 229; RGZ. Bd. 70 S. 266). Andererseits genügt es auch bei Abbildungen in Werbeblättern, daß die Art der Darstellung, mag auch der abgebildete Gegenstand allgemein bekannt sein, als Ergebnis eigenpersönlicher Geistestätigkeit ein eigenartiges Gepräge zeigt und hierdurch dem Beschauer eine Belehrung bieten kann, die nicht wissenschaftlicher Natur zu sein braucht. Das Maß der geistigen Leistung kann hierbei gering sein. Erfordert wird nur, daß überhaupt ein darstellerischer Gedanke auf eigentümliche Weise in der Abbildung zum Ausdruck gekommen ist (RGSt. Bd. 35 S. 328, Bd. 39 S. 100 [103]). Die Entscheidung RGZ. Bd. 70 S. 266, deren Ausführungen die Revisionsbegründung mißversteht, ist nicht anders aufzufassen. Wenn der Beklagte bei der Abbildung der Klägerin schöpferische Gedanken vermißt, im Zusammenhange damit betont, das Urteil RGZ. Bd. 70 S. 266 habe den Begriff der Abbildungen wissenschaftlicher oder technischer Art „eingeengt“, und weiterhin Gewicht darauf legt, daß keine neuen und eigentümlichen Erzeugnisse abgebildet seien, so liegt darin eine überspannte und falsche Anwendung der gesetzlichen Schutzvoraussetzungen.

In ihrer Bedeutung nicht richtig erkannt und gewürdigt hat der Berufungsrichter die Behauptung des Beklagten, daß es sich bei dem Gewehr um eine naturgetreue photographische Abbildung des Musters 98 handele. Der Berufungsrichter sagt darüber nur, das Gewehr sei ohne alles Beiwerk in der für das Reinigen vorzugsweise in Betracht kommenden Schräglage und unter Weglassung des an die Mündung angrenzenden obersten Teiles dargestellt, so daß Schloß und Visiereinrichtung augenfällig in die Mitte des Bildes gerückt seien. Liegt dem Bilde des Gewehrs 98 die im wesentlichen mechanische Wiedergabe einer Photographie zugrunde, so kann daran kein literarisches Urheberrecht bestehen. Voraussetzung für den Schutz des § 1 Abs. 1 Nr. 3 LitUrhG. ist, daß die Herstellungsart der Abbildung eine willkürliche Formgebung zuläßt, die eigenpersönlichem geistigem Schaffen entspringt (RGSt. Bd. 44 S. 106 [108]; RGZ. Bd. 105 S. 160). Photographien und die durch ein der Photographie ähnliches Verfahren hergestellten Werke genießen nur einen zeitlich beschränkten Urheberrechtsschutz nach §§ 1, 3, 26 KSchG. i. d. F. des Gesetzes vom 12. Mai 1940 (RGBl. I S. 758). Für das Revisionsverfahren ist die Behauptung des Beklagten als richtig zu unterstellen, daß die Klägerin das Gewehr photographiert habe. Eine Darlegung darüber, daß und inwiefern der Beklagte die Photographie bei der Herstellung seines Werbeblattes benutzt habe, findet sich in dem angefochtenen Urteil nicht. Auch die Klage ist auf Verletzung des photographischen Urheberrechts nicht gestützt. Dieser Punkt ist indessen nach Lage der Sache für die Berechtigung der Klageansprüche unerheblich. Was der Abbildung als Ganzes gesehen in dem Werbeblatt der Klägerin Eigenart verleiht, ist die Art, in der die Reinigungshölzer in eine gedankliche Beziehung zu dem Gewehr gesetzt worden sind. Die Klägerin vertreibt als zu einem Satze gehörend vier Gewehrreinigungshölzer, von denen jedes einem besonderen Zwecke bei der Reinigung des Gewehrs dient und entsprechend geformt ist. Das Werbeblatt der Klägerin will Form und daraus folgende Anwendung der einzelnen Hölzer in Wort und Bild erläutern und anschaulich machen. Dieser beherrschende Gedanke ist in eigenartiger Weise ausgeführt. Jedes der Hölzer, von denen je zwei oberhalb und unterhalb des Gewehrs dargestellt sind, weist mit dem Ende, das durch seine Form als Hilfsmittel bei der Reinigung des Gewehrs dient, auf die Teile des Gewehrs hin, an denen es bestimmungsgemäß angreifen soll. Dabei sind die Angriffsstellen am Gewehr durch weiße Verbindungslinien deutlich gemacht, die von den Spitzen der Reinigungshölzer ausgehen. Hierdurch werden, wie der Berufungsrichter feststellt, bei jedem Reinigungsholz den Soldaten Zweckbestimmung und Art der Anwendung in Verbindung mit dem noch zu erörternden Text in einprägsamer und leicht faßlicher Weise vor Augen geführt. Nach Auffassung des Berufungsrichters sind also Reinigungshölzer und Gewehr durch die geschilderte Anordnung und die Verbindungslinien auf eigenartige Weise zu einem Bildganzen zusammengefügt, das, wie entgegen den Revisionsangriffen nicht bezweifelt werden kann, seinem Gegenstande nach eine Abbildung technischer Art und vermöge des ihm zugrunde liegenden darstellerischen Gedankens geeignet und bestimmt ist, über die Anwendung der Hölzer als technischer Hilfsmittel bei der Reinigung des Gewehrs zu belehren. Was der Beklagte demgegenüber vorbringt, liegt neben der Sache. Für die Wiedergabe des Gewehrs als Teil des Bildganzen nimmt die Klägerin keinen Sonderschutz in Anspruch. Ebensowenig soll mit der Klage dem Beklagten die Abbildung von Gewehrreinigungshölzern in seinen Werbeblättern verboten werden. Es kommt auch nicht darauf an, daß Form und Gestalt des Gewehrs und der Reinigungshölzer bei den Händlern und den Angehörigen der Wehrmacht, an die sich die Werbeblätter der Parteien wenden, bekannt waren. Der Beklagte verkennt völlig, daß die in der Darstellungsweise sich äußernde geistige Leistung bei der Abbildung der Klägerin nicht in der Wiedergabe jener Teile, sondern ausschließlich in der Art liegt, in der sie zu einem belehrenden Charakter tragenden Schaubild zusammengefügt worden sind. Die Betrachtungsweise des Beklagten, der nach Auflösung der Abbildung in ihre Teile zu dem Ergebnis gelangt, daß nichts Eigenartiges übrigbleibe, ist daher verfehlt. Die Behauptung der Revisionsbegründung, auch die räumliche Verbindung der Gewehrreinigungshölzer mit dem Gewehr sei bei der bildlichen Wiedergabe „altbekannt", ist nicht in Einklang zu bringen mit dem Vorbringen des Beklagten im Berufungsverfahren. Die angeführte Schriftsatzstelle enthält nur die allgemeine, durch ein Beispiel nicht belegte Angabe, es sei ein uraltes zeichnerisches Mittel, die Verbindung zwischen einem Werkzeug und dem Maschinenteil, für den es bestimmt sei, durch Striche darzustellen. Selbst wenn dies als richtig unterstellt wird, würde es nicht ausschließen, daß die Klägerin durch die Gesamtgestaltung ihres Bildes, insbesondere durch die Art, in der jedes einzelne Reinigungsholz im Hinblick auf seinen Zweck in eine anschauliche und belehrende Beziehung zu dem Gewehr gebracht ist, eine eigentümliche Leistung vollbracht hat. Nicht das Darstellungsmittel an sich oder ein allgemeiner Gedanke, sondern die Form der Darstellung verleiht dem Bilde der Klägerin eigenartiges Gepräge und ist deshalb Gegenstand des Schutzes. Das Vorbringen des Beklagten ergibt nicht, daß in dieser Hinsicht schon ähnliches vorhanden gewesen sei. Sein Hinweis darauf, daß es besonders bei der Abbildung von photographischen Apparaten, Staubsaugern und Waschmaschinen in Werbeblättern und Gebrauchsanweisungen üblich sei, durch Linien in Verbindung mit Bezugszeichen die zu erläuternden Teile hervorzuheben, hat nichts mit der Frage zu tun, ob in dem Bilde der Klägerin Reinigungshölzer und Gewehr in eine der Belehrung dienende eigenartige Beziehung gebracht worden sind. Ebensowenig ist es richtig, daß die schutzfähige Besonderheit nur in der Verbindung der zu reinigenden Stellen des Gewehrs mit den Spitzen der Hölzer durch weiße Linien gefunden worden sei. Zu den Zügen, die dem Bilde Eigenart verleihen, gehört vor allem auch die Aufteilung des Bildganzen sowie die Anordnung der Reinigungshölzer und des Gewehrs, die so gewählt sind, daß bei jedem einzelnen Holz Form und Verwendung deutlich hervortreten. Wenn der Beklagte schließlich noch geltend macht, bei der Abbildung der Klägerin handele es sich nicht um eine „technische oder wissenschaftliche Gestaltung", so ist dies nicht verständlich, da sowohl der Gegenstand der Abbildung als auch die durch sie vermittelte Belehrung dem technischen Wissensbereich angehören.

Ueber die den Reinigungshölzern beigefügten erläuternden Worte sagt der Berufungsrichter lediglich, jedes einzelne Holz sei im Bilde selbst mit einer kurzen schlagwortartigen Gebrauchsanweisung versehen. Er zieht diesen Umstand indessen nur unterstützend für das Ergebnis heran, daß die Abbildung, deren Schutzfähigkeit er nach § 1 Abs. 1 Nr. 3 LitUrhG. geprüft hat, der Belehrung diene und in der Art, wie sie dieses Ziel erreiche, eigentümlich gestaltet sei. Die Frage, ob die knappen Angaben über den Verwendungszweck der Hölzer den Schriftwerksbegriff des § 1 Abs. 1 Nr. 1 LitUrhG. erfüllen, ist also offengeblieben. Ihre Schutzfähigkeit als Schriftwerk würde davon abhängen, ob ihnen eine eigenpersönliche Geistestätigkeit in Gehalt oder Form das Gepräge gibt. Das Maß der geistigen Leistung braucht auch hier nur gering zu sein. Es genügt, daß sie sich in der Formgebung, im bloßen Sammeln, Einteilen oder Anordnen des Stoffes als eigenartig erweist (RGZ. Bd. 108 S. 62, Bd. 121 S. 357, Bd. 140 S. 137, Bd. 144 S. 75). Dieser Maßstab gilt auch für Gebrauchsanweisungen und ähnliche technische Erläuterungen. Doch ist dabei besonders zu prüfen, ob Gedankeninhalt und Formgebung durch die Verhältnisse so unmittelbar gegeben sind, daß von verschiedenen Verfassern im wesentlichen das gleiche Ergebnis zu erwarten ist und für eigenpersönliches Schaffen kein Spielraum bleibt (RG. in MuW. Bd. XI [1911/12] S. 481, Bd. XV [1915/16] S. 133; RGSt. Bd. 46 S. 159; RGZ. Bd. 108 S. 62 [65]). Der Berufungsrichter hat sich nicht darüber geäußert, ob er diesen Fall für vorliegend erachtet. Ein den Beklagten beschwerender Rechtsfehler kann darin nicht gefunden werden. Auch wenn man, wie es anscheinend der Berufungsrichter getan hat, in den Worten neben jedem Reinigungsholz nur eine der Eigenart entbehrende, ergänzende Erläuterung zu den im Bilde veranschaulichten Gedanken sieht, konnte der Berufungsrichter nach dem erörterten Sachverhalt doch ohne Rechtsirrtum die Abbildung nach § 1 Abs. 1 Nr. 3 LitUrhG. als geschützt ansehen.

II. Auch die Verletzung des Urheberrechts hat der Berufungsrichter bedenkenfrei festgestellt. Danach sind in dem Werbeblatt des Beklagten die für die Abbildung der Klägerin kennzeichnenden Merkmale in wesentlich übereinstimmender Weise verwirklicht. Auch der Beklagte hat unter Hineinrücken der zu reinigenden Gewehrteile in die Mitte des Bildes vier Reinigungshölzer, und zwar je zwei oberhalb und unterhalb des Gewehrs, so angeordnet, daß jedes einzelne Holz mit dem als Werkzeug ausgebildeten Ende auf die Teile des Gewehrs hinweist, an denen es angreifen soll. Auch sind, ebenso wie bei der Klägerin, die Spitzen der Hölzer durch Linien mit den zu reinigenden Stellen verbunden. Der Gedankeninhalt des Bildes ist mit fast wörtlich übereinstimmenden Angaben erläutert. Auch das Werbeblatt des Beklagten dient hiernach als Anschauungsmittel für die Anwendung der Reinigungshölzer und bedient sich hierzu der gleichen Anordnung und Formgebung in der bildlichen Darstellung. Mit Recht hat der Berufungsrichter gewisse Abweichungen in der Größe des Werbeblattes, in der Schräglage des Gewehrs und in der für das literarische Urheberrecht bedeutungslosen farbigen Bildgestaltung für unerheblich erachtet. Das Werbeblatt des Beklagten ist nach den Feststellungen des Berufungsrichters durch einen Zeichner nach genauen Anweisungen des Beklagten entworfen worden, der dabei die Abbildung der Klägerin zum Vorbild genommen hat. Hiernach liegt ein vorsätzlicher Eingriff in das Urheberrecht der Klägerin vor, der den Beklagten nach § 36 LitUrhG. zum Schadensersatz verpflichtet.

Die Verfahrensrüge des Beklagten, der Berufungsrichter habe bei der Feststellung der Schadensersatzpflicht nicht genügend beachtet, daß nach seinem Vorbringen die Klägerin nicht in der Lage gewesen sei, die Nachfrage nach Gewehrreinigungshölzern zu decken, und daß sie deshalb durch seine Werbung nicht geschädigt sei, ist verfehlt. Ebenso wie bei Patentverletzungen stehen jedenfalls bei vorsätzlicher Verletzung des Urheberrechts dem Verletzten drei Wege der Schadensberechnung offen: Er kann Ersatz für die auf die Rechtsverletzung zurückzuführende Absatzminderung verlangen, statt dessen auch eine angemessene Lizenzgebühr für die Benutzung des Urheberrechts fordern oder endlich Herausgabe des von dem Verletzer durch die Rechtsverletzung erzielten Gewinnes verlangen (RGZ. Bd. 35 S. 63; vgl. RGZ. Bd. 156 S. 65, S. 321 [325]; RGUrt. I 56/42 vom 27. Oktober 1942 in Mitt. der deutschen Patentanwälte 1943 S. 111). Selbst wenn also, entgegen der Annahme des Berufungsrichters, im Streitfall ein Minderabsatz der Klägerin nicht feststellbar sein sollte, so würden doch die beiden anderen Möglichkeiten der Schadensberechnung zu ihrer Verfügung bleiben. Auf sich beruhen kann, ob die unklaren Bemerkungen des Berufungsrichters über die vom Beklagten herbeigeführte „Marktverwirrung" rechtlich bedenkenfrei sind, da das Begehren der Klägerin auf Feststellung der Schadensersatzpflicht des Beklagten schon auf Grund der vorstehenden Erwägungen gerechtfertigt ist.

Irrig ist die Meinung des Beklagten, der Berufungsrichter hätte ihm durch Wiedereröffnung der mündlichen Verhandlung Gelegenheit geben müssen, eine die Wiederholungsgefahr hinsichtlich des beanstandeten Werbeblattes ausschließende Verpflichtungserklärung abzugeben. Der Berufungsrichter hat die Wiederholungsgefahr ausreichend damit begründet, daß der Beklagte trotz vorsätzlicher Urheberrechtsverletzung bis zum Schlusse der mündlichen Verhandlung im Berufungsverfahren die Rechtmäßigkeit seines Handelns vertreten hat. Unerörtert bleiben konnte bei dieser Sachlage, ob nicht der Vorbehalt des Beklagten wegen des ganz ähnlich gestalteten Werbeblatts Nr. 2 die nach Schluß der mündlichen Verhandlung angebotene Verpflichtungserklärung wertlos macht. Dem Unterlassungsanspruch der Klägerin ist mit Recht stattgegeben worden.

Die Pflicht des Beklagten zur Auskunft ergibt § 687 Abs. 2 BGB. in Verbindung mit §§ 666, 681 BGB.

Die Revision ist daher als unbegründet zurückzuweisen, ohne daß noch auf die Frage eingegangen zu werden braucht, ob mit dem Berufungsrichter auch der zweite Klagegrund des unlauteren Wettbewerbs nach § 1 UnlWG. für durchgreifend zu erachten ist.

# Sachregister

(Die Ziffern bedeuten die Seitenzahlen dieses Bandes)

## A

## B

## C



## D

## O

## P

## Q

**W**

## Z

Kolibri 360 GmbH
Ferdinand-Jühlke-Straße 7
99095 Erfurt, Deutschland
produktsicherheit@kolibri360.de